Vollendetes Design
ausgereifte Technik
CP 838
Multischneider
Die sichere Methode
zum Ausschneiden
geklebter Autoscheiben
Automotive
AIR TOOLS
Hagenauer Straße 57 · D-65203 Wiesbaden
Telefon (06 11) 27 01-0 · Telefax (06 11) 27 01 40

Karl Damschen Karosserie-Instandsetzung

Dipl.-Ing. Karl Damschen

Karosserie-Instandsetzung

Die fachgerechte und
wirtschaftliche Unfallreparatur

4., aktualisierte und erweiterte Auflage

Vogel Buchverlag

Dipl.-Ing. Karl Damschen
Jahrgang 1949. Kfz-Mechaniker-Lehre, Fachhochschulreife auf dem zweiten Bildungsweg, Studium Kfz-Technik mit anschließendem, zweisemestrigem Universitätsstudium Betriebswirtschaft.
Beratungsingenieur für Kfz-Zulieferer, später Leiter der Kundenberatung. Ab 1980 Leiter der Sachverständigen-Ausbildung an der DEKRA-Akademie. Während dieser Zeit Aufbau der ASA-Lehr- und Versuchswerkstatt zu einer anerkannten Spezial-Ausbildungsstätte auf dem Gebiet der Unfallschadens-Instandsetzung.
Schwerpunkttätigkeit 1986/87: Erstellen von Branchen-Strukturanalysen sowie Forcierungsprogrammen zur Kfz-Werkstattauslastung.
Ende 1987 Leiter des Technischen Kundendienstes Bremse und ab 1989 Bereichsleiter Service und Training im Hause Alfred Teves.
Seit Frühjahr 1991 selbständiger Unternehmensberater, Trainer und Motorjournalist.
Die Arbeitsgebiete umfassen Kfz-Betriebsplanung, Werkstattausrüstung und Arbeitsabläufe sowie Forcierungsprogramme für die Werkstattauslastung.
Weitere Arbeitsgebiete sind:
- Erstellen von Broschüren für den Kfz-Servicebereich
- Durchführen von Management- und Mitarbeitertraining in Kfz-Betrieben
- Übersetzungen von Kfz-Technik-Literatur Englisch-Deutsch

ISBN 3-8023-1750-5
4. Auflage, 1998

Printed in Germany

Herstellung: dtp-project, N. Sandoval-Pfister, 97222 Rimpar

Mitautoren:

M. Wörner
Werkzeug-, Geräte- und Reparaturverfahrensuntersuchungen, KTI Kraftfahrzeugtechnisches Institut der DEKRA AG, Altensteig

F. Mast
Sachverständigen-Ausbildung, KTI Kraftfahrzeugtechnisches Institut der DEKRA AG, Altensteig

Die Deutsche Bibliothek – CIP-Einheitsaufnahme

Damschen, Karl :
Karosserie-Instandsetzung : die fachgerechte und wirtschaftliche Unfallreparatur / Karl Damschen. [Mitautoren: M. Wörner; F. Mast]. – 4., aktualisierte und erw. Aufl. – Würzburg : Vogel, 1998
ISBN 3-8023-1750-5

Vorwort

Steigende Material- und Fertigungsqualität führen zu längeren Wartungsintervallen und abnehmenden Verschleißreparaturen an Kraftfahrzeugen. Dafür kommt es bei wachsender Verkehrsdichte immer häufiger zu Schäden an der Karosserie und an integrierten Bauteilen. Der Reparateur hat das unfallbeschädigte Fahrzeug wieder in den Originalzustand zu versetzen. Dabei müssen einerseits die computerunterstützten Karosseriekonstruktionen bzw. Fertigungsgenauigkeiten (CAD, CAM, CIM) berücksichtigt werden; andererseits sind Reparaturkenntnisse über neue Materialien wie Kunststoff oder höherfestes Stahlblech erforderlich.

Kfz-Werkstätten sollten sich darauf systematisch einstellen: personell durch entsprechende Ausbildung, materiell durch zweckmäßige Ausrüstung. Auch die Betriebsorganisation ist davon betroffen, angefangen beim Kundendienst und der Reparaturannahme bis hin zur Auftragsabrechnung.
In ähnlicher Weise müssen sich Sachverständige auf neue Karosserietechnologien und Reparaturtechniken einstellen. Deshalb ist die Kalkulation von Unfallschäden am Pkw ausführlich beschrieben und an Beispielen erläutert.

Die betriebliche Praxis der Karosseriereparatur steht im Mittelpunkt des Buches. Dabei wurden die neuen Ausbildungsrahmenpläne für das Kfz-Handwerk vollständig berücksichtigt. Der gesamte Inhalt des Buches hat sich aus den Lehrgängen, die in der ASA-Lehr- und Versuchswerkstatt durchgeführt werden, entwickelt. Die ASA-Werkstatt wurde 1996 vom Kraftfahrzeugtechnischen Institut (KTI) der DEKRA AG übernommen.

In der ASA-Werkstatt standen acht Jahre lang die Lehrgangsplanung und -durchführung im Rahmen der Sachverständigen-Ausbildung des DEKRA unter der fachlichen Leitung des Autors – ebenso die Werkzeug-, Geräte- und Verfahrenserprobungen für Karosserie-Reparaturen.

Für die Informationen und die Bildmaterialien, die mir von der Automobil-Industrie, der Zuliefer-Industrie und dem Zentralverband des Kfz-Handwerks (ZDK) zur Verfügung gestellt wurden, bedanke ich mich sehr.

Der Zentralverband des Kfz-Handwerks (ZDK) hat durch seine positive Stellungnahme zu diesem Buch für einen hohen Aufmerksamkeitsgrad gesorgt. Dadurch konnten viele fachlich fundierten Rückmeldungen aus dem Bereich der Ausbilder im Kfz-Handwerk verarbeitet werden. Die Aktualität dieses Buches in bezug auf die pädagogische und fachliche Kompetenz ist sichergestellt. Ein besonderer Dank gilt daher Herrn R. Binnenbrücker, Hauptgeschäftsführer, und Herrn I. Meyer, Geschäftsführer des Bereiches Personal und Marketing beim ZDK in Bonn.

Vorwort zur 4. Auflage
Bereits in der 3. Auflage des Buches wurden wichtige Ergänzungen und Erweiterungen niedergeschrieben, die sich im Laufe der Jahre als «Stand der Technik» bei der Karosserie- und Lackinstandsetzung etabliert hatten (z.B. Reparatur von Aluminium-Karosserieteilen und Reparaturlackierung). In dieser Auflage sind weitere Aktualitäten verarbeitet worden: Aluminium-Instandsetzung am «Space Frame» vom Audi A8, neue Blechbearbeitungsmethoden, elektronische Karosserie-Meßsysteme, Verfahrensablauf bei der Unfallschaden-Abwicklung, Ausbesserungen von Uni- und Effektlackierungen, Wasserlacktechnik und natürlich die neuen Erkenntnisse für die Arbeitsplatzgestaltung/-ausrüstung. Selbstverständlich findet der Leser, der sich auf Prüfungen zum Kfz-Meister oder zum Kfz-Sachverständigen vorbereiten will, wieder jede Menge neue Fragen und Antworten. Als Ergänzung zu diesem Buch empfiehlt sich der Band «Karosserie-Instandhaltung» aus der Buchreihe «Der sichere Weg zur Meisterprüfung im Kfz-Handwerk», der ebenfalls im Vogel Buchverlag erschienen ist.

Ein besonderer Dank gilt Herrn Ullrich, Leiter der Servicezentren der Audi AG. Mit Hilfe seiner Mitarbeiter, den Herren Kern und Etzel, konnten die speziellen Reparaturabläufe am Audi A8 durchgeführt werden, die in diesem Buch beschrieben sind.

Weinheim Karl Damschen

Inhaltsverzeichnis

1 Karosseriereparatur – ein Markt mit Zuwachsraten?

In diesem Kapitel werden dem Leser folgende Kenntnisse vermittelt

Lernziele	Lerninhalte
– Tendenzen der Kfz-Wartungsarbeiten in bezug auf die Werkstattauslastung	– Aufkommen der Kfz-Wartungsarbeiten
– Gesamtmarkt für die Karosserie-Instandsetzung beziffern	– Gesamtmarkt Karosserie-Instandsetzung
– Aufkommen der Unfall-Reparaturen zahlenmäßig darstellen	– Unfall-Reparaturmarkt
– die vier hauptsächlichsten Schadenskategorien bei der Unfall-Instandsetzung benennen	– Unfall-Schadenskategorien
– Rückschlüsse zur Blechteile-Lagerhaltung aus der Statistik der unfallbedingten Reparaturkosten ziehen	– Lagerbevorratung, Karosserieteile
– den zukünftigen Gesamtmarkt und den lokalen Markt der Karosserie-Instandsetzung überschlägig ermitteln	– Zukunftsabschätzung des Karosserie-Reparaturmarktes
– die Chancen in einem sich verändernden Karosserie-Instandsetzungsmarkt zu erkennen	– Karosserie- und Lack-Marketing

Wer wagt es, im Kfz-Werkstattgeschäft für Wartung und Reparatur noch mit Wachstumsraten zu rechnen? Gegenläufige Tendenzen sind eher zu begründen. Die Lebensdauer der Fahrzeugaggregate ist gegenüber früheren Jahren stark gestiegen, und die Wartungsintervalle werden immer weiter hinausgezögert. Es ist heute keine Seltenheit mehr, daß Pkw mit einer Laufleistung von mehr als 200 000 km immer noch den ersten Motor und das ursprüngliche Getriebe aufweisen. Diese Beobachtung wurde in den letzten Jahren durch statistisches Zahlenmaterial deutlich bestätigt. Die durchschnittlichen Reparaturkosten betrugen im Jahre 1984 etwa 640 DM pro Fahrzeug. Bereits 1987 reduzierten sie sich auf rund 540 DM. Ein weiterer Rutsch nach unten konnte im Jahr 1989 verzeichnet werden: Pro Fahrzeug bezahlte ein Autofahrer im Durchschnitt nur noch 300 DM an Reparaturaufwendungen. Im Jahre 1996 lag dieser Betrag bei durchschnittlich 337 DM, leicht über dem Vorjahr, wenn davon ausgegangen wird, daß ein rechnerischer Mittelwert bei gleichmäßiger Verteilung der Alterskategorien der Fahrzeuge gebildet wird.

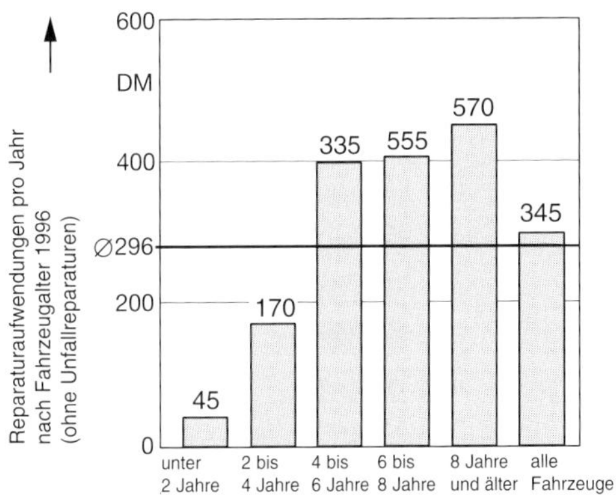

Bild 1.1 Die durchschnittlichen Reparaturaufwendungen pro Fahrzeug und Jahr stiegen 1996 imVergleich zu 1995 leicht an. (Quelle: DAT)

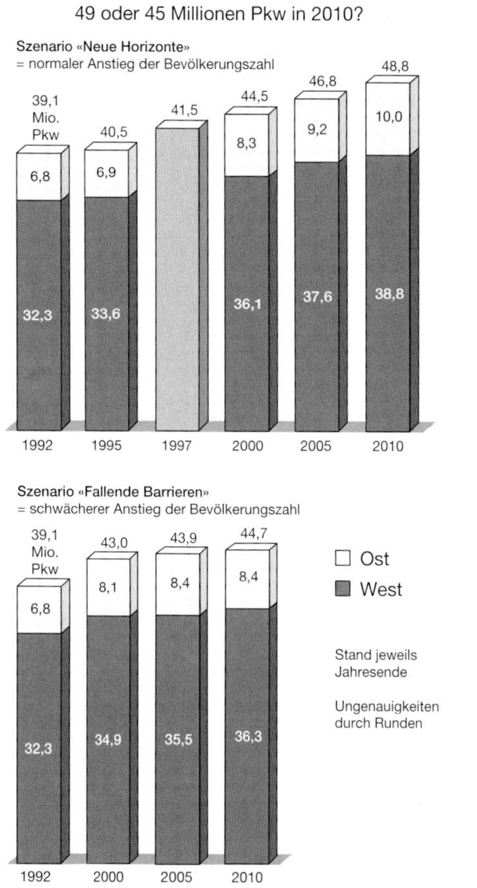

Bild 1.2 Reales und geschätztes Pkw-Aufkommen in Deutschland (Quelle: Shell)

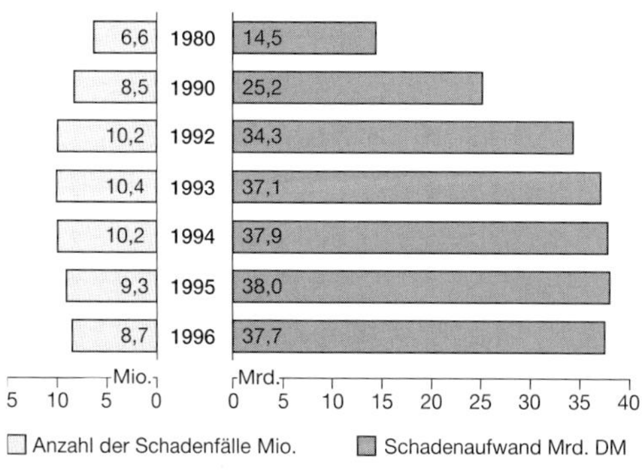

Bild 1.3 Entwicklung der Versicherungsleistungen für Kfz-Unfälle: Kfz-Haftpflicht, -Kasko- und Insassenunfall, ab 1992 Gesamtdeutschland. (Quelle: Verbandsstatistik GDV-Jahrbuch 1997)

Ein Grund für diese Entwicklung ist die in den letzten Jahren verbesserte Qualität der Fahrzeugbauteile. Dadurch konnten die Fahrzeughersteller u.a. den Gewährleistungsumfang für Neufahrzeuge erhöhen (bis zu 3 Jahren und 100 000 km) und gleichzeitig die Wartungsintervalle heraufsetzen (1. Inspektion nach 30 000 km). Die verlängerten Wartungsintervalle sorgen zusätzlich dafür, daß der Kunde seine Werkstatt vergißt. Zum Erhalt des Anspruchs auf die Werksgarantie eines Neuwagens wird die erste Inspektion noch in der Vertragswerkstatt durchgeführt. Im zweiten Zulassungsjahr sinkt aber schon die Kundenbindung stark ab und beträgt nach ca. 38 Monaten nur noch ca. 20% (je nach Fahrzeugfabrikat).

Gegen diese negative Entwicklung des Umfangs an Wartungs- und Reparaturarbeiten können auch nicht die zusätzlichen Einnahmen über die AU-Verpflichtungen der Autofahrer hinwegtäuschen. Selbst die immer komplizierter werdende Fahrzeugtechnik, die den Kunden wieder in die Werkstatt zwingt, weil der «Selbermacher» überfordert ist, wird die Werkstattauslastung in der Zukunft kaum sicherstellen. Doch im Gegensatz zu den genannten wenig erfreulichen Entwicklungen in bezug auf die Werkstattauslastung zeichnet sich die Tendenz für die Karosseriereparaturen günstiger ab. Bis zum Jahr 1995 galten zwei positive Ansätze für die Werkstattauslastung im Karosserie- und Lackbereich:

- Die steigende Verkehrsdichte ließ die Anzahl von Kfz-Unfällen immer weiter ansteigen.
- Der Trend zum Karosserie-Tuning verstärkte sich aufgrund der immer uniformer aussehenden Serienausführungen der Pkws weiterhin.

Ab 1996 ging zum erstenmal in der Entwicklung des Kfz-Marktes für Unfallschaden-Instandsetzungen die Anzahl der unfallbeschädigten Autos zurück. Außerdem wurden beim Karosserie-Tuning Rückgänge verzeichnet, die sich logischerweise in kaufkraftschwächeren Gebieten am gravierendsten darstellten. Mehr zu diesen Themen im nachfolgenden Kapitel. Trotzdem muß das Karosserie- und Lackgeschäft im Vergleich zu Reparatur und Wartung weiterhin als lukrativ bezeichnet werden. Dafür spricht auch die

Tatsache, daß die Verweildauer eines Fahrzeugs in der Werkstatt zur Behebung eines Karosserieschadens wesentlich höher ist als bei Mechanik- oder Diagnosearbeiten.

1.1 Der Gesamtmarkt für die Karosserie-Instandsetzung und Lackierarbeiten

Karosserie-Reparaturen werden aus mehreren Gründen durchgeführt; wenn ein Unfallschaden vorliegt, wenn ein korrosionsbedingter Schaden beseitigt werden muß oder wenn ein individuelles Karosserie-Tuning verlangt wird. Den größten Anteil am Gesamtaufkommen für Karosseriearbeiten stellen die Unfallreparaturen dar. Sie erreichten 1996 bei der Pkw-Haftpflichtversicherung einen Umfang in Höhe von 20 Mrd. DM. Allerdings sind in diesem Betrag die Personen- und Sachschäden enthalten, die abgezogen werden müssen. Hinzu kommen aber noch die Kaskoschäden und die übrigen selbstverschuldeten Unfälle, die nicht gemeldet wurden.

Seit Jahren pendelt die Anzahl der in einem Haftpflicht-Unfall verwickelten Fahrzeuge zwischen 10% und 12% des Pkw-Bestandes. Bei ca. 40 Mio. Pkws in Deutschland wurden 1994 etwa 4,3 Mio. Autos in einen Schaden verwickelt (ca. 11%). Prozentual gesehen war das im Vergleich zu 1993 zwar ein geringfügiger Rückgang, doch die absolute Zahl der unfallbeschädigten Fahrzeuge stieg aufgrund des im Vergleich zu 1994 gestiegenen Fahrzeugbestandes um ca. 80 000 Pkw/Kombi-Fahrzeuge an. Ab 1995 ist allerdings eine Abnahme der absoluten Zahl an Unfallfahrzeugen zu verzeichnen. Nach den Statistiken des Jahres 1995 lag die Anzahl der unfallbeschädigten Fahrzeuge im Haftpflichtfall bei 9,2% vom Gesamtbestand 40,5 Mio. Pkw/Kombi. Das ergibt absolut etwa 3,73 Mio. Fahrzeuge. Im Vergleich zu 1994 sank damit die Anzahl der in einen Haftpflichtschaden verwickelten Pkw/Kombi um ca. 66 000 Einheiten. Wenn die Haftpflicht- und Kaskoschäden addiert werden, sank die Anzahl 1995 im Vergleich zu 1994 um fast 490 000 Fahrzeuge. *Fazit:* Auch wenn die Anzahl der Selbstzahler stark anstieg, weil dadurch der Schadenfreiheitsrabatt erhalten blieb: Der Kampf um den Reparaturauftrag für ein Unfallfahrzeug wird härter!

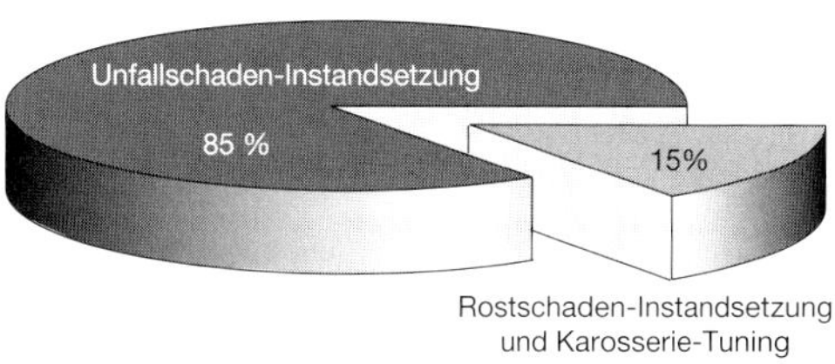

Bild 1.4 Verteilung der Karosseriearbeiten auf einzelne Marktsegmente

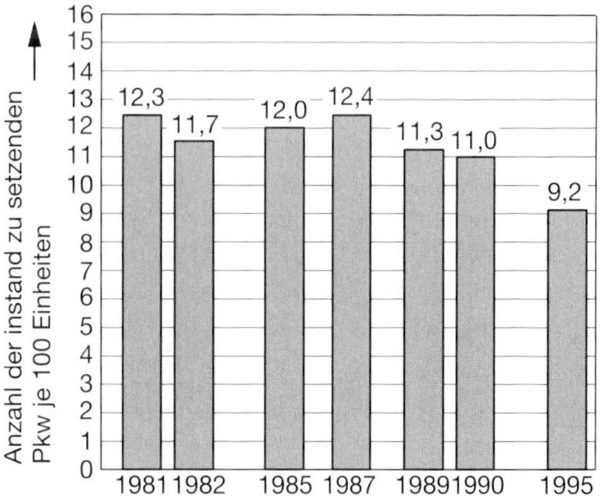

Bild 1.5 1982 bis 1990 stellte sich eine Kontinuität der Unfallhäufigkeiten ein. Von je 100 zugelassenen Pkws mußten 11 bis 12 wegen eines Haftpflicht-Unfallschadens repariert werden (Quelle: HUK-Verband)

Kostenverteilung nach Unfallschäden

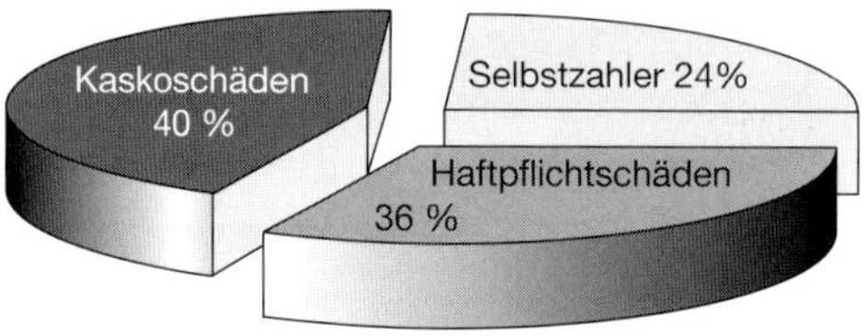

Zahlenwerte zum 1.1.1996 (Gesamt-Deutschland):

	Einheiten	Prozent
Pkw-Bestand	ca. 40,5 Mio.	
Schadensquote (Selbstzahler, Haftpflicht- und Kasko-Schäden)	ca. 10,5 Mio.	ca. 26% von 40,5 Mio. Pkw
Anteil Haftpflichtschäden (10,5 Mio. entspricht 100%)	ca. 3,7 Mio.	ca. 36%
Anteil Kaskoschäden (10,5 Mio. entspricht 100%)	ca. 4,2 Mio.	ca. 40%
Selbstzahler (10,5 Mio.. entspricht 100%)	ca. 2,6 Mio.	ca. 24%

Anmerkung:
Die Anzahl der Selbstzahler wird um ein Vielfaches höher, wenn die Personen mitgerechnet werden, die sich einen Versicherungsschaden ausbezahlen lassen und dann in der Werkstatt als Selbstzahler auftretren.
Im Versicherungs-Sprachgebrauch werden diese Vorgänge als «fiktive» Abrechnungen bezeichnet.
Je nach Versicherungsgesellschaft und Versicherungssparte liegt die Anzahl der fiktiven Abrechungen zwischen 40% und 80% der Schadenfälle.

Bild 1.6 Kostenverteilung nach Unfallschäden

Nach wie vor haben die Unfallreparaturen einen Anteil von ca. 85%, bezogen auf den Gesamtmarkt der Karosseriearbeiten in Deutschland. Die übrigen 15% teilen sich auf in Rostschaden-Reparaturen und Karosserie-Individualisierungsarbeiten.

Hinweis: Alle Zahlen beziehen sich immer auf das abgelaufene Jahr bzw. auf den 1. Januar des Folgejahres.

Durch die verbesserte Karosserievorsorge an den Neufahrzeugen hat der Anteil an Rostschaden-Reparaturen in den letzten Jahren kontinuierlich abgenommen. Da aber dafür die Karosserie-Individualisierung zugenommen hat, kann der Anteil der nicht unfallbedingten Karosserie- und Lackarbeiten nach wie vor mit etwa 15% des Gesamtmarktes Karosserie- und Lackinstandsetzung angesetzt werden.

1.2 Die Unfallreparatur

Die Häufigkeit der Straßenverkehrsunfälle hängt im wesentlichen von der Verkehrsdichte, also von dem Fahrzeugbestand bei vorhandenem Straßennetz, ab. Am 1. 1. 1996 lag der Gesamtbestand von Fahrzeugen in den alten und neuen Bundesländern bei 44,1 Mio. Einheiten. Dieser teilte sich auf in 40,5 Mio. Pkw/Kombi und 3,6 Mio. Nutzkraftwagen. Die Fahrzeugdichte gleicht sich in den alten und neuen Bundesländern immer stärker an. In den neuen Bundesländern gibt es etwa 453 Pkw/Kombi auf 1000 Einwohner, während in den alten Bundesländern 512 Pkw/Kombi auf 1000 Einwohner kommen. Im statistischen Durchschnitt besitzt jeder zweite Bürger der alten Bundesländer einen Pkw/Kombi. In den neuen Bundesländern müssen sich dagegen noch 2,2 Personen einen Pkw/Kombi teilen. Wie vorher bereits erwähnt, konnte bis zum Jahr 1994 davon ausgegangen werden, daß die Anzahl der unfallbeschädigten Pkw/Kombi mit steigender Verkehrsdichte ebenfalls anstieg. Ab 1995 scheint jedoch die Verkehrsdichte soweit zugenommen zu haben, daß nunmehr die Unfallzahlen aufgrund des immer häufiger stehenden als rollenden Straßenverkehrs rückläufig sind. Darüber hinaus zeigen die in den letzten Jahren sehr stark verbreiteten «Tempo-30-Zonen» ihre Wirkung in

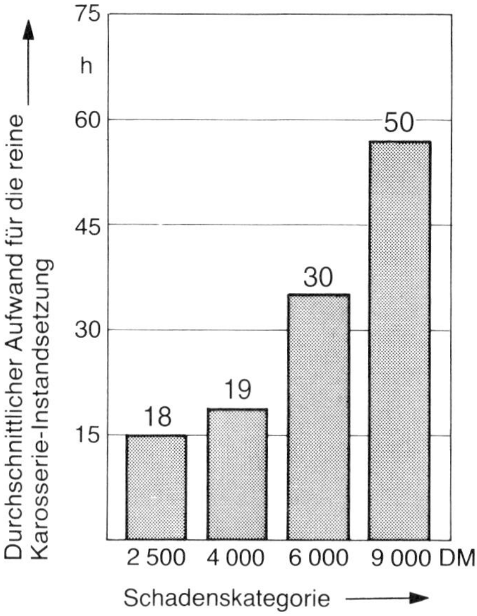

Bild 1.7 Aufwand an Karosserie-Instandsetzungen bei unterschiedlichen Schadenskategorien (Gesamtschadenshöhe)

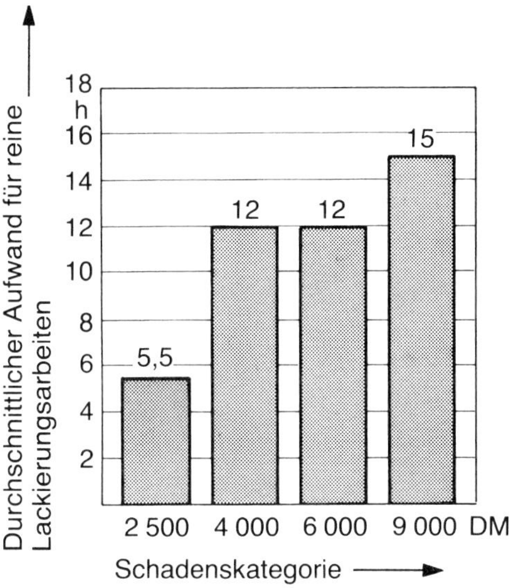

Bild 1.8 Aufwand für Lackierungsarbeiten bei unterschiedlichen Schadenskategorien (Gesamtschadenshöhe)

der Form, daß in solchen Straßenzügen die Unfallzahlen bis zu 40% rückläufig sind. Um Mißverständnissen vorzubeugen: Hier soll der Rückgang der Unfallzahlen nicht beklagt werden. Derartige Betrachtungen sind jedoch anzustellen, um zu einer realistischen Einschätzung des «Werkstattmarktes Unfallreparatur» zu gelangen.

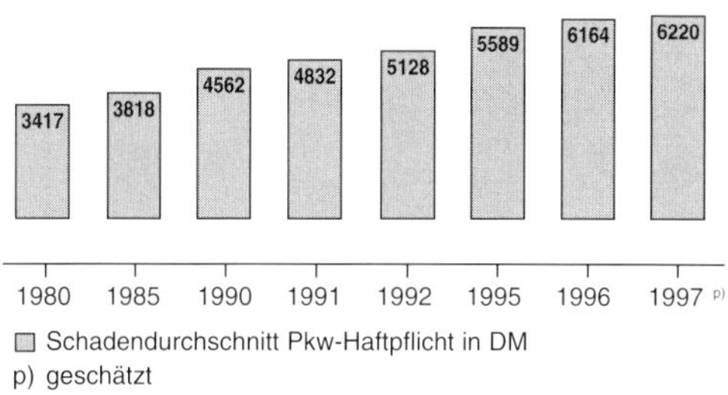

Bild 1.9 Schadensaufwand Haftpflichtschäden je Pkw-Unfall (Reparatur- und Nebenkosten); ab 1995 Gesamtdeutschland (Quelle: GDV)

1.2.1 Versicherungsleistungen und die selbstbezahlten Unfallschäden

Bei den Versicherungsleistungen sind die Zahlungen für reine Kraftfahrzeugschäden nur annäherungsweise aus der veröffentlichten HUK-Statistik zu ermitteln. Wenn zum Beispiel ein Haftpflichtschaden reguliert wird, fallen auch Beträge darunter, die für Personen-, Gebäude-, Leitplankenschäden usw. bezahlt werden. In der Kaskoversicherung werden neben den Unfallreparaturen auch Ersatzleistungen für reine Aggregat-, Diebstahl- und Glasschäden in einer Summe ausgewiesen. Wenn aufgrund von verschiedenen Annahmen und Hochrechnungen eine prozen-

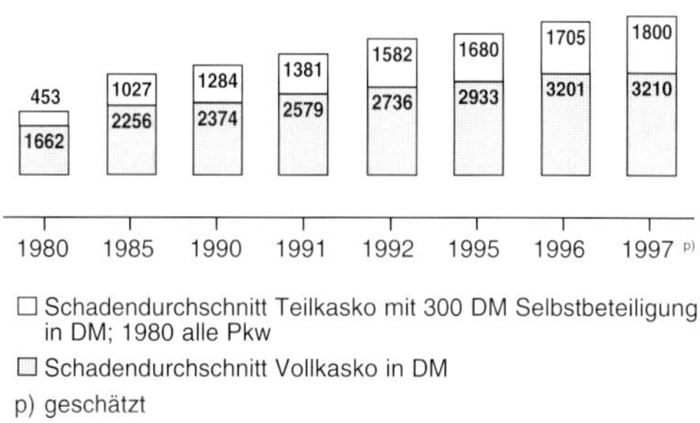

Bild 1.10 Schadensaufwand Vollkasko und Teilkasko

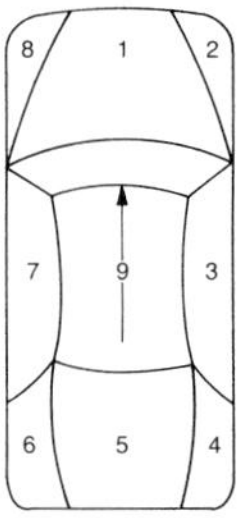

	Haftpflicht %	Kasko(ges.)%
1 vorne	24,9	41,9
2 vorne rechts	12,4	17,7
3 seitlich rechts	4,0	4,5
4 hinten rechts	14,7	3,5
5 hinten	16,6	3,2
6 hinten links	7,2	2,4
7 seitlich links	5,0	3,1
8 vorne links	9,0	7,7
9 mittig oben und unten, Dach- und Bodengruppe	0,7	3,6
10 total	5,4	12,4

Bild 1.11 Verteilung der Unfallschäden an Pkw

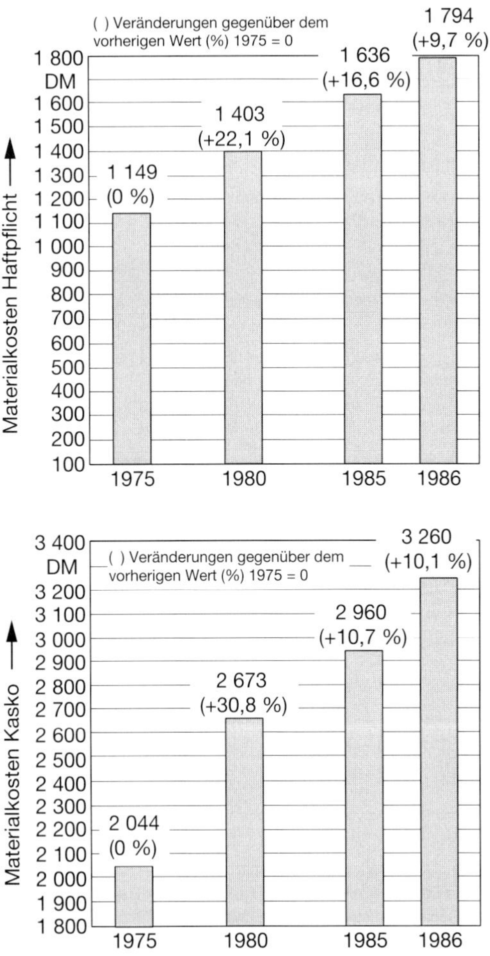

Bild 1.12 Entwicklung der Materialkosten bei Unfallschäden (Haftpflicht und Kasko)

tuale Verteilung der Versicherungsleistungen und des Selbstbezahlens für Unfallschäden an Fahrzeugen gemacht wird, dann sieht diese etwa so aus:

Haftpflichtschäden ca. 36%
Kaskoschäden ca. 40%
Selbstzahler ca. 24%
Zusätzlich:
Nicht unfallbedingte Karosserie- und Lackreparaturen ca. 15% von 10,5 Mio. Pkw.

1.2.2 Material- und Lohnkosten bei der Unfallschaden-Instandsetzung

Es ist verständlich, daß die Verteilung der Material-, Lohn- und Lackierkosten von der jeweiligen Schadenshöhe abhängig ist. Die Auswertung von vielen Schadensreparaturen in der «ASA Lehr- und Versuchswerkstatt von Versicherern und dem Kfz-Handwerk» (seit 1997: Werkstatt des Kraftfahrzeugtechnischen Instituts, KTI) hat ergeben, daß für eine prozentuelle Aufteilung von Material-, Lohn-, und Lackierkosten die Bildung der Schadenskategorien 2500 DM, 4000 DM, 6000 DM und 9000 DM sinnvoll ist. Für die weitere Betrachtung dieses Themas muß die Definition des Schadensumfangs der jeweiligen Kategorie erfolgen. Es müssen «Normalschäden» sein, die keine einseitigen Schwerpunktarbeiten enthalten. So wurde beispielsweise ein seitlicher leichter Streifschaden, der zu 90% Lackierarbeiten umfaßt, nicht berücksichtigt. Ebenfalls unberücksichtigt blieb ein Geländewagenschaden, der nach einem Unfall zu 70% Achsteilbeschädigungen aufwies.
Eine weitere Besonderheit zeigt sich beim Anteil der Lackierarbeiten (einschl. Material) in den Schadenskategorien. Bei den 4000-DM-Schäden liegt der Lackieranteil mit 26% am höchsten, während er im Bereich der 9000-DM-Schäden nur noch 15% beträgt. Dies ist ein sehr wichtiger Hinweis für die Auslastung einer eventuellen Lackiererei in der Werkstatt. Viele große Schäden sorgen zwar für eine gute Beschäftigung im Karosseriebereich, lasten die Lackiererei aber nicht aus.
Der Anteil der mechanischen Arbeiten wird erst ab 4000-DM-Schäden nennenswert. Er steigt kontinuierlich mit der Gesamtschadenshöhe.

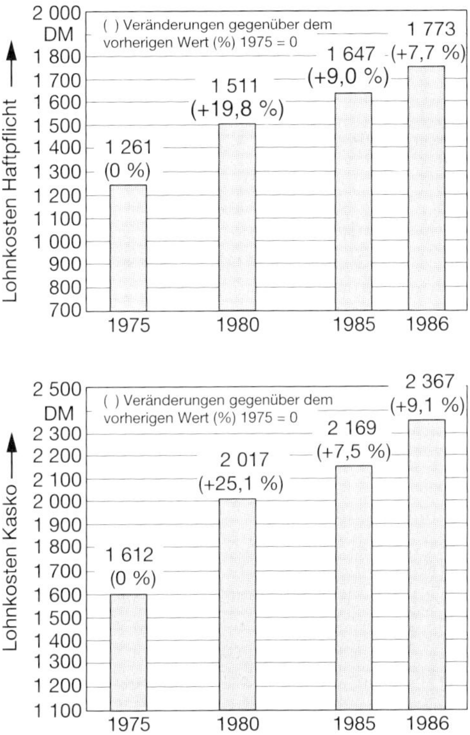

Bild 1.13 Entwicklung der Lohnkosten bei Unfallschäden (Haftpflicht und Kasko)

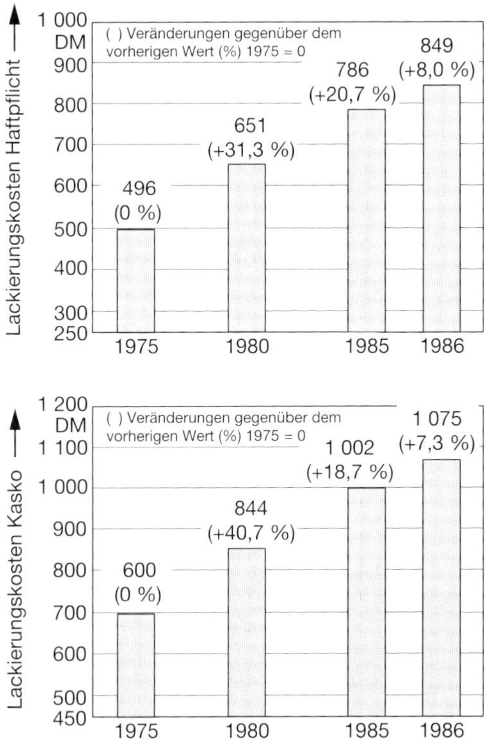

Bild 1.14 Entwicklung der Lackierungskosten bei Unfallschäden (Haftpflicht und Kasko)

1.2.3 Entwicklung der unfallbedingten Reparaturkosten

Im März 1979 wurde erstmalig im Rahmen der DEKRA-Fachschriftenreihe die Entwicklung der Kosten, die bei der Reparatur unfallbeschädigter Pkw anfallen, veröffentlicht. Die Veröffentlichung basierte auf einer Auswertung von DEKRA-EDV-Schadensgutachten und enthielt die gespeicherten Daten von 1975 bis einschließlich 1986. Leider wurde die Statistik seitdem nicht weitergeführt, obwohl die Werte vorliegen. Trotzdem liefert sie wertvolle Hinweise für die Einschätzung von Karosserie- und Lackierarbeiten in der Werkstatt. In den folgenden Tabellen wird ausschließlich auf Zahlenmaterial Bezug genommen, das aus Kalkulationen zur Ermittlung der Schadenshöhe entnommen wurde. Die daraus abgeleiteten durchschnittlichen Reparaturkosten berücksichtigten demnach keine Bagatellschäden, weil hierfür keine Gutachten erstellt werden (bis ca. 2000 DM). Obwohl die meisten Unfallschäden im Kostenbereich von ca. 2500 DM liegen, ist die DEKRA-Statistik interessant, weil sie als zugängliche Datensammlung einen Vergleich der Kosten für die Unfallinstandsetzung zuläßt.
Die durchschnittlichen Reparaturkosten und -steigerungen, bezogen auf die einzelnen Fahrzeugtypen, liegen ebenfalls vor. Sie sollen hier aber nicht näher betrachtet werden. Bei Bedarf ist das Zahlenmaterial vom DEKRA zu erhalten. Ein weiteres Ergebnis dieser Auswertung ist die Verteilung der Schäden auf die einzelnen Zonen der Fahrzeuge. Die Frontpartie eines Pkw wird danach am häufigsten beschädigt. Das Heck ist nicht so oft in Mitleidenschaft gezogen, während reine Seiten- oder Dachschäden nur selten auftreten. In der

detaillierteren Betrachtung der Schadenszonen fällt auf, daß vorne rechts die Schadenshäufigkeit am größten ist. Dies ist erklärbar, da jeder Fahrzeuglenker bestrebt ist, einen drohenden Auffahrunfall für sich selber so glimpflich wie möglich zu überstehen. Er versucht, das Auto nach links aus dem Gefahrenbereich herauszubringen. Die rechte Seite seines Fahrzeugs erfaßt dabei das Hindernis. Die Häufigkeit der Schadensverteilung ist für die Werkstatt als Hinweis auf die Gängigkeit der Ersatzteile von großer Wichtigkeit (Lagerhaltung).

Bei den Materialkosten sind grundsätzlich die empfohlenen Richtpreise der Automobilhersteller (UPE) eingesetzt. Wurden von den einzelnen Werkstätten Preisaufschläge verlangt, so sind sie berücksichtigt (5% bis 15%, in Ausnahmefällen bis 30%). Ende der siebziger Jahre wurden nur noch vereinzelt Preisaufschläge für Ersatzteile verlangt. Dies änderte sich 1981; bis zum Jahre 1987 sind Preisaufschläge zwischen 5% bis 15% verzeichnet worden. Die Materialkosten-Entwicklung anhand der Gutachtendaten spiegelt nicht nur die Ersatzteilpreis-Entwicklung wider. So muß berücksichtigt werden, daß in Zeiten hoher Werkstattauslastung oft die schnellere Teileerneuerung im Schadensfall vorgesehen wurde. Eine zeitintensivere Instandsetzung hätte manchmal die Gesamtkosten des Schadensfalles, inklusive Nutzungsentgang,

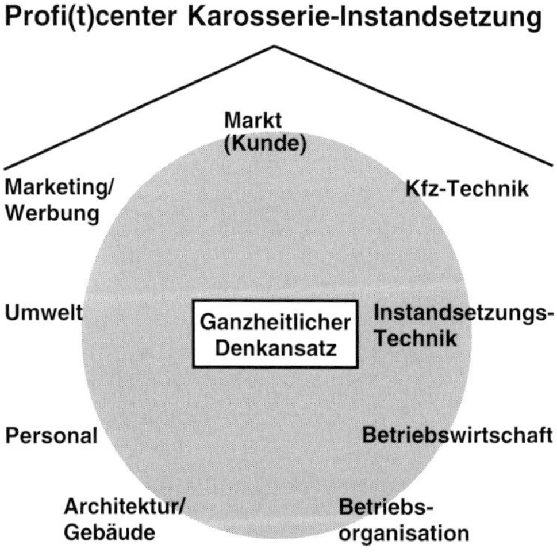

Bild 1.15 Ganzheitlicher Denkansatz für das Profi(t)center Karosserie-Instandsetzung

Mietwagen, Wertminderung usw. höher ausfallen lassen. Die Mehrwertsteuer ist in den angegebenen DM-Beträgen nicht enthalten. Insgesamt sind die Materialkosten zur Behebung eines Unfallschadens in der BRD zwischen 1975 und 1986 um 66,11% gestiegen.

In der Diskussion um die Verwertung von alten Pkw (Entsorgung) kann hier zukünftig mit einer Verschrottungspauschale gerechnet werden. Dies gilt insbesondere für großvolumige Kunststoffteile, wenn sie nicht recycelbar sind.

Die Lohnkosten werden bei der Teileerneuerung gemäß der Automobilhersteller-Vorgabezeiten festgelegt. Erforderliche Zeiten für das Rückverformen, Ausbeulen, Verzinnen usw. werden vom fachkompetenten Sachverständigen mit dem jeweils zuständigen Werkstattmeister abgeklärt. Die Stunden- oder AW-Verrechnungssätze in den Gutachten sind die, die in der Reparaturwerkstatt verlangt werden. Wird das Fahrzeug nicht in einer Werkstatt besichtigt, so gelangt der ortsübliche Verrechnungssatz zur Anwendung. Einer Steigerung der Lohnkosten wirken die Bemühungen der Automobilhersteller entgegen, die Karosserien reparaturfreundlicher zu gestalten. Allerdings sind hier Grenzen gesetzt, da der Schutz der Fahrzeuginsassen bei einem Unfall die höchste Priorität hat. Die Lohnkosten sind zwischen 1982 und 1986 um 46,15% gestiegen.

Der Stundenverrechnungssatz für die Lackierung liegt im allgemeinen ca. 25% über dem der Karosseriereparatur. Allerdings ist dabei zu berücksichtigen, daß oft das Lackmaterial im Verrechnungssatz enthalten ist. Besondere Aufschläge werden gerechtfertigterweise für Metallic-Materialien verlangt. Das gleiche gilt für Permutt- oder andere Effektlacke. Vielfach wird für die Lackierung nach einer Karosserie-Instandsetzung ein Pauschalpreis vereinbart. Das gilt in hohem Maße auch für Sonderlackierungen. Die Lackmaterialien sind nach der ersten sogenannten Energiekrise im Jahre 1973 stark im Preis gestiegen. Von 1975 bis 1986 gab es bei den Lackierkosten insgesamt eine Steigerung von 77,01%.

Zu den Tabellen sind noch einige Anmerkungen nötig, damit keine Fehlinterpretationen erfolgen. Die statistische Genauigkeit der Werte ist sehr hoch, da weit über 2 Mio. Gutachten ausgewertet wurden. Beim Nachrechnen der einzelnen Positionen fällt aber auf, daß die Summe der absoluten Beträge der durchschnittlichen Einzelposten nicht genau mit den ausgewiesenen Gesamt-Instandsetzungskosten übereinstimmt. Hierbei handelt es sich nicht um einen Rechen- oder Systemfehler. Es gibt Schäden, bei denen keine Materialkosten, andere, bei denen keine Lackierkosten anfallen. Hierdurch entsteht bei den Gesamtkosten ein etwas niedrigerer Betrag, als der, der sich bei der Addition der Untergruppen Material, Lohn und Lack ergibt.

Die z. B. vom ADAC jährlich herausgegebenen Zahlen über die Kostensteigerungen bei der Kfz-Reparatur können nicht mit den hier genannten verglichen werden. Bei den ADAC-Aussagen ist das gesamte Spektrum der Wartungs- und Verschleißarbeiten am Fahrzeug mit berücksichtigt, während die DEKRA-Zahlen speziell die Unfallreparaturen berücksichtigen.

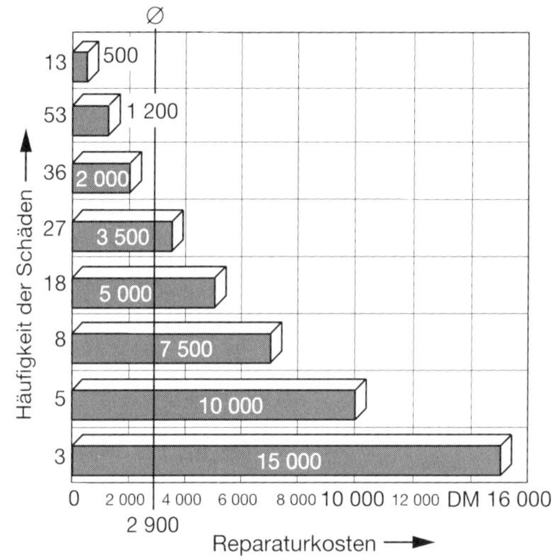

Bild 1.16 Häufigkeit von Reparaturen bei bestimmten Reparaturkosten (Jahresaufzeichnung eines Betriebes)

1.3 Profi(t)center Karosserie-Instandsetzung

Genauso wie für den Gesamtbetrieb die «ganzheitliche» Betrachtungsweise angesetzt wird, muß es für den Teilbereich der Karosserie-Instandsetzung geschehen (Bild 1.15). Dabei sollte mit der Festlegung der Zielsetzung begonnen werden, da sich daran die Vorgehensweise für die übrigen Einflußgrößen orientiert. Wer das Karosseriegeschäft gewinnbringend betreiben will, kann nur mit einem durchdachten Konzept zum Ziel kommen. Ein erfolgversprechender Weg ist dabei, den Karosseriebereich zum betriebsintegrierten Profitcenter mit eigener Umsatz- und Gewinnverantwortung zu machen – wohlgemerkt: ein betriebsintegriertes Profitcenter und nicht ein Konkurrent zu den eigenen Bereichen der Mechanik, der Lackiererei oder anderen Betriebsabteilungen. Wenn dies gelingt, werden sich sehr viele positive Synergie-Effekte für alle Betriebsbereiche einstellen. Die wichtigsten Einflußgrößen auf das Karosseriegeschäft im einzelnen:

Bild 1.17 Universelles Richtsystem mit Auffahrrampen

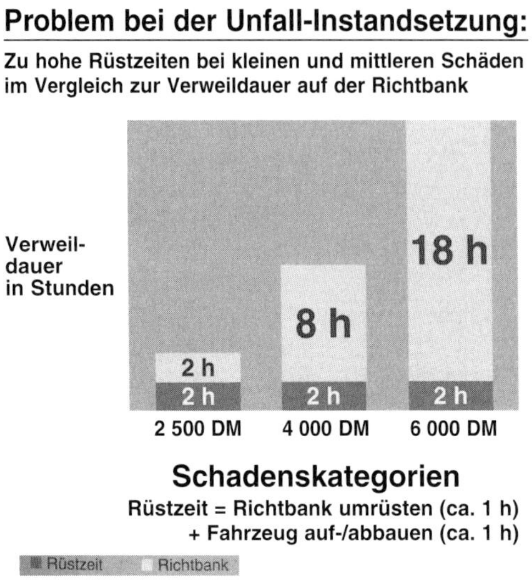

Bild 1.18 Rüstzeiten im Vergleich zur Verweildauer auf der Richtbank

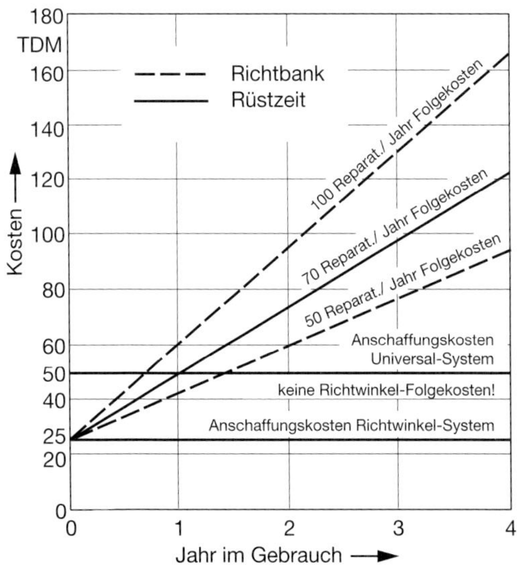

Bild 1.19 Anschaffungs- und Folgekosten im Vergleich: Richtwinkel- zu Universalsystem

1.3.1 Die Schadenskategorien

Die Frage nach der durchschnittlichen Höhe einer Karosserie-Instandsetzung wird in den meisten Fällen aus dem Gefühl heraus falsch beantwortet. Die Schätzungen liegen zwischen 4000 DM und 6000 DM pro Fahrzeug. Entsprechende Veröffentlichungen der Kfz-Versicherer tragen zu diesem Irrtum bei, wenn sie für 1995 von einer durchschnittlichen Schadenshöhe im Haftpflichtfall von ca. 6080 DM sprachen. Es muß jedoch berücksichtigt werden, daß hierin die Reparatur-Nebenkosten wie Gutachtengebühr, Mietwagen, Rechtsanwaltshonorar und die Sach- und Personenschäden eingerechnet sind. Diese «Nebenkosten» belaufen sich mittlerweile auf ca. 45% des gesamten Schadensfalles.
Reale Auswertungen des Reparaturmarktes bestätigen die um etwa 50% niedriger liegenden reinen Reparaturkosten. In einigen Betrieben gibt es sehr gutes statistisches Zahlenmaterial, das seit Jahren ein immer wiederkehrendes Bild zeigt. Dabei spielt es kaum eine Rolle, welche Größenordnung der Betrieb hat (ob 4 oder 40 Mitarbeiter). Die durchschnittliche Reparaturhöhe pro Fahrzeug liegt zwischen 2800 DM und 3200 DM. Diese Größenordnung trifft für über 70% aller Autohäuser bzw. für reine Karosseriebetriebe zu (Bild 1.16).

Hieraus leitet sich bereits eine der Entscheidungshilfen für die Anforderung an ein profitabel arbeitendes Richtsystem ab: Fahrzeuge der Schadenskategorie bis ca. 3 500 DM sind in den meisten Fällen noch fahrtüchtig oder zumindest rollfähig. Eine Richtbank sollte daher mit Auffahrrampen ausgestattet sein und ein schnelles Festspannen des Fahrzeugs ermöglichen. Die Karosserie-Meßeinrichtung muß unabhängig von der Richtbankbenutzung sein. Das Aufspannen eines rollfähigen Unfallautos auf die Richtbank darf nicht länger als 10 Minuten dauern (Bild 1.17).
Ist diese Tatsache das Aus für die Richtwinkelbänke? Sicherlich nicht. Es muß nur sichergestellt sein, daß die Schäden, die auf einem Richtwinkelsystem repariert werden, dem Aufwand für die Rüstzeit der Richtwinkelbank angepaßt sind. Im Klartext bedeutet das, daß Schäden der Kategorie bis ca. 3500 DM Reparaturkosten wohl kaum auf die Richt-

winkelbank gehören. Bei dieser Schadenskategorie brauchen üblicherweise nur wenige Rückformarbeiten vorgenommen zu werden. Im Vergleich zur Reparaturzeit dauert es zu lange, bis das Fahrzeug aufgespannt ist und der erste «Zug» durchgeführt werden kann. Anders dagegen bei den umfangreicheren Schäden. Hier können Richt- und Anpaßarbeiten sowie das Einschweißen von neuen Karosserieteilen schnell mehrere Arbeitsstunden erforderlich machen. Dann spielt die Rüstzeit – also die Dauer, bis sich das Auto auf der Richtbank befindet und davon wieder heruntergenommen werden kann – im Vergleich zur Reparaturzeit eine untergeordnetere Rolle (Bild 1.18). Darüber hinaus haben die Richtwinkelsysteme ihre Vorteile, wenn es darum geht, die Karosserie an mehreren Punkten festzuhalten, wenn im übrigen Bereich noch rückgeformt werden muß. Doch Vorsicht: Die Richtwinkel sind «Meßwerkzeuge», obwohl sie den Eindruck von kraftaufnehmenden Festpunkten vermitteln. Deshalb verlangt jeder Fahrzeughersteller, daß bei Rückformarbeiten das Fahrzeug am Schweller oder in anderen belastbaren Karosseriebereichen zusätzlich mit der Richtwinkelbank über Karosserieklemmen befestigt wird. Die Richtwinkelbank ist, betriebswirtschaftlich gesehen, das klassische System zur Reparatur von Karosserien mit umfangreicheren Schäden.

Aus dieser Überlegung heraus wurde eine Zeitlang der falsche Umkehrschluß gezogen, daß universelle Richt- und Meßsysteme nur für Kleinschäden einzusetzen sind. Richtig ist: Mit den Universalsystemen der etablierten Hersteller können sowohl Kleinschäden als auch Großschäden fachgerecht instand gesetzt werden. Es gibt bei den Universalsystemen jedoch einen entscheidenden Unterschied, der beachtet werden muß: Können sie mit Auffahrrampen bestückt werden, um die fahr- und rollfähigen Fahrzeuge schnell aufzuspannen? Ist das der Fall, haben diese Systeme gegenüber den anderen Universal- und Richtwinkelsystemen den Vorteil der geringen Rüstzeit.

Die Vorteile einer Universal-Richtbank mit Auffahrrampen sind zur Bearbeitung der meisten Unfallschäden unbestritten. Wenn im Betrieb noch keine Richtbank vorhanden ist, ist es kein Problem, eine Entscheidung zum Kauf eines dieser Systeme zu treffen. Doch was soll getan werden, wenn bereits eine Richtwinkelbank existiert? Ein Blick auf die möglichen Kostenvorteile beim Arbeiten mit einer Universalbank verrät, daß sich die Investition in eine zweite Richtbank, nämlich die in einer Universal-Richtbank, allein über die Einsparung der Richtwinkel-Leihgebühr schnell amortisiert (Bild 1.19). Wenn es sich außerdem um ein ausbaufähiges System handelt, sollte die Entscheidung zum Kauf noch leichter fallen, da dann in mehreren Schritten die Investition erfolgen kann.

1.3.2 Ort der Karosserie-Instandsetzung

Wenn bislang in den Statistiken als Reparaturort für Karosserieschäden immer nur zwischen Vertragswerkstatt, freier Werkstatt, Tankstellen, DIY und Schwarzarbeit unterschieden wurde, muß mittlerweile eine neue «Größe» hinzugenommen werden: die östlichen Nachbarländer von Deutschland. Spekulative Hochrechnungen, deren Grundlage eine Momentanerhebung war, ergaben, daß weit über 200 000 Unfallfahrzeuge pro Jahr den hiesigen Reparaturmarkt in Richtung Osten (z.B. Polen, Tschechien, Ungarn) verlassen. Die Frage, warum eine solche Entwicklung stattfinden konnte, ist einfach zu beantworten: Wenn in den östlichen Nachbarländern ein Stundenverrechnungssatz in Höhe von 8 DM

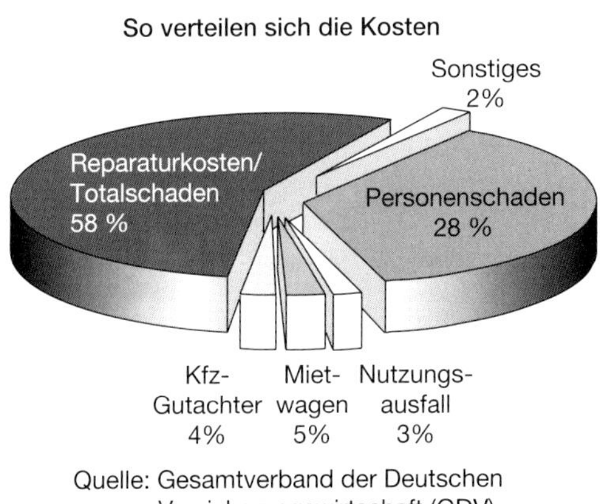

Bild 1.20 Reparatur- und Nebenkosten

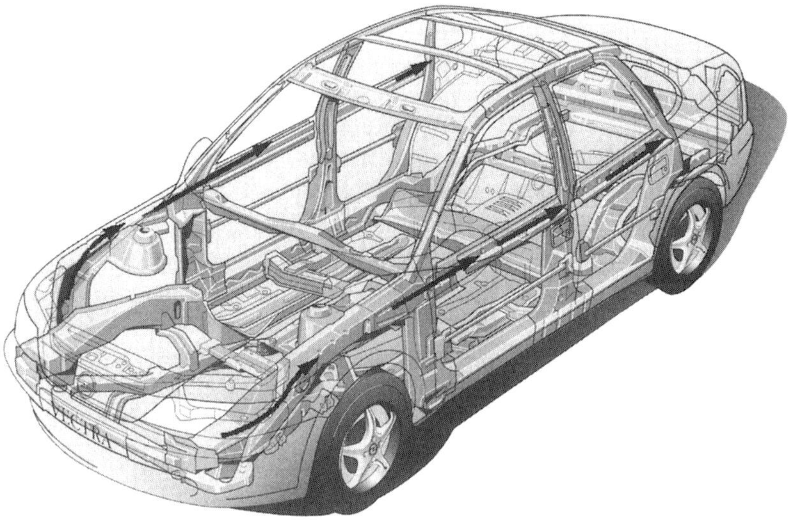

Bild 1.21
Aufteilung der Verformungswege bei einem Frontaufprall

angenommen wird und im Inland 100 DM abgerechnet werden können, drängt sich für jeden profitorientierten Unternehmer ein Dienstleistungs-Handelsgeschäft förmlich auf. Von den angenommenen 92 DM Handelsspanne pro Stunde läßt sich auch noch ein firmeneigener Leihwagen aus eigener Tasche gut bezahlen, wenn die normale Reparaturdauer aufgrund eines langen Transportweges mal für ein paar Tage überschritten werden sollte. Bei dieser Handelsspanne sind auch etwaige Reklamationen, die nur spärlich bekannt werden, kostenmäßig gut zu verkraften. Doch über eine Situation müssen sich die inländischen Auftraggeber im klaren sein: Die forcierte Öffnung des osteuropäischen Reparaturmarktes ist eine Entwicklung, die nicht mehr zurückgeschraubt werden kann. Im Gegenteil, es hat sich bereits eine Eigendynamik dieses Reparaturmarktes in der Form eingestellt, daß die Unfallfahrzeuge direkt vom Geschädigten, also ohne Werkstattvermittlung, geholt werden.

Fazit aus diesem Marktgeschehen: Der bisherige Handelspartner entwickelt sich zum Konkurrenten. Die Reaktion auf den verschärften Wettbewerb kann nur lauten, daß sich die inländischen Werkstätten optimal dem Rennen stellen. Die wichtigsten Faktoren sind dabei:

- gut geschultes Personal,
- Werkstattausrüstung, mit der profitabel gearbeitet werden kann,
- sehr gute Werkstattorganisation,
- schlagkräftiges K- und L-Marketing.

Zweifellos ist ein Großteil der Unfallfahrzeuge, die Deutschland in Richtung Osteuropa verlassen, als sog. «Restwert» aufgekauft. Diese Fahrzeuge werden repariert und im jeweiligen Land veräußert. Bei der ersten Betrachtung scheint dies eine Möglichkeit zu sein, um gute «Restwert-Geschäfte» zu machen. Doch auch bei diesem Handeln ist Vorsicht angesagt. Die «schnelle Mark» mit den hohen Restwerten wird zwangsläufig auch auf Fahrzeugschäden übertragen, die im eigenen Betrieb noch profitabel hätten repariert werden können (Bild 1.20).

1.3.3 Fahrzeugtechnik

Was für die Entwicklungsgeschwindigkeit auf dem Gebiet der Elektrik/Elektronik im Auto gilt, kann im entsprechenden Verhältnis auch auf dem Karosseriesektor beobachtet werden. Neben den Veränderungen bei den eingesetzten Karosseriematerialien (höherfestes Stahl-

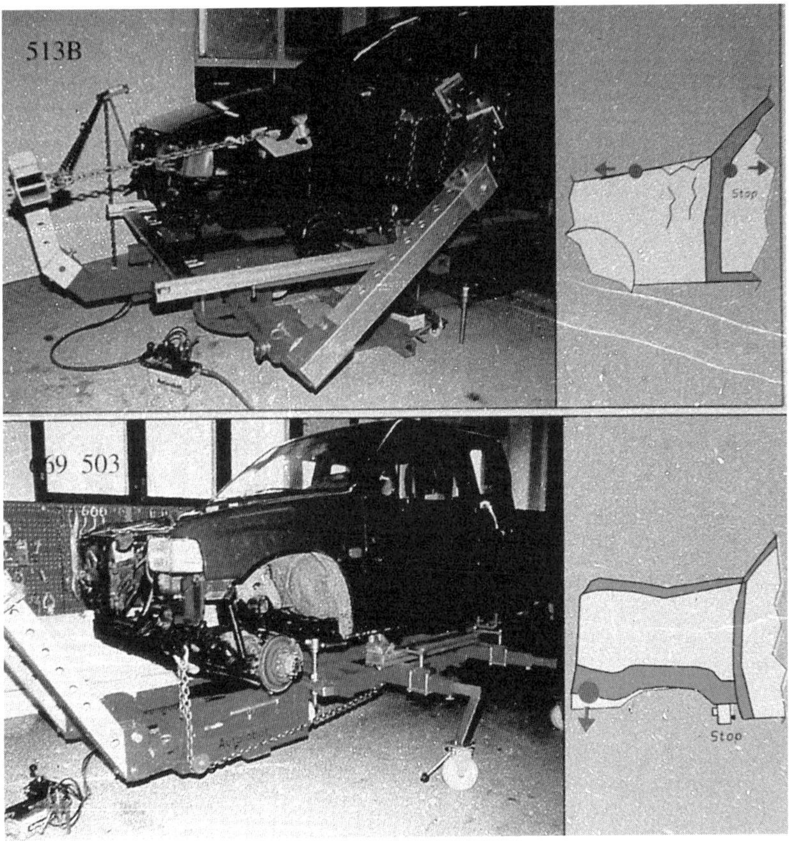

Bild 1.22
Moderne Rückformgeräte, die Zug- und Druckkräfte gleichzeitig sowie überlagert ausführen können

blech, Aluminium, Kunststoff) unterliegen auch die Karosseriestrukturen einem Wandel. Die Unfallenergie wird bei den modernen Karosserien im Frontbereich zusätzlich über die «Gürtellinie» in Verformungsarbeit umgewandelt. Die höhergelegenen Karosseriepartien sind zugunsten der Personensicherheit immer mehr als gezielte Deformationsbereiche einbezogen worden. Das wirkt sich auch auf die Reparaturtechnik aus (Bild 1.21).

1.3.4 Instandsetzungstechnik

Durch die Verlagerung der Deformationszonen in obere Karosseriebereiche entstehen bis zu bestimmten Geschwindigkeiten großflächige Verformungen (Vorbau zu einer Seite verschoben, Windlauf der A-Säule mittig hochgebogen usw.). Die Reparatur ist schnell

Bild 1.23 Raffinierte Halte- und Rückformgeräte als Zubehör zur Richtbank verkürzen die Arbeitszeiten wesentlich.

durchgeführt, wenn folgende Voraussetzungen erfüllt sind:

- ☐ Die Karosserie kann in der Bodengruppe und im höhergelegenen Bereich direkt hinter den Knickstellen verankert werden, bzw. es können Gegenzüge oder ein Gegendruck mit Hilfe der Richttechnik angebracht werden.
- ☐ Es können gleichzeitig mehrere Züge und Gegenzüge überlagert vorgenommen werden.
- ☐ Die Änderung der Rückformrichtung muß auch bei vorgespannten Zugketten möglich sein.
- ☐ Die Vermessung der oberen Karosseriepartien ist millimetergenau möglich (Bild 1.22).

1.3.5 Richtbankzubehör

Die genannten Anforderungen sind gleichzeitig Hinweise auf Entscheidungshilfen für die Anschaffung von Richt- und Meßsystemen. Eine immer wichtigere Rolle spielt dabei das sinnvolle und ergänzungsfähige Zubehör. Hier gibt es mittlerweile deutliche Unterschiede im Angebot der einzelnen Hersteller. Wenn sich früher das Richtbankzubehör auf einige Ketten, Zughaken und Druckzylinder beschränkte, gibt es heute raffinierte universelle Festhaltesysteme, mit denen über Druck- und Zugspindeln zusätzlich und selbständig gerichtet werden kann (Bild 1.23).

Neben der Rückformtechnik sollten die Richtbänke heute mit Auffahrrampen zu bestücken sein und ein schnelles Befestigen der Fahrzeuge ermöglichen. Die Gründe dafür wurden vorher bereits erwähnt.

1.3.6 Elektronische Karosseriemeßsysteme

Eine sprunghafte Weiterentwicklung ist auf dem Gebiet der Karosseriemeßtechnik zu verzeichnen. Neben den Richtwinkeln, die als Schablonen und Lehren einzuordnen sind, existieren schon lange die Universal-Meßsysteme. Sie arbeiten mit mechanischen Meßspitzen oder mit einer Laserstrahloptik. Seit etwa 1994 werden die elektronischen Karosseriemeßsysteme angeboten und verkauft. Sie ermöglichen die millimetergenaue Erfassung der Karosseriemeßpunkte, übertragen diese Meßwerte auf einen Bildschirm und geben dem Reparateur neben einem Soll-Ist-Vergleich auch noch Hinweise auf die korrekte

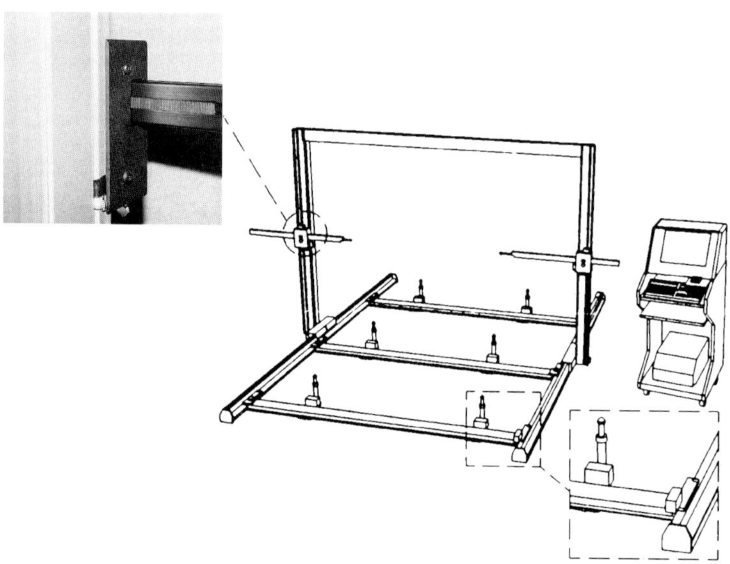

Bild 1.24
Elektronisches Meßsystem als Add-on-System, auf mechanischer Basis arbeitend

Zugrichtung beim Rückformen. Bei der Anschaffung derartiger Systeme sollte darauf geachtet werden, daß mehrere Karosseriemeßpunkte gleichzeitig zu kontrollieren sind, auch am Karosserie-Oberbau. Dies wird immer dann sehr wichtig, wenn die beschädigten Karosseriepartien mit wenig Festhaltepunkten bestückt sind. In solchen Fällen besteht die Gefahr, daß durch die Rückformkräfte Karosserieverformungen in Partien eingeleitet werden, die nicht beschädigt sind (Bild 1.24).

1.3.7 Karosserie-Oberbauvermessung

Aus den vorher bereits erwähnten Gründen wird die Vermessung des Karosserie-Oberbaus immer wichtiger. Leider beschränken sich die meisten Meßsystem-Hersteller immer noch nur darauf, lediglich eine Meßvorrichtung für den Federbeindom anzubieten. Manchmal wird an diese Stellage ein Teleskop-Meßstab angehängt, der Vergleichsmessungen im Vorderwagenbereich bedingt ermöglicht. Was gefordert wird, sind jedoch Vermessungsmöglichkeiten, die jeden Punkt der äußeren Karosseriekontur erfassen können. Die Karosserie läßt sich dadurch «scheibchenweise» im Querschnitt vermessen. Darüber hinaus ist es möglich, mit Hilfe von Datenblättern für die Oberbauvermessung auch Cabriolets an den wichtigen Punkten wie Verdecklagerung und -Schließzapfen exakt zu vermessen und rückzuformen. Windgeräusche und Wassereintritt nach der Reparatur werden vermieden.

Bei den Anbietern von Portal-Meßsystemen für die Oberbauvermessung muß noch unterschieden werden, ob die Systeme in Kombination mit dem Bodengruppen-Meßsystem arbeiten oder als «Stand alone»-Einheit einzusetzen sind. Bei dem Kombisystem besteht der Vorteil, daß die zentrierte Ausrichtung des kompletten Meßsystems zur Fahrzeugmitte über das Bodengruppen-Meßsystem ständig gewährleistet ist (Bild 1.25).

Bild 1.25 Karosserie-Oberbauvermessung mit einem separaten Portal-Meßbogen

1.3.8 Empfehlungen der Fahrzeughersteller

Bei einigen Fahrzeugherstellern hat die Erkenntnis über die Abhängigkeit von Karosserietechnik und wirtschaftlicher Instandsetzung

Betriebswirtschaftliche Erfolgsrechnung für eine Karosserie-Instandsetzungsabteilung

Rechnerische Ermittlung der Gewinnschwelle (Break-even-Point)

Annahmen

Betriebskenndaten	**Beispiel**	**eigener Betrieb**
Ø Auftragshöhe	3200 DM/Fzg.	
Teilekosten (var. Ko.) 30%	960 DM/Fzg.	
Lackierung (var. Ko.) 30%	960 DM/Fzg.	
Summe Teile + Lackierung (var. Ko.)	1920 DM/Fzg.	
Lohnkosten pro Fahrzeug 40%	1280 DM/Fzg.	

Gewinnschwelle bei wieviel (Fahrzeugreparaturen (Anzahl X)?

$$X = \frac{\text{Fixkosten}}{(\text{Auftragshöhe ./. Teilekosten pro Auftrag ./. Lackierungskosten pro Auftrag}}$$

$$X = \frac{386\ 000}{(3200 - 960 - 960)}$$

X = 302 Fahrzeug-Reparaturen pro Jahr

KD/09-95

Bild 1.26 Bestimmung der Gewinnschwelle (Break-even-Point)

dazu geführt, daß ein Umdenken in der Empfehlung der Richt- und Meßsysteme stattfindet. Selbst beim Audi A8 z.B. ist zum traditionellen Richtwinkelsystem ein Universal-Meßsystem als Alternative erprobt und für «gut» befunden worden. Auch BMW hat das Okay für ein Universalsystem zur Karosserie-Instandsetzung gegeben. Bei Ford sind schon seit vielen Jahren die Universalsysteme gelistet. Auch bei Opel sind seit Ende 1996 universelle Karosserie-Instandsetzungssysteme im Werkstattausrüstungskatalog aufgenommen worden.

Für das profitable Arbeiten bei der Karosseriereparatur ist schließlich die Abstimmung der vorhandenen Fahrzeugtechnik mit der Instandsetzungstechnik und mit den Marktgegebenheiten ein unbedingtes Muß.

1.3.9 Betriebswirtschaftliche Grundlagen

Die Antwort auf die Frage, ob eine Karosserieabteilung bzw. ein selbständig agierender Karosseriebetrieb profitabel arbeiten kann, muß zumindest aus dreierlei Sicht erfolgen:

- ☐ Auslastung durch Stammkundschaft,
- ☐ Bestimmung des «Break-even-Points»,
- ☐ maximal mögliche Auslastung der Mitarbeiter.

Ein Rechenbeispiel mit Zahlen, die in der Praxis bestätigt sind, soll helfen, den schmalen Bereich zwischen Minimum und Maximum zu verdeutlichen, damit daraufhin die richtigen Konsequenzen für den eigenen Betrieb gezogen werden. Das Rechenbeispiel geht von einem Vier-Mann-Betrieb aus, der mit 350% Produktivität arbeitet. Bei den Fixkosten sind die Personalkosten für den Inhaber, zwei Gesellen, einen Lehrling und für die mitarbeitende Ehefrau berücksichtigt. Darüber hinaus sind die jährlichen Betriebskosten (Heizung, Strom, Versicherungen usw.) mit 50 000 DM angesetzt. Für Zinsen aus Fremdkapital zur Gebäudefinanzierung ist ein jährlicher Betrag in Höhe von 45 000 DM veranschlagt. Somit kommen Fixkosten in Höhe von 386 000 DM pro Jahr zustande. Die angenommenen Werte über Teile-, Lohn- und Lackierungskosten sind in absoluten und relativen Zahlen angegeben, so daß sie für jeden Betrieb auf die eigenen Basiszahlen umgerechnet werden können.

Die rechnerische Ermittlung des Break-even-Points, also die Bestimmung, ab wann der Betrieb bei den genannten Zahlen in die

Betriebswirtschaftliche Erfolgsrechnung für eine Karosseriereparaturabteilung

Maximale Karosserieauslastung eines 4-Personen-Betriebes
(3,5 produktive Werkstatt-Mitarbeiter) durch die

Annahmen

Betriebs-Kenndaten	**Beispiel**	**eigener Betrieb**
Lohnanteil pro Ø-Auftrag	1280 DM/Fzg.	
Stunden-Verrechnungssatz	95 DM (ohne MWSt.)	
Arbeitszeit pro Ø-Auftrag (1280 DM : 95 DM/h)	13,5 Stunden (ca.)	
produktive Werkstatt-Mitarbeiter	3,5 Personen	
produktive Stunden/Mitarbeiter/Jahr	1400 Stunden	

Maximale Anzahl Fahrzeuge pro Jahr (X) bei Ø-Reparaturen

$$X = \frac{\text{Reparaturstunden-Kapazität pro Jahr}}{\text{Arbeitszeit pro Ø-Auftrag}} = \frac{\text{1400 h x 3,5 Personen}}{\text{13,5 Stunden pro Fzg.}}$$

X = 363 Ø- Aufträge

KD/02-96

Bild 1.27
Ermittlung der Auslastungsgrenze bei 350% Produktivität im Karosseriebereich

Betriebswirtschaftliche Erfolgsrechnung für eine KarosserieInstandsetzungsabteilung

Maximale Karosserieauslastung eines 4-Personen-Betriebes (3,5 produktive Werkstatt-Mitarbeiter) durch die Stammkundschaft

Annahmen

Betriebskenndaten	**Beispiel**	**eigener Betrieb**
Anzahl Pkw/Kombi in der Stammkundschaft	1000 Fahrzeuge	
Statistische Unfallhäufigkeit 10%	100 Fahrzeuge	
BEP	302 Fahrzeuge	
Stammkundschaft	ca. 33% des Bedarfs	
363 Fahrzeuge werden zur Vollbeschäftigung benötigt, davon Stammkunden	ca. 27,5%	

KD/09-95

Bild 1.28
Vergleich der Auslastungsgrenze und der Gewinnschwelle mit einer angenommenen Anzahl Stammkunden und deren voraussichtliches Reparaturpotential

Gewinnzone fährt, sagt aus, daß 302 Fahrzeugreparaturen von durchschnittlichem Umfang pro Jahr vorgenommen werden müssen (Bild 1.26). Dagegen zeigt die Berechnung für die maximale Auslastung des Betriebes, daß bei einem angenommenen Leistungsgrad von 100% nur 363 Fahrzeuge verkraftet werden können (Bild 1.27).

Wenn berücksichtigt wird, daß der Betrieb 1 000 Stammkunden haben soll, dann kann bei 10% Unfallhäufigkeit mit nur 100 Unfallfahrzeugen aus «eigenen Reihen» gerechnet werden. Das macht in diesem Rechenbeispiel etwa 28% der maximalen Beschäftigung aus und ca. 33% bezogen auf den Break-even-Point (Bild 1.28). Falls beim Nachrechnen mit den eigenen Betriebszahlen ein derartiges Ergebnis herauskommt, ist das ein klarer Hinweis darauf, daß die Anzahl der Mitarbeiter zu hoch ist. Deshalb sollte bei der Planung für ein eigenes Profitcenter «Karosserie-Instandsetzung» zuerst die mögliche Auslastung ermittelt und daraufhin die Anzahl der Mitarbeiter festgelegt werden. Bei den Zahlenexperimenten ist jedoch wichtig, die Annahmen und Ergebnisse richtig zu bestimmen und zu interpretieren!

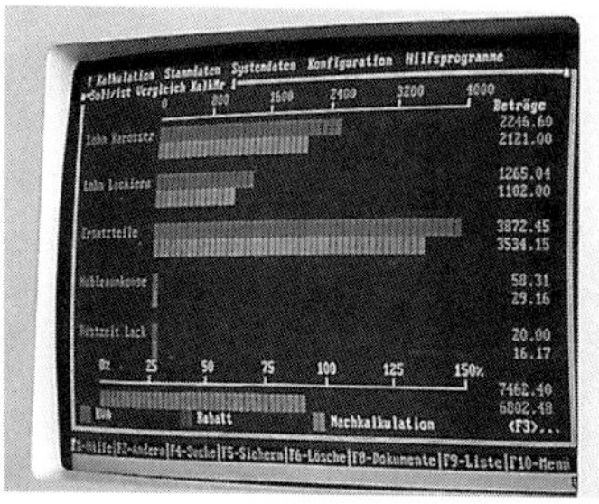

Bild 1.29 Automatische Zeiterfassung bei der Karosserie-Instandsetzung (Quelle: Audatex)

1.3.10 Betriebsorganisation

Im Karosseriebereich ist eine durchgängige Transparenz des jeweiligen Standes der Auftragsabwicklung von der Auftragsannahme bis zur Auslieferung des Fahrzeugs sehr wichtig, da sich die Arbeitsabläufe (einschließlich Lackierung) immer über mehrere Tage hinziehen. Oft entstehen Leerlaufzeiten durch z.B. nicht vollständig angelieferte Ersatzteile, Ausfall eines Mitarbeiters, Verbringung der Fahrzeuge zur Lackiererei u.ä. Derartige Verzögerungen sind so schnell wie möglich aufzuspüren und für eine Produktivitätsauswertung nach festzulegenden Kriterien zu erfassen. So entsteht nach relativ kurzer Zeit ein aussagekräftiger Schwachstellenkatalog, der gezielte Gegenmaßnahmen herausfordert. In größeren Betrieben macht sich der Einsatz einer elektronischen Arbeitszeit- und Auftragserfassung sehr schnell bezahlt (Bild 1.29).

1.3.11 EDV-Einsatz

Die EDV-Anwendung ist zur Reparaturkosten-Kalkulation unabdingbar, damit der Aufwand für die Erstellung des Arbeitsauftrags, für die Teilebestellung, die Nachkalkulation und für die Rechnungsstellung im vertretbaren Rahmen bleibt. Aber auch am Arbeitsplatz sollte ein Terminalanschluß vorbereitet werden, da die elektronische Karosserievermessung im Zuge der Arbeit als Vertrauenswerkstatt für die Versicherung zukünftig erwartet wird. Die elektronische Meßdatenerfassung erlaubt der Versicherung u.a. das Anlegen von gezielten Dateien und deren Auswertung mit dem Ziel einer weiteren Kontrolle über die Kostenhöhe bei bestimmten Schadensbildern von häufig reparierten Fahrzeugtypen.

1.3.12 Werkstattabläufe

Der Karosseriebereich sollte einen schnellen und ungehinderten Fahrzeugfluß vom Abstellplatz der beschädigten Fahrzeuge bis zum Endbearbeitungsplatz ermöglichen. Innerhalb der Werkstatt hat sich der «Pendelarbeitsplatz» bewährt. Hierbei sind der Richtbankplatz und ein Vorbereitungs- bzw. Finishplatz direkt gegenüber angeordnet. Die Begründung dafür ist folgende: Der Richtbank-Arbeitsplatz ist bezüglich Ausstattung am teuersten. Hier sollten deshalb nur die Arbeiten durchgeführt werden, die den Einsatz der speziellen Ausstattung erfordern (Richten, Vermessen, Neuteile einschweißen usw.). Für alle anderen Arbeiten wie Nahtabdichten, Schleifen, Reinigen, Demontieren, Montieren u.ä. ist der Fahrzeugaufenthalt auf dem Richtbankplatz unwirtschaftlich. Daher sollte das Fahrzeug für die genannten Arbeiten auf einen Platz, der weniger kostenintensiv ausgestattet ist, verbracht werden. Hier reicht eine Hebebühne mit Werkbank und einigen Werkzeugen. Das Rangieren teildemontierter Fahrzeuge von einem zum anderen Arbeitsplatz ist aber nicht immer einfach. Daher sollten die genannten Arbeitsplätze in gerader Linie gegenüber angeordnet sein. Idealerweise ist die Richtbank mit Auffahrrampen versehen, so daß das Fahrzeug über die schräggestellten Rampen ohne zusätzliche Lenkkorrekturen heruntergerollt (bzw. heraufgezogen) werden kann. Für diese Ablaufoptimierung sind Richtsysteme von Vorteil, die mit mehreren kleinen Wechsel-Grundrahmen ausgestattet werden können. Ein Wechselrahmen kann bei Bedarf sogar am Fahrzeug bleiben, wenn die Aggregate ausgebaut sind. Zum Rangieren des Fahrzeugs wird der Wechselrahmen mit Rollen versehen, so daß das aufgespannte Fahrzeug an jeden beliebigen Arbeitsplatz transportiert werden kann (sogar bis in die Lackiererei). Für das weitere Arbeiten auf der Richtbank wird einfach ein zweiter Wechselrahmen verwendet.

Für eine optimierte Betriebsorganisation gibt es noch viele Hinweise. Sie sind jedoch sehr stark von den vorhandenen Gegebenheiten abhängig, so daß eine «Vor-Ort-Beratung» in vielen Fällen sinnvoll ist (Bild 1.30).

1.3.13 Gebäudeanforderungen

Neben den gesetzlichen Anforderungen, wie sie z.B. in den Arbeitsstättenrichtlinien und den Umweltschutzvorschriften festgeschrieben sind, sollte die Karosserieabteilung grundsätzlich vom übrigen Werkstattbereich getrennt sein. Darüber hinaus wirken sich die vorher beschriebenen organisatorischen Abläufe wie «Fahrzeug-Flußprinzip» oder «Pendelarbeitsplätze» ebenfalls auf die Gestaltung des Gebäudes aus. Bei einem Neubau lassen sich Optimierungen leicht verwirklichen, da es hierfür fertige Beispiele gibt. Problematischer werden Anpassungen an vorhandene Bausubstanzen. Vielfach ist bereits die erforderliche Abmessung für einen Richtbankplatz von 6 m × 8 m kaum zu verwirklichen. Daneben ist zu berücksichtigen, daß im Karosseriebereich mehr Ablageflächen vorhanden sein müssen als in der Mechanik, da die ausgebauten Karosserieteile üblicherweise großflächig sind (Türen, Hauben, Sitze usw.). Darüber hinaus ist bei der Planung unbedingt an einen «Maschinenplatz» zu denken, an dem die Bearbeitungsgeräte von der Abkantbank bis zum Treibklotz für selbst zu fertigende Karosseriebleche untergebracht sind.

Und immer wieder muß der Hinweis auf die «ganzheitliche Betrachtung» des Betriebes erfolgen, damit nicht nur im Karosseriebereich der Fahrzeugfluß optimiert ist. Schließlich müssen die Fahrzeuge aus der Karosserieabteilung zum Waschplatz, zur Achsvermessung, in die Lackiererei, zu Abstellplätzen usw. (Bild 1.31).

1.3.14 Personal

Die beste Werkstattausstattung und -organisation nutzt wenig, wenn die Mitarbeiter unqualifiziert oder unmotiviert sind. Einen gelernten und fachlich gut arbeitenden Karosseriefachmann vom freien Arbeitsmarkt zu bekom-

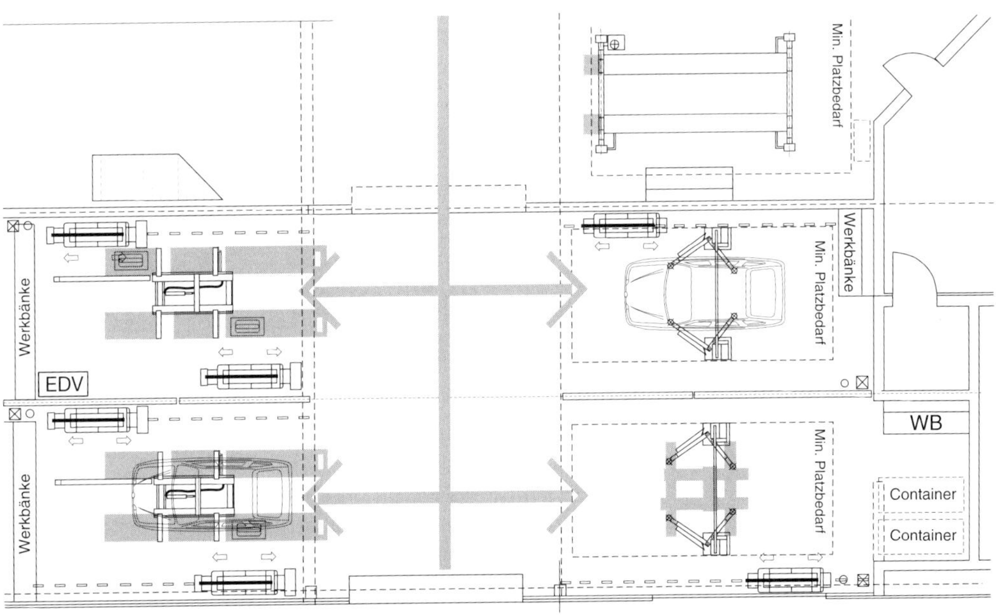

Bild 1.30 Der Pendelarbeitsplatz im Karosseriebereich: Richtbank- und Vorbereitungs-/Endmontageplatz liegen in einer Flucht gegenüber

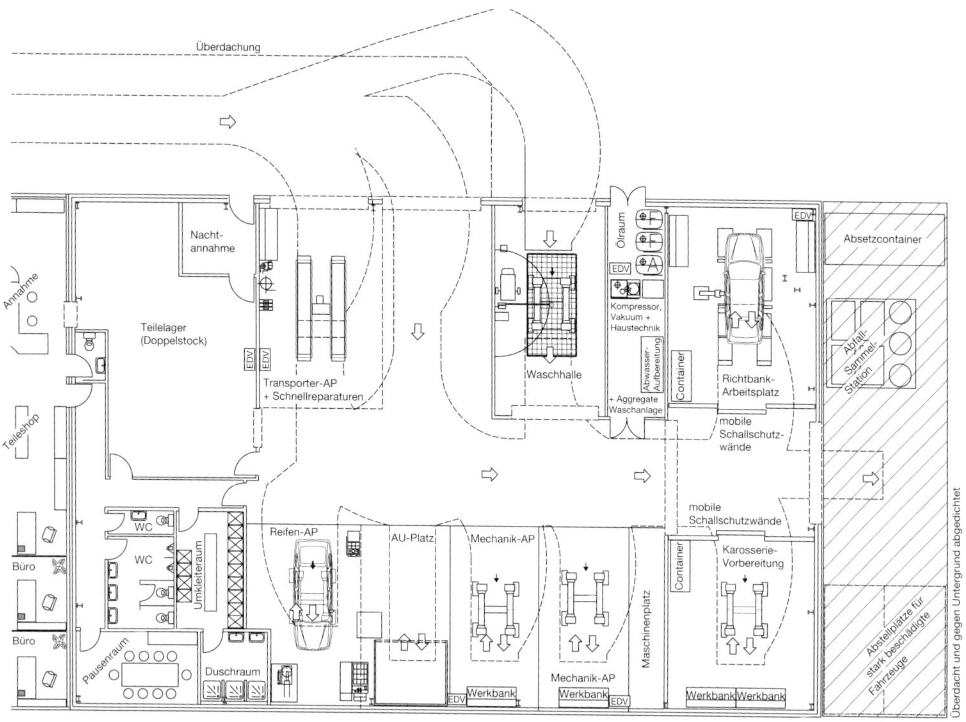

Bild 1.31 Sinnvolle Betriebsanordnung im Zusammenspiel Karosserieabteilung, Maschinenplatz, Fahrzeugreinigung und Außen-Abstellplätze

men ist fast unmöglich, es sei denn, er wird für viel Geld von einem anderen Betrieb abgeworben. Um das Personalproblem besser zu beherrschen, hat der ZDK bereits 1980 die Weiterbildung der Kfz-Mechaniker auf dem Sektor Karosseriereparatur ins Leben gerufen. Hier werden in mehreren Wochenkursen, je nach Ausbildungsstätte, sehr gute Kenntnisse und Fertigkeiten vermittelt. Darüber hinaus ist in der Ausbildung zum Kfz-Mechaniker und zum Mechanikermeister die «Karosserie-Instandhaltung» ein fester Bestandteil geworden. Leider gibt es aber immer noch zu wenig karosserietechnisch weitergebildete Mitarbeiter in der Kfz-Branche. Eine Lösung, damit die Karosseriefachkräfte zukünftig anzahlmäßig stärker vorhanden sind, kann die Weiterbildung zum «Servicetechniker Karosserie» bringen. Der andere Gedanke zur Weiterbildung ist die im nächsten Abschnitt beschriebene Zusatzqualifikation zum «Reparaturkosten-Kalkulierer für Kfz-Unfallschäden».

1.3.15 Karosseriemarketing

In den Kfz-Betrieben wird häufig eine Marketingstrategie gefahren, die alle Betriebsbereiche gleichermaßen bedient. Wer dieses «Rundum-Marketing» selbstkritisch beurteilt, wird zugeben müssen, daß darüber die Karosserie-(und Lack-)abteilung kaum stärker ausgelastet wird. Daher der anfänglich bereits erwähnte Hinweis, daß die Karosserieabteilung als ein im Gesamtbetrieb integriertes «Profitcenter» geführt wird. Damit muß es für diesen Betriebsbereich auch ein spezielles Marketing- bzw. Werbebudget geben. Bei der Fokussierung auf diesen Betriebsteil werden sofort die richtigen Maßnahmen erkennbar. Eine Strategie zur Gewinnung neuer Kunden resultiert dann zweifellos auch aus der Forderung, fabrikatsfremde Fahrzeuge instand zu setzen.

Andere Marketingideen kommen aufgrund spezialisierter Leistungsangebote wie Karosserie-Tuning oder Autoglas ins Gespräch. Alle diese Überlegungen setzen aber sofort die «ganzheitlich Betrachtung» wieder in Gang, da der Markt, die Fahrzeug- und Gerätetechnik und und und ... berücksichtigt werden müssen. Somit schließt sich an dieser Stelle der Kreis der Abhandlung der anfänglich dargestellten Themen.

Als Zusammenfassung der geschilderten Fakten und als Entscheidungshilfen für die richtige Vorgehensweise zur Einrichtung des Profi(t)centers dienen die nachfolgenden Fragen zu den einzelnen Themen:

□ Der Markt
- Wie hoch ist das gesamte «Marktvolumen» der Karosserie-Instandsetzung im Einzugsgebiet des Betriebes?
- Wieviel Werkstatt-Wettbewerber gibt es?
- Wie hoch ist das Umsatzvolumen der Karosseriearbeiten, das heute an Subunternehmer vergeben bzw. worauf verzichtet wird?
- Welche Fahrzeugkategorien sind neben den Pkw/Kombi im Marktgebiet vorhanden (Kleintransporter, Geländewagen, Kleinbusse)?

□ Die Schadenskategorien
- Welche eigenen Statistiken können dazu angefertigt werden?
- Welche Erfahrungen liegen bei den «Kollegen» vor?

□ Der Ort der Karosserie-Instandsetzung
- Wieviel Unfallfahrzeuge werden vom eigenen Betrieb gezielt an Aufkäufer veräußert?
- Ist bekannt, daß im Einzugsgebiet des Betriebes viele Restwert-Aufkäufer agieren?

□ Die Fahrzeug- und Instandsetzungstechnik sowie das Richtbankzubehör
- Wie weit können mit den vorhandenen Geräten die modernen Karosseriestrukturen wirtschaftlich bearbeitet werden?

□ Die elektronischen Karosseriemeßsysteme
- Wie schnell soll die Direktabwicklung mit Kfz-Versicherern aufgebaut werden?
- Kann die Software des elektronischen Meßsystems mit den übrigen Betriebsprogrammen kommunizieren?
- Kann eine Oberbauvermessung mit dem elektronischen System durchgeführt werden?
- Sind mehrere Karosseriepunkte gleichzeitig zu kontrollieren?
- Ist das elektronische Meßsystem eine «Add on»-Lösung oder ein «Stand alone»-Gerät?

□ Die betriebswirtschaftlichen Grundlagen/ die Betriebsorganisation
- Entspricht die Größe der Karosserieabteilung dem Karosserie-Marktvolumen?
- Wie groß ist heute der Unterschied zwischen dem «Break-even-Point» und der maximalen Auslastung?
- Liegen die Fixkosten in einer vertretbaren Größenordnung?
- Wie hoch liegen die variablen Kosten einer Karosseriereparatur?
- Welcher DM-Betrag wird jährlich für Richtwinkel-Leihgebühren bezahlt?
- Stimmt das Verhältnis zwischen Rüstzeit und Reparaturzeit?
- Können durch gezielte Investitionen günstigere Arbeitsabläufe geschaffen werden?
- Kann ein Vergleich: Vorgabezeit zu benötigter Arbeitszeit vorgenommen werden?

□ Der EDV-Einsatz
- Kann am Karosserie-Arbeitsplatz ein EDV-Terminal installiert werden?
- Soll ein spezieller Direktannahmeplatz für die Reparaturkostenkalkulation von Unfallfahrzeugen mit EDV-Anschluß eingerichtet werden?

□ Die Werkstattabläufe und die Gebäudeanforderungen
- Ist ein ungehinderter Fahrzeugfluß Mechanik – Karosserie (– Lackierung) gegeben?
- Können die empfohlenen Arbeitsplatzflächen realisiert werden?
- Kann ein Pendelarbeitsplatz eingerichtet werden?
- Ist der Abstellplatz für Unfallfahrzeuge in unmittelbarer Nähe der Karosserie-Instandsetzung? Ist er überdacht und der Untergrund gegen auslaufende Fahrzeugflüssigkeiten versiegelt?
- Ist die korrekte Abstimmung zwischen Reparaturannehmer und Reparateur gewährleistet?

- Funktionieren die Abstimmungen mit Subunternehmern (z.B. Lackiererei)?
- Werden die Demontage- und Neuteile für einen Reparaturauftrag platzoptimiert und staubdicht gelagert?
- Wird eine Gesamt-Endkontrolle vor der Auslieferung des Fahrzeugs an den Kunden durchgeführt (Checkliste)?

☐ Das Personal
- Sind die Karosseriereparateure ausreichend geschult?
- Ist ein Mitarbeiter soweit geschult, daß er die Schadensdirektabwicklung mit den Versicherern beherrscht (EDV-Reparaturkosten-Kalkulation)?

☐ Das Karosseriemarketing
- Soll ein Karosserie-Profitcenter eingerichtet werden?
- Kann ein separates Karosserie-Marketing-Budget eingeplant werden?
- Sind weitere Karosseriedienstleistungen durchführbar (z.B. Glas- oder Kunststoffreparatur)?
- Können fabrikatsfremde Fahrzeuge repariert werden?
- Sind bereits Kontakte mit Kfz-Versicherern zwecks Direktabwicklung von Unfallschäden aufgenommen worden?

Es darf nicht unberücksichtigt bleiben, daß die Karosserie-Reparatur auch für eine zusätzliche Auslastung im Mechanikbereich sorgt (Demontagearbeiten und Erneuern von Aggregaten). Außerdem ist die Verdienstspanne für die Lackierung zu berücksichtigen.

1.4 Fragen und Antworten

1. Durch welche Faktoren und Prognosen läßt sich die Karosserie-Instandsetzung nach wie vor als profitabler Markt bezeichnen?
Antwort:
a) Bei der Karosserie-Instandsetzung ist die Preisgestaltung noch nicht so sensibel wie bei den Mechanikarbeiten. Außerdem kann durch gezielten Einsatz von modernen Instandsetzungsgeräten und gut geschulten Mitarbeitern zusätzlicher Profit erzielt werden.
b) Wer bei der Feststellung der Reparaturkosten für einen Unfallschaden die Kommunikationstechniken der Kfz-Versicherer beherrscht und anwendet, hat gute Möglichkeiten, sein Unfallschaden-Reparaturgeschäft auszudehnen.
c) Der Schutz der Fahrgäste wird sehr wirksam durch lange «Knautschzonen» am Fahrzeug verbessert. Das zieht aber einen größeren Schadensumfang bei relativ geringen Kollisionsgeschwindigkeiten nach sich.
d) Der Trend zur nachträglichen Fahrzeug-Individualisierung (Karosserie-Tuning) hält weiter an, da die Karosseriegestaltung durch die Optimierung im Windkanal die Fahrzeugtypen immer ähnlicher werden läßt.

2. Warum nehmen die Rostschadens-Reparaturen immer mehr ab?
Antwort:
Die Karosserievorsorge an Neufahrzeugen durch die Automobilhersteller ist in den letzten Jahren wesentlich verbessert worden.

3. Welche Unfallschadens-Kategorien (in DM/Schadenshöhe) lassen sich bilden?
Antwort:
2500 DM, 4000 DM, 6000 DM, 9000 DM

4. In welcher Reparaturkostenhöhe liegen ca. 70% aller Schäden?
Antwort:
Zwischen 2800 und 3200 DM.

5. Welche Rückmeldung kann die Werkstatt aus der Verteilung der Unfallzonen am Fahrzeug für den eigenen Betrieb verwerten?
Antwort:
Die Lagerbevorratung der Karosserieteile kann optimiert werden.

6. Ist das Karosserie-Tuninggeschäft in allen geographischen Gebieten Deutschlands gleichmäßig ausgeprägt?
Antwort:
Nein. Die Nachfrage hängt sehr stark von der Kaufkraft der einzelnen Regionen ab.

7. Warum sind die von den Versicherungen genannten Gesamtregulierungskosten für Unfallschäden nicht identisch mit dem Reparaturaufkommen in der Werkstatt?

Antwort:
Die Versicherungsangaben enthalten auch die Beträge für Personen-, Gebäude-, Flurschäden sowie die typischen Nebenkosten wie Rechtsanwaltshonorar, Gutachten-Gebühren, Leihwagen usw.

8. Wie läßt sich überschlägig für das eigene Werkstatt-Marktgebiet eine Abschätzung des Reparaturvolumens für die Unfallreparatur vornehmen?
Antwort:
Indem zuerst der Fahrzeugbestand der Stammkundschaft mit 10% (Schadenshäufigkeit) multipliziert wird (Achtung bei Vertragswerkstätten: Verkauftes Fahrzeugvolumen ist nicht identisch mit der Stammkundschaft). Darüber hinaus kann ein Zusatzvolumen durch Wettbewerbsverdrängung ermittelt werden. Hierzu sind die KBA-Zahlen über den Kfz-Bestand der eigenen Region mit 10% zu multiplizieren. Danach muß die ermittelte Zahl noch mit dem Faktor der «Wettbewerbsverdrängung» (eigene Einschätzung) multipliziert werden.

9. Wie hoch ist der prozentuale Anteil der Reparaturkosten am Gesamtschaden-Betrag, den die Versicherung zu zahlen hat?
Antwort:
Ca. 50%.

10. Welche sind die speziellen Vorteile beim Arbeiten mit einem universellen Richt- und Meßsystem, das außerdem über Auffahrrampen verfügt?
Antwort:
Bei der großen Anzahl der kleineren Unfallschäden ist davon auszugehen, daß die Fahrzeuge noch fahrtüchtig oder zumindest rollfähig sind. Mit dem genannten System können diese Fahrzeuge innerhalb von ca. 10 Minuten aufgespannt werden. Darüber hinaus kann eine erforderliche Karosserievermessung jederzeit mit dem unabhängigen Meßsystem vorgenommen werden.

11. Was ist unter der Karosserie-Gürtellinie zu verstehen?
Antwort:
Die oberhalb der Bodengruppe liegende Deformationslinie (Kotflügelbank – oberes Türscharnier – Türschloß).

12. Wie wird der «Break-even-Point» (die Gewinnschwelle) für die Karosserie-Instandsetzung ermittelt?
Antwort:
Fixkosten dividiert durch durchschnittliche Auftragshöhe abzüglich Teile- und Lackierungskosten pro Auftrag.

13. Was ist unter dem Begriff «Pendelarbeitsfeld» zu verstehen?
Antwort:
Der Karosserie-Richtbankplatz und der Vorbereitungs-/Finishplatz sind direkt gegenüberliegend angeordnet. Dadurch kann ohne aufwendige Rangierarbeiten ein Fahrzeug vom einen zum anderen Arbeitsplatz verbracht werden.

14. Wie können demontierte und neue Karosserieteile platzsparend gelagert werden?
Antwort:
Durch spezielle Aufbewahrungscontainer, die durch hochbauende Stellagen die Teile aufnehmen.

15. Welchen Vorteil bietet eine genaue Reparaturkosten-Kalkulation in Verbindung mit der Nachkalkulation?
Antwort:
Dieser Vergleich ermöglicht eine schnelle Aussage über die erwirtschaftete Profitabilität einer Karosseriearbeit. Darüber hinaus kann hiermit ein Schwachstellenkatalog über Betriebsabläufe erarbeitet werden.

2 Chancen der Werkstatt für eine profitable Karosserie-Instandsetzung

In diesem Kapitel werden dem Leser folgende Kenntnisse vermittelt

Lernziele	Lerninhalte
– zeitliche Strukturierung der Arbeitsabschnitte «Richtbank-Aufenthalt», Karosseriereparatur Total und «Lackierung» in Abhängigkeit von den Schadenskategorien erläutern	– zeitliche Struktur eines Karosserie-Arbeitsablaufes
– Rückschlüsse für einen optimierten Fahrzeugdurchlauf aus der zeitlichen Strukturierung ziehen	– Karosserie-Arbeitsablauf optimieren
– Abhängigkeit der Auslastung einer Lackiererei von der Kostenhöhe der Reparatur eines Unfallschadens ableiten	– Lackiererei-Abläufe planen
– die Auslastung der Karosserie- und Lackabteilung einer Werkstatt über die Schadenskategorien rechnerisch ermitteln	– Rechnerische Auslastung Karosserie- und Lackabteilung
– Gründe und Bedenken für die Neuaufnahme oder Forcierung der Karosserie-Instandsetzung nennen	– Erwägungen zur Karosseriereparatur
– Chancen und Risiken für die Aufnahme von Lackierarbeiten im eigenen Betrieb wiedergeben	– Chancen und Risiken für Lackierarbeiten

Die in Kapitel 1 aufgezeigten Markttendenzen für die Karosserie-Instandsetzung lassen unter bestimmten Voraussetzungen eine gute Werkstattauslastung erwarten.

Bedeutet das für eine Werkstatt, daß dieser Bereich auch immer profitabel ist? Sicher nicht! Eine weitere Untersuchung des vorhandenen Zahlenmaterials ist geboten. Dies gilt insbesondere, wenn im eigenen Betrieb auch eine Lackiererei ausgelastet werden muß. Die Untersuchung von Arbeitsabläufen zur Karosserie-Instandsetzung in der ASA-Werkstatt (neu: KTI-Werkstatt) hat gezeigt, welche Verweildauer für die zu reparierenden Fahrzeuge auf dem Richtsystem, im Karosserie-Werkstattbereich insgesamt und in der Lackiererei anfallen. Neuere Auswertungen kommen im Vergleich zur 3. Auflage dieses Buches zu folgenden Ergebnissen: Es ist davon auszugehen, daß bei dem 2500-DM-Schaden das Richtgerät nur etwa zwei Stunden lang benötigt wird. Im Karosseriebereich der Werkstatt bleibt das Fahrzeug ca. 8 Stunden lang, um anschließend in der Lackiererei noch etwa 5 Stunden zu verbringen. Diese Zeitverhältnisse verschieben sich je nach Schadenskategorie. Bemerkenswert

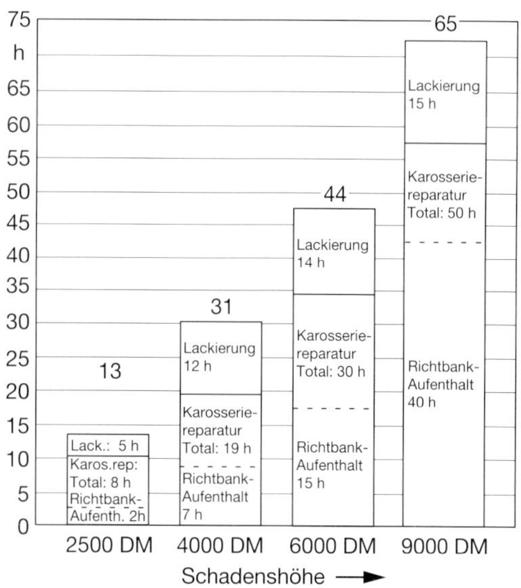

Bild 2.1 Verweildauer der Fahrzeuge zur Unfall-Instandsetzung in Abhängigkeit von der Schadenshöhe

ist der fast gleich lange Fahrzeugaufenthalt in der Lackiererei bei einem Schadensumfang von 6000 DM bzw. 9000 DM (ca. 14 h). Anders verändert sich das Zeitverhältnis zwischen Gesamtaufenthalt im Karosseriebereich zur Verweildauer auf dem Richtsystem. Wenn das Fahrzeug beim 4000-DM- und 6000-DM-Schaden etwa zur Hälfte der gesamten Karosseriearbeit auf dem Richtsystem verbleibt, müssen beim 9000-DM-Schaden immerhin 80% der Karosseriearbeit auf dem Richtsystem ausgeführt werden.

Schadenshöhe (DM)	Dauer der Karosseriearbeit (h)	Dauer der Lackierarbeit (h)	Anzahl der zu reparierenden Schäden von einem Mitarbeiter (MA 131,5 h/Monat					
			1 Kar. MA bearbeitet	Auslastung Lackiererei MA	2 Kaross. MA	Auslastung Lackiererei MA	3 Kaross. MA	Auslastung Lackiererei MA
2500,-	13	5	10 Fahrz.	0,4	20 Fahrz.	0,8	30 Fahrz.	1,2
4000,-	19	12	7 Fahrz.	0,6	14 Fahrz.	1,3	21 Fahrz.	1,9
6000,-	30	14	4 Fahrz.	0,4	8 Fahrz.	0,9	12 Fahrz.	1,3
9000,	50	15	2,6 Fahrz.	0,3	5,3 Fahrz.	0,6	8 Fahrz.	0,9

Bild 2.2 Rechnerische Ermittlung der Auslastung im Karosserie- und Lackbereich in Abhängigkeit von der Schadenshöhe

Die profitabel arbeitende Werkstatt muß diese Zeitverteilung berücksichtigen, weil hiernach die Anzahl der Werkstatt-Mitarbeiter im Karosserie- und Lackbereich bestimmt wird und eine Arbeitsteilung auch während einer reinen Blechbearbeitung erfolgen muß. Die hochwertigen Rückverformungs- und Abschnittsarbeiten sollte der gute Karosseriereparateur auf der Richtbank erledigen. Alle nachfolgenden Tätigkeiten wie Vervollständigen der Schweißnähte, Verzinnen und Abdichtarbeiten sollten vom angelernten Facharbeiter auf dem gegenüberliegenden Finishplatz erledigt werden. Diese Arbeitsteilung im Karosseriebereich der Werkstatt hat auch Konsequenzen für die Ausstattung des Arbeitsplatzes. Es ist für die hohe Anzahl der Kleinschäden ein Richtsystem erforderlich, das ein schnelles Festspannen des Fahrzeugs erlaubt und die Höhenverstellung des Fahrzeugs auf die ergonomisch richtige Arbeitsposition ermöglicht.

Die Auslastung der Lackiererei ist eine besondere Angelegenheit. Die 1-Mann-Lackiererei mit der Kombikabine kann nach betriebswirtschaftlichen Gesichtspunkten kaum profitabel arbeiten, da die Gewinnschwelle bei ca. 75% Auslastung liegt. Die Lackieranlage, nach dem Flußprinzip organisiert, verlangt wenigstens einen gut qualifizierten Lackierer und zwei Hilfskräfte. Dies setzt aber im Karosseriebereich mindestens sechs Reparateure voraus, um eine Auslastung beider Werkstattbereiche zu gewährleisten. Es muß deshalb realistisch geprüft werden, ob das Marktpotential an Karosserie-Instandsetzung in der Höhe und in der dargestellten Mischung der Schadenskategorien vorhanden ist (Bild 2.2).

Fazit: Investitionen im Werkstattbereich der Karosserie-Instandsetzung sind eher vertretbar als die Aufnahme oder die Erweiterung der Lackiererei. Achtung bei Modell-Amortisationsberechnungen für Lackieranlagen. Hierzu sollte immer ein neutraler betriebswirtschaftlicher Experte zusätzlich befragt werden.

2.1 Freie Werkstätten und Karosserie-Instandsetzung

Die Frage nach dem Neueinstieg oder der Intensivierung der Karosserie-Arbeiten stellt sich besonders einer freien Kfz-Werkstatt. Ihr wird es in Zukunft immer schwerer fallen, die reinen Mechanikerarbeiten an Fahrzeugen mit neuen Technologien (Einspritzanlage, elektronische Systeme) durchzuführen. Der Anteil der Fahrzeuge mit alter und für die freien Werkstätten beherrschbarer Technologie nimmt rapide ab. So wurde bereits im Jahr 1991 der Schnittpunkt erreicht, an dem der Anteil der Fahrzeuge mit neuer Technologie höher lag, als die Anzahl der Fahrzeuge mit alter Technologie. Die freien Werkstätten sind daher gezwungen, sich auf beherrschbare Werkstattarbeiten zu spezialisieren. Dazu zählt (zumindest in den nächsten Jahren noch) die Karosserie-Instandsetzung.

2.2 Auswahl der Anbieter durch den Kunden

Hier spielt die Kundentreue, die sogenannte Loyalitätsrate, eine wesentliche Rolle. In fabrikatsgebundenen Werkstätten kommt es zu einem starken Knick nach unten in der Kurve der Kundentreue, wenn das neue Fahrzeug ca. drei Jahre alt ist. Dann wechselt es oft den Erstbesitzer und gelangt zur Reparatur in die freie Kfz-Werkstatt oder in die Karosserie-Fachwerkstatt. Je älter die Fahrzeuge sind, um so häufiger werden sie vom Besitzer selbst oder von seinen Bekannten karosseriemäßig instandgesetzt. Sind Fahrzeuge sechs Jahre alt und älter, liegt der Anteil bei ca. 30%. Ein deutlicher Unterschied der Kundenbindung besteht zwischen Großstadtbetrieben und ländlichen Werkstätten. In den ländlichen Werkstätten ist die Kundentreue wesentlich höher.

Gründe, warum fabrikatsgebundene Werkstätten zur Karosserie-Instandsetzung aufgesucht werden, sind: gute Qualität der Arbeit, Produkt- und Reparaturkenntnis, Garantie, Kulanz und Teileverfügbarkeit. Für die freien Werkstätten und die Karosseriefachbetriebe gelten folgende Vorteile: alteingesessene Werkstätten, die bekannt für gute Arbeit sind, Fähigkeit und Bereitschaft zur Instandsetzung vieler Fabrikate, niedrigere Stundenverrechnungssätze, Einbau kostengünstigerer Zukaufteile, Bereitschaft zum Festpreis. Für die Tankstellenarbeit, die Bekanntenhilfe und die Schwarzarbeit spielen die niedrigen Instandsetzungskosten eine wesentliche Rolle. Eine qualitativ schlechtere Arbeitsausführung wird bewußt in Kauf genommen.

2.3 Fragen und Antworten

1. In welchen beiden Schadenskategorien ist der Aufwand für das Lackieren des Schadensbereiches fast gleich?
Antwort:
Bei einem 4000-DM- und einem 6000-DM-Schaden.

2. Welche Auswirkungen haben die einzelnen Schadenskategorien auf die Auslastung einer Werkstatt mit eigener Lackiererei?

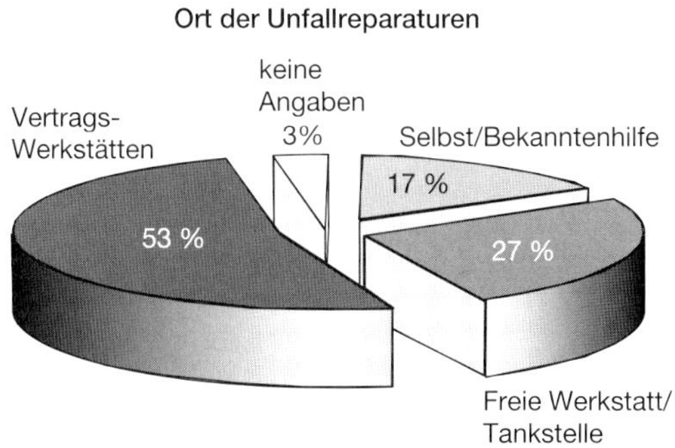

Bild 2.3 Nach einer Eigenerhebung des Autors verlassen ca. 5% der unfallbeschädigten Pkws das Instandsetzungsgebiet Deutschland. Welche «Orte» der Instandsetzung am meisten davon betroffen sind, läßt sich kaum feststellen.

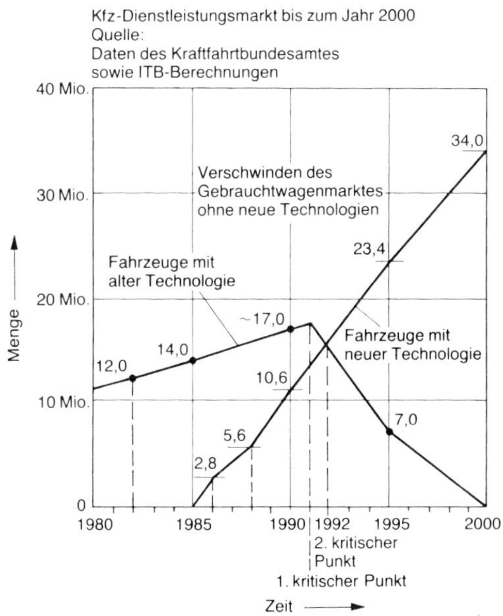

Bild 2.4 Anteile der Kfz mit neuer und alter Technologie bis zum Jahr 2000

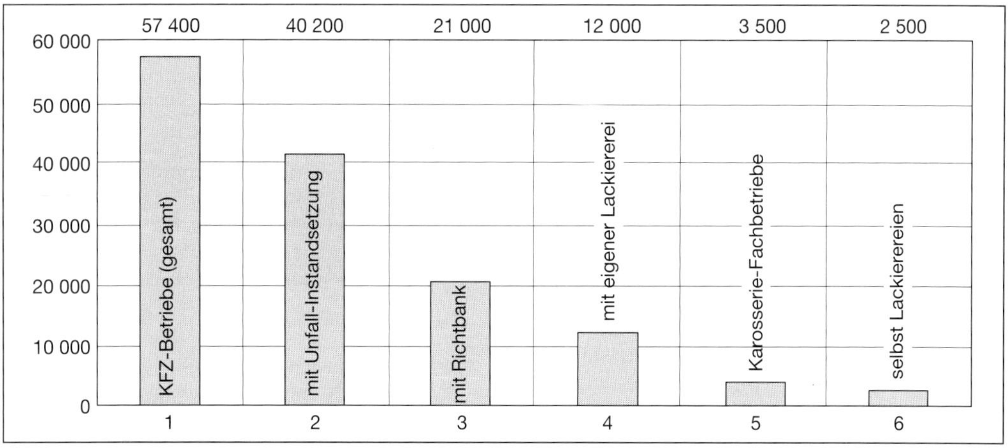

Bild 2.5 Anbieterstruktur für Unfallschäden
- Total: 57 400 Kfz-Betriebe
- Ca. 70% davon reparieren regelmäßig Unfallschäden
- Davon besitzen etwa 52% eine Karosserie-Richtbank
- Ca. 12 000 Kfz-Betriebe haben eine eigene Lackiererei
- Zusätzlich etwa 3 500 Karosserie-Fachbetriebe (ca. 2500 mit Lack.)
- Zusätzlich agieren noch ca. 2500 Lackierbetriebe

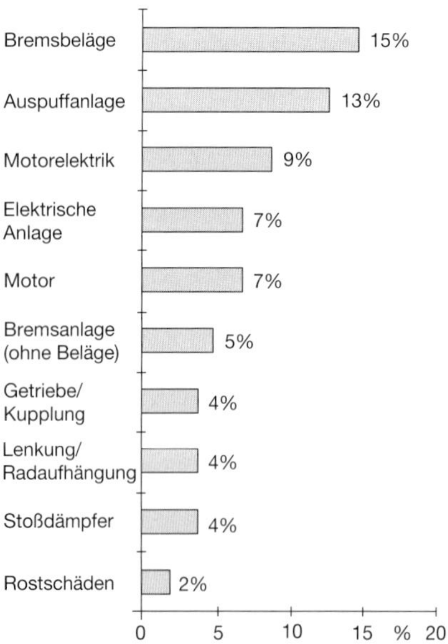

Bild 2.6 Häufigkeit von Verschleißreparaturen (Reparaturen pro Pkw und Jahr) (Quelle: DAT-Report '97)

Antwort:
Es müssen die beschriebene Mischung und die Anzahl der Fahrzeuge in den Schadenskategorien vorliegen, um die Karosserie- und Lackierabteilung mit eigenen Reparaturaufträgen auszulasten.

3. Was bedeutet der hohe Anteil von Fahrzeugen mit geringem Schadensumfang für die Arbeitsplatz-Ausrüstung?
Antwort:
Das schnelle Festspannen und Rückverformen der Karosserie muß gewährleistet sein. Hierfür bietet ein Richtsystem mit Auffahrrampen große Vorteile.

4. Wodurch können Arbeitsabläufe bei der Karosseriereparatur betriebswirtschaftlich optimiert werden?
Antwort:
Durch die richtige Aufteilung der Arbeiten auf hochqualifizierte und angelernte Karosseriereparateure.

5. Warum ist die Aufnahme von Lackiertätigkeiten in der eigenen Werkstatt betriebswirtschaftlich problematisch?
Antwort:
Eine Lackiererei, die einen normalen Profit abwerfen soll, muß nach dem Flußprinzip mit einer Mehrkabinenanlage arbeiten und wenigstens drei Mitarbeiter beschäftigen. Die Auslastung solch einer Lackiererei setzt ein bestimmtes Marktvolumen voraus.

6. Ab welchem Fahrzeugalter und wodurch bedingt läßt die Kundentreue zu einer Vertragswerkstatt schlagartig nach?
Antwort:
Wenn ein Fahrzeug ca. 3 Jahre alt ist, wechselt es statistisch gesehen zum erstenmal den Besitzer. Die Zweitbesitzer eines Fahrzeugs haben keine Anbindung mehr zur Vertragswerkstatt über die Werksgarantie auf das Auto. Außerdem will und kann dieser Kundenkreis häufig keine regelmäßigen Werkstattarbeiten bezahlen. Die notwendigen Reparaturen werden dann dort durchgeführt, wo es am billigsten ist.

7. Wieviel Prozent aller Kfz-Werkstätten führen regelmäßig Karosseriereparaturen durch?
Antwort: Rund 70%.

8. Wieviel Prozent des Werkstattumsatzes entfallen durchschnittlich auf die Karosseriereparatur?
Antwort: Rund 25%.

9. Warum ist die Karosseriereparatur gerade für freie Werkstätten eine Zukunftsabsicherung?
Antwort:
Es gibt immer mehr Fahrzeuge mit neuer Technologie, an denen reine Mechanikerarbeiten (ohne spezifisches Wissen) nicht mehr vorgenommen werden können. Die Karosserie-Arbeit läßt sich dagegen mit vergleichsweise geringem fabrikatspezifischem Wissen durchführen (auch auf die nächsten Jahre gesehen).

10. Weche Vorteile haben die fabrikatsgebundenen Werkstätten gegenüber dem Wettbewerb bei der Karosseriereparatur?
Antwort:
- Produkt- und Instandsetzungsweg-Kenntnis,
- Garantie- und Kulanzregelungen,
- Originalteile-Verfügbarkeit.

11. Welche Vorteile haben freie Werkstätten gegenüber Fabrikatsbetrieben?
Antwort:
- Reparatur aller Fahrzeugfabrikate,
- durch kleinere Betriebsstruktur günstigere Stundenverrechnungssätze und geringere Kosten.

3 Karosserietechnik

In diesem Kapitel werden dem Leser folgende Kenntnisse vermittelt

Lernziele	Lerninhalte
– den Unterschied zwischen Fahrzeugbezeichnungen im Sprachgebrauch und den Bezeichnungen gemäß DIN-Festlegungen erläutern	– Karosseriebauweisen gemäß DIN
– den Ursprung der Begriffe der häufigsten Bauartbezeichnungen kennen	– Herkunft der Karosseriebezeichnungen
– die markantesten Unterschiede zwischen Limousinen und Coupés wiedergeben	– Bauformunterschied Limousine zu Coupé
– Sonderbezeichnungen der Limousinen nennen und beschreiben	– Sonderbezeichnungen der Limousinen
– die hauptsächlichen Markmale der weniger bekannten Karosseriebauformen wiedergeben	– Merkmale besonderer Karosseriebauformen

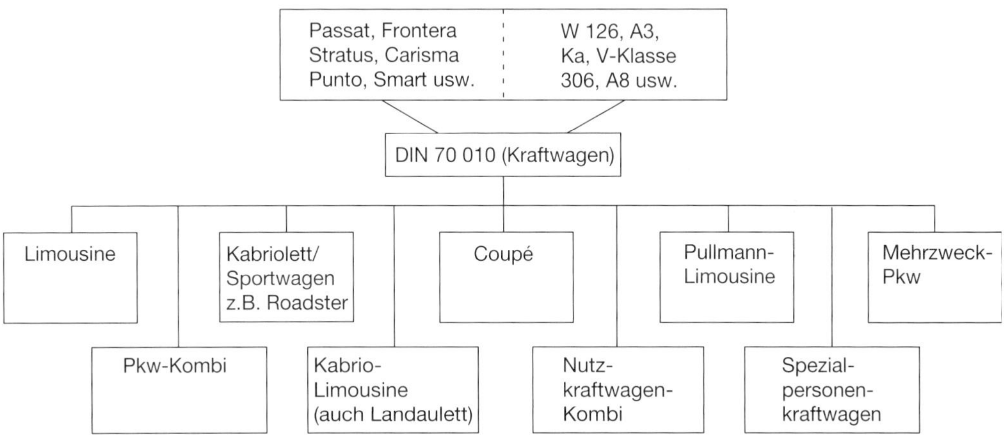

Bild 3.1 Die Zuordnung der im Sprachgebrauch verwendeten Pkw-Karosserie-Bauformen nach DIN 70 010 (Fassung 5/90). (Quelle: Beuth Verlag, Berlin)

Nach den betriebswirtschaftlichen Betrachtungen zur Karosserie-Instandsetzung soll in den nachfolgenden Abschnitten die Technik voll zum Tragen kommen. Dazu ist es notwendig, einige Begriffserklärungen vorwegzuschicken. Weiterhin müssen vor der eigentlichen Instandsetzungstechnik die konstruktiven Gegebenheiten erläutert werden, um das Verständnis für festgelegte Reparaturwege zu bekommen.

3.1 Pkw-Karosseriebauweisen

Die Modellbezeichnungen der Pkw haben sehr klangvolle Namen wie Carrera, Taifun, Pallas oder sachlich-nüchterne Kurzbezeichnungen wie GTI, S-Klasse, M3. Alle diese Bezeichnungen sagen aber nichts über die Bauart der Karosserie aus. Eine einheitliche Sprachregelung gibt die DIN 70 010 vor. Hier sind die Karosserie-Bauformen exakt und fahr-

Bild 3.2 Limousine BMW 540i mit 8-Zylinder-Motor M62 (Quelle: Werkfoto BMW)

Bild 3.3 Auch der Renault Mégane Scenic ist zu den Limousinen zu zählen

Bild 3.4 Der Audi A3 gehört zur Generation der Kompakt-Limousinen (Werkfoto Audi)

Bild 3.5 Die Großraum-Limousine Renault Espace zählt zu den Nutzkraftwagen/Kombi (Werkfoto Renault)

zeugherstellerübergreifend vorgeschrieben. Die bekanntesten Pkw-Bauformen sollen kurz beschrieben werden.

3.1.1 Die Limousine

Der Begriff Limousine kommt von dem lateinischen Wort «Limes», was übertragen begrenzt oder geschlossen heißt. Auf die Bauform des Pkw bezogen bedeutet Limousine: geschlossene Ausführung mit feststehendem Dach. Ein Schiebedach ist dabei zulässig. Die Ausführung und Anzahl der Türen und Fenster ist vorgeschrieben: zwei oder vier Türen. Zusätzlich kann eine ein- oder zweiflügelige Hecktür vorhanden sind. Vier oder mehr Seitenfenster mit feststehendem Rahmen sind erlaubt. Die Fenster können voll oder teilweise versenkbar bzw. ausstellbar oder fest sein. Für die Sitzgelegenheiten gilt: vier oder mehr Sitze, wobei die hinteren umklappbar oder sogar ausbaubar sein können, damit eine Ladefläche entsteht.

Es gibt übrigens noch eine zweite Erklärung für die Abstammung des Wortes Limousine. Hier wird vom weitgeschnittenen Wettermantel der Fuhrleute in der südfranzösischen Grafschaft «Limousin» ausgegangen. Auch diese Wortableitung ist für die DIN-Festlegung erklärbar. Letztendlich geht es um die geschlossene Ausführung, die den Fahrgästen Schutz vor Wind und Wetter geben soll.

In den letzten Jahren erfreut sich die sogenannte *Großraum-Limousine* immer größerer Beliebtheit. Hierbei handelt es sich um komfortable Pkw mit dem Platzangebot von Kleinbussen bis zu acht Sitzplätzen. Sie sind aber nicht nur für die Großfamilie bestimmt, sondern sollen vielmehr dem Freizeitverlangen der Autofahrer mehr entgegenkommen. So lasssen sich in diesen Fahrzeugen mit wenigen Handgriffen große Zuladeräume für z.B. komplette Camping-Ausrüstungen schaffen, ohne daß Komfort verlorengeht. Außerdem verfügen die Großraum-Limousinen über leistungsstarke Motoren, damit das Reisen über große Entfernungen angenehmer wird. Der Übergang zu Wohnmobilen ist fließend. Diese werden dann «Caravan», oder kurz «Van» genannt. Die Wortherkunft ist in der persischen Sprache zu finden. «Karawan» ist der Kamelzug bzw. die Reisegesellschaft.

Laut DIN 70 010 werden diese Fahrzeuge «Nutzkraftwagen-Kombi» genannt. Merkmale: geschlossener Aufbau, festes Dach, das auch teilweise geöffnet werden kann, vier oder mehr Sitze bei mind. zwei Sitzreihen, wobei hintere Sitze herausnehmbar sein müssen, zwei bis vier seitliche Türen, Heckklappe möglich, vier oder mehr Seitenfenster.

Bild 3.6 Kombiwagen bzw. Kombi-Limousine, BMW-3er-Serie (Werkfoto BMW)

3.1.2 Der Kombiwagen (Kombi-Limousine)

Diese Ausführung ist für die meisten Automobilhersteller eine beliebte Abwandlung der klassischen Limousinenform. Es wird die geräumige Zulademöglichkeit in den Vordergrund der Anforderungen an die Limousinen-Bauart gestellt. Somit sind diese Fahrzeuge sowohl für den gewerbemäßigen Einsatz als auch für die mehrköpfige Familie von Interesse. Die Ausstattung und Motorisierung der «Kombis» liegt bei den meisten Automobilherstellern in der gehobenen Kategorie, so daß der Limousinen-Charakter voll erhalten bleibt (... zusätzlich kann eine ein- oder zweiflügelige Hecktür vorhanden sein, um eine Ladefläche zu erhalten).

Bild 3.7 Kabriolett, BMW-3er-Serie (Werkfoto BMW)

3.1.3 Das Kabriolett

Die Bauartbenennung «Kabriolett» stammt vom französischen Wort «Cabriole» ab, was soviel wie Luftsprung bedeutet. Hiervon läßt sich die Ausführung der Karosserie leicht ableiten; ein Pkw, der offen oder geschlossen gefahren wird. Die Bestimmung sagt weiter aus: Das Dach muß zurücklegbar und die Seitenfenster versenkbar sein. Im geöffneten Zustand bleibt nur die Windschutzscheibe stehen. Ein zusätzlicher Überrollbügel, wie er bei einigen Fahrzeugmarken vorhanden ist, ändert nichts an der Eingruppierung.

Bild 3.8 Kabrio-Limousine, Citroën 2 CV (Ente) (Werkfoto Citroën)

3.1.4 Die Kabrio-Limousine

Hier handelt es sich um eine Sonderbauform zwischen Kabriolett und Limousine. Das Verdeck ist auf dem schmalen seitlichen Dachrahmen zurückrollbar bzw. -klappbar. Die

Bild 3.9 Coupé, Daimler-Benz-134er-Serie (Werkfoto Daimler-Benz)

Bild 3.10 Roadster, Mazda MX-5 (Werkfoto Mazda)

Bild 3.11 Ein neuer «klassischer Roadster», der BMW Z3 (Werkfoto BMW)

Bild 3.12 Pullman-Limousine, Mercedes-Benz-S-Klasse als sog. «Sonderschutz-Fahrzeuge», alte und neue Ausführung

Stabilität der Karosserie wird durch den feststehenden Dachrahmen erhöht.

3.1.5 Das Coupé

Der Begriff Coup ist vom französischen «coupes» abgeleitet und heißt abgeschnitten (kupiert). Im Sprachgebrauch der Eisenbahn wurde der Begriff zuerst eingesetzt und deutet auf ein kleineres, abgetrenntes Abteil hin. Im Pkw-Bau übernahmen man den Begriff, weil die Limousine abgeschnitten (kupiert) wurde, um das Coupé zu erhalten. Deshalb ist die Basis des Coupés fast immer die Limousine der gleichen Baureihe. Ihr wird ein sportliches Aussehen verpaßt. Es besteht darin, daß das Dach hinten flacher ist als vorne. Dadurch verringert sich die Kopfhöhe für die Fahrgäste auf den Rücksitzen manchmal recht drastisch im Vergleich zur Limousine. Die nicht mehr ausreichende Kopfhöhe im Fond des Coupés läßt auch die Anzahl der zulässigen Sitzplätze schwinden. Häufig wird sie mit «zwei plus zwei» beziffert.

3.1.6 Der Roadster

Die Bezeichnung «Roadster» stammt vom englischen Wort Road (Straße). Bei dieser Bauart handelt es sich um einen Sportwagen, der mit zurückklappbarem Verdeck oder geschlossen gefahren werden kann. Oft gibt es für einen Roadster noch ein stabiles aufsetzbares Dach, das als «Hardtop» bezeichnet wird. Hinter den Vordersitzen befinden sich normalerweise nur Notsitze oder gar keine Sitze. Der Roadster wird in der DIN 70 010 nicht mehr aufgeführt.

3.1.7 Die Pullmann-Limousine

Ein amerikanischer Unternehmer mit dem Namen «Pullmann» baute den ersten durchgängigen Eisenbahnwagen. Ihm zu Ehren erhielten die großen Limousinen mit acht Sitzplätzen seinen Namen. Es sind im Normalfall exklusive Repräsentations-Fahrzeuge, oder sie werden als Taxi eingesetzt. Die Fahrzeuge zeichnen sich durch einen großen Innenraum aus, der durch einen langen Radstand erreicht wird. Die anderen Merkmale entsprechen denen einer Limousine.

3.1.8 Das Landaulett

Hier handelt es sich um eine Limousine, deren hinteres Dachteil zu öffnen ist. Meist ist hier ein Faltdach, wie bei einem Kabriolett, angesetzt. Diese Fahrzeuge entstehen häufig als Variante zur Pullmann-Limousine. Der Name wurde vom Pferdekutschwagen Landauer abgewandelt übernommen. Beide Begriffe «Landauer» und «Landaulett» stammen letztlich von dem Städenamen Landau (in der Pfalz) ab. Auch das Landaulett wird in der DIN 70 010 nicht mehr aufgeführt.

Die DIN 70 010 vom Mai 1990 ist über den Beuth Verlag, Berlin, zu beziehen.

Bild 3.13 Landaulett, Daimler-Benz (Werkfoto DB)

3.1.9 Der Mehrzweck-Pkw (Geländewagen)

Diese Ausführung ist eine Mischung von einem Kombiwagen und einem Leicht-Lkw. Der stabile Fahrwerksrahmen nimmt die robusten Achsen (meist Allradantrieb) auf. Der Aufbau ist mit dem eines Kombiwagens vergleichbar. Heute sind die Geländewagen vielfach Prestigefahrzeuge, die fast den Komfort einer Limousine haben. Auch entsprechen die Geschwindigkeiten, die mit den Fahrzeugen erreicht werden, denen eines Mittelklasse-Pkw. In einer kleinen Ausführung sind die Geländewagen als Zweitwagen sehr beliebt.

Bild 3.14 Mehrzweck-Pkw bzw. Geländewagen, Opel Frontera (Quelle: Werkfoto Opel)

3.1.10 Der Spezial-Personenkraftwagen

Hierbei handelt es sich um Pkw mit besonderen Einrichtungen, z.B. Notarzt-Einsatzfahrzeuge, Behindertenfahrzeuge oder Werkstattwagen. Gängige Modelle sind Caddy, Combo, Fiorino usw.

Bild 3.15 Opel Combo

3.2 Fragen und Antworten

1. Worin unterscheiden sich bei den Pkw-Bezeichnungen die Modellnamen von den Bauartbenennungen?

Antwort:
Die Bauartbenennungen sind genormt, während die Modellnamen vom Hersteller festgelegt sind.

2. Nennen Sie drei Modellnamen und die dazugehörigen Bauartbezeichnungen.
Antwort:
z.B. Audi A3 = Limousine, BMW Z3 = Roadster, Mercedes W124C = Coupé.

3 Was sind die Bauart-Merkmale einer Limousine?
Antwort:
Geschlossene Ausführung mit festem Dach, ein Schiebedach ist erlaubt; zwei oder vier Türen sowie ein- oder zweiflügelige Hecktür; vier oder mehr Seitenfenster mit feststehendem Rahmen; vier oder mehr Sitze. Die hinteren Sitze können zum Umklappen oder Ausbauen sein zugunsten einer Ladefläche.

4. Was sind die Bauart-Merkmale eines Kabrioletts?
Antwort:
Der Pkw muß offen oder geschlosssen verwendbar sein. Das Dach muß zurückklappbar und die Seitenfenster müssen versenkbar sein. Bei geöffnetem Dach bleiben nur die Windschutzscheibe mit Rahmen und, wenn vorhanden, der Überrollbügel fest stehen.

5. Zu welcher Bauform gehören die Mercedes-Benz-Sonderschutz-Fahrzeuge?
Antwort:
Zu den Pullmann-Limousinen.

6. Welche Merkmale sind für eine Großraum-Limousine typisch?
Antwort:
Komfortable Ausstattung mit bis zu 8 Sitzplätzen, Sitze leicht zu entfernen zugunsten einer größeren Ladefläche; mit starker Motorisierung für Hochgeschwindigkeiten.

7. Ist der Begriff «Sportcoupé» genormt? Was ist darunter zu verstehen? Nennen Sie ein Beispiel.
Antwort:
Hierbei handelt es sich nicht um eine genormte Karosseriebauform. Es ist ein Pkw, der sportlicher (flacher) geformt ist als ein normales Coupé. Dadurch werden Kopffreiheit und Bewegungsspielraum auf den hinteren Sitzen, im Vergleich zum normalen Coupé, noch weiter eingeschränkt. Ein Beispiel ist der Mazda MX-3.

8. Haben die Mehrzweck-Pkw (Geländewagen) üblicherweise eine selbsttragende Karosserie (wie eine Limousine)?
Antwort:
Nein. Der Aufbau steht auf einem Fahrgestellrahmen.

9. Zu welcher Karosserie-Bauform gehören die Kompaktlimousinen wie z.B. Audi A3 oder BMW compact?
Antwort:
Zur Kategorie der Kombi-Limousinen.

4 Anforderungen an einen Pkw

In diesem Kapitel werden dem Leser folgende Kenntnisse vermittelt

Lernziele	Lerninhalte
– konstruktive Möglichkeiten nennen, um Aufprallenergien innerhalb einer Pkw-Karosserie gezielt abzubauen	– Abbau von Aufprallenergien durch konstruktive Maßnahmen
– den Begriff «Knautschzonen» in der Karosserie erläutern	– «Knautschzonen»
– den Unterschied zwischen Luftwiderstand und c_W-Wert erklären	– Definition des c_W-Wertes
– Einfluß der Karosserie auf die Umweltverträglichkeit des Fahrzeugs beschreiben	– Karosserie und Umweltverträglichkeit
– Bauformen der nichttragenden, mittragenden und selbsttragenden Karosserie darstellen	– Karosseriebauformen (Grundprinzipien)

Ohne Stau und «Rush-hour» ist das Autofahren schön. Das wunderbare Gefühl, mit dem Fahrzeug dorthin zu fahren, wohin man möchte, kennt jeder. Doch Autofahren bedeutet auch «Verantwortung» übernehmen. Bei einer Geschwindigkeit von ca. 50 km/h besitzt ein etwa 1000 kg schweres Fahrzeug die gleiche Energie wie ein ungefähr 100 000 kg schwerer Felsbrocken, der sich mit 1 m/s bewegt. Daher ist verständlich, daß auch in Gefahrensituationen das Auto dem Insassen *Sicherheit* bieten soll.

Auf den Autobahnen ist ein schnelles Vorankommen möglich. Deshalb ist auch bei Fahrzeugen mit geringerer Motorleistung eine hohe Endgeschwindigkeit erwünscht. Außerdem soll der Überholvorgang nicht zu lange dauern. Doch das Wechseln auf die Überholspur bedeutete in früheren Jahren Geschwindigkeitsverlust, wenn man den Windschatten des voranfahrenden Fahrzeugs verließ. Diese Gründe erfordern Karosserien mit geringem *Luftwiderstand* (c_W-Wert).

Die erste Ölkrise Anfang der siebziger Jahre hat deutlich gemacht, daß Kraftstoff gespart werden muß. Die Motorenkonstrukteure bauen heute verbrauchsarme Motoren. Aber

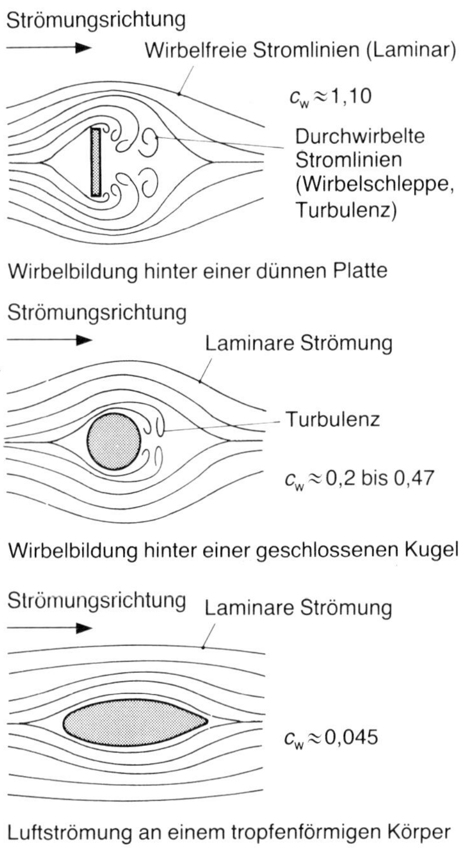

Bild 4.1 Einfluß der Form eines Körpers auf den Strömungsverlauf in Luft

auch die Karosseriekonstrukteure nahmen die Herausforderung an. So werden leichte Karosserien gebaut, die zum Beschleunigen weit weniger Kraftstoff verbrauchen. Geringerer Treibstoffverbrauch bedeutet auch gleichzeitig bessere *Umweltverträglichkeit.*

4.1 Sicherheit der Fahrzeugkarosserie

Jeder Fahrer eines Autos oder sein Mitfahrer muß damit rechnen, daß er auch ohne eigenes Verschulden in einen Unfall verwickelt wird. Zur eigenen Sicherheit wäre es vorteilhaft, sich mit einem gepanzerten, schweren Fahrzeug fortzubewegen. Doch das würde das Auto langsamer und umweltbelastender machen. Die Lösung der Karosseriekonstrukteure für einen eventuellen Unfall lautet: lange Verformungswege (lt. Bild 4.4 bis zu 0,6 m) zum Abbau der Energie und eine stabile Fahrgastzelle. Darüber hinaus wird die Gürtellinie der Karosserie zum Abbau der Deformationskräfte einbezogen (vgl. Abschnitt 1.3.3). Damit aber nicht jede kleine Karambolage bis zum Fahrgastraum durchschlägt, sind

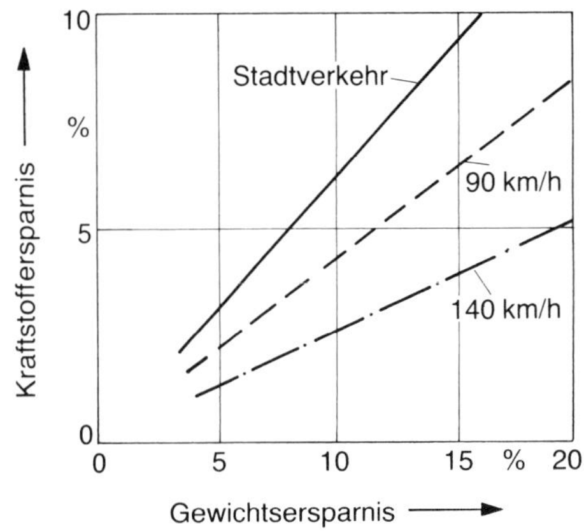

Bild 4.2 Kraftstoffersparnis im Verhältnis zur Gewichtsersparnis

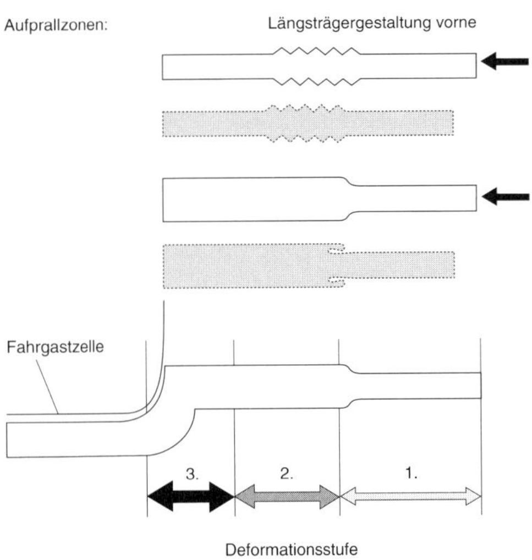

Bild 4.3 Gestaltung der Längsträger vorne und deren Verformungswege bei einer Stahlkarosserie

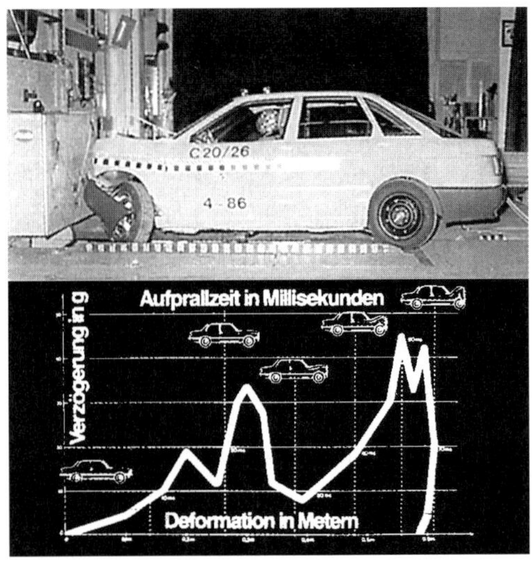

Bild 4.4 Lange Verformungswege vor und hinter dem Fahrgastraum ermöglichen einen stufenweisen Abbau der Verformungskraft (Quelle: Audi)

Bild 4.5 Sicherheitskarosserie BMW Z3 (Werkfoto BMW)

in den Verformungspartien, auch Knautschzonen genannt, Barrieren eingebaut. Somit ist es möglich, den Weg bis zur ersten oder zweiten Barriere zusätzlich zu beeinflussen. D.h., hier werden bewußt «Schwachstellen» eingebaut (Ziehharmonika-Bereiche, Einschnürungen, Auslenkungen usw. im vorderen Bereich der Längsträger). Dadurch verformen sich bei Auffahrunfällen mit geringer Geschwindigkeit (z.B. 30 km/h) keine Karosseriepartien, die hinter den «Schwachstellen» liegen. Für diese Art der Unfälle können zur Reparatur Abschnittsteile (s. Kapitel 8) bereits konstruktiv vorgegeben werden. Den letzten, größeren Widerstand gegen eine Verformung bietet die Fahrgastzelle selbst. In ihr ist es angegurteten Personen möglich, einen Frontaufprall bis 50 km/h ohne größere Verletzungen zu überstehen. Bild 4.3 verdeutlicht die Stufen des Deformationswegs und die Sicherheit des Fahrgastraumes.

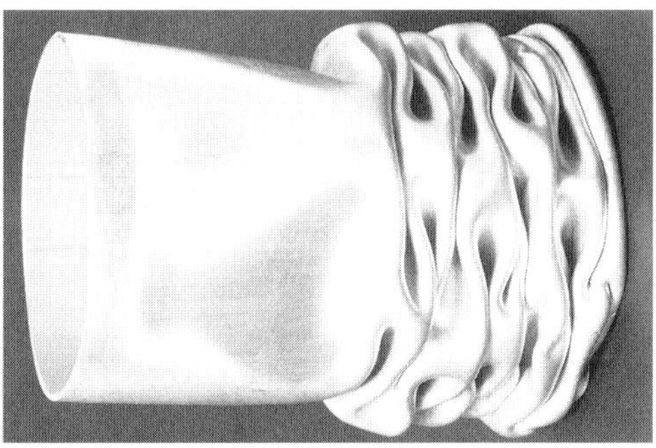

Bild 4.6 Verformungsverhalten eines Aluminium-Längsträgers aus einfachem glatten Rohrprofil

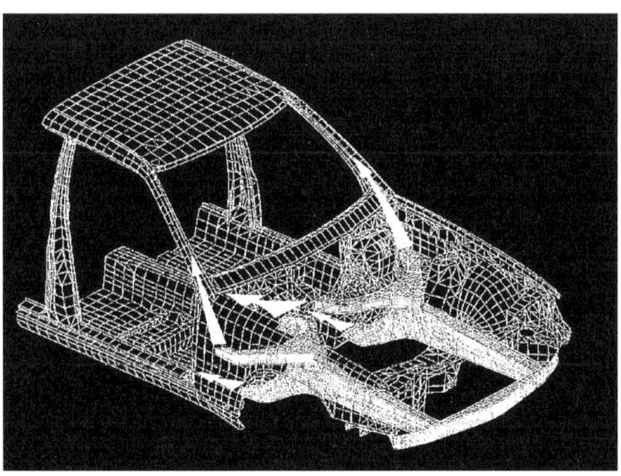

Bild 4.7 Die Gabelträger-Konstruktion vor dem gestaltfesten Innenraum-Körper leitet die Kräfte bei einer Kollision gezielt auf die Bodenanlage, den Getriebetunnel und die seitlichen Säulen (Quelle: Mercedes-Benz)

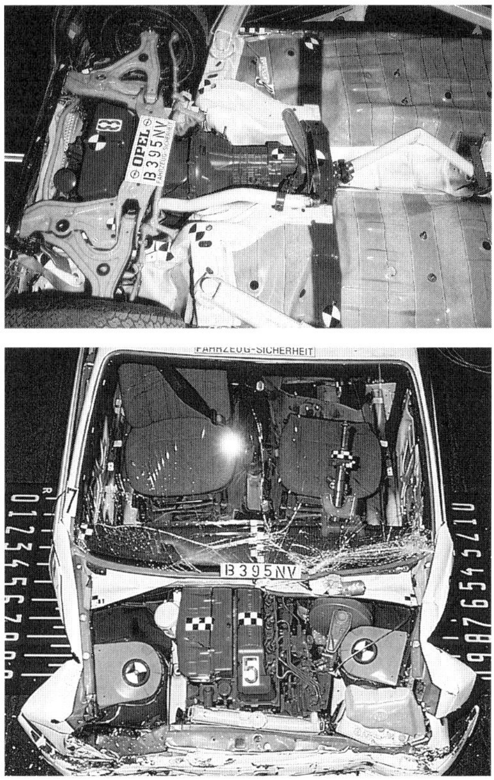

Bild 4.8 Bei einem Frontaufprall klinkt die hintere Achsaufnahme aus. Dadurch wird trotz des kurzen Verformungsweges soviel Kraft abgebaut, daß die Fahrgastzelle nicht in Gefahr gerät (Quelle: Opel)

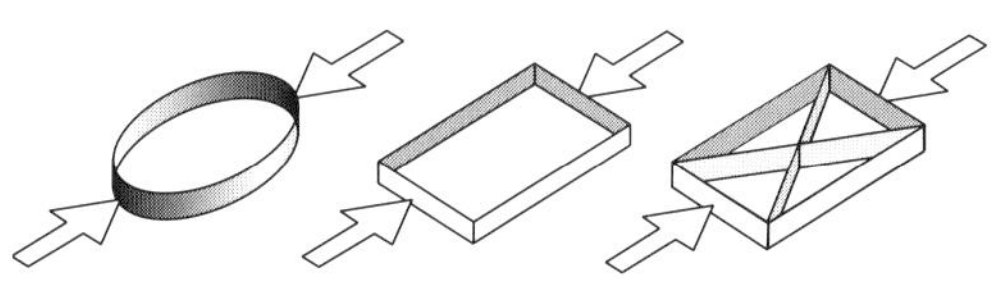

Bild 4.9 Beispiel, wie durch einfache Gestaltungsunterschiede die Festigkeit von Karosseriebauteilen erhöht werden kann

Damit die gewünschten Verformungswege entstehen, sind die Karosseriebleche in den Wanddicken unterschiedlich und zusätzlich mit Verstärkungen versehen. Würde man eine Art Röntgenbild von einer Karosserie anfertigen, so ließe sich darauf der Verlauf der stabilen Karosseriezonen erkennen.

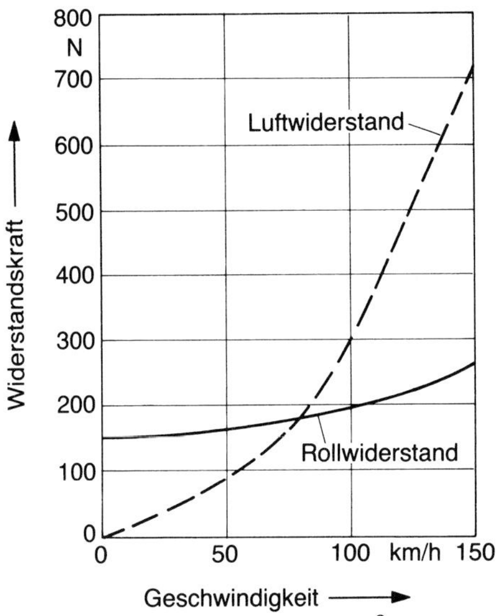

Luftwiderstand: $F_L = \varrho \cdot c_W \cdot A \cdot \frac{v_0^2}{2}$

Bild 4.10 Formel zur Berechnung des c_W-Wertes und Diagramm über die Einflußfaktoren Luft-/Rollwiderstand auf die Fahrzeuggeschwindigkeit

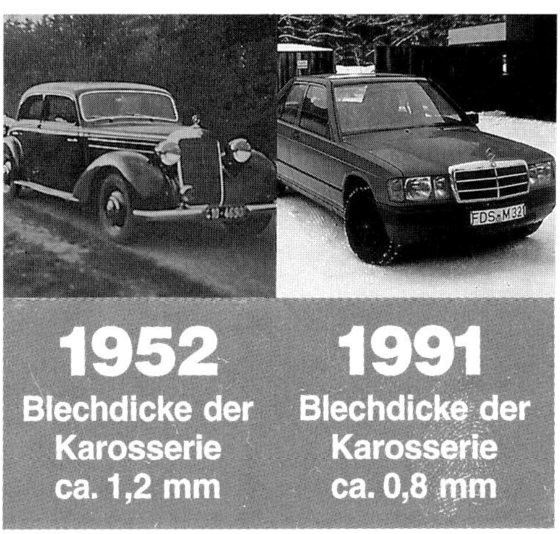

Bild 4.11 Karosserie-Leichtbau durch Reduzierung der Blechdicke (z.B. Außenhautbereich)

In der Unfallforschung gibt es viele Statistiken darüber, welche Zonen des Fahrzeugs am häufigsten beschädigt werden. Je nach Unfallart (bei welcher Geschwindigkeit, ob Stadt- oder Landstraße, ob Rechts- oder Linksverkehr, Unfällen mit Todesfolge usw.) ist die rechte oder linke Fahrzeugseite öfter in Mitleidenschaft gezogen. Die Fa. Mercedes-Benz z.B. setzt für den Fall der Frontkollision links einen verstärkten dreiarmigen Längsträger in die Karosse ein. Dieser stützt sich auf breiter Fläche gegen den gestaltfesten Fahrgastraum ab. Die Verformungskräfte werden gezielt auf die Bodengruppe, den Getriebetunnel und die seitlichen Säulen verteilt und abgebaut.

4.2 Luftwiderstand der Fahrzeugkarosserie (c_W-Wert)

Wenn bei der Fahrt mit dem Auto ein starker Luftwiderstand aufkommt, so ist die Karosserieform über den Staudruck und den Formwiderstand daran beteiligt. Der Staudruck entsteht dort, wo sich die Fahrzeugnase und die Luftströmung zuerst treffen. Je größer also die Querschnittsfläche des Fahrzeugs ist, um so größer ist der Luftwiderstand. Der Formwiderstand beeinflußt die Strömungslinien der Luftpartikel, die das Auto umfließen. Es werden glatte Fahrzeugflächen mit sanften Übergängen angestrebt. So ergeben sich ruhige Strömungslinien ohne Wirbel. Jeder Wirbel erzeugt eine bremsende Wirkung (s. Bild 4.1).

Der eigentliche c_W-Wert ist die rechnerische Größe aus Luftwiderstand, Luftdichte, Querschnittsfläche des Fahrzeugs gegen die Luftströmung und der Differenzgeschwindigkeit zwischen Luft- und Fahrzeugbewegung. Der c_W-Wert hat keine Dimensionsbezeichnung.

4.3 Umweltverträglichkeit der Karosserieform

Das Autofahren im Stadtverkehr bedeutet hauptsächlich «stop and go». Bei jedem Beschleunigen des Fahrzeugs muß immer das gesamte Gewicht in Bewegung gebracht werden. Je größer die Masse des Wagens ist, um so mehr Energie, d.h. Kraftstoff, muß zugeführt werden. Je weniger Treibstoff aber benötigt wird, desto höher ist der Beitrag zum Umweltschutz, den jeder Autofahrer leistet. Daher ist auch das Karosseriegewicht der Fahrzeuge kontinuierlich gesenkt worden. Dies ist hauptsächlich über die Reduzierung der Wanddicke des Karosseriebleches geschehen. Wenn noch vor vierzig Jahren die Blechdicke durchschnittlich 1,2 mm betrug, liegt sie heute bei ca. 0,8 mm im Außenhautbereich.

Da diese Blechdicken kaum mehr unterschritten werden können (fehlende Beulfestigkeit), sind zur Gewichtsreduzierung auch leichtere Metalle eingesetzt, z.B. Aluminium oder Kunststoff.

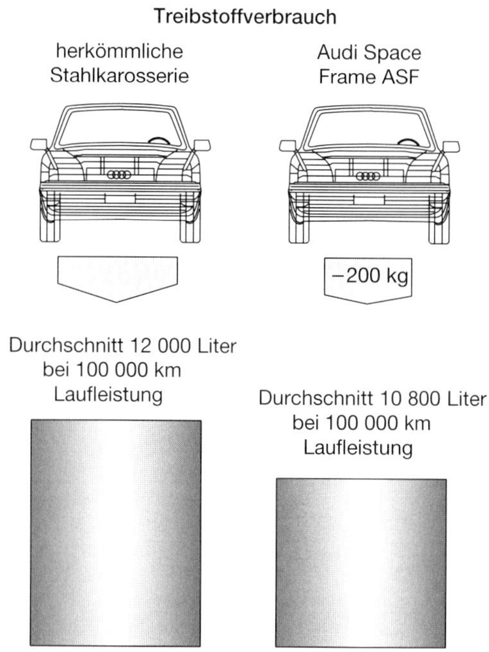

Bild 4.12 200 kg weniger Gewicht bedeutet bei einer Fahrleistung von 100 000 km eine stattliche Umweltentlastung durch weniger Treibstoffverbrauch – ein Vorteil, der sich durch die lange Lebensdauer der Aluminiumkarosserie entsprechend weiter steigert (Quelle: Audi)

4.4 Historische Karosserie-Entwicklung

Der Gedanke, sich auf einem mobilen Untersatz fortzubewegen, hat die Menschheit schon sehr früh beschäftigt. Die ersten geschichtlichen Aufzeichnungen hierüber zeigen einen Kriegswagen vom Volksstamm der Sumerer im Jahre 3000 v.Chr. Der weitere Verlauf der Fahrzeugentwicklung zeigt bis zur Erfindung des ersten Kraftwagen die abenteuerlichsten Ausführungen zum Personentransport auf vier Rädern. Das Problem war, einen Fahrgastraum mit dem Fahrwerk zu verbinden. Doch auch im Kraftwagenbau vergingen einige Jahrzehnte, bevor die Grundlage zu den heutigen Karosseriebauformen gefunden wurde.

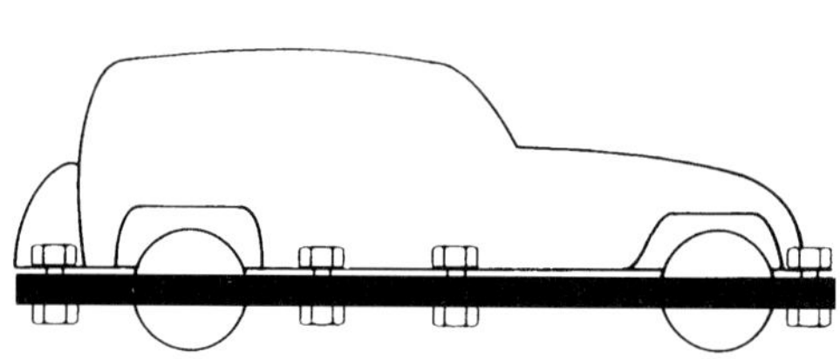

Bild 4.13 Die nichttragende Karosserie bzw. das tragende Fahrgestell

4.4.1 Nichttragende Karosserie

Die erste Antwort auf das genannte Problem war das «tragende» Fahrgestell. Ein von der Karosserie völlig unabhängiger Fahrgestellrahmen trug das gesamte Gewicht der darauf festgeschraubten separaten Karosserie.

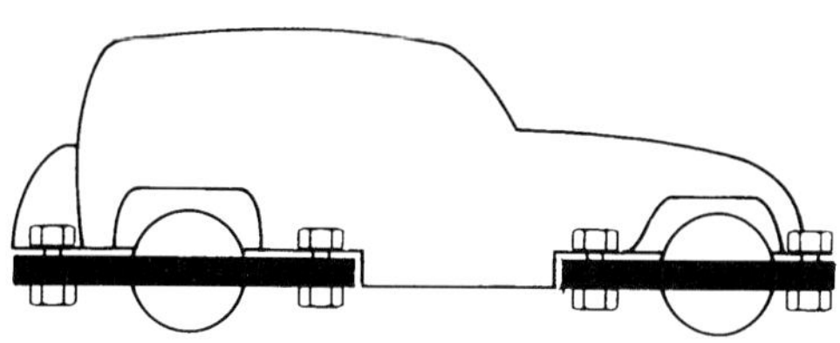

Bild 4.14 Die mittragende Karosserie

4.4.2 Mittragende Karosserie

Bei der weiteren Entwicklung der Kraftwagen ist versucht worden, von der schweren

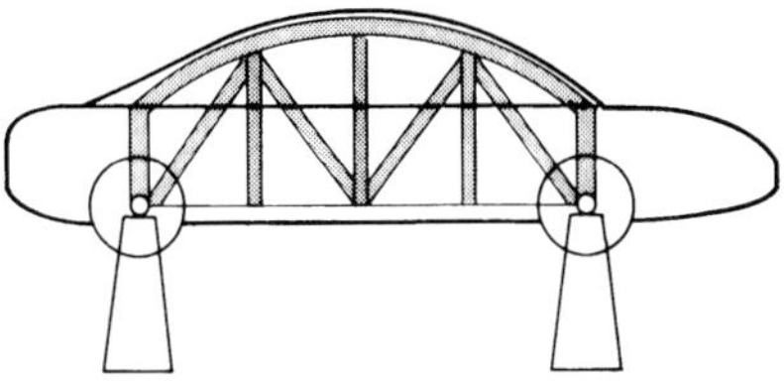

Bild 4.15 Die selbsttragende Karosserie

Ausführung des tragenden Fahrgestells wegzukommen. Was lag näher, als die Karosserie einen Teil der tragenden Funktion mitübernehmen zu lassen. Bei dieser Ausführung wird vom durchgehenden Fahrgestellrahmen nur noch der vordere und hintere Teil benötigt. Das Mittelstück ist herausgetrennt und durch die eigentliche Karosserie ersetzt. Diese Konstruktion heißt «mittragende» Karosserie.

4.4.3 Selbsttragende Karosserie

Auch noch den Rest des klobigen Fahrgestells verschwinden zu lassen, war die nächste Aufgabenstellung. Für die Lösung stand der Brückenbau Pate. Eine Eisenbahnbrücke, abgestützt auf zwei Pfeilern, ist ebenfalls eine selbsttragende Konstruktion. Die gesamte Karosserie ist in sich so stabil gebaut, daß die Unterstützung durch die Fahrzeugachsen ausreicht, um das Fahrzeug zu tragen. Die immer perfekter werdenden Schweißverbindungen haben weitere Detaillösungen für den Bau der «selbsttragenden» Karosserie ermöglicht.

4.5 Fragen und Antworten

1. Nennen Sie die wichtigsten Anforderungen an eine Karosserie.
Antwort:
Sicherheit für die Fahrgäste bei einem Unfall, gutes Styling; wenig Luftwiderstand, geringes Gewicht.

2. Wodurch wird die Bewegungsenergie eines Pkw beim Aufprall auf ein Hindernis abgebaut?
Antwort:
Durch lange Verformungswege, die das Karosserieblech gezielt zuläßt (Knautschzonen) und durch eine große Aufprallfläche.

3. Durch welche Faktoren wird der c_W-Wert bestimmt?
Antwort:
Luftwiderstand, Querschnittsfläche der Karosserie, Luftdichte und Relativgeschwindigkeit zwischen der Luft und dem Fahrzeug.

4. Wieso wirkt sich der Karosseriebau auf die Umweltverträglichkeit eines Pkw aus?
Antwort:
Durch den Karosserie-Leichtbau und die Aerodynamik wird nicht so viel Energie zur Beschleunigung und zur Bewegung des Fahrzeugs benötigt. Das bedeutet Kraftstoffeinsparung und damit geringere Abgasmengen.

5. Wie lauten die geschichtlichen Entwicklungsstufen der Karosserie-Bauweisen in der richtigen Reihenfolge?
Antwort:
Nichttragende Karosserie (tragendes Fahrgestell), mittragende Karosserie und selbsttragende Karosserie.

6. Aus welchem technischen Vorbild ist die selbsttragende Karosserie abgeleitet worden?
Antwort:
Aus einer Brückenkonstruktion.

7. Welche konstruktiven Möglichkeiten gibt es, um gezielte Schwachstellen in eine Karosserie einzubringen (3 Beispiele)?
Antwort:
Ziehharmonikabereiche, Einschnürungen und Auslenkungen.

8. In welche Karosseriepartien werden die gezielten «Schwachstellen» hauptsächlich eingesetzt?
Antwort:
Im vorderen Bereich der Längsträger.

9. Welche Auswirkungen können diese «Schwachstellen» auf die Reparaturvorgaben haben?
Antwort:
Für diese Bereiche gibt es häufig Abschnittsteile.

10. Welche Möglichkeiten der Gewichtseinsparung gibt es im Karosseriebau neben der Reduzierung der Blechdicke?

Antwort:
Leichtere Materialien als Stahl, z.B. Aluminium oder Kunststoff.

11. Wieviel Kraftstoff kann bei einer Laufleistung von 100 000 km eingespart werden, wenn ein Fahrzeug der Kategorie Audi A8 ca. 200 kg leichter ist als vergleichbare Autos?
Antwort: ca. 1200 Liter.

5 Konstruktion einer Karosserie

In diesem Kapitel werden dem Leser folgende Kenntnisse vermittelt

Lernziele	Lerninhalte
– die Begriffe CAD und CAM erläutern und ihre genaue Bezeichnung nennen	– Definition CAD und CAM
– Möglichkeiten einer Computer-Simulation zur Bestimmung von Karosserie-Belastungsstellen beschreiben	– Computer-Simulation

Die teilweise gegenläufigen Anforderungen an eine Karosserie, wie Leichtbau, Sicherheit und Reparaturfreundlichkeit, machen Hochtechnologien erforderlich. Daher sind auch die Detailoptimierungen, z.B. eingeklebte Scheiben, höherfeste Karosseriebleche und eingeklebte Formhimmel, erklärbar. Allerdings hat es oft den Anschein, daß gerade die Reparaturfreundlichkeit bei den Anforderungen etwas vernachlässigt wird.

So sind eingeschweißte Kotflügel alles andere als schnell zu ersetzen. Im Gegensatz dazu gibt es Fahrzeuge, bei denen zwischen Seitenwand und C-Säule im Außenhautbereich gar keine Verbindung besteht. Somit bleibt bei einem Heckaufprall der Schadensbereich begrenzt und das Austrennen sowie Einsetzen der neuen Seitenwand erfolgen in diesem Bereich schnell und problemlos.

5.1 Computerunterstützte Konstruktion und Fertigung

Der Arbeitsplatz des Konstrukteurs ist von der EDV beherrscht. Mit Hilfe verschiedener Rechnerprogrammme wird eine Karosserie berechnet, gezeichnet und korrigiert. Dieser Aufwand ist nicht nur wegen der zu optimierenden Anforderungen nötig. Er wird auch von der immer perfekter werdenden Fertigung verlangt. Der Einsatz von Schweißrobotern setzt Maßtoleranzen im $^1/_{10}$-mm-Bereich voraus. Der EDV-Sprachgebrauch hat für diese Anwendungen zwei Begriffe festgelegt: CAD Computer Aided Design (computermäßiges Konstruieren) und CAM Computer Aided Manufacturing (computerunterstützte Fertigung).

5.2 Beanspruchen von Karosserieteilen

Ein neuer Pkw-Typ hat bereits Belastungsprüfungen hinter sich gebracht, bevor die Karosserie überhaupt eingebaut ist. Wie ist das möglich? Auf dem Bildschirm können alle Bewegungsabläufe einer Karosserie im Fahrbetrieb simuliert werden. Beim Betrachten die-

Bild 5.1 Früher Reißbrett, heute EDV.
Der Arbeitsplatz des Konstrukteurs (Quelle: Opel)

ser Bilder wird klar, daß es an modernen Karosserien nur noch stark und weniger stark beanspruchte Teile gibt. Dies gilt zumindest für die voll geschweißte Karosserie, bei der nur noch Hauben und Türen angeschraubt sind. Dabei stellen die Türen auf keinen Fall untergeordnete Bauteile dar. Mit sehr aufwendigen Konstruktionen werden sie für den größtmöglichen Schutz der Fahrgäste im Falle einer Seitenkollision ausgelegt. Hier kann erwartet werden, daß der Insassenschutz durch konstruktive Maßnahmen weiter verbessert wird.

Nach einer Auswertung der Schadensfälle durch die Autoversicherer haben diese ihre eigenen Überlegungen angestellt, welche Crashtests zur Verbesserung der Insassensicherheit durchgeführt werden sollten (Bild 5.6).

Bild 5.2

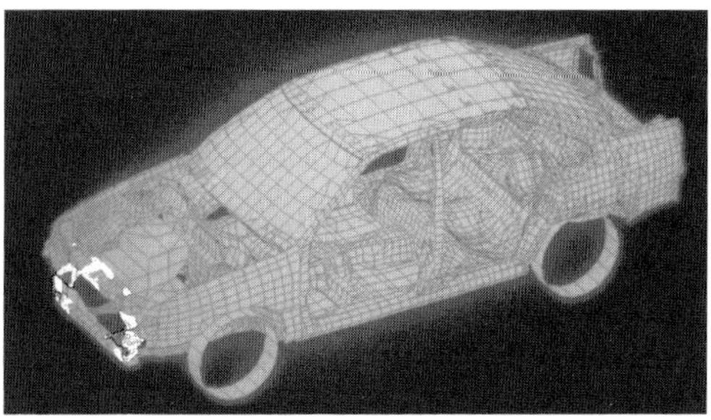

Bild 5.3

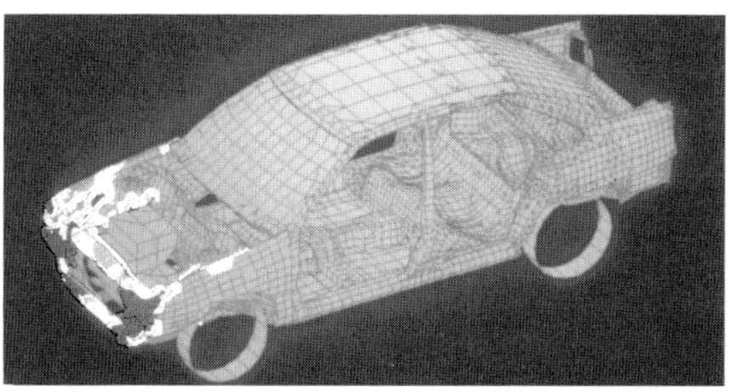

Bild 5.4

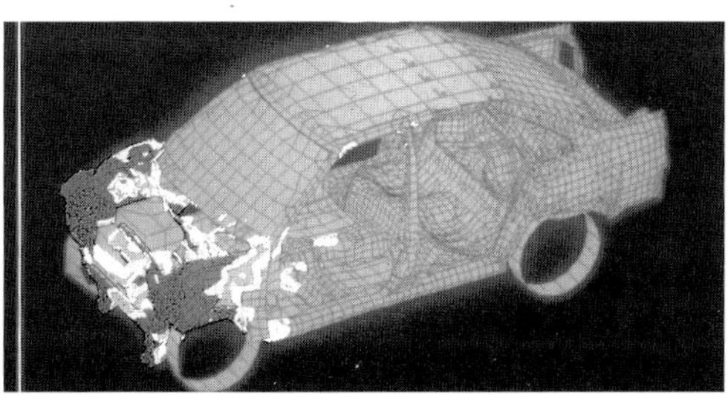

Bild 5.5

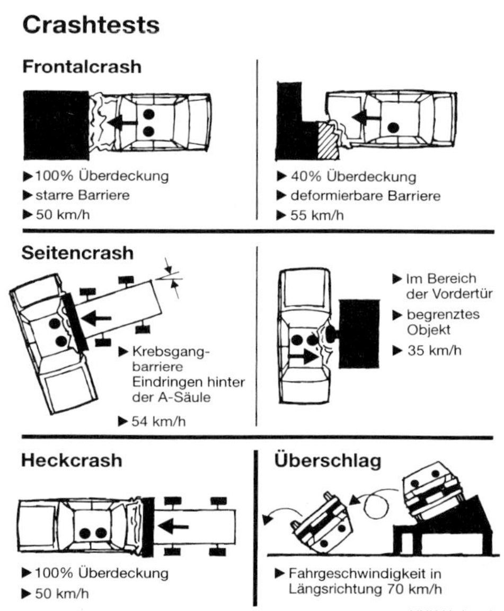

Bild 5.6 Sechs verschiedene Crashtests sollten nach Ansicht der Unfallforscher im HUK-Verband in einer europäischen Testnorm für Autohersteller vorgeschrieben werden. (Quelle: HUK-Verband)

Bilder 5.2 bis 5.5 Bei der Computer-Simulation zeigen sich deutlich die auftretenden Belastungsstellen (Quelle: Opel)

Der mit 40% Überdeckung gefahrene Frontcrash mit einem VW Polo verdeutlicht den guten Insassenschutz auch bei Kleinwagen (Bild 5.7).

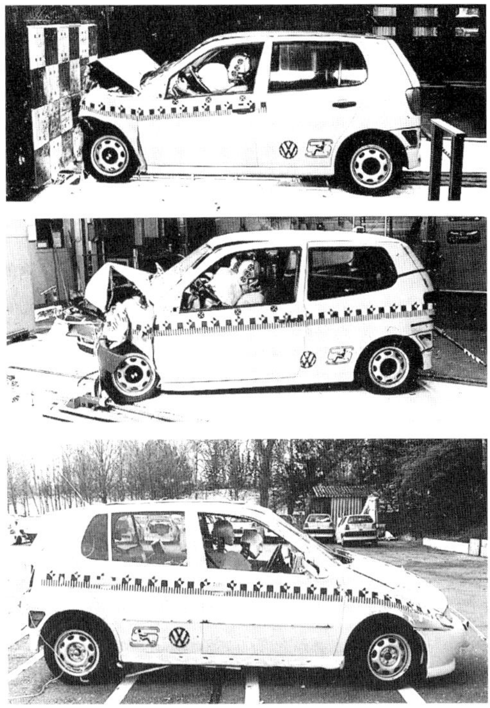

Bild 5.7 Frontcrash VW Polo, Modell 1995

5.3 Fragen und Anworten

1. Wie heißen die genauen Bezeichnungen der Abkürzungen CAD und CAM, und was ist darunter zu verstehen?
Anwort:
Computer Aided Design (computermäßiges Konstruieren von Bauteilen) und Computer Aided Manufacturing (computerunterstützte Fertigung von Bauteilen).

2. Wie können Karosseriebeanspruchungen schon bei der Konstruktion berücksichtigt werden?
Antwort:
Durch CAD. Auf dem Bildschirm können Fahrsimulationen erzeugt, ausgewertet und umgesetzt werden.

3. Gibt es an einer geschweißten Pkw-Karosserie noch eindeutige Unterschiede zwischen tragenden und nichttragenden Teilen?
Antwort:
Nein. Bei einer selbsttragenden geschweißten Karosserie kann nur nach stark und weniger stark beanspruchten Teilen unterschieden werden.

4. Können Pkw-Türen grundsätzlich als untergeordnete Karosseriebauteile betrachtet werden, wenn es um den Insassenschutz geht?
Antwort:
Nein, da die Türen den Flankenschutz bei einem Seitenaufprall unterstützen.

5. Warum verlangen die Autoversicherer mehr Crashtests, als heute bereits von den Fahrzeug-Herstellern durchgeführt werden?
Antwort:
Zur Erhöhung der Insassen-Sicherheit.

6 Produktion einer Karosserie

In diesem Kapitel werden dem Leser folgende Kenntnisse vermittelt

Lernziele	Lerninhhalte
– Produktionsablauf eines Karosserieteils vom Coil bis zum eingeschweißten Formblech in Stichworten beschreiben	– Produktionsablauf von Karosserieblechen
– besondere Tiefzieheigenschaften von Karosserieblechen erläutern	– Tiefzieheigenschaften von Karosserieblechen
– die Problematik von Randschweißungen an Hutprofilen darstellen	– Randschweißungen
– die Eigenschaften von Tailored blanks erläutern	– Tailored blanks
– unterschiedlichen Aufbau der Serienlackierungen mit Angaben der Schichtdicken wiedergeben	– Lackaufbau
– den Ablauf einer anodischen und katodischen Elektrotauchlackierung beschreiben	– Elektrotauchlackierung
– Begründungen für Karosserie-Abdichtungen nennen und Auswirkungen der Materialien bei Reparaturarbeiten verdeutlichen	– Karosserie-Abdichtung

Neben der Hochtechnologie bei der Karosseriekonstruktion wird ein gleiches «High-Tech» bei der Produktion eingesetzt. Es beginnt mit abfalloptimierten Mehrfachblechstanzen, führt über menschenleere Roboterschweißstraßen und endet bei der automatischen Teilmontage von z.B. anzuschweißenden Türscharnieren. Sehr beeindruckend sind die wie von Geisterhand geleiteten Transportsysteme. Hier werden alle Einzelteile zum richtigen Zeitpunkt an die richtige Karosserie geführt.

Bild 6.1 Die mittlere Bodengruppe wird dem nächsten Fertigungstrakt automatisch zugeführt

6.1 Pressen von Blechteilen

Die vom Stahlwerk angelieferten Blechrollen (Coils) werden auf Abwickelspulen befestigt. Die dadurch entstehende Endlosblechtafel wird einer Stanze zugeführt, welche für das zu pressende Blechteil die jeweils richtige Länge abschneidet. Die zugeschnittene Blechtafel gelangt in die Presse. Dort wird sie in einem Tiefziehgang oder in bis zu neun Tiefziehgängen zum Fertigteil umgeformt. Ein faszinierendes Beispiel für einen Tiefziehvorgang ist die Herstellung des Federbeintopfes für ein Radhaus: Aus einer glatten Blechtafel entsteht ein ca. 15 cm tiefer Topf mit gleichmäßiger Wandstärke. Dieser hohen Kunst der Umformtechnik müssen bei der Enwicklung eines Teiles viele Versuche vorausgehen. Ein spezieller Test gibt besonders gute Aufschlüsse über das Stauch- und Streckverhalten des Bleches bei der Umformung: der «Scribe-circle-Test». Auf der ebenen Blechtafel werden Kreise eingeätzt. Diese verformen sich bei jedem Tiefziehgang neu. Die Art der Verformung der Kreise gibt dem Experten wertvolle Hinweise über Spannungszonen.

Bild 6.2 Der «Scribe-circle»-Test gibt dem Umformtechniker wertvolle Hinweise bezüglich Spannungsstellen im Fertigteil

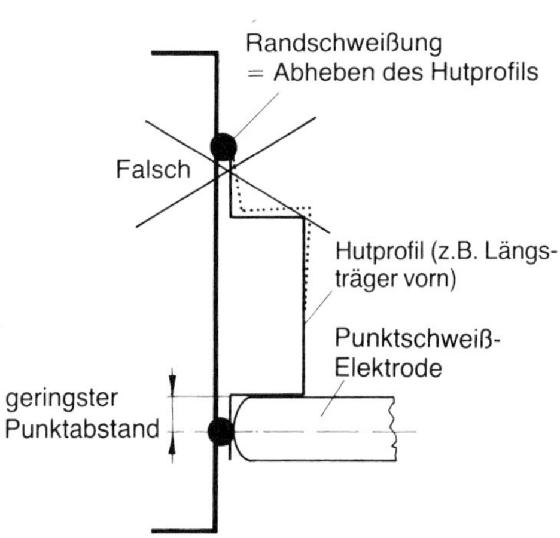

Bild 6.3 Hutprofile müssen so nah wie möglich am senkrechten Schenkel verschweißt werden. Dies gilt insbesondere für die Reparaturschweißung

6.2 Zusammenbau von Blechteilen

Die einzelnen gepreßten und tiefgezogenen Blechteile werden zu Baugruppen verschweißt (mit Verstärkungen, Gewindemuttern usw.). Sobald die Baugruppen einen bestimmten Umfang erreicht haben, gelangen sie in die Roboter-Schweißstraße, um dort zur Karosserie vereinigt zu werden. Die Schweißroboter sind mit wassergekühlten Punktschweißzangen bestückt. Durch die Wasserkühlung erhalten die Schweißelektroden einen großen Durchmesser. Dadurch läßt sich ein gewisser Punktabstand z.B. von einem Hutprofil zum Schweißmittelpunkt nicht unterschreiten. Wenn dieser Umstand konstruktiv nicht berücksichtigt wäre, könnte sich das Hutprofil vom Flansch abheben.

6.3 Leichtbau durch «Tailored blanking»

Das Thema «Leichtbau» hat, wie bereits beschrieben, bei den Konstrukteuren von Pkw-Karosserien einen hohen Stellenwert. Nachdem die Hersteller von Aluminiumkarosserien mit dem Audi A8 einen großen Schritt nach vorne realisieren konnten, regte sich in der Stahlbranche sehr viel. Hier wurde das Ulsab-Projekt Ultra light steel auto body (ultraleichte Stahl-Autokarosserie) gestartet, das von folgenden Fakten ausgeht:

- An den Karosserien gibt es viele Partien, die unterschiedlich stark belastet werden.
- Für jeden Belastungsbereich können Stahlbleche bezüglich Wandstärke, Festigkeitsanspruch und Tiefzieh-Eigenschaft optimiert werden.
- Großflächige Karosserieteile wie z.B. Radhaus oder Längsträger werden heute aus einer Blechplatte tiefgezogen. Anschließend müssen Verstärkungen an den Kraftangriffspunkten überlappt verschweißt werden. Dadurch wird das fertige Karosserieteil schwerer, als es sein müßte.

Die genannten Überlegungen und die Tatsache, daß mit der Finite-Elemente-Methode für die konstruktive Auslegung einer Karosserie kleinste Partien in ihren Festigkeitsansprüchen bestimmt werden können, ergaben folgenden Gedankenansatz:

- Für jede kleine Karosseriepartie läßt sich ein Stahlblech bezüglich Wandstärke und Fe-

stigkeit exakt auslegen und einzeln anfertigen.
- Die Überlappbereiche können verhindert werden, wenn die optimierten Stahlbleche auf «Stoß» zusammengeschweißt werden.

Was aufgrund dieser Überlegungen verlangt wird, sind maßgeschneiderte Bleche (Platinen). Die Bezeichnung dafür wurde international festgelegt. In der englischen Sprache entstand der Begriff «Tailored blanks» (tailor = Schneider; tailored = nach Maß gefertigt). Das Verfahren zur Herstellung heißt «Tailored blanking».

Die Vorteile der Tailored blanks wirken sich hinsichtlich der erforderlichen Karosserie-Festigkeit, des Korrosionsschutzes, der Umformbarkeit in der Fertigung und hinsichtlich des Aufnahmevermögen von Fahrzeugstrukturen im Falle eines Unfalls aus. Bild 6.7 verdeutlicht diese Feststellungen.

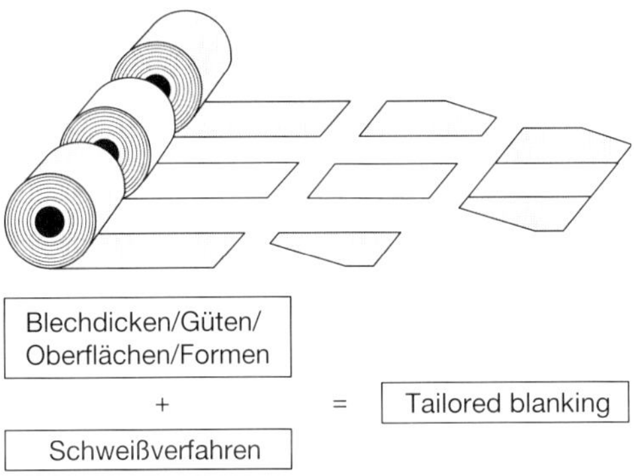

Bild 6.4 Anpassungsmöglichkeiten beim Herstellen von Tailored blanks (Quelle: Thyssen Stahl AG)

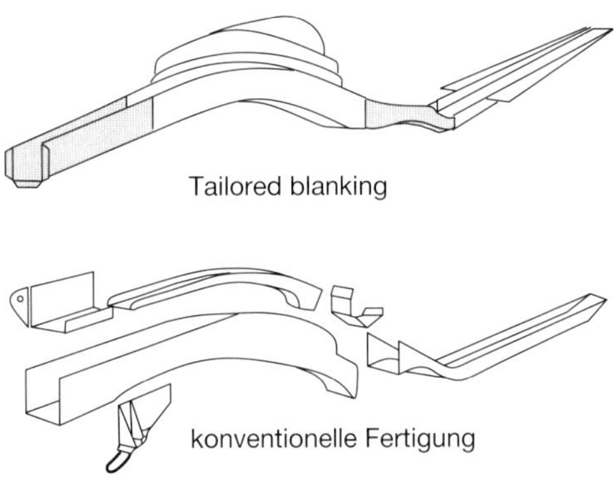

Bild 6.5 Einsatz von Tailored blanks am Beispiel eines Längsträgers (Quelle: VW)

Die Anpassungsfähigkeit von Tailored blanks auf den jeweiligen Einsatzfall geht sogar soweit, daß auch höherfeste Blechqualitäten verwendet werden können. Selbst die Kombination aus normalen und höherfesten Platinen ist möglich. Mehr zum Thema «höherfestes» Karosserieblech in Abschnitt 9.1.

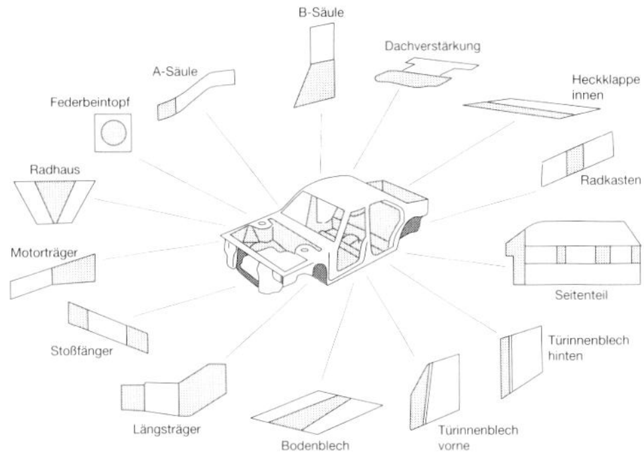

Bild 6.6 Möglichkeiten zum Einsatz von Tailored blanks an einer Pkw-Karosserie (Quelle: Thyssen Stahl AG)

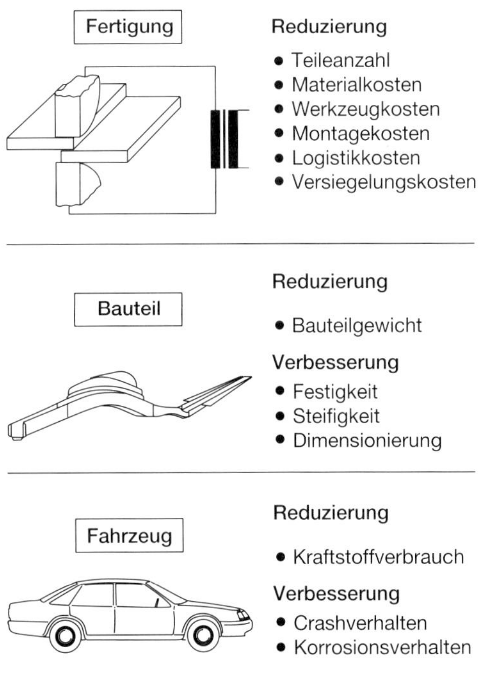

Bild 6.7 Vorteile durch den Einsatz von Tailored blanks (Quelle: Thyssen Stahl AG)

Wie steht es mit der Reparatur nach einem Crash? Solange das komplette Bauteil an den immer noch vorhandenen Überlappverbindungen erneuert werden kann, ändert sich nichts. Was ist aber mit den klassischen Abschnittsreparaturen? Muß die Anzahl der zulässigen Schnitte reduziert werden? Darf nur noch an den Original-Fügestellen ein neues Blech angesetzt werden? Wie ist die Standzeit der Werkzeuge, wenn die Schweißnähte getrennt werden müssen?

Zwischenzeitlich gibt es bereits Pkws, an deren Karosserien die «Tailored blanks» eingesetzt sind. Das gilt nicht nur für die Fahrzeuge der Oberklasse wie Mercedes, BMW oder Audi, selbst der Golf besitzt entsprechende Längsträger. Für die Unfallreparatur neuerer Pkws gilt daher mehr als je zuvor:

- Berücksichtigung der Fahrzeughersteller-Vorgaben beim Erneuern von Karosserieteilen (Trennlinien, Schweißverbindungen vgl. Bild 8.36, ein Punktschweißgerät, das auf die Anforderungen der «Tailored blanks» ausgelegt ist)!
- Karosserieteile unbekannter Herkunft haben als Neuteile nichts verloren!

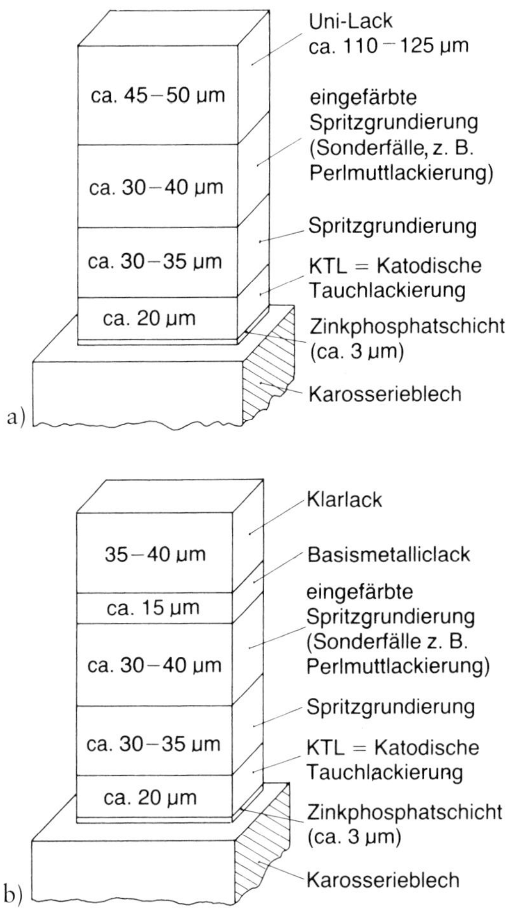

Bild 6.8 Aufbau einer Karosseriebeschichtung: a) mit Uni-Lack, b) mit Basismetalliclack

6.4 Lackaufbau

Der Lackaufbau an einer Karosserie entscheidet über die Qualität des Korrosionsschutzes der Bleche. Wenn die Arbeiten im Karosseriebau fertig sind, kommt die Karosserie zum Entfetten. Das Phosphatieren und die Tauchgrundierung schließen sich an. Die nachfolgend beschriebenen Arbeitsgänge stellen eine Möglichkeit der weiteren Reihenfolge des Lackaufbaus dar. Hier hat jedoch fast jeder Automobilhersteller seine eigenen Abläufe festgelegt, um den bestmöglichen Korrosionsschutz zu erreichen. Nach den Abdichtarbeiten wird der Steinschlagschutz partiell aufgetragen. Hierüber kommt die Spritzgrundierung und anschließend der Decklack.

Wenn ein Effektlack als Decklack verwendet wird, kann es erforderlich werden, daß er dick aufgetragen werden muß, damit die nötige Deckkraft erreicht wird (z.B. bei Perlmuttlacken). Eine sehr dicke Farbschicht erfordert aber lange Ablüftzeiten. Um das zu verhindern, wird eine Zusatzschicht gespritzt, die annähernd den Farbton des anschließend folgenden Basislackes hat. Damit ist die Deckkraft des Basislackes gewährleistet. Die zweite Zwischenschicht nennt sich «eingefärbte Spritzgrundierung» oder Tönfüller (vgl. Reparaturlackierung, Kapitel 17) und hat eine Dicke von rund 30 bis 40 µm. Wenn sie aufgetragen wird, wird der Lackaufbau als «4-Schicht-Lackierung» bezeichnet.

Die Karosserieteile für den Kundendienst (Ersatzteile) sind meistens kleiner und werden in geringeren Stückzahlen produziert. Sie werden ebenfalls entfettet und phosphatiert. Dann erhalten sie die Tauchgrundierung, die auch

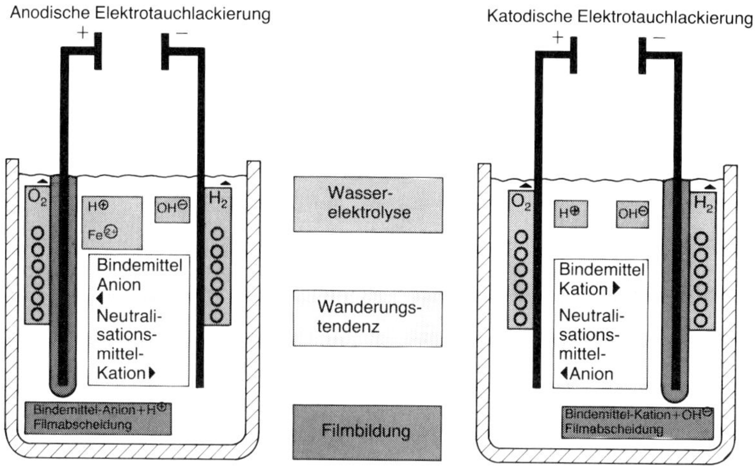

Bild 6.9 Grundlagen der anodischen und katodischen Elektrotauchlackierung (Quelle: PPG)

als Elektrotauchlackierung bezeichnet wird. Es kann allerdings sein, daß der Farbton der Elektrotauchlackierung für die Serienkarosserie hell ist, während für den Ersatzteildienst die mattschwarze Farbe bevorzugt wird. Die Tauchgrundierung erfolgt meist nach dem katodischen Verfahren. Daher stammt der Begriff KTL = katodische Tauchlackierung. Das Verfahren beruht darauf, daß auf elektrolytischem Weg die Grundierung auf die Karosserie gezogen wird. Nach dem heutigen Stand dieser Technik gelangt eine ca. 15 bis 20 µm dicke Schicht auf das Blech.

Die Steinschlaggrundierung wird bei der Serienproduktion an den entsprechend gefährdeten Stellen der Karosserie aufgetragen (Frontbleche, Schweller, Radläufe). Sie hat eine Schichtstärke von ca. 100 µm und bleibt nach der Decklackierung als strukturierte Oberfläche zurück (Apfelsinenhauteffekt). An den unteren Karosseriepartien ist das nicht störend. Leider wirkt sich der Steinschlag auch auf der Motorhaube und am Windlauf aus. Daher besprühen einige Automobilhersteller diese Partien mit einem Steinschlag-Zwischengrund, der überlackiert werden kann, ohne eine Oberflächenstruktur zu hinterlassen. Es gibt auch die Möglichkeit, daß die Spritzgrundierung mit einem Polyurethanlack ausgeführt wird. Dieser hat die gleiche Wirkung wie der Steinschlag-Zwischengrund. Beim Schleifen der Partien, die mit Steinschlag-Zwischengrund behandelt sind, kann sich gegenüber den anderen Partien ein zäher,

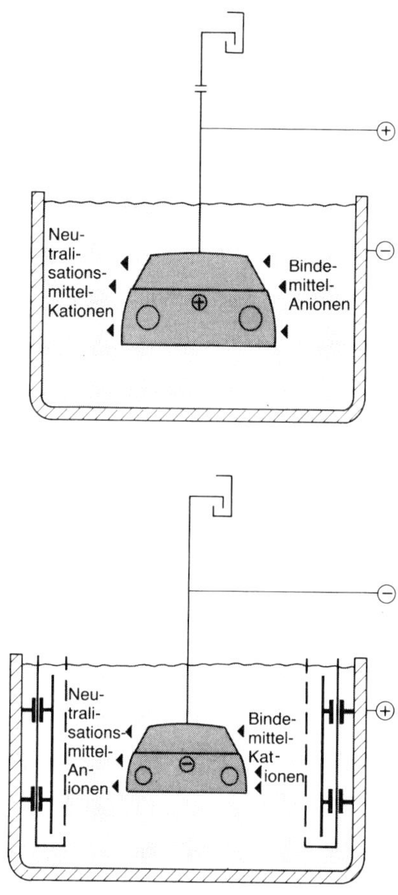

Bild 6.10 Verfahrensschema der anodischen und katodischen Elektrotauchlackierung (Quelle: PPG)

leicht schmierender Lackfilm bemerkbar machen (hohe Drehzahl beim Bearbeiten mit Schleifmaschinen vermeiden).

6.5 Karosserie-Abdichtung

Während der Produktion einer Karosserie werden alle notwendigen Partien abgedichtet. Dies sind insbesondere Karosserie-Bördelkanten an Türen, Hauben und Deckeln sowie Blechstöße, die direkt mit Spritzwasser beaufschlagt werden, bzw. an denen sich Kondenswasser ansammeln kann. Warum sind Blechkanten besonders gefährdet? Umfangreiche Untersuchungen haben eine Erklärung und eine Problemlösung gebracht: Jeder gleichmäßige Lacküberzug auf einer Fläche wird, durch dem Lack beigemischte Fließverbesserer, an der Kante unterbrochen. Er zieht sich regelrecht von der Blechkante weg (Kantenflucht des Lackes). Wenn es sich um eine Bördelkante handelt, kann sich zusätzlich Wasser ansammeln, das durch das langsame Verdunsten der Rostbildung Vorschub leistet. Zur wirkungsvollen Rostvorsorge werden heute die Falzränder verklebt und nur mit wenigen Punkten verschweißt. Nach dem Umbördeln wird das Abdichtmaterial aufgetragen. Somit kann kein Wasser in den Bördelfalz eindringen, und die Blechkante ist trotz des fehlenden Lacküberzuges zusätzlich geschützt.

Für die Karosserie-Abdichtung im Unterbodenbereich sind häufig PVC-Materialien im Einsatz. Werden während der Karosserie-Instandsetzung Abdichtungen durch Schweißarbeiten zerstört, entstehen beim Verbrennen von PVC Salzsäurenebel. Beim Abbürsten verbrannter PVC-Materialien mit der Drahtbürste können so Säurepartikel in die Augen oder auf die Haut des Reparateurs gelangen. Die Folge sind Verätzungen. Außerdem setzt sich beim Verbrennen des PVC der dabei entstehende Salzsäurenebel in die Karosserie-Hohlräume und -spalten. Dadurch werden wiederum Ausgangspunkte für die Rostbildung geschaffen. Richtigerweise wird der PVC-Unterbodenschutz vor den Schweißarbeiten mit dem Stechbeitel oder einem Schaber vollständig entfernt.

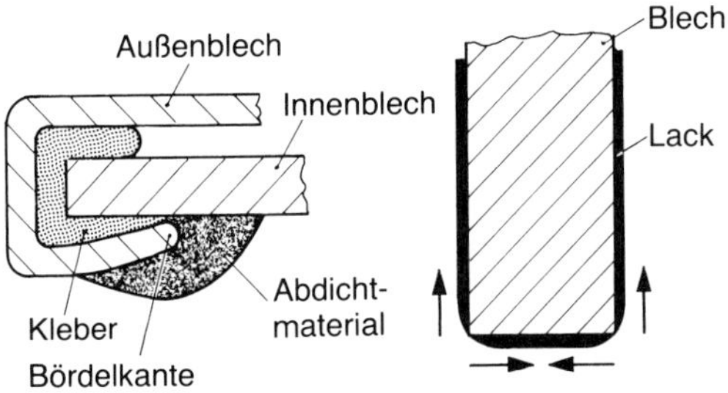

Bild 6.11 Die Bördelkanten müssen im Abdichtmaterial sorgfältig eingebettet werden (Grafik links). Der Lack zieht sich regelrecht von den Blechkanten weg.

6.6 Fragen und Antworten

1. Wie wirken sich Hochtechnologie-Produktionsanlagen der Industrie auf die Qualität der Fahrzeuge aus?
Antwort:
Geringste Fertigungstoleranzen und ein optimaler Korrosionsschutz werden erreicht.

2. Welche Verpflichtungen für die Reparaturwerkstatt erwachsen aus der qualitativ hochwertigen Fahrzeugproduktion?
Antwort:
Nach der Reparatur muß das fertiggestellte Fahrzeug das Qualitätsniveau eines Neuwagens erreichen.

3. Nennen Sie Karosserieteile, die beim Pressen einen starken Tiefziehvorgang über sich ergehen lassen müssen.
Antwort:
Der Federbeintopf (ca. 150 mm), das Radhaus, die Reserveradmulde.

4. Was ist bei der Reparaturschweißung eines Hutprofils zu beachten?
Antwort:
Die Schweißpunkte dürfen nicht auf den Blechrand gesetzt werden, da sonst die Gefahr besteht, daß das Hutprofil abhebt.

5. Warum muß bei der Erneuerung der Tür mit eingeschweißten Scharnieren besonders auf korrekte Spaltmaße geachtet werden?

Antwort:
Das Einschweißen der Scharniere geschieht in der Produktion meist automatisch. Dadurch gibt es keine Spaltmaßunterschiede. Der Originalzustand muß auch nach der Reparatur vorhanden sein.

6. Beschreiben Sie stichwortartig den Lackaufbau an einem Pkw.
Antwort:
Phosphatierung, Tauchgrundierung, Spritzgrundierung, Auftrag von Steinschlagschutz, Decklackierung.

7. Welche Namensabkürzung wird für die Tauchlackierung verwendet, und wie lautet die vollständige Bezeichnung?
Antwort:
KTL: katodische Tauchlackierung.

8. Was geschieht bei dieser Tauchlackierung?
Antwort:
Die Rohkarosse wird in ein Grundierbad getaucht. Durch elektrolytische Vorgänge zieht die Karosserie die Grundierung auf ihre Oberfläche. Eine optimale Voraussetzung für den weiteren Lackaufbau wird dadurch erreicht.

9. Welche Arten von Steinschlagschutz können werksseitig auf die Karosserie aufgetragen werden? An welchen Stellen werden sie aufgetragen?
Antwort:
Steinschlag-Schutzgrundierung an den Radläufen und am Schweller sowie Steinschlag-Zwischengrund im vorderen Viertel der Motorhaube und am Windlauf (nur wenn keine PU-Spritzgrundierung verwendet wird).

10. Welche Auswirkungen hat der Steinschlag-Zwischengrund beim nachträglichen Schleifen, z.B. bei der Vorbereitung für eine Reparaturlackierung?
Antwort:
Der Steinschlag-Zwischengrund bleibt zähelastisch. Beim Schleifen mit schnellaufenden Maschinen kann ein Schmierfilm entstehen.

11. Was ist beim Abbrennen von Karosserie-Abdichtmaterialien mit dem Schweißbrenner zu berücksichtigen?
Antwort:
Einige Abdichtmaterialien bestehen aus PVC. Beim Abbrennen von PVC entsteht Salzsäurenebel. Dieser kann beim Reparateur zu Verätzungen der Haut und der Atemwege führen. Außerdem gelangt das Kondensat des Salzsäurenebels in Karosseriehohlräume und ist der Ausgangspunkt für Rostbildungen.

12. Warum sind Blechkanten besonders korrosionsgefährdet?
Antwort:
Jeder Beschichtungsüberzug zieht sich von den Kanten zur Mitte einer Fläche. Dadurch ist an den Kanten nur ein minimaler Beschichtungsschutz vorhanden.

13. Welche Korrosionsschutz-Maßnahmen werden werksseitig an Bördelkanten vorgenommen?
Antwort:
Blechfalze, z.B. an Türen und Hauben, werden vor dem Bördeln verklebt und nur noch mit wenigen Schweißpunkten versehen. Danach erhalten die Bördelkanten eine zusätzliche Abdichtung.

14. Warum sind sorgfältige Abdichtarbeiten nach jeder Karosseriereparatur erforderlich?
Antwort:
Auch bei geringfügigen Ausbeularbeiten kann die werksseitige Karosserie-Abdichtung schon beschädigt werden. Aber nur eine intakte Karosserie-Abdichtung kann die mehrjährige Garantie bezüglich der Korrosion sicherstellen.

15. Was ist bei der Verwendung von Abdicht- und Lackmaterialien zu berücksichtigen?
Antwort:
Die Materialien müssen untereinander verträglich sein, d.h., sie dürfen sich nicht untereinander angreifen und zerstören.

16. Welche Zusatzschicht ist bei einer 4-Schicht-Lackierung gegenüber der 3-Schicht-Lackierung aufgetragen?
Antwort:
Die eingefärbte Spritzgrundierung.

17. Warum werden Zusatzschichten erforderlich?

Antwort:
Damit die Deckkraft bei weniger farbtonintensiven Basislacken erhöht wird. Die Alternative wäre ein sehr dicker Basislackauftrag.

18. In welchen Karosseriepartien ist hauptsächlich mit PVC-Abdichtmaterialien zu rechnen?
Antwort:
Im Unterbodenbereich.

19. Was heißt die Bezeichnung «Tailored blanks» auf deutsch?
Antwort:
Maßgeschneiderte Bleche.

20. Welche Eigenschaften können bei den einzelnen maßgeschneiderten Blechen verändert werden?
Antwort:
Blechdicke, Güte, Oberflächenschutz, Formen.

21. Welche Vorteile erhält ein Fahrzeug durch den Einbau von Tailored blanks im Vergleich zu einer Karosse, die nach dem konventionellen Verfahren gebaut wurde?
Antwort:
a) Geringeres Fahrzeuggewicht, dadurch weniger Kraftstoffverbrauch.
b) Genauere Abstimmung der einzelnen Blechpartien auf Belastungsfälle, dadurch auch ein besseres Crashverhalten.
c) Gezielte Blechoberflächen-Behandlung, dadurch günstiges Korrosionsverhalten.

22. Bei welchen Karosseriearbeiten an Fahrzeugen mit «maßgeschneiderten Blechen» müssen die Vorschriften der Fahrzeughersteller besonders beachtet werden?
Antwort:
a) Bei Abschnittsreparaturen (Schnittlinien, Schweißverbindungen).
b) Bei der Auswahl der Neuteile (keine Fremdteile einsetzen).

7 Grundlegende Betrachtungen zur Karosseriereparatur und die daraus abgeleitete Werkstattpraxis

In diesem Kapitel werden dem Leser folgende Kenntnisse vermittelt

Lernziele	Lerninhalte
– theoretische Grundlagen der dreidimensionalen Karosserievermessung in Stichworten angeben	– Grundlagen der Karosserievermessung
– zweidimensionale Steckmaßvermessung einer Karosserie beschreiben und die Einschränkung des Meßergebnisses gegenüber der dreidimensionalen Vermessung darstellen	– Karosserievermessung mit dem Stechmaß
– Zusammenspiel von Achs- und Karosserievermessung nennen	– Achs-/Karosserievermessung
– unterschiedliche Werkstattmeßverfahren zur Karosserievermessung aufzählen	– Karosseriemeßverfahren in der Werkstatt
– spezifische Unterschiede der Karosseriemeßverfahren erläutern	– Besonderheiten der Karosseriemeßverfahren
– Vorgehensweisen zum Vermessen einer Pkw-Karosserie mit einem Schweißlehren-, Richtwinkel-, mechanischen und optischen Meßsystem beschreiben	– Arbeiten mit unterschiedlichen Meßsystemen
– Vermessung von oberen Karosseriepartien darstellen	– Vermessung höhergelegener Karosseriepunkte
– Besonderheiten bei der Karosserievermessung in der Werkstatt nennen	– Werkstatt-Tips
– Möglichkeiten zum Training des Vermessens von Karosserien aufzählen	– Übungshinweise

Das richtige Arbeiten an Karosserieteilen wird zwar in der Praxis am besten erlernt, dennoch sind einige theoretische Grundkenntnisse erforderlich. So müssen die Eigenschaften der zu bearbeitenden Materialien bekannt sein, um verschiedene Arbeitsabläufe richtig zu verstehen. Außerdem ist das Zusammenspiel Deformation/Festlegung des Reparaturweges systematisch vor dem Arbeitsbeginn zu durchdenken. Aus diesem Grund sind den am Beispiel dokumentierten Arbeitsabläufen die notwendigen Erklärungen vorangesetzt.

7.1 Vorbereitung auf die Karosseriereparatur

Hier sollen die Arbeiten zum Schutz des Fahrzeugs und seiner Aggregate erläutert werden. Zunächst zur elektrischen Anlage des Autos: Im normalen Fahrbetrieb durchfließt ein elektrischer Strom, der alle Verbraucher versorgt, das Fahrzeug. Damit der Stromfluß zustande kommt, wird die aus Stahlblech bestehende Karosserie als Minuspol (Masse) benutzt.

Achtung: Bei einigen, hauptsächlich amerikanischen Fahrzeugtypen verläuft der Stromfluß umgekehrt. Auf die Vorsorgearbeiten zur Karosseriereparatur hat das aber keinen Einfluß. Bei Schutzgas- oder Widerstandspunkt-Schweißarbeiten fließen hohe Ströme über die Karosserie in umgekehrter Richtung zu den Verbrauchern. Dadurch ist die Zerstörungsgefahr der elektrischen Bordanlage sehr groß. Durch den Einsatz hochmoderner Elektronik

Bild 7.1a Abklemmen des Drehstromgenerators

sind sehr viele Bauelemente vorhanden, die mit nur ganz geringen Stromstärken bedient werden dürfen. **Zum Schutz der Elektrik/Elektronik im Fahrzeug müssen bei vielen Fahrzeugmodellen vor den Schweißarbeiten die Batterie, der Drehstromgenerator, Steuergeräte für ABS, ASR-Systeme und andere Anlagen sowie eventuell vorhandene Energiespeicher für Airbag-Systeme abgeklemmt werden. Bei neueren Elektronikmodulen kann das Abklemmen vom Bordnetz z.T. entfallen, bzw. die Geräte dürfen nicht abgeklemmt werden (Datenverlust). Achtung: Vorgaben der Fahrzeughersteller beachten!**

In den Karosserie-Hohlräumen verlaufen elektrische Leitungen und Wasserschläuche. Sie sind vor den Arbeiten zu entfernen.

Nachdem diese Vorbereitungsarbeiten abgeschlossen sind, ist an die Abdeckung der unbeschädigten Karosseriepartien zu denken. Dies gilt insbesondere für die Scheiben, die durch Schleif- und Schweißfunken schnell beschädigt werden. Es ist bei Bedarf aber auch der Fahrzeuginnenraum abzudecken, wenn Türen oder Heckklappe zur Instandsetzung auszubauen sind. Alle genannten Arbeiten und selbstverständlich die persönlichen Sicherheitsvorschriften des Reparateurs sollten Routine werden. Grundsätzlich sind spezielle Hinweise aus

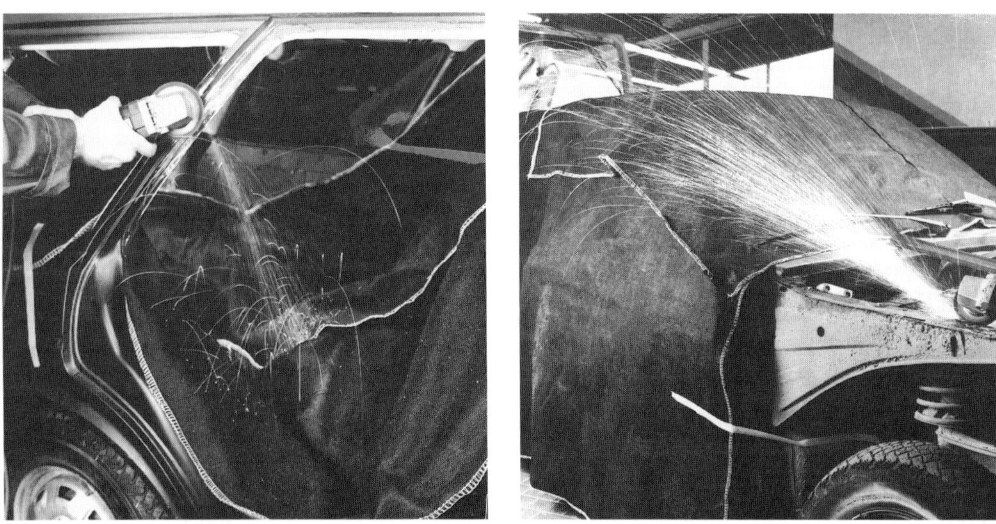

Bild 7.1b und c Funkenfeste Abdeckplanen gehören zu jeder Karosseriereparatur

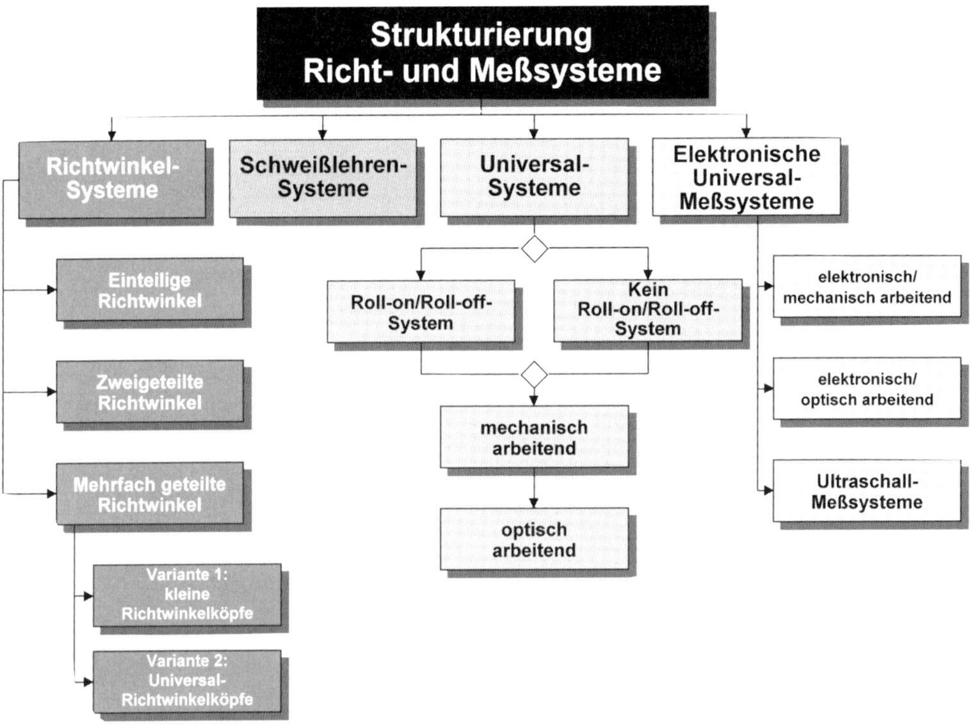

Bild 7.2 Strukturierung Richt- und Meßsysteme

den Reparatur-Handbüchern der Automobilhersteller zu entnehmen.

Wenn nach der Reparatur die Anschlüsse wiederhergestellt sind, ist daran zu denken, daß z.B. die Zeituhr neu eingestellt und der Bordcomputer wieder funktionstüchtig gemacht wird.

7.2 Karosserievermessung

Ein Gespräch in der Werkstatt zwischen Kunde und Kundendienstberater: «Heute morgen mußte ich mit meinem Wagen plötzlich einem anderen Fahrzeug ausweichen. Dabei bin ich etwas unsanft über eine hohe Bordsteinkante gefahren. Seitdem steht das Lenkrad ganz schief. Können Sie mal eben nachschauen, was da los ist?» – Eine Situation, die fast jeder aus dem Werkstattalltag kennt. Wie ist die korrekte weitere Vorgehensweise? Zunächst erfolgt die *Achsvermessung*. Sie zeigt im genannten Beispiel eine große Abweichung des Nachlaufwertes vom Sollwert. Im erwähnten Fall kann aufgrund des in eine Richtung stark veränderten Nachlaufwertes eine Verschiebung des Karosserie-Aufnahmepunktes für das Federbein vermutet werden.

Die Aufgabe heißt jetzt, neben den Bodengruppen-Meßpunkten auch die maßgenaue Lage der oberen Federbeinbefestigung zu bestimmen. Bild 7.4 (oben) ist ein Würfel, der eine Maßeinteilung in Länge, Breite und Höhe hat. Dieser Würfel soll den Raum um die Federbeinaufnahmen der Karosserie darstellen (exakte dreidimensionale Vermessung). Die Punktmarkierung soll als obere Federbeinbefestigung gesehen werden.

Zur maßgenauen Bestimmung brauchen nur noch die Einheiten Länge, Breite und Höhe abgelesen zu werden, z.B. Länge = 2, Breite = 3, Höhe = 2. Für die Vermessungpraxis heißt das, daß die Grundfläche des Würfels planparallel unter dem Fahrzeugboden liegen muß. Nun ließe sich mit einem Senkblei und einem daran befindlichen Millimetermaß der Meßpunkt

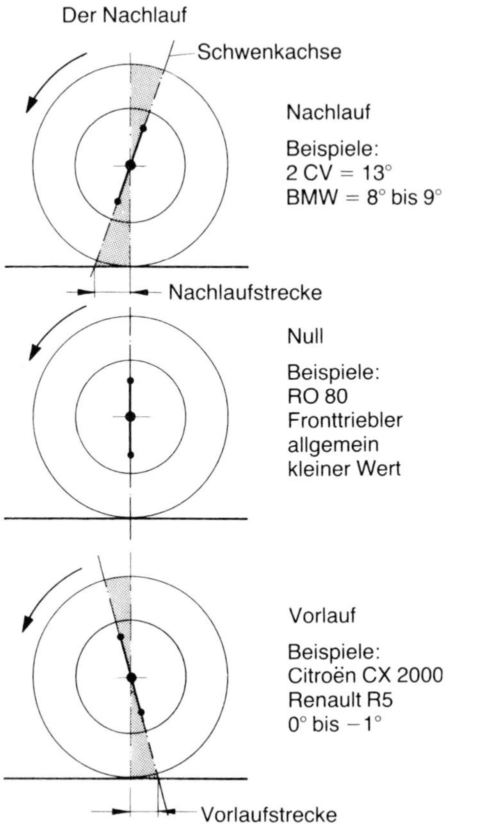

Bild 7.3 Grafische Darstellung des Rad-Nachlaufs

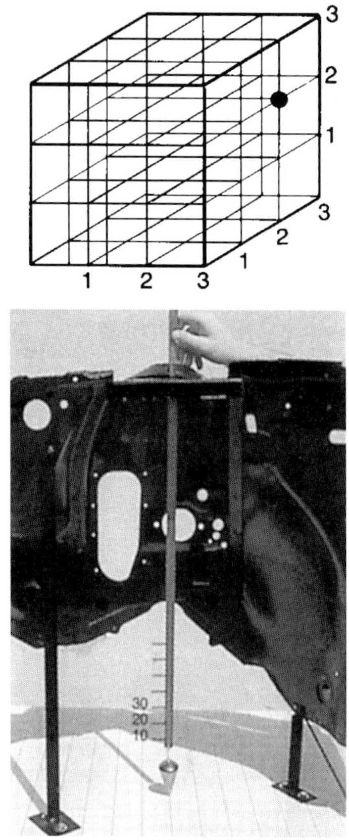

Bild 7.4 Theoretische Erläuterung der dreidimensionalen Vermessung

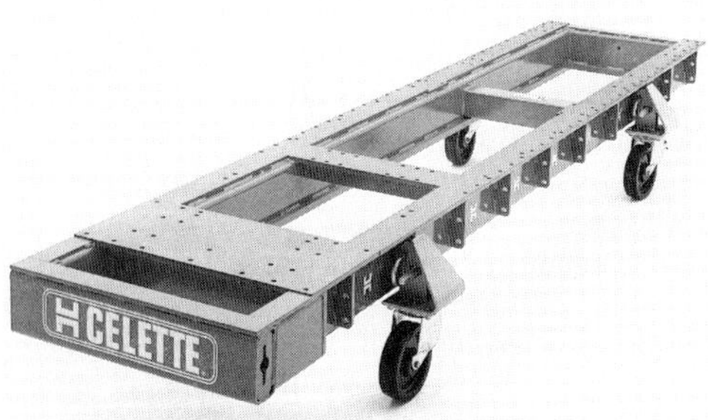

Bild 7.5a Richtbank-Grundrahmen (Werkfoto Celette)

des Federbeinturmes herunterloten. Dort, wo die Spitze des Senkbleis auf das Raster der Grundfläche trifft, lassen sich Länge und Breite von der Null-Linie her abzählen. Das Höhenmaß wird an dem Maßbank des Senkbleis abgelesen.

Wie werden diese theoretischen Überlegungen in die Werkstattpraxis umgesetzt?

7.2.1 Richtbank mit Richtwinkelsatz

Anstelle des vorher beschriebenen Senkbleis wird eine feste Verbindung zwischen dem Karosserie-Meßpunkt und der Meßebene installiert. So wurde aus dem Höhenmaßband des Senkbleis ein festes und stabiles Höhenmeßlineal (bzw. eine Prüflehre), das sogar das

Fahrzeuggewicht trägt. Aus der Meßebene wurde ein stabiler Rahmen, auf dem die Höhenmeßlineale (Richtwinkel) festgeschraubt werden. Die Meßpunkte der Karosserie müssen für einen maßgenauen Sitz mit dem Richtwinkel verschraubt werden. Für die Vermessung eines Fahrzeugs können über 20 einzelne Richtwinkel erforderlich sein = Richtwinkelsatz.

Welche Merkmale lassen sich für das Arbeiten mit Richtwinkeln ableiten?

- ☐ Die Karosseriemeßpunkte müssen frei zugänglich sein (ein Aggregateausbau, z.B. Federbein, ist erforderlich).
- ☐ Für jeden unterschiedlichen Fahrzeugtyp ist ein anderer Richtwinkelsatz erforderlich.
- ☐ In die Richtwinkel dürfen keine Rückformkräfte eingeleitet werden. Bei Rückformarbeiten sind Zusatzverankerungen zu verwenden (Schwellerklammern).
- ☐ Die Richtwinkel dienen zum Vermessen von Karosseriepunkten und als Einschweißlehren für neue Karosserieteile.

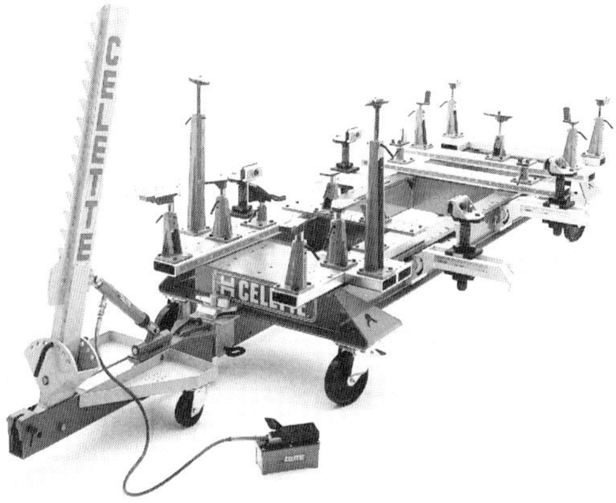

Bild 7.5b Richtbank mit variablem Richtwinkelsatz (Werkfoto Celette)

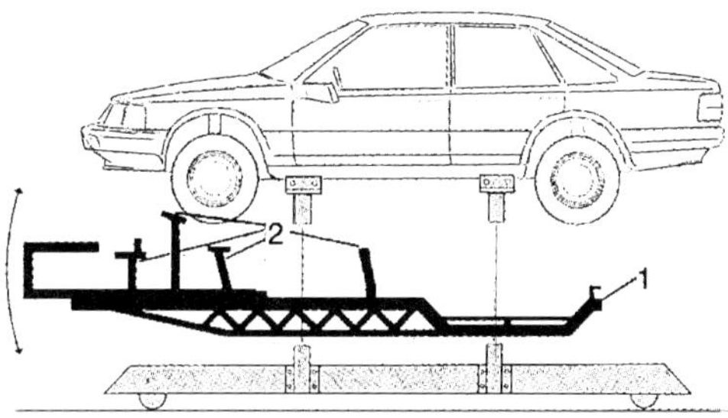

Bild 7.5c Richtplatte mit Schweißlehre
1 Lehrensatzhalter,
2 Schweißlehren

7.2.2 Richtplatte mit Schweißlehre

Weiterentwicklungen von Richt- und Meßsystemen versuchten in erster Linie, den Umgang mit den einteiligen schweren Richtwinkelsätzen zu verbessern. So entstanden zwei Einheiten. Das Fahrzeug wird von einer Richtplatte mit vier Universalverankerungen aufgenommen. Die Vermessung oder, besser ausgedrückt, die Überprüfung auf Maßhaltigkeit erfolgt mit Hilfe von relativ leichten Schweißlehren. Sie werden auf einem Lehrensatzhalter befestigt. Dieser ist schwenkbar gelagert und kann durch Hochstellen oder Herablassen die gesamten Einzellehren mit der Bodengruppe entfernen. Die Karosseriemeßpunkte sind mit den Einzellehren zu verschrauben, sobald maßgenaue Karosseriearbeiten durchgeführt werden.

Die Merkmale der Richtplatte mit Schweißlehre sind:

- ☐ Die Karosseriemeßpunkte müssen frei zugänglich sein.
- ☐ Für jeden unterschiedlichen Fahrzeugtyp ist ein anderer Lehrensatz erforderlich.
- ☐ Die Lehren nehmen das Fahrzeuggewicht nicht auf. Sie sind wesentlich leichter als Richtwinkel und können dennoch Neuteile zum Einschweißen tragen.

7.2.3 Richtbank mit variablem Richtwinkelsatz

Der angenehmere Umgang mit den Schweißlehren gegenüber den einteiligen Richtwinkeln brachte die Richtwinkelhersteller auf die Idee, Ähnliches zu bauen. Auf die stabile Ausführung sollte jedoch nicht verzichtet werden. So entstanden zwei Ausführungen:

A) Der zweigeteilte Richtwinkelsatz, der in vorgegebener Position auf der Richtbank ver-

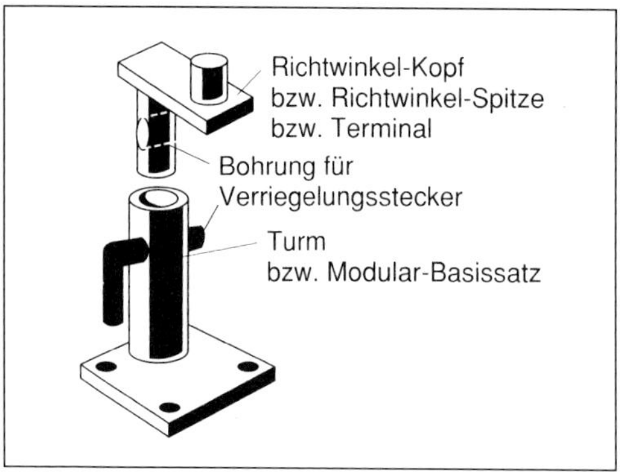

Bild 7.6 Bezeichnungen des variablen Richtwinkels

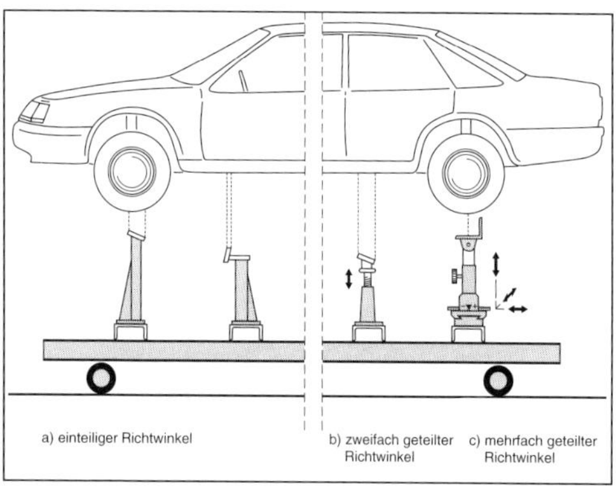

Bild 7.7 Einteiliger, zweigeteilter und mehrfach geteilter Richtwinkel

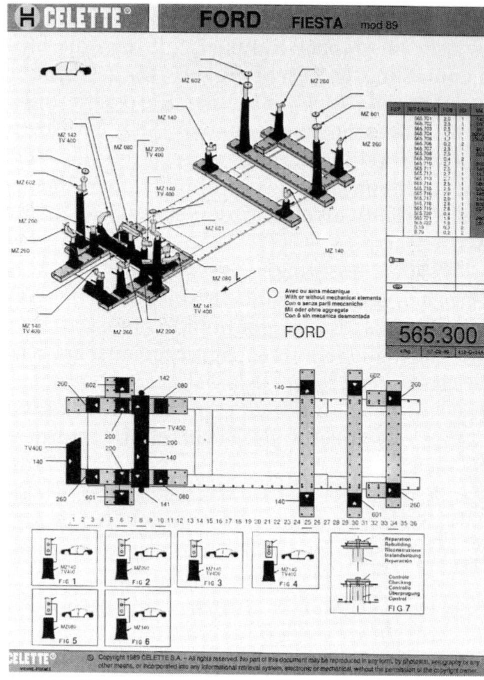

Bild 7.8 Aufbauplan eines zweiteiligen variablen Richtwinkelsatzes (Werkfoto Celette)

schraubt wird. Er besteht aus der Basiseinheit, auch Turm genannt, und der variablen Spitze. Die Basiseinheit verbleibt am Richtbank-Grundrahmen. Die Spitzen werden nur noch aufgesteckt und können leicht ausgetauscht werden, wenn ein anderer Fahrzeugtyp repariert werden muß.

B) Der drei- oder mehrfach geteilte Richtwinkel, einstellbar nach dem Prinzip eines mechanisch arbeitenden Universalmeßsystems (Variante 1): Die Basiseinheit kann über Führungssysteme zu den gewünschten Positionen verschoben und danach festgestellt werden. Das Höhenmaß wird über separate und stabile Rundstäbe eingestellt, die in der Basiseinheit gleiten. Dadurch sind für die eigentliche Verbindung zum Karosseriemeßpunkt nur noch kleine Richtwinkelspitzen erforderlich. Sie sind für jeden unterschiedlichen Fahrzeugtyp als Satz zusammengefaßt.

Variante 2: Es gibt noch eine Variante dieser mehrfach geteilten Richtwinkel. Für diese Ausführung lag die Anforderung zugrunde, daß die Anzahl der Einzelverbindungsstücke zum Karosseriepunkt zu reduzieren ist. Die Richtwinkelspitzen sollten nicht mehr fahrzeugspezifisch, sondern für viele (alle) Fahrzeugtypen einsetzbar sein. Wie sieht die Lösung aus? Hier werden wenige Formen von Universal-Richtwinkelspitzen verwendet. Diese sind über Spezialaufnahmen mit dem Höhenmeßstab verbunden. Die Spezialaufnahmen sind derart gestaltet, daß sie wie ein Würfel geformt sind. Da jeder Würfel sechs Flächen hat und eine davon zum Befestigen an dem Höhenmeßstab benötigt wird, bleiben fünf Flächen übrig, um die Verbindung mit der Universal-Richtwinkelspitze herzustellen. Globaljig bezeichnet den Würfel als «kubischen Gewindekopf» oder einfach «Kubus». Die Universalspitzen können in vier unterschiedlichen Stellungen an jeder der fünf Würfelflächen befestigt werden. Somit ergeben sich 20 verschiedene Positionen für jede Richtwinkelspitze. Alle Richtwinkel stehen auf Schlitten, so daß sie gemäß dem Breitenmaß eingestellt werden können. Der Schlitten wiederum befindet sich auf den in Längsrichtung verschiebbaren Traversen. Damit sind auch die Längenmaße millimetergenau zu bestimmen. Globaljig vertritt den Standpunkt, daß die Richtwinkel als Haltepunkte beim Rückverformen zu verwenden sind. Die Gefahr, daß die Richtwinkel krumm gezogen werden, kann lt. Hersteller nicht auftreten, da sie aus Grauguß gefertigt sind. Sie würden bei starkem Verzug derart reißen, daß sie nicht mehr eingesetzt werden könnten.

Die Merkmale der Richtbank mit variablen Richtwinkeln der Variante 1 sind:

- Die Karosseriemeßpunkte müssen frei zugänglich sein (u.U. Aggregateausbau).
- Für jeden Fahrzeugtyp ist zwar ein anderer Richtwinkel erforderlich, jedoch werden nur die leichten Richtwinkelspitzen ausgewechselt.
- Der Richtwinkelsatz dient als Einschweißlehre für neue Karosserieteile. Auch bei diesem System dürfen Zugvorgänge nur in Verbindung mit den Universalverankerungen durchgeführt werden.

Für die Variante 2 gilt, daß hier anstelle der Richtwinkelsätze für jeden Fahrzeugtyp wenige Universaladapter verwendet werden, die alle in der Grundausstattung enthalten sind.

Bild 7.9 Mehrfach geteilter Richtwinkel mit speziellem Adapteranschluß für jeden Fahrzeugtyp
1 verschiebbare Halter zur Aufnahme des Basissatzes mit Richtwinkelspitze,
2 Rundstäbe zur Höheneinstellung des Richtwinkels,
3 Universalaufnahmen für die Richtwinkelspitzen,
4 Richtwinkelspitze (nur diese Teile sind für jeden Fahrzeugtyp angepaßt)
(Werkfoto Car Bench)

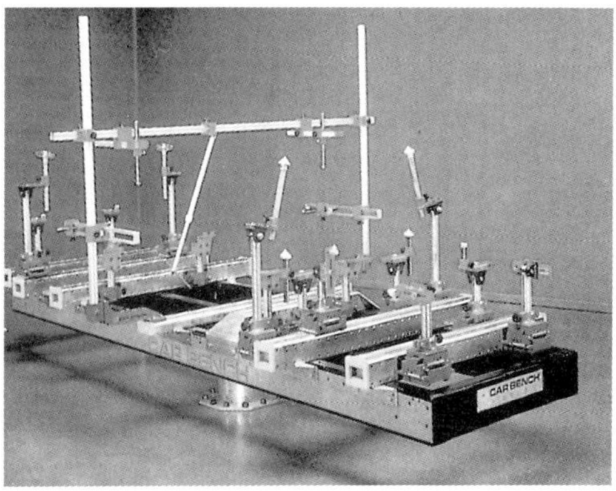

Bild 7.10 Der variable Richtsatz erlaubt es, daß die schwere Basiseinheit auf der Richtbank bleibt (Werkfoto Car Bench)

a) b)

Bild 7.11a und b Der Kubus (Würfel) kann die wenigen Universalverbindungen für die Befestigungen an den Karosseriepunkten in mehrfacher Weise aufnehmen

Bild 7.11c Die Richtanlage «Globaljig» kann als Universal-System bezeichnet werden, obwohl sie mit Richtwinkeln arbeitet (Werkfoto Globaljig)

Bild 7.11d Der Richtausleger ist derart konstruiert, daß er nicht den Arm des Auslegers drückt, sondern die Kette direkt zieht, d.h., die ganze Zylinderkraft wirkt in die gewünschte Richtung (Werkfoto Globaljig)

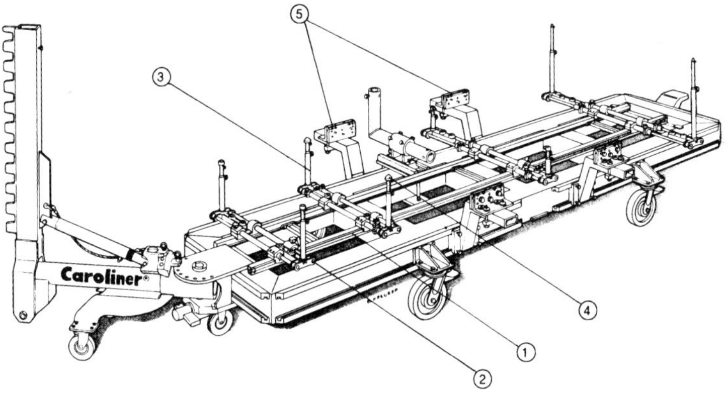

Bild 7.12 Bezeichnungen des mechanischen Meßsystems (Quelle: Caroliner)
1 Meßbrücke
2 Meßschlitten
3 Meßhülse
4 Meßspitze
5 Karosserieklemmen (Chassisklemmen)

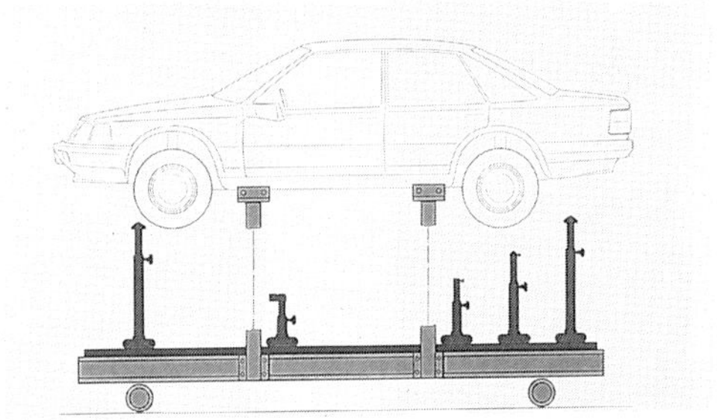

Bild 7.13 Richtbank mit mechanischem Meßsystem

7.2.4 Richtbank mit mechanischem Meßsystem

Die leichteren variablen Richtwinkel und die vergleichbar leichten Schweißlehren haben in der Handhabung immer noch das Handikap, für nur einen Fahrzeugtyp zu passen. Wie muß ein Meßsystem aussehen, das für alle Fahrzeugtypen ohne Umbau gebraucht werden kann? Die Richtbank mit dem universalen, mechanisch arbeitenden Meßsystem ist eine der möglichen Antworten darauf. Das Fahrzeug wird mit Hilfe von vier Universal-Chassisklemmen auf dem Richtbank-Grundrahmen befestigt. Eine Meßbrücke befindet sich planparallel zum Fahrzeugboden auf dem Grundrahmen. Die Meßbrücke nimmt den Meßschlitten auf, deren Länge und Breite eingestellt werden können. Auf die Meßschlitten werden die Meßhülsen mit den Meßspitzen montiert. Sie sind als Teleskopstäbe ausgeführt und fahren die Karosseriemeßpunkte von unten an. Das Höhenmaß kann am Teleskopstab exakt eingestellt werden.

Zur Grundeinstellung des Meßsystems müssen die Mittellinien der Meßbrücke und des Fahrzeugs genau übereinanderliegen. Dazu

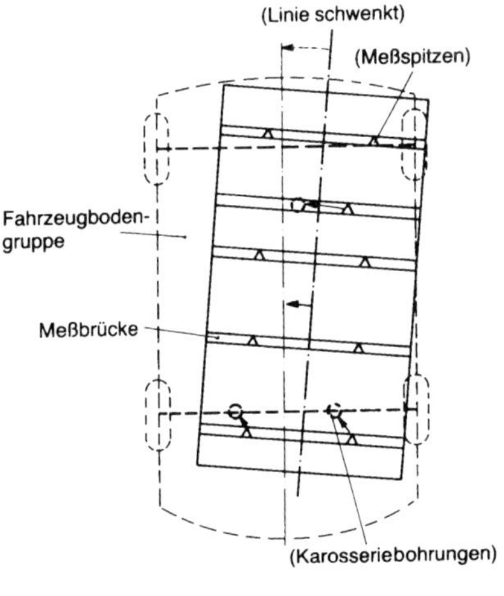

Bild 7.14 Drei unbeschädigte Punkte in der Fahrzeug-Bodengruppe genügen zur Ausrichtung (Grundeinstellung) der Meßbrücke

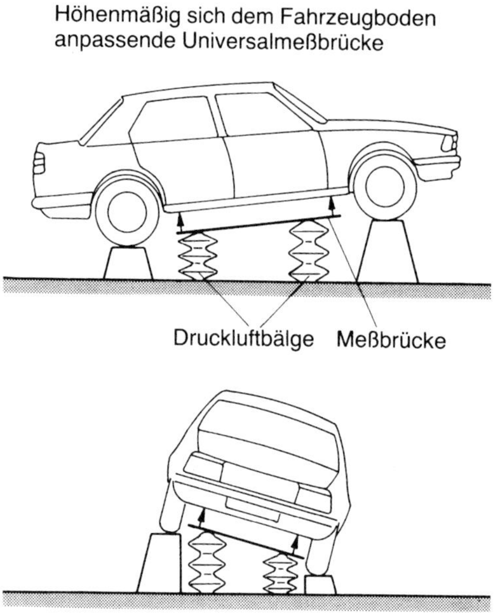

Bild 7.15 Bei der Meßbrücke mit Druckluftbälgen kann das Fahrzeug schief stehen; die parallele Lage zum Fahrzeugboden ist gewährleistet
(Quelle: Blackhawk)

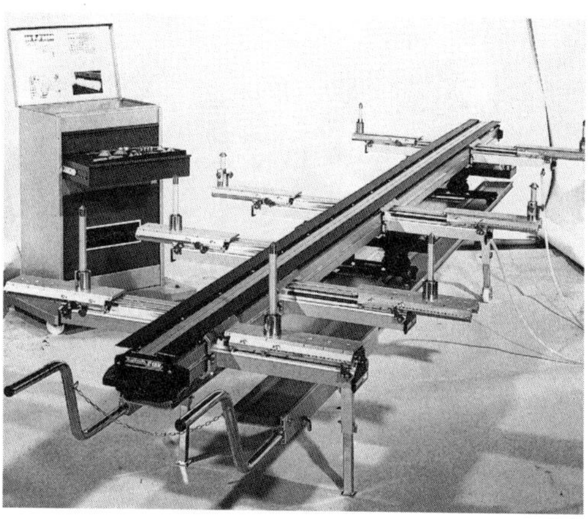

Bild 7.16 Universal-Meßsystem mit Luftbälgen (Werkfoto Blackhawk)

sind am Fahrzeug mindestens zwei (besser drei) unbeschädigte Karosseriemeßpunkte erforderlich. Die Meßspitzen werden in Breite, Länge und Höhe eingestellt und in die ausgesuchten Karosseriemeßpunkte eingefahren. Zwangsläufig muß sich dabei die Meßbrücke in ihre genaue Mittellage schieben.

Eine wertvolle Ergänzung zum mechanisch arbeitenden Unterbodenmeßsystem ist der Meßbogen für den Oberbau der Karosserie. Die Karosserien werden durch den Leichtbau immer verwindungsfreudiger. Bereits der Ausbau von Motor und Getriebe kann bei älteren Pkws, die auf dem Richtsystem stehen, eine Höhendifferenz von rund 5 mm an den Motoraufnahmepunkten bewirken. Dieses «Aufbäumen» der Karosserie wirkt sich auch auf den Oberbau aus. Es können sich Hauben- und Türspaltmaße verändern. Bei jüngeren Fahrzeugmodellen bestehen die Karosserieaufnahmen für die Aggregate aus höherfesten Stahlblechen. Der Effekt des «Aufbäumens» ist weniger stark. Weitere Veränderungen am Karosserie-Oberbau treten während des Rückverformens auf. Eine permanente Kontrolle dieser Oberbaumeßpunkte bewahrt vor unliebsamen Überraschungen, wenn das Fahrzeug wieder auf eigenen Rädern steht. Darüber hinaus kann die Schiefstellung des Fahrzeugs beim Aufspannen auf der Richtbank sofort erkannt werden, da die Oberbaumeßpunkte sofort den Beweis liefern.

Die Merkmale der Richtbank mit mechanischem Meßsystem sind:

- ☐ Alle Karosseriepunkte sind ohne Aggregateausbau erreichbar.
- ☐ Für jeden Fahrzeugtyp ist ein separates Meßblatt erforderlich, oder es müssen Vergleichsmessungen rechts zu links von der Fahrzeugmittelachse durchgeführt werden.
- ☐ Zum Halten von Neuteilen sind universelle Teilehalter zu verwenden.
  Die genaue Meßposition wird mit Hilfe des Universal-Meßsystems eingestellt.
- ☐ Das Meßsystem ist leicht. Es kann nicht zur zusätzlichen Fahrzeugverankerung verwendet werden.

Bild 7.17
Komplettvermessung der Karosserie durch kombinierte Unterboden- und Oberbauvermessung (Quelle: Autorobot)

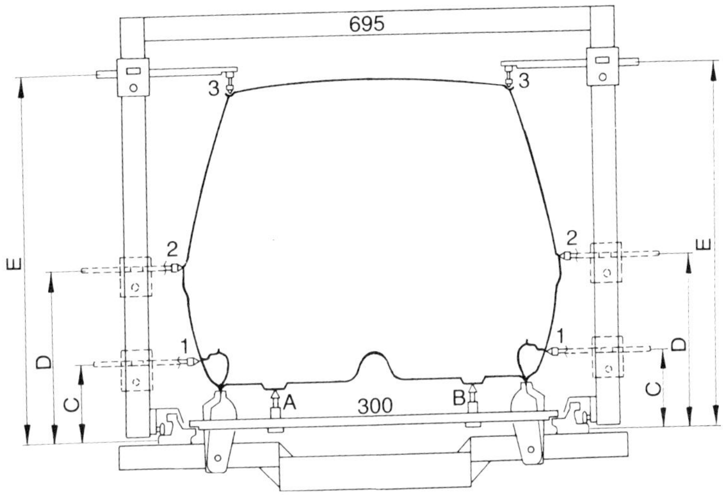

Bild 7.18 Richtarbeiten mit gleichzeitiger Maßkontrolle von Fahrzeugboden und Karosserie-Oberbau

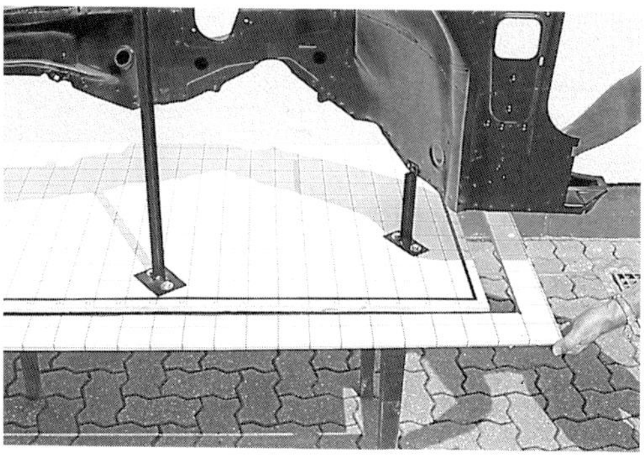

Bild 7.19 Der Meßbalken des Laserstrahl-Meßsystems ist theoretisch nichts anderes als der äußere Teil einer Meßplattenebene

7.2.5 Richtbank mit optischem Meßsystem

Das vorher beschriebene mechnisch arbeitende Universalmeßsystem mit Meßbrücke und Meßspitzen steht während der Richtarbeiten auf dem Richtbank-Grundrahmen. Dies bedeutet eine Einengung des Arbeitsbereiches. Dashalb wurde nach einer Meßeinrichtung gesucht, die den Richtbank-Grundrahmen freihält. Zur Problemlösung noch einmal zurück an das Grundmodell der Karosserievermessung: Der Meßpunkt wird auf eine Bezugsebene gelotet, wodurch das Längen- und Breitenmaß bestimmt ist. Die Bezugsebene muß parallel zum Fahrzeugboden verlaufen. Im Normalfall wird die Ebene durch den Richtbank-Grundrahmen gebildet und ist somit eine starre Fläche. Eine Ebene kann aber auch durch Lichtstrahlen festgelegt werden, die von zwei rechtwinklig angeordneten Schienen außerhalb des Fahrzeugbodens ausgesendet werden. Das läßt sich so vorstellen, als ob nur die äußeren Kanten von einer festen Meßplatte vorhanden sind. Darauf befinden sich die Lichtquellen. Da Lichtstrahlen immer gerade verlaufen, sind sie nach der Ausrichtung der rechtwinklig angeordneten Aufnahmeschienen parallel zum Fahrzeugboden sichtbar.

Die Längen- und Breitenmaße können auf dem Schienensystem am Standort des Lichtaussenders abgelesen werden. Das Höhenmaß wird wie bei dem Senkblei durch Anhängen von Meßfahnen an den Meßpunkt bestimmt. Die Meßskala, die vom Lichtstrahl getroffen wird, ist durchsichtig. Als Licht dient ein Laserstrahl. Der Laserstrahl wird als roter Punkt im Zentrum der Meßfahne sichtbar, wenn der Meßpunkt nicht verschoben ist. Um nicht mehrere Lichtquellen einsetzen zu müssen, werden bewegliche Umlenkeinheiten (Prismen) auf die rechtwinklig angeordneten Schienen gesteckt. Sie leiten den geraden Lichtstrahl rechtwinklig unter das Fahrzeug. Die Parallelität der Lichtstrahlen zum Fahrzeugboden wird durch die in der Höhe verstellbaren Meßschienen erzeugt, auf denen die Lichtquelle sitzt. Um Breiten- und Längenmaße auf den Meßschienen richtig ablesen zu können, müssen die Mittellinie der Karosserie in Längsrichtung und eine quer zur Fahrtrichtung liegende «0-Linie» festgelegt werden. Dazu werden drei unbeschädigte Karosseriemeßpunkte benötigt.

Die Merkmale der Richtbank mit optischem Meßsystem sind:

- ☐ Alle Karosseriemeßpunkte sind ohne Aggregateausbau erreichbar.
- ☐ Für jeden Fahrzeugtyp ist ein spezielles Meßblatt erforderlich.
- ☐ Zum Einsetzen von Neuteilen sind Teilehalter zu verwenden (in Verbindung mit dem Meßsystem).
- ☐ Das Meßsystem ist sehr leicht.
- ☐ Das Meßsystem ist auch ohne Richtbank einsetzbar.

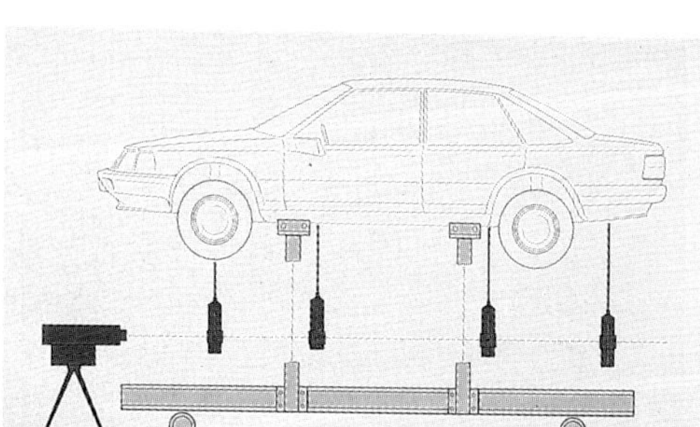

Bild 7.20a Richtbank mit optischem Meßsystem

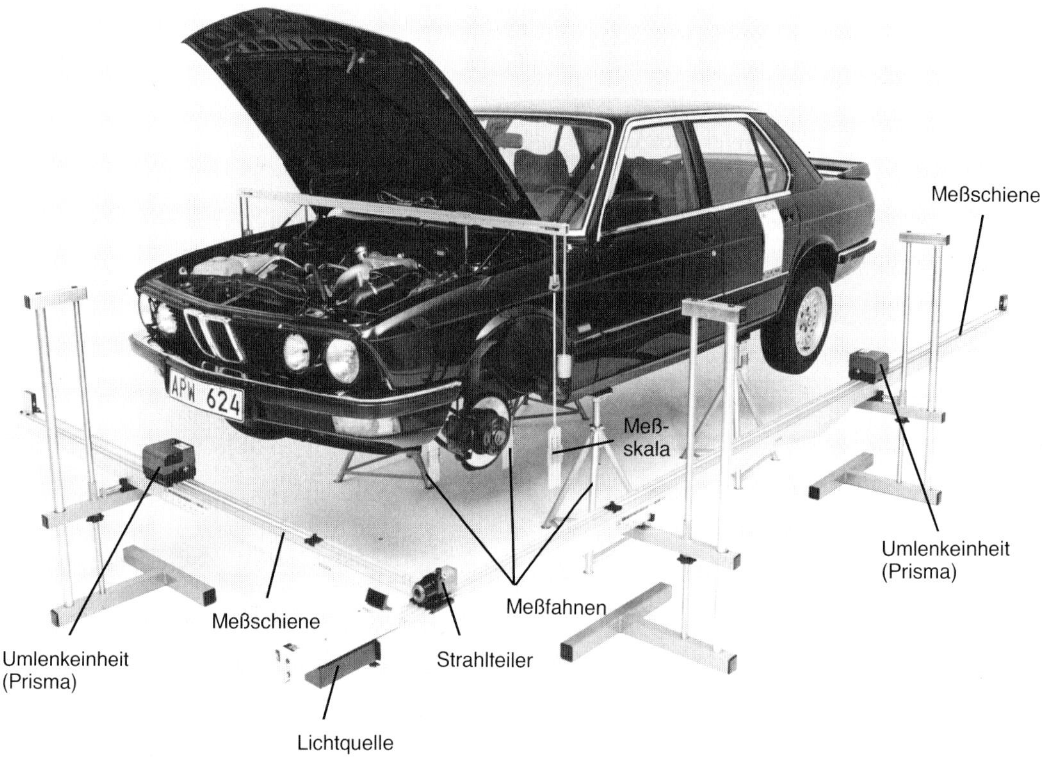

Bild 7.20b Bezeichnungen des optischen Meßsystems (Quelle: Dataliner)

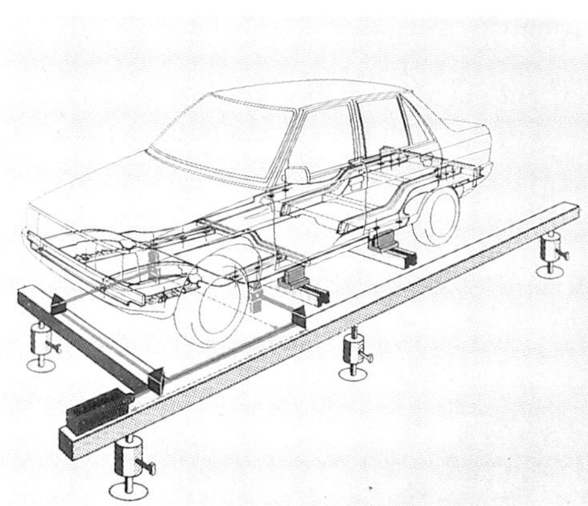

Bild 7.20c Verlauf des Laser-Meßstrahles (Quelle: Dataliner)

7.2.6 Richtbank mit elektronisch/mechanisch bzw. elektronisch/optisch arbeitendem Universal-Meßsystem

Eine sprunghafte Weiterentwicklung ist auf dem Gebiet der Karosserie-Meßtechnik zu verzeichnen. Seit ca. 2 Jahren werden die elektronischen Karosserie-Meßsysteme angeboten und verkauft. Sie ermöglichen die millimetergenaue Erfassung der Karosserie-Meßpunkte, übertragen diese Meßwerte auf einen Bildschirm und geben dem Reparateur neben einem Soll-Ist-Vergleich auch noch Hinweise auf die korrekte Zugrichtung beim Rückverformen. In den meisten Fällen sind die elektronischen Meßsysteme Weiterentwicklungen der bestehenden mechanisch oder optisch arbeitenden Basisgeräte. Dabei gibt es aber nur einen Hersteller, der die elektronische Vermessung als Add-on-System anbietet (Bilder 7.21a bis c). Das vorhandene mechanisch arbeitende Meßsystem kann aufgerüstet werden. Damit bleibt in jedem Anwendungsfall die Auswahl erhalten, ob elektronisch oder normal mechanisch gemessen werden soll. Ein weiterer Vorteil bei diesem System ist die permanente Kontrolle mehrerer Meßpunkte.

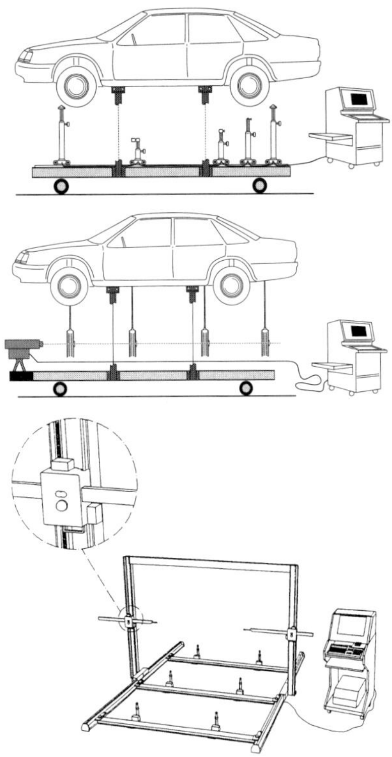

a)

b)

c)

Bild 7.21
a) Mechanisch/elektronisch arbeitendes Universal-Meßsystem
b) Optisch/elektronisch arbeitendes Universal-Meßsystem
c) Mechanisch/elektronisch arbeitendes Add-on-Meßsystem auch für den Karosserie-Oberbau

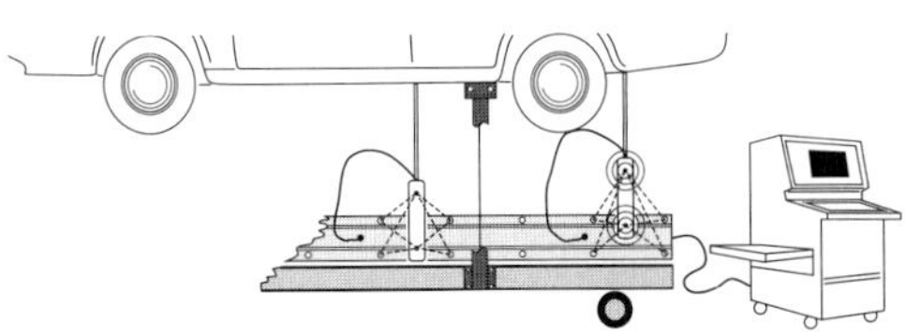

Bild 7.22 Ultraschall-Universal-Meßsystem

7.2.7 Richtbank mit Ultraschall-Universal-Meßsystem

Ein Novum stellt die elektronische Karosserievermessung durch Schallwellen dar (Bild 7.22). Unterhalb des Fahrzeugbodens wird ein Ultraschallsender angebracht. Die Schallwellen treffen auf Sensoren, die gleichzeitig die Karosserie-Meßpunkte darstellen. Von den Sensoren wird der Ultraschall reflektiert. Nun mißt die Elektronik die Zeit, die die Schallwellen brauchen, um zum Sender zurückzukehren. Über die benötigte Zeit wird der Weg bestimmt, so daß jeder Karosserie-Meßpunkt exakt zu ermitteln ist. Ein großer Vorteil dieses Systems ist die ständige Kontrolle von mehreren Karosserie-Meßpunkten. Dies wird immer dann sehr wichtig, wenn die beschädigten Karosseriepartien mit wenig Festhaltepunkten bestückt sind. Dann besteht die Gefahr, daß durch die Rückformkräfte Karosserieverformungen in Partien eingeleitet werden, die nicht beschädigt sind.

7.2.8 Stechmaß

Zur schnellen und überschlägigen Karosserievermessung kann als Hilfsmittel ein Stechmaß, auch Stechzirkel genannt, verwendet werden. Dieses eignet sich ohne Vorlage von Karosseriemaßen zur Diagonal- oder Vergleichsmessung. Dazu ist das Fahrzeug verwindungsfrei auf eine Hebebühne zu stellen. Als erstes wird die Diagonale der rechten Achsaufhängung vorne zur linken Achsaufhängung

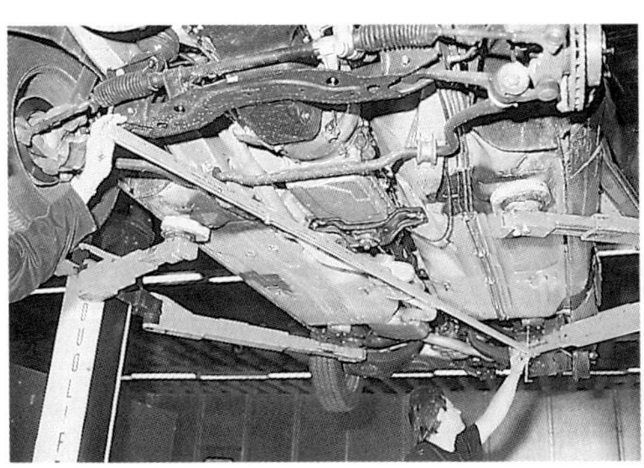

Bild 7.23 Meßzirkel bzw. Stechmaß im Einsatz

hinten gemessen und eingestellt. Dieses Maß wird mit der Diagonalen der linken Achsaufhängung vorne zur rechten Achsaufhängung hinten verglichen. Ist keine Abweichung feststellbar, kann mit großer Wahrscheinlichkeit ein Verzug der Bodengruppe zwischen der vorderen und hinteren Achsaufhängung ausgeschlossen werden. Zur Kontrolle müssen noch Vergleichsmessungen von rechts zu links durchgeführt werden: Jede Karosserie hat Meßpunkte, die sowohl auf der rechten als auch auf der linken Fahrzeugseite gleich weit von der Fahrzeuglängsachse entfernt sind.

Die genaue Karosserievermessung mit Hilfe eines der vorher beschriebenen Meßsysteme kann durch den Stechzirkel-Maßvergleich nicht ersetzt werden. da hiermit nur zweidimensional (Länge und Breite) gemessen wird. Eine eingebaute Libelle – wie bei einer Wasserwaage – kann nur annähernd Höhendifferenzen anzeigen.

7.2.9 Zusammenfassung der Karosserievermessung

Zur Vermessung von Karosserien muß die Lage von Punkten im «Raum» genau angegeben werden. Dazu ist eine dreidimensionale Aussage, nämlich in Länge, Breite und Höhe, erforderlich. Für die Werkstattpraxis haben sich verschiedene Meßsysteme durchgesetzt:

- ☐ der normale Richtwinkelsatz,
- ☐ der variable Richtwinkelsatz,
- ☐ die Schweißlehre,
- ☐ das mechanische Universalmeßsystem,
- ☐ das optische Universalmeßsystem,
- ☐ die elektronischen Meßsysteme (z.T.).

Wesentliche Unterscheidungsmerkmale liegen

- ☐ in der universellen Verwendbarkeit,
- ☐ im erforderlichen Aggregateausbau,
- ☐ bei der Arbeit mit dem Gewicht der Systemeinheiten,
- ☐ in der Notwendigkeit, zusätzliche Fahrzeugverankerungen für Rückverformungsarbeiten einzusetzen,
- ☐ in der Aufnahme von Neuteilen,
- ☐ bei der Erstellung von Meßprotokollen.

Eine Möglichkeit zur schnellen Vorabvermessung bietet das Stechmaß. Allerdings kann hiermit nur in einer Ebene (Länge und Breite) genau gemessen werden.

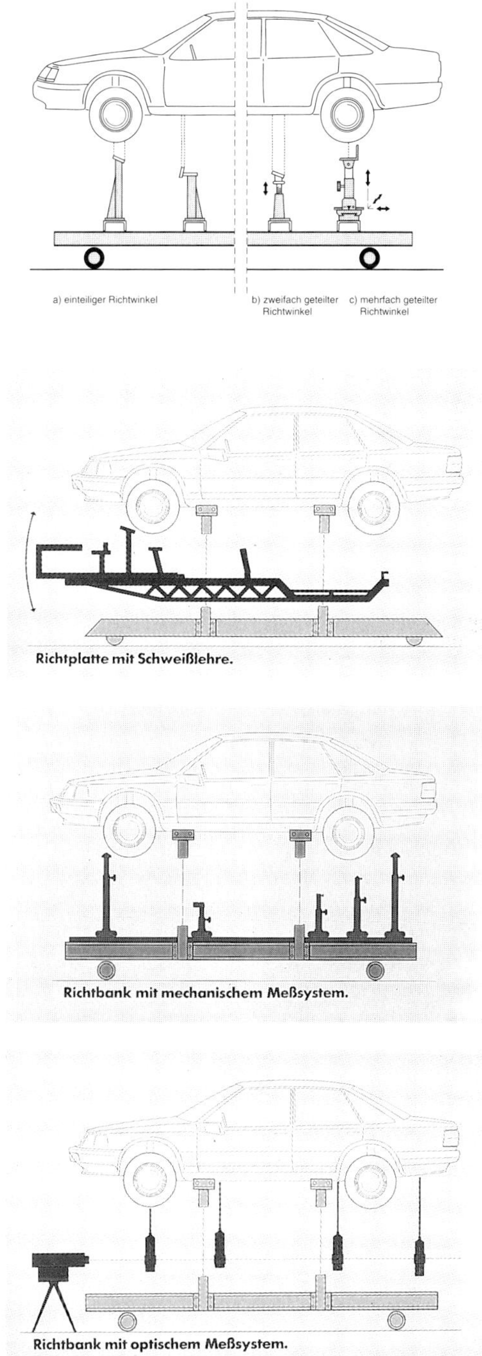

Bild 7.24 Die unterschiedlichen konventionellen Meßsysteme auf einen Blick

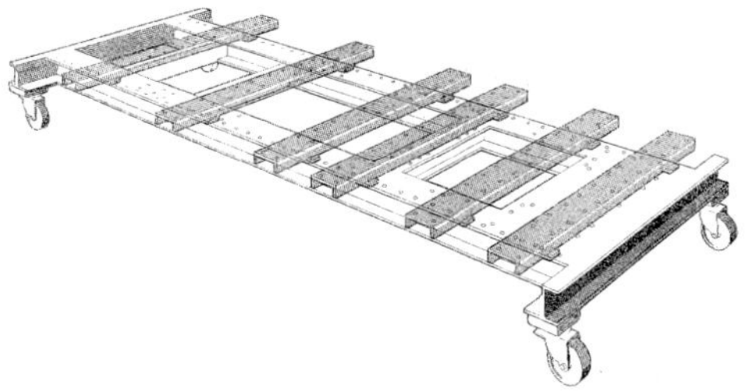

Bild 7.25 Richtbankgrundrahmen mit Traversen (Quelle: Blackhawk)

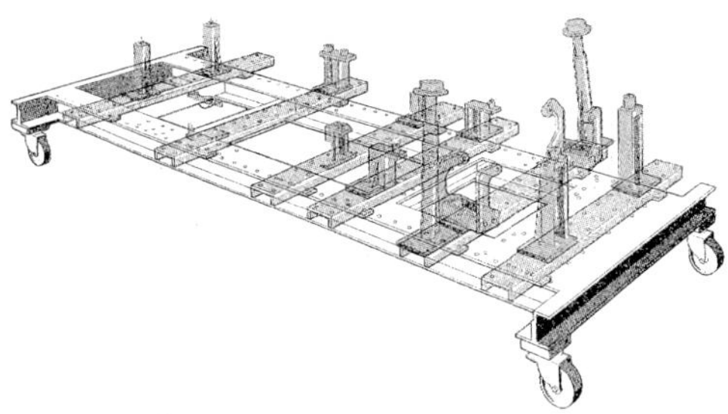

Bild 7.26 Richtbankgrundrahmen mit Traversen und Richtwinkelsatz (Quelle: Blackhawk)

Werkstatt-Praxis

Die vorher beschriebenen Meßverfahren haben sich in der Werkstattpraxis alle ihren Platz erworben. Das gilt mittlerweile auch für die elektronischen Systeme, wobei sie in den Werkstätten noch selten zu finden sind. Es läßt sich keine globale Aussage treffen, daß eine Methode die beste ist. Die nachfolgende Beschreibung soll den richtigen Umgang mit den Meßsystemen darstellen. Zur deutlicheren Darstellung werden in einigen Fällen konkrete Richtsystemfabrikate als Beispiel für die Arbeiten herangezogen. Mit der Fabrikatsnennung ist keine qualitative Bewertung des Systems verbunden.

Richtwinkelsatz mit Richtbank

Die Meßebene, auf der die Längen- und Breitenmaße abgezählt werden, ist ein stabiler rechteckiger Grundrahmen. Die Länge beträgt rund 4 m und die Breite rund 1 m. Der Grundrahmen ist das, was als «Richtbank» bezeichnet wird. Auf der Richtbank müssen die Höhenmeßlineale, in diesem Fall die Richtwinkel, befestigt werden. Außerdem ist das Fahrzeug auf der Richtbank zu verankern. Die Höhe der einzelnen Richtwinkel entspricht genau dem Maß zwischen der Richtbankebene und dem jeweiligen Karosseriemeßpunkt. Aber wie wird die genaue Positionierung der Richtwinkel in Länge und Breite auf der Richtbank vorgenommen?

Der Richtbankgrundrahmen ist mit vielen Bohrungen versehen, die senkrecht durch die Meßebene führen. Das Lochbild muß so angeordnet sein, daß jeder Richtwinkel eines Fahrzeugtyps befestigt werden kann. Damit die Richtbank durch die vielen Bohrungen aber nicht zu sehr geschwächt wird, sind eine Menge Befestigungsbohrungen in zusätzliche Querträger verlegt. Diese Querträger werden «Traversen» genannt. Sie sind mit jeweils vier Schrauben auf der Richtbankmeßebene zu befestigen. Je nach Länge des Fahrzeugs, das aufgespannt werden soll, können bis zu sechs Traversen zu Einsatz kommen. Auf die Traversen werden die eigentlichen Richtwinkel geschraubt. Das Fahrzeug selber wird über Zusatzverankerungen mit der Richtbank verbunden. Sie halten das Auto meistens an den Schweißfahnen der Bodengruppenschweller fest.

Woher weiß der Reparateur, welche von den vielen Bohrungen er zur Befestigung der Traversen, Richtwinkel und Fahrzeugverankerungen nehmen soll? Diese Angaben sind aus einem Aufbauplan, der jedem Richtwinkelsatz beigefügt ist, zu entnehmen. Aus diesem Plan ist auch ersichtlich, welche Teile des Richtwinkelsatzes für eine Vermessung des Fahrzeugbodens ohne Richtarbeiten zu verwenden sind. In solchen Fällen bleiben die Aggregate im Fahrzeug. Nachdem alle erforderlichen Richtwinkel aufgebaut sind, muß das Fahrzeug darauf gesetzt werden. Hierfür bietet sich eine versetzte 2-Säulen-Hebebühne an. Als besonders vorteilhaft hat sich für das Aufsetzen des Fahrzeugs eine spezielle fahrbare Hebebühne erwiesen, die wie ein Gabelstapler das Fahrzeug auf die Richtwinkel setzt.

Der Arbeitsablauf in Stichworten:

- ☐ prüfen, ob der benötigte Richtwinkelsatz für den gewünschten Fahrzeugtyp geliefert wurde;
- ☐ prüfen, ob Aufbauplan und Richtwinkelsatz zusammengehören;

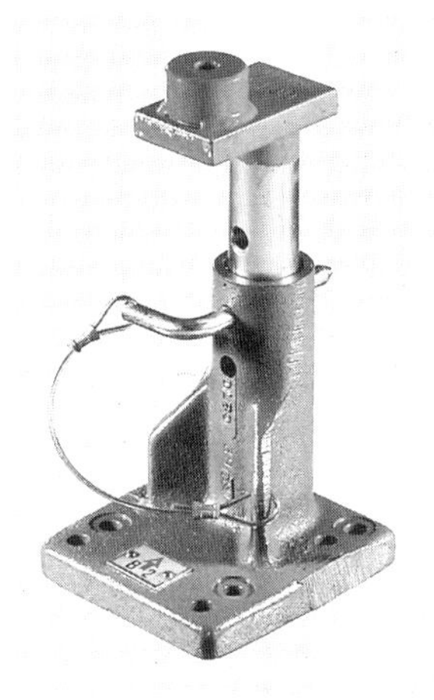

Bild 7.27 Zweigeteilter Richtwinkel (Werkfoto Blackhawk)

- ☐ prüfen, ob laut Aufbauplan der Richtwinkelsatz vollständig ist;
- ☐ Traversen an der richtigen Stelle der Richtbank montieren;
- ☐ Fahrzeugverankerungen auf Maß einstellen und festschrauben;
- ☐ Richtwinkelsatz auf die Richtbank aufschrauben;
- ☐ *Achtung:* Unterschiedliche Teile für ein- bzw. ausgebaute Fahrzeugaggregate.
- ☐ Schweißfalz am Bodenschweller im Bereich der Fahrzeugverankerungen von Schmutz und Unterbodenschutz befreien;
- ☐ Fahrzeug an den Meßpunkten vorsichtig auf die Richtwinkelspitzen aufsetzen;
- ☐ Fahrzeugmeßpunkte kontrollieren. Bei einwandfreier Lage des Karosseriemeßpunktes kann dieser mit der Richtwinkelspitze verschraubt werden, bzw. der Meßadapter paßt problemlos.
  Hinweis: Sind Karosseriemeßpunkte verschoben, können sie auf dem dazugehörigen Richtwinkel aufliegen, bevor die unbeschädigten Partien ihre Richtwinkelpunkte erreichen. In diesem Fall ist der betroffene Richtwinkel zu entfernen.
- ☐ Fahrzeugverankerungen vor eventuell nötig werdenden Richtarbeiten sorgfältig befestigen.

Variabler Richtwinkelsatz mit Richtbank

A) Zweigeteilter Richtwinkel, der in der vorgeschriebenen Position auf der Richtbank verschraubt wird:

Für den Aufbau wird zunächst so verfahren wie bei einem normalen Richtwinkelsatz. Nachdem die Traversen auf der Richtbank befestigt sind, müssen die Richtwinkel-Basiseinheiten montiert werden. Eine Basiseinheit ist der untere Teil eines Richtwinkels. Der obere Teil des Richtwinkels, der mit dem Fahrzeugmeßpunkt zu verschrauben ist, wird in die befestigte Basiseinheit hineingesteckt (Teleskop-Prinzip). Jetzt kann das Fahrzeug mit den Universal- oder Spezialverankerungen auf der Richtbank befestigt werden.

Zum Vermessen sind die Spitzen der Richtwinkel, die tief in den Basiseinheiten eingetaucht sind, nach oben gegen die Karosseriemeßpunkte zu drücken. Wenn die Meßpunkte nicht verschoben sind, kann jetzt der Verriegelungsstecker ohne zu Klemmen durch die Bohrungen von der Basiseinheit und dem Führungsstab der Richtwinkelspitze geschoben werden. Die Bohrungen sind so angeordnet, daß sie das Höhenmaß des Richtwinkels vorgeben. Nun muß die Richtwinkelspitze ohne Spiel und ohne Druck mit dem Karosseriemeßpunkt verschraubt werden können. Der Arbeitsablauf für den Aufbau der variablen zweigeteilten Richtwinkelsätze sowie das Vermessen damit ist gleichzusetzen mit der Vorgehensweise bei normalen Richtwinkelsätzen.

B) Drei- oder mehrfachgeteilter Richtwinkel, einstellbar nach dem Prinzip des mechanisch arbeitenden Unversalmeßsystems: Der Aufbau dieser Ausführung beginnt wieder mit dem Verschrauben der Traversen auf der Richtbank. Danach werden die Basiseinheiten befestigt. Sie bestehen aus einem festen Untergestell und einem darauf beweglichen Schlitten. Der Schlitten kann, je nach Ausführung, in eine Richtung oder in eine Länge *und* Breite verschoben werden. Die Bewegung wird durch eine Schwalbenschwanzführung ermöglicht. Das Höhenmeßlineal ist ein massiver Rundstab, der in den Schlitten eingesteckt wird. Mit Hilfe einer Meßskala auf dem Rundstab kann das richtige Höhenmaß eingestellt werden. Die Maßangaben sind aus dem Aufbau- und Meßdatenblatt zu entnehmen, das jedem Richtwinkelsatz beigefügt ist. Am oberen Ende des Höhenmeßstabes wird über eine Aufnahme die Richtwinkelspitze befe-

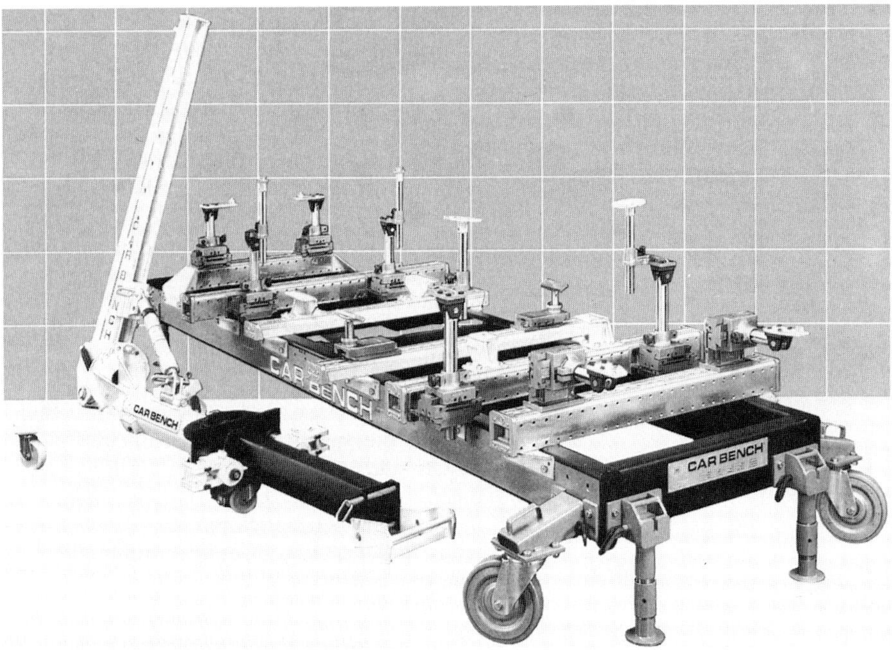

Bild 7.28 Mehrteiliger Richtwinkelsatz mit speziellen Richtwinkelköpfen, die für jeden Fahrzeugtyp angepaßt werden (Werkfoto Car Bench)

stigt. Sie kann bei einem intakten Meßpunkt problemlos mit dem dazugehörigen Karosseriepunkt verschraubt werden. Abweichungen eines Karosseriemeßpunktes können mit diesem System exakt in Millimetern gemessen werden. In solchen Fällen ist, soweit möglich, die Richtwinkelspitze am verschobenen Karosseriemeßpunkt zu befestigen. Dadurch verändern sich die Einstellwerte für Länge, Breite und Höhe. Die Abweichungen von den Sollwerten der Meßblattangaben geben den Verzug an.

Der Aufbau dieses Meßsystems ist bis auf das Einstellen der Richtwinkelspitzen vergleichbar mit dem Aufbau der vorher beschriebenen zweigeteilten Richtwinkel. Die Variante der drei- oder mehrfach geteilten Richtwinkel ist von der Handhabung her ebenfalls ähnlich. Hier kommt es aber auch noch auf das Mitdenken des Reparateurs an, wenn er die Vielfältigkeit des Systems voll ausnutzen will.

Mischsysteme

Während der Übergangsphase von den einteiligen auf die zweigeteilten Richtwinkel konnten die Richtwinkel-Hersteller nicht sofort für alle Fahrzeugtypen die neue Generation der Richtwinkel zur Verfügung stellen. Da sich die Ausführungen aufgrund der Vorgaben durch die Automobilhersteller ähneln, kam der Gedanke auf, daß die Richtwinkelköpfe eines Herstellers mit den Richtwinkeltürmen eines anderen Herstellers kombiniert werden könnten. Diese Konstellation wurde als Mischsystem bezeichnet. Der Gedanke fand durch eine voreilig gestartete Werbeaktion der Fa. Blackhawk sogar Unterstützung. Es wurde behauptet, daß lediglich einige Unterlegplatten für bestimmte Richtwinkeltürme verwendet werden müßten, um vorhandene Höhen- und Lochbildunterschiede auszugleichen. Der Verkauf der Blackhawk-Unterlegplatten war jedoch noch nicht richtig angelaufen (ca. 30 Sätze wurden ausgeliefert), da kam es zu einem Widerruf dieser Behauptung. Blackhawk hatte zwischenzeitlich festgestellt, daß es zu viele Abweichungen zwischen der eigenen Ausführung und der des Wettbewerbers gab. Bei der Verwendung eines Mischsystems kann es passieren, daß der aufgebaute Richtwinkel nicht die Sollposition für die jeweilige Fahrzeugkarosserie erreicht. Die Unterschiede können nur wenige Millimeter betragen, weshalb der Reparateur durch sein «Augenmaß» nicht gewarnt wird. Die Auswirkungen einer falsch gerichteten Karosserie sind jedem Fachmann klar: Die Karosserie wird zusätzlich beschädigt, und das möglicherweise daraus resultierende negative Fahrverhalten des Autos kann bis zum Unfall führen. Blackhawk hat eine Rückrufaktion für die noch existierenden Platten durchgeführt.

Schon lange vorbei ist die Zeit von Lieferengpässen bei den Richtwinkelsätzen. Der Anlaß zum Gebrauch eines Mischsystems ist daher nicht mehr gegeben. Trotzdem soll aus Gründen der Sicherheit an dieser Stelle ein deutlicher Hinweis zu dem Thema erfolgen:

➽ Richtwinkel-Mischsysteme dürfen nicht verwendet werden!

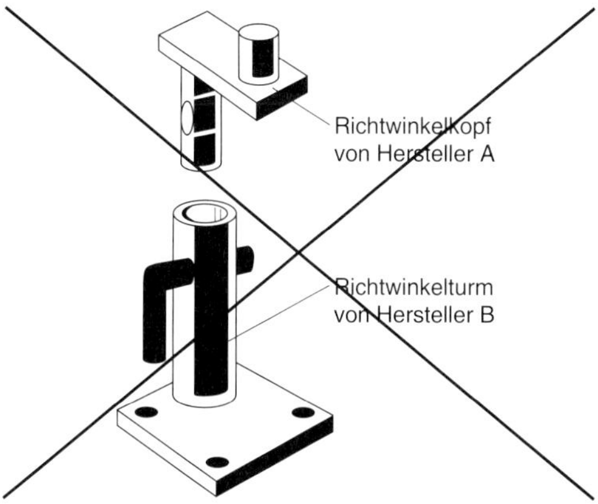

Bild 7.29 Nicht erlaubtes Mischsystem

Schweißlehre mit Richtplatte

Die Schweißlehren sind von ihrer Verwendung her betrachtet keine Karosseriemeßsysteme für Fahrzeuge, die nach einem Unfallschaden mit eingebauten Aggregaten auf Maßhaltigkeit überprüft werden sollen. Die Bezeichnung «Schweißlehre» deutet unmißverständlich darauf hin, daß mit diesen Lehren Karosserieneuteile maßgerecht eingeschweißt werden können. Deshalb muß das einzelne Schweißlehrenteil immer direkt mit dem Karosseriemeßpunkt verschraubt werden. Das bedeutet in jedem Fall den Ausbau der Aggregate.

Anders sieht es bei den «Rahmenlehren» aus. Hierbei handelt es sich um Einheiten, die komplett unter den Fahrzeugboden geschraubt werden. Dabei gibt es Rahmenlehren, die nur

Bild 7.30 Schweißlehrensystem mit Einheitsgrundrahmen und Sitzmöglichkeit für den Reparateur (Werkfoto Sonner)

für die Überprüfung des Fahrzeugbodens mit eingebauten Aggregaten einzusetzen sind («Diagnoselehren»). Es sind Schablonen, die den Sollzustand der Fahrzeugbodengruppe anzeigen. Diese Rahmenlehren gibt es auch in der Ausführung als Schweißlehren.

Nach diesem kleinen «Ausflug» zu den Diagnoselehren zurück zum Schweißlehrensystem. Da bei den modernen Karosserien zur Behebung eines mittleren Unfallschadens die Aggregate häufig ausgebaut werden müssen, soll es in die Reihe der zu beschreibenden Meßsysteme aufgenommen werden. Es besteht aus einer Richtplatte, die mit vier Universal- bzw. Spezialverankerungen bestückt ist. Die Verankerungen werden derart positioniert, daß sie den Fahrzeugboden unterhalb der Türsäulen festspannen.

Der eigentliche Lehrensatz ist auf einen Lehrensatzhalter zu montieren. Die Auslegung der einzelnen Lehrenteile ist so gewählt, daß sie häufig zweigeteilt sind. Dadurch sind die fahrzeugspezifischen Lehrenteile kurzgehalten. Der Lehrensatzhalter – oder auch «Einheitsgrundrahmen» genannt – kann daher für alle Lehrensätze verwendet werden (ähnlich dem Basissatz bei den geteilten Richtwinkeln).

Der Aufbau eines Lehrensatzes ist relativ einfach, so daß ein Foto vom aufgebauten Satz vielfach ausreicht, um zu wissen, wie er montiert wird. Da in den meisten Reparaturfällen entweder nur die Front- oder Heckpartie bearbeitet werden müssen, sind die Lehrensätze auch in dieser Art unterteilt. Somit bleibt eine Hälfte des Lehrenhalters fast immer ohne Lehrensatzbestückung. Am Ende des Lehrenhalters wird ein Schwenklager befestigt. Das Gegenstück kommt unter den Fahrzeugboden, und der komplette Lehrenhalter wird daran befestigt. Nun hängt er, einseitig gelagert, schräg unter dem Fahrzeugboden.

Für das Einschweißen der Neuteile oder das Kontrollieren von gerichteten Karosseriezonen wird der Lehrenhalter einfach so weit hochgeschwenkt, daß er parallel zum Fahrzeugboden ist. Damit ist gleichzeitig die richtige Positionierung der aufgebauten Schweißlehren zu den Karosseriemeßpunkten gegeben. Zum Auf- und Abschwenken dienen zwei Gewindespindeln oder eine Schnellhebevorrichtung. Die parallele Lage des Lehrenhalters wird mit einer Wasserwaage überprüft.

Der Arbeitsablauf in Stichworten:

- ☐ prüfen, ob der Lehrensatz für den gewünschten Fahrzeugtyp geliefert wurde, ob er vollständig ist und ob das beiliegende Foto für den Aufbau das richtige ist,
- ☐ Fahrzeugaggregate im beschädigten Bereich ausbauen;
- ☐ Fahrzeugverankerungen sorgfältig anbringen (Schweißfalz von Unterbodenschutz und Schmutz befreien);
- ☐ Fahrzeug auf die Richtplatte setzen und befestigen;
- ☐ beschädigte Partien rückverformen;
- ☐ Altteile austrennen;
- ☐ Schweißlehrenhalter an der unbeschädigten Fahrzeugachse schwenkbar anbringen;
- ☐ Schweißlehrensatz auf dem Halter montieren;
- ☐ Schweißlehrenhalter vor dem Kontrollieren der Meßpunkte in die waagerechte Lage bringen (Wasserwaage).

Mechanisches Meßsystem mit Richtbank

Wenn ein Fahrzeug mit einem Richtwinkelsatz vermessen werden soll, muß die Karosserie so lange bewegt werden, bis die Meßpunkte auf die feststehenden Richtwinkelspitzen treffen. Die Karosserie wird nach dem Meßsystem ausgerichtet. Bei den Universalmeßsystemen verläuft diese Angleichung z.T. oder vollständig umgekehrt. Das Meßsystem paßt sich der Lage des Fahrzeugs an. Diese zwei Möglichkeiten werden folgendermaßen praktiziert:

A) Das Meßsystem liegt auf der Oberfläche (plane Meßebene) der Richtbank. Beim Aufspannen muß das Fahrzeug parallel zur Richtbankoberfläche stehen. Bei der weiteren Ausrichtung paßt sich das Meßsystem dem Fahrzeug an.

B) Das Meßsystem paßt sich über Luftbälge der Lage des Fahrzeugbodens an: Eine eventuelle Schräglage des Karosseriebodens zur Richtbankoberfläche hat keinen Einfluß auf das Meßergebnis (vgl. Abschnitt 7.2.4).

Zu A: Bevor mit dem Aufbau des Fahrzeugs und der Meßeinrichtung begonnen wird, muß geprüft werden, ob die Daten des Meßblattes zum Fahrzeugtyp passen, das vermessen werden soll. Es ist auch sicherzustellen, daß die letztgültige Auflage des Meßpunktes vorliegt.

Um Meßdaten einstellen zu können, ist an einer Stelle der Karosserie der «Meßausgangs-

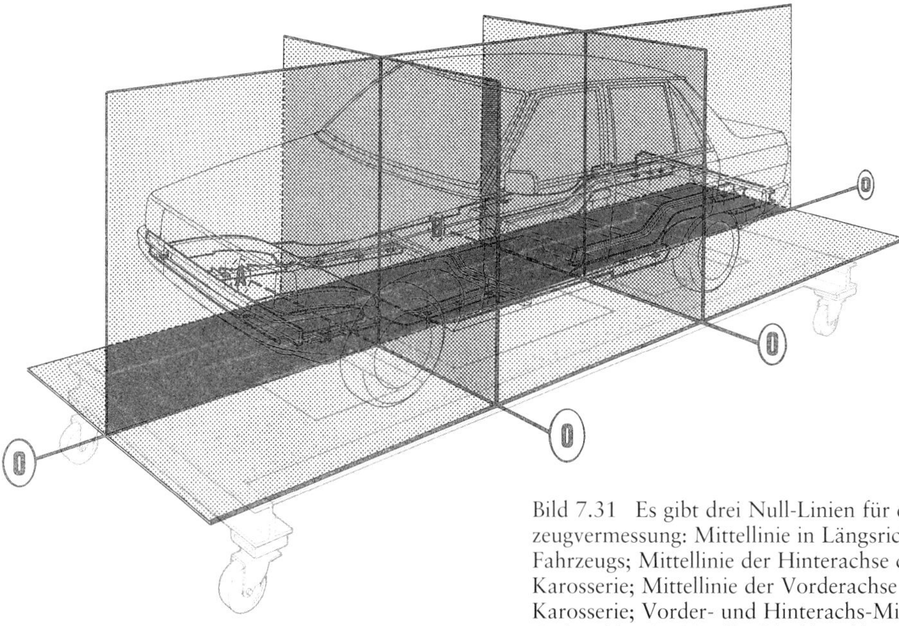

Bild 7.31 Es gibt drei Null-Linien für die Fahrzeugvermessung: Mittellinie in Längsrichtung des Fahrzeugs; Mittellinie der Hinterachse quer zur Karosserie; Mittellinie der Vorderachse quer zur Karosserie; Vorder- und Hinterachs-Mittellinien sind wahlweise (Quelle: Blackhawk)

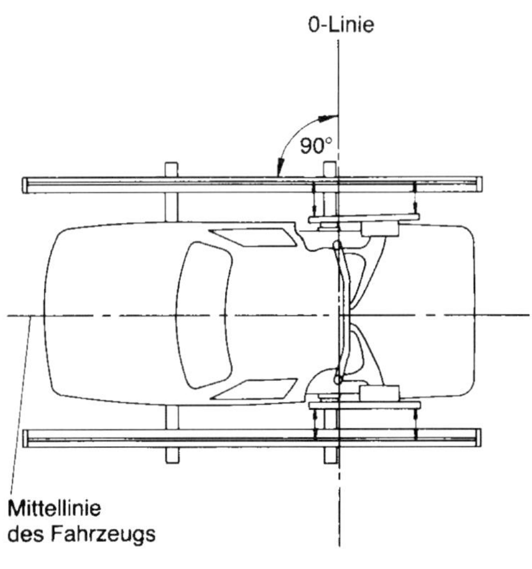

Bild 7.32 Justieren der hinteren Meßbrücke zum seitlichen Meßbalken (Quelle: Autorobot)

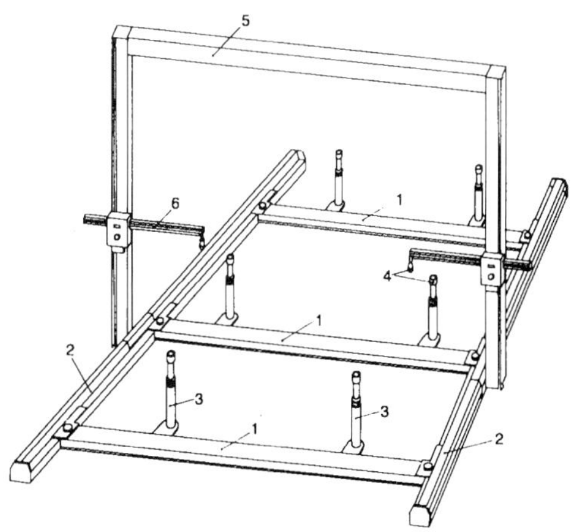

Bild 7.33 Bezeichnungen am Meßsystem «Autorobot»:
1 Meßbrücke
2 seitliche Meßbalken
3 Meßhülsen
4 Meßspitzen oder -kappen
5 Meßbogen
6 Meßstäbe (Quelle: Autorobot)

punkt», oder auch «Nullpunkt» genannt, festzulegen. Dieser muß im unbeschädigten Bereich der Karosserie liegen. Da laut Unfallstatistik die Hinterachsaufnahmen der Karosserie selten beschädigt werden, ist der Nullpunkt fast immer hier zu bestimmen. Von diesem Punkt aus ist die Lage der Fahrzeugverankerungen angegeben.

Wenn spezielle Verankerungen benötigt werden, ist dieser Hinweis auf dem Meßblatt vermerkt. Vor dem Montieren ist Schmutz und Unterbodenschutz im festzuspannenden Karosseriebereich zu entfernen. Wenn das Fahrzeug auf die Richtbank gerollt wird, sollte die Fahrzeugmitte mit der Mittellinie der Richtbank übereinstimmen. Dadurch wird eine einseitige Lage des Meßsystems zum Fahrzeug vermieden.

Nun sind die Fahrzeugverankerungen mit dem Fahrzeug zu verbinden. Beim System von «Autorobot» z.B. wird der Richttisch mit den Fahrzeugverankerungen mit einer Scherenhebebühne gegen den Fahrzeugboden gefahren. Da der Richttisch parallel zum Fahrzeugboden hochfährt und das Meßsystem auf dem Richttisch liegt, ist die geforderte parallele Ausrichtung fast immer automatisch vorgegeben.

Wenn die Fahrzeugverankerungen an den vorgesehenen Positionen befestigt sind, kann das Meßsystem aufgebaut werden. Laut Datenblatt wird zuerst der Nullpunkt bestimmt. Es ist zu prüfen, daß er durch den Unfall nicht verschoben ist.

Die weitere Betrachtung soll von der Hinterachse als Nullpunkt ausgehen. Dazu wird die erste Meßbrücke des Systems auf den Richttisch gelegt. Diese Meßbrücke hat zwei Aufnahmen für die Meßhülsen, in die die Meßspitzen hineingesteckt werden. Die Meßhülsenaufnahmen dieser Meßbrücke sind zwangsgeführt, d.h., wenn eine Aufnahme nach außen oder innen geschoben wird, bewegt sich die zweite Aufnahme und die gleiche Strecke mit.

Durch die Zwangsführung der Meßbrücke ist nach der Einstellung des ersten Nullpunktes das Seitenmaß für die zweite Hinterachsaufnahme vorgegeben, da die Befestigungspunkte der Hinterachsaufnahme gleichmäßig aus der Mitte nach rechts und links versetzt sind. Gleichzeitig ist sichergestellt, daß die Meßbrücke mittig unter dem Fahrzeug liegt. Doch bevor die Meßspitzen montiert werden, ist die zweite Meßbrücke so weit wie möglich nach vorne – unter das Fahrzeug – zu legen, aber noch in den unbeschädigten Bereich der Karosserie. Als Meßpunkte werden aus dem Datenblatt diejenigen ausgesucht, die (von der Hinterachse aus gesehen) vor der Befestigung der vorderen Fahrzeugverankerungen liegen.

Je weiter die beiden Meßbrücken auseinanderliegen, um so genauer kann das gesamte Meßsystem eingestellt werden (Bild 7.14). Die langen Meßbalken für die Seitenführung der Meßbrücken werden rechts und links neben das Fahrzeug auf den Richttisch gelegt. Sie ragen im Falle eines Frontschadens rund 100 mm über die Fahrzeugnase hinaus.

Jetzt werden die Meßbrücken an jeder Seite angehoben und in die vorgesehenen Führungen der langen Meßbalken eingehängt. Danach können die Meßhülsen mit den Meßspitzen auf der Meßbrücke montiert werden. Die Länge der Meßhülse und die Form der Meßspitze sind für jeden Meßpunkt aus dem Datenblatt zu entnehmen. Sobald der erste Nullpunkt mit der Meßspitze fixiert ist, muß das gesamte Meßsystem für das Anfahren des zweiten Meßpunktes in die richtige Position gerückt werden. Mit einem normalen Winkelanschlag ist danach die Rechtwinkligkeit zwischen Meßbrücke und seitlichem Meßbalken zu prüfen. Ist hier alles stimmig, können die Einstellschrauben der hinteren Meßbrücke festgezogen werden. Das Maßband der Meßbrücke wird auf «Null» eingestellt, so daß alle Maßangaben vom Nullpunkt aus, ohne umzurechnen, abgelesen werden können. Die gleiche Vorgehensweise erfolgt an der zweiten Meßbrücke im vorderen Wagenbereich. Sobald alle vier Meßpunkte mit den Meßspitzen fixiert sind, ist sichergestellt, daß die Mittellinie des Fahrzeugs mit der Mittellinie des Meßsystems in Deckung gebracht ist. Die Höhenmaße wurden über die Einstellungen der Meßspitzen ebenfalls kontrolliert. Gibt es hier unzulässige Abweichungen, muß das Fahrzeug in den Verankerungen versetzt werden.

Damit das justierte Meßsystem bei nachfolgenden Arbeiten nicht verrutscht, wird es durch Spezialklammern mit dem Richttisch fest verbunden. Danach können ein bis zwei weitere Meßbrücken mit Meßspitzen montiert werden, um die Unterbodenvermessung durchzuführen.

Der Arbeitsablauf in Stichworten:

- □ prüfen, ob das Meßblatt zum Fahrzeug gehört, das vermessen werden soll, und ob das neueste Ausgabedatum des Meßblattes vorliegt;
- □ Fahrzeug über das «Roll-on»-System (Kapitel 16) geradlinig auf die Richtbank auffahren;
- □ Karosseriebereiche für die Befestigung der Fahrzeugverankerungen von Schmutz und Unterbodenschutz befreien;
- □ Fahrzeugverankerungen in vorgeschriebener Position festziehen;
- □ Nullpunkt für Vermessung im unbeschädigten Bodenbereich bestimmen;
- □ erste Meßbrücke in annähernd richtiger Position unter die ausgewählten Nullpunkte legen;
- □ zweite Meßbrücke im großen Abstand von der ersten so plazieren, daß sie ebenfalls annähernd richtig liegt. Auch die hier vorgesehenen Meßpunkte dürfen nicht beschädigt sein;
- □ seitliche Meßbalken auf den Richttisch legen, und die Meßbrücken darin einhängen;
- □ Meßspitzen in den beiden Nullpunkten fixieren und dabei das komplette Meßsystem ausrichten;
- □ Überprüfen der Winkligkeit von Meßbrücke und seitlichem Meßbalken;
- □ abschließende Justierung des Meßsystems mit der Einstellung der vorderen Meßpunkte vornehmen und gesamtes Meßsystem mit Hilfe von Klemmen am Richttisch befestigen;
- □ je nach Bedarf ein bis zwei weitere Meßbrücken mit Meßspitzen montieren und Unterbodenvermessung durchführen.

7.2.10 Aufbausituationen

Parallele Ausrichtung des Fahrzeugs zum Meßsystem

Wie beschrieben, nehmen üblicherweise die Chassisklemmen das Fahrzeug an den Schweißfahnen der Schweller auf. Befinden sich nun an dem Richtsystem solche Chassisklemmen, die auf dem Richtbank-Grundrahmen zwangspositioniert sind, sorgt die hohe Fertigungsqualität der Fahrzeuge in fast allen Fällen dafür, daß sich der Wagen auf Anhieb parallel zur Richtbank-Oberfläche ausrichtet (Bild 7.34). Zwangspositioniert bedeutet, daß die Chassisklemmen keine Höhenverstellung haben, sich «spielfrei» im rechten Winkel auf dem Richtbank-Grundrahmen verschieben lassen und die eingestellte Position beim Festspannen des Schwellerfalzes nicht verändern. Wird jetzt das Universal-Meßsystem ebenfalls auf der Richtbank-Ober-

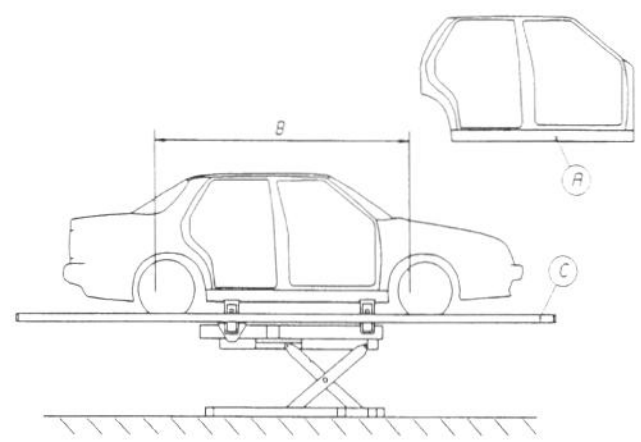

Bild 7.34
A Geringe Toleranzen bei der Fertigung von Karosserieteilen, z.B. Seitenwand
C Meßsystem liegt auf dem Richtbank-Grundrahmen
Im Bereich B wird die Ausrichtung des Meßsystems zur Karosserie vorgenommen.

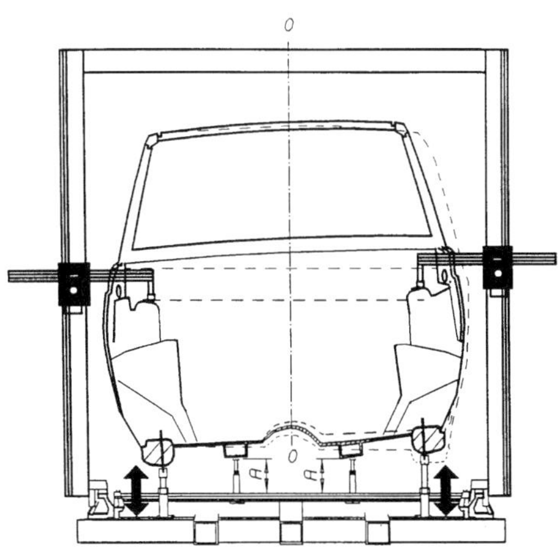

Bild 7.35 Problematik bei höhenverstellbaren Chassisklemmen: Wenn die Bodengruppe auf das richtige Höhenmaß gebracht wird, verändern sich die oberen Karosserie-Meßpunkte.

fläche aufgebaut, befindet es sich sofort parallel zum Fahrzeugboden.

Selbstverständlich muß die parallele Ausrichtung überprüft werden. Dies geschieht aber zwangsläufig, wenn zur weiteren Justage die Mittellinie des Meßsystems mit der des Fahrzeugs in Deckung gebracht wird. Dazu sind die vorgeschriebenen Höhenmaße an den Meßspitzen einzustellen (Bild 7.35). Ist dabei zu sehen, daß Höhenkorrekturen erforderlich sind, genügt es, wenn zwei Möglichkeiten der Höheneinstellung vorhanden sind. Diese müssen jedoch parallel zu den Chassisklemmen wirken.

Eine parallele Ausrichtung des Fahrzeugs zum Meßsystem ist wichtig, da sonst mit falschen Höhenmaßen gearbeitet würde. Das gilt

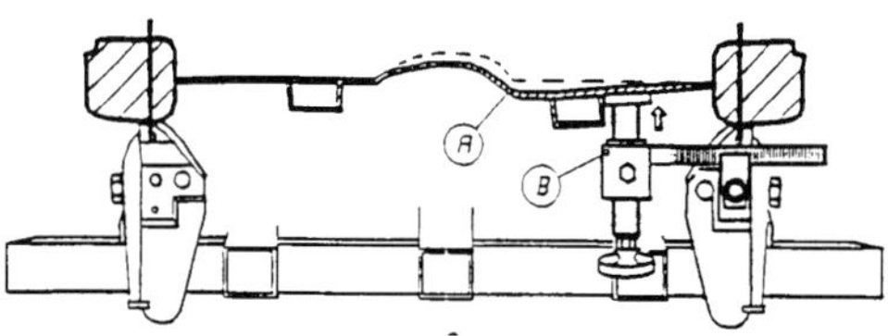

Bild 7.36a Richtige Vorgehensweise, falls die Bodengruppe nicht auf Anhieb parallel ausgerichtet sein sollte: Anheben der Bodengruppe bis auf Sollmaß A

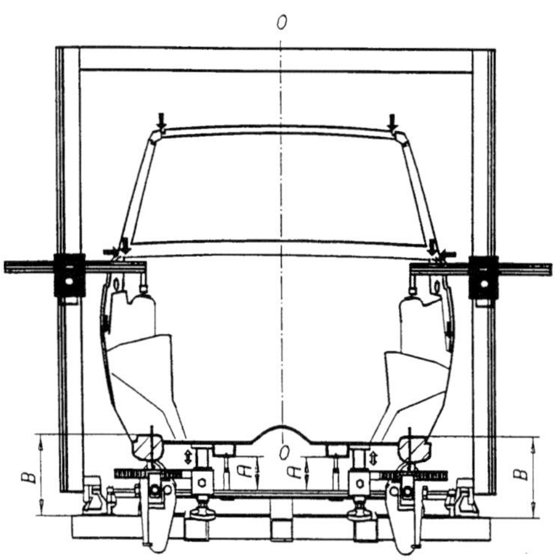

Bild 7.36b Kontrolle der oberen Karosserie-Meßpunkte

insbesondere für den Bereich der Fahrzeugmitte, da hier üblicherweise am Anfang der Vermessung die Grundeinstellungen für das Meßsystem erfolgen.

Wie wird eine eventuell erforderliche Höhenkorrektur schnell durchgeführt, wenn z.B. auf der Fahrerseite der Schwellerbereich um einige Millimeter abgesenkt ist? Solch eine Situation könnte auch an einer neuen Karosserie auftreten, wenn zufällig die Maßtoleranzen der einzelnen zu verschweißenden Karosseriebaugruppen vom äußersten Plus- bis zum geringsten Minusmaß aufeinandertreffen würden. An der abgesenkten Stelle wird dann mit der Spindel eines Halte- und Richtsatzes der Fahrzeugboden so weit angehoben, bis das Sollmaß der Bodengruppen erreicht ist. Danach ist es unbedingt erforderlich, mit einem Oberbau-Meßbogen die höhergelegenen Meßpunkte zu kontrollieren. Mit dieser Doppeljustage – also erst, wenn beide Maße im Sollbereich liegen – wird garantiert, daß die Karosserie wirklich parallel zum Meßsystem ausgerichtet ist (Bilder 7.36a und b).

Fazit: Wenn die separate Oberbauvermessung von derselben Ebene wie das Bodengruppen-Meßsystem arbeitet, ergibt sich sofort eine unabhängige Kontrollmessung.

Weiterhin kann eine Höhenkorrektur des Fahrzeugs erforderlich werden, wenn der Schwellerbereich durch einen Unfall stark nach oben verformt wurde. In diesem Fall wird die Bodengruppe wieder mit Hilfe des bereits erwähnten Halte- und Richtsatzes so weit angehoben, bis das Bodengruppen-Kontrollmaß auf beiden Seiten erreicht ist (Bild 7.37). Jetzt befindet sich aber u.U. der Schweißfalz des Schwellers außerhalb des Spannbereichs der Chassisklemme. Der Schwellerbereich muß nach unten gezogen werden. Das kann mit Hilfe eines Greifers problemlos geschehen, wenn die Zugkette über die Umlenkrolle des Richtgerätes geführt wird.

Die übrige Bodengruppe ist bei diesem Zugvorgang mit Hilfe von Stützen zu stabilisieren.

Andere Systeme, die die parallele Zwangslage von Chassisklemmen und Meßsystem sowie zur Höhenkorrektureinrichtung nicht gewährleisten, müssen mit höhenverstellbaren Chassisklemmen arbeiten. Dabei können sich jedoch Probleme ergeben:

Ist z.B. auf der Fahrerseite der Schwellerbereich abgesenkt, steht das Fahrzeug zunächst schräg in den Chassisklemmen. Nun wird mit Hilfe der höhenverstellbaren Chassisklemme der Fahrzeugboden angehoben und das exakte Höhenmaß der Bodengruppe eingestellt. Dadurch ist zwar das Bodengruppenmaß korrekt reguliert, doch der Karosserie-Oberbau steht nun teilweise oder sogar komplett schief auf der Richtbank. Würde diese Schiefstellung für die nachfolgenden Arbeiten ignoriert, wären Maßungenauigkeiten bei der Reparatur des Karosserie-Oberbaus die Folge (Spannungen am Flansch der Neuteile, Spaltmaße nicht kontinuierlich usw.).

Wenn mit den höhenverstellbaren Chassisklemmen ohne Karosserie-Oberbauvermessung gearbeitet wird, können weitere Fehler gemacht werden. So ist es möglich, daß bei einem Unfallfahrzeug mit einer verdrehten Bodengruppe lediglich die Chassisklemmen in der Höhe angepaßt werden, um eine Ausrichtung mit dem Meßsystem zu bekommen. Durch den Abstand der Chassisklemmen zueinander reagiert die Karosserie derart elastisch, daß die Bodengruppe in der Lage zum Meßsystem zwar ausgerichtet ist, sie aber unter gewaltiger Spannung steht. Das ist der Fall, wenn z.B. die Chassisklemme vorne rechts angehoben und vorne links abgesenkt wurde. Dabei wird das Problem der Bodengruppenverspannung mit jeder Höheneinstellung größer, da es keine Anhaltswerte gibt, wie die «Normallage» ist.

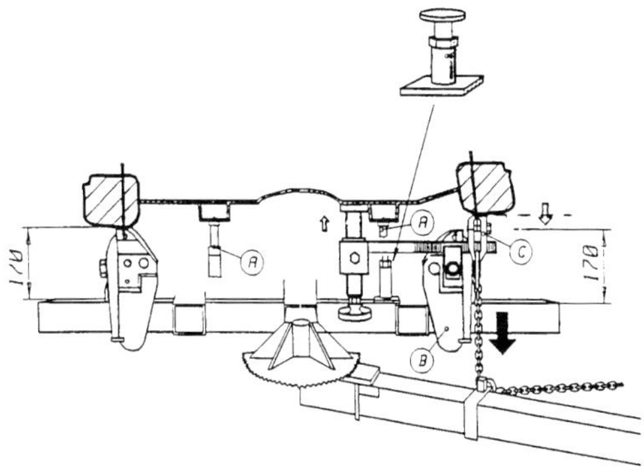

Bild 7.37 Wenn ein Schweller zu stark verformt wurde, kann er nach dem Ausrichten der Bodengruppe u.U. nicht mehr von der Chassisklemme erfaßt werden. In solchen Fällen ist zuerst der Schweller durch einen Zug nach unten zu richten, bevor an andere Richtarbeiten gegangen wird.

Bild 7.38 Ausrichten der Meßanlage zur Fahrzeug-Längsmittellinie bei vier unbeschädigten Referenzpunkten an der Karosserie (A, B, C, D)

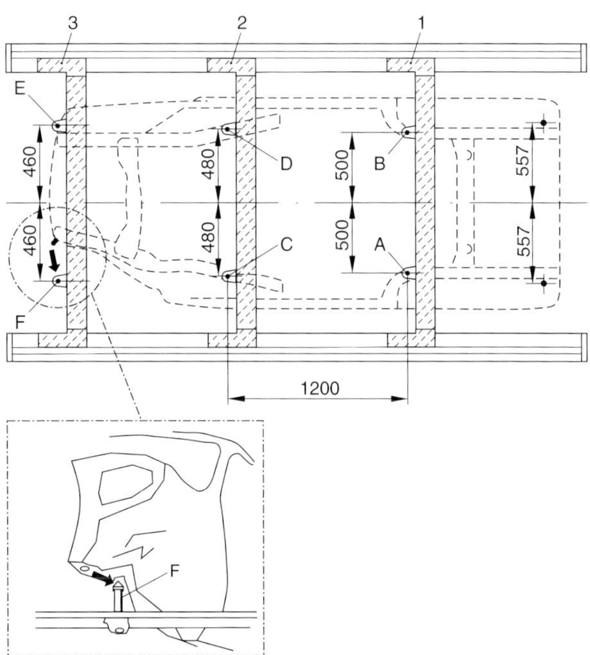

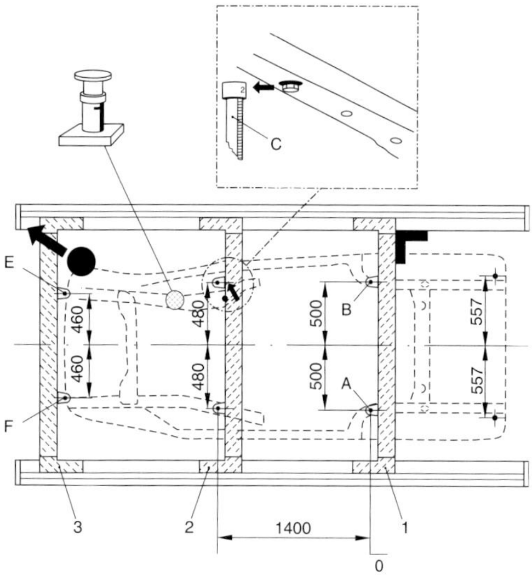

Bild 7.39 Ausrichten der Meßanlage zur Fahrzeug-Längsmittellinie bei nur drei unbeschädigten Referenzpunkten an der Karosserie (A, B, D). Gleichzeitig Stabilisieren der Karosserie mit einer Stütze, wenn die Chassisklemme nicht befestigt werden kann

Leider ist diese Problematik wenig bekannt, so daß häufig die Höheneinstellung von Chassisklemmen gefordert wird. Die gleichzeitig notwendige Kontrollmessung der oberen Karosserie-Meßpunkte müßte konsequenterweise als Zusatzforderung sofort mit aufgeführt werden.

Einstellung des Universal-Meßsystems bei einem Fahrzeug mit seitlichem Frontschaden (Bild 7.39)
Die Grundeinstellung des Meßsystems mit vier vorgegebenen Punkten ist nicht immer möglich. In einem angenommenen Fall soll der vierte Justagepunkt vorne rechts verschoben sein. Trotzdem kann die Ausrichtung der Mittellinie des Meßsystems und der des Fahrzeugs genau erfolgen. Zuerst wird wieder das Breitenmaß der hinteren und vorderen Meßspitzen eingestellt, danach das Längenmaß. Wenn nun die Meßspitzen auf die vorgegebene Höhe gebracht werden, fehlt für die anschließende Ausrichtung der Mittellinien der vierte Punkt des Rechtecks. Die vorhandenen drei Justagepunkte sind für diesen Vorgang aber völlig ausreichend. Für den Fall, daß die Beschädigung so stark ist, daß sogar die Chassisklemme vorne rechts nicht montiert werden kann, muß diese Fahrzeugseite durch eine höheneinstellbare Stütze stabilisiert und spannungsfrei gehalten werden. Danach kann mit der weiteren Meßbrücke der beschädigte Bereich kontrolliert und instand gesetzt werden. Sinnvollerweise ist zuerst der Schwellerbereich zu reparieren, damit die fehlende Chassisklemme angebracht werden kann.

Einstellung des Universal-Meßsystems bei einem Fahrzeug mit Seitenschaden (Bild 7.40)
Bei dieser angenommenen Situation sollen auf der rechten Seite eines Fahrzeugs beide Justagepunkte für die Grundeinstellung verschoben sein. Trotzdem werden wieder zuerst die Breitenmaße, das Längen- und die Höhenmaße am Meßsystem eingestellt. Bei diesem

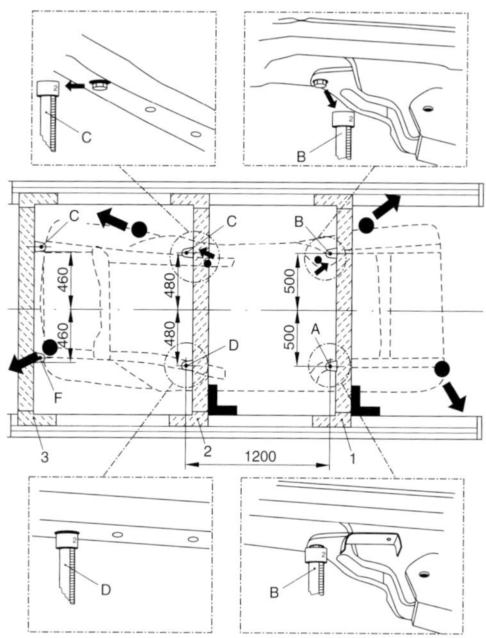

Bild 7.40 Ausrichten der Meßanlage zur Fahrzeug-Längsmittellinie bei nur zwei unbeschädigten Referenzpunkten an der Karosserie (A, D). Die rechtwinklige Position der Meßschlitten zu den Meßbalken wird durch einen «rechten Winkel» geprüft.

angenommenen Reparaturfall «greifen» nur die Meßpunkte auf der linken Fahrzeugseite. Daher ist es wichtig, daß beim Festspannen der Meßbrücken die rechtwinklige Position zu den Meßbalken zusätzlich geprüft wird. Dies kann ganz einfach mit einem rechten Winkel geschehen, der als Meßwerkzeug in jeder Werkstatt vorhanden ist. Durch diese Vorgehensweise ist die Ausrichtung der Mittellinie des Meßsystems und der des Fahrzeugs auch mit nur zwei unbeschädigten Karosseriepunkten möglich.

Für den Fall, daß die Chassisklemmen nicht montiert werden können, ist wiederum mit den höheneinstellbaren Stützen die Fahrzeugkarosserie in die parallele Lage zum Meßsystem zu bringen und damit gleichzeitig spannungsfrei zu halten.

Bei der Instandsetzung dieses Schadens müssen dann zuerst die fehlenden Justagepunkte auf der beschädigten Seite gerichtet werden. Dabei macht sich der Vorteil von synchronisierten Meßbrücken deutlich bemerkbar: Durch die Einstellung auf der linken Fahrzeugseite kann sofort die Abweichung auf der rechten Fahrzeugseite erkannt werden.

Maßabweichungen durch das Gewicht von ein- und ausgebauten Aggregaten

Es ist bekannt, daß Fahrzeugkarosserien elastisch gebaut sein müssen. Durch die Länge einer Karosserie wird das elastische Verhalten noch verstärkt. Dies wirkt sich auch bei der Karosserievermessung aus, wenn ein langer Überhang von den vorderen Chassisklemmen bis zur Fahrzeugspitze vorhanden ist. Das hohe Gewicht der eingebauten Aggregate versucht den Frontbereich ab den vorderen Chassisklemmen nach unten zu ziehen. Andererseits wandert die Frontpartie nach oben, wenn die Aggregate ausgebaut sind. Dieser «Federweg» muß in den Meßdatenblättern für die Universal-Meßsysteme berücksichtigt werden. Die Meßpunkte, die für ausgebaute Aggregate zusätzlich angegeben sind, beziehen sich üblicherweise nur auf die Aggregatebefestigungen und die damit vorhandene Stärke der Anbauflansche der ausgebauten Teile. Es bleibt die Frage, welche «Federwege» zu berücksichtigen sind.

Grundsätzlich kann behauptet werden, daß die Höhendifferenz der Karosseriemeßpunkte zwischen ein- und ausgebauten Aggregaten bei 3 bis 5 mm liegt. Einige Meßsystem-Hersteller haben diesen Hinweis in ihren Datenblättern aufgenommen, andere vermitteln das Wissen in Schulungen und durch die Bedienungsanleitung. Zwischenzeitlich ist bekannt, daß sich diese Höhendifferenz reduziert hat. Seitdem die Karosserien mit höherfesten Stahlblechen bestückt sind bzw. mehrlagige Karosseriepartien gemeinsam als Preßteil hergestellt werden, hat die Karosseriesteifigkeit gezielt zugenommen. Untersuchungen im Hause Autorobot haben bestätigt, daß die Karosseriemeßpunkte bei modernen Pkw zwischen den Zuständen ein- oder ausgebaute Aggregate nur noch einen «Federweg» von 1 bis 2 mm aufweisen. Hier ist also eine Korrektur in der Praxishandhabung erforderlich.

Optisches Meßsystem mit Richtbank

Wie bei allen Universalmeßsystemen sollten auch hier zur Grundeinstellung wenigstens drei Meßpunkte im unbeschädigten Karosseriebereich liegen. Über die Bestimmung dieser Punkte ist im vorherigen Abschnitt alles beschrieben. Auch beim optisch arbeitenden Meßsystem beginnt der Aufbau mit der Überprüfung des Meßblattes. Dieses gibt gleichzeitig darüber Auskunft, welche Meßskalen mit den dazugehörigen Verbindungsstücken am jeweiligen Karosseriemeßpunkt befestigt werden müssen.

Auf der Meßskala befindet sich ein Schiebestück (Läufer) mit markiertem Zentrum (kleines Quadrat). Der Läufer wird nach Angabe des Meßblattes auf der Meßskala eingestellt und die komplette Skala mit Verbindungsstück am Karosseriemeßpunkt befestigt. Es ist darauf zu achten, daß von den drei unterschiedlichen Aufhängemöglichkeiten, die das Verbindungstück anbietet, die richtige genommen wird (siehe Meßblatt). Die Höhe des Meßpunktes ist nun festgelegt.

Danach sind die zwei Meßschienen zu plazieren. Dabei werden die Fahrzeugseiten ausgesucht, die am wenigsten beschädigt sind. Das hat den Vorteil, daß bei späteren Richtarbeiten das Meßsystem nicht im Weg steht. Die Meßschienen werden entweder auf separate Böcke gelegt, oder sie kommen auf Träger, die mit der Richtbank verbunden sind.

Zur Einstellung des Meßsystems ist es sinnvoll, die zwei Träger für die lange Schiene auf einer Linie mit den Nullpunkt-Meßpunkten zu plazieren. Beim Querbalken wird nur ein Träger benötigt, da das andere Ende mit einer Schnellbolzenverbindung am Kopf der langen Meßschiene befestigt wird. Mit den Meßschienen ist gleichzeitig die Laserstrahl-Lichtquelle aufgebaut.

Das Lasergerät wird jetzt eingeschaltet. Der Laserstrahl ist am Gerät so einzustellen, daß er in das Mittelkreuz des gegenüberliegenden Maßbandgehäuses trifft. Er ist dort als kleiner roter Punkt sichtbar. Nun wird der Strahlteiler am Ende der langen Meßschiene aufgesetzt. Hier stößt im rechten Winkel die kurze Meßschiene an: der Strahlteiler läßt den Laserstrahl einmal in gerader Richtung weiterlaufen und wirft ihn zusätzlich rechtwinklig zum Ende der kurzen Meßschiene. Damit der Laserstrahl auch unter das Fahrzeug gelangt, muß noch eine Umlenkeinheit in den Strahl eingesetzt werden.

Zuerst kommt sie auf den langen Balken und wird so lange verschoben, bis der Laserstrahl die Meßskalen trifft. Anschließend ist dafür zu sorgen, daß der Laserstrahl im rechten Winkel zur Meßschiene und parallel zum Fahrzeugboden verläuft. Diese Einstellung kann durch Verschieben der Meßbalken und durch Verstellen der Höhe an den Meßbalkenträgern erreicht werden. Wird nun die Umlenkeinheit zu anderen Meßskalen verschoben, muß sichergestellt sein, daß sie den Laserstrahl immer rechtwinklig und parallel zum Fahrzeugboden aussendet.

Die Neigung der Umlenkeinheit wird sich also nach der ersten Einstellung nicht mehr verändern. Dafür sorgt eine Automatik in der Umlenkeinheit. Sie wirkt wie eine Wasserwaage und bringt den Laserstrahl immer in die einmal justierte Lage zurück. In der beschriebenen Weise können beide Meßschienen mit Hilfe der Meßfahnen an den nicht verschobenen Karosseriepunkten ausgerichtet werden. Beim Umgang mit dem Laserstrahl sind unbedingt die Sicherheitsvorschriften einzuhalten, d.h. in erster Linie: *Niemals direkt in den Laserstrahl schauen!*

Der Arbeitsablauf in Stichworten:

- ☐ prüfen, ob das Meßblatt zum Fahrzeugtyp paßt und ob es das neueste Ausgabedatum trägt;
- ☐ Fahrzeug auf einen ebenen Untergrund oder auf die Richtbank stellen;
- ☐ Besonderheiten für die Fahrzeugverankerung beachten;
- ☐ Auswahl von drei bis vier unbeschädigten Karosseriemeßpunkten;
- ☐ Meßskalen in richtiger Höheneinstellung an die festgelegten Karosseriemeßpunkte anhängen;
- ☐ Meßschienen an der Längs- und Breitseite des Fahrzeugs aufbauen;
- ☐ Laserstrahl einstellen;
- ☐ Strahlteiler auf die Meßschiene setzen und einstellen;
- ☐ Umlenkeinheit zuerst auf die lange Meßschiene setzen und justieren;
- ☐ Ausrichten des Laserstrahles zuerst an den beiden hintereinander liegenden «Null-Meßpunkten». Danach am Einzelmeßpunkt und anschließend auf der kurzen Meßschiene;
- ☐ übrige Meßskalen am Fahrzeug anbringen und Fahrzeugvermessung durchführen.

Bild 7.41 Erläuterungen der Meßblattbezeichnungen (Bodengruppe)

A1 Links oben auf dem Meßblatt ist das Datum der neuesten Ausgabe vermerkt
A2 Rechts oben sind die näheren Angaben zur Identifizierung des Fahrzeugmodells
A3 Hinweis auf Spezialzubehör zum Richten eines bestimmten Meßpunktes
A4 Fahrzeugverankerungen mit Angabe des Maßes zur Befestigung an der Karosserie. Als Nullpunkt ist die Mitte des Hinterrades gewählt.
A5 Seitenansicht der Bodengruppe
A6 Symbole für die Benutzung der Meßhülsen und -spitzen bei eingebauten Aggregaten:
A6.1 zu verwendende Meßspitzen oder -kappen (Symbolerläuterung bei Kauf des Systems)
A6.2 zu verwendende Meßhülse (Erläuterung der Benummerung bei Kauf des Systems)
A6.3 Höhenmaß (direkte Angabe in mm)
A7 Gleiche Symbole wie A6, jedoch für Fahrzeuge mit ausgebauten Aggregaten oder demontierten Anbauteilen
A8 Bodengruppen-Übersichtszeichnung mit Maßangaben in mm für die Meßpunkte links und rechts der Null-Linie (Breitenmaß)
A9 Längenmaß der Meßpunkte vom Nullpunkt der Hinterachse gemessen in mm
A10 Besondere Hinweise zum Vermessen von bestimmten Punkten

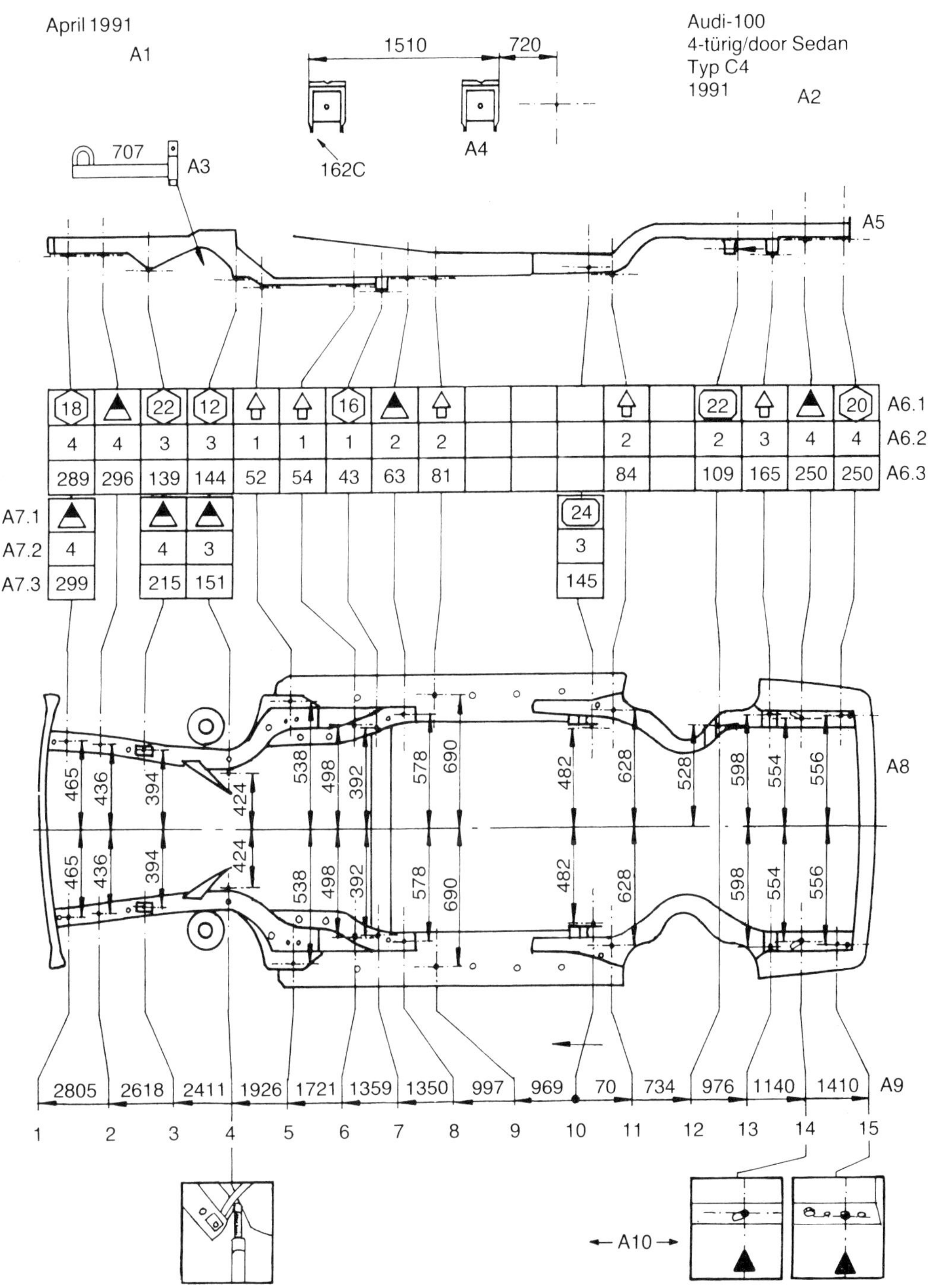
April 1991
A1
Audi-100
4-türig/door Sedan
Typ C4
1991
A2
1510
720
707
A3
162C
A4
A5
18 22 12 16 22 20
A6.1
4 4 3 3 1 1 1 2 2 2 2 3 4 4
A6.2
289 296 139 144 52 54 43 63 81 84 109 165 250 250
A6.3
A7.1
24
A7.2
4 4 3 3
A7.3
299 215 151 145
465 436 394 424 538 498 392 578 690 482 628 528 598 554 556
465 436 394 424 538 498 392 578 690 482 628 598 554 556
A8
2805 2618 2411 1926 1721 1359 1350 997 969 70 734 976 1140 1410
A9
1 2 3 4 5 6 7 8 9 10 11 12 13 14 15
A10

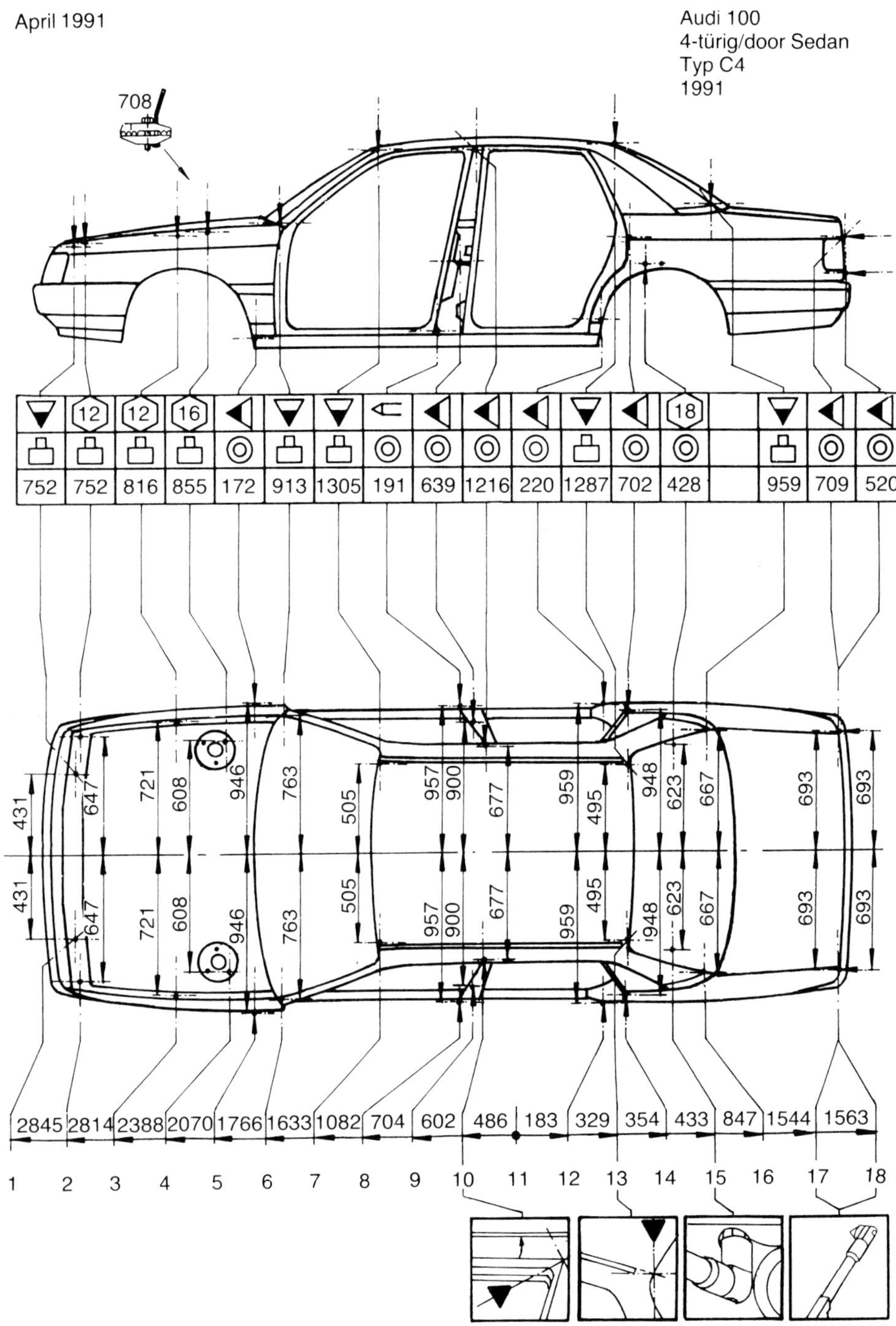

Bild 7.42 Oberbauvermessungsangaben
Das Datenblatt zeigt die Außenansicht der Karosserie von der Seite und von oben

Die Maßangaben erfolgen nach dem gleichen Prinzip und der gleichen Symbolik wie die Angaben für die Bodengruppenvermessung

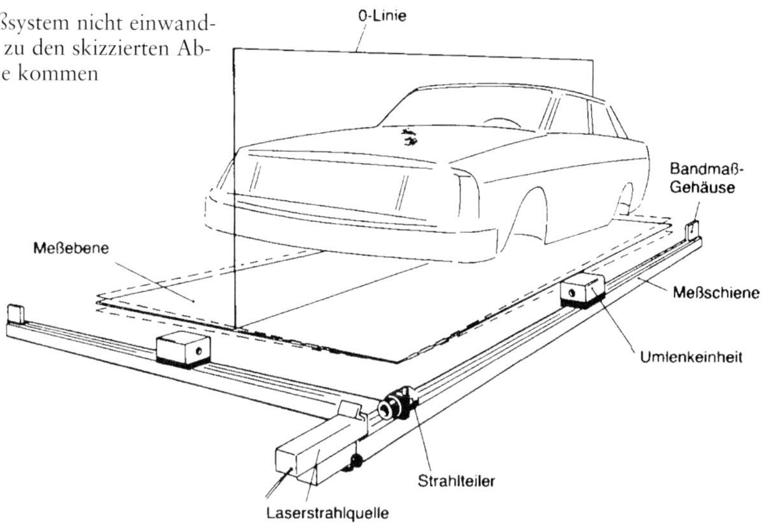

Bild 7.43 Wenn das Meßsystem nicht einwandfrei justiert wird, kann es zu den skizzierten Abweichungen der Meßebene kommen (Quelle: Dataliner)

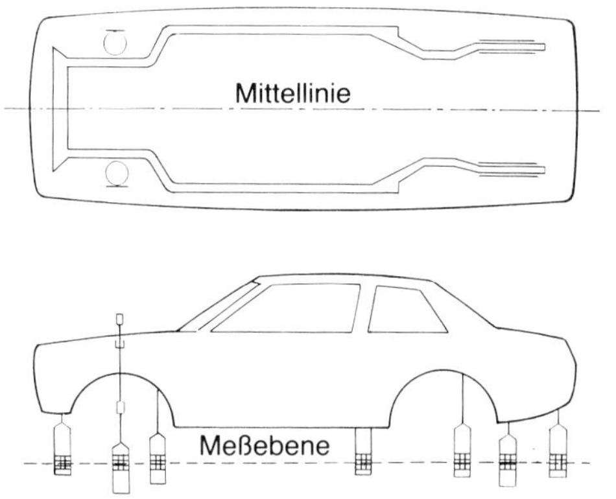

Bild 7.44 Bei einwandfrei justiertem Meßsystem und keinem Verzug in der Karosserie trifft der Laserstrahl bei jeder Meßfahne das Zentrum (Quelle: Dataliner)

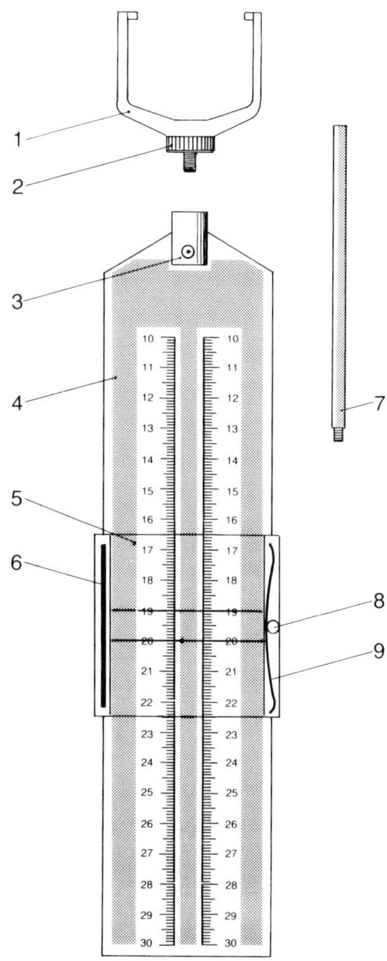

Bild 7.45 Bezeichnungen an der Meßfahne:
1 Aufnahmebügel
2 Kontermutter
3 Gewindebuchse für Bügelbefestigung
4 Meßfahne/-skala
5 Schiebestück/Läufer
6 Gleitstreifen des Läufers
7 Verlängerungsstück für Meßfahne (verschiedene Längen)
8 Einstellschraube für die Spannfeder
9 Spannfeder (Quelle: Dataliner)

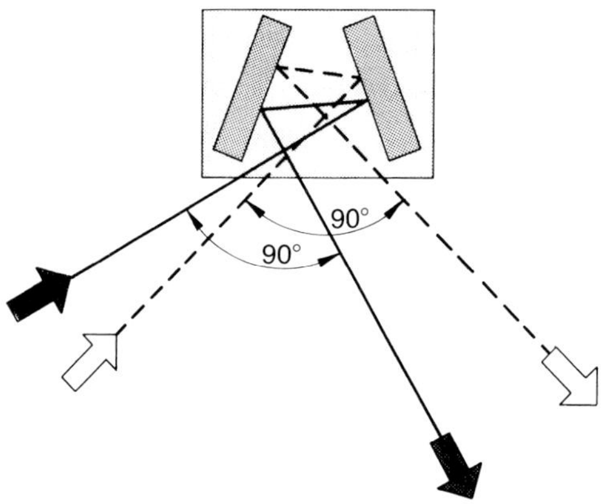

Bild 7.46 Die Umlenkeinheit und der Strahlteiler sind mit einem Prisma versehen. Winkelfehler werden automatisch ausgeglichen, so daß der umgelenkte Strahl immer in einem Winkel von 90° zum einfallenden Strahl liegt (Quelle: Dataliner)

Vermessung höhergelegener Meßpunkte
Bisher wurde nur darüber berichtet, wie Karosserievermessungen im Bereich der Fahrzeugbodengruppe durchgeführt werden. Was kann getan werden, wenn das Fahrzeug z.B. einen Überschlag hatte oder durch einen Seitenschaden die A-, B- oder C-Säule eingedrückt wurde? Vielleicht ist sogar das Dach heruntergezogen? In solchen Fällen gibt es zwei Möglichkeiten der Vermessung:

A) Die Innenraumvermessung von der Zentralbohrung ausgehend.

B) Die Oberbauvermessung von außen.

Zu A) Bei der Konstruktion einer Karosserie muß die Vermaßung von einem Nullpunkt ausgehen. Dieser liegt logischerweise genau auf der Längsmittelachse des Fahrzeugs. Zu finden ist er als Bohrung (rund 10 mm Durchmesser) auf dem Kardantunnel oder einem Querträger der Bodengruppe. Für eine Maßüberprüfung des Oberbaus muß der Punkt freigelegt werden (Teppichboden herausnehmen). Korrekterweise sind auch die Innenverkleidungen an den zu messenden Stellen zu entfernen (Himmel, Türrahmenabdichtungen, Seitenverkleidungen). Nun können auf einem Datenblatt die Maße abgelesen und an einem Teleskopstab oder Stangenzirkel eingestellt werden. Der Meßstab ist mit dem einen Ende in die Zentralbohrung zu stecken, um dann mit dem anderen Ende den gewünschten Meßpunkt zu erreichen. Aber in welcher Werkstatt liegen die Maße für die Innenraumvermessung vor? Mit einer logischen Überlegung kann man sich jedoch weiterhelfen, falls die Daten fehlen: Die Zentralbohrung liegt auf der Mittellinie des Fahrzeugs. Somit können mit dem Teleskopstab einfache Vergleichsmessungen rechts zu links durchgeführt werden.

Zur Anwendung dieser Methode erhebt sich noch die Frage, wie die Zentralbohrung gefunden werden soll, wenn kein Meßblatt vorliegt? In solchen Fällen muß die Lage der Mittellinie im Fahrzeuginnenraum mit dem Meterstab ermittelt werden. Dazu wird im Innenraum von Türeinstieg zu Türeinstieg (Schwelleroberkante) gemessen und das Maß halbiert. Von diesem Punkt aus ist nach vorne und hinten auf der Bodengruppe des Fahrzeugs eine Bohrung zu suchen. Hat man sie gefunden, wird mit dem Meßstab geprüft, ob sie wirklich auf der Längsmittelachse des Fahrzeugs liegt.

Zu B) Diese Vermessung kann mit Hilfe eines speziellen Oberbauvermessungsbogens sehr einfach durchgeführt werden. Der Vermessungsbogen ist ein zusätzlicher Bestandteil des Meßsystems von Autorobot, das bereits beschrieben wurde. Der Bogen rollt rechts und links auf den Meßbalken des Unterbodenmeßsystems. Damit ist eine direkte Verbindung der beiden Meßeinheiten gegeben. Für die Praxis bedeutet das, daß die Überprüfung aller Meßpunkte der Karosserie in Abhängigkeit voneinander durchgeführt werden kann. Das hat Vorteile, wenn z.B. der Vorbau eines Pkw gerichtet werden soll, der nach oben abgeknickt ist. Damit ist auch das Spaltmaß zwischen Kotflügel und Tür beeinträchtigt. Bei der Rückverformung können jetzt gleichzeitig die Meßpunkte des Unterbodens und die der seitlichen Karosseriepartie kontrolliert werden.

Die oberen und seitlichen Meßlineale des Bogens sind in verschiebbaren Halterungen gelagert. Das mitgelieferte Meßblatt gibt Auskunft darüber, welche markanten Meßpunkte

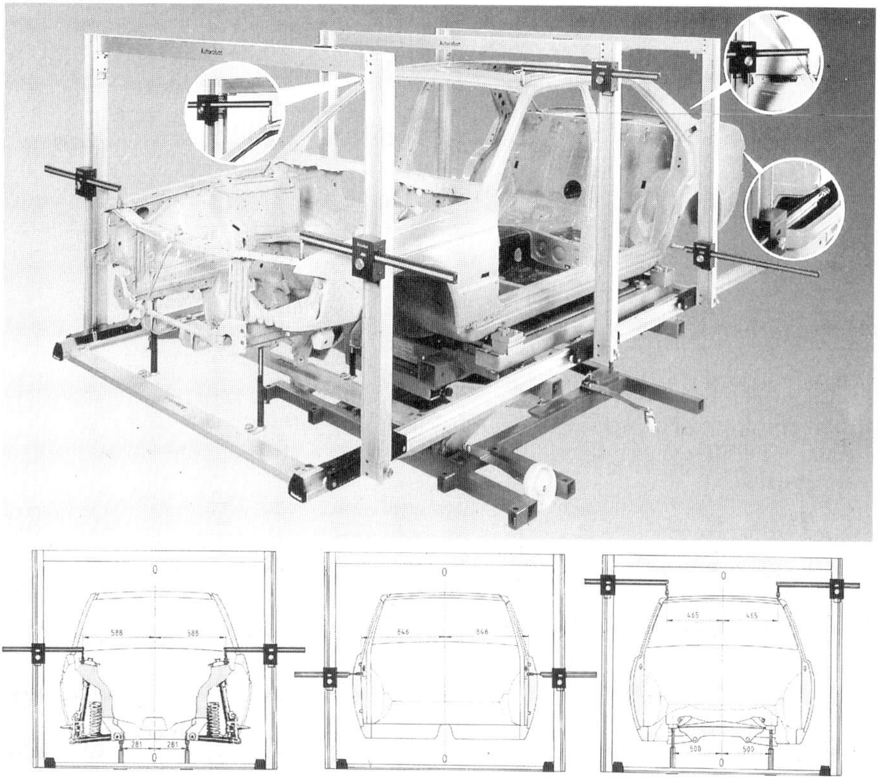

Bild 7.47 Komplettes Meßsystem mit Bodengruppenmeßeinheit und Oberbaumeßbogen (Werkfoto Autorobot)

des Oberbaus berücksichtigt werden müssen. Die Verwendung spezieller Meßspitzen ist ebenfalls auf dem Merkblatt vermerkt. Da durch Ausrichten des Bodengruppenmeßsystems der Meßbogen genau mittig über die Karosserie fährt, kann auch ohne Meßblatt jeder beliebige Punkt durch Vergleichsmessungen rechts zu links ermittelt werden. Das komplette Meßsystem kann nach Herstellerangaben durch die Werkstatt selbst auf Maßhaltigkeit überprüft werden.

Werkstatt-Tips

Bei der Vermessung von Pkw-Karosserien ist auf folgende Punkte besonders zu achten:

- ☐ Die planparallele Lage des Fahrzeugs zum Meßsystem muß gewährleistet sein;
- ☐ Bei Fahrzeugen mit eingeklebten Scheiben müssen diese eingebaut sein, wenn das Fahrzeug auf der Richtbank steht. Ist das nicht der Fall, verwindet sich die Karosserie schon beim Aufspannen auf die Verankerungen der Richtbank;
- ☐ Wenn Fahrzeuge mit schweren Motor- und Getriebeeinheiten und langen Vorbauten auf den Fahrzeugverankerungen stehen, kann es vorkommen, daß sich der Vorderbau des Fahrzeugs absenkt oder verdreht. In solchen Fällen hilft die Abstützung mit einem kleinen Wagenheber, der auf der Richtbank steht;
- ☐ Bevor die Fahrzeugverankerungen an den Schweißfahnen der Karosseriebodengruppe befestigt werden, sind die Klemmbereiche gut zu säubern. Das erleichtert die genaue Positionierung und verhindert das Verrutschen des Fahrzeugs, wenn gezogen wird;
- ☐ Wenn keine Meßdaten vorliegen, kann in vielen Fällen eine Vergleichsmessung

rechts zu links (Symmetriemessung) hilfreich sein;

- ☐ Auch bei den massiven Richtwinkeln kann es vorkommen, daß sie nach einem unfachmännischen Einsatz verzogen sind. Wenn dieser Verdacht besteht, muß das betroffene Teil auf einer Meßplatte überprüft werden;
- ☐ Bei schweren Schlägen auf die Vorderachse eines Pkw kann auch die Lenkgetriebe-Aufnahme an der Spritzwand der Karosserie verschoben sein. Ist dieser Meßpunkt im Datenblatt nicht enthalten, muß eine Anfrage beim Meßsystemhersteller erfolgen;
- ☐ Nach dem Abbau des Fahrzeugs von der Richtbank ist der Unterbodenschutz im Klemmbereich der Fahrzeugverankerungen wiederherzustellen.

Übungsvorschläge
Wer sich in Ausbildung befindet oder wer neu auf dem Gebiet der Karosserie-Instandsetzung arbeitet, kann selbst ein wenig den richtigen Umgang mit den Geräten trainieren. Nachfolgend einige Übungsvorschläge:

Stechmaß
Die Länge ist auf 1,5 m einzustellen. Die Meßspitzen stehen auf einer ebenen Fläche und werden mit einem Punkt auf der Fläche markiert. Jetzt ist eine Meßspitze um rund 50 cm anzuheben. Mit einem rechtwinkligen Dreieck ist die erhöhte Meßspitze auf die ebene Fläche herunterzuloten und zu markieren. Der Abstand der beiden Markierungenn ist zu messen. Dies ist der Längenmeßfehler, der sich bei entsprechend schräg aufgespanntem Fahrzeug ergibt.

Richtwinkelsatz
Wird ein Leihsatz angeliefert, befinden sich die einzelnen Elemente durcheinander in einer einzelnen großen Kiste. Für den zügigen Aufbau des Satzes ist eine Systematik erforderlich. Die Elemente sind zwar für jeden Fahrzeugtyp unterschiedlich, dennoch sind sie für den gleichen Plazierungspunkt ähnlich. So sind z.B. die längsten Elemente immer für die Federbeintürme einzusetzen. Die Übung zum schnellen Aufbau des Richtwinkelsatzes besteht darin, markante Ausführungen für be-

Bild 7.48
Wertvolle Hilfen bietet der Oberbaumeßbogen, wenn z.B. das vordere Abschlußblech erneuert wurde. Für diese millimetergenau auszuführenden Arbeiten müßten andernfalls die Motorhaube und die Kotflügel zum Anpassen mehrfach an- und abmontiert werden (Werkfoto Autorobot)

stimmte Meßpunkte an mehreren Richtwinkelsätzen festzustellen.

Schweißlehren
(wie Richtwinkel)

Mechanisches Meßsystem
Mehrere Male kompletter Aufbau ohne Fahrzeugvermessung. Unterschiedliche Meßadapter in Gruppen nebeneinander legen und die Bezeichnungen merken. Die Meßblattlegende sollte auswendig gelernt werden.

Optisches Meßsystem
Für den Aufbau der Meßfahnen dieselben Übungen wie beim mechanischen Meßsystem. Zusätzlich ist das Justieren des Laserstrahles zu üben. Weiterhin sollte versucht werden, mit dem Laserstrahl und den Magneten für die Meßskalabefestigung auch eine Oberbauvermessung durchzuführen. *Achtung:* Gerade bei dieser Übung nicht in den Laserstrahl schauen!

Oberbauvermessung
Ermitteln der Zentralbohrung im Fahrgastraum. Vergleichsmessung mit dem Meßbogen (ohne Meßblatt) und Kontrolle mit dem Meßblatt. Meßdaten-Toleranzbetrachtung durchführen.

7.2.11 Fragen und Antworten

1. Welches sind die notwendigen persönlichen Schutzeinrichtungen während der Karosseriearbeiten?
Antwort:
Handschuhe, Brille, Gehörschutz, Arbeitsanzug, Kopfbedeckung, Sicherheitsschuhe, Schweißschutzschild.

2. Wie lassen sich Bearbeitungsschäden am Fahrzeug vermeiden?
Anwort:
Entfernung von brennbaren Materialien im Schweißbereich, großflächige Innenraum- und Außenabdeckung, Abklemmen der Batterie und des Drehstromgenerators (wenn nötig auch zusätzliches Abklemmen gefährdeter Elektronik-Baulemente).

3. Welche Maßangaben sind zur Bestimmung eines Maßpunktes am Fahrzeug nötig?

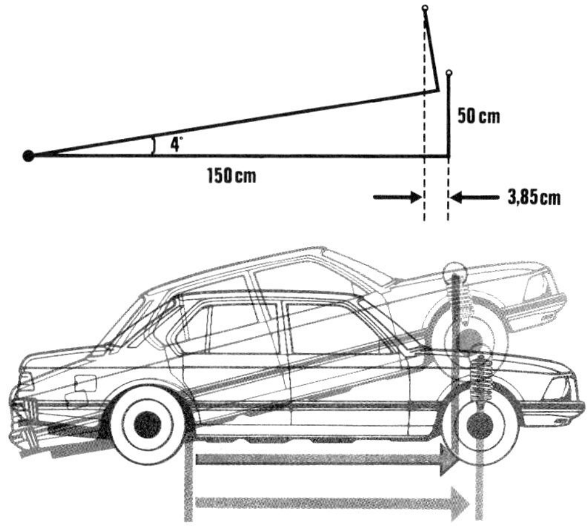

Bild 7.49 Abweichungen des Längenmaßes, wenn das Fahrzeug schief zum Meßsystem steht (Quelle: Blackhawk)

Antwort:
Länge, Breite und Höhe

4. Nach welchem Schema arbeiten alle dreidimensionalen Meßsysteme?
Antwort:
Es wird immer eine Meßebene unter dem Fahrzeugboden geschaffen. Auf ihr sind Längen- und Breitenmaß abzulesen. Das Höhenmaß wird je nach System entweder von der Meßebene zum Karosseriepunkt oder umgekehrt ermittelt.

5. Worauf ist bei der Vermessung von Fahrzeugen mit einem Universalsystem besonders zu achten?
Antwort:
a) Die Chassisklemmen fassen das Fahrzeug unterhalb des Fahrgastraums. Dadurch ergeben sich Fahrzeugüberhänge, in denen sich die schweren Aggregate befinden. In diesen Bereichen kann es zu Maßabweichungen in Höhe und Länge kommen, je nachdem, ob die Aggregate ein- oder ausgebaut sind.
b) Bei Fahrzeugen mit eingeklebten Scheiben dürfen diese bei Vermessungen auf der Universalrichtbank nicht ausgebaut sein (Verwindungsgefahr der Karosserie).

6. Welche Richt- und Meßsysteme haben für jeden Fahrzeugtyp spezielle Meßeinheiten?

Antwort:
Richtwinkel- und Schweißlehrensysteme.

7. Welche Vorteile haben einstellbare Richtwinkel gegenüber festen Einheiten?
Antwort:
Bei den einstellbaren Richtwinkeln werden nur die oberen Endstücke fahrzeugspezifisch ausgewechselt. Die schweren Elemente verbleiben auf der Richtbank.

8. Welchen Vorteil haben Schweißlehren gegenüber festen Richtwinkeln?
Antwort:
Schweißlehren sind leichter und daher einfacher zu handhaben.

9. Wie arbeitet das mechanische Meßsystem?
Antwort:
Die Meßspitzen werden auf eine Meßbrücke geschoben. Die Meßbrücke liegt auf der Richtbank unter dem Fahrzeugboden. Länge, Breite und Höhe können an den Meßspitzen eingestellt werden. Zur Grundeinstellung müssen drei unbeschädigte Meßpunkte in der Fahrzeugbodengruppe vorhanden sein, damit die Mittellinien von Meßsystem und Fahrzeug in Deckung kommen.

10. Wie arbeitet das optische Meßsystem?
Antwort:
An die Meßpunkte des Fahrzeugbodens werden transparente Meßfahnen angehängt und in der Höhe eingestellt. Ein Laserstrahl wird parallel zum Fahrzeugboden in einem vorgegebenen Abstand unter dem Fahrzeugboden ausgesendet. Wenn der Meßpunkt nicht verschoben ist, trifft der rote Laserstrahl in das markierte Zentrum der Meßfahne. Zur Grundeinstellung des Meßsystem sind drei unbeschädigte Meßpunkte erforderlich.

11. Womit kann eine Schnellvermessung der Fahrzeugbodengruppe durchgeführt werden?
Antwort:
Mit einem Stechmaß.

12. Müssen für eine Schnellvermessung der Bodengruppe unbedingt Maßangaben vorhanden sein?
Antwort:
Nein. Da fast alle Maße der Bodengruppe rechts oder links der Längsachse des Fahrzeugs gleiche Abstände haben, kann evtl. eine Vergleichsmessung durchgeführt werden (Symmetriemessung).

13. Warum ist die Karosserievermessung mit dem Stechmaß nur bedingt aussagefähig?
Antwort:
Mit dem Stechmaß kann die Höhenlage eines Punkts nur eingeschränkt berücksichtigt werden.

14. Müssen für die Schnellvermessung Aggregate ausgebaut werden?
Antwort:
Nein.

15. Welche unterschiedlichen Ausführungen gibt es bei den variablen Richtwinkeln?
Antwort:
A) Zweigeteilter Richtwinkel, der in vorgeschriebener Position auf der Richtbank verschraubt wird.
B) Drei- oder mehrfach geteilter Richtwinkel, der nach dem Prinzip eines mechanisch arbeitenden Meßsystems positioniert wird.
Variante 2) Die fahrzeugspezifischen Verbindungsstücke für die einzelnen Richtwinkel sind auf wenige Universaladapter reduziert.

16. Sind die Schweißlehren als Meßsystem für unfallgeschädigte Karosserien zu benutzen (Begründung)?
Antwort:
Nein. Sie sind zum Einschweißen von neuen Karosserieteilen bestimmt.

17. Welche Möglichkeiten gibt es, um die planparallele Lage von Fahrzeugbodengruppen und mechanisch arbeitendem Meßsystem herzustellen?
Antwort:
a) Das Meßsystem paßt sich über Luftbälge der Lage des Unterbodens an.
b) Das Fahrzeug wird in der Höhe zum Meßsystem ausgerichtet. Die deckungsgleiche Lage der Mittellinien von Fahrzeug und Meßsystem wird durch Verschieben des Meßsystems erreicht.

18. Wodurch wird beim optisch arbeitenden Meßsystem die Meßebene gebildet?

Antwort:
Durch den Laserstrahl, der planparallel zum Fahrzeugboden verlaufen muß.

19. Welche beiden Möglichkeiten gibt es für die Karosserie-Oberbauvermessung?
Antwort:
a) Die Innenraumvermessung von der Zentralbohrung ausgehend.
b) Die Außenvermessung mit einem Meßbogen und Hilfsweise mit dem Laserstrahl.

20. Ist das Abklemmen von elektronischen Bordgeräten vor der Karosseriereparatur in allen Fällen erforderlich?
Antwort:
Nein. Einige Fahrzeughersteller haben für bestimmte Fahrzeugtypen das Abklemmen der elektronischen Geräte nicht mehr empfohlen.

21. Üblicherweise heben sich die Längsträger des Motorenraums einer Karosserie um 4 bis 6 mm an, wenn die vorderen Aggregate ausgebaut wurden. In welchen Fällen ist dieser «Federeffekt» kaum noch vorhanden?
Antwort:
Wenn die Frontpartie einer Karosserie aus höherfesten Stahlblechen hergestellt ist.

22. Was ist bei den Richtwinkelsätzen unter Mischsystemen zu verstehen?
Antwort:
Wenn die Richtwinkelköpfe eines Herstellers mit den Richtwinkeltürmen eines anderen Herstellers beim Aufbau kombiniert werden.

23. Können mit Richtwinkel-Mischsystemen die Karosseriemeßpunkte sicher vorgegeben werden?
Antwort:
Nein. Es gibt kein Meßdatenblatt bzw. keinen Aufbauplan, der den Aufbau eines Mischsystems darstellt.

24. Was ist unter dem Begriff «zwangspositionierte Chassisklemmen» zu verstehen?
Antwort:
Diese Bezeichnung gibt es bei den universellen Richtsystemen:

- Die Chassisklemmen haben keine Höhenverstell-Möglichkeit.
- Sie können nahezu «spielfrei» auf dem Richtbank-Grundrahmen in die erforderliche Position geschoben werden.
- Sie verändern ihre eingestellte Position beim Festziehen der Klemmen nicht.

25. Welche Fehler können auftreten, wenn die Fahrzeugausrichtung auf einem Universal-Richtsystem mit höhenverstellbaren Chassisklemmen vorgenommen wird und die Einstellung nur über das Bodengruppen-Meßsystem kontrolliert wird?
Antwort:
Es kann vorkommen, daß der Schwellerbereich eines Fahrzeugs, an dem die Chassisklemmen befestigt werden, nach unten verbogen ist. Wird die Höheneinstellung der Karosserie in diesen Fällen nur mit Hilfe des Unterboden-Meßsystems vorgenommen, wandert jetzt die komplette Karosserie nach oben. Damit sind alle Höhen-Meßpunkte in diesem Bereich falsch vorgegeben.

26. Wie erfolgt die korrekte Ausrichtung eines Fahrzeugs auf dem Grundrahmen eines universellen Richtsystems?
Antwort:
Über kombinierte Kontrollmessungen vom Unterboden- und Oberbau-Meßsystem.

27. Wie werden Karosserien maßgenau auf der Richtbank ausgerichtet, wenn z.B. auf einer Seite beide Schweller-Aufnahmepunkte verschoben sind?
Antwort:
Zuerst werden die intakten Aufnahmen befestigt. Die beschädigten Bereiche sind durch höhenverstellbare Stützen abzusichern. Nun ist die weniger beschädigte Zone zuerst «auf Maß» zu richten. Danach kann sie korrekt befestigt werden. Der vierte Aufnahmepunkt wird anschließend gerichtet.
Achtung: Es ist sicherzustellen, daß sich das Meßsystem in rechtwinkliger Position unter dem Fahrzeug befindet (je nach System ist eine Kontrolle mit einem Anschlagwinkel erforderlich).

7.3 Rückverformen beschädigter Karosserien

In diesem Abschnitt werden dem Leser folgende Kenntnisse vermittelt

Lernziele	Lerninhalte
– Unterschied zwischen «Rückverformen» und «Instandsetzen» erläutern	– Begriffsbestimmung Rückverformung und Instandsetzung
– Zugrichtung für die Rückverformung bestimmen	– Zugrichtung
– Aufteilung der Rückverformungskräfte darstellen	– Kraftzerlegung (Kräfteparallelogramm)
– Rückverformung bei überlagerten Wegen erklären	– besondere Zugansätze
– Rückverformung von Seitenschäden erläutern	– Seitenschäden rückverformen

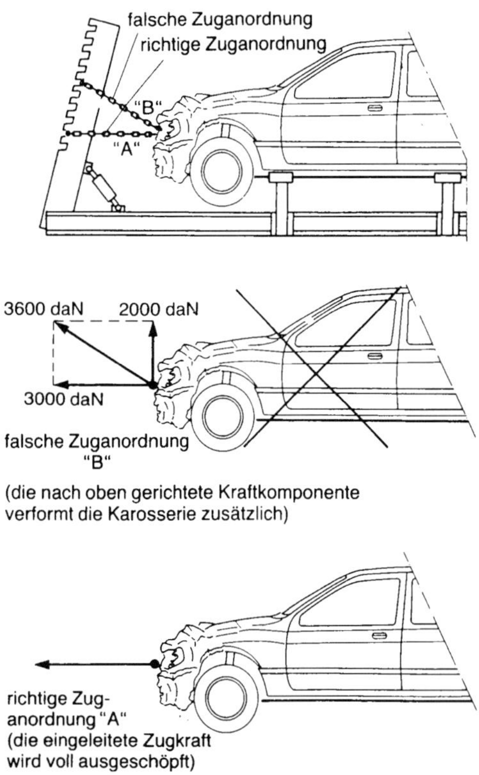

Bild 7.50 Richtiger und falscher Verlauf der Rückverformungskraft, wenn eine waagrechte Verformung vorliegt

Unter «Rückverformen» ist bei beschädigten Karosserien der Arbeitsgang zu verstehen, der das Zurückziehen der verformten Karosserieteile bis zum ersten Austrennen der Altteile umfaßt. Sobald Feineinrichtungsarbeiten an den Karosseriepartien beginnen, die im Fahrzeug verbleiben, wird von «Instandsetzung» gesprochen. Warum muß zuerst rückverformt werden, bevor man Altteile austrennt? Solange die deformierten Teile im Fahrzeug sind, läßt sich die Zugvorrichtung überall anbringen. Nur so können Karosseriepartien, die gerichtet werden müssen, einwandfrei in die richtige Position gezogen werden. Solange die Altteile im Fahrzeug sind, ist die Karosserie im Verbund rückzuverformen.

Die Karosserie-Rückverformung ist ein Arbeitsgang, der einige Übung erfordert. Vor Beginn dieser Arbeit steht die genaue Ermittlung der Richtung, aus der die *Verformung* stattgefunden hat. Warum?

Die Rückverformungskraft muß genau die entgegengesetzte Richtung zur Verformungskraft haben. Nur so ist gewährleistet, daß ohne zusätzliche Materialstreckung und -stauchung die ursprüngliche Form wieder erreicht wird. Außerdem kommen bei direktwirkender Zugrichtung alle eingebrachten Kräfte voll zur Wirkung. Die nebenstehenden Bilder verdeutlichen diese Aussage. In Bild 7.50 ist die angenommene ideale Zugrichtung «A» dargestellt. Wird dagegen die Zugrichtung «B» gewählt, kommt es zur Aufteilung der eingeleiteten Kraft in eine waagerechte und senkrechte Komponente. In dem genannten Beispiel wirkt eine senkrechte Kraft in Höhe von 2000 daN, obwohl sie nicht benötigt wird. Dadurch kommt es zu einer zusätzlichen Verformung, die später wieder rückgängig gemacht werden

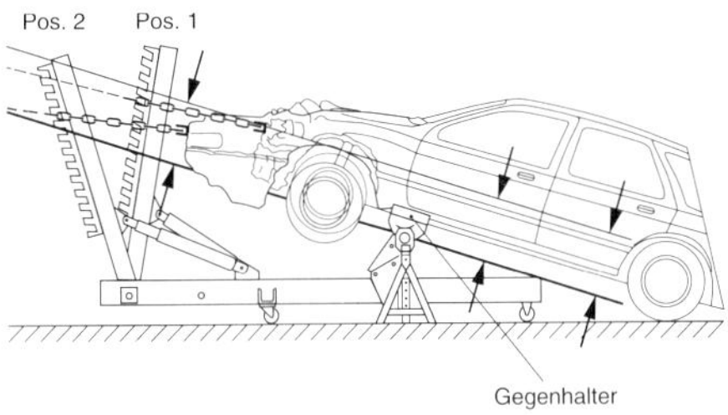

Bild 7.51 Bei einem geraden Zug müssen die gedachten Verlängerungen des Fahrzeug-Unterbodens und der Zugkette parallel verlaufen

muß. In die gewünschte Zugrichtung gelangt zur noch eine Kraft in Höhe von 3000 daN. Unter solch ungünstigen Bedingungen könnte eine für geringe Kräfte ausgelegte Hydraulikeinheit bereits überfordert sein.

Bei der Verwendung von einfachen Zuggeräten, ohne Richtbank, steht das Fahrzeug meist schräg zum Werkstattboden. Diese schräge Anordnung muß bei der Festlegung der Zugrichtung mit berücksichtigt werden. Bei Nichtbeachtung wird die Karosserie im Bereich der Chassisklemmen, die das Gegenlager der Rückverformungseinheit bilden, zusätzlich belastet. In Extremfällen kann die Karosserie an diesen Stellen einknicken, oder sie rutscht aus den Chassisklemmen heraus.

7.3.1 Umlenken der Rückverformungskraft

Nach einem Unfall an einem Pkw kann es vorkommen, daß Karosserieteile nicht nur waagerecht, sondern auch senkrecht aus ihrer ursprünglichen Lage verschoben sind. In solchen Fällen gilt ebenfalls die Grundregel der Rückverformung: Der Winkel der Rückverformungskraft muß gleich dem Winkel der Verformungskraft sein. Die Umsetzung dieses Grundsatzes ist mit einem Rückverformungsgerät, das unmittelbar an der Richtbank angebracht ist, auf direktem Weg nicht möglich. Daher muß eine Hilfseinrichtung, eine Umlenkrolle, installiert werden. Die nebenstehende Grafik III verdeutlicht den Zugvorgang. Die Umlenkrolle gehört zum Zubehör einer Richtbank und wird mit wenigen Handgriffen darauf befestigt. Ohne Umlenkrolle muß in solchen Fällen (s. Grafik I und II) die Rückverformung problematischer und mit mehrfacher zusätzlicher Materialumformung verbunden sein.

Die Deformation und die Rückverformung des angenommenen Karosserieschadens sind in den nebenstehenden Grafiken skizziert. Bei dem Unfall wurde der Motorraum des Fahrzeugs

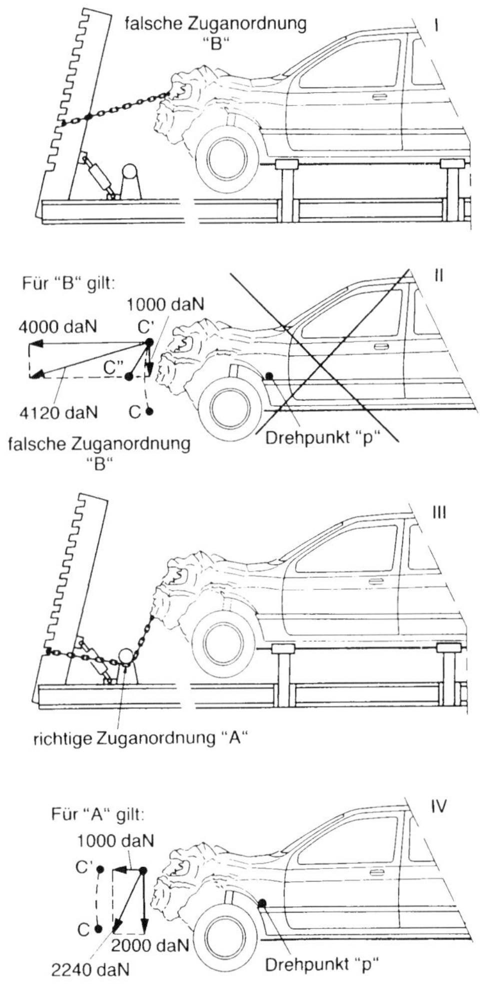

Bild 7.52 Einsatz einer Umlenkrolle zur Rückverformung

nach oben geschoben. Der Drehpunkt der Deformation liegt bei dem Aufbau von Sicherheitskarosserien üblicherweise unmittelbar vor den einzelnen Barrierestufen (siehe Abschnitt 4.1, Fahrgastzelle). Bei der Rückverformung (s. Grafiken II und IV) muß der verschobene Punkt C' wieder in die Ursprungslage C gebracht werden. Dabei wird der Punkt C' sowohl in der Senkrechten (Höhe) als auch in der Waagerechten (Länge) verändert. Da der Punkt C' um den Drehpunkt P bei der Deformation gewandert ist, hat er eine Kreisbahn zurückgelegt. Durch den Einsatz der Umlenkrolle kann die Kreisbahn bei der Rückverformung genau eingehalten werden. Das Kräfteparallelogramm verdeutlicht die Aufteilung einer angenommenen Zugkraft. Mit 1000 daN (s. Grafik IV) erfolgt die waagerechte und mit 2000 daN die senkrechte Rückverformung. Da diese Bewegungen gleichzeitig ablaufen, läßt sich die Kraft für die Punktwanderung mit ca. 2240 daN angeben. Der diagonale Kraftpfeil in dem Kräfteparallelogramm wird «Resultierende» genannt.

Für den Fall, daß die Umlenkrolle zur Rückverformung in dem angenommenen Beispiel nicht eingesetzt wird, kommt es zu Komplikationen. Grafik II zeigt die Kräfteaufteilung der angenommenen falschen Zugrichtung (B). Zur Korrektur der Höhenlage des Punktes C' stehen 1000 daN zur Verfügung (Annahme). Dabei kann die Höhenlage im ersten Ansatz nur bis zum Punkt C" verändert werden. Ab hier wirkt die waagerechte Kraft mit 4000 daN allein. In der Praxis bedeutet dies, daß der Punkt C" weit über die richtige Position nach vorne gezogen wird. Das zusätzlich überdehnte Karosserieblech muß dann gestaucht werden, um in die richtige Position zu gelangen. Angenommen, die Rückverfomung erfolgt nur bis zum Punkt C". Ein neu angesetzter Zug bringt danach die gewünschte Position C. Diese zweimalige Rückverformung bedeutet eine zusätzliche Materialbeanspruchung. Die Deformation geschah nur in einer, daber dafür überlagerten Bewegung. Der Punkt C" wurde dabei nie durchlaufen, da er nicht auf der Kreisbahn von C zu C' liegt. Die Auswirkungen von mehrmaligen Blechumformungen werden in Abschnitt 7.4 näher beschrieben: Kaltumformungen führen zur Verhärtung und schließlich zum Bruch des Materials.

7.3.2 Großflächige Rückverformung

Ist ein Pkw frontal gegen ein breites Hindernis gefahren, so können beide Längsträger zusammengedrückt sein. Wird außerdem noch angenommen, daß die Fahrzeugmitte stärker eingedrückt ist als die äußeren Kotflügelecken, so sind die Spitzen der Längsträger zusätzlich in Richtung der Wagenmittelachse verschoben. Zur fachgerechten Rückverformung müssen die zusammengedrückten und nach innen verformten Längsträger *gleichzeitig* gezogen werden. Wie läßt sich das werkstattgerecht durchführen?

Der Reparateur benutzt dazu entweder zwei voneinander unabhängige Zugeinheiten, oder er spannt eine Spreizvorrichtung in den Kettenverlauf des Richtbank-Zuggerätes.

Die Werkstattpraxis zeigt, daß selten zwei gleichwertige Zuggeräte vorhanden sind. Daher bleibt zur gewünschten Rückverformung nur die erwähnte Spreizvorrichtung übrig. Die Kette wird mit Zugklammern am verformten Karosserieblech befestigt. Die Zugklammern sind am Ende der Längsträger anzubringen. Nun wird mit dem Meterstab ausgemessen, wie groß der richtige Abstand zwischen den beiden Längsträgerenden sein muß. Eleganter läßt sich dieses Maß aus einem Karosseriedatenblatt herauslesen. Der professionelle Kettenspreizer muß die Länge des festgestellten Maßes haben. Nachdem die Kette um den Richtausleger geführt ist, wird der Kettenspreizer zwischen die umlaufende Kette gespannt. Um eine gleichmäßige Rückverformungskraft nach außen und in der Länge zu bekommen, sollte der Kettenspreizer auf ca. $^2/_3$ der Kettenlänge, von den Zugklemmen aus gerechnet, eingespannt werden. Wenn angenommen wird, daß die nach außen gerichteten Kräfte jeweils 1000 daN betragen und die in Längsrichtung wirkenden Kräfte jeweils 2000 daN aufweisen, so liegt die schräge Kettenzugkraft bei ca. 2240 daN.

Zur Verdeutlichung des beschriebenen Bewegungsablaufes dient Bild 7.53a. Die verformten Punkte A' und B' müssen nach außen und vorne bewegt werden, bis sie die Positionen A und B erreicht haben. Die verformten Stellungen der Längsträgerspitzen sind durch überlagerte Bewegungsabläufe entstanden. Deshalb müssen die richtigen Positionen (A und B) ebenfalls überlagert rückverformt werden. Somit wandern sie auf der gleichen Kreisbahn zurück, die sie beim Verformen in umgekehrter Richtung beschritten hatten. Das Rückverformung in mehreren kleinen Stufen hintereinander bedeutet zusätzliche Materialspannungen, da hierbei die richtige Kreisbahn kaum erreicht wird.

7.3.3 Rückverformung eines Seitenschadens

In vielen Fällen bereitet die bevorstehende Instandsetzung eines Karosserie-Seitenschadens dem Reparateur etwas Unbehagen. Das liegt wohl daran, daß die Häufigkeit der Seitenschäden und damit die Praxiserfahrung im Reparaturfall kaum gegeben ist (vgl. Abschnitt 1.2.3). Im Grunde genommen ist der Rückverformungsvorgang zur Behebung des Seitenschadens nur eine Variante der vorher beschriebenen großflächigen Rückverformung. Zur Erläuterung des Arbeitsganges wird angenommen, daß es sich um einen schweren Seitenschaden handelt. Es soll der Hauptanstoß mit großer Energie auf die Fahrzeugmitte erfolgt sein. Welche Karosserieverformungen liegen danach vor?

Die äußeren Ecken der beschädigten Seite haben sich nach innen gezogen. Die gegenüberliegende Fahrzeugseite ist nach außen gewölbt. In der Fachsprache heißt so eine Beschädigung «Bananenschaden». Zum leichteren Verständnis soll zuerst die Rückverformung für ein Fahrzeug mit einer nichttragenden Karosserie beschrieben werden. Die richtige Rückverformung erfolgt mit drei Zuggeräten und einem Druckzylinder. Zwei Zuggeräte müssen die äußeren Ecken der beschädigten Fahrzeugseite auf die richtige Länge ziehen. Das dritte Zuggerät wird an der Stelle der tiefsten seitlichen Verformung angesetzt. Der Druckzylinder wird im Schwellerbereich festgespannt. Durch das gleichzeitige Betätigen aller drei Zuggeräte und des Druckzylinders erhält die Karosserie wieder die richtige Länge und die korrekte Lage der Längsmittelachse.

Hinweis: Wird das Fahrzeug auf einer Universalrichtbank instand gesetzt, müssen die Karosserieklemmen auf der beschädigten Seite lose sein. Andernfalls blockieren sie bei der beschriebenen Vorgehensweise die Rückver-

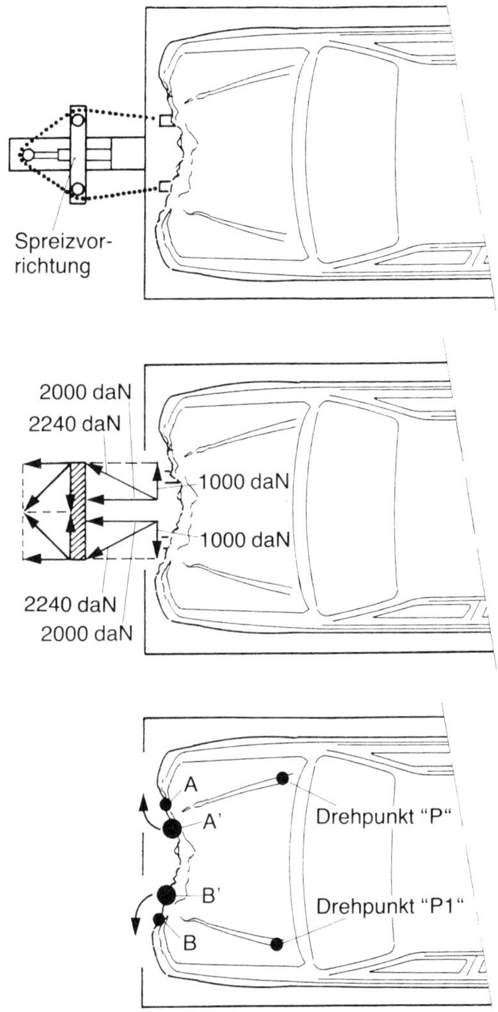

Bild 7.53a Großflächige Rückverformung mit einem Richtgerät und Spreizvorrichtung

Bild 7.53b Mehrfach-Richtausleger für überlagerte Rückformung

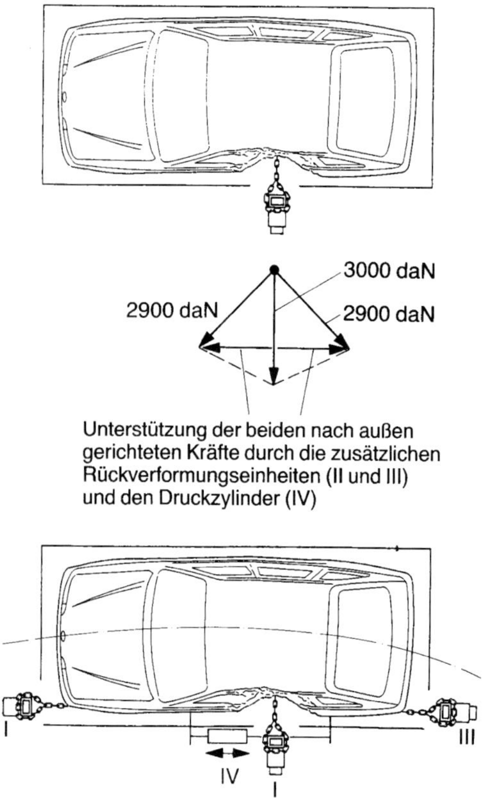

Bild 7.54a Seitliche Rückverformung mit drei Zuggeräten und zusätzlichem Druckzylinder im Bereich des Schwellers (vgl. Bild 11.14)

formung der Fahrzeuglänge. Auf der gegenüberliegenden Fahrzeugseite müssen die Karosserieklemmen unmittelbar am Ende des nach außen verformten Schwellerbereiches fixiert werden.

Das Instandsetzen der stabilen Fahrgastzelle setzt hohe Rückverformungskräfte voraus. Die senkrecht zur Fahrzeuglängsachse angebrachte Rückverformungskraft wird zusätzlich in seitliche Kräfte zerlegt. Je größer der Winkel der seitlichen Kräfteverteilung ist, um so höher muß die senkrecht angesetzte Kraft sein, damit sie überhaupt wirken kann. In dem nebenstehenden Beispiel muß für 3000 daN senkrechter Zugkraft erst je eine Seitenkraft von 2900 daN aufgebracht werden. Dabei ist der formstabile Fahrgastraum mit Kräften von 3000 daN kaum zu bewegen.

Bei den heutigen Pkw mit selbsttragender Karosserie gibt es keine von vorne bis hinten durchgehenden Rahmenprofile mehr. Deshalb wäre eine Rückverformungs-Anordnung mit Zuggeräten, die an den Fahrzeugenden angreifen, nicht sinnvoll bzw. sogar schädlich. Sie würden bei unvorsichtigem Einsatz schächere Karosseriepartien zwischen Längsträger und Schwellerbereich überdehnen. Richtigerweise müssen bei diesen Karosserien im Hauptanstoßbereich des Schwellers ein Zuggerät und ein Druckzylinder angesetzt werden. Der Schweller wird somit wieder auf die richtige Länge gebracht. Damit jetzt aber nicht die

Bild 7.54b Praktische Umsetzung der Rückformung eines Seitenschadens bei gleichzeitiger Maßkontrolle von Bodengruppe und Karosserie-Oberbau

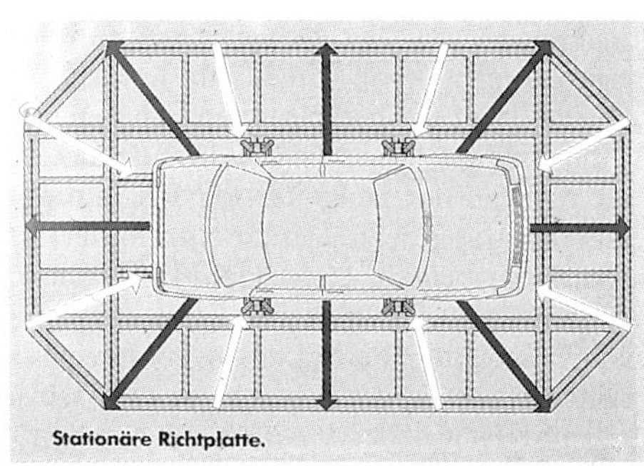

Bild 7.55 Die Möglichkeit, mehrere Züge gleichzeitig auszuführen, wird durch ein Bodenverankerungs-System wesentlich erleichtert

Blechpartien zwischen Schweller und Längsträger zusammengedrückt werden, kommen unterstützend die Zuggeräte in den Längsträgerenden zum Einsatz.

7.3.4 Zusammenfassung Rückverformen

Der Arbeitsgang Rückverformen enthält alle Zugarbeiten bis zu dem Punkt, an dem die Altteile aus der Karosserie ausgetrennt werden. Die Richtung der Rückverformungskraft muß genau entgegengesetzt der Verformungskraft wirken. Wenn dies nicht der Fall ist, werden Teilkräfte der Rückverformung in falsche Richtungen geleitet. Dadurch kommt es zu zusätzlichen Verformungen des Karosseriebleches. Außerdem wird die eingeleitete Zug- oder Druckkraft, die in die richtige Richtung wirkt, vermindert. Deshalb ist es bei einigen Verformungsbildern nötig, Umlenkrollen für die Zugketten anzubringen. Dadurch können Fahrzeugpartien, die z.B. sowohl in Höhe, Länge und Breite verschoben sind, gleichzeitig in alle richtigen Positionen gebracht werden. Diese Rückverformung entspricht dem Verformungsvorgang, der ebenfalls gleichzeitig alle korrekten Positionen verschoben hatte. Zur Einhaltung dieser Grundregel der Rückverformung wird mit Spreizvorrichtungen im Zugkettenverlauf oder mit Mehrfach-Zuganordnungen gleichzeitig gearbeitet.

7.3.5 Fragen und Antworten

1. In welche Richtung muß die Rückverformungskraft im Vergleich zur Verformungskraft wirken?
Antwort:
Genau entgegengesetzt.

2. Warum wirkt eine schräg zur Verformungsrichtung eingeleitete Rückverformungskraft nicht zu 100% in die Rückverformungsrichtung?
Antwort:
Bei nicht geradlinigem Kraftverlauf kommt es durch das Vektorprinzip zur Kraftaufteilung.

3. Mit welcher Zuganordnung wird eine stark nach oben oder unten abgeknickte Karosseriepartie fachgerecht zurückgeformt?
Antwort: Mit Hilfe einer Umlenkrolle.

4. Wo wird das Gegenlager eines einfachen Rückverformungsgerätes am Fahrzeug befestigt.
Antwort:
An den Schweißfahnen der Bodengruppe im Schwellerbereich.

5. Warum sind bei bestimmten Schadensbildern zur Rückverformung Zugkombinationen erforderlich?
Antwort:
Die verschobenen Karosseriepunkte sollten auch bei überlagerten Verformungswegen mit *einem* Zugansatz rückverformt werden.

6. Welche besondere Zuganordnung erfordert der sogenannte Bananenschaden?
Antwort:
Es müssen wegüberlagernd die seitliche Rückverformung und die Längenkorrektur erfolgen.

7. Bis zu welchem Punkt im Reparaturablauf wird von Rückverformungen gesprochen?
Antwort:
Bis vor Beginn des Austrennens aller Altteile.

8. Welche Gefahr besteht, wenn bei Zugarbeiten mit einem einfachen Richtgerät (ohne Richtbank) die gedachten Verlängerungen vom Fahrzeugunterboden und der Zugkette nicht parallel verlaufen?
Antwort:
Die Karosserie kann im Bereich der Schwellerbefestigung abknicken, an dem das Gegenlager für das Richtgerät befestigt ist.

9. Bei welchem Schadensbild wird nach einem Pkw-Unfall von einem «Bananenschaden» gesprochen?
Antwort:
Wenn bei einem Seitenschaden der Anstoß so groß war, daß die gegenüberliegende Seite nach außen geformt wurde.

10. Bei welchem Schadensbild wird eine Rückverformung mit einem Kettenspreizer sinnvoll? (Erläuterung bitte anhand eines Beispiels)
Antwort:
Wenn z.B. Längsträgerenden gleichzeitig in ihre richtige Position gezogen werden sollen.

7.4 Ausbeulen von Karosserieblech

In diesem Abschnitt werden dem Leser folgende Kenntnisse vermittelt

Lernziele	Lerninhalte
– Gründe nennen, warum Bleche elastisch sind	– Blechumformung
– Auswirkungen der Elastizität von Blechen auf das Ausbeulen beschreiben	– Grundlagen zum Ausbeulen
– die gebräuchlichsten Ausbeulhämmer und ihre Einsatzfälle nennen	– Ausbeulhämmer
– die gebräuchlichsten Gegenhalter aufzählen und ihre Anwendung erläutern	– Gegenhalter
– den Gebrauch von Hebeleisen, Richtlöffeln und Stemmern beschreiben	– sonstige Ausbeulwerkzeuge
– den Ablauf einer fachgerechten Ausbeularbeit schildern	– Ausbeularbeiten
– Entstehen und Einziehen von Springbeulen darstellen	– Springbeulen
– Wärmebehandlung beim Ausbeulen von Stahlblechen erläutern	– Wärmebehandlung
– Anwendung des Zughammerverfahrens erklären	– Zughammerverfahren
– Hagelschaden-Instandsetzung mit Hilfe der «wärmetechnischen Methode» beschreiben	– Hagelschaden-Instandsetzung
– Oberflächenbeschaffenheit nach dem Ausbeulen von Karosserieblechen definieren	– Oberflächengüte nach dem Ausbeulen
– fachgerechte Vorbehandlung zum Verzinnen von Stahlblech und den Arbeitsgang schildern	– Verzinnen von Stahlblech

Für jeden Autobesitzer sind selbst kleine Blechschäden (Bild 3.4) in der Karosserie seines Fahrzeugs sehr unangenehm. Häufig muß die Instandsetzung solcher «Kleinigkeiten» aus dem eigenen Portemonnaie bezahlt werden. Die Werkstatt wird aufgefordert, eine qualitativ gute Arbeit zum günstigen Preis abzuliefern.

Angenommen, es handelt sich um einen Schaden, wie er auf Bild 7.56b zu erkennen ist: Hintere Tür auf der linken Fahrzeugseite mit einer länglichen Vertiefung, ca. 300 mm lang und etwa 3 mm tief.

Wie gestaltet sich der Ablauf des Arbeitsganges «Ausbeulen»? Als erstes wird der Schadensumfang genau festgestellt. Sind nur kleine Dellen – etwa in der Form wie nach einem normalen Hagelschaden – vorhanden, können kostengünstige Reparaturmethoden zum Einsatz kommen, die noch nicht einmal das Lackieren der Oberfläche erfordern (Bild 7.56a). Dazu bieten sich zwei Verfahren an:

- ☐ reines Hebelsystem und
- ☐ «MAGLOC».

Die Voraussetzung zur Anwendung der genannten Reparaturverfahren ist jedoch, daß die Schadstelle von der Rückseite her zugänglich ist.

Sind die Dellen im Karosserieblech größer, kann die Schadstelle nur noch durch die bekannten Ausbeulmethoden wie z.B. mit

- ☐ Hammer und Gegenhalter,
- ☐ dem Zughammer-Verfahren,
- ☐ dem Airpuller oder
- ☐ dem wärmetechnischen Verfahren

instand gesetzt werden. In allen Fällen ist die bearbeitete Fläche anschließend zu lackieren. Die Zugänglichkeit der Reparaturstelle von der Rückseite ist jedoch nur beim Arbeiten mit Hammer und Gegenhalter erforderlich.

Als Ergänzung der Instandsetzungsverfahren, bei denen die Reparaturfläche lackiert werden muß, ist die reine Oberflächenbearbeitung zu nennen:

- ☐ Spachtelmassenauftrag und
- ☐ Verzinnen (auch «Verschwemmen» genannt).

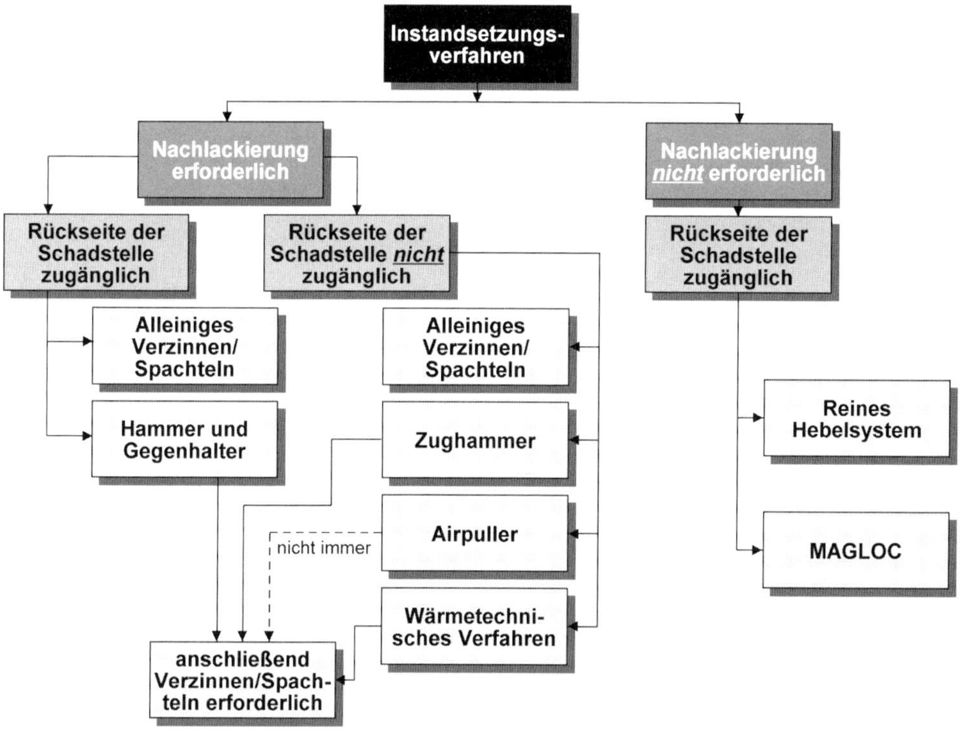

Bild 7.56a Übersicht Arbeitsmethoden zur Beseitigung von kleinen Dellen im Karosserie-Außenhautbereich

Bild 7.56b Typischer «Parkplatzschaden», der im Reparaturaufwand vom Kunden meist unterschätzt wird

Damit die Beschreibungen der Arbeitsabläufe besser verständlich werden, müssen einige grundsätzliche Aussagen zum werkstoffspezifischen Verhalten der Karosseriebleche vorausgeschickt werden.

7.4.1 Elastizität und Formbarkeit von Karosserieblech

An der Pkw-Karosserie sind viele unterschiedlich geformte Blechteile zusammengeschweißt. Es gibt leicht geformte Teile, wie Dachhaut oder Türblätter, und es gibt stark geformte Partien, wie Türschweller oder Längsträger. Wer nun versucht, mit der Hand die Mitte einer Dachhaut einzudrücken, stellt fest, daß dies ohne größeren Kraftaufwand möglich ist,

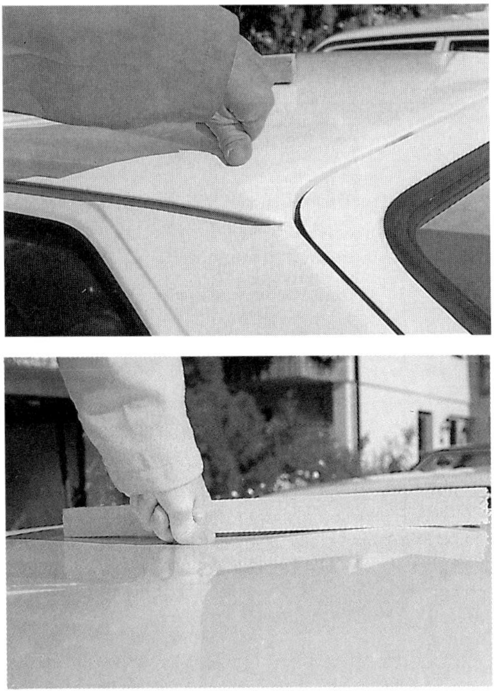

Bild 7.57 Stark geformte Karosseriepartien sind sehr stabil (oben). Der leichte Druck auf die Mitte der Dachhaut beweist die hohe Elastizität von Karosserieblechen (unten).

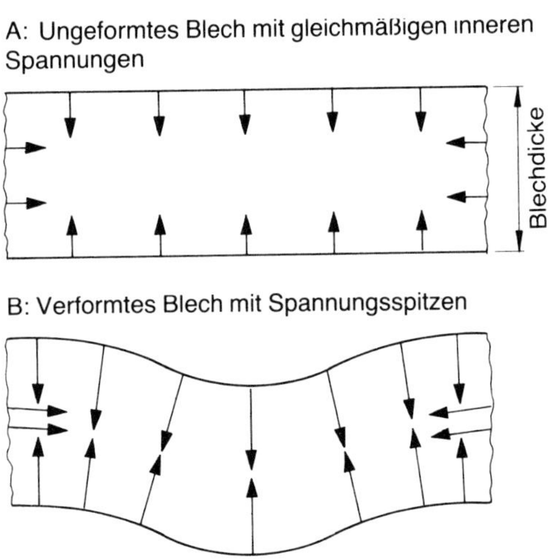

Bild 7.58 Aufbau von Spannungsspitzen bei verformten Blechen (stark vergrößerte Darstellung von ca. 0,8 mm Blechdicke)

allerdings nur bis zu einer gewissen Tiefe. Wird der Druck von der Dachhaut weggenommen, federt sie in die ursprüngliche Form zurück. Die Kante der Dachhaut läßt sich dagegen mit der Hand nicht verformen.

Welche Gründe gibt es für das unterschiedliche Verhalten des gleichen Materials?
Das Karosserieblech behält durch innere Spannungen seine vorgegebene Form bei. Solange die inneren Spannungen des Materials größer sind als von außen wirkende Kräfte, federt es immer wieder in die Ursprungslage zurück. Das Material ist also elastisch (Beispiel Dachhaut). Wird eine höhere Kraft eingebracht, die die inneren Spannungen übertrifft, so verformt sich das Karosserieblech und bleibt nach Wegnahme der Kraft in der neuen Position stehen. Das Material ist aber nicht gebrochen, und die neue Form ist ebenfalls elastisch. Allerdings ist es jetzt nicht mehr so leicht, die neue Form weiter zu verändern oder wieder zurückzuführen auf die alte Kontur (Ausbeulen), weil die inneren Spannungen größer geworden sind. Die Stabilität eines Karosseriebleches wird also durch entsprechende Formgebung erhöht. Deshalb läßt sich z.B. der Randbezirk der Dachhaut nicht mit der Hand eindrücken. Die Verformbarkeit der Bleche und die damit verbundene Stabilitätserhöhung haben natürlich Grenzen. Wenn es häufig oder zu stark verformt wird, bricht das Blech.

Zusammenfassend ist festzustellen:
- ☐ Karosserieblech ist bis zu einer bestimmten Krafteinwirkung elastisch;
- ☐ Karosserieblech ist nach Überwinden des elastischen Bereiches plastisch verformbar;
- ☐ jede plastische Verformung erhöht die Steifigkeit des Bleches (Spannungsspitzen);
- ☐ zu häufige plastische Verformungen führen zum Bruch des Materials.

Welche Auswirkungen haben diese Feststellungen auf das Verformungs- und Rückverformungsverhalten (Ausbeulen) von Karosserieblechen?

Wenn in eine Blechfläche eine Delle geschlagen wird, entsteht an den Übergangsstellen zur normalen Form von außen eine Materialstreckung, während innen eine Materialanhäufung, also Stauchung, erfolgt (s. Bild 7.59).

Wird eine Delle im Mittelpunkt zurückgeschlagen, wirft sich das Blechmaterial in den gestreckten Zonen sofort auf. Das bedeutet, daß nach jedem Hammerschlag neue Streck- und Stauchzonen gebildet werden. Je mehr solche Zonen entstehen, um so unkontrollierbarer wirken sie sich auf das Glätten der Fläche aus. Beim Ausbeulen muß deshalb darauf geachtet werden, daß vorhandene Streck- und Stauchzonen abgebaut und keine neuen aufgebaut werden. Deshalb müssen im Normalfall die Ausbeularbeiten immer vom Dellenrand zur Dellenmitte erfolgen. Mit einem Hammerschlag sollte auch immer eine größere Fläche bearbeitet werden, um spannungsausgleichend zu wirken.

In bestimmten Fällen läßt sich die ursprüngliche Form mit dem Hammer allein nicht wiederherstellen. Beispielsweise federt in einer großen Fläche das gesamte Blech um die Vertiefung so stark, daß der Hammerschlag kaum noch Wirkung zeigt. Stärkeres Zuschlagen erzeugt nur weitere Unebenheiten. Man sagt: der Hammer «zieht» nicht. Erst wenn auf der Rückseite des Bleches ein entsprechendes Gewicht gehalten wird, können dosierte und wirkungsvolle Schläge angebracht werden. Deshalb gehören zum Ausbeulen fast immer beide Werkzeuge: Hammer und Gegenhalter.

Für die Blechbearbeitung gilt grundsätzlich:

- Jede Blechverformung bewirkt Streck- und Stauchzonen.
- Beim Zurückschlagen von Dellen in Blechen müssen zusätzliche Spannungszonen vermieden werden. Daher ist eine Vertiefung von außen nach innen spiralförmig zurückzuhämmern.
- Um dosierte Schläge in federnden Blechpartien anzubringen, wird mit einem Gegenhalter gearbeitet.

7.4.2 Ausbeulwerkzeuge und ihre Wirkung

Wer sich die Werkzeuge kaufen will, sieht sich einer großen Anzahl von unterschiedlichsten Ausführungen gegenüber. Sehr häufig werden komplette Ausbeulsätze angeboten. Um die Übersicht zu erleichtern, sind nachfolgend die gebräuchlichsten Formen beschrieben und die Anwendungen erläutert.

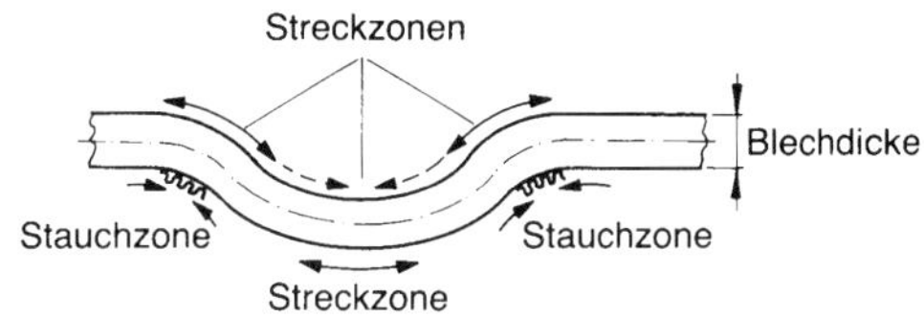

Bild 7.59 Verformtes Blech mit Streck- und Stauchzonen

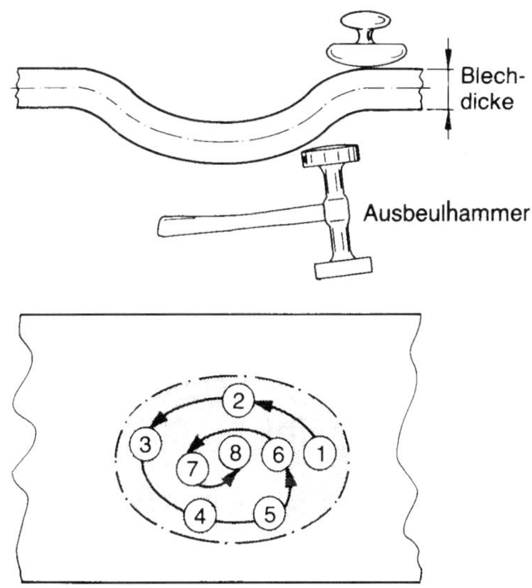

Bild 7.60 Die Ausbeularbeiten beginnen im Normalfall immer am Dellenrand und werden spiralförmig zur Mitte weitergeführt

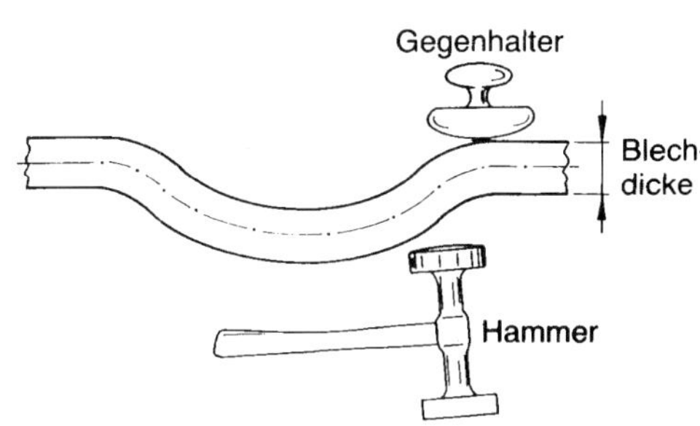

Bild 7.61 Wirkungsvolle Schläge werden mit einem Gegenhalter erreicht

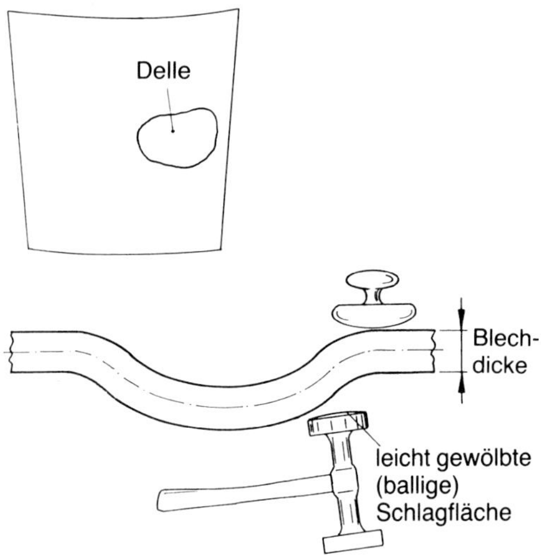

Bild 7.62 Beispiel Motorhaube: Die Delle liegt weit genug von den profilierten Randzonen entfernt und ist beidseitig gut zu bearbeiten

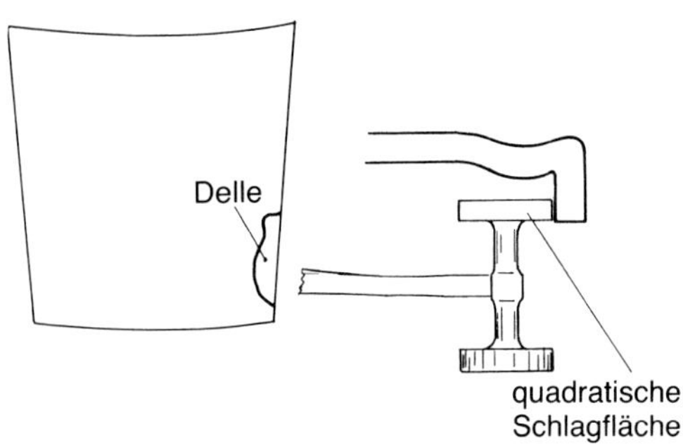

Bild 7.63 Mit der quadratischen Schlagfläche können Blechabsätze und -kanten maßgenau bearbeitet werden

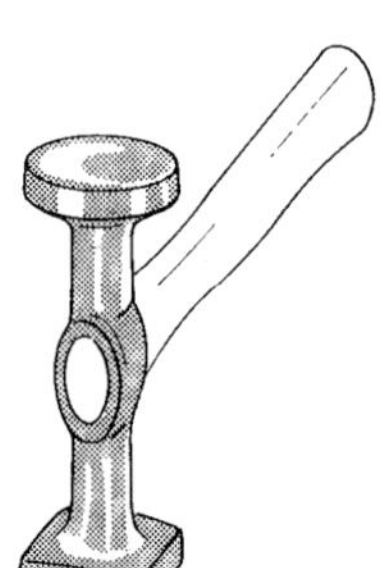

Bild 7.64 Der «Richthammer» ist der am meisten eingesetzte Ausbeulhammer

Der Richthammer
Die Vertiefung in einer ebenen Blechpartie muß mit genügend großer Hammerfläche zurückgeschlagen werden. Dies geschieht am besten mit einer runden Schlagfläche. Wenn ein solcher Hammer versehentlich mit der Kante die Blechoberfläche trifft, entstehen kaum weitere harte Abdruckkanten. Noch besser wird das Verkanten des Hammers durch eine zusätzlich leicht ballige Schlagfläche verhindert.

Im Gegensatz zur vorherigen Erläuterung ist eine runde Schlagfläche zum Ausbeulen nicht geeignet, wenn z.B. ein abgekantetes Blechprofil bearbeitet werden muß. Jetzt hat die quadratische Hammerfläche einen Vorteil. Auch bei ihr verhindert eine leicht ballige Ausführung zusätzliche Blechspannungen in der Schlagfläche, wenn verkantet geschlagen wird. Allerdings fällt es mit der balligen Ausführung etwas schwerer, vorhandene Blechkanten exakt nachzuarbeiten.

Der Richthammer wird auch «Universal-Ausbeulhammer» genannt und hat folgende Erkennungsmerkmale:

- ☐ je eine runde und quadratische Schlagfläche,
- ☐ die Schlagflächen können eben oder gewölbt (ballig) sein,
- ☐ der Hammerstiel ist lang und schmal und sollte aus Holz sein (natürliches Material → gefühlvolles Arbeiten).

Hinweis: Die polierten Schlagflächen des Richthammers dürfen nicht beschädigt werden. Deshalb soll er nicht zum Meißeln oder zu ähnlichen Arbeiten verwendet werden.

Der Feilhammer
Muß in einer fast ebenen Fläche eine ca. 10 mm × 10 mm große Vertiefung ausgebeult werden, überdeckt die Fläche des Ausbeulhammers den gesamten Schadensbereich. Eine gezielte Bearbeitung der Delle von außen nach innen fällt schwer. Jeder Schlag mit dem normalen Richthammer bedeutet eine Streckung der Randzone des Schadensbereichs. Für solche Fälle bietet sich der Feilhammer an. Er besitzt gerade Hammerbahnen, die wie eine Feile mit einem Kreuzhieb versehen sind. Dadurch kommt es zu einer nur punktuellen Berührung der Schlagfläche mit dem Blech. Das Strecken des Karosseriebleches wird weitgehend verhindert.

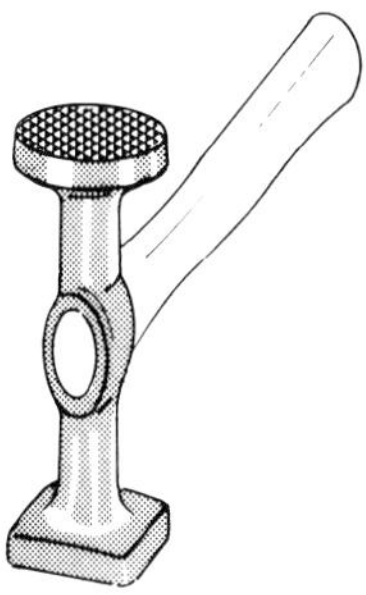

Bild 7.65 Der Feilhammer

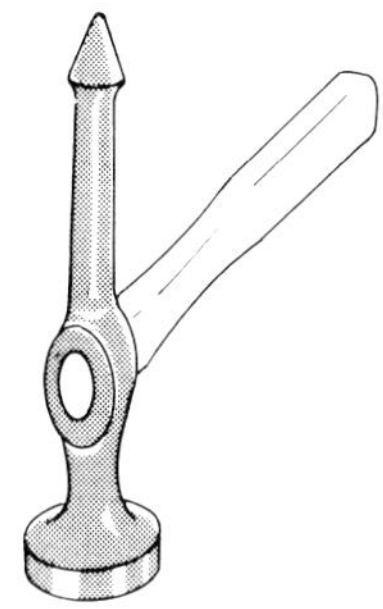

Bild 7.66 Der Spitzhammer

Der Feilhammer hat folgende Erkennungsmerkmale:

- ☐ je eine runde und eine quadratische Schlagfläche,
- ☐ die Schlagflächen sind eben und mit einem feinen Kreuzhieb versehen.

Der Spitzhammer

Im Durchmesser winzig kleine Dellen mit großer Tiefe werden häufig von lose im Kofferraum liegenden Gegenständen produziert. Sie rutschen während der Fahrt gegen die Seitenwände und wirken wie ein Hammerschlag. Wird eine derartige Verformung mit einer großen Hammerfläche bearbeitet, ist sofort die unbeschädigte Fläche in Mitleidenschaft gezogen. Hier muß mit einem Spitzhammer gearbeitet werden, dessen Schlagfläche ebenfalls sehr klein ist. Das genaue Treffen der Dellenspitze mit der Hammerspitze ermöglicht ein Ausbeulen ohne Gegenhalter. Häufig hat der Spitzhammer zum Massenausgleich auf der gegenüberliegenden Kopfseite eine runde Schlagfläche. Somit kann er auch als normaler Ausbeulhammer eingesetzt werden.

Der Spitzhammer hat folgende Erkennungsmerkmale:

- ☐ eine spitze und oftmals eine runde Schlagfläche,
- ☐ die runde Schlagfläche kann ballig oder eben sein.

Der Spannhammer

Wenn eine ebene, quadratische oder rechteckige Blechtafel unterschiedlich lange Diagonalen hat, heben sich die Enden der längeren Diagonalen von der planen Fläche ab. In der Fachsprache wird von «windschiefen» Blechen gesprochen. Damit das Blech wieder eben wird, muß die kurze Diagonale gelängt werden. Dies geschieht durch Strecken (Spannen) des Blechs. Mit dem Hammer wird entlang der kurzen Diagonalen auf das Blech geschlagen. Damit keine Formabdrücke des Hammers im Blech zurückbleiben, ist die Schlagfläche leicht ballig.

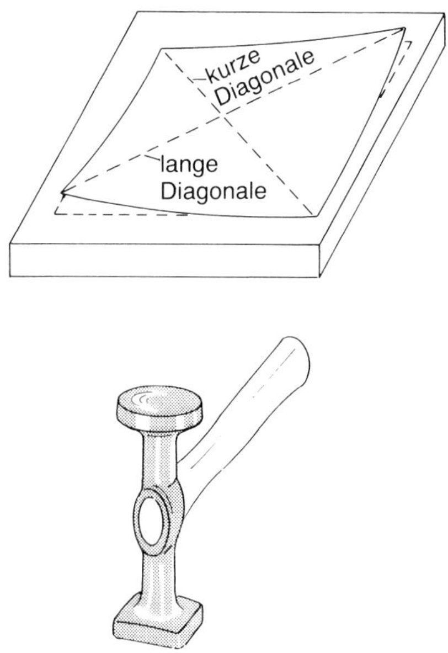

Bild 7.67 «Windschiefe» Bleche werden mit dem «Spannhammer» bearbeitet (Strecken der kurzen Diagonalen)

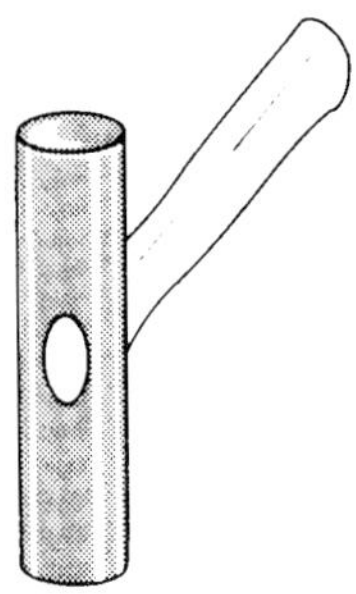

Bild 7.68 Spezieller «Schlichthammer» aus Aluminium

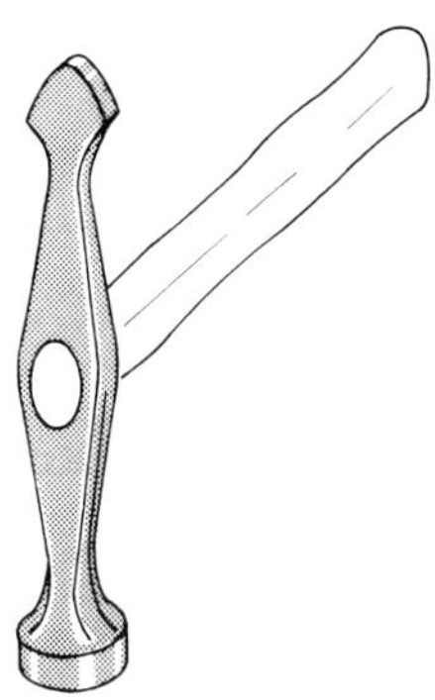

Bild 7.69 Der Schweifhammer

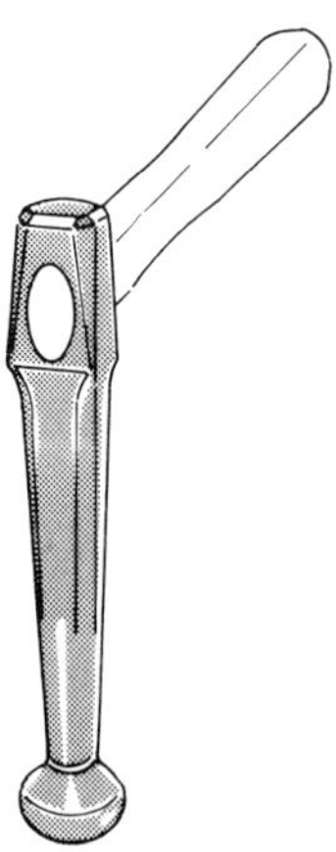

Bild 7.70 Der Tiefenhammer

Der Spannhammer hat folgende Erkennungsmerkmale:

- ☐ eine runde, leicht ballige Schlagfläche,
- ☐ die andere Seite des Hammerkopfes ist häufig als Schlichtfläche ausgeführt (s. nächste Beschreibung).

Der Schlichthammer

Nach dem Ausbeulvorgang mit Hammer und Gegenhalter ist die Blechpartie mikroskopisch gesehen durch die ballige Hammerfläche an der Oberseite mit entsprechenden «Kratern» versehen. Diese müssen geebnet werden. Das geschieht mit der planen Schlagfläche des Schlichthammers. Damit sich keine Abdruckkanten vom Hammer bilden, wir hierfür häufig ein Aluhammer verwendet.

Der Schlichthammer hat folgende Erkennungsmerkmale:

- ☐ plane und runde oder quadratische Schlagflächen,
- ☐ Werkstoff: Aluminium.

Der Schweifhammer

Das «Schweifen» von Blechen ist ein Arbeitsgang, der mit dem Ausbeulen nicht viel zu tun hat. Hauptsächlich werden hiermit z.B. gerade Blechstreifen zu s-förmigen Gebilden geschlagen. Das erfolgt durch das Hämmern mit einer Spitze auf den kurvenäußeren Radius. Die Keilwirkung der Hammerspitze treibt das Blech auseinander. Die Eindringtiefe des Keiles ist durch die Formgebung der Hammerspitze begrenzt.

Der Schweifhammer hat folgende Erkennungsmerkmale:

- ☐ eine Schlagfläche ist mit einer kurzen Spitze versehen,
- ☐ die andere Schlagfläche ist rund und eben.

Der Tiefenhammer

Hier handelt es sich um eine extreme Sonderform des Hammers. Er wird angewendet, wenn Dellen in tiefgezogenen Blechpartien ausgebeult werden müssen (Scheinwerfertopf im Kotflügel). Beim normalen Hammer ist der Abstand von der Hammerspitze zum Stiel zu kurz. Die Schlagfläche des Tiefenhammers ist rund und sehr ballig ausgeführt.

Der Tiefenhammer hat folgende Erkennungsmerkmale:

- ☐ die Formgebung ähnelt der einer Steinaxt,

- die Schlagfläche ist rund und sehr ballig,
- der Tiefenhammer ist nur eine Schlagfläche.

Sonderausführungen der Ausbeulhämmer
Je nach Anwendungszweck gibt es bei den Hammerausführungen verschiedene Kombinationen. Man unterscheidet Spann-Schlichthammer oder Spitz-Schlichthammer usw. Darüber hinaus gibt es Unterschiede im Werkstoff: Aluminium, Holz, Gummi, Kunststoff und im Normalfall Stahl. Es sind aber auch Kombinationen bekannt, wo. z.B. eine Kunststoff-Schlagfläche an einen Stahlkörper geschraubt oder geklebt ist. Die weicheren Werkstoffe haben alle den Sinn, keine zusätzlichen Spannungen in das Blech beim Ausbeulen zu schlagen. Die jüngste Entwicklung stammt aus Finnland. Dort wird ein Hammer mit einer sehr weichen Schlagfläche hergestellt. In der Kombination mit einem Gegenhalter aus Kupfer können leicht eingedrückte Karosseriepartien fast ohne Beschädigung der Lackierung ausgebeult werden.

Eine andere Variante des Ausbeulhammers zeigt eine zweiteilige Schlagfläche, die mit einem Hieb versehen ist. Beim Auftreffen des Hammers soll sich die Schlagfläche zusammenziehen und eine Streckung des auszubeulenden Bleches verhindern. In ähnlicher Weise soll ein in Gummi gelagerter Hammerkopf wirken, der einen ausgeprägten, spiralförmig angeordneten Hieb auf der Schlagfläche besitzt. Bei dessen Auftreffen auf das Blech soll sich die Schlagfläche verdrehen und dadurch Blechspannungen abbauen.

Alle Sonderformen der Ausbeulhämmer weisen auf die Problematik beim Ausbeulen hin, daß mit jedem Schlag auf das Blech neue Stauch- und Streckzonen entstehen. Wunder lassen sich aber mit den Werkzeugen nicht vollziehen. Letztendlich hängt eine gute Ausbeularbeit vom Geschick des Reparateurs ab.

7.4.3 Gegenhalter

Zur Erinnerung sei noch einmal erwähnt, daß Gegenhalter beim Ausbeulen zum Abstützen einer federnden Blechpartie benutzt werden. Da die Karosserieformen vielfältig sind und die Zugänglichkeit zum rückwärtigen Ausbeulbereich

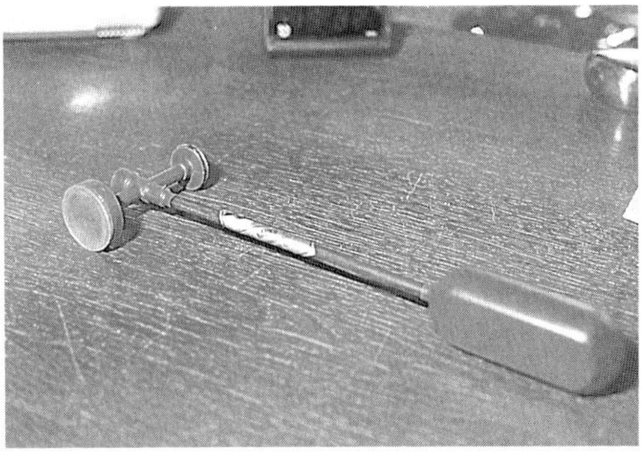

Bild 7.71 Hammer mit kunststoffüberzogener Schlagfläche

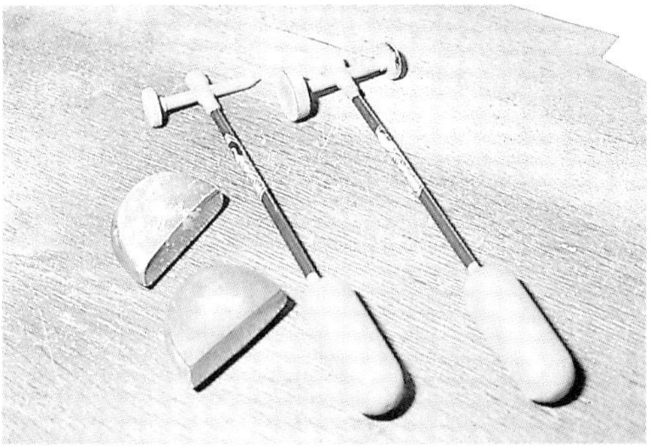

Bild 7.72 Spezial-Ausbeulhammer und Gegenhalter

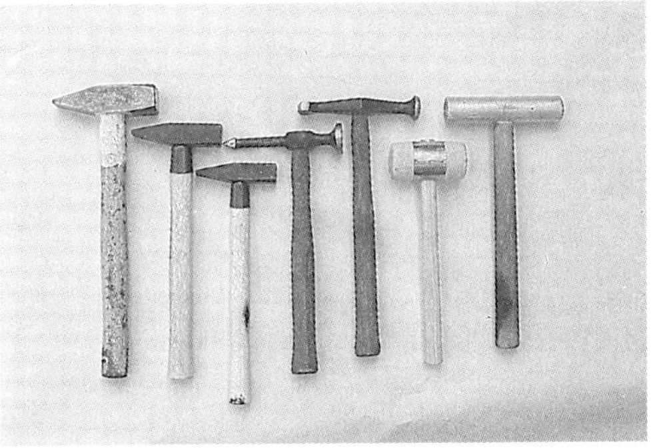

Bild 7.73 Die gebräuchlichsten Ausbeulhämmer (von links nach rechts): 1 bis 3 Schlosserhämmer (von 250 bis 1000 g), 4 Schlicht- und Spitzhammer (runde Bahn schariert), 5 Ausbeul- und Schweifhammer, 6 Holzhammer, 7 Alu-Hammer

nicht immer gut ist, gibt es eine große Anzahl von Formgebungen bei den Gegenhaltern. Die Bezeichnung «Handfaust» wird häufig anstelle von «Gegenhalter» benutzt.

Schienenförmige Handfaust

Wird z.B. an einem Kotflügel oder einer Seitenwand ausgebeult, ist meistens genügend Platz von der Unterseite gegeben. Wegen scharfer Kanten und Profilbereiche muß zum Gegenhalten eine mit großen Flächen und mehreren Kanten versehene Handfaust eingesetzt werden.

Die schienenförmige Handfaust hat folgende Erkennungsmerkmale:

- ☐ das Aussehen im Querschnitt ist mit dem einer Eisenbahnschiene vergleichbar;
- ☐ die Schlagflächen sind poliert.

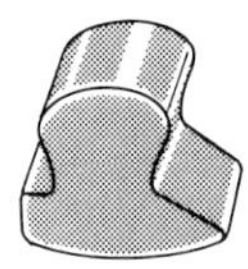

Bild 7.74 Schienenförmige Handfaust

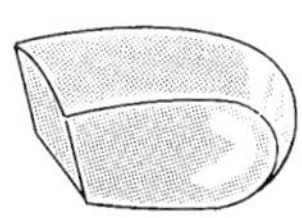

Bild 7.75 Universalfaust (Daimler-Stöckle)

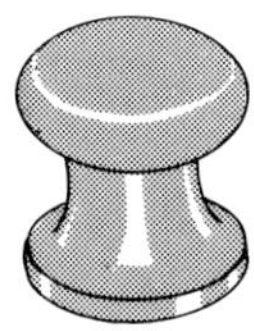

Bild 7.76 Diaboloförmige Handfaust

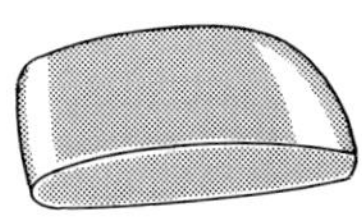

Bild 7.77 Ebene Handfaust

Universalfaust

Beim Ausbeulen kann es passieren, daß eine Fläche zu weit nach innen geschlagen wird. Zum Zurückschlagen kann wegen der Platzverhältnisse aber kein Hammer eingesetzt werden. Hier hilft eine massive Handfaust, die gut in der Hand liegt und schwer genug ist, um damit auch zu schlagen. Wenn dieser Gegenhalter auch noch einige Kanten und Rundungen besitzt, kann er fast überall eingesetzt werden. Deshalb wird hier von der «Universalfaust» gesprochen. Es mag vielleicht daran gelegen haben, daß der Formgeber für diesen Gegenhalter «Daimler» hieß oder daß besonders gut an einem «Daimler» damit gearbeitet werden konnte, daß im schwäbischen Sprachraum hierfür der Name «Daimler-Stöckle» geprägt wurde.

Die Universalfaust hat folgende Erkennungsmerkmale:

- ☐ ein massiver fast rechteckiger Klotz, der an einer Schmalseite abgerundet und an der anderen Schmalseite schräg zugeschnitten ist;
- ☐ die schmalen Flächen sind ballig ausgeführt, während die Breitseiten eben sind.

Diaboloförmige Handfaust

Die vorderen und hinteren Kotflügelecken haben sehr starke Rundungen. Entsprechend muß das Gegenstück beim Ausbeulen geformt sein. Deshalb wurde eine Handfaust geschaffen, die durch nur leichtes Verdrehen sich starken Formänderungen des auszubeulenden Bleches anpaßt.

Die diaboloförmige Handfaust hat folgende Erkennungsmerkmale:

- ☐ das Aussehen ähnelt einem Diabolo mit breiten abgerundeten Rändern,
- ☐ das Mittelstück des Schaftes ist zylindrisch,
- ☐ die Schlagflächen sind poliert.

Ebene Handfaust

Muß eine Tür ausgebeult werden, ist von der Innenseite her nicht viel Platz. Außerdem hat ein Türblatt nur schwache Wölbungen. Der Gegenhalter muß demnach ein flaches, leicht balliges Werkstück sein.

Die ebene Handfaust hat folgende Erkennungsmerkmale:

- ☐ das Aussehen ähnelt einem Stück Flachstahl,

- die breiten Oberflächen sind leicht ballig und poliert,
- eine Schmalseite ist abgerundet, während die andere senkrecht zu den Breitseiten verläuft.

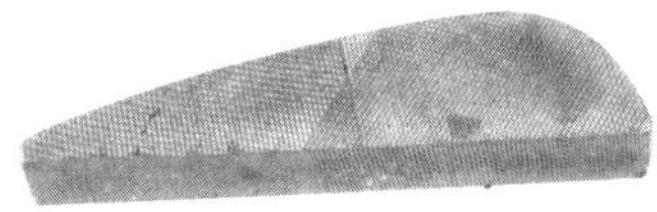

Bild 7.78 Kastenfeile

Kastenfeile

Wenn z.B. eine Haube in ihrem geraden und ebenen Teil ausgebeult wird, führt jede Materialstreckung zu einer Springbeule. Durch einen Gegenhalter, der nur punktuell aufliegt, ist die Materialstreckung eingeschränkt. Deshalb wird als Handfaust ein ebenes Metallstück eingesetzt, das an der Oberfläche mit einem Feilenhieb versehen ist. Dieser Gegenhalter hat außerdem den Vorteil, daß er als Feile verwendet werden kann, wenn nur kurze Hübe möglich sind (Kontrollschliff). Durch häufige Feilarbeiten flachen die Feilenhiebe jedoch ab, und eine größere Gegenhalterfläche liegt an. D.h., beim Ausbeulen erhöht sich die Gefahr der Materialstreckung.

Die Kastenfeile hat folgende Erkennungsmerkmale:

- die Formgebung der Breitseite ist vergleichbar mit dem Querschnitt einer Flugzeugtragfläche,
- die Oberflächen der Breitseiten sind mit einem Kreuzhieb versehen, der aus der Mitte versetzt angeordnet ist,
- die Schmalseiten sind eben und verlaufen senkrecht zu den Breitseiten.

Bild 7.79 Gebräuchlichste Gegenhalterformen (Fäustel): 1 Handfaust (Schienenform), 2 Daimler-Stöckle (Spezialanfertigung mit scharierter Bahn), 3 Handfaust (schlanke Form), 4 Handfaust (Keilform), 5 Handfaust (ebene Form), 6 Handfaust (Diaboloform)

Ausbeul-Hebeleisen und Richtlöffel

Muß eine Seitenwand im B-Säulenbereich ausgebeult werden, läßt sich von der Rückseite schlecht hämmern. Die Vertiefungen werden hierbei mit Ausbeul-Hebeleisen erst einmal herausgedrückt. Die Formgebung der Hebeleisen ermöglicht eine Abstützung an Durchbrüchen oder ein beidhändiges Drücken auf einen langen Schaft. Sind die groben Unebenheiten beseitigt, kommen die Richtlöffel zum Einsatz. Es sind Flacheisen mit Griff, die an der Spitze breiter sind als am Übergang zum Griff. Sie können außerdem abgewinkelt oder gebogen sein. Mit dem Richtlöffel lassen sich auch in engen Hohlräumen Schlagbewegungen durchführen. Spezielle Richtlöffel sind mit einem Feilenhieb versehen. Dieser verhindert das starke Strecken des Bleches beim Schlagen. Besondere Vorteile bieten die Richt-

Bild 7.80 Ausbeul-Hebeleisen (gekröpft und geschweift)

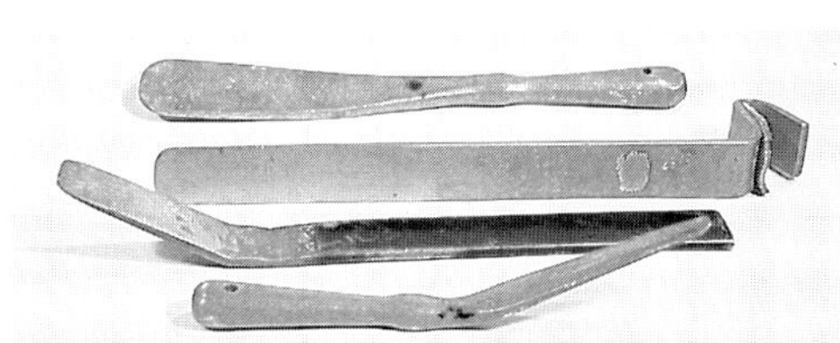

Bild 7.81 (von oben nach unten) Spannschläger/Federhammer, Ausbeulhebeleisen (stark gekröpft), und Löffeleisen mit gebogener, fast flacher Arbeitsfläche

löffel beim Ausbeulen von großen Flächen mit geringen Verformungen. Auf die breite Auflagefläche wird mit einem Hammer geschlagen. Dadurch bewegt sich das Blech in Schlagrichtung («Federhämmern»).

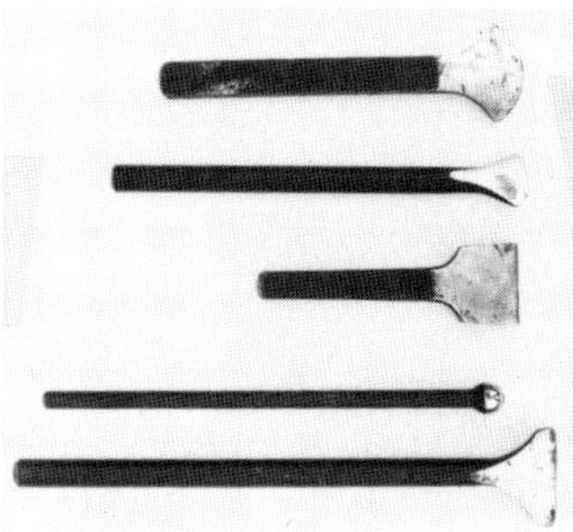

Bild 7.82a Verschiedene Stemmerformen

Bild 7.82b Einsatz des Stemmers

Stemmer

Die Schwellerbereiche eines Fahrzeugs haben lange Formkanten. Sind diese verzogen, lassen sie sich mit dem Hammer allein schlecht in die Grundform bringen. Der Reparateur ist versucht, zwei Hämmer zu benutzen, wobei der eine mit der Hammerfinne auf die Blechkante gehalten wird, um mit dem anderen auf die Hammerbahn zu schlagen. Besser geschieht das Bearbeiten mit einem Stemmer. Dieser hat eine lange und schmale Auflagefläche, mit der ein Blechabsatz gut nachgearbeitet werden kann. Die Stemmer gibt es für die verschiedensten Karosserieformen wie Stufen, Absätze oder Einzüge. Sogar für die Bearbeitung von Absätzen nach Hinterschnitten gibt es Stemmerformen.

7.4.4 Fragen und Antworten

1. Wodurch kommt die Elastizität von Stahlblechen zustande?
Antwort:
Durch die gleichmäßig auftretenden Spannungen im Blech.

2. Wie verändern sich die inneren Spannungen des Bleches nach jedem Verformen?
Antwort:
Die Spannungen nehmen zu und führen im Extremfall zum Bruch des Bleches.

3. Welche Materialverschiebungen treten im Bereich von Dellen auf?
Antwort:
Streck- und Stauchzonen.

4. Wie können dosierte Ausbeulschläge in federnden Blechpartien ausgeführt werden?
Antwort:
Durch das Arbeiten mit Hammer und Gegenhalter.

5. Weshalb haben die größeren Schlagflächen der Ausbeulhämmer meistens runde und ballige Ausführungen?

Antwort:
Es entstehen beim Ausbeulen dadurch kaum harte Hammerabdruckkanten im Blech. Somit werden zusätzliche Blechspannungen vermieden.

6 Warum hat der Schlichthammer nur plane Schlagflächen?
Antwort:
Die Schlagflächen sind zum Glätten von feinen Unebenheiten vorgesehen. Die gesamte Schlagfläche muß deshalb zur Anlage kommen.

7. Welchen Vorteil hat der Schlichthammer aus Aluminium?
Antwort:
Aluminium ist weicher als Stahl. Dadurch kommt es trotz der planen Ausführung der Schlagfläche kaum zu Abdruckkanten beim versehentlichen Verkanten des Hammers.

8. Warum gibt es viele unterschiedliche Formen von Gegenhaltern?
Antwort:
Die verschiedenen Karosserieformen und deren Zugänglichkeit von der Rückseite erfordern etliche Spezialformen von Gegenhaltern.

9. Wie wirkt die Kastenfeile als Gegenhalter?
Antwort:
Der Feilenhieb in der Oberfläche verhindert speziell bei geraden Karosserieformen zusätzliche Streck- und Stauchzonen während des Ausbeulens. Außerdem kann die Kastenfeile zum Überfeilen (Kontrollschliff) der Ausbeulzone dienen.

10. Welche Ausbeulwerkzeuge kommen insbesondere an Seitenwänden zum Einsatz?
Antwort:
Ausbeul-Hebeleisen und Richtlöffel.

11. Was ist unter Federhämmern zu verstehen?
Antwort:
Muß in einer großen Fläche eine große weiche Verformung beseitigt werden, kann dies mit einem Richtlöffel vorgenommen werden. Er wird mit der Fläche auf die erhabene Stelle gelegt. Dann wird mit einem Hammer auf die Richtlöffelfläche geschlagen. Sie verteilt die Schlagkraft federnd auf das Blech und sorgt damit für eine neue Blechform ohne Spannungszunahme.

12. An welchen Karosseriepartien werden die Stemmer häufig eingesetzt?
Antwort:
An langen Formkanten, z.B. in Schwellerbereichen.

7.4.5 Ausbeultechniken

Beim Ausbeulen wird eine verformte Blechpartie wieder in die Ursprungsform zurückversetzt. Dabei müssen die Spannungen, die durch die Verformung aufgetreten sind, abgebaut werden. Darüber hinaus dürfen beim Ausbeulen keine neuen Streck- und Stauchzonen entstehen. Aus diesem Wissen heraus leiten sich für bestimmte Verformungsarten unterschiedliche Ausbeultechniken ab. Eine große Unterstützung zum Abbau von Spannungsquellen ist der gezielte Einsatz des Schweißbrenners als Wärmequelle. Dabei ist nicht die Wärmeeinbringung allein ausschlaggebend, sondern vielmehr der anschließende gezielte Wärmeentzug. So können Ausbeulvorgänge auch ohne Hammer und Gegenhalter allein durch Wärmebehandlung durchgeführt werden. Doch Vorsicht! Die Wärmeeinbringung kann durch Gefügeumwandlung des Bleches zu Festigkeitsverlusten führen. Das gilt insbesondere für «Höherfeste Stähle» (vgl. Abschnitt 9.1). Die nachfolgend beschriebenen Ausbeulverfahren mit Wärmebehandlung sollten daher unbedingt auf Außenhautbleche der Karosserien beschränkt bleiben.

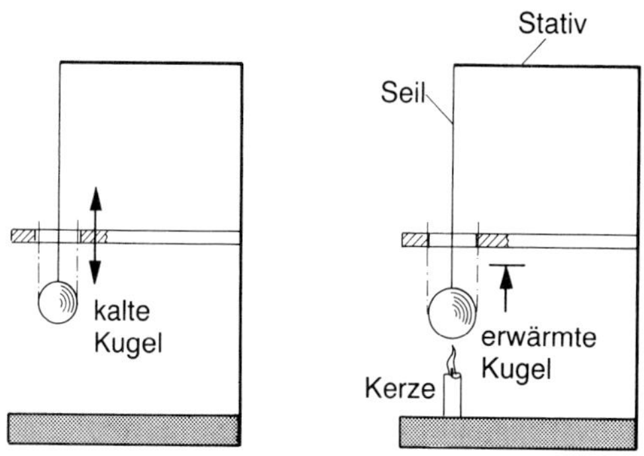

Bild 7.83 Physikalischer Versuchsaufbau: Wärme dehnt alle Körper aus

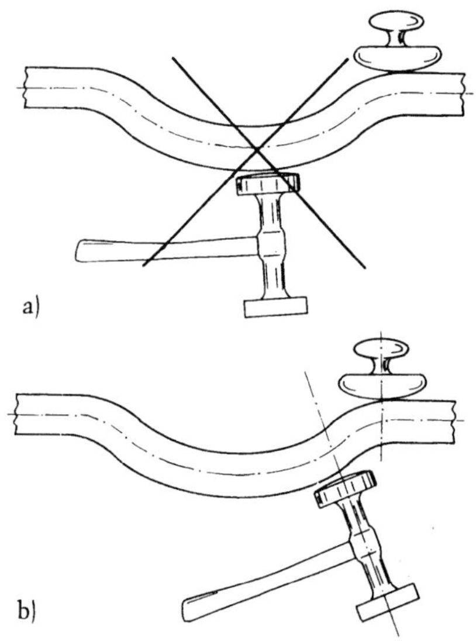

Bild 7.84 Hohlrichten
a) falscher Beginn einer Ausbeularbeit,
b) richtige Vorgehensweise (die Schlagfläche des Hammers und des Gegenhalters dürfen sich nicht treffen)

Ausbeulen von größeren Dellen in einer Fläche
Die Spannungszonen müssen vom Dellenrand zur Dellenmitte gebracht werden, um sie anschließend durch eine Wärmebehandlung ganz abzubauen. Im Normalfall ist es möglich, mit dem Ausbeulhammer die Delle zu bearbeiten. Mit leichten und federnden Schlägen wird, am Dellenrand beginnend, spiralförmig zum Zentrum der Delle gearbeitet. Dabei muß der Gegenhalter immer weiter vom Dellenzentrum entfernt sein als die Stelle, die gerade vom Hammer getroffen wird. Hammer und Gegenhalter liegen bei diesem Arbeitsgang nie auf einer Achse, sie treffen sich nicht. Deshalb wird hierbei vom «Hohlrichten» gesprochen. Bei korrekter Ausführung des Arbeitsganges lösen sich die Verformungsspannungen. Die stabile Grundform der Karosseriekontur ist wiederhergestellt. Für diesen Arbeitsgang ist einige Übung erforderlich. Wer sich in die Ausbeultechniken einarbeiten muß, sollte an einem Probeblech den ersten Ausbeulschlag in der Mitte der Delle setzen. Er sieht dann, daß sich nur die Dellenmitte zurückbewegt, nicht der Dellenrand. Dadurch entstehen an den neuen Übergangsstellen von der Dellenmitte zum Randbereich Stauch- und Streckzonen. Sie verhärten den gesamten Ausbeulbereich und behindern die weiteren Arbeiten.

Nachdem die Grundform des Karosseriebleches durch das spiralförmige Ausbeulen «steht», erfolgt das Glätten der Oberfläche. Dabei werden die noch vorhandenen kleinen Vertiefungen herausgeschlagen. Diese Vertiefungen sind so klein, daß sie nicht mehr spiralförmig ausgebeult werden können. Außerdem erzeugen sie nur noch minimale Spannungszuwächse, wenn direkt auf die Mitte geschlagen wird. Jetzt kommt der großflächige Aluhammer mit ebener Schlagfläche zum Einsatz. Auch der Gegenhalter wird für diese Arbeit mit der planen Fläche eingesetzt. Dabei bilden die Schlagfläche des Hammers und die Fläche des Gegenhalters eine Achse. Das «direkte» Hämmern glättet das Blech.

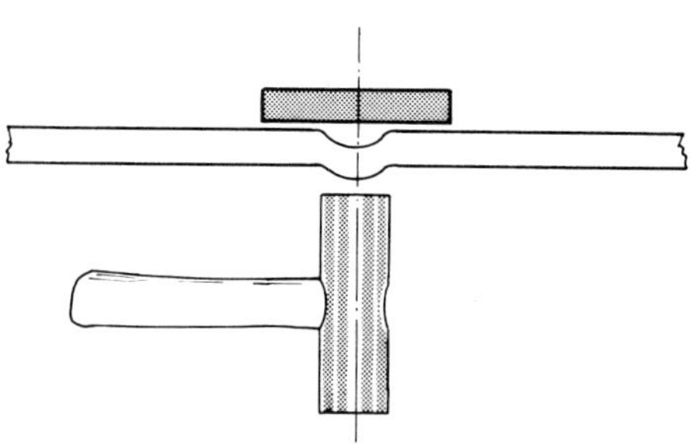

Bild 7.85 Zum Schlichten von kleinen Dellen wird mit dem Ausbeulhammer direkt auf die Dellenmitte geschlagen. Der Gegenhalter wird direkt getroffen.

Einziehen einer Springbeule
Durch das direkte Hämmern beim Glätten der Oberfläche werden im Blech die Spannungsspitzen fixiert. Sie haben ihr Zentrum im Mittelpunkt der Fläche, die vom Hammer getroffen und vom Gegenhalter abgestützt wurde. Kreisförmig bauen sich die Spannungen zum Blechrand hin ab. Zwangsläufig müssen bei einer Ausbeularbeit mehrere Punkte geglättet werden. Dadurch kann sich der Spannungsabbau von den Schlagstellen ausgehend u.U. gegenseitig behindern. Das Ergebnis ist dann eine labile Fläche, die bei kleiner Krafteinwirkung großflächig in eine andere Form springt. Im Fachjargon wird von einem «Kuckuck» im Blech gesprochen. Um die Spannungen abzubauen, kommt die «Wärmetechnik» zum Einsatz. Die Spannungen müssen von der Mitte der Springbeule aufgenommen werden. Das geschieht dadurch, daß die Mitte mit dem Schweißbrenner punktförmig erwärmt und das Blech mit Hammer und Gegenhalter zur Mitte getrieben wird. Ist ein sehr großer Spannungsabbau erforderlich, wird auch viel Blechmaterial zur Mitte der Springbeule gefördert. Um diese Materialanhäufung aufzufangen, muß die erwärmte Stelle mit Wasser abgeschreckt werden. Durch das Abschrecken wird der Blechbereich stärker verdichtet als das nicht erwärmte Blech und kann somit mehr Material aufnehmen.

Wie läuft der Arbeitsgang des Einziehens einer Springbeule ab?
Die Fläche der Springbeule wird abgetastet, bis das Zentrum erkannt ist. Das ist der Punkt, an dem das Blech am stärksten federt. Mit der Flamme des Autogen-Schweißbrenners wird das Zentrum der Springbeule kirschrot erwärmt. Danach erfolgt das direkte Hämmern (Hammer und Gegenhalter) vom Rand der Springbeule spiralförmig zum erwärmten Mittelpunkt. Gegebenenfalls kann der Einzieheffekt durch das Abschrecken der erwärmten Stelle unterstützt werden.

Beim erwähnten Arbeitsgang «Glätten der Blechoberfläche» kommt es vor, daß das Blech dünner geschlagen wird als es sein sollte. Dadurch wird es länger, und es entsteht eine zusätzliche Oberflächenwölbung, die ohne Erwärmung nicht mehr beseitigt werden kann. Das beschriebene Einziehen ist jetzt Teil einer

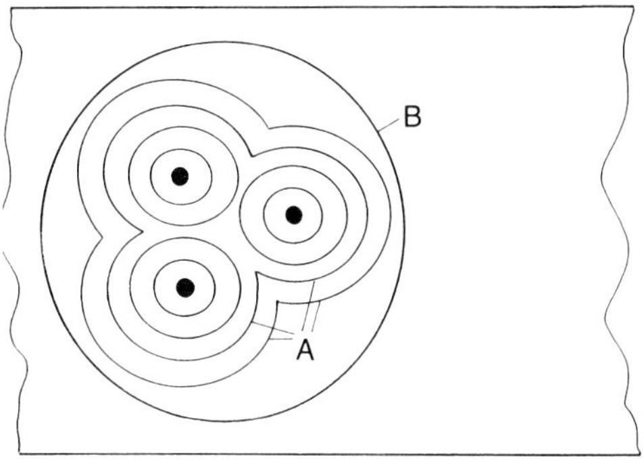

Bild 7.86 Die Spannungszonen A um die geglätteten Dellen behindern sich beim Spannungsabbau. Die Springbeule «B» ist unvermeidlich.

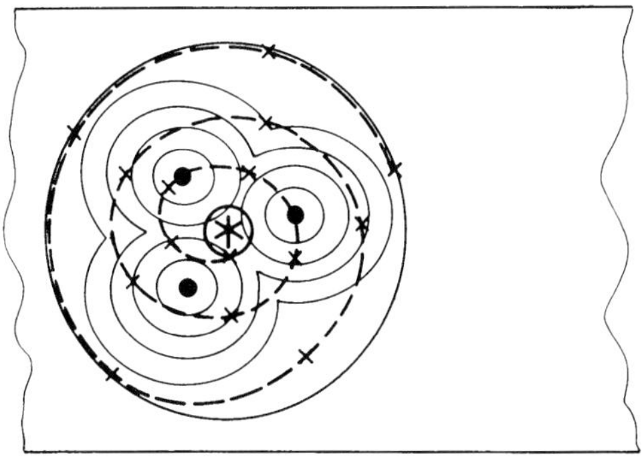

Bild 7.87 Das Zentrum der Springbeule ist kirschrot erwärmt. Mit Hammer und Gegenhalter wird «direkt» gearbeitet und damit das überschüssige Material zur Mitte getrieben.

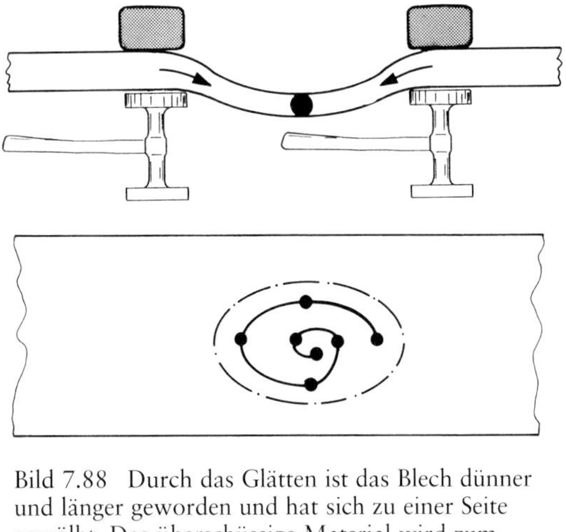

Bild 7.88 Durch das Glätten ist das Blech dünner und länger geworden und hat sich zu einer Seite gewölbt. Das überschüssige Material wird zum erwärmten Punkt hin gestaucht.

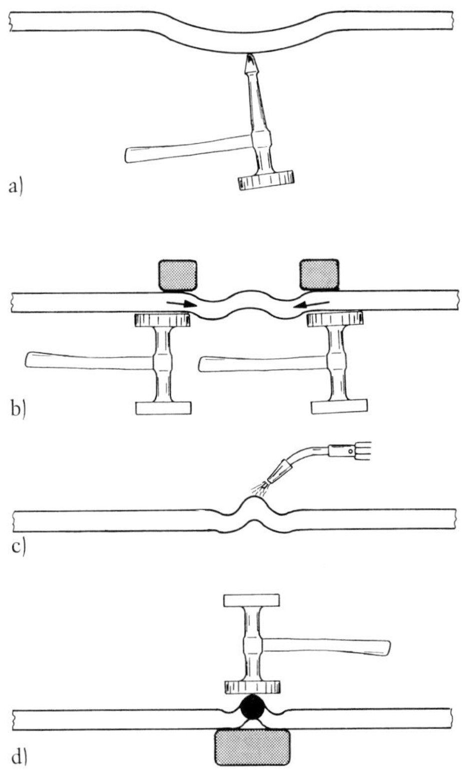

Bild 7.89
a) Materialüberschuß wird spitz eingeschlagen,
b) überschüssiges Material wird zur Einschlagstelle getrieben,
c) ausgearbeitete Materialanhäufung wird kirschrot erwärmt,
d) «direktes» Hämmern staucht die erwärmte Stelle.

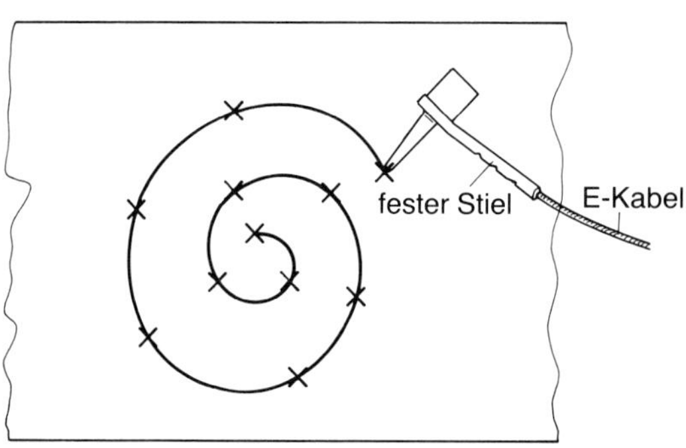

Bild 7.90 Erwärmen mit der Kohleelektrode und Abschrecken mit Wasser bringt ebenfalls einen Einzieh-Effekt

Einzieh-Serie. Mit der neutral eingestellten Flamme des Schweißbrenners wird, am Rand der Wölbung beginnend, das Blech punktförmig erwärmt. Jeder Punkt wird nach dem Erwärmen mit dem Hammer und Gegenhalter gestaucht und gegebenenfalls abgekühlt. Die punktförmige Erwärmung des Bleches erfolgt spiralförmig von außen nach innen.

Das «Einziehen» von Blechen kann auch auf eine andere Art und Weise erfolgen. Es wird wiederum davon ausgegangen, daß ein Materialüberschuß vorhanden ist, der die Blechoberfläche zusätzlich wölbt. Nun kann vom Rand der Wölbung ausgehend das überschüssige Material durch direktes Hämmern (mit Gegenhalter) zum Mittelpunkt der Wölbung getrieben werden (spiralförmig). Der Mittelpunkt wird durch einen gezielten Schlag mit dem Hammer nach außen getrieben. Dadurch zieht er das überschüssige Material an und wächst punktförmig weiter. Wenn die übrige Fläche in Form gearbeitet ist, steht nur noch der Mittelpunkt stark erhaben hervor. Nun wird er mit der neutralen Schweißbrennerflamme kirschrot erwärmt, um sofort mit Hammer und Gegenhalter geglättet zu werden. Die Materialschrumpfung an der Stelle kann wiederum durch das Abschrecken mit Wasser verstärkt werden. Doch Vorsicht! Jedes Abschrecken erzeugt eine starke Versprödung des Materials.

Auch ohne offene Flamme, mit Hilfe von elektrischer Energie, kann das «Einziehen» von Blechen erfolgen (Bild 7.90). Das Gerät dazu ist mit einem Stoßpunkter vergleichbar (genannt Blechbeißer). Mit einer Kohleelektrode wird die erhabene Blechoberfläche punktförmig erwärmt, bis sie kirschrot ist. Die Punkte sind wie beim Arbeiten mit dem Schweißbrenner spiralförmig von außen nach innen zu setzen. Bei größeren einzuziehenden Flächen muß jeder Punkt nach dem Erwärmen sofort abgekühlt werden (mit einem nassen Schwamm). Kleinere Flächen werden spiralförmig in einem Arbeitsgang erwärmt, um danach ebenfalls spiralförmig abgekühlt zu werden. Durch das Erwärmen und Abkühlen allein kann aber nicht soviel Material gestaucht werden wie mit dem zusätzlichen direkten Hämmern.

Zughammerverfahren
Wenn Karosseriebeschädigungen in doppelwandigen Bereichen liegen, ist eine Bearbeitung mit dem Hammer oft nicht möglich (Seitenwand, Schweller). In solchen Fällen wird der Zughhammer eingesetzt. Er besteht aus einer ca. 40 cm langen Stange, auf der ein Schlaggewicht gleitet. Das Griffstück der Stange hat einen Anschlag, gegen den das Schlaggewicht gehämmert wird. Auf die auszubeulende Blechoberfläche werden mit einer speziellen Punktschweißpistole Lochscheiben oder Stifte aufgeschweißt. Dazu muß die Blechfläche allerdings metallisch-blank geschliffen sein (am besten mit einer Zopfbürste). Vom Rand der Vertiefung bis zur Mitte werden mehrere Lochscheiben oder Zugnägel (Stifte) angeschweißt. Der Zughammer wird in die Lochscheiben einfach eingehakt oder mit einem Bajonettverschluß am Zugnagel befestigt. Mit einer Hand wird das Griffstück des Zughammers gefaßt und die Schlagrichtung festgelegt. Die andere Hand umfaßt das Schlaggewicht und bewegt es schnell gegen den Rand des Griffstückes. Das Herausziehen der Vertiefung erfolgt von außen zur Mitte. Grundsätzlich wird die Blechoberfläche etwas weiter herausgezogen als nötig, um das Glätten mit einem Hammer von außen durchzuführen. Das Zughammerverfahren eignet sich nicht zum Bearbeiten von großen labilen Flächen, z.B. Dachhaut.

Feinrichten von Karosserieblech
Beim Ausbeulen mit Hammer und Gegenhalter wird in zwei Arbeitsschritten die Blechoberfläche wiederhergestellt:
- ☐ die ursprüngliche Form erarbeiten,
- ☐ die glatte Oberfläche erzielen.

Die ursprüngliche Form ist dann erstellt, wenn mit Hammer und Gegenhalter die Ebenheit der Oberfläche nicht weiter zu verbessern ist. Jetzt werden mit der Karosseriefeile recht großflächig diagonale Bewegungen durchgeführt. Dadurch erhält die Blechoberfläche eine Struktur, die vorhandene Erhöhungen und Vertiefungen des Bleches erkennen läßt. Doch Vorsicht beim Feilen: Die Karosseriefeile hat einen ziemlich groben Hieb. Wird sie verkantet oder über Absätze geführt, kann das Blech leicht durchgefeilt werden.

a)

b)
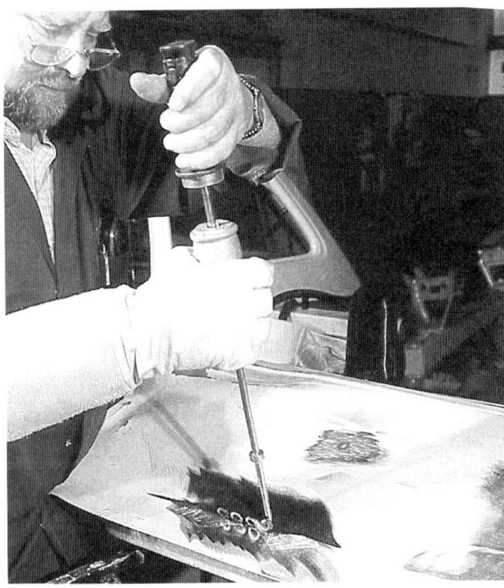

Bild 7.91a Die Zugringe werden im beschädigten Bereich angeschweißt, um (Bild 7.91b) anschließend den Zughammer darin einzuhaken.

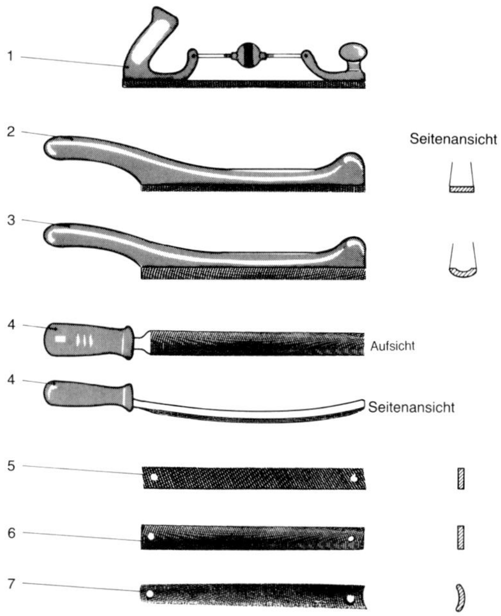

Bild 7.92 Die wichtigsten Ausführungen von Karosseriefeilen und ihre genaue Bezeichnung
1 Blatthalter aus Metall (verstellbar)
2 Blatthalter aus Holz mit gerader Blattaufnahme,
3 Blatthalter aus Holz mit halbrunder Blattaufnahme
4 Karosseriefeile mit Angel (Hieb 0–1–3 gut geeignet)
5 Hobelblatt mit schräg verzahntem Spanbrecher
6 Hobelblatt mit radial verzahntem Spanbrecher
7 Hobelblatt mit schräg verzahntem Spanbrecher (halbrunde Form)

Bild 7.93 Durch Hagelschlag beschädigte Motorhaube

Bild 7.94 Der Airpuller ist ein automatisch arbeitender Mini-Zughammer

Die sichtbar gewordenen Unebenheiten können nun weiter mit dem Hammer und dem Gegenhalter geglättet werden. Der Schlichthammer aus Aluminium kommt zum Einsatz (vgl. Abschnitt 7.4.2). Häufig ist beim Feinrichten das Arbeiten nur mit dem Spitzhammer sehr erfolgreich. Grundsätzlich gilt: Eine gute Ausbeularbeit ist qualitativ hochwertiger als jeder zusätzliche Materialauftrag (Schwemmzinn oder Spachtel).

Airpuller (Bild 7.94)
Ein automatisch arbeitender Zughammer im Kleinformat, so könnte die Kurzbeschreibung dieses Gerätes lauten. Das 1,8 kg schwere Gerät sieht aus wie eine kurze Bohrmaschine mit einem etwas klobigen Gehäuse. Anstelle des Bohrers befindet sich eine Stiftelektrode im Zentrum des Gehäuses. Die Stiftelektrode bewegt sich bei Betätigung des Airpullers nach vorne aus dem Gehäuse heraus. Sie wird auf die Dellenmitte geführt und verschweißt sich mit der Blechoberfläche. Die Schweißzeit beträgt nur ca. 0,3 Sekunden, wodurch Verbrennungen auf

der Blechinnenseite vermieden werden. Anschließend ist die Stiftelektrode über den Betätigungsknopf gefühlvoll zurückzuziehen, wobei sie gleichzeitig die Dellenmitte anhebt. Die sofort danach einsetzende Kühlung stabilisiert das Karosserieblech wieder. Abschließend ist die Stiftelektrode nur noch vom Blech zu lösen. Damit die Dellenmitte nicht zu weit nach außen gezogen wird, ist vor dem Arbeiten ein Höhenanschlag einzustellen.

Hagelschaden-Instandsetzung (wärmetechnisches Verfahren)

Mit fast schon vertrauter Regelmäßigkeit werden in den Sommermonaten aus dem süddeutschen und alpenländischen Raum Hagelunwetter gemeldet. Eine Folge davon ist, daß Fahrzeugkarosserien mal mehr, mal weniger beschädigt sind. Gerade in den Randzonen eines Hagelunwetters treffen nur noch kleine Hagelkörner auf die Fahrzeugkarosserie. Eine Vielzahl winziger Dellen ist danach insbesondere in den liegenden Karosserieflächen (Dach und Hauben) zu erkennen. Das vollständige Ausmaß der Beschädigung ist u.U. erst bei der Flächenbetrachtung im Gegenlicht zu sehen. Sollen solche Karosseriepartien erneuert werden? Bei Schraubteilen wie Motorhaube und Kofferdeckel mag das noch gerechtfertigt sein. Aber ist der Kostenaufwand bei der Erneuerung der Dachhaut noch vertretbar?

Es gibt Möglichkeiten, Hagelschäden zu reparieren. Viele Handwerker denken sofort an das Zuspachteln der Dellen. Doch hierbei ist größte Vorsicht geboten. Die Spachtelmasse ist ein Kunststoff, der sich bei Temperaturschwankungen viel stärker ausdehnt und zusammenzieht als das Karosserieblech. Wenn die Hageleinschläge zu tief sind und in einem Arbeitsgang zu viel Spachtelmasse aufgetragen wird, kommt es bei Temperaturschwankungen unweigerlich zum Abplatzen der Spachtelmasse. Besser geeignet als Reparaturmethoden sind das Zughammerverfahren oder das wärmetechnische Verfahren. Die Auswahl der richtigen Reparaturmethode hängt vom Schadensumfang ab. Sind große Vertiefungen vorhanden, kommt nur das Zughammerverfahren in Frage. Sind aber Dellen vorhanden, die nur ca. 10 mm Durchmesser haben und nur ca. 1 bis 2 mm tief sind, läßt sich das wärmetechnische Verfahren gut anwenden.

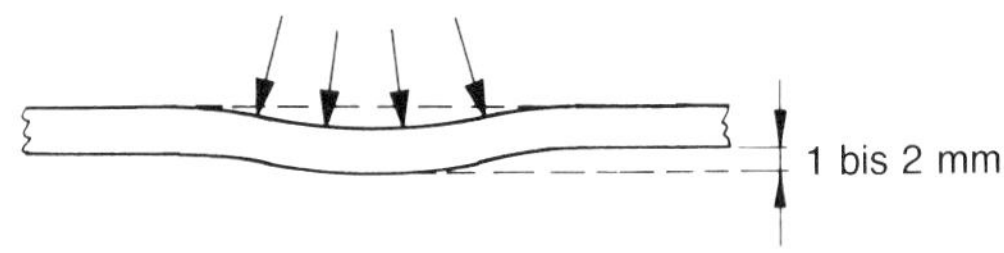

Bild 7.95 Um das «wärmetechnische Verfahren» wirksam anzuwenden, dürfen nur weiche und flache Dellen vorhanden sein

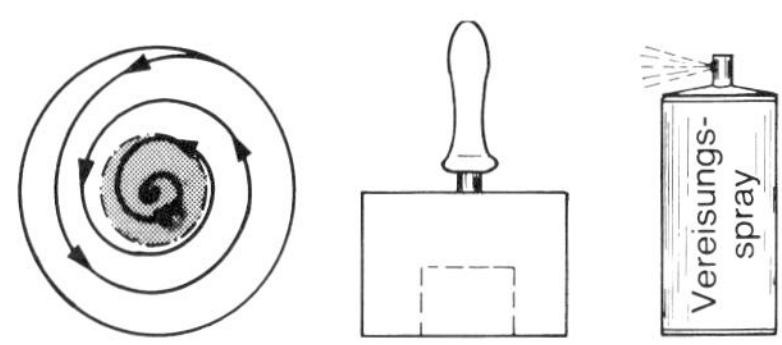

Bild 7.96 Erwärmung der Hageldelle von außen nach innen mit dem Schweißbrenner. Zum Abkühlen wird ein Metallklotz verwendet, der vorher mit Vereisungsspray eingesprüht wurde.

Dabei darf der genannte Beschädigungsumfang auch durch andere Krafteinwirkungen erfolgt sein. Es muß lediglich sichergestellt sein, daß es sich um eine «weiche» Delle handelt, also keine Knicke vorhanden sind.

Wie wirkt sich die «wärmetechnische Methode»? Die Grundüberlegung beruht auf dem physikalischen Prinzip, daß Wärme alle Körper ausdehnt und Kälte sie zusammenzieht. Wird eine Delle vom Rand ausgehend zur Mitte hin erwärmt, konzentriert sich die Wärme im Zentrum der Delle. Gleichzeitig wird der gesamte Dellenbereich elastischer als das umliegende, nicht erwärmte Blech. Wird nun der Dellenrand abgeschreckt, spannt sich die Vertiefung nach außen, wobei sich die Dellenmitte nach oben zieht. Wenn das Wechselspiel «Wärmeeinbringung und Abschrecken» im richten Maß erfolgt, verschwindet die Delle ohne jede Nacharbeit.

Die praktische Umsetzung dieser Überlegung zeigt mehrere Wege auf. Die Wärmeeinbringung geschieht am besten mit dem Autogenschweißbrenner. Für den Wärmeentzug können massive Metallzylinder verwendet werden, die mit einem Griffstück versehen sind und mit Hilfe von Vereisungsspray abgekühlt werden.

Leider funktioniert der geschilderte Wärmeentzug so nur in wenigen Fällen. Daher hat

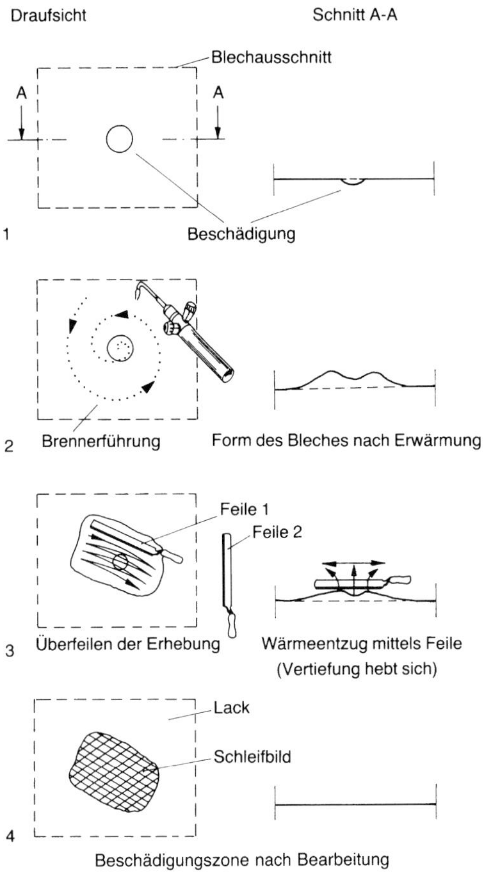

Bild 7.97
Schema: Wärmetechnische Ausbeulmethode

sich in der Werkstattpraxis eine andere Methode durchgesetzt: Der Wärmeentzug mit Hilfe eines Feilvorgangs. Die Wärmeeinbringung geschieht wiederum durch den Schweißbrenner, vom Dellenrand zum Zentrum der Delle spiralförmig fortbewegend. Dabei hebt sich auch die umliegende Karosseriefläche etwas an. Nun wird mit einer speziellen Karosseriefeile, deren Feilenblatt nach außen gewölbt ist, mittig über die Delle gefeilt. Die Feile liegt am Dellenrand auf und entzieht hier die meiste Wärme. Dadurch zieht sich das tiefer gelegene Material zu den Rändern und hebt die Dellenmitte an. Die Feile erwärmt sich bei dem Arbeitsgang sehr schnell und muß nach mehrmaligem Hinundherbewegen gegen eine kalte Feile ausgetauscht werden. Da die Lackschicht auf dem Karosserieblech dem schnellen Wärmeentzug entgegenwirkt, ist es ratsam erst mit einer groberen Feile zu arbeiten, um den Lack schnell abzufeilen. Sobald das blanke Blech vorliegt, darf nur noch mit einer feinhiebigen Feile gearbeitet werden, damit nicht zu viel von der Blechdicke abgetragen wird.

Warum ist die wärmetechnische Methode mit Hilfe der Feile wirksamer als das Abschrecken allein?
Wenn eine Delle entsteht, kommt es durch Materialspannungen in den meisten Fällen zu einer leichten Erhebung des Dellenrandes. Beim alleinigen Abschrecken können beide Verformungen nur schwerlich rückgängig gemacht werden. Beim Feilen dagegen kommt es zu einem minimalen Materialabtrag. Dadurch ist der Übergang zum unbeschädigten Bereich großflächig gegeben. Der Lackierer braucht diese Bearbeitungszonen nur noch mit Füller oder Spritzspachtel zu behandeln, um eine einwandfreie Fläche zu erhalten.

Wie gestaltet sich der genaue Arbeitsablauf beim wärmetechnischen Verfahren? Die erforderlichen Werkzeuge sind Autogen-Schweißbrenner mit 1 bis 2 mm Brennerspitze und zwei spezielle Karosseriefeilen mit jeweils einem groben und einem feinen Hieb (Hieb 1 und 3). Der Autogenbrenner wird mit einer weichen Flamme, ähnlich wie beim Hartlöten eingestellt. Jetzt kann die Delle von außen nach innen spiralförmig erwärmt werden. Es ist darauf zu achten, daß die Flammenspitze immer senkrecht auf die Blechoberfläche trifft, um eine gezielte Erwärmung zu erreichen. Es darf nur so weit erwärmt werden, bis der Lack anfängt, sich zu verfärben. Dadurch wird sichergesellt, daß der Lack der nicht zugänglichen Innenseite unbeschädigt bleibt und kein Feuer entstehen kann. Wenn das gewährleistet ist, braucht der Fahrzeughimmel nicht abgebaut zu werden. Auch nimmt ein eingeklebter Fahrzeughimmel (z.B. Audi) keinen Schaden.

Nach dem Erwärmen hat sich im größeren Umkreis um die Delle die Blechfläche angehoben. Dabei ist die Vertiefung aber noch nicht geringer geworden. Mit der groben Karosseriefeile wird jetzt zügig über den Dellenrand gefeilt, um schnell die isolierende Lackschicht zu entfernen. Erst dann wirkt der Wärmeentzug durch die Feile richtig. Nach den ersten Feilstrichen ist die Delle meistens noch nicht entfernt. Deshalb muß noch einmal erwärmt werden. Danach kommt die Feile mit dem feinen Hieb zum Einsatz. Es kann passieren, daß das Wechselspiel «Erwärmen/Feilen» bis zu 5mal durchgeführt werden muß, ehe die Delle herausgezogen ist. Durch das Erwärmen bleibt der gesamte Bereich um die Delle herum auch nach dem vollständigen Herausziehen des Dellenzentrums noch erhaben. Erst nachdem das Blech abgekühlt ist, nimmt es die normale Form ein. Es darf nicht zusätzlich durch kaltes Wasser abgeschreckt werden. Der nächste Hageleinschlag, den es zu bearbeiten gilt, sollte so weit von der vorherigen Stelle entfernt liegen, daß keine Einwirkung durch die noch warme Blechpartie vorliegt.

Der beschriebene Ablauf des wärmetechnischen Verfahrens kann durch einige Besonderheiten gestört werden:

- wenn in der Dachhaut Sicken sind, wie bei den Opel-Caravan-Modellen, kann sich das Blech nach dem Erwärmen nicht nach außen ausdehnen. Die Dachhaut verzieht sich bei jeder Erwärmung;
- bei Fahrzeugen mit sehr dünner Dachhaut, z.B. einige Modelle von Peugeot oder Fiat, wird das Feilen problematisch. Bei zuviel Druck auf die Dachhaut fällt diese nach

Bild 7.98 Der Flammkegel muß senkrecht zur Fläche gehalten werden

Bild 7.99 Nach dem ersten Feilvorgang ist die Delle meist noch nicht verschwunden

Bild 7.100 Erst nachdem mehrere Male erwärmt und gefeilt wurde, ist die Delle ganz verschwunden

Bild 7.101 Durch die Erwärmung bleibt der komplette Arbeitsbereich bis zur vollständigen Abkühlung noch erhaben

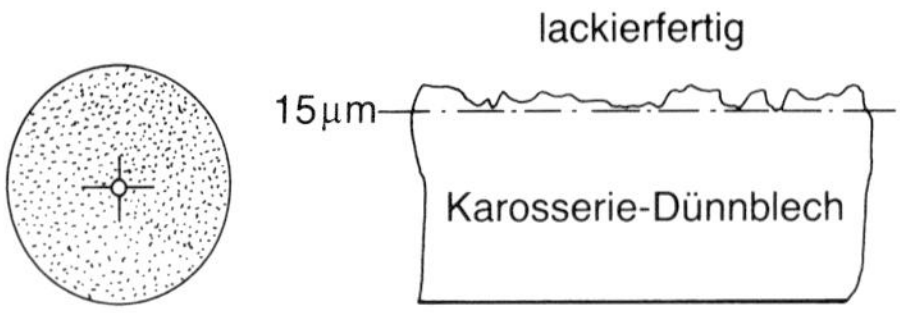

Bild 7.102 Die lackierfertige Rauhtiefe von 15 µm wird mit der Schleifscheibe am besten erzielt

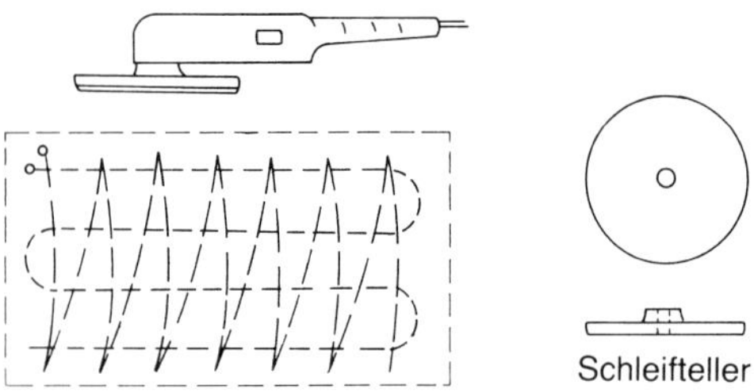

Bild 7.103 Arbeitsbewegungen mit dem Winkelschleifer

Bild 7.104 Ein dicker Spachtelauftrag an Türen platzt durch die Erschütterungen beim Zuschlagen häufig ab

innen durch. In solchen Fällen muß mit dem Autogenbrenner die Einfallstelle großflächig von außen nach innen erwärmt werden. Die Vertiefung springt von selber wieder heraus. Nicht zurückschlagen!

Wie wirtschaftlich ist das wärmetechnische Verfahren?

Der Zeitaufwand für das Beseitigen eines Hageleinschlages ist mit ca. 5 min anzusetzen. Dabei ist zu berücksichtigen, daß nach solch einer Arbeit der Reparateur eine Ruhepause benötigt. Insgesamt können pro Stunde etwa 10 Einschläge beseitigt werden.

Wenn eine Fläche mit Einschlägen übersät ist, kann das Verfahren nicht mehr eingesetzt werden. Als Anhaltswert für eine sinnvolle Reparatur läßt sich festlegen, daß ca. 10 Einschläge auf einer Fläche von 30 cm × 30 cm ein Maximum darstellen. Bei einfach auszuwechselnden Schraubteilen ist dieser Wert weit unterhalb anzusetzen (je nach Kostenhöhe des Neuteils).

7.4.6 Oberflächenbeschaffenheit nach dem Ausbeulen

Nach dem Ausbeulen ist die Blechoberfläche zwar optisch glatt, jedoch noch nicht glatt genug, damit der Lackierer sofort die Vormaterialien auftragen kann (Grundierung, Spritzspachtel usw.). Die für den Lackierer richtig bearbeitete Oberfläche darf nach der Karosseriearbeit nur noch 15 µm Rauhtiefe aufweisen. Dies läßt sich einzig und allein mit dem Schleifer herstellen. In der Praxis hat sich der Winkelschleifer dafür gut bewährt.

Der Winkelschleifer besteht aus dem Motor mit Antriebseinheit, dem Schleifteller und der -scheibe. Er kann elektrisch- oder druckluftbetrieben sein. Der richtige Drehzahlbereich beim Schleifen liegt bei ca. 5000 min^{-1}. Der Schleifteller ist hart-elastisch und hat einen Durchmesser von 125 mm oder 175 mm. Die richtige Schleifscheibe hat eine Körnung von «P 60» bis «P 80». Während des Schleifvorgangs liegt die Schleifscheibe etwa mit $^1/_3$ des Durchmessers auf dem Blech und ist durch den Anpreßdruck leicht abgewinkelt.

Wie wird mit dem Winkelschleifer richtig gearbeitet?

Der gesamte ausgebeulte Bereich muß systematisch mit der Schleifscheibe überarbeitet werden. Dabei wird dem Blech Wärme zugeführt. Deshalb muß eine gleichmäßige, nicht zu langsame und nicht zu schnelle Vorwärtsbewegung des Schleiftellers erfolgen. Es hat sich bewährt, daß die zu bearbeitende Fläche erst mit waagerechten Schleifbewegungen, dann mit dazu senkrechten Bewegungen des Schleifers überfahren wird. Dabei sollte als Beginn der senkrechten Bewegung der gleiche

Ausgangspunkt genommen werden wie zum Start der waagerechten Bearbeitung. Das hat den Vorteil, daß dieser Bereich schon ausgekühlt ist und somit eine neue Wärmeeinbringung ohne Verzugserscheinung aufnehmen kann. Eine 6- bzw. 7eckige Schleifscheibe hat sich sehr gut bewährt, da sie keine Ansatzstellen hinterläßt. Beim Bearbeiten ist auf drei Punkte besonders zu achten:

- ☐ Beim Erwärmen dürfen keine Anlauf- oder gar Glühfarben entstehen.
- ☐ Es darf kein übermäßiger Metallabtrag erzeugt (Durchschleifstellen) werden und
- ☐ keine beschleunigte Abkühlung nach dem Schleifen erfolgen.

MAGLOC-Verfahren (Bild 7.105)

Zur Beseitigung von kleinen Dellen, wie sie beim Hagelschlag oder als Parkplatzschäden immer wieder vorkommen, eignet sich dieses Verfahren sehr gut. Der größte Vorteil ist der, daß anschließend keine Lackierung der Reparaturstelle erforderlich wird.

MAGLOC ist eine Abkürzung und bedeutet **magnetic location** = magnetische Ortung. Eine winzige Stahlkugel, die außen auf der Reparaturstelle aufgesetzt wird, zeigt die genaue Position des darunter befindlichen Ausbeulwerkzeugs an. Die Spitze des Ausbeul-Druckbolzens ist magnetisch und hält die Stahlkugel auch dann auf der Blechoberseite fest, wenn die Bearbeitungsstelle senkrecht zum Werkstattboden steht. Der Druckbolzen (Bild 7.106) wird unterhalb der Delle abgestützt und über eine Art Fahrrad-Handbremshebel betätigt. Somit wird die Delle nicht herausgeschlagen, sondern feinfühlig gedrückt. Die Auswahl und die Reihenfolge der Druckpunkte sind vergleichbar mit dem Ausbeulvorgang, wenn Hammer und Gegenhalter benutzt werden, also spiralenförmig von außen nach innen. Solange die magnetische Druckbolzenspitze zum Ansetzen des neuen Punktes mit der Blechinnenfläche in Berührung bleibt, folgt die kleine Stahlkugel von außen der Spitze und zeigt die jeweilige Druckstelle genau an. Für den Fall, daß sie einmal wegfallen sollte, ist ein Magazin mit vielen Kugeln und einer Ausgabedüse für die Einzelkugel-Entnahme griffbereit.

Zur Kontrolle, ob die Delle komplett herausgedrückt wurde, dient eine normale Leuchtstoffröhre (Neonröhre). Ihr Licht spiegelt sich auf einer ebenen Blechoberfläche als schmaler Streifen. Im Bereich der Delle bekommt der Lichtstreifen einen «Bauch». Sobald das Lichtband auf der Blechoberfläche kontinuierlich reflektiert wird, ist die Delle entfernt.

Achtung: Das wichtigste für die Entscheidung, ob das MAGLOC-Verfahren angewendet werden kann, ist die richtige Beurteilung der Dellen. Es muß vor dem Einsetzen des Verfahrens feststehen, ob sich alle Beschädigungen ohne Lackierung entfernen.

Wenn hierbei nicht sorgsam abgewägt wird, kann es passieren, daß neun von zehn Beschädigungen sich mit MAGLOC entfernen lassen, sich aber eine Delle nur mit den herkömmlichen Verfahren beseitigen läßt, also

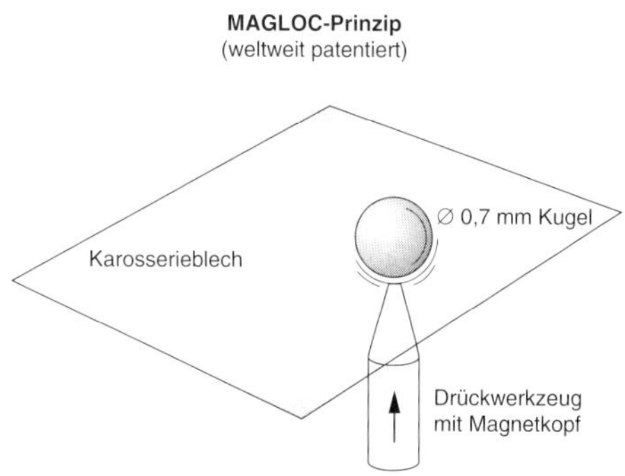

Bild 7.105 Prinzip der Druckspitzenortung bei MAGLOC

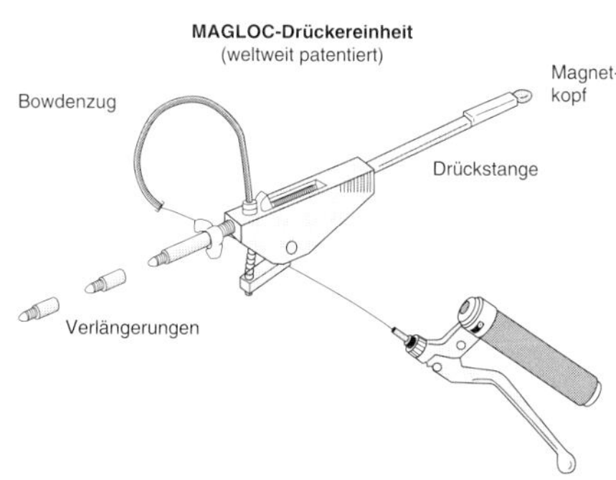

Bild 7.106 Drückereinheit bei MAGLOC

Bild 7.107 MAGLOC im praktischen Einsatz

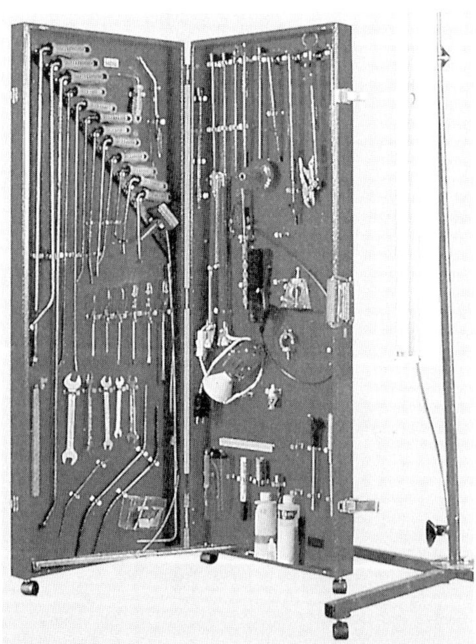

Bild 7.108 Das Ausbeul-Hebelsystem, das auch mit der MAGLOC-Magnetkugel arbeitet

mit anschließender Lackierung. In einem derartigen Fall ist bereits ein sehr hoher Rüstzeitaufwand betrieben worden, da die Reparaturstellen, z.B. Dachhaut, von der Rückseite her zugänglich gemacht werden mußten. Außerdem ist der Fahrzeughimmel wieder einzubauen (Bild 7.107). Wäre hierbei direkt z.B. mit der wärmetechnischen Methode oder dem Airpuller gearbeitet worden, hätte zwar festgestanden, daß anschließend lackiert werden muß, doch wären die Gesamt-Reparaturkosten zumindest um den Betrag der Demontage- und Montagezeiten für den Dachhimmel reduziert worden.

Das reine Hebelsystem

Hier werden bis über 1 m lange, speziell geformte dünne Rundstähle verwendet. Die Enden der Hebel sind meistens abgeflacht, damit sie als kleine Druckfläche angesetzt werden können (Bild 7.108). Die Hebel sind deswegen so lang, damit man mit ihnen durch Karosseriehohlräume hindurch die Blechdellen von der Rückseite her erreichen kann. Durch die abgewinkelte Formgebung der Hebel können sie in den Hohlräumen abgestützt werden, um anschließend mit der Spitze die vorhandenen Dellen herauszudrücken. Das Verfahren erfordert sehr viel Können und ein «gutes Auge», damit die richtigen Druckpunkte erwischt werden. Als Ergänzung zum vorher beschriebenen MAGLOC-System gibt es diese Hebel ebenfalls. Da die Druckflächen der Hebel genauso magnetisch sind wie die Druckbolzenspitze, kann sogar mit den Anzeigekügelchen gearbeitet werden. Bei professionellem Gebrauch der Ausdrückhebel können die Dellen komplett herausgedrückt werden, ohne die Reparaturstelle lackieren zu müssen.

Das Arbeiten mit MAGLOC und mit dem Hebelsystem eignet sich gut an Karosserieteilen aus Aluminium, da bei Alublech immer versucht werden sollte, die Oberfläche «in Form zu drücken» und wenig zu hämmern.

Verzinnen von Karosserieblech

Trotz aller Bemühungen beim Ausbeulen von Karosserieblech kann es passieren, daß Vertiefungen übrigbleiben. Insbesondere gilt das für die Arbeiten nach dem Zughammer-Verfahren (vgl. Abschnitt 7.4.5). Dann läßt es sich nicht umgehen, Zusatzmaterial auf die Blechoberfläche aufzutragen. Dies kann mit einer Kunststoff-Spachtelmasse oder mit Schwemmzinn erfolgen. Das Arbeiten mit einer Kunststoff-Spachtelmasse bedeutet, daß auf das Stahlblech ein anderer Werkstoff mit anderen Eigenschaften aufgetragen wird. Hierbei sind zwei Hauptprobleme zu bewältigen:

- Es muß eine dauerhafte Verbindung zwischen dem Kunststoff und dem Stahl geschaffen werden.
- Die unterschiedlichen Ausdehnungen der beiden Materialien bei Temperaturschwankungen dürfen nicht zum Abplatzen des Kunststoffmaterials von der Blechoberfläche führen.

Neben den Temperaturschwankungen treten im Fahrbetrieb an einer Karosserie auch starke Verwindungen auf. Auch diese Beanspruchung ist für die Kunststoff-Spachtelmasse problematisch. Darüber hinaus eignet sich ein Kunststoffmaterial kaum zum Nachformen von Karosseriekanten, die im Alltagsgebrauch sehr stark belastet werden (z.B. Waschstraße).

Welches ist das qualitativ bessere Verfahren für den zusätzlichen Materialauftrag?

Grundsätzlich muß festgehalten werden, daß jedes Verfahren gut ist, wenn es dort eingesetzt wird, wo es spezielle Vorteile bringt. Die Kunststoff-Spachtelmasse läßt sich schnell und ohne besondere handwerkliche Anforderungen an den Reparateur auftragen. Sie eignet sich besonders dann, wenn nur geringe Unebenheiten auszufüllen sind. Nach einer gründlichen Vorbereitung der Blechoberfläche und dem richtigen Anrühren von Spachtelmasse und Härter entstehen bei einem dünnen Auftrag keine Bindungsprobleme. Auch besteht nicht die Gefahr, daß durch Wärmeschwankungen soviel Spannungen zwischen Blech und Kunststoffspachtel auftreten, daß er abplatzt. Der dünne Kunststoffauftrag ist so elastisch, daß er jede Formänderung des Bleches mitmacht. Anders ist dies, wenn stärkeres Auftragen von Zusatzmaterial erforderlich wird. Dabei hat das Schwemmzinn den großen Vorteil, daß es, wie das Blech, ein Metall ist. Dadurch dehnen sich beide Materialien bei Temperaturunterschieden fast gleich stark aus. Die Gefahr des Abplatzens durch Ausdehnungsunterschiede und Erschütterungen ist nicht gegeben. Auch die Verbindung zwischen Stahlblech und Schwemmzinn ist unproblematisch, weil das Bindemittel für beide Metalle durch gezielte Wärmevorbehandlung optimale Bedingungen vorfindet.

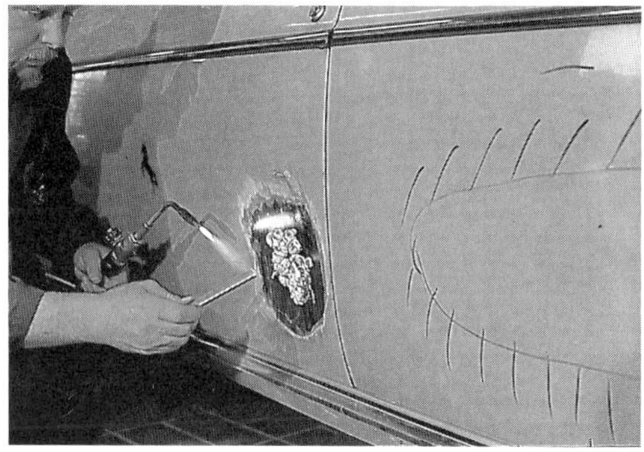

Bild 7.109 Ein Schwemmzinnauftrag macht alle Erschütterungen der Karosserie mit

Im Werkstattbereich hat sich eingespielt, daß der Karosserie-Reparateur nicht mit Kunststoffspachtel arbeitet. Er besitzt nicht die speziellen Kenntnisse zur Verarbeitung wie der Lackierer, der täglich damit umgeht. Der Karosserie-Reparateur neigt dazu, zu starke Aufträge mit der Kunststoff-Spachtelmasse vorzunehmen. Eine Reklamation seiner Arbeit ist damit vorprogrammiert. Die dringende Empfehlung lautet deshalb: Der Karosserie-Reparateur bearbeitet eine Metalloberfläche und hat den metallischen Zusatzwerkstoff zum Ebnen zu verwenden. Er verzinnt die Blechteile.

Die Werkzeuge und Hilfsmittel zum Verzinnen (in machen Gegenden wird auch vom «Verschwemmen» gesprochen) sind folgende:

- rotierende Zopfbürste oder Schleifscheibe,
- Autogenschweißbrenner mit Düseneinsatz 2 bis 4 mm,
- Gleitmittel für Löthölzer,
- verschiedene Lötholzformen,
- Verzinnungspaste mit Pinsel,
- 25%iges Schwemmzinn,
- Baumwoll- oder Leinenlappen (ohne Kunststoffasern und fusselfrei),
- Karosseriehobel/-feile.

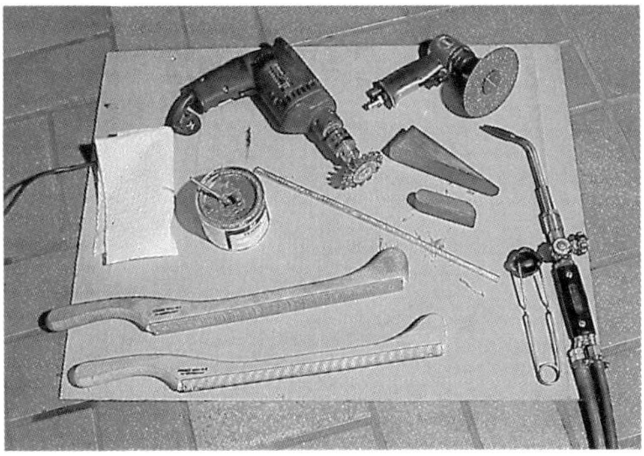

Bild 7.110 Werkzeuge und Hilfsmittel zum Verzinnen

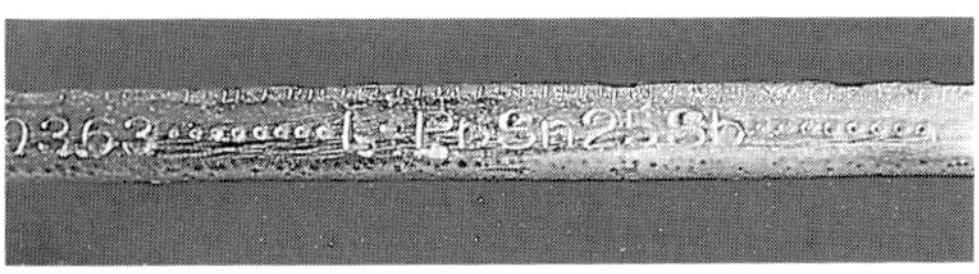

Bild 7.111 Gravur auf einem Schwemmzinnstab

Bild 7.112 Verwahrung des Zubehörs zum Verschwemmen in einem handlichen Kasten aus Metall. Die Löthölzer liegen immer im Gleitmittel.

Zu den Werkzeugen und Hilfsmitteln sind einige Erläuterungen erforderlich:

Schwemmzinn

Die Hauptbestandteile dieses Materials sind Blei und Zinn. In einem bestimmten Verhältnis sind die Materialien miteinander vermischt und zu einer Schwemmzinnstange geformt. Der Zinnanteile bestimmt die Höhe und den Bereich der Verarbeitungstemperatur. Er liegt für das Verzinnen zwischen 2% und 30%. In der Werkstattpraxis hat sich der 25%ige Zinnanteil als besonders vorteilhaft erwiesen. Das Schwemmzinn ändert seinen Aggregatzustand (fest zu flüssig) in einem mehr oder weniger großen Temperaturbereich. In dem Übergangsbereich ist es teigig und kann sehr gut modelliert werden. Bei 25%igem Schwemmzinn steht ein großer Verarbeitungstemperaturbereich zwischen 186 und 260 °C zur Verfügung. Die genaue Bezeichnung des Schwemmzinns lautet: L-Pb Sn 25 Sb.

Dabei bedeuten:
L = Lot (Herstellungsform)
Pb = Blei (chemisches Kurzzeichen)
Sn = Zinn (chemisches Kurzzeichen)
25 = 25% Zinnanteil
Sb = Antimon (chemisches Kurzzeichen, Metall).

Löthölzer

Das sind handliche Holzstücke, mit deren Hilfe das teigige Schwemmzinn modelliert wird. Da die Karosseriekonturen sehr unterschiedlich sind, gibt es verschiedene Formen von Löthölzern, um den Arbeitsgang zu erleichtern. Die Löthölzer werden aus Buchen-, Weißdorn- oder Palmenholz gefertigt. Die im Handel angebotenen Lötholzsätze bestehen aus 5 bis 6 einzelnen Löthölzern.

Gleitmittel für Löthölzer

Wenn mit den Löthölzern das heiße Schwemmzinn bearbeitet wird, kann es vorkommen, daß das Holz verbrennt und das Schwemmzinn sich in das Lötholz festsetzt. Um das zu vermeiden, werden die Löthölzer in eine Flüssigkeit gelegt, die das Verbrennen verhindert und als Gleitmittel dient. Dazu haben sich Bienenwachs (recht teuer), Motorenöl (kein Altöl) oder Paraffinöl gut bewährt.

Verzinnungspaste
Sie ist das Bindemittel und sorgt für eine gute Haftung des Schwemmzinns auf der Blechoberfläche. Die Verzinnungspaste muß zur Verarbeitung erwärmt werden. Dabei scheidet sie nach Erreichung der richtigen Temperatur das Flußmittel, das darin enthalten ist, aus. Dieses färbt sich kaffeebraun und gibt dadurch die richtige Verarbeitungstemperatur an.

Bild 7.113 Gebinde einer Verzinnungspaste

Baumwoll- oder Leinenlappen
Nachdem die Verzinnungspaste das kaffeebraune Flußmittel ausgeschieden hat, muß es abgewischt werden. Erst dann kann der Schwemmzinnauftrag erfolgen. Das Abwischen muß mit einem Lappen erfolgen, der keine Rückstände auf der Blechoberfläche hinterläßt. Wenn Kunststoffasern in dem Lappen enthalten sind, verbrennen sie bei Berührung mit dem heißen Flußmittel und verunreinigen die Kontaktfläche. Beim anschließenden Auftragen des Schwemmzinns führen diese Verunreinigungen zu Haftungsstörungen. Ähnliche Haftungsprobleme können auftreten, wenn sich im Lappen lose Fusseln befinden, die sich auf der Blechoberfläche absetzen.

Rotierende Zopfbürsten oder Schleifscheiben
Bevor die Verzinnungspaste auf die Blechoberfläche aufgetragen wird, muß diese metallisch blank sein. Hierfür haben sich sehr gut die genannten Werkzeuge bewährt. Nach dem Auftrag muß das Schwemmzinn glattgeschliffen werden. Dafür dürfen allerdings keine schnellaufenden Maschinen eingesetzt werden, da der bleihaltige Schleifstaub eine Gesundheitsgefährdung darstellt.

Der Arbeitsgang des Verzinnens läuft wie folgt ab:
Der ausgebeulte Karosseriebereich wird mit der rotierenden Drahtbürste oder mit der Schleifscheibe metallisch blank geschliffen. Dabei muß ein großer Übergangsbereich von der Schadstelle in die unbeschädigte Zone blank gemacht werden. Das ist erforderlich, damit kein Übergang durch Absätze oder Kanten im Schwemmzinn entsteht. Als Anhaltswert kann ein Bereich von ca. 50 mm um die Schadstelle herum angesetzt werden. Nach dem Blankschleifen kann die Verzinnungspaste mit dem Pinsel aufgestrichen werden.

a) b)

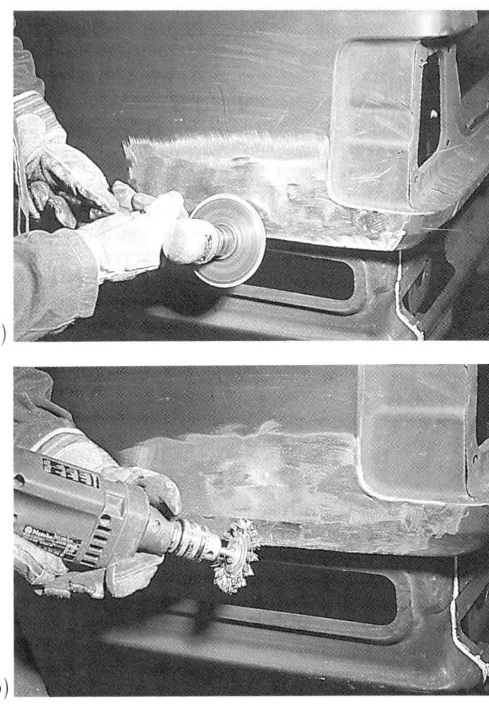

Bild 7.114 Schleifscheibe (a) und Zopfbürste (b) im Einsatz

a) 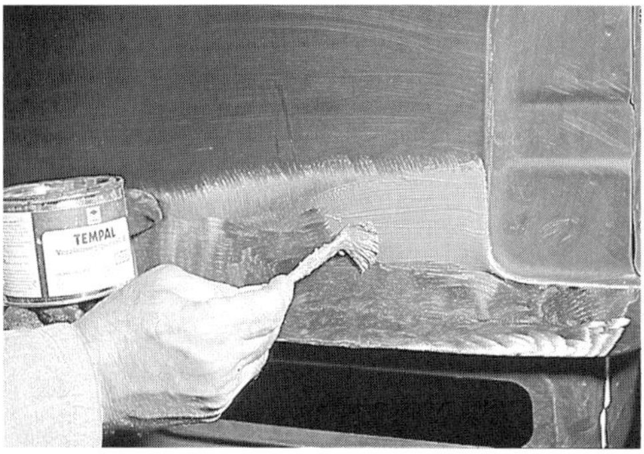

b) 

Bild 7.115a und b Aufstreichen der Verzinnungspaste (großflächig)

Bild 7.116 Einstellung des Flammkegels am Autogen-Schweißbrenner

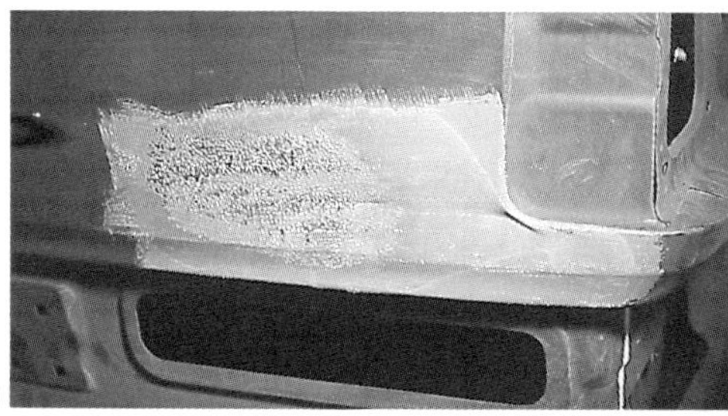
a)

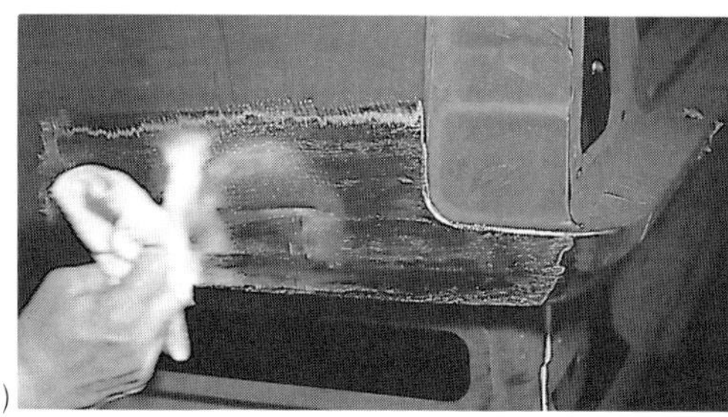
b)

Bild 7.117a und b Das erwärmte Flußmittel der Verzinnungspaste wird kaffeebraun und muß mit einem Lappen abgewischt werden

Das Erwärmen der Verzinnungspaste geschieht mit dem Autogen-Schweißbrenner. Dieser wird mit Acetylenüberschuß eingestellt, so daß sich ein ca. 5 cm langer, hellblauer Flammkegel ergibt. Die aufgestrichene Verzinnungspaste wird jetzt gleichmäßig von außen nach innen erwärmt. Langsam stellt sich eine kaffeebraune Färbung des Flußmittels der Verzinnungspaste ein. Wenn dieser Farbton auf der gesamten Fläche vorhanden ist, schwimmt das Flußmittel auf der Verzinnungspaste und kann mit einem sauberen Lappen abgewischt werden. Die Blechoberfläche ist danach silbrig glänzend.

Nun kann das Schwemmzinn aufgetragen werden. Dazu wird der Schwemmzinnstab gleichzeitig mit der Blechoberfläche erwärmt. Sobald die Spitze des Stabes teigig ist, kann sie

a)

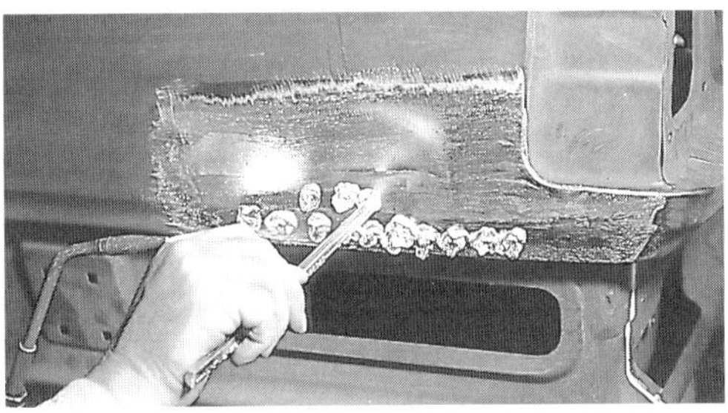
b)

Bild 7.118a und b Aufbringen der Schwemmzinntupfer

a)

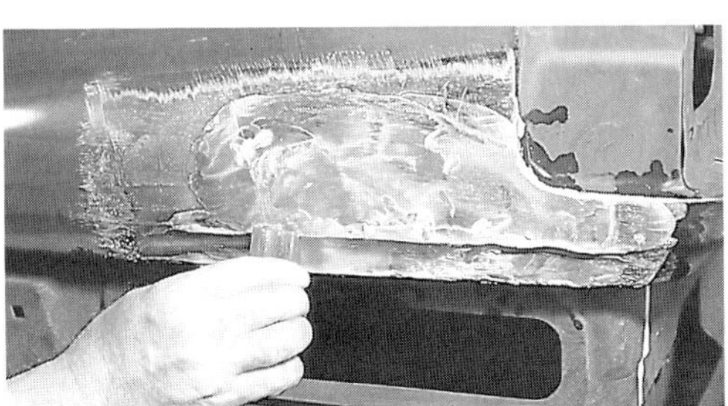
b)

Bild 7.119a und b Glätten der Schwemmzinntupfer

auf der Oberfläche abgetupft werden. Dies geschieht so oft, bis alle Vertiefungen der Blechoberfläche ausgefüllt sind.

Nun können die Schwemmzinntupfer geglättet und verdichtet werden. Dazu dienen die Löthölzer. Durch den Schweißbrenner wird die zu bearbeitende Oberfläche mit dem Schwemmzinn ständig auf der Verarbeitungstemperatur gehalten. Bei zu starker Erwärmung fließt das Schwemmzinn weg, und bei zu schwacher Wärmezufuhr läßt es sich nicht glätten. Jetzt wird der Vorteil des großen Temperatur-Verarbeitungsbereiches des 25%igen Schwemmzinns deutlich.

Nachdem die Blechoberfläche «in Form» modelliert wurde, muß sie abkühlen, aber ohne abgeschreckt zu werden. Danach kann mit dem Karosseriehobel (Karosseriefeile) der gesamte Bearbeitungsbereich geebnet werden. Es ist wichtig, daß der Bereich zum unbeschädigten Blech übergangslos gefeilt wird. Danach ist die Arbeit abgeschlossen, und der Lackierer kann seine Tätigkeit aufnehmen.

Beim Verzinnen sind die persönlichen Schutzausrüstungen zu tragen (Brille, Handschuhe, Atemschutz mit Filtertyp P2). Zusätzlich sind folgende Verhaltensmaßnahmen einzuhalten:

- nicht essen, trinken oder rauchen,
- Händewaschen nach der Arbeit.

Abgehobelte Schwemmzinnreste (stark bleihaltig!) gehören aus Umweltschutzgründen separat entsorgt.

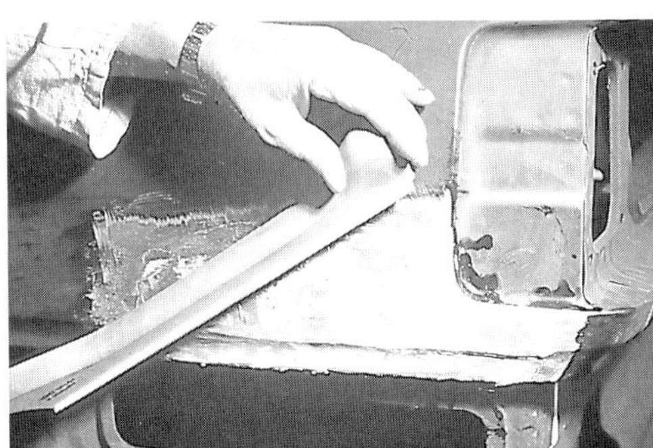

Bild 7.120 Die verzinnte Fläche darf nur mit dem Karosseriehobel (Feile) bearbeitet werden

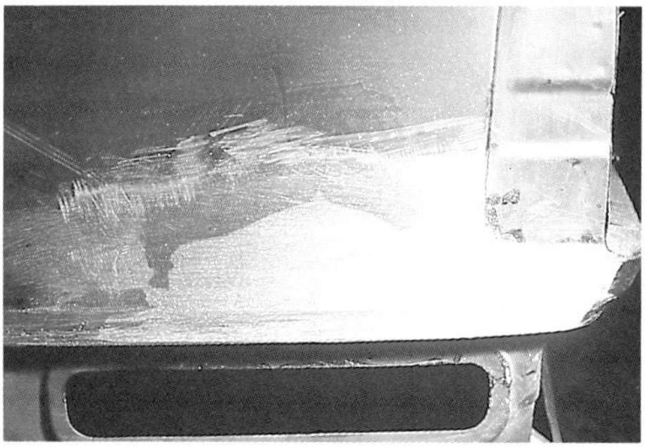

Bild 7.121 Es müssen «weiche» Übergänge vom Schwemmzinn zur angrenzenden Fläche gearbeitet werden

Bild 7.122 Große Durchbrüche des Türkörpers ermöglichen eine gute Zugänglichkeit beim Ausbeulen

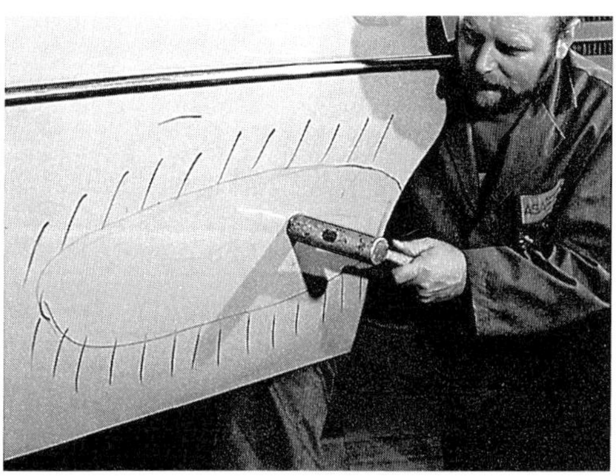

Bild 7.123 Kleine Unebenheiten werden direkt mit dem Alu-Schlichthammer bearbeitet

7.4.7 Beispiel einer Ausbeularbeit

Das erwähnte Beispiel der leicht eingedrückten Tür aus Abschnitt 7.4 soll hierfür dienen. Zur Erinnerung noch einmal die Fakten: hintere Tür der linken Fahrzeugseite, längliche Vertiefung ca. 300 mm lang und 3 mm tief. Die Beschädigung befindet sich 20 cm unterhalb der Zierleiste.

Als erstes muß die Wirtschaftlichkeit einer Reparatur für das angeschraubte Karosserieteil überprüft werden. Dazu dient das Kalkulationshandbuch: Der Materialpreis für die Rohbautür beträgt ca. 310 DM. Die Umbauarbeiten sind mit 3,2 Std. angegeben. Die Karosserie-Arbeitsstunde wird mit 80 DM angesetzt. Das Erneuern der Tür kostet demnach ca. 570 DM. Wird der Betrag durch den Stundenverrechnungssatz von 80 DM geteilt, darf die Ausbeularbeit ca. 7 Std. dauern, um nicht teurer zu werden als der Einbau einer neuen Tür. Die Lackierung bleibt unberücksichtigt, da sie in beiden Fällen durchgeführt werden muß. Dieser Türbereich ist von innen zugänglich, so daß das Ausbeulen einschließlich aller Nebenarbeiten ungefähr 3 Std. dauern könnte. Da keine Roststellen zu erkennen sind, dürfen unangenehme Überraschungen nicht auftreten. Damit ist das Ausbeulen der Tür wirtschaftlich vertretbar.

Zuerst wird die Innenverkleidung der Tür entfernt. Jetzt sind die großen Öffnungen des Türkörpers erkennbar. Für die durchzuführenden Ausbeularbeiten ist eine sehr gute Zugänglichkeit gegeben. Als nächstes wird die Dämmatte von der Innenseite der Türhaut entfernt. Nun kann mit einem geeigneten Richtlöffel der eingedrückte Blechbereich grob zurückgehebelt werden. Die Feinarbeiten sind mit Hammer und Gegenhalter auszuführen. Da es sich nur um kleine Vertiefungen handelt, kann sofort mit dem speziellen Alu-Schlichthammer gearbeitet werden. Als Gegenhalter kommen die ebene Handfaust und die Kastenfeile zum Einsatz. Die noch vertieften Stellen werden mit der Handfaust von innen herausgeschlagen. Sobald mit dem Aluhammer geschlichtet wird, muß die Kastenfeile als Gegenhalter benutzt werden. Somit werden weitere Blechdehnungen verhindert.

Nach einiger Zeit des Ausbeulens sind feine Unebenheiten nicht mehr feststellbar. Jetzt müssen die noch vorhandenen Vertiefungen sichtbar gemacht werden. Das geschieht mit der schrägverzahnten Karosseriefeile, die die Lackschicht gut entfernt. Dabei erscheinen die vorhandenen zu hohen Stellen glänzend, während in den Vertiefungen die Lackreste verbleiben. Die zu hohen Stellen können von außen mit dem Spitzhammer gezielt zurückgeschlagen werden. Die zu tiefen Stellen müssen von innen mit dem Gegenhalter oder dem Richtlöffel nach außen gedrückt werden. Danach erfolgt wiederum das Glätten mit Hammer und Gegenhalter (direktes Hämmern). Erneut kommt dann die Karosseriefeile zum Einsatz. Jetzt kann das radial verzahnte Feilen- oder Hobelblatt verwendet werden. Es gleitet gut über die bereits blanken Flächen. Der Vorgang Feilen – Ausbeulen – Glätten wiederholt sich so lange, bis die Unebenheiten beseitigt sind.

Durch das häufige direkte Hämmern ist, obwohl die Kastenfeile als Gegenhalter benutzt wurde, eine Springbeule entstanden. Jetzt muß das Zentrum der Springbeule ertastet werden. Das ist die weichste Stelle, die bei stärkerem Druck das Blech in die gegenüberliegende Stellung umklappen läßt. Beim genauen Abtasten des gesamten Ausbeulbereichs ist feststellbar, daß es mehrere Springbeulen zeigt. Mit dem elektrischen Einziehgerät werden alle labilen Bereiche schneckenförmig zum jeweiligen Zentrum hin erwärmt und sofort abgeschreckt. Nachdem der Vorgang mehrere Male wiederholt wurde, ist die gesamte Fläche stabilisiert.

Ein Oberflächenauftrag durch Schwemmzinn ist nicht erforderlich, da nur noch minimale Unebenheiten vorhanden sind. Die ausgebeulte Fläche kann sofort mit dem Winkelschleifer überarbeitet werden. Dadurch bekommt der Lackierer die Oberfläche abgeliefert, die er braucht, um mit dem Lackaufbau sofort beginnen zu können. Sicherlich beginnt der Lackierer mit einem Spachtelauftrag. Dieser Arbeitsgang gehört zwar gemäß Vorgabezeit noch zur Arbeit des Karosserie-Reparateurs, doch die Erfahrung zeigt, daß es besser ist, dem Lackierer auch das Spachteln zu überlassen. Deshalb sollte dem Lackierer diese zusätzliche Arbeitszeit auch bezahlt und von der Zeit der Karosseriearbeit abgezogen werden.

Bild 7.124 Die übergefeilte Ausbeulfläche zeigt deutlich noch vorhandene Unebenheiten

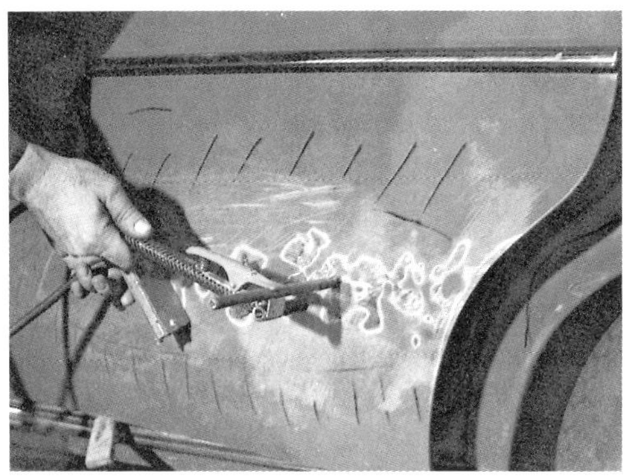

Bild 7.125 Das Einziehen einer Springbeule mit dem elektrischen Einziehgerät

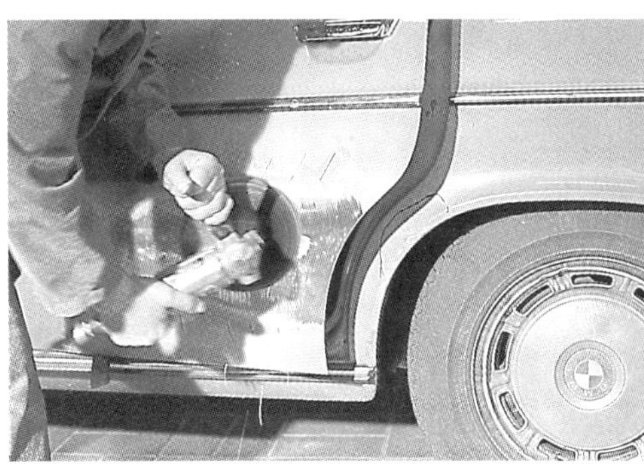

Bild 7.126 Die Oberflächenrauhigkeit der bearbeiteten Fläche darf bei der Übergabe an den Lackierer nur eine Rauhtiefe von 15 µm haben (Schleifscheibe Körnung P80).

Bevor die Innenverkleidung der Tür wieder montiert wird, muß der Karosserieschutz vorgenommen werden. Durch das Arbeiten mit Richtlöffel und Gegenhalter ist die Innenfläche des Türblattes an einigen Stellen blankgescheuert. Eventuell vorhandener Schmutz ist aus dem Innern der Tür abzusaugen. Der Bearbeitungsbereich muß entfettet, grundiert und mit Lack übersprüht werden. Danach wird die Dämmatte aufgeklebt. Als letztes erfolgt die Hohlraumkonservierung. Bevor die Kunststoffolie von innen auf den Türkörper geklebt wird (Abdichten gegen Regenwasser), müssen die Kondenswasser-Ablauflöcher im Türboden durchgestoßen werden.

7.4.8 Fragen und Antworten

1. Erläutern Sie den Versuchsaufbau zum physikalischen Grundsatz «Wärme dehnt alle Körper aus».
Antwort:
Eine kalte Stahlkugel paßt durch das Loch einer Platte, wenn der Lochdurchmesser nur geringfügig größer ist als der Kugeldurchmesser. Wird die Kugel erwärmt, läßt sie sich nicht durch das Loch bringen. Erst wenn die Kugel abgekühlt ist, paßt sie wieder durch.

2. Erklären Sie den Begriff «Hohlrichten».
Antwort:
Wenn beim Ausbeulen die Hammerschlagfläche nicht auf den Gegenhalter trifft, wird vom Hohlrichten gesprochen.

3. Wann wird das direkte Hämmern vorgenommen?
Antwort:
Beim Glätten einer Fläche mit schwachen Verformungen.

4. Warum verschwinden Springbeulen im Blech, wenn der erwärmte Mittelpunkt der Beule abgeschreckt wird?
Antwort:
Durch das Abschrecken wird der vorher erwärmte Bereich stärker verdichtet als das nicht erwärmte Blech. Es zieht sich an der Stelle stärker zusammen und stabilisiert damit die labile Fläche.

5. Wie wird die Mitte einer Springbeule ermittelt?
Antwort:
Das ist der Punkt, an dem das Blech am stärksten federt.

6. Welche Linienführung ist beim Glätten einer Blechfläche mit dem Hammer und dem Gegenhalter einzuhalten?
Antwort:
Das spiralförmige Vorgehen.

7. Welche beiden Wärmequellen dienen zum Einziehen von Blechen?
Antwort:
Der Autogen-Schweißbrenner oder das elektrische Einziehgerät mit der Kohleelektrode.

8. Wann wird der Zughammer zum Ausbeulen eingesetzt?
Antwort:
Bei doppelwandigen Karosseriepartien, die nur von außen bearbeitet werden können.

9. Wie werden beim Feinrichten die kleinen Unebenheiten in der Fläche erkannt?
Antwort:
Die Fläche wird mit der Karosseriefeile überfeilt.

10. Warum ist das Zuspachteln von Hageldellen problematisch?
Antwort:
Die Kunststoff-Spachtelmasse verführt dazu, in einem Arbeitsgang auch tiefe Dellen aufzufüllen. Die Spachtelmasse hat bei Temperaturschwankungen eine andere Ausdehnung als das Blech. Es kann bei dickem Spachtelauftrag zu Abplatzern kommen.

11. Welche Dellengröße kann mit dem wärmetechnischen Verfahren gut bearbeitet werden?
Antwort:
Die Dellentiefe darf nur 1 bis 2 mm betragen. Der Durchmesser ist auf ca. 10 mm begrenzt. Es müssen weiche Dellen sein.

12. Wie wirkt das wärmetechnische Verfahren?
Antwort:
Durch das Wechselspiel von Erwärmen und Abkühlen ebnet sich das Blech. Die Delle wird mit dem Schweißbrenner spiralförmig erwärmt, um

anschließend über den Dellenrand abgekühlt zu werden.

13. Wie wird der Flammkegel des Schweißbrenners für das wärmetechnische Verfahren eingestellt?
Antwort:
Wie beim Hartlöten mit einem ca. 2 cm langen Flammkegel.

14. Warum darf der Lack beim Erwärmen der Hageldelle nicht verbrennen?
Antwort:
Wenn der Lack außen nicht verbrennt, kann er auf der Innenfläche auch kein Feuer fangen. Somit ist es möglich, den Dachhimmel während der Arbeiten montiert zu lassen.

15. Warum darf die übergefeilte Hageldelle nicht mit Wasser abgeschreckt werden?
Antwort:
Die Erwärmung der Hageldelle hat auch die weitere Umgebung ausgedehnt und angehoben. Beim Abschrecken würden unkontrollierbare Blechspannungen entstehen.

16. An welchen Blechpartien funktioniert die wärmetechnische Methode nicht?
Antwort:
Bei Blechpartien, bei denen Sicken, Kanten, Absätze oder andere Blechverformungen in der Nähe liegen.

17. Wie kann eine durch zu starken Druck beim Feilen eingefallene Dachhaut wieder nach außen geformt werden (ohne Hammerschläge)?
Antwort:
Durch eine großflächige spiralförmige Erwärmung vom Rand der Einfallstelle zur Mitte.

18. Wieviel Hageleinschläge lassen sich mit der wärmetechnischen Methode in der Stunde bearbeiten?
Antwort:
Ca. 10 Dellen.

19. Mit welchen Schleifscheiben werden Ansatzstellen verhindert?
Antwort:
Mit 6- oder 7eckigen Scheiben.

20. Mit welcher Schleifscheiben-Körnung muß die abschließende Oberflächenbehandlung bei der Karosseriereparatur durchgeführt werden?
Antwort:
Mit der Körnung P 80.

21. Warum kommt es bei fachgerecht aufgetragenem Schwemmzinn nicht zu Abplatzern?
Antwort:
Schwemmzinn ist wie das Stahlblech der Karosserie ein Metall. Zwischen dem Zinn und dem Blech treten keine Oberflächenspannungen auf, die die Verbindung lösen könnten.

22. Nennen Sie den Temperaturbereich, in dem 25%iges Schwemmzinn seine teigige Konsistenz hat.
Antwort:
Die Verarbeitungstemperatur liegt zwischen 186 und 260 °C.

23. Erläutern Sie die Bezeichnung L-Pb Sn 40 Sb bei Schwemmzinn.
Antwort:
L = Lot, Pb = Basismaterial Blei, Sn = erster Legierungsstoff Zinn, 40 = 40% Zinnanteil, Sb = Antimon als zusätzlicher Legierungsstoff.

24. Warum werden die Löthölzer z.B. in Motorenöl gelegt?
Antwort:
Motoröl wirkt als Gleitmittel beim Modellieren des Schwemmzinns. Außerdem verindert es das Einbrennen des heißen Schwemmmaterials ins Lötholz und Anbrennen des Holzes.

25. Woran erkennen Sie, wann die richtige Temperatur erreicht ist, um das Flußmittel von der Verzinnungspaste abzuwischen?
Antwort:
Das Flußmittel ist dann kaffeebraun.

26. Warum darf beim Abwischen des Flußmittels der Verzinnungspaste kein Lappen mit Synthetikfasern verwendet werden?
Antwort:
Die Synthetikfasern verbrennen durch das heiße Flußmittel. Die Verbrennungsrückstände bewirken Haftungsstörungen mit dem Schwemmzinn.

27. Warum darf die mit Schwemmzinn aufgefüllte Karosseriefläche nicht mit der Schleifmaschine bearbeitet werden?
Antwort:
Das Schwemmzinn ist in hohem Maß bleihaltig. Durch die Bearbeitung mit der Schleifmaschine entsteht feiner bleihaltiger Staub, der in die Atemluft gelangt (Gesundheitsgefährdung!).

28. Warum ist der Korrosionsschutz nach dem Ausbeulen erforderlich?
Antwort:
Durch das Ausbeulen wird der werksseitige Korrosionsschutz beschädigt. Nach jeder Reparatur muß der Originalzustand wiederhergestellt sein.

29. Wodurch wird eine Karosserieblechfläche formstabil?
Antwort:
Durch Sicken, Kanten, Absätze usw., d.h. allgemein, durch zusätzliche Umformungen.

30. Warum erhöht sich die Steifigkeit des Stahlbleches nach einer plastischen Verformung?
Antwort:
Die inneren Spannungen des Bleches werden größer.

31. Welchen Einfluß hat das Anwachsen von inneren Spannungen im Stahlblech auf das Ausbeulen?
Antwort:
Je mehr Spannungen beim Ausbeulen erzeugt werden, desto größer ist die Gefahr, daß Risse und Springbeulen entstehen.

32. Welchen Vorteil bieten runde und gleichzeitig ballige Hammerschlagflächen beim Ausbeulen?
Antwort:
Es werden weitgehend zusätzliche Abdruckkanten im Blech beim Schlagen verhindert.

33. Welche Vorteile hat das Arbeiten mit dem Feilhammer?
Antwort:
Da die Hammerbahn des Feilhammers mit einem Kreuzhieb versehen ist, berührt sie das Blech nur punktuell. Dadurch werden weitgehend zusätzliche Streckzonen im Blech verhindert.

34. Warum sollte der Schlichthammer aus dem Werkstoff Aluminium sein?
Antwort:
Der Schlichthammer muß eine plane Schlagfläche haben. Wäre er aus Stahl, könnte es leicht passieren, daß beim verkanteten Schlagen Abdruckflächen im Blech entstehen. Aluminium ist weicher als Stahl. Deshalb ist diese Gefahr kaum gegeben.

35. Welche Ausbeulwerkzeuge kommen insbesondere an Seitenwänden zum Einsatz?
Antwort:
Ausbeul- und Hebeleisen sowie Richtlöffel.

36. An welchen Karosseriepartien werden zum Bearbeiten häufig Stemmer verwendet?
Antwort:
An langen Formkanten.

37. Wie werden die beiden Ausbeulsysteme genannt, bei denen keine Lackierung erforderlich wird, wenn mit ihnen fachgerecht gearbeitet wurde?
Antwort:
«MAGLOC» und «Hebelsystem».

38. Welche Voraussetzungen bezüglich Zugänglichkeit der Schadstelle müssen bei MAGLOC und dem Hebelsystem erfüllt sein?
Antwort:
Die Schadstelle muß von der Rückseite her zugänglich sein.

39. Wo liegt das Problem, wenn eine Ausbeularbeit ohne anschließende Lackierung kalkuliert wird?
Antwort:
Wenn die meisten der Dellen einwandfrei herausgedrückt wurden und bei den letzten Arbeiten doch noch eine Lackbeschädigung erfolgt.

40. Was ist unter der Bezeichnung «Airpuller» zu verstehen?
Antwort:
Hierbei handelt es sich um den Handelsnamen für ein Gerät, das wie ein automatisch arbeitender Zughammer wirkt.

41. Wie wird beim MAGLOC-System die genaue Position der Druckspitze angezeigt?

Antwort:
Indem auf der Blechoberfläche eine kleine Stahlkugel durch den magnetisierten Druckbolzen gehalten wird.

42. Welche Gefahr besteht, wenn für das Arbeiten mit dem Hebelsystem zusätzliche Löcher in die Karosserie-Hohlräume gebohrt werden, um die Schadstelle zu erreichen?
Antwort:
Die Zusatzbohrungen können einerseits zu einer Schwächung der Karosseriepartie führen. Andererseits besteht die große Gefahr der Rostbildung an den Bohrungsrändern (s. in Abschnitt 6.5 «Kantenflucht des Lackes»). Darüber hinaus kann die Durchrostungs-Gewährleistung des Fahrzeugherstellers gefährdet werden.

43. Welche Gesundheits-Vorsorgemaßnahmen sind beim und nach dem Verzinnen von Karosserieteilen zu treffen?
Antwort:
- Tragen von Brille, Handschuhe und Atemschutz mit Filtertyp P2.
- Nicht essen, trinken oder rauchen während des Verzinnens.
- Händewaschen nach der Arbeit.

8 Abschnittsreparatur

In diesem Kapitel werden dem Leser folgende Kenntnisse vermittelt

Lernziele	Lerninhalte
– den Begriff «Abschnittsreparatur» definieren	– Begriffsbestimmung
– den Vorteil der Abschnittsreparatur gegenüber dem Auswechseln eines Kompletteils beschreiben	– Begründung der Abschnittsreparatur
– den Arbeitsgang «stumpf gegeneinandergesetzte» und «überlappt angesetzte» Bleche erläutern	– Verbindungsbereiche der Karosseriebleche
– Maßnahmen für eine qualifizierte und langzeitbeständige Abschnittsreparatur nennen	– qualifizierte Arbeitsausführung
– Festlegung der Schnittlinien erklären	– Schnittlinienführung
– die wichtigsten Trennwerkzeuge aufzählen	– Trennwerkzeuge
– theoretische Grundlagen des Schutzgas- und Widerstandspunkt-Schweißverfahrens erläutern	– Grundlagen Schutzgas- und Widerstandspunkt-Schweißverfahren
– die wichtigsten Bauteile der Schutzgas- und Widerstandspunkt-Schweißgeräte benennen	– Bauteile der Schweißgeräte
– die übrigen Schutzgase aufzählen und deren Zusammensetzung wiedergeben	– Schutzgase
– die wichtigsten Einflußfaktoren für das Schutzgas- und Widerstandspunkt-Schweißen beschreiben	– Einflußfaktoren für die Schweißverbindung
– die normalen Wartungsarbeiten an den Schweißgeräten erläutern	– Wartungsarbeiten
– die häufigsten Störquellen beim Schutzgas- und Widerstandspunkt-Schweißen nennen und die möglichen Abstellmaßnahmen angeben	– Störungen und ihre Ursachen
– Qualitätsprobe für Widerstandspunkt-Schweißverbindung durchführen	– Qualitätsprobe
– Kurzzeichen für Schweißverfahren und Verbindungsarten skizzieren	– Kurzzeichen Schweißverfahren und Verbindungsarten
– Hartlötverfahren beschreiben	– Hartlötverfahren
– Werkzeuge und Hilfsmittel zum Hartlöten aufzählen und den Umgang damit erläutern	– Werkzeuge und Hilfsmittel zum Hartlöten
– Gründe für den Korrosionsschutz bei Karosseriereparaturen nennen	– Begründung von Korrosionsschutz-Maßnahmen
– die wichtigsten Korrosionsschutz-Materialien aufzählen und ihre Einsatzbereiche bestimmen	– Korrosionsschutz-Materialien und ihre Anwendungsbereiche

Bild 8.1a Abschnittsteile von Seitenwand und Schweller

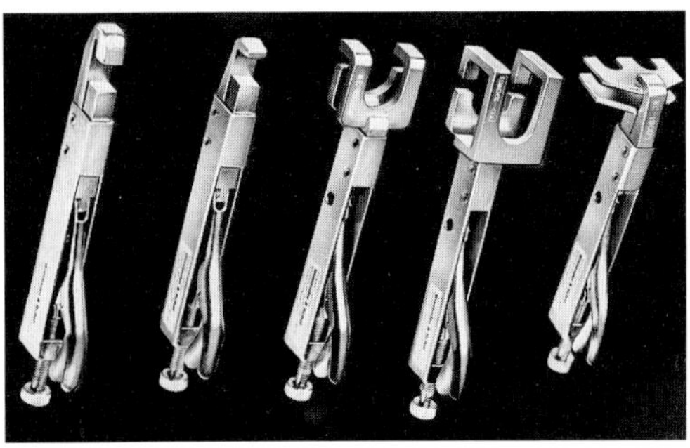

Bild 8.1b Sinnvolle Spezialformen von Feststellzangen

Unter Abschnittsreparatur ist der teilweise Ersatz eines kompletten Karosserieteils zu verstehen. Wie kam es zu dieser Reparaturmethode? Wenn ein vollständiges Karosserieneuteil eingesetzt werden soll, müssen alle Schweißverbindungen des Altteils gelöst und mit dem Neuteil wieder zusammengesetzt werden. Aus dem Ablauf der Produktion einer Karosserie ist bekannt, daß die Blechteile erst in kleinen Baugruppen verschweißt und dann zur Gesamtkarosserie zusammengefügt werden. In vielen Fällen sind dadurch an dem Schweißflansch eines Blechteils mehrere Teile verbunden. Außerdem können zusätzliche Verstärkungen im Fortlauf der Karosserieproduktion angeschweißt worden sein. Somit ist z.B. die Seitenwand eines Pkw zwar das seitlich äußerste Karosserieteil, dennoch sind die Schweißnähte nicht alle direkt zugänglich, da die Dachhaut oder das Heckabschlußblech noch darüberliegen. Das Austauschen der Seitenwand an den Original-Schweißnähten bedeutet einen sehr hohen Zeitaufwand.

Was liegt näher, als nur Stücke des vollständigen Karosserieteils zu ersetzen? Dadurch wird der Eingriff in die Original-Schweißnaht nicht überall erforderlich. Die Abschnittsreparatur scheint die ideale Lösung zu sein. Wie sieht es aber mit der Festigkeit des betreffenden Karosseriebauteils aus? Alle Blechteile sind per Computer auf ihre Festigkeit berechnet. Ein beliebiges Abschneiden und Ansetzen ist also nicht

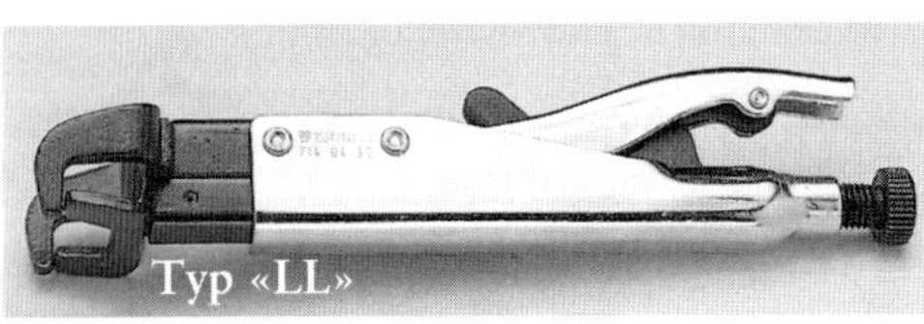

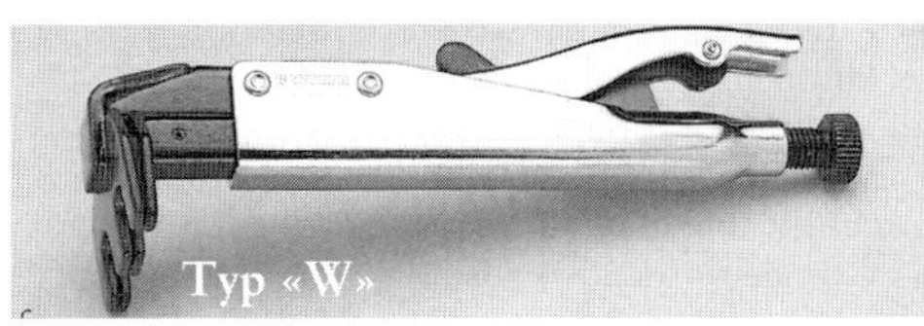

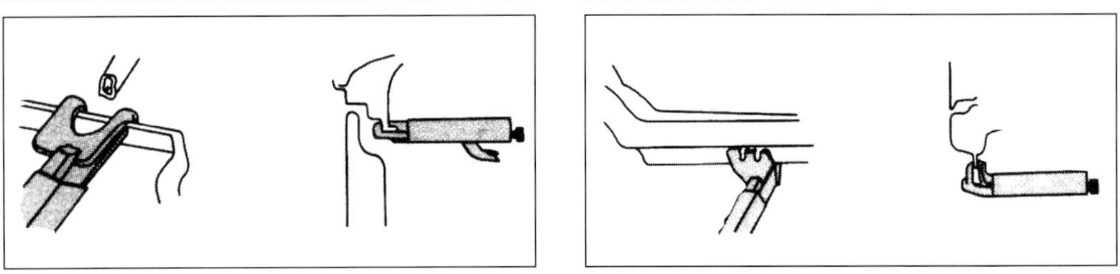

Bild 8.1c Feststellzangen und Einsatzbereiche
Typ LL: zum Lochschweißen zwischen den Backen, zum Einsatz an Türschwellen, Radläufen, Dachhaut, Seitenwänden und Problemstellen, für U-Profile geeignet;

Typ W: zum Punktschweißen zwischen den Aussparungen, zum Einsatz an Türöffnungen, Seitenwänden und Falzblechen möglich, da die Belastbarkeit im Schnittbereich eingeschränkt sein kann. Hier muß der Automobilhersteller eingreifen und klar die möglichen Schnittbereiche angeben, in denen gefahrlos Abschnittsreparaturen durchgeführt werden können. Bei der einfachen Schnittausführung mit stumpf aneinandergesetzten Blechen wären die Anwendungsmöglichkeiten schnell erschöpft. Deshalb wurden unterschiedliche Schnittvarianten kreiert, die je nach Belastungsfall vorgeschrieben sind.

Stumpf gegeneinandergesetzte Blechkanten: Die Belastungsfähigkeit dieser Verbindungsart ist bei dünnen Blechen sehr gering. Sie wird deshalb nur an wenigen Stellen der Karosserie zugelassen (Außenhaut, Abdeckbleche). Diese Verbindungsart hat zudem in der Ausführung den Nachteil, daß der Schnittbereich sehr genau gefertigt werden muß. Für die Schweißnaht ist ein genauer Abstand zwischen dem im Fahrzeug verbliebenen Teil und dem neuen Blech vorgeschrieben. Außerdem bedeuten durchgehende Schweißnähte im Außenhautbereich viel Nacharbeit, da die Schweißraupen geglättet werden müssen. Darüber hinaus ist durch die Schweißwärme mit einem Verzug der dünnen Bleche zu rechnen. Die Abschnittsreparatur mit stumpf angesetzten Blechen ist deshalb kaum in alleiniger Ausführung vorgesehen. Die typischen Anwendungsfälle liegen bei starken Blechen oder in gesickten Bereichen.

Überlappt angesetzte Bleche: Hier ergibt sich sofort ein Festigkeitszuwachs gegenüber dem Originalzustand. Deshalb brauchen keine durchgehenden Schweißnähte gezogen zu werden. Eine Lochpunktschweißung reicht oft aus. Damit werden die Nacharbeit und der Wärmeverzug stark reduziert. Das Absetzen der Blechkanten nimmt vor dem Einschweißen einige Zeit in Anspruch. Dafür entfällt das sehr genaue Zuschneiden, da kleinere, unterschiedlich breite Spalte zwischen Absatzkante und Neuteil durch das anschließende Verzinnen ausgeglichen werden. Daraus ergibt sich, daß immer das Blechteil abgesetzt wird, das im Fahrzeug verbleibt. Warum? Das Neuteil liegt oben auf und kann somit problemlos angepaßt werden. An gesickten Blechkanten ist das Absetzen problematisch. Hier wird deshalb stumpf angesetzt, oder das Neuteil ist anzusetzen. Die Kombination *überlappt und stumpf* kommt häufig vor. Wie bereits erwähnt, bringt jede überlappte

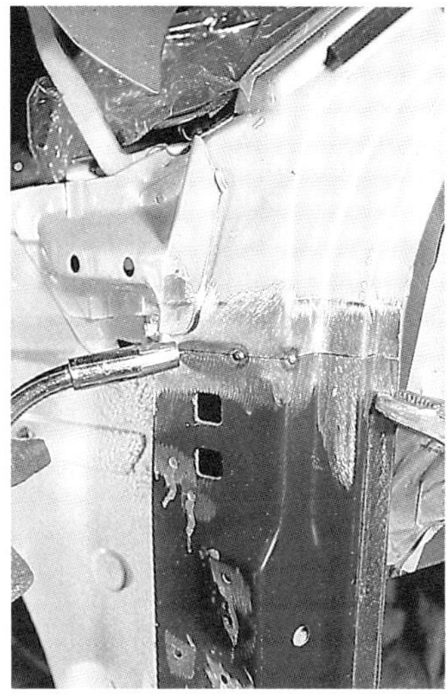

Bild 8.2 Stumpf angesetzte Bleche mit Bohrung für Lochpunkt-Schweißung (Schutzgas)

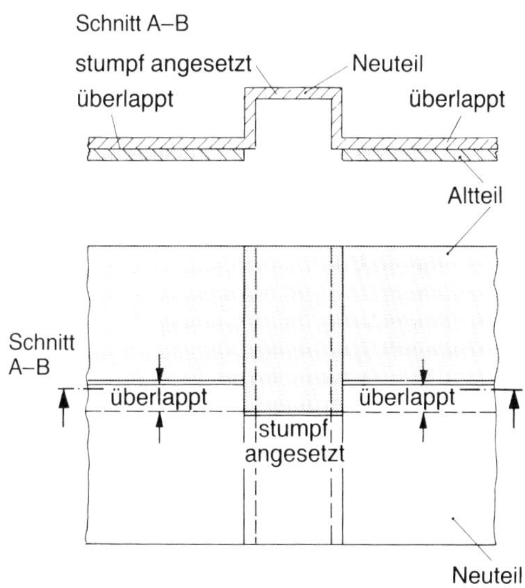

Bild 8.3 Überlapptes und an der Sicke stumpf gegeneinander gesetztes Blech

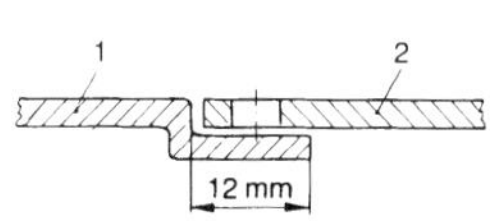

Bild 8.4 Überlappt angesetztes Blech; 1 Altteil, 2 Neuteil

Zone einen Festigkeitszuwachs gegenüber dem Originalzustand mit sich. Deshalb darf nicht überall so gearbeitet werden. In den Knautschzonen der Fahrzeuge würde dies bei einem Unfall einen völlig anderen Verlauf der Verformung bewirken. Als Folge könnte u.U. die Fahrgastzelle stärker belastet werden.

Stumpf angesetzte und überschuhte Ansatzstellen: Diese Methode wird für die tragenden Bereiche eines Pkws vorgesehen. Hier sind Blechdicken von ca. 2 mm an stark geformten Partien vorhanden. Das Absetzen wäre nur mit großem Aufwand oder gar nicht möglich. Die stumpf angesetzten Bleche erhalten entweder von innen eine Verstärkung, oder es wird von außen eine Überschuhung vorgesehen. Der Arbeitsgang soll am Beispiel eines Längsträgers mit geschlossenem U-Profil erläutert werden.

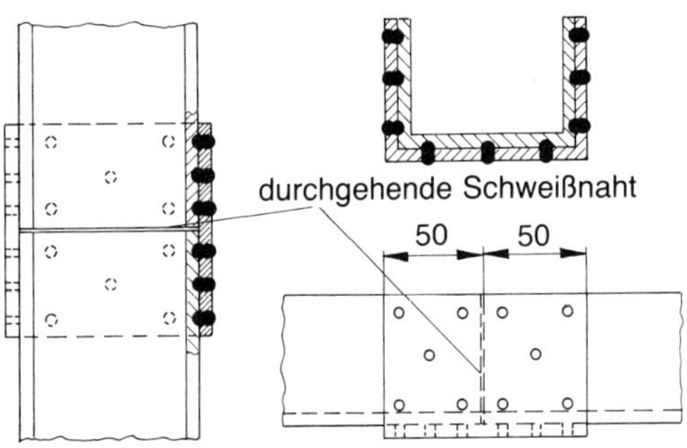

Bild 8.5 Stumpf angesetztes und von außen überschuhtes U-Profil (früher übliche Reparaturmethode, heute von einigen Fahrzeugherstellern untersagt)

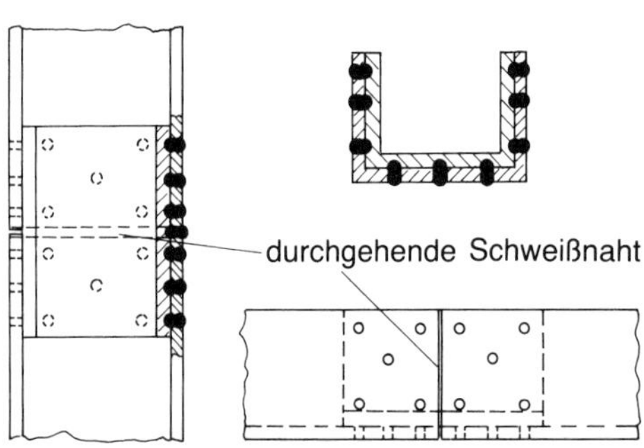

Bild 8.6 Stumpf angesetztes und von innen überschuhtes U-Profil (ebenfalls heute kaum mehr erlaubt; s. Bild 8.5)

Nachdem Alt- und Neuteil passenden zugeschnitten sind, ist ein U-Profil zu formen, das in den Träger hineingelegt wird. Die Überlappung im Alt- und Neuteil sollte jeweils ca. 50 mm betragen. Anschließend wird das U-Profil der Originalteile an den Schenkeln und den Grundflächen etliche Male durchbohrt. Dadurch kann eine Lochpunktschweißung die Verbindung mit dem Innenschuh herstellen. Die eigentliche Trennstelle wird mit einer durchgehenden Schweißnaht verschlossen. Für den Fall, daß ein Verstärkungsschuh von außen aufgesetzt wird, muß erst die Trennstelle von Alt- und Neuteil verschweißt werden. Dann wird der «Überschuh» entsprechend durchbohrt, um ihn durch eine Lochpunktschweißung mit dem Längsträger zu verbinden.

In früheren Jahren bestanden gegen Abschnittsreparaturen erhebliche Bedenken wegen der Rostanfälligkeit des Schnittbereichs: Nach zwei Jahren schlägt der Rost der Reparaturstelle durch den Lack. Woran lag das? Es wurde keine Rostvorsorge im Überlappbereich betrieben. Außerdem hat man vielfach noch mit dem Autogen-Schweißbrenner gearbeitet. Der Schweißbereich verkokte und war unelastisch. Dadurch entstand ein harter Übergang zum weicheren Blech, der wie eine Knickzone wirkte. Die scharfen Schnittkanten der Bleche zeigten ihrerseits eine Meißelwirkung im Decklack und brachen ihn von unten auf.

Demnach lauten die Forderungen für eine qualitativ gute Ausführung der Abschnittsreparatur:

- ☐ Der Überlappbereich muß *vor dem Verschweißen* mit Schweißfarbe eingestrichen werden.
- ☐ Es dürfen nur Widerstandspunkt- oder Schutzgas-Schweißungen durchgeführt werden.
- ☐ Die Schnittkanten der Bleche sind zu entgraten,
- ☐ Der Schnittbereich muß verzinnt werden.
- ☐ Nach der Abschnittsreparatur ist eine Hohlraumkonservierung durchzuführen und der Unterbodenschutz zu erneuern.

Das Arbeiten mit Feststellzangen wird in den Fällen etwas problematisch, wenn neue Blechteile im Bereich von Türausschnitten bzw. Motor- oder Kofferraumdeckel einzupassen sind. Hierbei muß häufig die Tür oder Haube geschlossen werden, um das Spaltmaß sicher

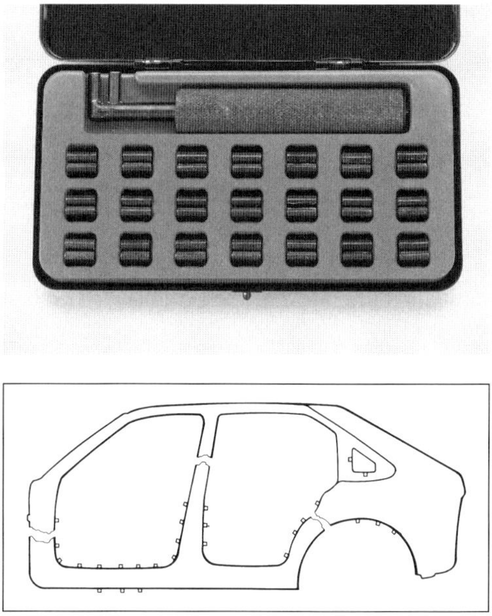

Bild 8.7 Karosseriemontage-Werkzeugset und die üblichen Anwendungsbereiche für die Klammern (Werkfoto Würth)

einzustellen. Die Feststellzangen behindern diese Arbeiten, oder sie müssen sogar komplett entfernt werden.

Eine gute Alternative zu den Feststellzangen sind die Montageklammern. Sie sind nicht breiter als die z.B. später einzusetzende Türdichtung. Dadurch können die Anpaßarbeiten problemlos vorgenommen werden, wenn die Klammern aufgesteckt sind. Nach dem Anpassen und Festschweißen der Bleche lassen sich die Klammern mit Hilfe eines Abziehers leicht entfernen. Die Klammern gibt es für zwei- bis vierlagige Schweißflansche und sind als «Satz» übersichtlich geordnet in einer Metallschachtel.

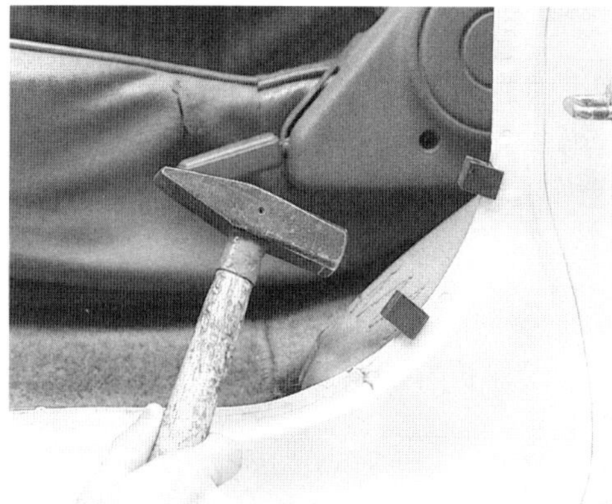

Bild 8.8a Klammern am Stoß der zu verbindenden Bleche ansetzen und durch Hammerschlag aufbringen (Werkfoto Würth)

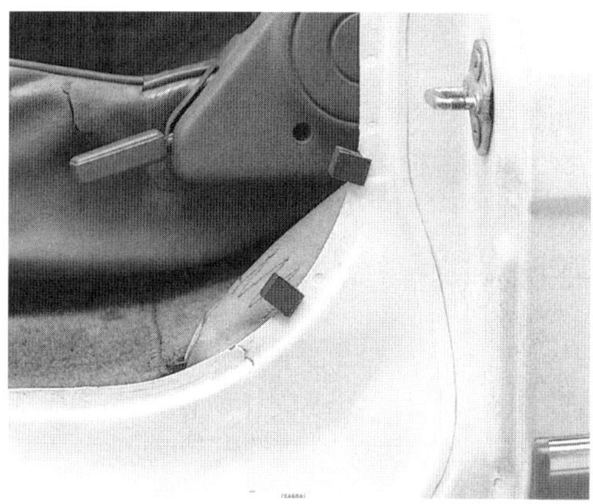

Bild 8.8b Die hohe Spannung der Klammern hält die Bleche zusammen (Werkfoto Würth)

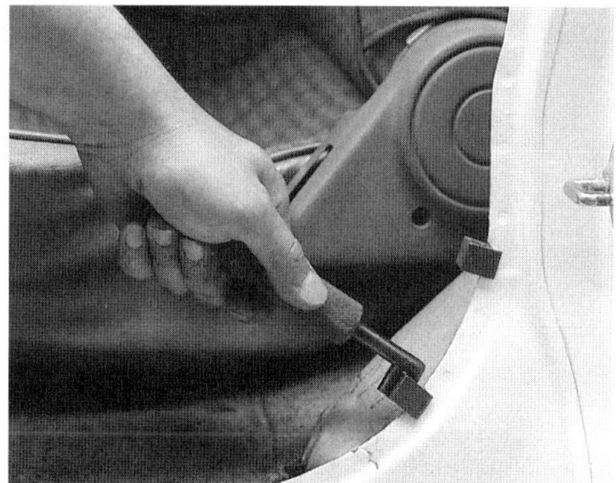

Bild 8.8c Der Abzieher ermöglicht ein leichtes Lösen der Klammern (Werkfoto Würth)

Bild 8.9a Vorgegebene Schnittbereiche an einer Seitenwand

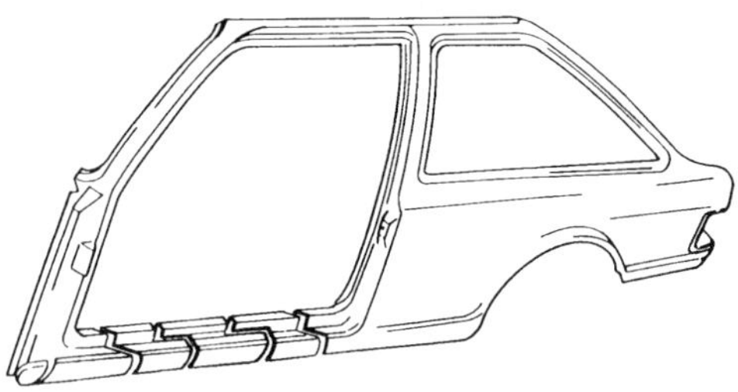

Bild 8.9b Schräge und abgestufte Schnitte im Schwellerbereich

Bild 8.10 Fast aufeinanderliegende Blechpartien

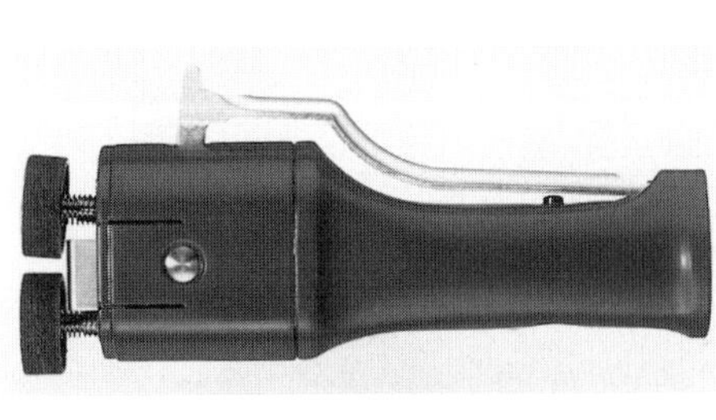

Bild 8.11 Spezialgerät «Twinmax» zum Blankschleifen von Schweißflanschen (Quelle: Wieländer und Schill

8.1 Schnittlinienführung

Die Automobilhersteller geben für die Abschnittsreparatur meist nur die Schnittbereiche an. Dadurch wird dem Reparateur ein Spielraum gegeben, den Schnitt dem jeweiligen Schadensbild anzupassen. Grundsätzlich sollten die Schnitte *an der engsten Stelle und auf dem kürzesten Weg* ausgeführt werden. Dies gilt insbesondere für großflächige Außenhautteile, da so der Aufwand für die aus optischen Gründen notwendige Feinstbearbeitung herabgesetzt wird. Die Ausnahme von dieser Regel sind Schnitte in tragenden Bereichen. Hier muß aus Gründen der Festigkeit häufiger ein schräger oder sogar stufiger Schnitt erfolgen (bei Kabrios im Schwellerbereich).

Warum bringt die schräge bzw. stufige Schnittführung zusätzliche Festigkeiten? Bei einem geraden Schnitt müssen senkrechte Belastungen vollständig von der Schweißnaht aufgefangen werden. Bei einem schrägen oder stufigen Schnitt kann sich das Neuteil über die Schweißnaht auf dem Altteil abstützen. Bei einem Kabriolett kommt es wegen des fehlenden Dachrahmens zu einer weiteren Besonderheit, wenn der Außen- und Innenschweller als Teilersatz erneuert werden. Da die senkrechten Kräfte, die auf eine Kabriolett-Karosserie wirken, überwiegend der Schweller aufnimmt, dürfen die Schnittlinien von Außen- und Innenschweller nicht in einer Flucht liegen. Sie sind versetzt zueinander anzuordnen.

Was muß überlegt werden, bevor das Altteil ausgetrennt wird? Es ist wichtig zu wissen, wie das Neuteil und die hinter dem Altteil liegenden Karosseriepartien aussehen.

Dadurch wird vermieden, daß

- ☐ bei doppelwandigen Karosseriepartien das dahinterliegende Blech mit durchgeschnitten wird,
- ☐ Schnitte durch Verstärkungen führen,
- ☐ vom Alt- und Neuteil zuviel abgeschnitten wird.

Außerdem kann systematisch nach Schweißpunkten in der Fläche des Altteils gesucht werden, wenn bekannt ist, daß Verstärkungen darangeschweißt sind. Solche Schweißpunkte sind zuerst zu lösen. Solange das Altteil noch fest im Fahrzeug ist, kann der nötige Anpreßdruck zum Ausbohren des Schweißpunktes aufgebracht werden.

Nun zu den **Trennwerkzeugen.** In der Praxis haben sich vier Werkzeuge sehr gut bewährt:

- der Schweißpunktfräser-Einsatz für die Bohrmaschine,
- der Schweißpunktfräser in einem Spezialgerät,
- die Kurzhub-Karosseriesäge
- die oszillierende Säge.

Jedes Werkzeug hat seine speziellen Einsatzbereiche, in denen seine Vorzüge voll ausgenutzt werden. Der **Schweißpunktfräser-Einsatz in der Bohrmaschine** ist für alle Schweißpunkte, die gut zu erreichen sind, geeignet. Er hat gegenüber dem Kronenbohrer (als Alternative zum Fräser) den Vorteil, daß der Schweißpunkt nicht angekörnt werden muß. Es wird vorausgesetzt, daß die Bohrmaschine kein ausgeschlagenes Spannfutter hat. Ansonsten ist ein schnelles Ausfräsen fast unmöglich. Daher lohnt es, eine Bohrmaschine nur für Bohr- und Fräsarbeiten zu benutzen. Jede radiale Belastung des Bohrfutters, wie beim Arbeiten mit der Zopfbürste, führt zum Verschleiß des Lagers, weil es nur für axiale Beanspruchung ausgelegt ist.

Der **Schweißpunktfräser als Spezialgerät** kann zum Lösen von Schweißpunkten bestens eingesetzt werden, wenn Vorder- und Rückseite der Punkte zugänglich sind. Durch den Gegenhalter und die Höheneinstellung des Fräsers ist das Beseitigen des Schweißpunktes ohne Nacharbeit des Schweißflansches möglich.

Bild 8.12 Schweißpunktfräser-Einsatz in der Bohrmaschine

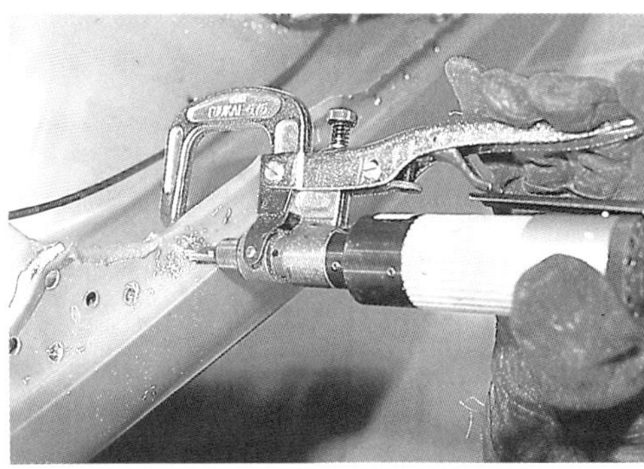

Bild 8.13a 1. Generation der Schweißpunktfräser als Spezialgerät

b)

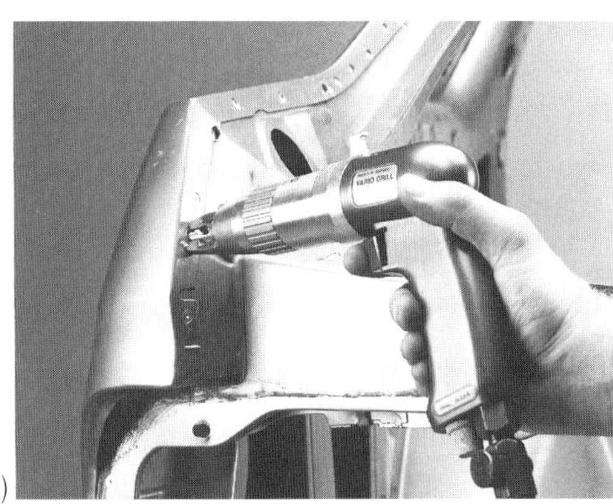

c)

Bild 8.13b und c Spezieller Schweißpunktfräser mit abnehmbarem Gegenhalter
(Quelle: Werkfoto Wieländer und Schill)

Die **Kurzhub-Karosseriesäge** ermöglicht ein schnelles Austrennen von Blechen auch in weniger gut zugänglichen Bereichen. Durch das geringe Gewicht und die kleine Baulänge ist die Säge sehr handlich. Enge Radien können genausogut gesägt werden wie lange gerade Schnitte. Stößt das Sägeblatt versehentlich im rechten Winkel auf ein Hindernis, gibt es keine gefährlichen Rückstöße.

Die **oszillierende Säge** hat ein rundes Sägeblatt, das sich schnell hin und her bewegt. Dabei ist immer nur ein bestimmter Kreisabschnitt des Sägeblattes im Einsatz. Die Säge kann in der Schnittiefe auf $^1/_{10}$ mm genau eingestellt werden. Sie bietet sich besonders für Trennschnitte an, bei denen zwei Karosseriebleche direkt aufeinanderliegen (z.B. A-Säule mit Verstärkung).

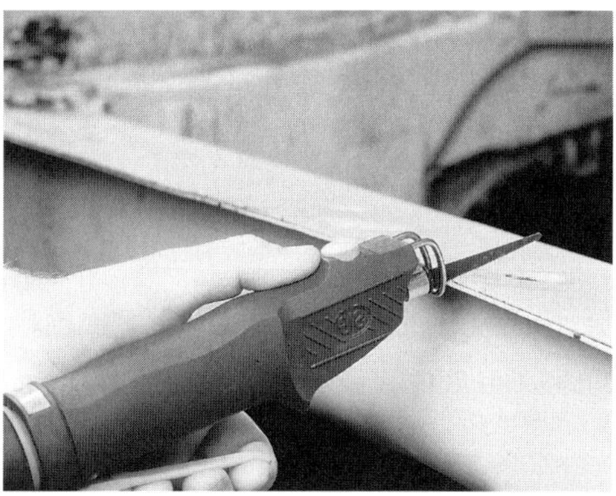

Bild 8.14 Kurzhub-Karosseriesäge der neuen Generation

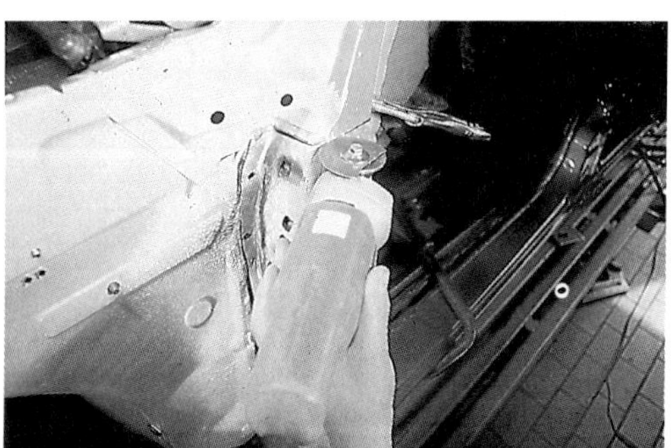

Bild 8.15 Oszillierende Karosseriesäge

Der **Karosseriemeißel** ist als Trennwerkzeug nicht zu empfehlen, da er viel Lärm erzeugt und die Schnittkanten viel Nacharbeit verlangen.

Das **Zuschneiden von Alt- und Neuteil** erfolgt in mehreren Schritten. Zuerst wird der Schnittbereich festgelegt. Dann werden Alt- und Neu-

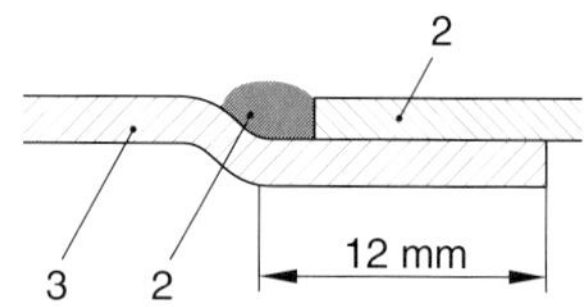

Bild 8.16 Schutzgas-Randschweißung im Überlappbereich
1 Neuteil
2 Schutzgas-Schweißpunkt
3 Altteil; zwischen Neuteil und unterem Absetzradius muß ein Spalt von ca. 2 mm bleiben

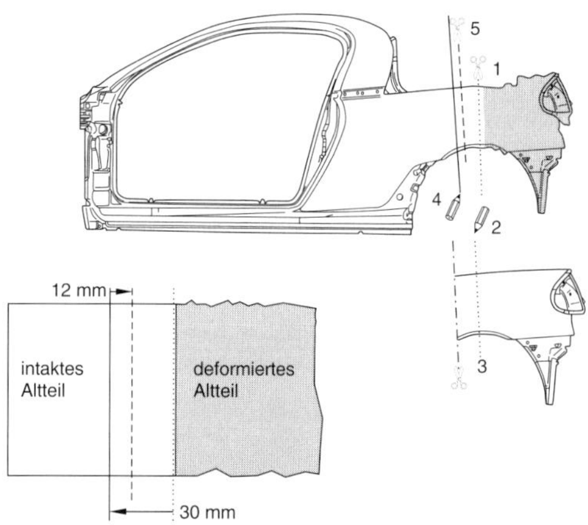

Bild 8.17 Zuschneiden von Alt- und Neuteil für eine Lochpunktschweißung am Beispiel Opel Tigra
1 Deformiertes Altteil soweit abschneiden, daß das Neuteil ca. 30 mm überlappt
2 Schnittlinie auf das Neuteil übertragen
3 Am Neuteil 30 mm zugeben und abschneiden
4 Neuteil auf die vorbereiteten Karosserieflansche legen und anpassen. Danach Abschlußkante des Neuteils auf dem Altteil markieren
5 Überlappbreite von 12 mm in Richtung Schnittstelle des Altteils markieren und restlichen intakten Altteilstreifen abschneiden
6 Flansch des im Fahrzeug bleibenden Altteils 12 mm absetzen

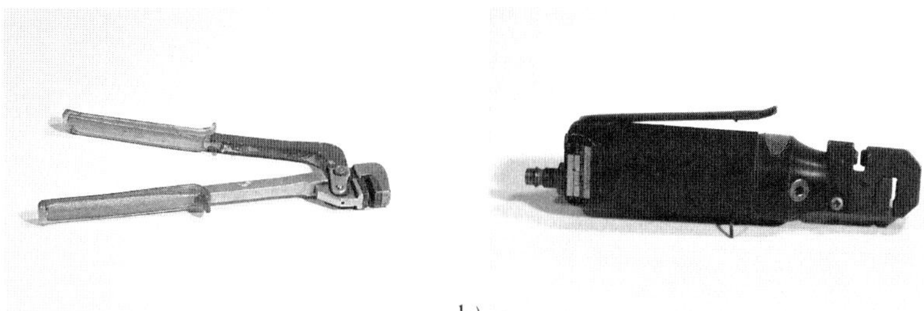

) b)

Bild 8.18
Absetzzange
a) manuell
b) pneumatisch

teil so weit abgesägt, daß eine Überlappung von ca. 30 mm gewährleistet ist. Jetzt wird das Neuteil passend aufgelegt und die Abschlußkante des Neuteils auf dem Altteil markiert. Nach dem Abnehmen des Neuteils kann mit einem Lineal die Überlappungsbreite von 12 mm unterhalb und parallel zur ersten Markierung gekennzeichnet werden. Dies ist die Trennlinie des Altteils (X).

Wie wird das Blech abgesetzt? Das Absetzen geschieht mit einer handbetätigten oder druckluftbetriebenen Zange. Grundsätzlich wird das im Fahrzeug verbliebene Teil abgesetzt, d.h. stufenförmig um eine Blechdicke nach unten gedrückt. Bei quer zur Nahtkante verlaufenden Sicken wird der abgesetzte Bereich derart ausgeschnitten, daß im Verlauf der Sicke eine stumpf angesetzte Naht entsteht. Für den Ausnahmefall, daß das Neuteil abgesetzt und unter das Altteil geschoben wird, müssen einige Löcher zusätzlich durch die überlappte und abgesetzte Fläche gebohrt werden. Mit Blechschrauben kann dann die hinten liegende Fläche zum Anschweißen herangezogen werden.

8.1.1 Fragen und Antworten

1. Erläutern Sie den Begriff «Abschnittsreparatur».
Antwort:
Eine Abschnittsreparatur ist der teilweise Ersatz eines vollständigen Karosserieteils.

2. Welchen Vorteil bringt die Abschnittsreparatur gegenüber dem Einsetzen eines kompletten Neuteils?
Antwort:
Beim Einsatz eines kompletten Neuteils müssen die Original-Schweißflansche gelöst und wieder verbunden werden. Häufig treffen an einem Schweißflansch jedoch mehrere Bleche aufeinander. Das Austrennen des beschädigten Teils wird dann sehr aufwendig. Auch sind die Schweißflansche oft schwer zugänglich für die Schweißpunktfräser. Bei der Abschnittsreparatur entfallen diese zeitintensiven Arbeiten.

3. Warum dürfen Trennschnitte für Abschnittsreparaturen nicht nach Belieben durchgeführt werden?
Antwort:
Die Festigkeit einer Karosserie ist genau berechnet. Durch die Abschnittsreparatur dürfen keine Schwachstellen und keine zusätzlichen Verstärkungen entstehen.

4. Warum werden Abschnittsreparaturen mit stumpf angesetzten Blechen kaum vorgenommen?
Antwort:
Die Belastungsfähigkeit dieser Trennstellen ist gegenüber anderen Ausführungen gering. Der Wärmeverzug ist bei dünnen Blechen sehr hoch. Ein genaues Zuschneiden des Neuteils ist erforderlich, da die Breite des Schweißspalts keine großen Toleranzen zuläßt. Eine durchgehende Schweißnaht bedeutet viel Nacharbeit.

5. Warum reicht bei überlappt angesetzten Blechen die Lochpunkt-Schweißung als Verbindung meist aus?
Antwort:
Durch den Überlappbereich ist sofort eine Verstärkung der Trennstelle vorhanden. Eine durchgehende Schweißnaht ist aus Festigkeitsgründen nicht unbedingt erforderlich.

6. Wie groß ist die Überlappbreite für die Lochpunkt-Schweißung?

Antwort:
12 mm.

7. Welches Blechteil wird meist abgesetzt?
Antwort:
Das im Fahrzeug verbliebene, abgeschnittene Altteil.

8. Warum werden an stark beanspruchten Karosserieteilen (z.B. Schweller) kaum überlappte Trennstellen vorgesehen?
Antwort:
Die Materialdicke und die vielen Sicken und Absätze machen in diesen Bereichen ein Absetzen fast unmöglich.

9. Wie wird die erforderliche Karosseriefestigkeit in den stark beanspruchten Karosserieteilen trotz der stumpf angesetzten Bleche erreicht?
Antwort:
Durch einen Innen- oder Überschuh im Ansatzbereich.

10. Warum gibt es Längsträger-Abschnittsstellen, die nicht verstärkt werden?
Antwort:
Diese Stellen liegen in der Knautschzone. Eine Verstärkung würde eine unkontrollierbare Verformung bei einem Folgeunfall nach sich ziehen. Es besteht die Gefahr, daß dadurch sogar die Fahrgastzelle stärker beschädigt würde.

11. Welche Korrosionsvorsorgen sind an den Überlappbereichen durchzuführen?
Antwort:
Zinkstaubfarbe muß auf den Blechabsatz gestrichen werden. Es dürfen nur Schutzgas- oder Widerstandspunkt-Schweißungen durchgeführt werden. Die Schnittkanten der Bleche müssen entgratet sein. Der Abschnittsbereich ist zu verzinnen. Die Hohlraumversiegelung, der Unterbodenschutz muß aufgetragen werden.

12. Die Automobilhersteller geben für die Abschnittsreparatur Schnittbereiche vor. Was muß bei der Festlegung der Schnittlinien beachtet werden?
Antwort:
Es sollte immer die kürzeste Schnittlinie gesucht werden. Ausnahme: Schnitte in stark beanspruchten Bereichen, z.B. an Kabrioletts. Hier sind aus Festigkeitsgründen manchmal schräge oder stufige Schnitte vorgeschrieben.

13. Welche Trennwerkzeuge haben sich für die Abschnittsreparatur bewährt?
Antwort:
Der Schweißpunktfräser-Einsatz für die Bohrmaschine, der Schweißpunktfräser in einem Spezialgerät, die Kurzhub-Karosseriesäge und die oszillierende Säge.

14. Warum ist vor dem Austrennen von Außenhautteilen die Lage der darunterliegenden Karosseriebleche bedeutsam?
Antwort:
Unter den Außenhautblechen liegen die Karosserieverstärkungen. Wenn deren Lage nicht bekannt ist, besteht die Gefahr, daß sie beim Austrennen der Altteile mit durchgeschnitten werden. Zusätzlich müssen die Schweißverbindungen der Verstärkungen mit den Außenteilen in der Fläche bekannt sein.

15. Warum sollte der Karosseriemeißel zum Austrennen von Karosserieblechen nicht mehr verwendet werden?
Antwort:
Der Karosseriemeißel verursacht viel Lärm. Außerdem müssen seine Trennstellen umfangreich nachgearbeitet werden.

16. Welchen Vorteil bietet die oszillierende Karosseriesäge bei Schnitten in doppelwandigen Bereichen?
Antwort:
Die oszillierende Säge kann in der Schnittiefe eingestellt werden. Dadurch lassen sich Außenbleche trennen, ohne die darunterliegenden Bleche zu beschädigen.

17. Welche Vorteile bringt es, wenn Schweißpunkte mit dem Fräser entfernt werden?
Antwort:
Der Fräser löst die Schweißpunktverbindung ohne Nacharbeit der im Fahrzeug verbleibenden Teile. Weiterhin entfällt gegenüber dem Kronenbohrer das Ankörnen des Schweißpunktes.

18. Welche Ursache hat es, wenn der in einer Bohrmaschine eingespannte Schweißpunktfräser beim Bearbeiten aus dem Schweißpunkt herausläuft?

Antwort:
Entweder ist die Zentrierspitze des Fräsers abgebrochen, oder das Spannfutterlager der Bohrmaschine ist ausgeschlagen.

19. Warum müssen bei einer Abschnittsreparatur die Neuteile vor dem endgültigen Zuschnitt so eng wie möglich am Altteil anliegen?
Antwort:
Jeder Höhenabstand des Neuteils von der späteren Einschweißlage bringt Ungenauigkeiten im Längenmaß mit sich.

20. Warum sollen bei überlappt angesetzten Blechen möglichst die im Fahrzeug verbliebenen Blechenden abgesetzt werden?
Antwort:
So können die Neuteile ohne großen Aufwand zum Schweißen auf das Altteil gedrückt werden.

21. Wie wird bei einer Überlappverbindung eines Karosserieblechs die genaue Trennlinie festgelegt?
Antwort:
In Verbindung mit dem Neuteil ist der grobe Trennschnitt am Neu- und Altteil so durchzuführen, daß ca. 30 mm Überlappung des Neuteils vorhanden sind. Dann wird das Ende des Neuteils am verbliebenen Blech in der Karosserie angezeichnet. Mit einem Lineal kann die Überlappbreite von 12 mm unterhalb und parallel zur oberen Markierung angezeichnet werden. Diese Linie ist die Trennstelle.

22. Wie werden in einer Überlappverbindung von Karosserieblechen Sicken behandelt?
Antwort:
Sie werden aus der Überlappung ausgeklinkt und stumpf angesetzt.

23. Welche Vorteile hat die Kurzhub-Karosseriesäge gegenüber anderen Blechtrennwerkzeugen?
Antwort:
Mit ihr können saubere Schnittkanten auf engem Radius erzielt werden. Außerdem stellen eng hintereinanderliegende Bleche beim Sägen des vorderen Blechs kein Hindernis dar.

24. Warum sollten in stark beanspruchten Karosseriebereichen die Trennschnitte schräg oder stufenförmig verlaufen (Herstellerangaben)?
Antwort:
Dadurch kann sich das Neuteil auf dem Altteil abstützen, und die Schweißnaht wird entlastet.

25. Liegt eine Seitenwand als Außenhautteil an ihrem Schweißflansch immer als oberstes Blechteil auf? (bitte Begründung)
Antwort:
Nein. Bei der Produktion einer Karosserie werden die Außenhautteile in der Reihenfolge verschweißt, wie sie für die Fertigung am günstigsten ist. Deshalb gibt es keine Festlegung dafür, daß die Seitenwände immer als letzte Blechteile verschweißt werden.

26. Weshalb sind durchgehende Schweißnähte bei Abschnittsreparaturen im Außenhautbereich von Nachteil?
Antwort:
Durchgehende Schweißnähte sind bei stumpf angesetzten Blechen erforderlich. Sie setzen einmal eine sehr genaue Einpaßarbeit voraus. Zum anderen erzeugt die durchgehende Schweißnaht viel Nacharbeit im sichtbaren Außenhautbereich.

27. Dürfen an Karosserie-Längsträgern zur Instandsetzung Verstärkungsbleche angeschweißt werden (Innen-/Außenschuh)?
Antwort:
Die Verstärkungen sind nur noch bei wenigen Fahrzeugherstellern im Reparaturleitfaden vorgesehen.

8.2 Schutzgas-Schweißen

Die Blechteile von Pkw-Karosserien werden bei der Produktion bis zu 90% durch Schweißen verbunden. Der größte Anteil wird dabei vom Widerstandspunkt-Schweißen abgedeckt. Je nach Karosseriegröße sind 3000 bis 5500 Schweißpunkte vorhanden. Beim Schutzgas-Schweißen beträgt die Länge der Nähte, wiederum von der Karosseriegröße abhängig, zwischen 0,5 bis 10 m. Obwohl die Tendenz vom Schweißverbinden zum Kleben geht, wird gerade bei der Reparatur das Schweißen nicht wegzudenken sein. Dabei beziehen sich alle folgenden Aussagen auf das Schutzgas- oder Widerstandspunkt-Schweißen. Das Autogen- und das Lichtbogenhand-Schweißen sind wegen zu hoher Wärmeeinbringung (Verzug und Durchschmelzen) nicht einzusetzen.

Das Schutzgas-Schweißen basiert darauf, daß zwischen einer Drahtelektrode und dem Werkstück (Karosserieblech) ein Lichtbogen mit hoher Temperatur brennt. Dieser bringt sowohl die Drahtelektrode als auch das Werkstück an den Lichtbogenansatzstellen zum Schmelzen. Geschmolzene Teile der Drahtelektrode gehen im Lichtbogenbereich tropfenförmig zum Werkstück über und bilden dort, mit der Schmelze des Werkteils, nach dem Erkalten die Schweißnaht.

Eine Drahtvorschubeinrichtung befördert die Drahtelektrode gleichmäßig zum Werkstück und sorgt damit für ein stetiges Schweißen. Erst wenn der Strom abgeschaltet oder der Lichtbogen zu lang wird, kann die Schweißung unterbrochen werden.

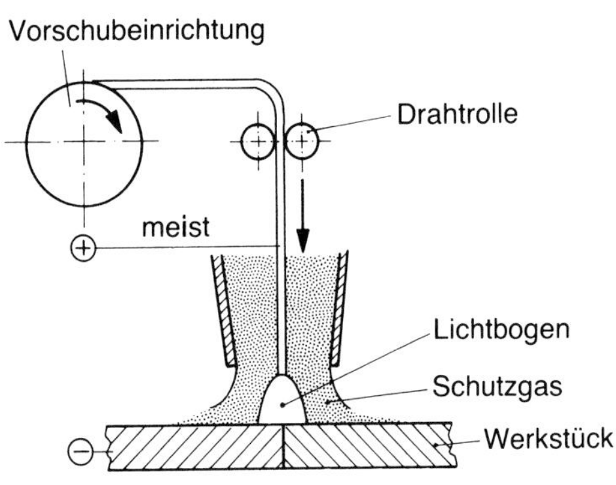

Bild 8.19 Schematische Darstellung des Schutzgas-Schweißens

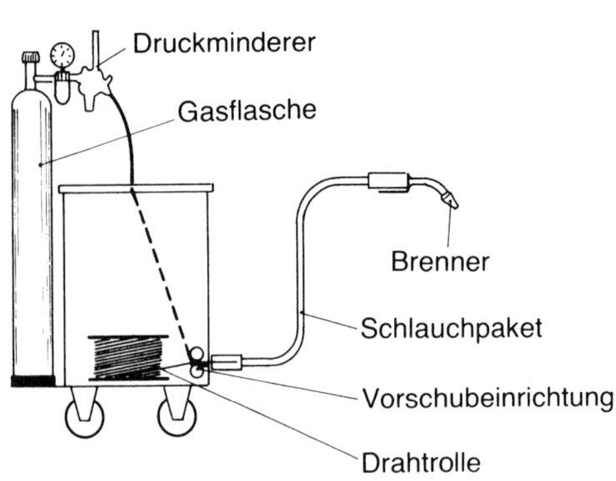

Bild 8.20 Schematische Darstellung des Schutzgas-Schweißgerätes

Würde die Schweißung so ungeschützt ablaufen wie beschrieben, ergäbe sich ein Problem: Sobald sich das Metall verflüssigt, verbindet es sich sofort mit Sauerstoff und anderen unerwünschten Bestandteilen aus der umgebenden Luft. Das führt zur Versprödung und Verunreinigung der Schweißzone. Um das zu verhindern, wird beim Schutzgas-Schweißen das Schmelzbad gezielt mit einem ausgewählten Gas umströmt und somit das Metall vor Oxidation geschützt. Bei Leichtmetallen, Buntmetallen und Edelstählen erfolgt das mit einem Edelgas, das keine Verbindung mit dem Schmelzbad eingeht. In diesen Fällen wird vom MIG-Schweißen gesprochen (Metall-Inert-Gas). Inert bedeutet reaktionslos. Bei Kohlenstoff-Stählen (Karosserieblechen) kommt Kohlendioxid (CO_2) oder ein Mischgas aus Argon und Kohlendioxid zur Anwendung. Das sind aktive Gase, deshalb wird hier vom Metall-Aktiv-Gas-Schweißen (MAG) gesprochen.

Die Hauptbestandteile der Schutzgas-Schweißanlage sind in Bild 8.19 dargestellt. Für das Arbeiten mit dem Gerät müssen Stromspannung, Drahtvorschub-Geschwindigkeit und Gasmenge eingestellt werden.

Zum *Schutzgas* und *Schweißdraht* einige Hinweise:

- ☐ Die am Druckminderer eingestellte Gasmenge ist nicht automatisch die gleiche Menge, die am Brenner ausströmt. Die richtige Gasmenge wird durch ein am Brenner aufgesetztes Meßrohr, ähnlich wie beim Synchrontester zur Vergasereinstellung, abgelesen und danach eingestellt. Als Faustregel gilt: Bei 0,8 mm Drahtdurchmesser, wie er beim Karosserieblech-Schweißen üblich ist, soll die Gasmenge ca. 8 bis 10 l/min betragen.
- ☐ Der Schweißdraht muß störungsfrei durch das Schlauchpaket wandern können. Jeder Stopp während des Schweißens kann ein Durchbrennen, also ein Loch in der Schweißnaht, bedeuten. Der Drahtvorschub wird durch zwei Bewegungen in der Drahtrolle beeinflußt. Einmal ist es das Zusammenziehen der Drahtrolle zu einem kleinen Durchmesser, wenn der Draht von der Rolle gewickelt ist. Zu prüfen ist daher, ob ein ca. 1 m langer, abgeschnittener Schweiß-

draht, der auf den Fußboden gelegt wird, sich nicht enger als 30 cm im Durchmesser aufrollt. Ideal ist ein Durchmesser von 45 bis 50 cm. Das Zusammenziehen des Drahtes wird «Cast» genannt.

- □ Die andere Störung des Vorschubs, die der aufgewickelte Draht bringen kann, ist der «Helix-Effekt». Das bedeutet, daß sich die Enden des abgeschnittenen Drahtes von der flachen Unterlage abheben. Die Drahtenden legen sich übereinander. Dieser Korkenzieher-Effekt verursacht ein unruhiges Gleitverhalten des Drahtes im Schlauchpaket. Dadurch kann es zum kurzzeitigen Stillstand des Drahtes kommen, wodurch Löcher in der Schweißnaht entstehen.
- □ Die meisten Schutzgas-Schweißdrähte sind wegen der Korrosionsbeständigkeit und des besseren Gleitverhaltens im Schweißbrenner mit Kupfer überzogen. Leider neigt der Kupferbelag dazu, vom Draht abzublättern. Daher kann es im Schweißbrenner im Bereich des trichterförmigen Führungsstückes zu Kupferablagerungen kommen. Sie bewirken, daß der Draht u.U. festklemmt und die bekannten Störungen hervorruft. In solchen Fällen hilft mitunter nur noch das Auswechseln des Schweißbrenners bzw. des Schlauchpaketes. Der Handel bietet kupfer- und korrosionsfreie Drähte an, die nicht mehr zu diesen Störungen führen.

Bei der Schutzgas-Schweißverbindung ist die **Brennerhaltung** und die **Schweißrichtung** mitentscheidend. Für das Schweißen von Karosserieblech gilt: Schweißrichtung von rechts nach links (stechend) unter einem Winkel von ca. 75°; der Brennerabstand sollte 8mal den Drahtdurchmesser betragen 8 × 0,8 = 6,4 mm).

Das Schutzgas-Schweißen ist relativ einfach und sicher in der Handhabung. Zur Vermeidung von Störungen sollten jedoch einige **Wartungsarbeiten** regelmäßig durchgeführt werden. Treten dennoch Probleme beim Schweißen auf, so kann der Benutzer des Gerätes viele Fehlerquellen selbst finden und beseitigen. In der nachfolgenden Übersicht sind Hinweise zur Wartung und Störungssuche gegeben.

Achtung: Bei Arbeiten an elektrischen Geräten sind die allgemein gültigen Sicherheitsbestimmungen unbedingt einzuhalten! Grundsätzlich gilt dabei: *Netzstecker ziehen!*

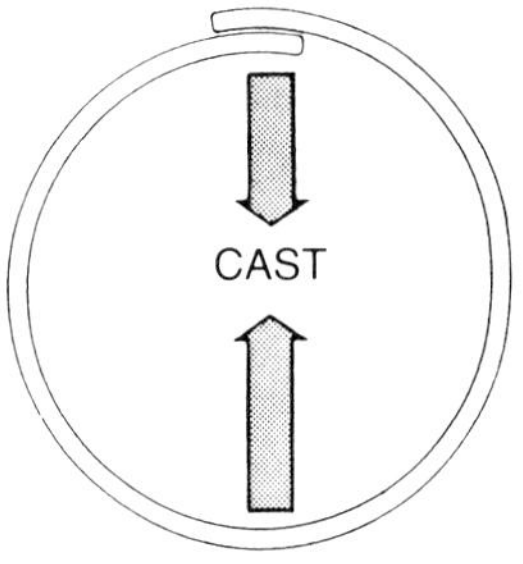

Bild 8.21 Zusammenziehen des Schweißdrahtes

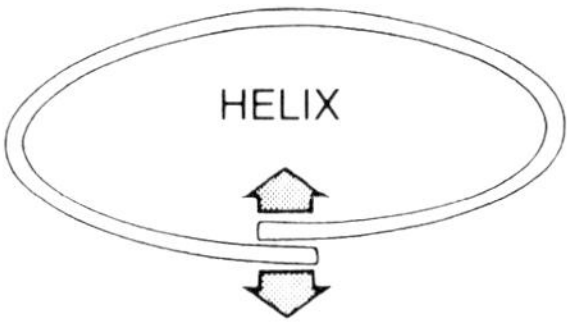

Bild 8.22 Korkenzieher-Effekt des Schweißdrahtes

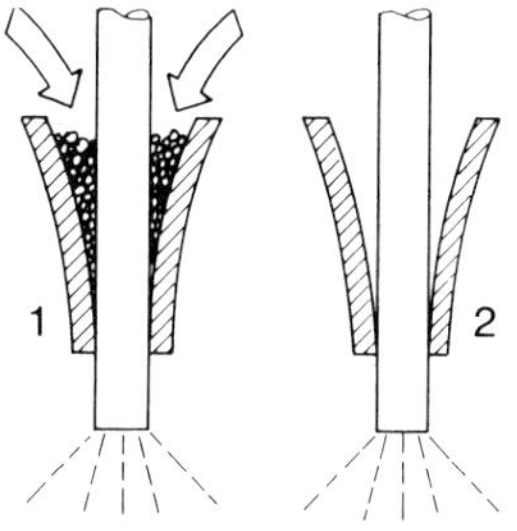

Bild 8.23 Kupferüberzogener Schweißdraht mit Kupferablagerungen in der Führung

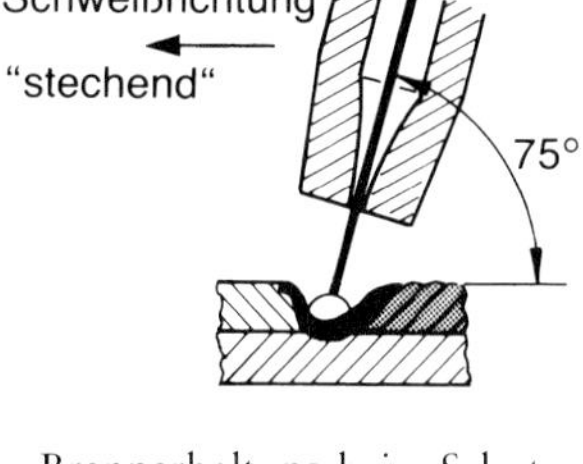

Bild 8.24 Brennerhaltung beim Schutzgas-Schweißen

Wartung

Stromquelle:
gelegentlich von Schmutz befreien, damit elektrische Überschläge vermieden werden und die Wärme besser abstrahlen kann

Vorschubeinheit:
Drahtabrieb täglich entfernen, Vorschubrollen auf Verschleiß und gutes Anliegen kontrollieren

Schlauchpaket:
vor dem Schweißen gerade ausrollen, Anschlüsse am Gerät und am Schweißbrenner auf einwandfreien Sitz prüfen, Ummantelung auf Beschädigung prüfen

Gasdüse:
Metallverkrustungen entfernen

Kontaktrohr:
auf Kupferablagerungen überprüfen und bei Verschleiß erneuern

Drahtführungsspirale:
reinigen und rechtzeitig erneuern

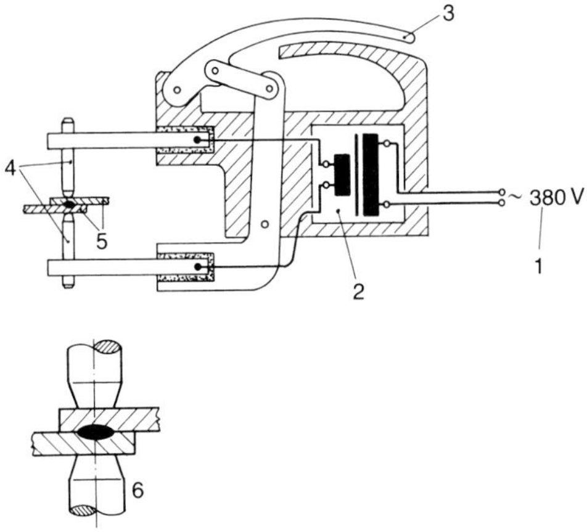

Bild 8.25 Schema einer Widerstandspunkt-Schweißzange und Darstellung einer Schweißverbindung: 1 Elektroanschluß 380 V, 2 Transformator, 3 Hebelmechanismus zur Erzeugung der Elektrodenkraft, 4 Elektroden, 5 zu verschweißende Bleche, 6 vergrößerte Darstellung einer Schweißzone

Störungen und ihre Ursachen

Keine Funktion des Schweißgerätes:
Sicherung der Gebäudestromleitung herausgesprungen, Sicherung des Schweißgerätes durchgebrannt, Netzkabel oder Stecker defekt, mangelhafter Massekontakt

Drahtvorschubmotor arbeitet nicht:
Absicherung durchgebrannt, Regler steht auf Null, Motor defekt

Drahtvorschubmotor läuft, aber kein Schweißstrom:
Massekabelklemme hat keinen richtigen Kontakt, Massekabel oder Schlauchpaket des Brenners sind defekt, Überlastschutz hat ausgelöst

Unregelmäßige Drahtförderung:
Cast- oder Helix-Effekt, zu hoher oder niedriger Anpreßdruck der Gegenrolle, Verstopfer im Kontaktrohr oder der Drahtführungsspirale, Schlauchpaket geknickt

Unterbrechung der Stromversorgung:
schlechter Massekontakt an der Kabelklemme, Bohrung im Stromkontaktrohr zu groß oder verschmutzt

Poröse Schweißnaht:
Schweißfehler, Drahtvorschub unregelmäßig, verschmutztes Werkstück, starker Luftzug drückt Schutzgas weg, Gasdüse sitzt zu, Gasmangel, da Gasflasche leer oder die Anschlüsse undicht sind, Gasvolumen falsch eingestellt

8.3 Widerstandspunkt-Schweißen

Bei dieser Schweißverbindung wird die Tatsache ausgenutzt, daß sich ein Widerstand erwärmt, wenn ihn ein elektrischer Strom durchfließt. Die praktische Umsetzung dieser Tatsache sieht so aus: In einen bestehenden Stromkreis wird eine schnell lösbare Verbindung durch einen Hebelmechanismus eingebaut. Die zu verschweißenden Bleche werden über den Hebelmechanismus eingeklemmt. Damit der größte Stromwiderstand zwischen den Blechen liegt, muß die Übergangsfläche vom Stromkreis zu den Blechaußenseiten klein gehalten werden. Deshalb kommen hier Elektroden zum Einsatz, deren Spitzen ballig oder keglig gearbeitet sind. Sobald die Elektrodenspitzen fest zusammengedrückt sind, fließt ein hoher Strom durch den nun geschlossenen Stromkreis Der hohe Widerstand zwischen den Blechen erwärmt das Material dort so stark, daß es teigig wird. Durch die starke Elektrodenanpreßkraft kann das zähflüssige Material nicht wegfließen, sondern verschmilzt miteinander. Danach schaltet der Strom ab. Der Schweißpunkt erstarrt und hat die beiden Bleche miteinander verbunden.

Damit die theoretischen Grundlagen in der Praxis zum Erfolg führen, müssen einige Vorbereitungen zum Widerstandspunkt-Schweißen getroffen werden. Der Umgang mit der eingestellten Punktschweißzange ist sehr einfach, wenn auch das Gewicht die Handhabung etwas erschwert. Die Schweißvorbereitung beginnt mit dem Ausrichten der Elektroden. Die Längsachsen der beiden Elektroden müssen beim Aufeinandertreffen eine Linie bilden. Deswegen lassen sich die Halter der Elektroden in der Zange drehen und auf Länge einstellen. Weiterhin muß die Parallelität der Elektroden eingestellt werden. Die Durchmesser der Elektrodenspitzen liegen aufeinander.

Wie vorher erwähnt, fließt das teigige Metall nicht weg, weil die Elektrodenkraft es zusammenhält. Das erfordert ein genaues Einstellen des Anpreßdruckes. Dazu müssen Blechstreifen in der Dicke der zu verschweißenden Bleches zwischen die Elektroden gelegt werden. Der Hebelmechanismus bewegt die Elektroden so weit zusammen, daß sie die Bleche gerade berühren. Die erforderliche Anpreßkraft wird über den weiteren Hebelweg bis zum Anschlag eingestellt. Wenn alle Einstellarbeiten abgeschlossen sind, muß ein Probeblech gepunktet werden. Diese Schweißung wird überprüft. Dazu ist das Probeblech in den Schraubstock zu spannen. Nun werden mit einer Kneifzange die Blechstreifen voneinander abgeschält. Die Schweißverbindung ist dann korrekt, wenn der Schweißpunkt in einem Blech vollständig erhalten bleibt und dadurch im anderen Blech ein Loch entsteht (Ausknöpf-Prüfung). Der Schweißpunktdurchmesser, der das Loch reißt, muß wenigstens $^4/_5$ des Schweißlinsen-Durchmessers betragen.

Achtung: Bei Schweißarbeiten im Innern der Karosserie, z.B. Längsträger/Radhaus, entstehen hohe induktive Widerstände. Deshalb sind

Bild 8.26 Erforderliche Einstellarbeiten zur richtigen Positionierung der Elektroden (Negativ-Beispiel)

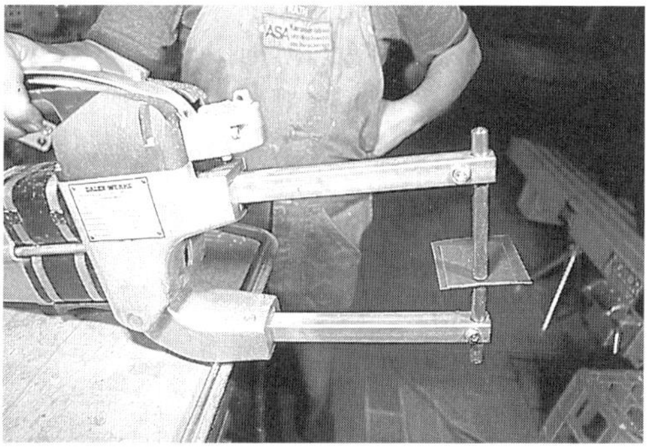

Bild 8.27a Anfertigen eines Probe-Schweißpunktes

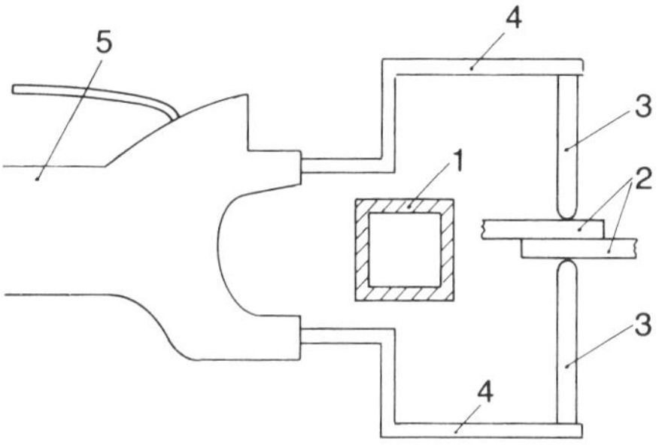

Bild 8.27b Erzeugen eines induktiven Widerstandes für die Probeschweißung
1 Karosserieprofil als hoher induktiver Verlust im Schweißbereich, z.B. Schweller
2 zu verschweißende Probebleche
3 Elektroden
4 Elektrodenarme
5 Widerstandspunkt-Schweißzange

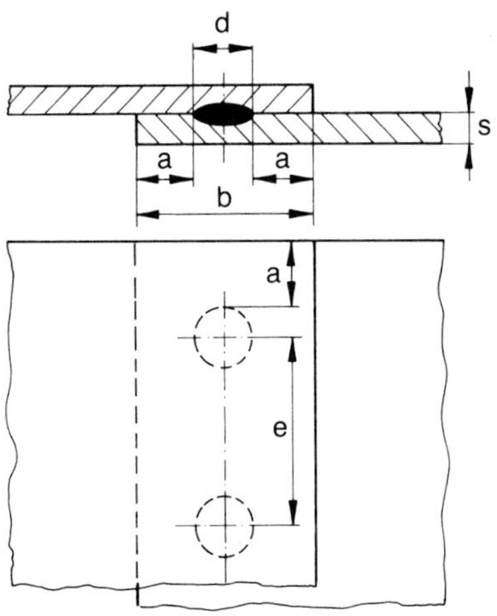

Bild 8.28 Abmessungen im Schweißpunktbereich
a Randabstand
b Überlappbreite
d Schweißpunktdurchmesser
e Punktabstand
s Blechdicke

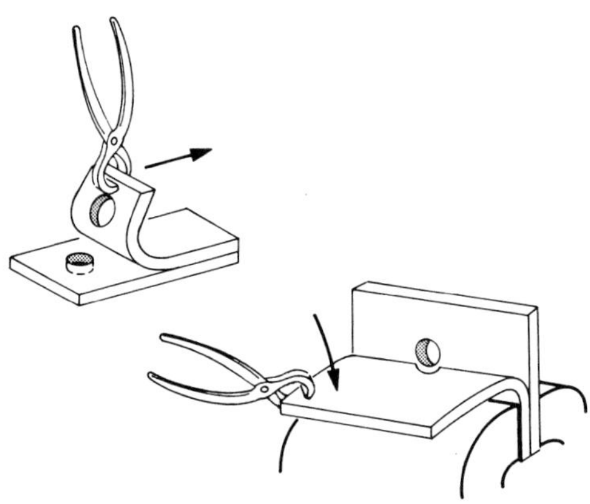

Bild 8.29 Schweißproben prüfen

diese Schweißarbeiten nicht mit dem Probeblech zu vergleichen. Es ist ratsam, die Stromstärke und die Schweißzeit zu erhöhen. Das gleiche gilt, wenn mit langen Elektrodenarmen und hohem Abstand gearbeitet wird. Der hohe induktive Widerstand kann für die Probeschweißung dadurch erzeugt werden, indem ein Karosserie-Profilrahmen zwischen den Elektrodenarmen gehalten wird.

Beim Arbeiten mit der Schweißzange müssen Punktdurchmesser, Randabstand, Überlappung und Punktabstand eingehalten werden. Der Schweißpunktdurchmesser ist vom Durchmesser der Elektroden abhängig. Die Elektrodenwirkflächen müssen ständig nachgearbeitet werden, da sie durch die Erwärmung während des Anpressens abflachen. Bei Karosserieblech-Schweißungen sollte der Punktdurchmesser 5mal die Dicke eines zu verschweißenden Bleches haben.

Beispiel: Zwei 1 mm dicke Bleche sollen gepunktet werden. Der Punktdurchmesser beträgt 1 mm × 5 = 5 mm. Der Abstand vom Schweißpunkt zum Blechrand muß mindestens gleich groß sein wie der Punktdurchmesser; er darf aber auch größer sein. Im genannten Beispiel also wenigstens 5 mm (vgl. Abschnitt 6.2). Die Breite der Überlappung muß mindestens das Dreifache des Punktdurchmessers ausmachen oder noch größer sein. Im erwähnten Beispiel sind das 5 mm × 3 = 15 mm. Hieraus sind auch die 12 mm Breite der Absetzzangen für die Abschnittsreparatur abzuleiten (0,8 mm Blechdicke). Das Karosserieblech für die Außenhautteile hat in den meisten Fällen die Dicke 0,8 mm. Der Punktabstand soll das Vier- bis Sechsfache des Punktdurchmessers betragen. Das bedeutet für das vorherige Beispiel: 4 bis 6 × 5 mm = 20 bis 30 mm.

Da nur ein sehr kurzer Zeitraum für die Bildung der Metallschmelze und das Verbinden der Bleche zur Verfügung steht, müssen die Stromstärke und die Schweißzeit genau aufeinander abgestimmt sein. Diese Einstellung erfolgt bei modernen Anlagen am Steuergerät. Beim Arbeiten mit der Schweißzange erwärmen sich, wie erwähnt, die Elektroden stark und werden weich. Dadurch flacht einmal die Elektrodenspitze ab und zum andern kann der Anpreßdruck sinken. Die Schweißqualität ist dann nicht mehr ausreichend. Damit diese negativen Einflüsse nicht zu schnell auftreten, müssen während der Arbeit Abkühlzeiten eingehalten werden. Mehr als fünf Punkte hintereinander sollten ohne Pause nicht gesetzt werden. Das Abschrecken der Elektroden im Wasser wird zwar häufig durchgeführt, aber es bringt neben der großen Gefahr für den Reparateur (el. Strom und Wasser) nur technische Nachteile: Das Gefüge der Kupferelektroden ändert sich derart, daß sie danach weder mechanisch noch thermisch voll belastbar sind.

8.4 Kurzzeichen für Schweißverfahren und Verbindungsarten

Für die Karosseriereparatur haben sich das Schutzgas-Schweißen (SG) und das Widerstandspunkt-Schweißen (RP) durchgesetzt. Die Bezeichnung «R» in der Abkürzung stammt von dem Formelbuchstaben «R» für den elektrischen Widerstand.

Damit zwischen dem Automobilhersteller und der Reparaturwerkstatt eine schnelle und unmißverständliche Sprache bezüglich zulässiger Schweißverbindungen gesprochen wird, gibt es auch hierbei Abkürzungen. Die Festlegungen sind im Technischen Ausschuß der Arbeitsgruppe «Schweißen im Straßenfahrzeugbau» getroffen worden. Dieser Ausschuß arbeitet im Deutschen Verband für Schweißtechnik e.V. und hat das entsprechende Merkblatt 2505 herausgegeben.

Die Bezeichnungen und Abkürzungen lauten wie folgt:

- **Durchgehende Schweißnaht oder Vollnaht** (D, SG), Symbol: ++++++++
  Sie ist bei stumpf zusammengesetzten und überlappten Blechen vorgeschrieben. Der häufigste Anwendungsfall sind Abschnittsreparaturen im Längsträger-, Dachholm- oder Schwellerbereich. Die Gefahr des Wärmeverzuges ist hier nicht sehr groß, da Blechdicken bis ca. 2 mm verschweißt werden.
- **Steppnaht** (S, SG), Symbol: Φ

Hier wird ein Schweißpunkt neben den anderen gesetzt. Um den Wärmeverzug so gering wie möglich zu halten, werden im 1. Schweißgang große Abstände gewählt. Beim 2., 3. und 4. Schweißgang wird jeweils in die Lücken der vorherigen Schweißung ein Punkt gesetzt. Somit liegen die Wärmezonen immer weit auseinander, und dünnwandige Bleche verziehen sich nicht. Der Begriff «Steppen» stammt zwar ursprünglich aus dem Textilbereich, jedoch muß beim Schweißen der übertragene Sinn aus der englischen Sprache verwendet werden (step = Schritt). Das schrittweise Vor- und Zurückgehen in der Schweißnaht hat hierfür auch den Begriff «Pilgerschritt-Schweißen» geprägt.

- **Unterbrochene Schweiß- oder Vollnaht** (R, SG), Symbol: ++++ ++++
  Hierbei handelt es sich um längere Schweißnähte, die auf kurzen Stücken unterbrochen

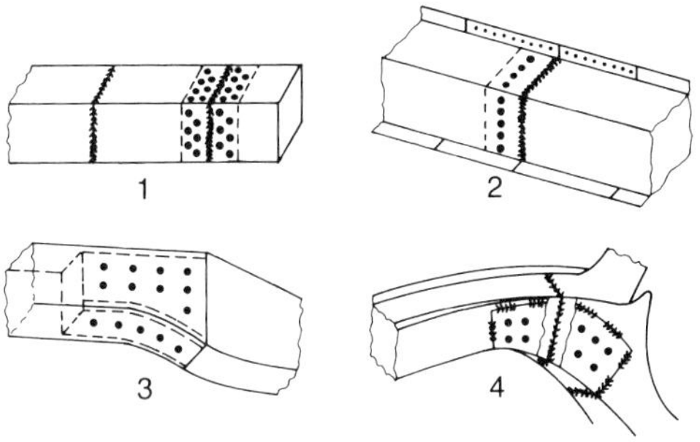

Bild 8.30a Verbindungsarten durch Schweißen: 1 Durchgehende Schweißnaht (Vollnaht) und Lockpunkt-Schweißung, 2 Lochpunkt-Schweißung im Überlappbereich, durchgehende Schweißnaht und Punktschweißung am Falz, 3 Lochpunkt-Schweißung, 4 Lochpunkt-, Vollnaht und unterbrochene Vollnaht

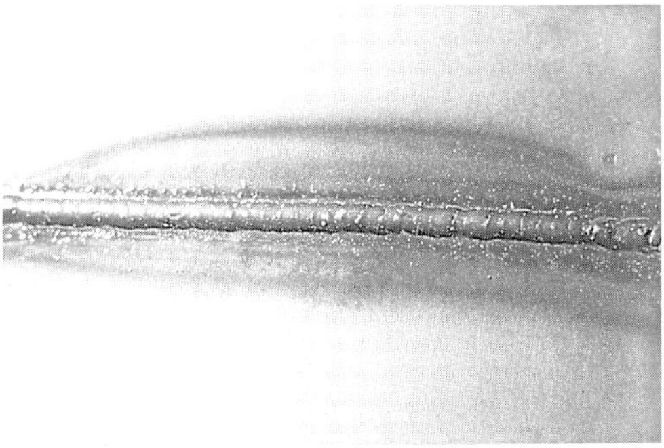

Bild 8.30b Vollnaht (Kurzzeichen D)

Bild 8.31 Steppnaht (Kurzzeichen S)

sind. Sie dienen häufig als Randschweißungen im Trägerbereich an Überschuhblechen und werden zusätzlich zu Lochpunktschweißungen gesetzt. Außerdem können Sie an normal abgesetzten Blechen vorkommen. Die Reihenfolge der Nahtstücke ist vergleichbar mit der Steppnaht.

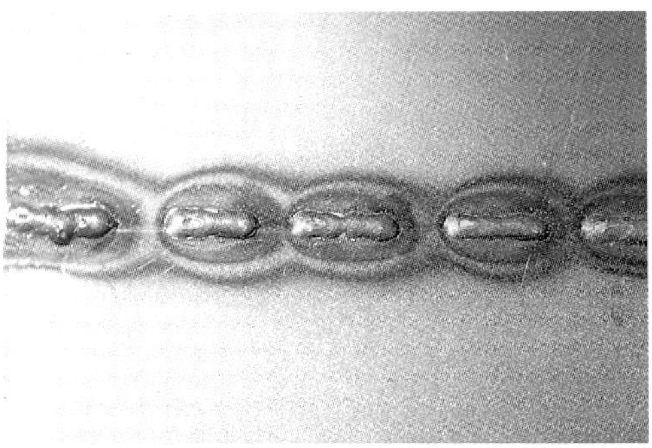

Bild 8.32 Unterbrochene Vollnaht (Kurzzeichen R)

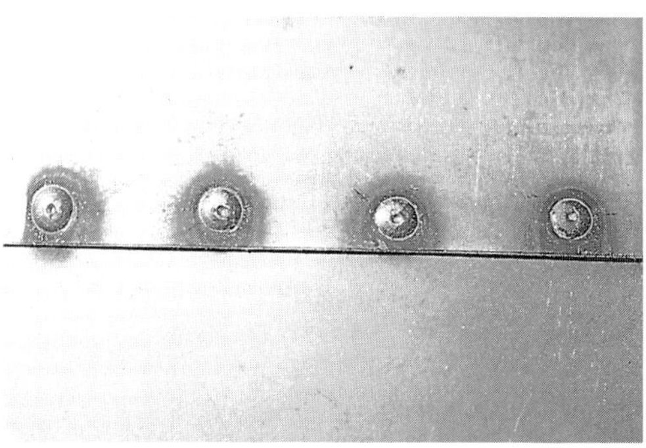

Bild 8.33a Lochpunktnaht (Kurzzeichen LP)

Bild 8.33b Widerstandspunktnaht (Kurzzeichen P, R)

- **Lochpunkt** (LP, SG) Symbol: ◎|
  Diese Verbindungsart ist typisch für die Abschnittsreparatur in der Außenhautfläche. Dabei wird das obere Blech durchbohrt oder gestanzt, um mit dem Schutzgas-Schweißgerät das untere mit dem oberen Blech zu verbinden. Der Vorteil dieser Ausführung liegt im geringen Materialauftrag des Schweißpunktes. Daher gibt es auch wenig Nacharbeit.
- **Schweißpunkt oder Punktnaht** (P, R), Symbol: __
  Der Sinn von vielen Schweißpunkten hintereinander im Vergleich zur Vollnaht ist es, den Wärmeverzug klein zu halten. Die Wärmeeinbringung ist nämlich bei der Widerstandspunktschweißung wesentlich geringer als bei der Schutzgasschweißung. Die Anwendungsbereiche sind daher im Bereich dünner Karosseriebleche zu finden, z.B. Originalschweißfalze von Seitenwänden sowie Schweißfalze von Heck- und Frontblechen. Wann immer möglich, ist diese Verbindungsart anzuwenden.
- **Stoßpunkt** (SP)
  Hierbei handelt es sich um ein einseitiges Widerstandspunkt-Schweißverfahren. Die Festigkeit ist nicht immer gewährleistet. Deshalb sollte es zur Karosserie-Instandsetzung allenfalls an wenig belasteten Schraubteilen eingesetzt werden. Da es aber ein Schweißverfahren ist, muß es erwähnt sein.
- **Stumpfnaht** (I, SG)
  Der Begriff bezieht sich auf die Lage der Bleche zueinander (flach liegend). Die Naht wird an den Blechstößen meist durchgehend ausgeführt.

8.5 Hartlöten (Symbol: ⌒⌒⌒)

Es gibt nur wenige Karosseriepartien, die im Reparaturfall durch Hartlöten in den Originalzustand versetzt werden. In den meisten Fällen handelt es sich um Übergänge von der Dachhaut zum Dachrahmen im Bereich der A-, B- bzw. C-Säulen. Einige Automobilhersteller verbinden auch noch die Ecken von Heckabschlußblechen, Türschwellerbereichen und Wasserleitblechen im Heckoberteil durch Hartlöten.

Was bedeutet der Begriff Hartlöten?

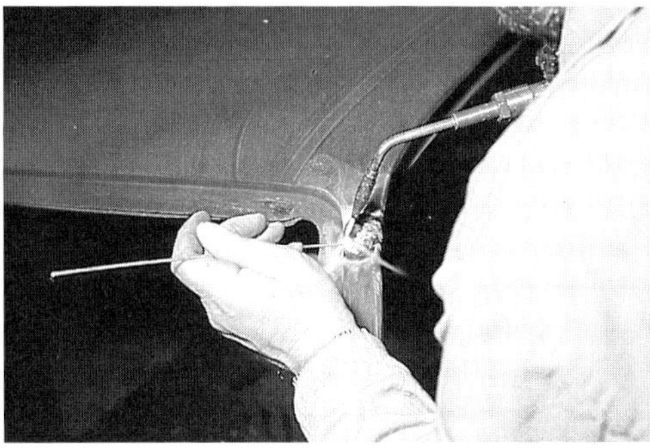

Bild 8.34 Hartlötstelle an der A-Säule zum Dachrand

Hartlöten ist eine Verbindungsart für Metalle, bei der die Werkstücke nicht geschmolzen werden. Es wird nur das Hartlot so weit erwärmt, bis es zähflüssig ist. Wenn Stahlblech hartgelötet wird, beträgt die Arbeitstemperatur ca. 900 °C (als Vergleich: die Schmelztemperatur von Stahl liegt bei ca. 1450 °C). Die hohe Festigkeit der Hartlötverbindung entsteht durch Diffusion; daraus ergibt sich eine gewisse Legierungsbildung in der Lötzone; d.h, obwohl das Grundmetall nicht geschmolzen wird, gibt es eine Art Vermischung des Hartlotes mit dem Grundmetall (Wandern der Atome). Dadurch kann, je nach Qualität des Grundstoffes, die Hartlötzone sogar eine höhere Festigkeit als das Hartlot selber bekommen.

Die nachfolgende Aufstellung soll ein Beispiel für die unterschiedlichen Zugfestigkeitswerte sein.

Hartlot	Stahl	Hartlötzone
silberhaltiges Cu-Lot	St-52	Cu-Stahl-Legierung
Zugfestigkeit (N/mm²):		
ca. 200	ca. 520	ca. 450

Die Festigkeit einer Hartlötverbindung wird neben den Einflüssen wie Oberflächenrauhigkeit, Löttemperatur, Überlappungslänge der Bleche und Flußmittel auch von dem Abstand der beiden zu verbindenden Karosseriebleche bestimmt. Grundsätzlich kann behauptet werden: Je geringer der Abstand, um so höher ist die Festigkeit der Hartlötzone.

Warum wird im Karosseriebereich überhaupt gelötet?

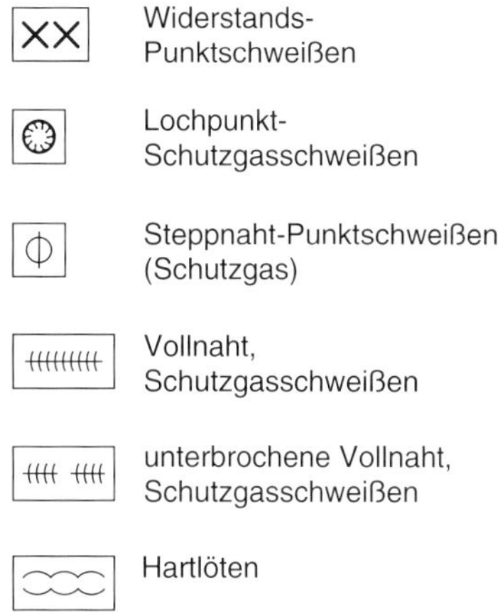

Bild 8.35 Die wichtigsten Symbole für Schweißverbindungen und für das Hartlöten bei der Karosserie-Instandsetzung

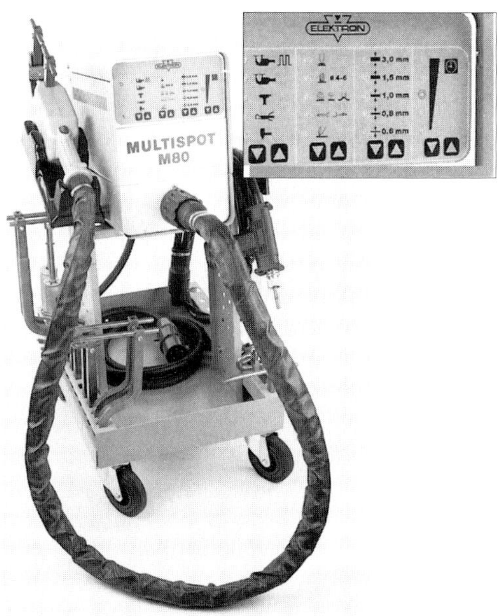

Bild 8.36 Modernes mehrfach einsetzbares Punktschweißgerät mit Anzeige der Leistungsparameter

Es gibt zwei Gründe. Zunächst geht es um die Optik der Verbindungsstellen an den Karosserie-Außenteilen. Eine Schweißnaht am Übergang der Dachhaut zu den Türsäulen zieht Blechverwerfungen nach sich, die nur sehr auf-

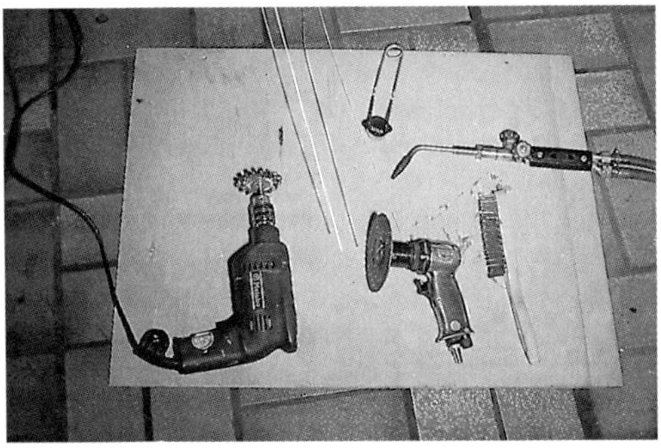

Bild 8.37 Werkzeuge und Hilfsmittel zum Hartlöten. Die Bohrmaschine mit der Zopfbürste sollte für Bohrarbeiten nicht mehr verwendet werden (vgl. Abschnitt 8.1 Trennwerkzeuge).

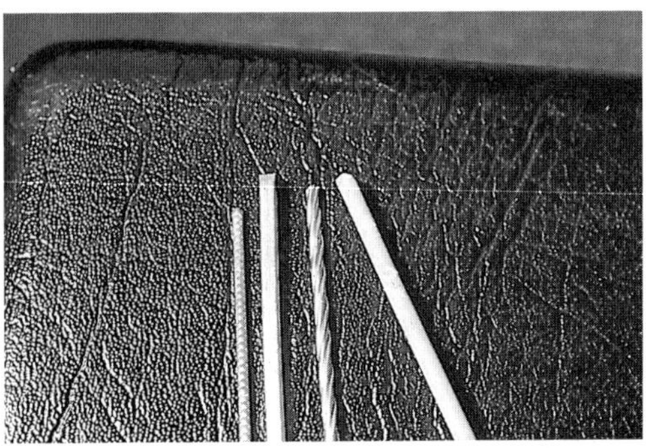

Bild 8.38 Unterschiedliche Hartlotstäbe

wendig zu beheben sind. Außerdem ist das Glätten einer harten Schweißnaht sehr zeitintensiv. Der zweite Grund für das Hartlöten ist die wasserdichte Nahtverbindung. Zugleich ist diese Naht so fest, daß keine Bewegung der überlappten Bleche gegeneinander stattfindet. Dadurch werden Lackrisse weitestgehend verhindert. In jüngster Zeit sind vielversprechende Versuche durchgeführt worden, die Hartlötstellen durch Schweißverbindungen mit einem Bronzeschweißdraht zu ersetzen. Eine schnellere und sichere Anwendung wären die Vorteile. Wie wird das Hartlöten in der Werkstatt durchgeführt?

Angenommen, die Dachhaut eines Pkw ist erneuert worden, und die Schweißarbeiten sind alle abgeschlossen. Jetzt müssen die Übergänge zu den A-, B- und C-Säulen hartgelötet werden.

Für diesen Arbeitsgang sind die nachstehenden Werkzeuge erforderlich:

- ☐ rotierende Drahtbürste oder Tellerschleifer,
- ☐ Handdrahtbürste,
- ☐ Autogen-Schweißbrenner, Brennergröße 1 bis 2 mm,
- ☐ spezielle Hartlotstäbe mit Flußmittel.

Zu den Werkzeugen und Hilfsmitteln einige Erläuterungen:

- ☐ **Rotierende Drahtbürste, Tellerschleifer und Handdrahtbürste:** Sie dienen zum Reinigen der Hartlötzone. Die zu verbindenden Bleche müssen metallisch blank sein und dürfen keine Öl- oder Fettreste aufweisen. Außerdem wird der Tellerschleifer zur Endbearbeitung der Hartlötnaht benutzt.
- ☐ **Autogen-Schweißbrenner:** Er wird mit der Brennergröße 1 bis 2 mm bestückt. Die Einstellung der Flamme erfolgt mit Gasüberschuß, so daß ein ca. 2 bis 3 cm langer blauer Flammkegel entsteht.
- ☐ **Hartlotstäbe:** Als Hartlotstäbe können mehrere Ausführungen verwendet werden. Für die Verbindung von Karosserieblechen besteht das Hartlot aus einer Legierung von Kupfer mit Zink- und Nickelzusatz. Häufig werden auch Lote mit Silberzusatz verwendet. Das enthaltene Silber bewirkt beim Spaltlöten eine Senkung der Oberflächenspannung und eine gute Kapillarität (Hineinziehen des flüssigen Lotes in einen Spalt). Diese Vorteile kommen aber bei der Karosseriereparatur kaum zum Tragen, da hier eine Fugenlötung durchgeführt wird.
- ☐ **Flußmittel:** Damit das Hartlot mit der Blechoberfläche eine sichere Verbindung eingehen kann, wird ein Hilfsmittel, das Flußmittel, eingesetzt. Es soll verhindern, daß sich die blankgeschliffene Oberfläche des Bleches mit dem Luftsauerstoff verbindet. Dadurch würde eine Oxidschicht entstehen, die den Hartlötvorgang stört. Außerdem bewirkt das Flußmittel, daß sich das geschmolzene Lot gut ausbreiten kann (fließen kann). Zur einfachen Anwendung befindet sich das Flußmittel entweder im flüssigen Zustand im Hartlotstab oder als festes Pulver auf dem Hartlotstab. Vorteilhaft sind die erstgenannten Stäbe, bei denen das Flußmittel in einem dünnen Hohldraht eingeschlossen, wendelförmig um den Lotstab gelegt ist. Selbst beim Verbiegen des

Stabes tritt das Flußmittel nicht unbeabsichtigt aus. Beim pulverbeschichteten Stab platzt es in solchen Fällen ab. Die Hartlotstäbe mit dem flüssigen Flußmittel haben noch einen weiteren Vorteil. Normalerweise muß das Flußmittel nach dem Hartlöten abgewaschen werden, da es die Rostbildung des Bleches fördert. Bei den genannten Stäben entfällt das Abwaschen mit Wasser, da nur sehr wenig Spezialflußmittel vorhanden ist. Es verbraucht sich komplett während des Hartlötvorgangs.

Die Werksbezeichnung derartiger Speziallote mit wenig Flußmittel lautet: 80 MF. Dabei wird durch die Zahl «80» die Materialzusammensetzung ausgedrückt: Kupferbasis mit Zink- und Nickelzusatz. Die Buchstaben «MF» sind die Abkürzung für: Minimaler Flußmittelanteil.

Wie ist der genaue Arbeitsablauf beim Hartlöten?

Die Hartlötstelle wird in einem Bereich von ca. 3 cm links und rechts der Fuge blankgeschliffen. Mit der beschriebenen Schweißbrenner-Einstellung muß das Karosserieblech auf die Arbeitstemperatur von ca. 900 °C gebracht werden. Der Farbton des glühenden Stahls zeigt den entsprechenden Temperaturbereich an. Wenn dieser erreicht ist, wird der Hartlotstab mit erwärmt. Das Hartlot läßt sich anschließend als zähflüssige Masse in die Fuge des Karosseriebleches legen. Es ist während des Hartlötens darauf zu achten, daß der Fugenbereich und das Hartlot gleichzeitig auf Arbeitstemperatur sind. Auf keinen Fall darf das Karosserieblech flüssig werden. Nachdem das Hartlot in der Fuge gleichmäßig verteilt ist, muß der gesamte Arbeitsbereich an der Luft abkühlen. Anschließend kann die Hartlötzone mit einer Schleifscheibe geglättet werden.

Bild 8.39 Blankmachen des Hartlötbereiches

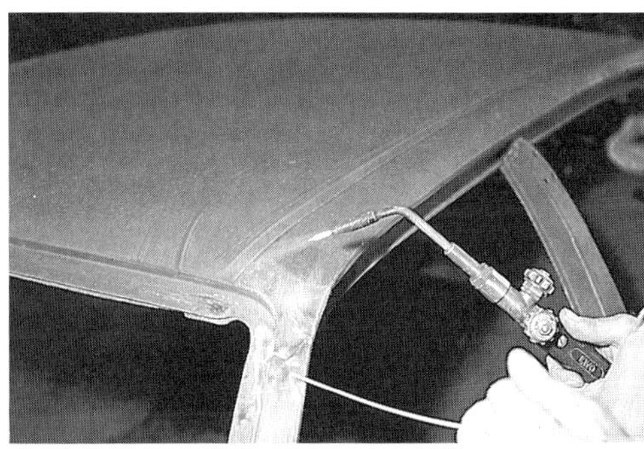

Bild 8.40 Richtige Einstellung des Autogenbrenners

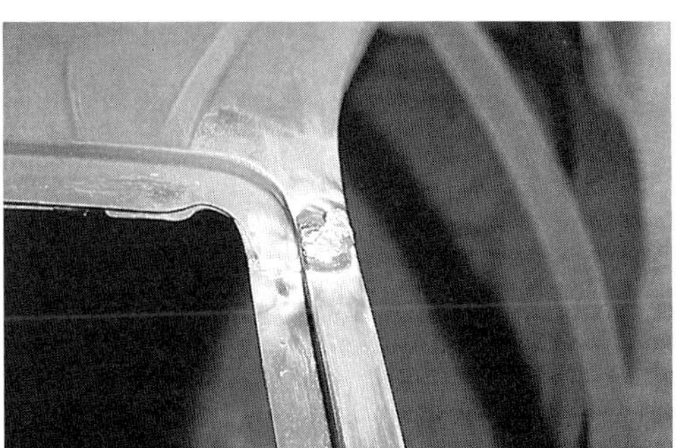

Bild 8.41 Hartlötstelle vor der Bearbeitung

Bild 8.42 Hartlötstelle nach der Bearbeitung

8.6 Korrosionsschutz

Die Automobilhersteller betreiben heutzutage einen sehr wirkungsvollen Korrosionsschutz während der Produktion von Pkw-Karosserien. Durch Instandsetzungsarbeiten wird er zwangsläufig ganz oder teilweise zerstört. Nach jeder Reparatur muß aber der Originalzustand des Fahrzeugs wiederhergestellt sein. Bevor die einzelnen Behandlungen durchgeführt werden, ist es wichtig darauf zu achten, daß alle zu verwendenden Materialien aufeinander abgestimmt sind. Das heißt, sie dürfen sich nicht gegenseitig in ihrer Wirkung behindern oder sich sogar zerstören. Darüber hinaus müssen sie auch mit dem nachfolgenden Lackaufbau verträglich sein. Daher ist es ratsam, geschlossene Systeme zu verwenden, das heißt, die Materialien *eines* Herstellers zu benutzen. Hier ist die Verträglichkeit der einzelnen Produkte untereinander sichergestellt. Für den Fall, daß das Fahrzeug nicht in der eigenen Werkstatt lackiert wird, muß sogar die Abstimmung mit der Fremdlackiererei erfolgen.

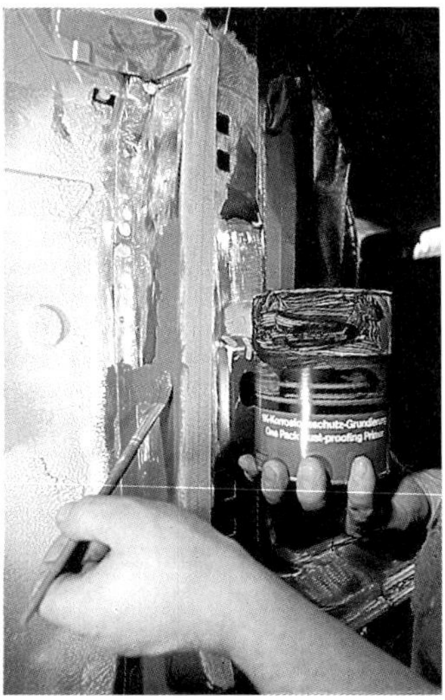

Bild 8.43 Auftrag der Korrosionsschutz-Grundierung

Bild 8.44 Auftrag der schweißbaren Grundierung (Zinkstaubfarbe)

Der Korrosionsschutz ist nicht nur eine Behandlung nach getaner Arbeit. Er beginnt vor dem Einschweißen der Neuteile und endet nach dem Lackieren. Das Beispiel eines Reparaturablaufes verdeutlicht die umfangreichen Arbeiten: Nach den Feinrichtarbeiten haben die Teile, die im Fahrzeug verbleiben, etliche blanke Stellen. Diese werden mit Korrosionsschutz-Grundierung eingestrichen. Vorher müssen die Stellen jedoch gründlich mit Verdünnung gereinigt werden. *Achtung:* Hierfür einen Lappen verwenden, der mit wenig Verdünnung angefeuchtet ist. Keine Verdünnerreste in die Schweißnähte tropfen lassen. Die Verdünnung spült die dort befindliche Schweißfarbe weg. Es entstehen Ausgangspunkte für die Rostbildung. Beim ersten Überstreichen der Grundierung kann es passieren, daß sie nicht richtig deckt. Deshalb sollte sie immer zweimal aufgetragen werden. Die Trocknung des ersten Anstrichs erfolgt innerhalb von Minuten. Die Flansche und Punktstellen zum Einschweißen der Neuteile sind nicht mit der Grundierung zu bestreichen. Sie erhalten eine besondere Behandlung.

Die Schweißflansche, die mit der Widerstandspunktzange verbunden werden, sind mit einer elektrisch leitenden Schweißgrundierung einzupinseln. Hierbei müssen beide Flansche, also das Alt- und das Neuteil, eingestrichen werden. Die schweißbare Grundierung bildet um den Schweißpunkt herum einen geschlossenen Raum, in den keine Feuchtigkeit zur Rostbildung dringt. Die Schutzgas-Schweißflansche müssen metallisch blank sein, da jeder Grundierungsauftrag das Schweißergebnis verschlechtert. Eine Ausnahme bilden Aluminiumanstriche. Sie verbrennen ohne große Beeinträchtigung der Schweißzone. Darüber hinaus bleibt das Aluminium um die Schweißzone herum erhalten und schützt so vor Rostbildung.

Die Innenseiten der Neuteile sollten vor dem Einschweißen in Wagenfarbe lackiert werden. Die Schweißflansche sind vorher abzukleben. Mit dieser Innenseitenlackierung kann das Spritzen eines Farbmusterbleches für die anschließende Lackierung eingespart werden. Nach dem Einschweißen der Neuteile sind alle blanken Stellen und die Schweißzonen mit einer Korrosionsschutz-Grundierung einzustreichen. Es ist die gleiche Grundierung wie vorher erwähnt. Danach erfolgt die Nahtabdichtung. Das Material für die Nahtabdichtungen muß derart mit dem Pinsel verstrichen werden, daß es die freiliegenden Blechkanten vollständig umhüllt (siehe Abschnitt 6.4). An dieser Stelle sei noch einmal besonders auf die unterschiedlichen Materialien hingewiesen. Es gibt Nahtabdichtungs-Materialien, die, mit Wasser verdünnt, sich gut verarbeiten lassen. Sie müssen vor der weiteren Verarbeitung gut trocknen, da sonst die Rostbildung eher forciert als unterbunden wird. Beim Arbeiten mit puren Silicon-Nahtabdichtungen entstehen u.U. Probleme beim anschließenden Lackieren, da es keine Haftung zwischen Silicon und Lack gibt.

Nachdem die Blecharbeiten abgeschlossen sind, werden der Unterbodenschutz und die Hohlraumkonservierung aufgetragen. Hierbei ist darauf zu achten, daß vorher die Bremsscheiben, -schläuche und Achsmanschetten abgedeckt werden und nachher die Entwässerungslöcher der Hohlräume nicht verschlossen sind.

8.7 Fragen und Antworten

1. Auf welchen physikalischen Grundlagen beruhen das Widerstandspunkt- und das Schutzgas-Schweißen?
Antwort:
Widerstandspunkt-Schweißen:
Wenn ein elektrischer Strom durch einen Leiter fließt, erwärmt sich dieser. Sobald ein hoher Widerstand in diesem Leiter auftritt, wird dieser so weit erwärmt, daß er teigig wird.

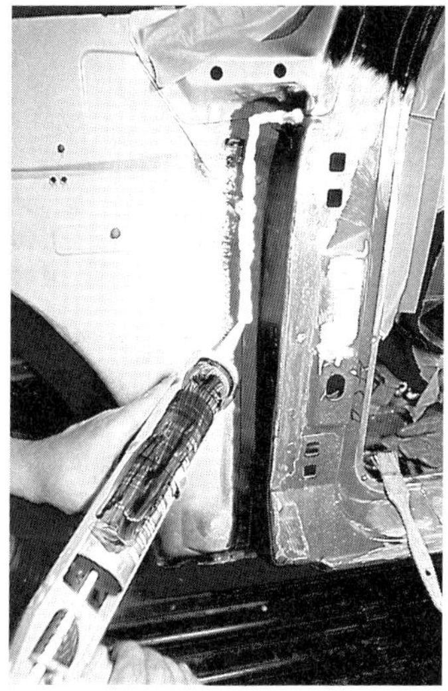

Bild 8.45 Auftrag der Nahtabdichtung

Schutzgas-Schweißen:
Ein elektrischer Strom mit hoher Stromstärke durchfließt einen geschlossenen Stromkreis. An einer Stelle wird der Stromkreis um einen bestimmten Spalt geöffnet. Hier entsteht ein Lichtbogen, der an den Enden am heißesten ist. Dadurch schmilzt auf der einen Seite das Blech, und auf der anderen Seite tropft der Schweißdraht ab.

2. Was bedeutet der Begriff MAG-Schweißen?
Antwort:
Metall-Aktiv-Gas-Schweißen. Das Schutzgas nimmt gezielt an den chemisch-physikalischen Prozessen des Schweißbades teil.

3. Wie wird die Schutzgasmenge des Schweißgerätes richtig eingestellt?
Antwort:
Das ausströmende Gas wird mit einem Meßrohr an der Brennerspitze gemessen.

4. Welche Schutzgasmenge ist für das Schweißen mit dem üblichen Drahtdurchmesser von 0,8 mm vorzusehen?
Antwort: 8 bis 10 l/min

5. Welche Brennerhaltung und welche Schweißrichtung sind beim Schutzgas-Schweißen richtig?

Antwort:
Brennerhaltung unter einem Winkel von 75° und einem Abstand vom Blech von ca. 8mal Drahtdurchmesser. Die Schweißrichtung ist stechend von rechts nach links.

6. Welche Wartung ist für die Gasdüse des Schutzgas-Schlauchpaketes durchzuführen?
Antwort:
Spritzeransatz entfernen und Austausch bei Verschleiß.

7. Welche Ursachen sind möglich, wenn der Drahtvorschubmotor zwar läuft, aber kein Schweißstrom vorhanden ist?
Antwort:
a) Massekabel defekt oder nicht richtig angebracht,
b) Überlastschutz hat ausgelöst,
c) elektrische Anlage des Geräts ist defekt.

8. Welche Ursachen gibt es für eine poröse Schutzgas-Schweißnaht?
Antwort:
a) Schweißfehler,
b) verschmutztes Werkstück,
c) Luftzug,
d) Gasdüse zugesetzt,
e) Gasflasche leer.

9. Wie sind die Elektroden an der Widerstandspunkt-Schweißzange einzustellen?
Antwort:
Die Elektroden müssen mit ihren Spitzen so aufeinandertreffen, daß sie eine Gerade bilden.

10. Warum muß beim Widerstandspunkt-Schweißen vor den eigentlichen Schweißarbeiten eine Probeschweißung durchgeführt werden?
Antwort:
Ein Schweißpunkt mit der Widerstandspunktzange ist am Fertigteil ohne Zerstörung nicht zu überprüfen. Daher müssen vor den Karosserie-Schweißarbeiten Kontrollschweißpunkte angefertigt werden, um die richtige Einstellung zu finden.

11. Wie werden Widerstandspunkt-Schweißungen überprüft?
Antwort:
Die punktgeschweißten Probebleche werden in einen Schraubstock gespannt und mit einer Kneifzange getrennt. Der Schweißpunkt muß ein Loch ins Gegenblech reißen. Der Durchmesser des Loches muß wenigestens $^4/_5$ des Schweißlinsen-Durchmessers betragen.

12. Wodurch verändert sich der Durchmesser an den Elektrodenwirkflächen der Punktschweißzange?
Antwort:
Durch die Erwärmung der Elektroden beim Schweißen werden sie über den Anpreßdruck abgeflacht.

13. Wie groß ist der Abstand zwischen zwei Widerstands-Schweißpunkten, wenn zwei 1 mm dicke Bleche verbunden werden sollen?
Antwort:
Der Punktabstand soll das 4- bis 6fache des Punktdurchmessers ausmachen. Der Punktdurchmesser beträgt 1mal Blechdicke $\times$ 5 = 5 mm. Der Punktabstand 4 bis 6 $\times$ 5 mm = 20 bis 30 mm.

14. Warum dürfen die Elektroden der Punktschweißzange nicht überhitzt werden?
Antwort:
Eine Überhitzung läßt die Elektroden erweichen, und der Anpreßdruck kann sinken. Dadurch ist die Schweißqualität nicht mehr ausreichend.

15. Warum ist das Widerstandspunkt-Schweißen bei der Karosseriereparatur dem Schutzgas-Schweißen vorzuziehen?
Antwort:
Die Widerstandspunkt-Schweißverbindung entspricht der Originalschweißung des Fertigungsprozesses. Die Wärmeeinbringung in die Schweißzone ist sehr begrenzt. Es entstehen kaum zusätzliche Härtezonen. Außerdem ist kein Wärmeverzug vorhanden und dadurch kaum Nacharbeit nötig.

16. Warum werden durchgehende Schweißnähte im Außenhautbereich kaum vorgeschrieben?
Antwort:
Sie verursachen am dünnen Außenblech Verwerfungen durch Wärmeverzug.

17. Welchen Vorteil bietet die Steppnaht gegenüber der durchgehenden Schweißnaht?
Antwort:

Bei der Steppnaht werden die Schweißpunkte bzw. Schweißabschnitte immer im weiten Abstand gegenüber der vorherigen Schweißung gesetzt. Dadurch kommt es selten zum Wärmeverzug in der Schweißzone.

18. Worauf bezieht sich der Begriff «Stumpfnaht»?
Antwort:
Auf die Lage der zu verschweißenden Bleche zueinander. Sie sind nicht überlappt, sondern stoßen stumpf zusammen (mit dem vorgeschriebenen Schweißspalt).

19. Warum ist das Stoßpunkten kein Ersatz für das Zangenpunkten?
Antwort:
Das Stoßpunkten erfolgt nur von einer Seite. Dadurch ist die notwendige definierte Schweißqualität, wie sie beim Zangenschweißen durch den Anpreßdruck erreicht wird, nicht gewährleistet. Die Festigkeit des Schweißpunktes ist sehr fragwürdig.

20. Wie ist die richtige Brennergröße und -einstellung des Autogenschweißbrenners beim Hartlöten?
Antwort:
Brennergröße 1 bis 2 mm; Acetylenüberschuß, so daß ein ca. 2 bis 3 cm langer hellblauer Flammkegel entsteht.

21. Welche Vorgänge spielen sich beim Hartlöten ab?
Antwort:
Beim Hartlöten wird nur das Material des Hartlotstabs zähflüssig. Das Blech schmilzt nicht. Die Verbindung vom Hartlot mit dem Blech entsteht durch Legierungsbildung aufgrund von Diffusion in der Hartlötzone.

22. Warum wird an bestimmten Karosserieverbindungen hartgelötet?
Antwort:
Hartlotstellen befinden sich an Blechfugen der Karosserieaußenhaut. Beim Hartlöten verwirft sich die Blechpartie nicht, da die Erwärmung weit unterhalb der Schmelztemperatur des Blechs liegt. Die Nacharbeit erfolgt durch einfaches Schleifen. Außerdem verhindern Hartlotstellen Lackrisse an stark beanspruchten Karosseriefugen.

23. Welche Hartlotstäbe haben sich für die Karosseriereparatur gut bewährt?
Antwort:
Stäbe aus Kupfer mit Zink- und Nickelzusatz. Das Flußmittel befindet sich in dünnen Röhrchen, die ihrerseits spiralenförmig um den Hartlotstab gewickelt sind.

24. Wann beginnt bei einer Karosseriereparatur der Korrosionsschutz?
Antwort:
Vor dem Einschweißen der Neuteile.

25. Warum müssen unterschiedliche Korrosionsschutzaufträge für das Widerstandspunkt- und Schutzgas-Schweißen verwendet werden?
Antwort:
Beim Widerstandspunkten reicht es, wenn eine stromleitende Grundierung aufgetragen wird. Dagegen stört beim Schutzgas-Schweißen fast jeder Auftrag die Schweißarbeit und die -qualität. Eine Möglichkeit des Korrosionsschutzes vor dem Schutzgas-Schweißen ist das Einpinseln der Schweißzone mit Alufarbe.

26. Warum sollte für einen Reparaturfall ein einheitliches Korrosionsschutz-System verwendet werden?
Antwort:
Die Materialien eines Systems sind untereinander verträglich und bewirken keine gegenseitigen Zersetzungen.

27. Warum sollen die neuen Karosserieteile auch von der Innenseite lackiert werden?
Antwort:
Aus Korrosionsschutzgründen, da beim Transport der Blechteile u.U. die Grundierung beschädigt wird. Außerdem kann diese Innenlackierung als Farbmusterblech dienen.

28. Warum sind vor der Innenseitenlackierung die Schweißflansche abzukleben?
Antwort:
Die Schweißflansche müssen vor dem Einschweißen blankgeschliffen werden. Wenn keine zusätzliche Farbe darübergespritzt wird, kann das Blankmachen mühelos mit der rotierenden Zopfbürste erfolgen. Achtung bei verzinkten Blechen (s. Abschnitt 9.3).

29. Worauf ist beim Auftragen von Korrosionsschutz-Materialien an Schweißnähten und Blechkanten zu achen?
Antwort:
Die Kanten und Spitzen der Schweißnähte und Blechenden müssen vollständig vom Korrosionsschutz umgeben sein.

30. Welche Schutzgase kommen beim Schweißen von Karosserie-Stahlblechen hauptsächlich zur Anwendung?
Antwort:
Kohlendioxid (CO_2) oder ein Mischgas aus Argon und Kohlendioxid.

31. In welchen Fällen ist die einfache Probeschweißung mit der Widerstandszange nicht übertragbar?
Antwort:
Wenn im Innern der Karosserie (Längsträger/Radhaus) gepunktet wird oder lange Elektrodenarme mit hohem Abstand zueinander eingesetzt werden.

32. Welche Maßnahmen müssen ergriffen werden, wenn beim Widerstandspunkt-Schweißen hohe induktive Widerstände vorliegen (Frage 31)?
Antwort:
Im Vergleich zur Probeschweißung müssen Stromstärke und Schweißzeit erhöht werden.

9 Alternative Karosseriebau-Werkstoffe

In diesem Kapitel werden dem Leser folgende Kenntnisse vermittelt

Lernziele	Lerninhalte
– die wichtigsten Karosseriebau-Werkstoffe neben dem Stahlblech nennen	– wichtige Karosseriebau-Werkstoffe
– das Hauptmerkmal des höherfesten Karosseriebleches erläutern und den Unterschied zum normalen Karosserieblech darstellen	– Merkmale höherfestes Karosserieblech
– die gebräuchlichsten Bezeichnungen der höherfesten Karosseriebleche aufzählen und ihre Erkennungsdaten sowie Einsatzbereiche beschreiben	– Bezeichnungen, Erkennungsdaten und Einsatzbereiche höherfester Karosseriebleche
– die Besonderheiten höherfester Karosseriebleche beim Ausbeulen, Rückverformen und Austrennen aufzeigen	– Reparaturbesonderheiten bei höherfesten Karosserieblechen
– den indirekten Einfluß höherfester Karosseriebleche bezüglich geringerer Wandstärke und Wärmeeinbringung darstellen	– indirekter Einfluß von höherfesten Karosserieblechen auf das Reparaturverhalten
– die Bedeutung von aluminiumlegierten Karosserieteilen für Pkw realistisch einschätzen	– Bedeutung aluminiumlegierter Bleche im Pkw-Karosseriebau
– die wichtigsten Eigenschaften von aluminiumlegierten Blechen aufzählen und die daraus resultierenden Reparaturabläufe im Vergleich zu Stahlblech begründen	– Eigenschaften aluminiumlegierter Bleche und sich daraus ergebende Reparaturabläufe
– den Arbeitsgang Ausbeulen, Schleifen und Spachteln von Aluminiumblechen wiedergeben	– Ausbeulen, Schleifen und Spachteln von Aluminiumblechen
– das Rückverformen von Aluminiumblechen beschreiben	– Rückverformen von Aluminiumblechen
– die Vorbereitungen zum Schweißen nennen, und die Anforderungen an das Schweißgerät erläutern	– Schweißvorbereitungen und Schweißgerät für Aluminiumbleche
– fachgerechte Ausführung von Lochpunkt-, Stumpfnaht- und Kehlnahtschweißungen an Aluminiumblechen darstellen	– Schweißverbindungen an Aluminiumblechen
– die Rißkontrolle an bearbeiteten Aluminiumblechen erklären und die Möglichkeiten zur Reparatur der Risse aufzeigen	– Rißkontrolle und Reparatur
– Wirkung von Zinküberzügen als Rostschutzmaßnahme für Stahlblech beschreiben	– Wirkung von verzinktem Stahlblech als Rostschutz
– unterschiedliche Verzinkungsarten und den damit verbundenen Schichtdickenauftrag nennen	– Verzinkungsarten und Schichtdickenauftrag bei Stahlblech
– fachgerechte Behandlung von verzinkten Blechen vor, während und nach dem Schweißen schildern	– Schweißen von verzinkten Stahlblechen
– die wichtigsten Fachbegriffe der Kunststofftechnik nennen und ihre Bedeutung interpretieren	– Fachsprache Kunststoff
– die drei Kunststoffgrundtypen aufzählen und ihren Aufbau beschreiben	– Kunststoffgrundstruktur
– praxisgerechte Erkennung von Kunststofftypen aufzeigen	– Kunststofferkennung
– die wichtigsten Kunststofftypen den richtigen Reparaturverfahren zuordnen und die Reparaturverfahren erklären	– Reparaturverfahren für Kunststoffe
– mögliche Fehler und deren Ursachen bei der Durchführung von Reparaturarbeiten darstellen	– Fehler und Ursachen bei der Kunststoffreparatur
– die Wirtschaftlichkeits-Betrachtung als Vergleich Neuteil zu Reparatur vornehmen	– wirtschaftliches Arbeiten: Neuteil oder Reparatur?

Neben den klassischen Stahlblechen wurden bereits vor einigen Jahrzehnten andere Werkstoffe für den Karosseriebau eingesetzt. So gab es die Holzskelett-Bauweise (z.B. DKW-Kombi) oder Holzspan-Elemente mit Kunststoffhaut (z.B. Lloyd-»Leukoplastbomber»). Auch der Kunststoff wurde früher bereits eingesetzt, und Aluminium als Karosserieblech gibt es schon lange. Heute haben sich Materialien etabliert, die es z.T. erst seit einigen Jahren gibt. Zu ihrem Einsatz ist es hauptsächlich mit der Forderung nach dem Karosserieleichtbau und dem verbesserten Korrosionsschutz gekommen. So werden höherfeste Stahlbleche, besondere Al-Legierungen, extrem hoch beanspruchbare Kunststoffe (Kevlar) und verzinkte Stahlbleche verwendet. Weitere Karosseriebau-Werkstoffe, die in der Zukunft eingesetzt werden dürften, sind die Sandwich-Materialien (leichtester Kunststoffkern mit hauchdünnen Metallfolien bespannt).

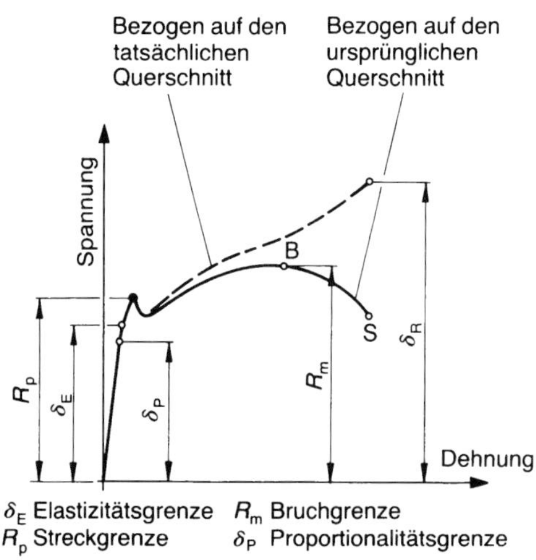

Bild 9.1 Zerreiß-Schaubild für weichen Stahl (Spannungs-Dehnungs-Diagramm)

9.1 Höherfestes Karosserieblech

Als Karosseriebleche wurden bis vor wenigen Jahren nur die normalen Stahlsorten mit den Bezeichnungen St-12, St-13 und St-14 verwendet. Bei ihnen handelt es sich um Kohlenstoff-Stähle mit guten Verformungseigenschaften.

Was bedeutet der Begriff höherfestes Stahlblech? Jedes Stahlblech hat verschiedene Festigkeitsmerkmale, z.B. Zugfestigkeit, Bruchgrenze, Elastizitätsgrenze usw. Die **Streckgrenze** ist hierbei das Unterscheidungsmerkmal zwischen dem normalen und dem höherfesten Stahlblech. Als Streckgrenze wird der Punkt in einem Belastungsdiagramm bezeichnet, von dem an eine merkliche, bleibende Dehnung bei gleicher Beanspruchung (Spannung) auftritt.

Die Bezeichnung «höherfester Stahl» ist ein Überbegriff für eine Anzahl Stähle, bei denen auf unterschiedlichste Art und Weise die Erhöhung der Streckgrenze erreicht wurde. Die Bezeichnung der Stähle läßt einen Rückschluß zu, wie die höheren Festigkeiten zustande kommen. Die Namensgebung der Stähle erfolgt häufig aus der englischen Sprache:

HSLA: **H**igh (hoch) **S**trength (Festigkeit) **L**ow (niedrig) **A**lloy (Legierung).
HSS: **H**igh (hoch) **S**trength (Festigkeit) **S**teel (Stahl).
MHZ: **M**ikrolegierte **H**öherfeste **Z**iehgüte.
Mikrolegierte Stähle: Stähle, die geringe Beimengungen (Hundertstel-%-Anteile) an Niob (NB) und Titan (TI) besitzen.
Rephos-Stähle (Rephosphorisierte Stähle): Bei der Stahlherstellung wird Phosphor als unerwünschtes Element (schlechte Schweißbarkeit) herausgeholt. Durch gezieltes Zurückführen (Re...) von Phosphor in den Stahl erhält er die gewünschte Festigkeitssteigerung. Die Zulegierung liegt bei max. 0,1% Phosphor.
Dualphasen-Stähle (DP): Die Verfestigung durch Martensit-Bildung findet auf zwei (dual) verschiedenen Wegen statt. Einmal kommt es zur reinen Mischkristallhärtung durch zwangsgelöste Kohlenstoffatome. Zum anderen wird eine Härtung durch Gitterdefekte erzielt, die während der martensitischen Umwandlung entstehen.
Bake (backen) **Hardening** (gehärtete) **Steels** (Stähle): Durch die Zuführung von Kohlenstoff wird eine künstliche Alterung eingeleitet. Zur

Wirkung kommt sie dadurch, daß bei nochmaliger Wärmezufuhr von ca. 170 °C, ca. 30 Minuten lang, eine Verfestigung (Streckgrenzenzuwachs) auftritt. Die nach der Stahlblechherstellung erforderliche Warmbehandlung erfolgt durch die Einbrennlackierung der Rohkarosse (vgl. Abschnitt 6.3).

Verformungsverfestigung: Die Schichtstärke eines Stahlbleches wird durch das Walzen des Blechbandes genau eingestellt. Jede Formänderung des Stahls bedeutet Verfestigung, auch die Formänderung durch Walzen. Durch eine größere Dicke vor dem Walzen wird die Festigkeit des Bleches nach dem Walzen weiter erhöht. Der erhöhte Nachwalzgrad macht das Blech aber sehr spröde. Deshalb scheidet diese Art der Verfestigung für die Karosserieblech-Herstellung aus.

Für den Gebrauch des Karosserieblechs ist der Bereich unterhalb der Streckgrenze der Bereich, in dem das Material ohne bleibende Verformung belastet werden kann. Bei normalem Karosserieblech liegt der Wert für die Streckgrenze bei ca. 190 N/mm². Dagegen erhöht sich der Streckgrenzwert auf ca. 350 N/mm² für höherfeste Stahlbleche. Bis zu diesem Wert können Karosserieteile in begrenztem Umfang noch umgeformt werden. Bei weiteren Verfestigungen käme es zu sehr unterschiedlichen Wand-

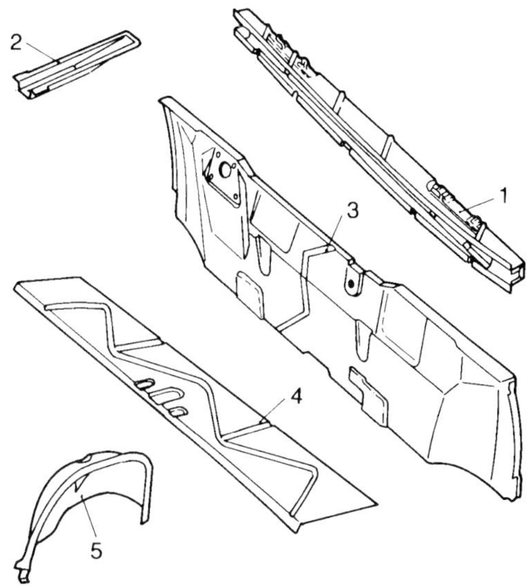

Bild 9.3 Beispielhafte Übersicht der aus HSLA- und Rephos-Stählen gefertigen Teile: 1 Querträger vorn, unten, 2 Längsträger vorn, seitlich Mitte, 3 Stirnwand, 4 Verlängerung hinten, Bodenblech hinten, 5 Innenblech-Radhaus hinten

Bild 9.2 Möglichkeiten der Festigkeitssteigerung mit Angabe typischer mechanischer Eigenschaften (Quelle: Thyssen-Forschung)

	Streck-grenze	Zug-festigkeit	Bruch-dehnung	Tiefzieh-faktor	Steck-zieh-faktor	
	R_p 0,2 (N/m²)	R_M2) (N/mm²)	A_{80} %)	R_M	N_M	Verfestigungs-exponent
Ausgangsmaterial St 14 (DIN 1623) C. 0,004% Mn: 0,2% P: 0,015% N: 0,004% Al: 0,03%–0,07%	190	320	42	1,6	0,21	
Verformungsverfestigung – erhöhter Nachwalzgrad (6%)	280	320	38	(1,6)	0,15	keine prakt. Bedeutung
Mischkristallverfestigung – P-Legierung St 14 + 0,3% Si + 0,07% rephosphorisiert	285 max. 320	420	30	1,6	0,18	
HSLA Mikrolegierung mit Nb,Ti Ausscheidungsverfestigung (künstliche Alterung) St 14 + < 1% M+ < 0,5% Si + < 0,06%Nb	320 260 (+0,50)*	430 410*	28 28* (ca.)*	1,1 1,6	0,15 0,21	«Bake-Hardening»
Umwandlungsverfestigung – Dualphasengefüge Alternativ + < 0,18% Ti	260*	580*	27* (ca.)	1,0	0,18– 0,26 < 5%	Japan: D-Ofen

* Längsproben

stärken und Rißbildungen der Karosseriebauteile durch Tiefziehvorgänge (vgl. Abschnitt 6.1). Die Höhe des zulässigen Streckgrenzwertes für die Produktion hängt demnach sehr stark von der Formgestaltung des Bauteils ab. So ist es zu erklären, daß in einer Pkw-Karosserie unterschiedlich höherfeste Stahlblechsorten verwendet werden – neben den überwiegend eingesetzten normalen Stahlblechen.

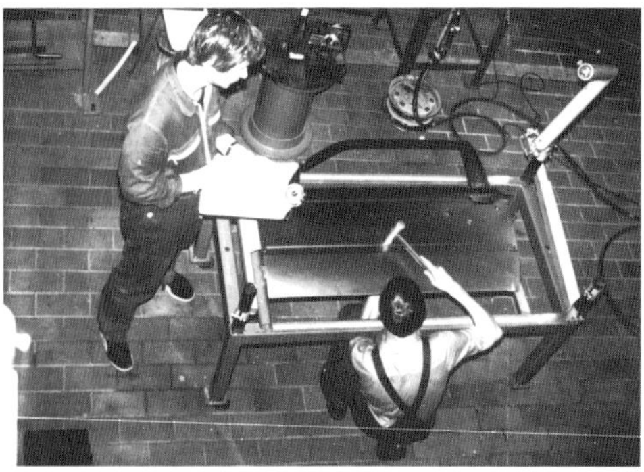

Bild 9.4 Reparaturzeiten-Ermittlung an Türen aus höherfesten Stahlblechen

9.1.1 Reparieren von höherfestem Karosserieblech

Die DEKRA-Akademie führte mehrere Untersuchungsreihen durch, um das Verhalten von höherfestem Stahlblech im Vergleich zum normalen Stahlblech zu ermitteln.

9.1.2 Ausbeulen von höherfestem Karosserieblech

Eine Untersuchungsreihe befaßte sich mit der Reparaturzeit-Ermittlung und der Qualitätsbeurteilung von instandgesetzten Türen. Außerdem wurde der Beschädigungsumfang bei gleicher Krafteinwirkung zwischen normalem und höherfestem Karosserieblech ermittelt. Hierfür standen neun Pkw-Türen zur Verfügung, die praxisnah unter gleichen Bedingungen ver-

Bild 9.5 Meßprotokollblatt der Türhaut nach der Beschädigung

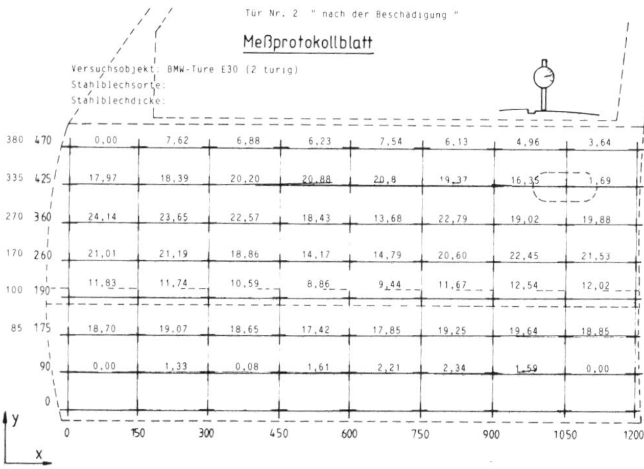

formt wurden: Dellen, Stauch- und Streifschäden. Die Dicke der Türblätter betrug 0,7 mm und 0,8 mm. Alle Türen wurden vor und direkt nach der Beschädigung vermessen. Stellvertretend für alle Beschädigungsfälle hier das Ergebnis des Streifschadens: Die Abweichung von der Außenkontur betrug beim 0,8 mm dicken Normalstahl ca. 10 mm und beim gleich dicken höherfesten Blech nur 1,5 mm. Die 0,7 mm dicke höherfeste Türhaut verformte sich um 2,0 mm. Die wesentlich geringere Beschädigung der höherfesten Bleche gegenüber dem Normalstahl ist mit der größeren Beulfestigkeit des Materials zu begründen. Als höherfestes Karosserieblech wurde ein rephosphorisierter Bake-Hardening-Stahl mit der Streckgrenze von 260 N/mm^2 eingesetzt.

Die Reparaturarbeiten erfolgten mit den üblichen Werkzeugen: Hammer, Gegenhalter, Löffeleisen, Stemmer usw. Der Arbeitsablauf geschah in den Schritten Grobrichten (Herausdrücken und -schlagen der tiefsten Beschädigungen), Feinrichten (Arbeiten mit Spitzhammer, Kastenfeile und Aluhammer), Finisharbeiten (Anwendung von Karosseriehobel und Schleifmaschine). Das Ende der Arbeiten war erreicht, wenn die Oberfläche für die folgenden Lackierarbeiten akzeptiert werden konnte. Für die Auswertung der gemessenen Zeiten lag zum Vergleich der gemittelte Wert der Tür aus Normalstahlblech zugrunde. Danach wurden für die Türen aus höherfestem Stahlblech mit 0,8 mm Dicke eine durchschnittliche Reparaturdauer von nur 55% benötigt. Für die «höherfesten» Türen mit 0,7 mm Dicke wurden 80% der Reparaturzeit benötigt im Vergleich zum Normalstahlblech.

Die Vorteile in der Reparaturzeit sind mit der geringeren Beschädigungstiefe der Türblätter aus höherfestem Material zu erklären. Eine Übertragbarkeit dieser für das höherfeste Material günstigeren Ergebnisse ist auf Reparaturarbeiten an stärker deformierten Teilen nicht gegeben. Die große Beulfestigkeit wirkt sich ab einer bestimmten Größe der Deformation nachteilig auf die Reparatur aus. Ein erhöhter Kraftaufwand und die Materialbrüche sind zu erwarten, wenn Knicke zurückgeformt werden. Die größere Beulfestigkeit bewirkt bei der Reparatur auch ein stärkeres Rückfederverhalten. Beim Ausbeulen derartiger Karosseriepartien muß mit dem Hammer stärker und präziser zugeschlagen werden.

Bild 9.6 Reparaturzeiten an Türen aus höherfesten Stahlblechen (Zusammenfassung der Ergebnisse)

Beschädigung	Material	Tür.-Nr.	Angabe in	reine Arbeitszeit	Grobrichten	Feinrichten	Finish
Stauchschaden	St 14 0,8 mm 260 P-BH 0,7 mm 260 P-BH 0,8 mm	1-3 4-6 7-9	% % %	100 57 48	100 68 70	100 55 43	100 33 27
Streifschaden	St 14 0,8 mm 260 P-BH 0,7 mm 260 P-BH 0,8 mm	1-3 4-6 7-9	% % %	100 99 63	100 68 61	100 120 63	100 117 75
Delle	St 14 0,8 mm 260 P-BH 0,7 mm 260 P-BH 0,8 mm	1-3 4-6 7-9	% % %	100 97 57	100 60 55	100 119 59	100 57 56
Gesamtzeit aller 3 Rep.-Stellen	St 14 0,8 mm 260 P-BH 0,7 mm 260 P-BH 0,8 mm	1-3 4-6 7-9	min min min	20,5 16,9 11,2	4,6 3,0 2,8	13,9 12,8 7,4	20 1,1 1,0
Gesamtzeit aller 3 Rep.-Stellen	St 14 0,8 mm 260 P-BH 0,7 mm 260 P-BH 0,8 mm	1-3 4-6 7-9	% % %	100 82 54	100 64 61	100 92 53	100 58 49

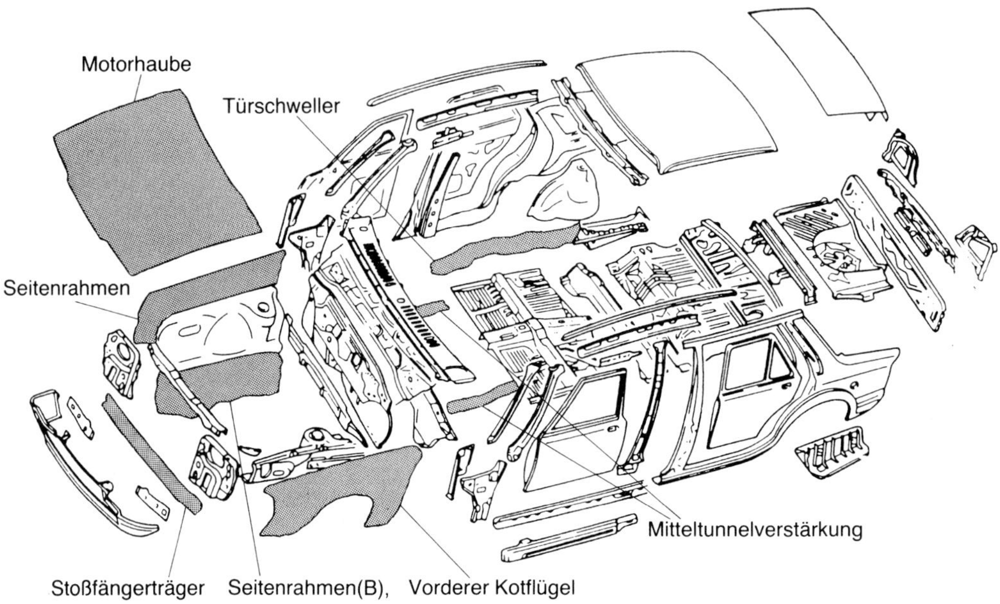

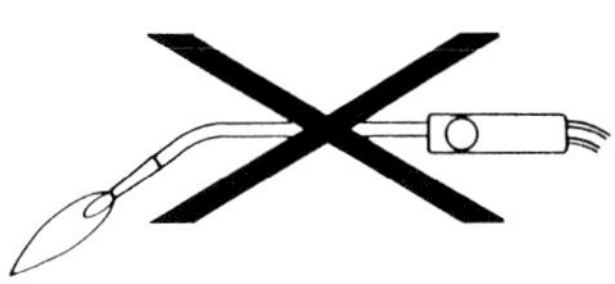

Bild 9.7 Rückverformungen mit Hilfe des Schweißbrenners führen an höherfesten Stahlblechen bereits ab 400 °C Erwärmung zu erheblichen Festigkeitsverlusten

9.1.3 Rückverformen von höherfestem Karosserieblech

Für die Rückverformung einer Karosseriepartie mit der Hydraulikpresse bedeutet das stärkere Rückfederverhalten, daß das Material weiter als Normalstahl überdehnt werden muß, bevor es in der gewünschten Position stehenbleibt.

Achtung: Wenn das Material zu stark überdehnt wird, springt es plötzlich auf eine größere Länge als gewünscht.

Das notwendige stärkere Überdehnen bedeutet eine höhere Krafteinleitung als üblich. Dadurch werden die Übergangspartien vom normalen zum höherfesten Stahlblech ebenfalls stärker beansprucht. So kann es passieren, daß in diesem Bereich das normale Stahlblech nachgibt, bevor die höherfeste Partie in der gewünschten Form stehenbleibt. In solchen Fällen ist eine zusätzliche Verankerung im unbeschädigten Bereich des höherfesten Teils, vor dem Übergangsbereich, nötig.

Beim Rückverformen von stark beschädigten Karosserien ist die Versuchung sehr groß, durch Wärmeeinbringung die Arbeit zu erleichtern.

Achtung: Einige Arten des höherfesten Stahlbleches verlieren bereits bei ca. 400 °C so viel an Festigkeit, daß sie nicht einmal mehr die Stabilität von normalem Stahlblech aufweisen. Eine Erkennung der Temperatur durch die Erwärmungsfarbe des Stahls ist kaum möglich, da in diesem Bereich nur leichte blaue Farbtöne auftreten. Daher gilt: Nur *kalt* rückverformen! Wenn das nicht einwandfrei möglich ist, muß die deformierte Partie ausgewechselt werden.

Die Vorschrift des «kalten» Rückverformens besteht auch für das normale Karosserieblech. Hier kommt es zwar erst ab ca. 740 °C zu

Gefügeumwandlungen, dennoch ist die Temperaturerkennung über die Glühfarbe sehr schwierig. Aus Sicherheitsgründen ist das Erwärmen auch hier verboten.

9.1.4 Indirekter Einfluß von höherfestem Karosserieblech auf die Reparatur

Der Vorteil des Einsatzes höherfester Stahlbleche liegt, wie bereits erwähnt, auch bei der Gewichtseinsparung. Somit können z.B. dünnere Außenhautbleche an den Karosserien verbaut werden. Einige Automobilhersteller setzen diese auch an Hauben und Türen ein. Nach der Reparatur solcher Teile kann es unangenehme Überraschungen geben, wenn der Eile halber die Lackierung mit einem Strahler getrocknet wird: Die Fläche weist viele kleine Dellen, wie nach einem leichten Hagelschauer, auf. Woher kommt das? Am Beispiel einer Motorhaube läßt sich das leicht erklären. Die Haube besteht aus einem stabilen Rahmenprofil und einem darauf punktförmig verklebten Deckblech. Bei einer einseitigen schnellen Erwärmung des dünnen Deckbleches dehnt es sich aus. Durch die vorhandene Vorspannung aufgrund seiner Formgebung will das Deckblech nach außen wandern. Die Klebepunkte verhindern aber das vollständige Ausdehnen. Durch die schnell eingebrachte große Hitze eines Trockenstrahlers streckt sich das Deckblech an den Randzonen des Klebers sehr stark. Plötzlich ist es überdehnt, und es bleibt eine kleine Verformung zurück. Nach dem Abkühlen hat sich das Blech wieder zusammengezogen, jedoch nicht in den Randzonen des Klebers. Hier ist die bleibende Verformung als Delle sichtbar. Sie ähnelt sehr dem leichten Einschlag wie durch ein Hagelkorn.

Welche Konsequenzen leiten sich hieraus für die Lackiertrocknung ab?

- ☐ Die Heizstrahler mit einer Anschlußleistung bis 3,2 kW müssen einen Abstand zur Blechoberfläche von mindestens 400 mm haben. Bei höherer Anschlußleistung muß der Abstand größer als 450 mm sein.
- ☐ Das Blechteil muß sanft und gleichmäßig erwärmt und der Heizstrahler langsam auf volle Leistung gebracht werden. Der Temperaturanstieg des Bleches darf nicht höher als 10 °C/min liegen.

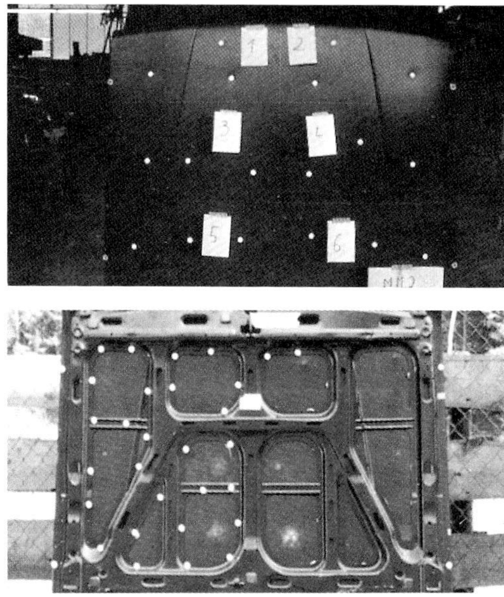

Bild 9.8 Die punktuell verklebte Motorhaube (Vorder- und Rückseite)

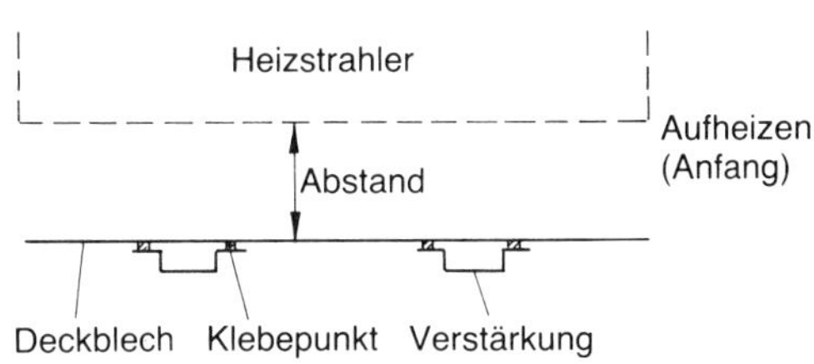

Bild 9.9 Schema: Verhalten des Deckbleches beim Aufheizen (Ausgangszustand)

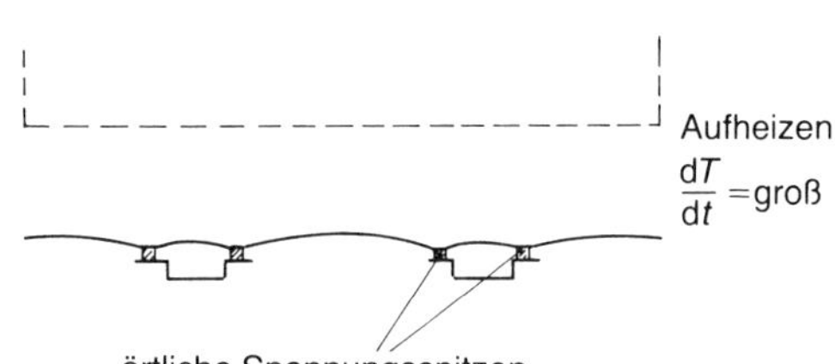

Bild 9.10 Schema: Verhalten des Deckbleches beim Aufheizen (Überdehnungsphase)

- Die Trocknung des Werkstückes ist in der Trockenkabine bei ca. 60 °C gefahrlos möglich. Eventuelle Verformungen während der Kabinentrocknung sind *nicht* bleibend, sie verschwinden nach dem Abkühlen.

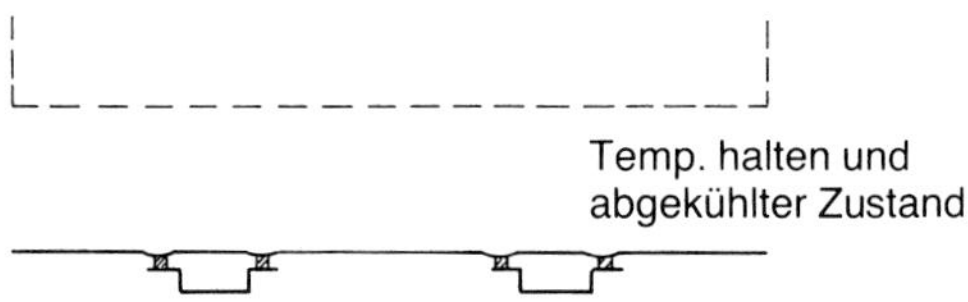

Bild 9.11 Schema: Verhalten des Deckbleches nach dem Abkühlen (Endzustand)

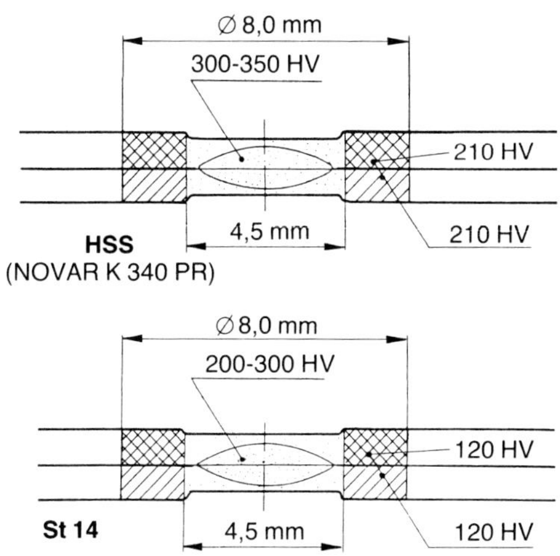

Bild 9.12 Härtemessungen im Schweißpunktbereich

9.1.5 Verschleiß von Schweißpunktfräsern beim Bearbeiten von höherfestem Karosserieblech

Während der Unfallschadensreparatur ist das Trennen von Widerstandspunkt-Schweißverbindungen unerläßlich. Üblicherweise wird dabei mit einem Schweißpunktfräser gearbeitet. Wenn die Zeit zum Trennen eines Schweißpunktes beim Normalstahlblech mit 100% angesetzt wird, erhöht sie sich beim höherfesten Stahlblech um mehr als 40%. Noch gravierender ist der Unterschied bei der Standzeit der Fräserschneiden. Beim höherfesten Stahlblech lassen sich mit einem Fräser nur noch 92 Schweißpunkte trennen, während es beim Normalstahlblech ca. 450 Punkte sind. Die Begründung liegt in der wesentlich härteren Schweißpunktzone des höherfesten Materials. Eine Mikro-Vickers-Härteprüfung ergab im Bereich des Fräserschneiden-Durchmessers (8 mm) beim Normalstahl eine Härte von ca. 120 HV (Härteeinheiten). Beim höherfesten Stahl wies dieser Bereich eine Härte von ca. 210 HV aus. Auf die Instandsetzungskosten wirkt sich diese Tatsache zweimal erhöhend aus: höhere Anzahl Fräser zum Nachschleifen und entsprechend mehr Zeit für das häufigere Wechseln.

9.1.6 Zusammenfassung «Höherfestes Karosserieblech»

Die Bezeichnung «höherfestes Karosserieblech» ist ein Sammelbegriff für eine Vielzahl

Bild 9.13 Versuchsergebnisse mit dem Schweißpunktfräser

Parameter Versuchsmaterial	Andrückkraft (Spannkraft) (N)	Drehzahl min^{-1}	Schneidgeschw. (m/s)	Bearbeitungszeit pro Punkt (s)	Standzeit (max. mögl. Punktbohrunger
St 4	200	1300	0,54	2,5	450
HSS NOVAR K 340 PR	200	1650	0,69	3,6	92
Vergleich HSS –St 14(%) Werte St 14 = 100%	0%	+27%	+27%	+44%	–79%

einzelner Stahlsorten. Das wesentlichste Unterscheidungsmerkmal ist die Höhe der Streckgrenze. Eine beliebige Anhebung der Festigkeit kann nicht erfolgen, da die Umformung der Stahlbleche in Karosserieteile gute Material-Fließeigenschaften voraussetzt. Diese nehmen aber mit steigender Festigkeit ab. Je nach Gestaltung des Karosserieteils können an einem Fahrzeug unterschiedliche höherfeste Stähle eingesetzt sein.

Die größere Beulfestigkeit des höherfesten Karosseriebleches im Gegensatz zum Normalstahl ist verbunden mit einem stärkeren Rückfederverhalten des Karosserieteils. Jeder Reparateur wird bei seinen ersten Arbeiten mit diesen Materialien etwas Lehrgeld zahlen müssen. Er benötigt mehr Zeit. Hat er sich aber daran gewöhnt, dürften bei der einfachen Blechbearbeitung keine Probleme und zusätzliche Arbeitszeiten auftreten. Für die Rückverformungszeiten auf der Richtbank können zusätzliche Instandsetzungszeiten durch umfangreichere Befestigungen des Fahrzeugs auftreten.

Das Warmrichten von Karosseriepartien aus höherfestem Material ist verboten, da bereits ab 400 °C gravierende Festigkeitsverluste auftreten können. Die Standzeit von Schweißpunktfräsern ist erheblich eingeschränkt.

Vorsicht ist bei der Wärmeeinbringung durch Lackiertrocknungsarbeiten im Karosserie-Außenhautbereich geboten. Die dünneren höherfesten Bleche neigen zur Bildung von Dellen im Bereich von punktförmigen Klebeverbindungen.

Die Weiterentwicklung der höherfesten Stahlbleche hat auf die Instandsetzungsarbeiten folgende Einflüsse:

- Höherfeste Karosserie-Außenhautbleche können im üblichen Umfang warmbehandelt werden (Einziehen, Glätten, Airpuller-Einsatz usw.).
- Durch die Verwendung höherfester Stahlbleche in weniger und stark beanspruchten Karosseriepartien ist für die Reparatur in Zukunft damit zu rechnen, daß «kalte» Fügetechniken verstärkt vorgeschrieben werden (Clinchen, Durchsetzfügen, Nieten).
- Oberflächenbeschichtungen haben Auswirkungen auf die Schweißparameter. Neben der bekannten Schweißstrom-Erhöhung, wie sie für verzinkte Stahlbleche gilt (30%), kann es zukünftig auch für höherfeste Stahlbleche zu ähnlichen Vorschriften kommen.
- Karosseriebauteile aus extrem höherfesten Stahlblechen werden bei einem Unfall eher reißen als die Bauteile aus den bisher verwendeten Stahlblechen. Das Rückformen der Teile und das Schweißen der Risse sind nicht erlaubt. In solchen Fällen darf nur erneuert werden.
- Auch die Sandwich-Bauweise von Karosserieteilen kann mit höherfesten Stahlblechen realisiert werden. Es handelt sich hierbei um zwei Bleche, die mit Kunststoffmasse ausgefüllt sind. Diese Bleche sind hauptsächlich zur Geräuschdämmung im Fahrzeug konstruiert, wobei deren Verbreitung noch sehr fraglich ist.

Die Fahrzeug- und Stahlhersteller arbeiten in dem Ulsab-Projekt bezüglich des Karosserie-Leichtbaus gemeinsam an neuen Lösungen (**U**ltra **l**ight **s**teel **a**uto **b**ody = ultraleichter Stahl für den Karosseriebau, vgl. Kapitel 6). Leider wird bei der primären Zielsetzung der Reparaturfall nicht berücksichtigt. Somit ist anzunehmen, daß bei guten «konstruktiven und produktionstechnischen» Lösungen weniger brauchbare Reparaturvorschriften hinterher geschickt werden.

9.2 Aluminiumlegiertes Karosserieblech

Bei dem Bestreben, das Karosseriegewicht zu reduzieren, kommt als Werkstoff auch Aluminium in Betracht. Die Verarbeitung von Alu-Blech ist aus dem Flugzeugbau und Lkw-Kastenaufbau bekannt. Dort hat Alu-Blech neben dem Leichtbau noch die günstige Eigenschaft, daß es nicht lackiert werden muß. Dieser Vorteil kann im Pkw-Bau wegen der hohen optischen Ansprüche nicht zum Tragen kommen. Daher bleiben wohl auch in der Zukunft die Anwendungsbereiche für Alu-Blech im Pkw-Bereich auf Bauteile beschränkt, die leicht und sehr stabil sein müssen. In den meisten Fällen sind dies Anbauteile wie Hauben, Deckel und Türen.

Im Frühjahr 1991 wurde die genannte Einschätzung allerdings in Frage gestellt. Es erschien der «Honda NSX» als erster Serien-Pkw mit kompletter Aluminiumkarosserie auf dem deutschen Markt. Sicherlich wird die Anzahl

a)

b)

Bild 9.14a und b Der Honda NSX ist seit März 1991 auf dem deutschen Markt. Er ist der erste Serien-Pkw, dessen Karosserie komplett aus einer Aluminiumlegierung besteht (Quelle: Honda).

der verkauften Einheiten begrenzt bleiben, da es sich bei diesem Fahrzeugtyp um ein Sportcoupé handelt. Dennoch könnte mit dem Erscheinen des Modells eine neue Ära des Karosseriebaus im Pkw-Bereich eingeläutet worden sein, da bekannt ist, daß auch Audi einen Pkw mit einer Leichtmetallkarosserie auf den Markt bringen will.

Es ist demnach angeraten, sich zumindest schon einmal gedanklich mit der Reparatur von Aluminiumkarosserien zu beschäftigen. Die eventuell auftretenden Unfallreparaturen an den Honda-NSX-Fahrzeugen bleiben allerdings vorläufig den rund 20 Händlerwerkstätten vorbehalten. Die Mitarbeiter der Betriebe sind in mehreren Schulungen intensiv auf derartige Arbeiten vorbereitet worden. Es stellt sich aber für jeden zukunftsorientierten Karosseriereparateur die Frage:

Worauf muß geachtet werden, wenn Aluminiumkarosserien instand zu setzen sind?

9.2.1 Wichtige Grundlagen über Aluminium-Karosseriebleche

Es kommt kein reines Aluminium als Karosserieblech zur Anwendung, da das Metall ohne *Legierungsbestandteile* (die wichtigsten sind Magnesium und Silizium) zu weich wäre. Die Aluminiumlegierungen haben aber immer noch den Gewichtsvorteil gegenüber Stahlblech, da sie nur etwa $^1/_3$ des spezifischen Gewichts von Eisen haben.

Aluminiumlegierungen *rosten nicht.* Das Material bildet mit dem Luftsauerstoff eine dünne Oxidschicht, die es vor weiterer Zerstörung schützt. Diese Schutzschicht bildet sich immer weder neu, wenn die Oberfläche mal beschädigt wurde. Es gibt allerdings Situationen, in denen sich eine zerstörte Schutzschicht nicht neu bilden kann. Das kommt vor, wenn ein anderes Metall direkt mit Aluminium in Verbindung kommt. Dann entsteht eine galvanische Korrosion aufgrund des unterschiedlichen elektrischen Potentials der beiden Metalle. Im Werkstattbereich ist die Gefahr dann gegeben, wenn bei angeschraubten Aluminium-Karosserieteilen Schrauben und Muttern verwendet werden, die keine spezielle Beschichtung haben. Honda empfiehlt deshalb Schrauben und Muttern, die mit DACRO oder DACRO und TORQUER beschichtet sind. Darüber hinaus kann es zur Korrosion kommen, wenn Aluminiumlegierungen mit Lösungen aus Säuren oder alkalischen Verbindungen in Berührung kommen.

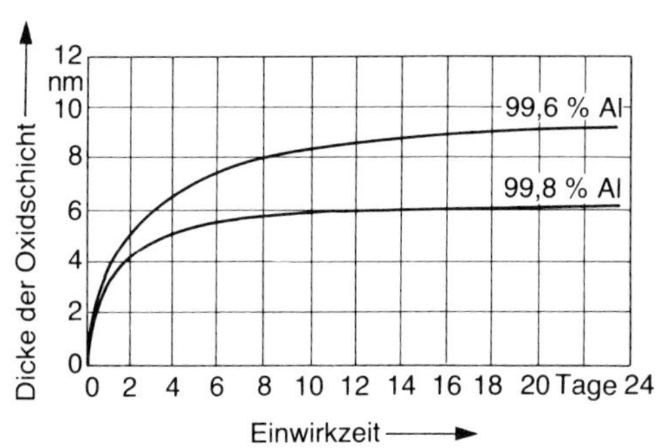

(nm: Nanometer = 10^{-9}m)

9.15 Die Dicke der Oxidschicht, die sich nach kurzer Zeit mit Luft bildet (Quelle: Honda).

Aluminiumlegierungen sind ein *guter elektrischer Leiter* und haben *hervorragende Wärmeleiteigenschaften*. Im Vergleich zum Eisen kann die Elektrizität rund fünfmal schneller fließen und die eingebrachte Wärme dreimal schneller abgebaut werden. Bei Reparaturarbeiten wirkt sich das gravierend auf das Schweißen aus. Aluminiumlegierungen lassen sich mit den in den Werkstätten vorhandenen Widerstandspunkt-Schweißgeräten nicht schweißen, da sie eine fast dreimal so hohe Stromstärke (A) benötigen. Selbst wenn die Schweißzeit der Geräte sehr lang wäre, würden immer noch keine brauchbaren Schweißpunkte erreicht, weil die Hitze auf die angrenzenden Flächen sehr schnell entweicht und das Grundmetall nicht schmilzt.

Als Werkstatt-Schweißverfahren kommt nur das MIG-Schweißen mit 100% Argonschutzgas zur Anwendung. Die guten elektrischen und Wärmeleitfähigkeiten der Aluminiumlegierungen wirken sich auch noch auf das Richten der Karosserieteile und die Oberflächenbearbeitung aus. Mehr darüber in den entsprechenden Abschnitten.

Aluminiumlegierungen sind *nicht magnetisierbar*. An dieser Stelle nur ein kleiner (etwas schmunzelnder) Hinweis für den Reparateur: Die Magnetplättchen zum «Anheften» der Richtwinkel-Aufbaupläne oder Meßdatenblätter an der Karosserie halten nicht!

Aluminiumlegierungen haben im Vergleich zu Stahlblech (rund 1500 °C) die wesentlich *niedrigere Schmelztemperatur* in Höhe von rund 640 °C. Außerdem gibt es gegenüber Stahlblech keine Anlauf- oder Glühfarben. Es ist daher Vorsicht bei der Warmbehandlung geboten, da zum einen das Material ohne sichtbare Vorwarnung «wegläuft» und zum anderen der Reparateur sich leicht die Haut verbrennen kann.

Aluminiumlegierungen sind leicht *wiederverwertbar* und aufzuarbeiten (Recycling). Außerdem ist das Material ungiftig. Dennoch dürfen *Sicherheitsvorkehrungen* beim Arbeiten mit dem Material nicht außer acht gelassen werden. Dies gilt insbesondere beim Schleifen. Hier entstehen feinste und leichte Metallpartikel, die sehr lange in der Luft schweben – also unbedingt die persönlichen Schutzmaßnahmen anwenden (Staubmaske, Brille, Gehörschutz, Kleidung usw.). Darüber hinaus ist auch die nähere Umgebung des Arbeitsbereiches gut abzudecken, da beim Schutzgas-Schweißen kleine, leichte und heiße Aluminiumteilchen sehr weit durch die Luft geschleudert werden.

Arbeiten an der aluminiumlegierten Karosserie sollen in der gleichen Reihenfolge betrachtet werden, wie dieses Buch sie für Stahlblech beschrieben hat. Deshalb zuerst die kleinen Ausbeularbeiten und Oberflächenbehandlungen, um anschließend das Richten und Erneuern darzustellen. Hiermit ist gleichzeitig die Reihenfolge im Schwierigkeitsgrad der durchzuführenden Arbeiten festgelegt.

9.2.2 Ausbeulen und Oberflächenbearbeitung von aluminiumlegierten Karosserieteilen

Aluminiumlegiertes Karosserieblech ist weicher als Stahlblech. Welche Auswirkungen lassen sich aus dieser Tatsache für das Ausbeulen ableiten?

Die Antwort findet sich leichter, wenn als Vergleich das Ausbeulen von Stahlblech herangezogen wird. Als Erinnerung daran das Wichtigste in Kurzfassung: Eine Delle sollte immer von den Rändern zum Dellenmittelpunkt hin ausgebeult werden. Wie würde sich das weichere aluminiumlegierte Blech bei diesem Ablauf verhalten? Die Ränder ließen sich noch mühelos bearbeiten. Sie würden jedoch kaum die Dellenmitte nachziehen und anheben, wenn sie nach außen geschlagen werden. Das Resultat ist ein immer schroffer werdender Übergang vom Dellenrand zur Dellenmitte. Die inneren Spannungen und Dehnungen des Materials würden größer statt kleiner.

Deshalb ist beim Ausbeulen von aluminiumlegierten Blechen die richtige Vorgehensweise, wenn in der Dellenmitte begonnen wird. Dabei reichen leichte Schläge mit dem Gegenhalter aus. Wenn annähernd die richtige Kontur in der Dellenmitte erreicht ist, werden die Übergangsbereiche zunächst weiter mit dem Gegenhalter herausgeschlagen. Dann erst kommt der Hammer zum Einsatz, um auch von außen das Blech zu glätten.

Doch Vorsicht ist angebracht, wenn mit Hammer und Gegenhalter gleichzeitig gearbeitet wird. Jedes «direkte» Ausbeulen kann schnell dazu führen, daß das Blech dünner geschlagen wird. Daher sollte aluminiumlegiertes

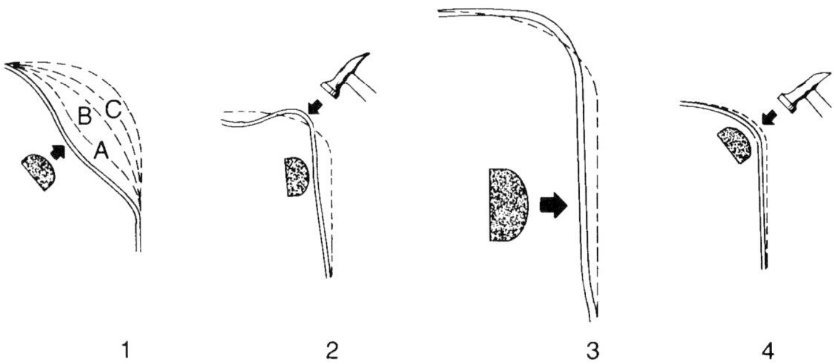

Bild 9.16 Ablauf einer Ausbeularbeit an aluminiumlegierten Blechen; 1 Drücken oder leichtes Schlagen mit dem Gegenhalter bis etwa zur Linie «C»; 2 Indirektes Hämmern zum Anpassen des Kurvenradius 3; Weiteres Andrücken mit dem Gegenhalter; 4 Vorsichtiges «direktes» Hämmern zum Glätten der Oberfläche (Quelle: Honda)

Blech «indirekt» ausgebeult werden – die Hammerschläge treffen nicht auf den Gegenhalter. Weiterhin ist es ratsam, als Gegenhalter mit einfacher Formgebung ein härteres Holz zu verwenden. Wann immer möglich, sollte das Aluminiumblech in die richtige Lage gedrückt und nicht geschlagen werden.

Bei umfangreichen Ausbeularbeiten ist Aluminiumblech mit Wärme zu behandeln. Doch auch hier ist Vorsicht geboten, da Aluminium eine sehr gute Wärmeleitfähigkeit besitzt (bereis erwähnt). Diese Eigenschaft wirkt sich derart aus, daß die Ausdehnung gegenüber Stahl etwa doppelt so groß ist und das Zusammenziehen (Schrumpfen) rund 1,5mal stärker ist im Vergleich zu Stahl. (Diese «Bewegungen» des Materials können sich beim Schweißen sogar durch Raupen- oder Punktrisse bemerkbar machen.) Ein weiteres Handikap bei der Warmbehandlung von Aluminiumblech ist der niedrige Schmelzpunkt des Materials. Da sich das Blech beim Erwärmen nicht verfärbt, ist der Einsatz von Thermolacken, die die Temperaturbereiche sichtbar machen, ratsam.

Wer eine Delle mit Hammer und Gegenhalter geglättet hat, muß die Oberfläche noch weiter bearbeiten, bevor er sie dem Lackierer übergibt. Beim Stahlblech würde jetzt das Verzinnen folgen. Im Zuge der Reparaturuntersuchungen hat Honda jedoch nachgewiesen, daß verzinnte Oberflächen auf aluminiumlegiertem Blech die Korrosionsbeständigkeit herabsetzen. Es ist erkannt worden, daß durch Verzinnen chemische Reaktionen ausgelöst werden können, die im Aluminiumblech sogar Risse entstehen lassen. Daher die wichtige neue Erkenntnis:

> Aluminiumlegiertes Blech wird nicht verzinnt!

Die einzige Möglichkeit zum Bearbeiten der Oberfläche ist deshalb das Spachteln. Dazu muß jedoch die Fläche vollständig von Lackresten befreit und anschließend gut gereinigt werden. Beim Grobschleifen (80er Körnung) ist, wie üblich, über den eigentlichen Schadensbereich hinaus zu arbeiten. Mit dem «120er» Schleifpapier wird nachgearbeitet, wobei jetzt ein scharfer Übergang im Durchmesser von rund 30 mm um die Delle herum geschaffen wird.

Es folgt das Säubern der geschliffenen Fläche, wobei abschließend der bearbeitete Bereich mit Waschbenzin abgerieben werden muß. Damit

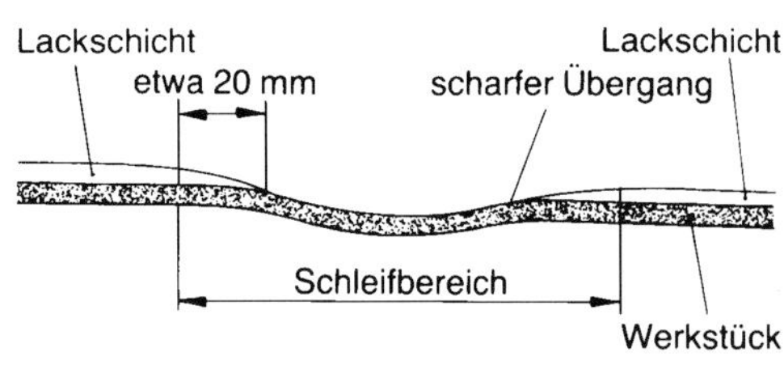

Bild 9.17 Schleifbereich als Vorbereitung zum Spachteln (Quelle: Honda)

keine Haftungsprobleme mit der Spachtelmasse entstehen, sollte der gereinigte Bereich mit einem Heizstrahler vorsichtig getrocknet und angewärmt werden. Das gilt insbesondere in Räumen mit hoher Luftfeuchtigkeit oder mit einer Temperatur unter 20 °C. Danach kann immer noch nicht gespachtelt werden, da jetzt erst eine Epoxidgrundierung als Haftvermittler aufgebracht werden muß.

Das Auftragen der Spachtelmasse erfolgt nach den bekannten Grundsätzen (von unten nach oben, nicht zuviel Spachtelmasse in einem Arbeitsgang auftragen, das richtige Material für die Spachtelklingen benutzen usw.). Auch das Schleifen der Spachtelmasse erfolgt wie gewohnt in Abhängigkeit von der Flächengestaltung (alle Richtungen, nur diagonal, sanft über Scheitelpunkte usw.).

Als Zusammenfassung der Arbeitsgänge «Ausbeulen» und «Schleifen» kann folgendes festgehalten werden:

- ☐ Wenn nach dem Ausbeulen Materialrisse erkennbar sind, muß das Teil erneuert werden.
- ☐ Keine Ausbeulhämmer mit geriffelter Fläche (Feilhammer) verwenden, da hierdurch Risse im Aluminiumblech entstehen können.
- ☐ Nicht verzinnen.
- ☐ Einen Satz Ausbeulwerkzeuge nur für die Bearbeitung von aluminiumlegierten Blechen vorsehen. Wird abwechselnd mit den Werkzeugen Stahlblech und Aluminium bearbeitet, können Stahlreste in die Alufläche eingearbeitet werden. Dadurch wird die elektrolytische Korrosion eingeleitet.
- ☐ Was für die Ausbeulwerkzeuge gilt, trifft auch für die Schleifwerkzeuge und -papiere zu. Keine Geräte oder Papiere benutzen, die auch für die Stahlblechbearbeitung eingesetzt werden.
- ☐ Die Schleifgeräte dürfen nur mit geringer Geschwindigkeit laufen, da sie sonst das Material zu stark erhitzen. Dadurch flockt das Aluminium aus und verstopft die Oberfläche des Schleifmittels. Als Folge können Kratzer und Kerben im Aluminiumblech entstehen.
- ☐ Wenn eine Drahtbürste verwendet wird, darf sie nur Borsten aus rostfreiem Stahl haben.
- ☐ Vor dem Spachtelmassenauftrag ist die gereinigte Oberfläche zu trocknen, ggf. zu erwärmen und mit Epoxidgrundierung vorzubehandeln.

9.2.3 Rückverformen von aluminiumlegierten Karosserieteilen

Bei diesen Arbeiten muß von zwei besonderen Eigenschaften des Aluminiums im Vergleich zu Stahlblech ausgegangen werden:
a) Aluminiumbauteile im hochbeanspruchten Karosseriebereich (z.B. Längsträger) sind aus Strangguß gefertigt und verhalten sich beim Richten härter und steifer als gleiche Teile aus Stahl. Somit ist die Gefahr von Rißbildungen sehr groß.
b) Durch Wärmeeinbringung bis etwa 200 °C verbessern sich die Dehnungseigenschaften von Aluminium.

Damit ist vorgegeben, daß Richtarbeiten nur unter Verwendung von Wärmezufuhr durchgeführt werden dürfen – ganz im Gegenteil zum Stahlblech. Nur tritt dabei das bereits beschriebene Problem auf, daß die Wärmezufuhr mit dem Schweißbrenner nicht sichtbar ist. Deshalb muß eine Thermofarbe aufgebracht werden, damit die Aufheiztemperatur kontrolliert werden kann. Werkstattgerecht kann dies mit einem Thermochromstift (z.B. «TEMPILSTIK») gemacht werden. Diese Stifte haben eine bestimmte Farbe, die sich je nach zugeführter Temperatur ändert. Für die Richtarbeiten dürfen 640 °C nicht überschritten werden. Da der Thermolack außerhalb der Zone aufgetragen werden muß, die mit dem Schweißbrenner

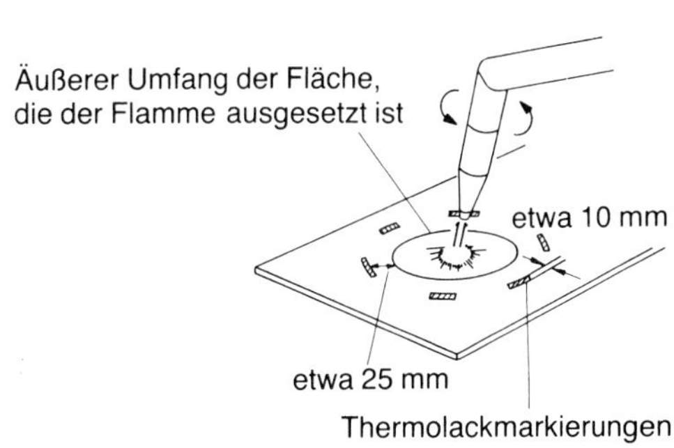

Bild 9.18 Bereich zum Aufbringen der Thermolackmarkierungen (Quelle: Honda)

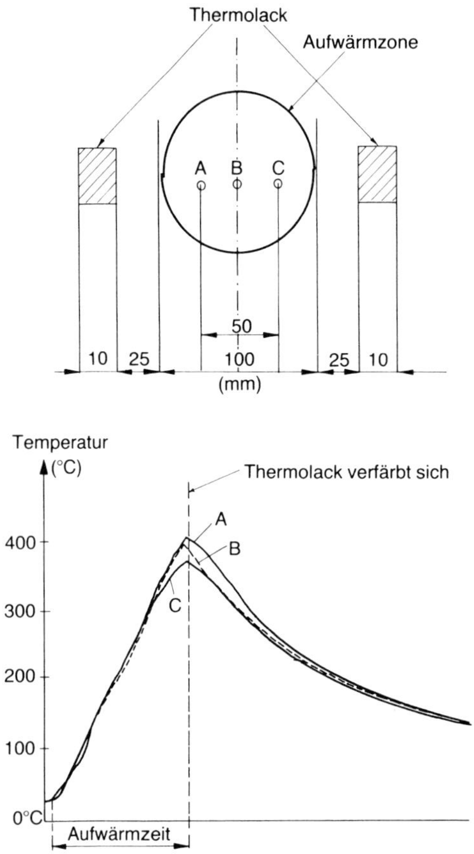

Bild 9.19 Temperaturverteilung innerhalb der Aufwärmzone (Quelle: Honda)

erwärmt wird, muß die Umschlagstemperatur wesentlich niedriger liegen.

Es werden deshalb Thermolacke verwendet, die bereits bei 110 °C ihren Farbton ändern. Im Umkreis von etwa 25 mm außerhalb der Fläche, die mit dem Schweißbrenner erwärmt wird, sind rund 10 mm lange Striche mit dem Thermostift zu ziehen. Dann muß der Schweißbrenner so geführt werden, daß eine punktuelle Überhitzung vermieden wird. Wenn jetzt der Farbton des Thermolacks umschlägt, beträgt die Temperatur im erwärmten Bereich ungefähr 400 °C. Nun können Richtarbeiten durchgeführt werden.

Die *Seitenschweller des Honda NSX* sind allerdings von den Richtarbeiten ausgenommen. Sie müssen aus Gründen der Stabilität aus einer stranggepreßten Aluminiumlegierung hergestellt werden, die *nicht gerichtet* werden kann!

9.2.4 Schweißarbeiten an aluminiumlegierten Karosserien

Der folgende Abschnitt bedarf einer umfangreicheren Abhandlung, da sowohl die Geräte und deren Handhabung als auch die Vorbereitung der Schweißstellen genauer beschrieben werden müssen. Die Auswahl des Schweißverfahrens, nämlich das Metall-Inert-Gasschweißen (MIG), soll für das Instandsetzungsschweißen an aluminiumlegierten Karosserien als festgelegt gelten. Darum sofort zu den Anforderungen an das Schweißgerät:

Ausgangsstrom:
  etwa 200 A bei max. Leistung
Durchmesser des Schweißdrahtes:
  0,9 bis 1,2 mm
Einstellmöglichkeiten:
  Naht-, Heft- und Punktschweißen
Schutzgas:
  100% Argon
Schutzgasmenge:
  14 bis 24 l/m (50% mehr als bei Stahlblech)
Schweißdraht:
  Alu-Legierungs-Elektrodendraht
  (Honda-Bezeichnung: A 5356 WY)
Innere Kabelführung:
  Teflon

Honda empfiehlt, daß die Schweißgeräte die Möglichkeiten haben sollten, von Stahlblech auf aluminiumlegiertes Blech umzustellen. In der Praxis hat sich jedoch immer wieder bewiesen, daß die Möglichkeiten derartiger Kombigeräte nie ausgenutzt werden. Auch wenn die Anwendungshäufigkeit für ein spezielles Aluminiumschweißgerät heute noch nicht gegeben ist, sollte im Fall des Falles ein separates Gerät gekauft werden. Es würde zu weit gehen, alle bisher von Honda freigegebenen Geräte aufzuführen, doch sollte dieses Leistungsmerkmal erfüllt sein, wenn ein neues Gerät angeschafft wird.

Um die Unterschiede beim Schweißen von aluminiumlegierten Blechen zu Stahlblechen deutlich darzustellen, dient eine Gegenüberstellung wichtiger Handhabungspunkte:

Handhabung Alu-Schweißen	Handhabung Stahlschweißen
– Schweißstrom gleich; Draht-Vorschubgeschwindigkeit schneller als bei Stahlblech	– Normaleinstellung
– Abstand Stromkontaktrohr zu Grundmetall 8 bis 15 mm; Erhöhung der Schutzgaswirkung, wenn Brenner näher an die Oberfläche gehalten wird	– kein Unterschied
– Winkel des Brenners 5° bis 15° entgegen der Schweißrichtung	– mehr bei 15° als bei 5°
– Fortbewegungsrichtung des Brenners nur im Stechschweißverfahren	– sowohl vorwärts stechend als auch vor- und rückwärts stechend/schleppend
– Fortbewegungsgeschwindigkeit schneller als bei Stahlblech, während des Schweißvorgangs wird die Geschwindigkeit noch erhöht	– normale gleichbleibende Geschwindigkeit
– schnelleres Festsetzen von Metallspritzern am Düsenende und am Stromkontaktrohr im Vergleich zu Stahlblech	– normale Häufigkeit der Störungen durch Festsetzen von Metallspritzern
– Gasdüse und Kontaktrohr nutzen sich schneller ab als beim Stahlblechschweißen	– normale Abnutzung
– der Anpreßdruck der Drahtvorschubrolle wird etwas niedriger eingestellt als beim Stahlblechschweißen	– normale Einstellung
– Lagerung des Schweißdrahtes unbedingt sauber, trocken, luftdicht in Kunststoff-Folie verpackt und fest aufgewickelt	– sauber und trocken, aber nicht ganz so empfindlich wie Aluminiumdraht
– Schweißstellen säubern mit Waschbenzin und anschließend beidseitig die Oberfläche mit Schleifpapier Körnung 80 bearbeiten (Lack- bzw. Oxidschicht entfernen)	– von Schmutz, Fett und Lackresten befreien
– Zündvorgang des Lichtbogens wird bereits durch zu weit hervorstehendes konisches Drahtende gestört	– nicht ganz so empfindlich

Beim Schweißvorgang selbst sind einige Besonderheiten zu berücksichtigen, die sich nicht mehr in der Tabellenform darstellen lassen. Es müssen einzeln betrachtet werden: das Lochpunktschweißen, das Stumpfschweißen, das Kehlnahtschweißen, die Nachbearbeitung und die Rißkontrolle.

Lochpunktschweißen

Grundsätzlich gibt es die Möglichkeiten, bei zwei aufeinander liegenden Aluminiumblechen nur das obere Blech mit einer Bohrung zu versehen oder beide Bleche durchzubohren. Wenn mehr als zwei Blechlagen verschweißt werden sollen, muß durch alle Lagen durchgebohrt werden. Der Lochdurchmesser beträgt 10 mm. Das gilt auch, wenn ein Altteil ausgetrennt wird und der Schweißpunktfräser zum Einsatz kommt.

Vor dem Schweißen müssen die Schweißzonen bekannterweise von Lackresten befreit werden. Gegenüber Stahlblech sind jetzt aber noch die Oxidschichten aller Blechlagen im Bereich der Schweißzone zu entfernen. Das geschieht am besten mit der Schleifmaschine und 80er Schleifpapier. Da aber auch die Bohrungsdurchmesser unmittelbar vor dem Schweißen noch einmal von der Oxidschicht befreit werden sollten, ist es ratsam, alle Schweißzonenflächen auch noch mit einer Edelstahlbürste zu bearbeiten.

Zu den Schweißzonenflächen gehören jeweils die Ober- und Unterseite aller Blechlagen. Dabei müssen die Außenseiten der ersten und letz-

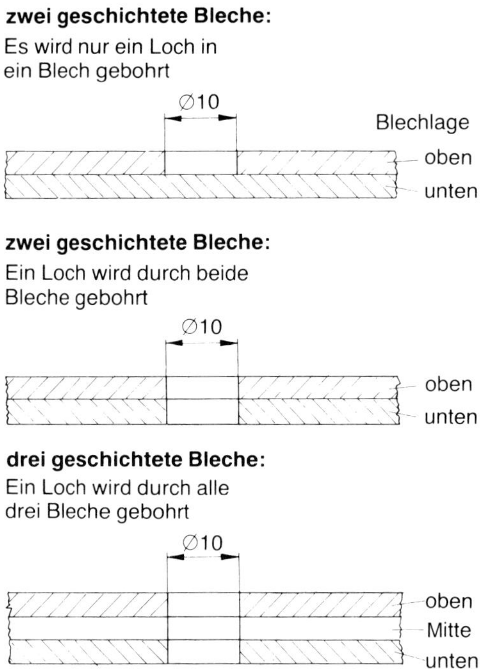

Bild 9.20 Mögliche Anordnung geschichteter Bleche zur Lochpunktschweißung (Quelle: Honda)

ten Blechlage ca. 25 mm um die Bohrung herum blankgeschliffen werden. Die Auflageflächen der inneren Blechlagen sind nur jeweils rund 15 mm im Durchmesser um die Bohrung zu bearbeiten. Die letzte Vorbereitung zum Schweißen ist die, dafür zu sorgen, daß alle zu verbindenden Blechlagen gut aufeinander liegen.

Der Startpunkt für die MIG-Lochpunkt-Schweißung liegt bei etwa 10 bis 15 mm außerhalb des Bohrungsdurchmessers. Durch diesen «Außenstart» kommt eine Vorwärmung der eigentlichen Schweißzone zustande. Dadurch wird eine eventuelle ungenügende Durchdringung der Schweißnaht am Anfangspunkt der Lochschweißung verhindert. Außerdem hat der Schweißer genügend Zeit, sich an die Schweißbedingungen zu gewöhnen, während er die rund 15 mm zum eigentlichen Startpunkt der Schweißung zurücklegt.

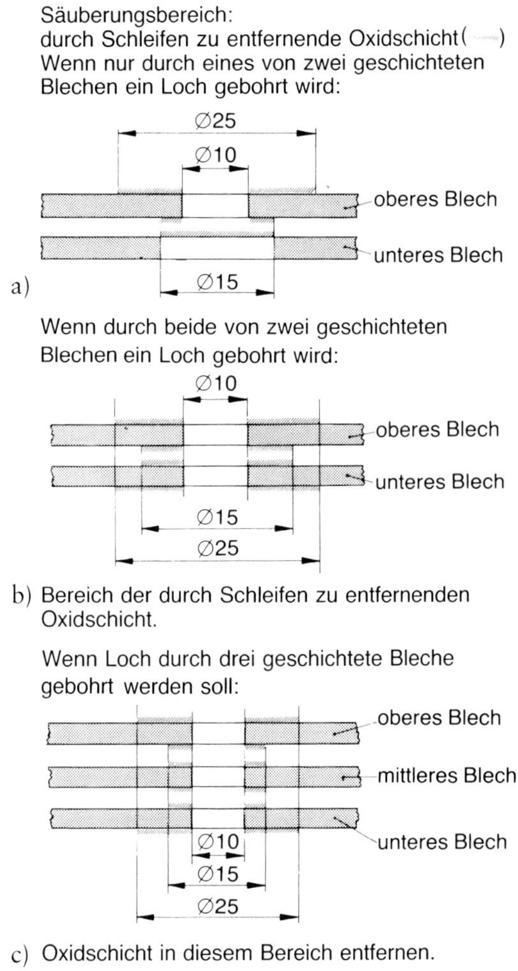

Bild 9.21a, b und c Die zu schleifenden Aluminiumblechpartien, bevor geschweißt wird (Quelle: Honda)

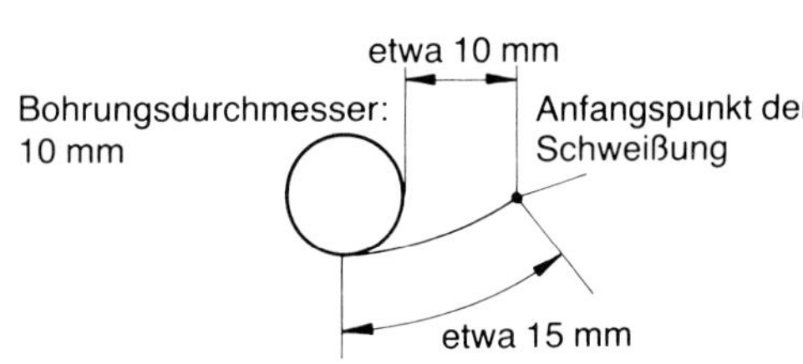

Bild 9.22 «Außenstart» bei einer MIG-Lochpunktschweißung (Quelle: Honda)

Hat er den Lochrand der Schweißbohrung erreicht, geht er bei einer Zweilagenschweißung, mit nur einer Schweißbohrung im oberen Blech, sofort auf den Grund der Bohrung. Dort schweißt er entlang der Bohrung die erste Blechlage mit der zweiten zusammen. Auf der Rückseite der zweiten Lage entsteht bei gutem Schweißergebnis ein Schweißraupendurchhang von $^1/_3$ bis $^2/_3$ der Stärke des unteren Bleches.

Der «Außenstart» wird bei einer Durchgangsbohrung ebenfalls praktiziert. Bei zwei Blechlagen ist der Brenner in der Schweißbohrung auf die Stelle zu richten, an der das obere und untere Blech zusammentreffen. Das Bohrloch ist gefüllt, wenn die Nahtstelle rund 1,5mal überschweißt ist. Werden drei Blechlagen verschweißt, ist der Brenner im Bohrloch auf die Stelle zu halten, an der das untere und mittlere Blech zusammenstoßen. Hier ist dann nach zweimaliger Umrundung des Bohrloches genügend Material aufgetragen.

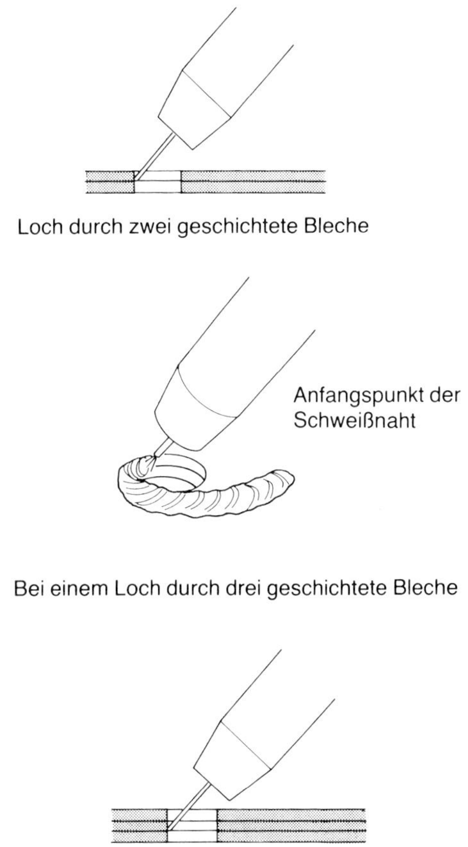

Bild 9.24 Lochpunktschweißung von zwei geschichteten Blechen, wobei beide Bleche gebohrt sind sowie drei Blechlagen, alle gebohrt (Quelle: Honda)

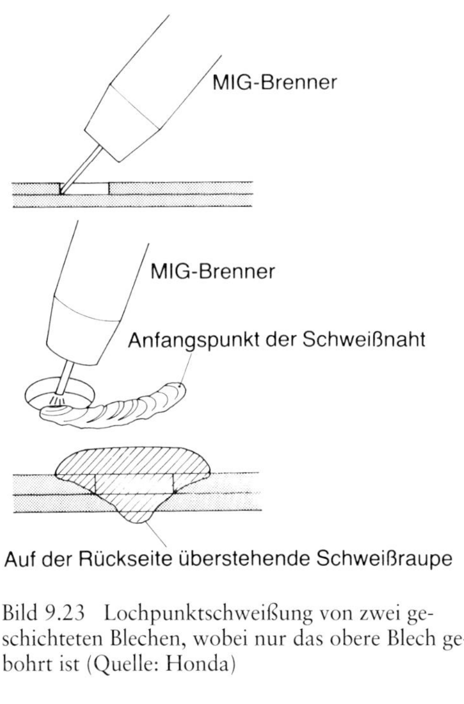

Bild 9.23 Lochpunktschweißung von zwei geschichteten Blechen, wobei nur das obere Blech gebohrt ist (Quelle: Honda)

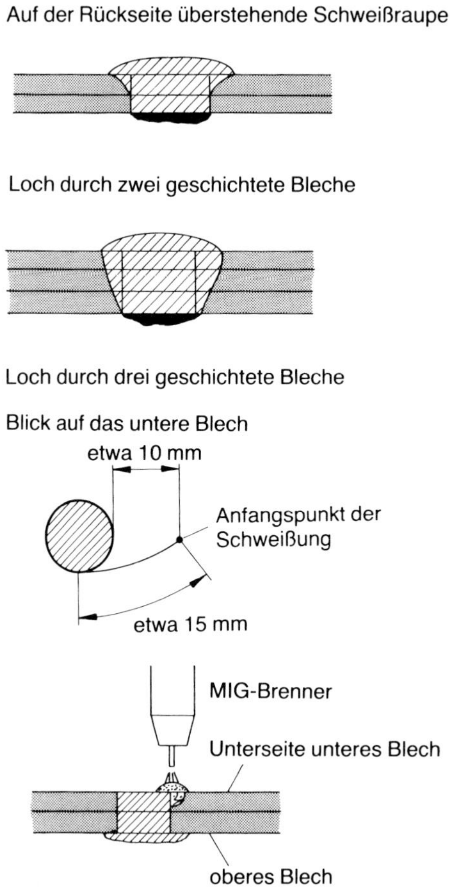

Bild 9.25 Bearbeitung der Schweißraupe auf der Unterseite bei mehrlagigen Lochpunktschweißungen (Quelle: Honda)

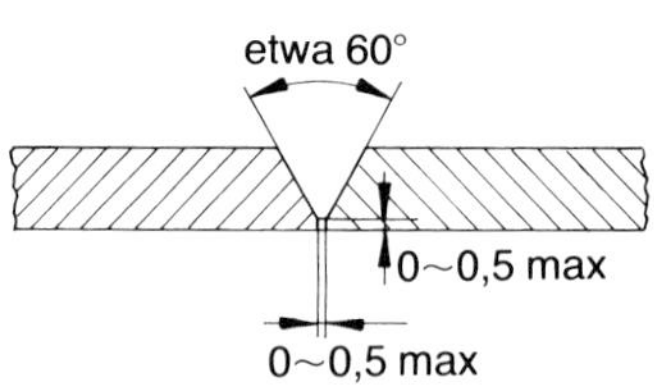

Bild 9.26a Position der Bleche beim Stumpfnahtschweißen (Quelle: Honda)

Nach der Lochpunktschweißung sollte die Schweißraupe auf der Rückseite abgeschliffen werden. Danach ist die Schleifstelle noch mit der Drahtbürste zu reinigen. Nun kann, wieder mit dem Außenstart beginnend, der Rand des Bohrloches nachgeschweißt werden. Dabei sollte die Brennerhaltung senkrecht zur Blechoberfläche sein.

Stumpfnahtschweißen
Aluminiumbleche bis 3 mm Dicke können ohne Kantenschrägung verschweißt werden. Ab 3 mm Dicke sollte an die zu verschweißenden Blechkanten ein Winkel von je 30° geschliffen werden. Die Kerbe hat dann einen Gesamtwinkel von rund 60°. Die Lage der Bleche sollte ohne Spalt und «plan» zueinander sein. Wie gewohnt muß vor dem Schweißen auch hier die Oxidschicht auf einer entsprechend breiten Fläche um die Schweißzone herum abgeschliffen werden. Da Aluminiumblech sich bei Wärmeeinbringung stark ausdehnt, sollten Stumpfnähte zunächst geheftet werden. Dabei gilt die Regel: Je dünner das Blech, um so geringer der Abstand der Heftschweißstellen und um so kürzer die Schweißraupen. Die Enden werden nicht geheftet.

Vor jedem weiteren Auftrag einer Schweißnaht ist die geschweißte Oberfläche gründlich mit einer Edelstahldrahtbürste zu reinigen. Außerdem ist jede Schweißlage auf Krater zu überprüfen. Wenn welche aufgetreten sind, müssen sie sorgfältig gefüllt werden, bevor weitergeschweißt wird. Beim endgültigen Verschweißen von Stumpfnähten ist wiederum auf ein verspannungsfreies Schweißen zu achten. Das gelingt am besten, wenn von innen nach außen gegangen wird. Dabei sollten auch hier nur kurze Nähte an einem Stück gelegt werden. Da beim Stumpfschweißen einige Fehler gemacht werden können, soll die nachfolgende Tabelle dazu dienen, diese zu erkennen, um sie für weitere Arbeiten abstellen zu können.

Fehler	Erscheinungsbild	Hauptursachen
Riß in der Schweißnaht	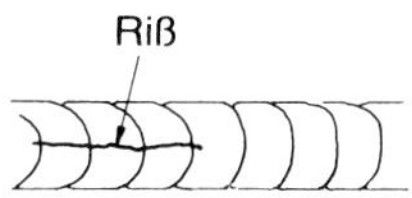	Übermäßig hoher Schweißstrom Ungeeignete Elektrode (Elektrodendraht)
Riß im Krater	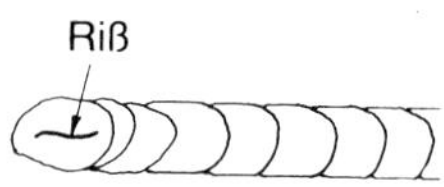	Unsachgemäße Nachbehandlung des Kraters
Einbrandriefe (Unterschneidung)	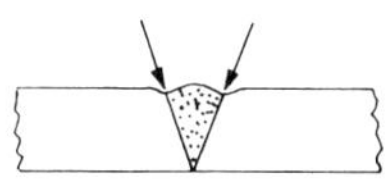	Mangelhafte Brennerführung Übermäßig hoher Schweißstrom Übermäßig schnelles Schweißen
Überstand	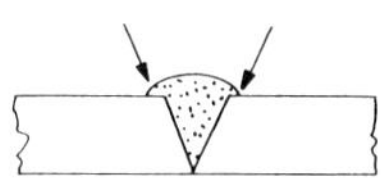	Unzureichender Schweißstrom Übermäßig langsames Schweißen
Unvollständige Durchdringung	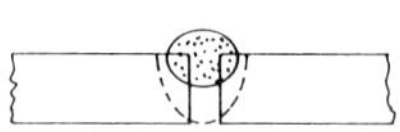	Unsachgemäße Zurichtung der Kanten Unzureichender Schweißstrom Übermäßig schnelles Schweißen
Lunker, Einsenkung	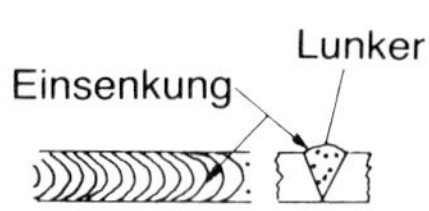	Schmutz auf dem Grundmetall (ungenügende Reinigung) Edelstahldrahtbürste benutzen Unzureichender Schutzgasschild (zu wenig Schutzgas, starker Wind) Feuchtigkeit auf der Oberfläche des Bleches Verschmutzter Elektrodendraht
Unregelmäßige Schweißnaht		Ungleichmäßiger Schweißdrahtvorschub Ungleichmäßiges Schweißtempo
Abschmelzen	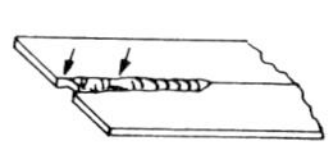	Übermäßig hoher Schweißstrom Unsachgemäße Zurichtung der Kanten (zu breit)
Rußablagerung	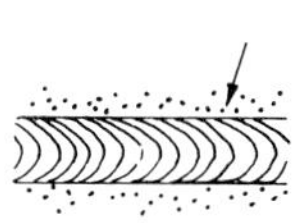	Fehlerhafter Brennerwinkel Unsachgemäße Brennerführung (Stechschweißen) Mangelhafter Schutzgasschild (zu wenig Schutzgas, starker Wind) Schmutz auf dem Grundmetall

Bild 9.26b Fehler beim Stumpfnahtschweißen

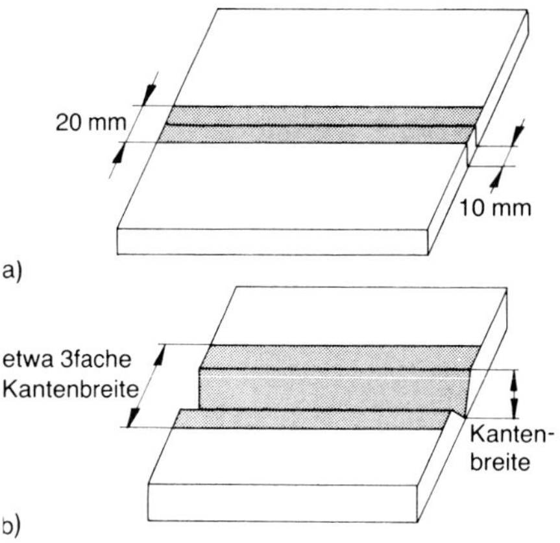

Bild 9.27a und b Zu schleifende Bereiche als Vorbereitung zur Stumpfnahtschweißung (Quelle: Honda)

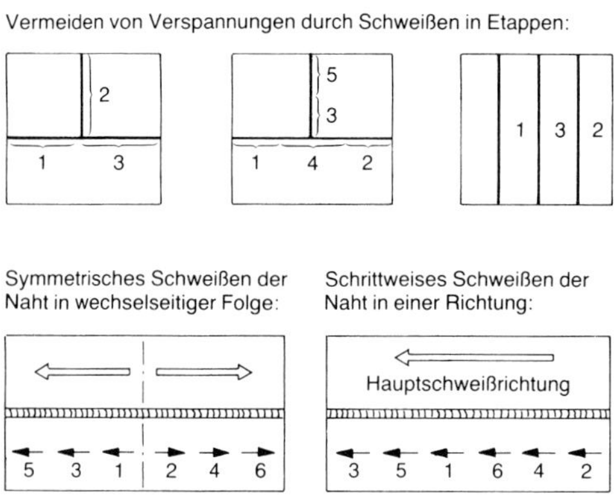

Bild 9.28 Reihenfolge der Etappenschweißung an Stumpfnähten, um Verspannungen zu vermeiden (Quelle: Honda)

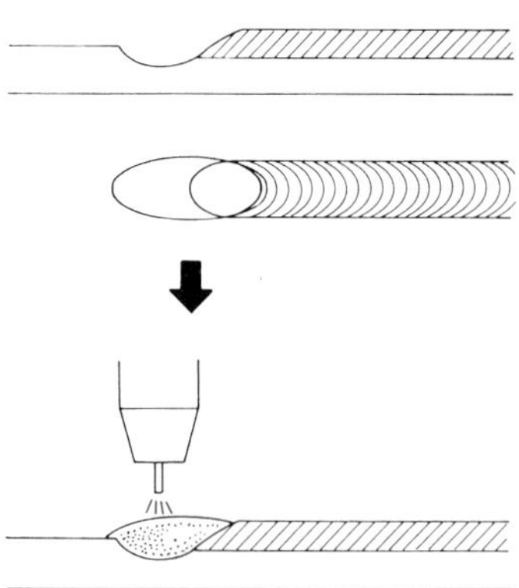

Bild 9.29 Nachbehandlung von Kratern in der Schweißraupe (Quelle: Honda)

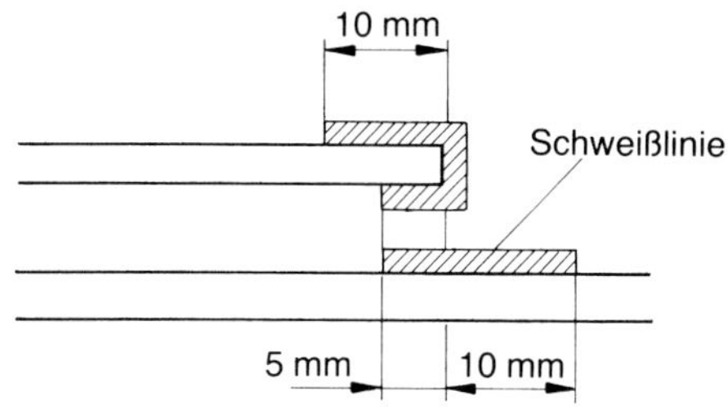

Bild 9.30a Zu schleifende Bereiche als Vorbehandlung für die Kehlnahtschweißung (Quelle: Honda)

Kehlnahtschweißen

Das Wichtigste zur Vorbereitung ist hierbei wiederum die Entfernung der Oxidschicht im Schweißzonenbereich. Darüber hinaus ist ebenfalls für einen guten Anpreßdruck der zu verschweißenden Bleche zu sorgen. Während des Schweißens ist festzustellen, daß die Kante des oberen Bleches schnell abgetragen wird, während die Fläche des unteren Bleches langsamer reagiert. Diese Unregelmäßigkeiten sind durch die Brennerhaltung zu korrigieren. Die Stärke der Schweißnaht sollte (im Querschnitt betrachtet) etwas größer sein als die Blechdicke.

Wie zuvor bei der Beschreibung der Stumpfnahtschweißung dient auch hier die folgende Tabelle zum Erkennen von Fehlern, damit die Ursachen abgestellt werden können.

Fehler	Erscheinungsbild	Hauptursachen
Übermäßiges Abschmelzen des oberen Bleches	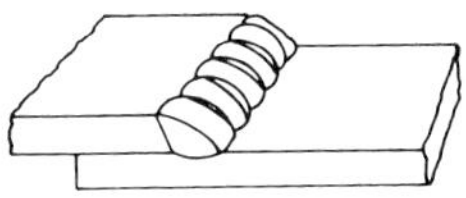	Falscher Brennerwinkel Falsche Brennerstellung Übermäßig hoher Schweißstrom
Ungenügende Durchdringung	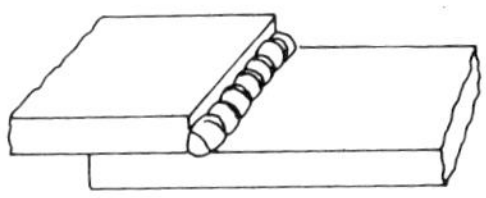	Ungenügender Schweißstrom
Unterbrochene Schweißnaht	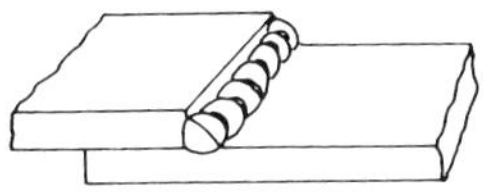	Unsachgemäße Brennerführung
Ungleichmäßige Schweißnaht	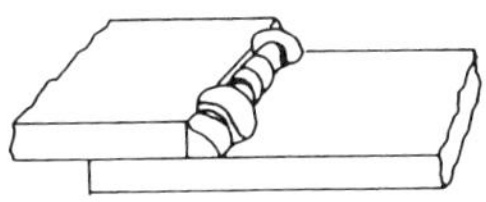	Ungleichmäßige Schweißgeschwindigkeit Zu geringer Abstand des Brenners
Ungenügende Durchdringung des unteren Bleches	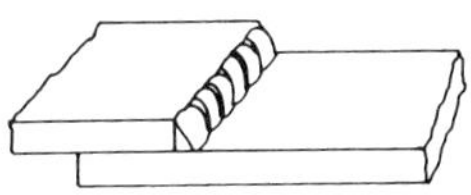	Falsche Brennerhaltung Ungenügender Schweißstrom

Bild 9.30b Fehler in Kehlnahtschweißzonen

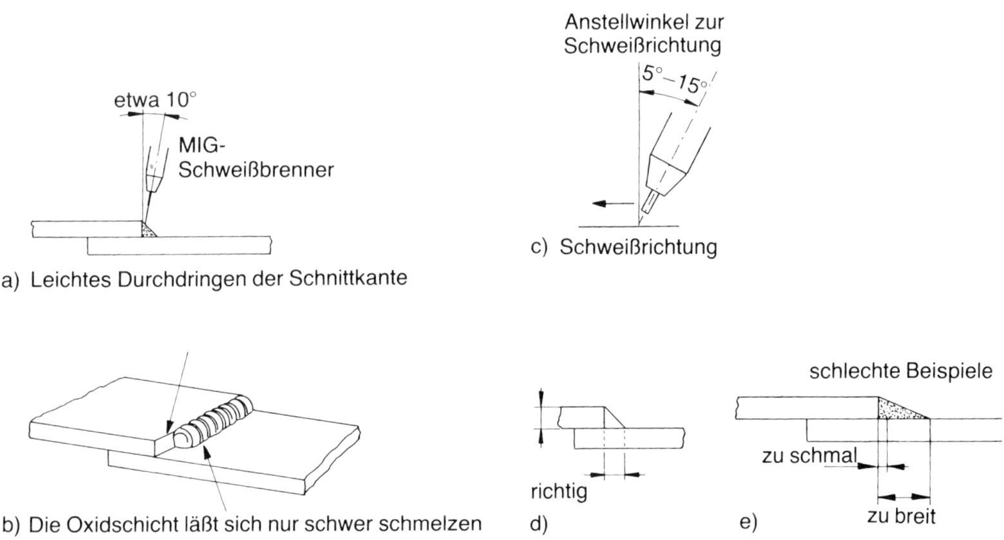

Bild 9.31a bis e Richtige Brennerhaltung bei der Kehlnahtschweißung und Schweißnahtbeispiele (Quelle: Honda)

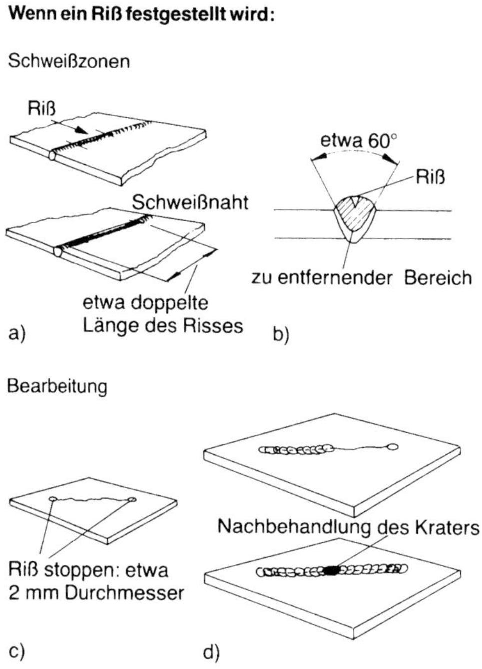

Bild 9.32a bis d Nachbehandlung von Rissen (Quelle: Honda)

9.2.5 Rißkontrolle nach Schweißarbeiten, Rückverformungen und Ausbeularbeiten

Diese Prüfung ist unbedingt durchzuführen, da sonst die Gefahr besteht, daß ein Bauteil mit Riß im Fahrzeug verbleibt. Ist das der Fall, kann die berechnete Sicherheit der Karosserie stark gefährdet sein. Zur Kontrolle auf Risse wird eine Durchdringungsprüfung mit einem Farbkontrastmittel durchgeführt. Dieses Mittel ist derart kriechfähig, daß es auch in die kleinsten Risse kommt und sich dort als Farbstreifen bemerkbar macht.

Damit die Prüfung optimal durchgeführt werden kann, ist die Oberfläche des zu prüfenden Teils gut zu reinigen (evtl. mit einem Hochdruckreiniger). Dann wird das Farbkontrastmittel aufgetragen und eine Einwirkzeit abgewartet. Auf der Oberfläche des Teils werden die Reste des Mittels abgewaschen. Danach ist eine «Entwicklerlösung» aufzutragen, wobei die evtl. vorhandenen Risse nun sichtbar werden. Vor der Anwendung dieser Durchdringungsprüfung sollten die Herstellerhinweise genau gelesen werden. Dort ist auch vermerkt, daß während dieser Prüfung für eine gute Be- und Entlüftung des Arbeitsbereiches zu sorgen ist.

Was ist zu tun, wenn Risse festgestellt werden?
Wird der Riß in der Schweißnaht festgestellt, ist er auf der doppelten Länge auszuschleifen und die Stelle kann neu verschweißt werden. Falls nach einer Oberflächenbearbeitung winzige Risse durch das Farbkontrastmittel sichtbar werden, sind diese an den Rißenden mit einem 2-mm-Bohrer anzubohren. Danach ist eine Schweißnaht über den Riß zu legen.

> Wenn beim Richten Risse entstehen, sind die Bauteile zu erneuern!

9.2.6 Unterschiedliche Reparaturvorschriften für Pkw-Karosserien aus Aluminium

Seitdem die Serienfahrzeuge Honda NSX und Audi A8 auf dem deutschen Markt sind, wurde schon viel über die Instandsetzung von Aluminiumkarosserien veröffentlicht. Im Vordergrund standen hierbei die Veränderungen gegenüber den Arbeiten an Stahlblech-Karosserien. Die Berichterstattungen erweckten oft den Eindruck, daß die Reparaturmethoden von Aluminiumblech je nach Fahrzeugfabrikat sehr aufwendig sind und hohe Investitionen im Bereich der Arbeitsplatz-Ausstattung bedeuten. Dieser Abschnitt soll nun fabrikatsneutral die Unterschiede zwischen den Reparaturverfahren von Aluminium-Karosserieteilen verdeutlichen.

Bilder 9.33 und 9.34
Aluminium als Grundwerkstoff und trotzdem teilweise unterschiedliche Reparaturvorschriften

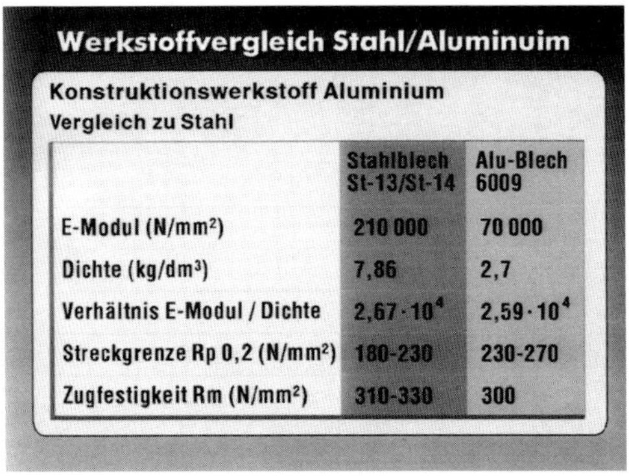

Werkstoffvergleich Stahl/Aluminuim

Konstruktionswerkstoff Aluminium
Vergleich zu Stahl

	Stahlblech St-13/St-14	Alu-Blech 6009
E-Modul (N/mm²)	210 000	70 000
Dichte (kg/dm³)	7,86	2,7
Verhältnis E-Modul / Dichte	$2{,}67 \cdot 10^4$	$2{,}59 \cdot 10^4$
Streckgrenze Rp 0,2 (N/mm²)	180-230	230-270
Zugfestigkeit Rm (N/mm²)	310-330	300

Bild 9.35 Werkstoffvergleich Stahl/Aluminium

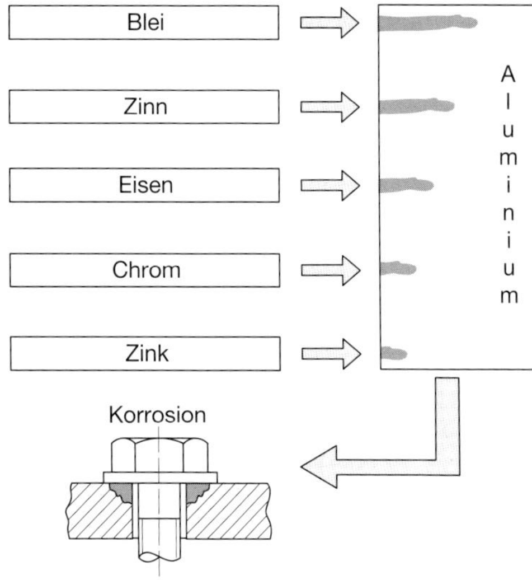

Bild 9.36 Kontaktkorrosion an Aluminium (Quelle: Audi)

Bild 9.37 Aluminiumherstellung und -Rückführung (Quelle: Audi)

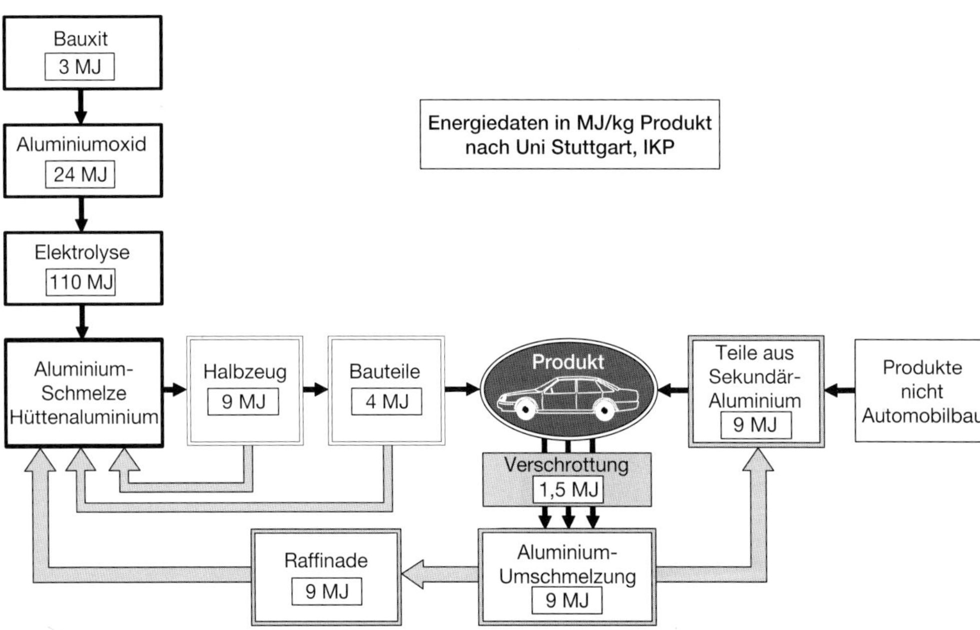

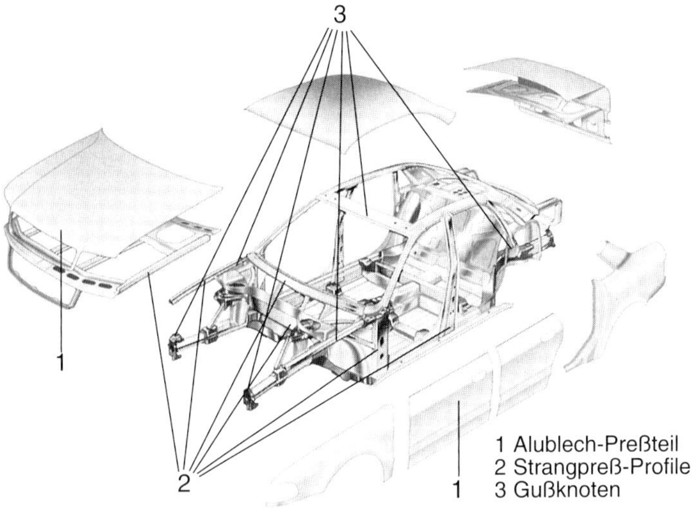

Bild 9.38
Druckguß-Profile (3) als Verbindungsknoten für die Strangpreß-Profile (2) mit den normalen Preßteilen (1) für die Außenhaut der Karosserie am Beispiel Audi A8

Unterschiede bei den Aluminium-Karosserieblechen

Grundsätzlich sei vorausgeschickt, daß Alublech nicht gleich Alublech ist. Es ist zu unterscheiden, welches Herstellverfahren und welche Legierungen verwendet werden. Im Karosseriebereich wird differenziert zwischen Vakuum-Druckguß-, Strangpreß- und normaler Preßteil-Herstellung. Jedes Verfahren erfordert seine spezielle Al-Legierung. Die Behandlung bei der Instandsetzung ist ebenfalls unterschiedlich.

Wie erkennt man die Teile aus den verschiedenen Herstellungsverfahren?

Normale Preßteile werden wie Stahlblech in dünnen Wandstärken aus flachen Blechtafeln hergestellt.

Als Preßteile werden alle großen glatten Außenhautteile produziert: z.B. Kotflügel, Hauben, Türblätter, Dachhaut. Darüber hinaus können auch Karosserieprofile (Außenschweller) aus geschweißten Preßteilen zusammengesetzt werden. Die Außenhautteile werden entweder durch Stanzniet-Verbindungen, durch Schrauben oder durch Schweißen mit dem Karosseriekörper verbunden.

Reparaturmöglichkeiten

Dellen sind von der Mitte beginnend zum Rand hin auszubeulen, wobei das «direkte Hämmern» (Gegenhalter- und Hammerfläche treffen sich mit dem dazwischenliegenden Blech) nicht statthaft ist.

Strangpreß-Profile werden wie das Spritzgebäck für die Weihnachtsplätzchen durch Düsen mit verschiedenen Querschnitten gedrückt.

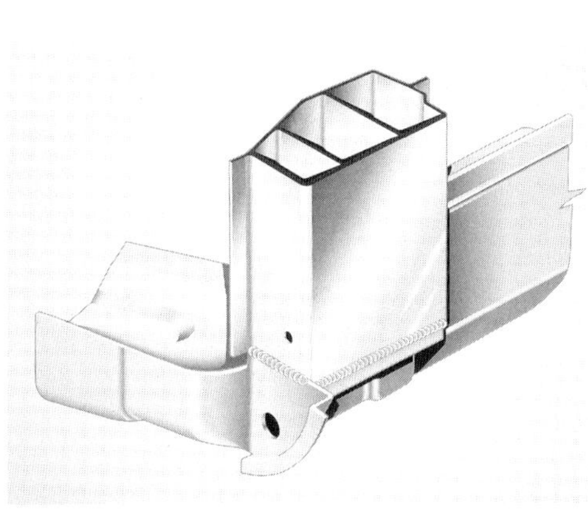

Bild 9.39 Typisches Strangpreß-Profil als Auflage für die Windschutzscheibe des Audi A8

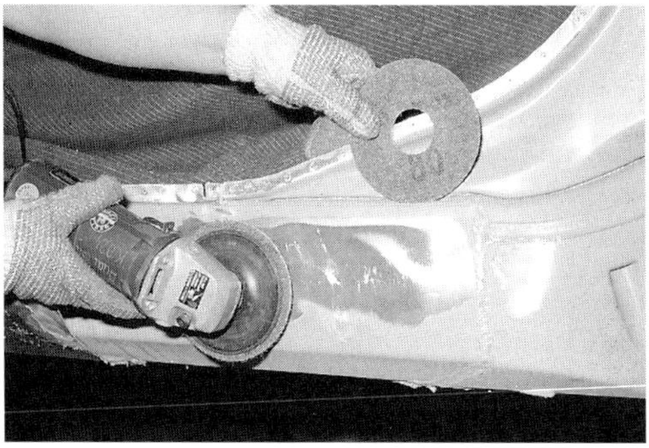

Bild 9.40 Zur Oberflächenbearbeitung von Aluminium sollten Vliesscheiben verwendet werden. Beim Einsatz von Schleifscheiben entstehen «Eintauchstellen», von denen Risse ausgehen können.

Bild 9.41 Wenn Rückformarbeiten an Aluminium-Karosseriepartien erlaubt sind, sollten Richtgeräte verwendet werden, die alle Zugrichtungen ermöglichen, ohne die Zugklammern umspannen zu müssen.

Durch entsprechende Düsenquerschnitte können auch Hohlkörper (Kastenprofile) hergestellt werden. Zu erkennen sind Strangpreßteile daran, daß sie meist dickwandiger als Preßteile sind, ihren Querschnitt nicht ändern und auf längerer Strecke gerade bleiben bzw. nur leicht gekrümmt sind: Längsträger, Säulen, Windlauf usw.

Reparaturmöglichkeiten
Strangpreß-Profile lassen sich im geringen Umfang mit gezielter Wärmezufuhr rückformen, wenn sie als offene Karosserieteile frei zugänglich sind. Geschlossene Strangpreß-Profile können nur unkontrolliert rückgeformt werden, so daß davon abzuraten ist.

Druckguß-Profile werden in Formen hergestellt. Ihre Abmessungen sind daher begrenzt. Diese Teile werden z.B. als Federbeinaufnahme, Verstärkungen oder als Verbundteile zwischen den Strangpreß-Profilen eingesetzt. Sie sind auch daran zu erkennen, daß sie häufig feine Verstärkungsrippen aufweisen.

Reparaturmöglichkeiten
Druckguß-Profile sind enorm biegesteif, aber trotzdem verformbar. Sie lassen sich jedoch kaum rückformen und sind im Falle der Beschädigung zu erneuern.

Spezielle Reparaturhinweise

Ausbeulen und Oberflächenbearbeitung von aluminiumlegierten Karosserieteilen
Bei umfangreichen Ausbeularbeiten sollte das Alublech mit der weichen Flamme angewärmt werden. Da die Temperatur von 120 °C beim Audi A8 (180 °C beim Honda NSX) nicht zu überschreiten ist, empfiehlt es sich zur Kontrolle, eine Markierung mit dem Thermochromstift zu ziehen bzw. die Thermostreifen aufzukleben. Die Thermostift-Markierung muß ca. 25 mm neben dem Erwärmungsbereich angebracht werden. Bei den Thermostreifen muß ein Abstand von ca. 150 mm eingehalten werden. Trotz dieser Sicherheitsmaßnahme ist beim Anwärmen Vorsicht geboten. Durch die gute Wärmeleitfähigkeit dehnt sich das Aluminiumblech gegenüber Stahl etwa doppelt so stark aus und zieht sich danach etwa 1,5mal stärker zusammen. Diese «Bewegungen» kön-

nen Risse im Alublech erzeugen. Falls das geschieht, muß das Karosserieteil erneuert werden.

Kleben und Nieten

Durch den Flugzeugbau ist dieses Fügeverfahren für Alubleche seit Jahrzehnten bekannt. Auch im Automobilbau gibt es immer wieder Versuche, die Klebetechnik für die Instandsetzung (allerdings von Stahlblechteilen) zu etablieren. Mit der Aluminiumkarosserie erlebt das Kleben als Instandsetzungsverfahren für Metalle einen erneuten Vorwärtsschub. Hier die wichtigsten Arbeitsschritte nach den Vorschriften von Audi:

Bei der Produktion einer Al-Karosserie werden neben dem Schweißen das Durchsetzfügen (Clinchen), Kleben und Stanznieten als Fügeverfahren eingesetzt. Für die Reparatur haben sich das Schutzgas-Schweißen und das Kleben in Verbindung mit dem Nieten durchgesetzt. Bei der Fahrzeugproduktion werden Stahlniete mit Schutzüberzug eingesetzt, während für den Reparaturfall nur Al-Niete verwendet werden dürfen.

Das Trennen der Altteile erfolgt nach festgelegten Trennschnitten. Als Werkzeuge stehen die Kurzhub-Stichsäge mit Alu-Sägeblatt, der Trennschleifer und die Nietzange zur Verfügung. Bei allen Trennverfahren sollen Kühl- und Schmiermittel verwendet werden.

Die Nietzange dient einerseits zum Entfernen der Niete und andererseits zum Vernieten. Die entsprechenden Döpper (Einsätze zum Auspressen und zum Vernieten) sind Bestandteil des Nietzangensets. Beim Ausdrücken bleiben die Niete üblicherweise im Altteil hängen. Für den Fall, daß sie in Hohlräume fallen sollten, müssen sie herausgeholt werden, da sonst die Gefahr der Kontaktkorrosion gegeben ist (abgesehen von Klappergeräuschen). Können die Niete nicht mehr erreicht werden, sind sie in Korrosionsschutzmaterial «einzubetten».

Nachdem die Niete ausgedrückt sind, werden die Klebeflansche mit einem Handmeißel gelöst. Der Restkleber ist mit einer rotierenden Vliesscheibe vom Kleberflansch zu entfernen.

Das Neuteil wird üblicherweise in der Fläche als Abschnittsteil angesetzt. Das Absetzen eines Klebeflansches ist jedoch nicht vorgesehen. Das Neuteil wird auf Stoß angesetzt. Die Stoßkanten sind abzuschrägen, damit sie keine Kerb-

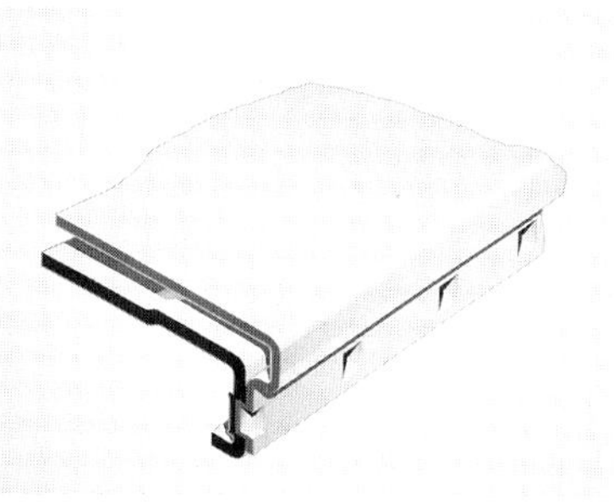

Bild 9.42 Während der Karosserieproduktion durch Clinchen verbundene Alubleche (Durchsetzfügen)

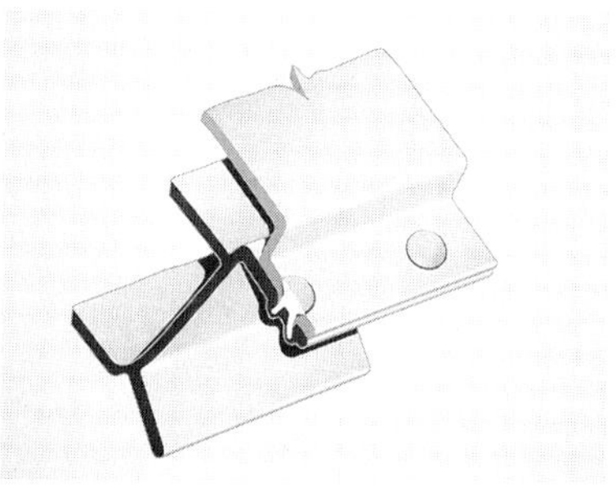

Bild 9.43
Stanznietverbindung im Schwellerbereich des Audi A8

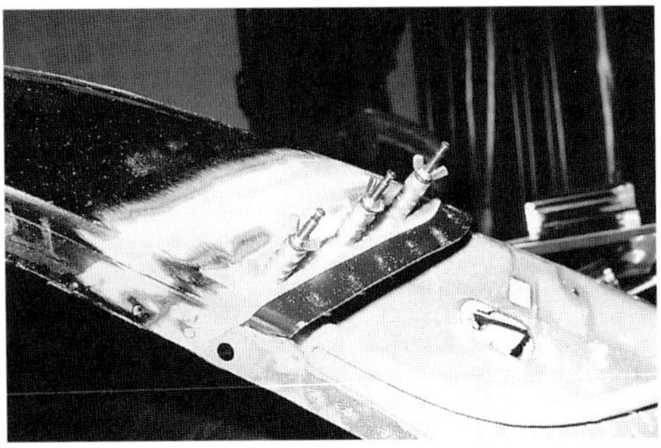

Bild 9.44 Im Überlappbereich von Neu- und Altteil wird nicht abgesetzt, sondern «Eigenmaterial» hinterlegt.

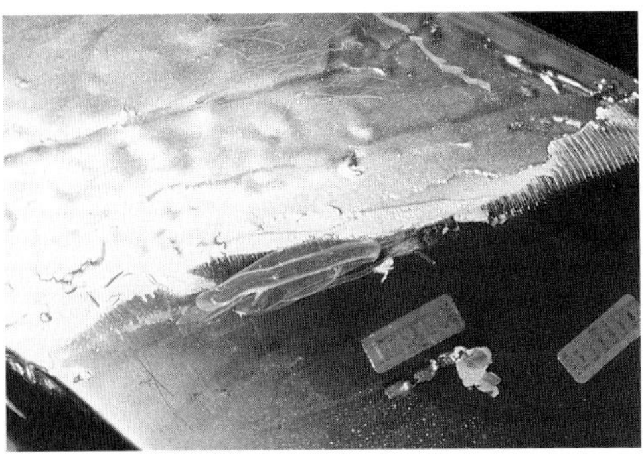

Bild 9.45 Aufgetragene 2-Komponenten-Aluminium-Spachtelmasse am Ansatzflansch des Dachholms. Nach ca. 10 Minuten Trocknungszeit wird die Spachtelmasse zum Aushärten angewärmt. Die Temperatur-Kontrollstreifen befinden sich ca. 150 mm vom Anwärmzentrum entfernt.

wirkung auf den anschließenden Spachtel- und Lackaufbau ausüben können. Im Stoßbereich muß ein konturgerechter Blechstreifen hinterlegt werden. Dazu ist ein ca. 50 mm breiter Streifen vom Neuteil abzuschneiden. Er wird mit je 25 mm Breite hinter das Neu- und Altteil positioniert und mit Nieten verbunden.

Nachdem das Neuteil angepaßt ist, werden die Nietlöcher vorgebohrt und sofort mit Schraubheftklammern bestückt. Dadurch kann das Neuteil nicht mehr verrutschen. Damit die Niete eine einwandfreie Verbindung herstellen können, müssen die Bohrlöcher anschließend auf den exakten Nietschaft-Durchmesser aufgeweitet und die Aufnahme des Nietkopfes geprägt werden. Das geschieht mit einer Lochprägezange oder mit der Nietzange. Sind im Bereich des Nietflansches Hohlräume vorhanden, werden die Vorbohrungen aufgebohrt und angesenkt.

Der Klebeflansch wird wie folgt vorbereitet:

- ☐ blanke Flanschfläche mit einem speziellen Schleifstein aufrauhen (gleichzeitig entsteht eine Silikatschicht),
- ☐ Schleifstaub mit Pinsel entfernen,
- ☐ Entfetten der Klebefläche,
- ☐ Primer auftragen (Ablüftzeit einhalten),
- ☐ 2-K-Kleber mit Pistole und Zwangsmischkopf als 3 mm breite Raupe auftragen (Verarbeitungszeit ca. 2,5 Std. bei 20 °C),
- ☐ die neuen Alublech-Ersatzteile sind durch die Grundierung soweit vorbehandelt, daß sie nur entfettet zu werden brauchen.

Danach wird das Neuteil mit Schraubheftklammern und Gripzangen an der Karosserie fixiert. Sobald die Paßgenauigkeit gegeben ist, werden die Niete gesetzt. In Hohlräumen kommen Blindniete zum Einsatz, während in den Flanschen, die beidseitig mit der Zange zu umfassen sind, Vollniete verwendet werden. Beim Nieten drückt sich der Kleber aus den Flanschen und haftet gleichzeitig an den Schraubheftklammern und Döppern. Daher sind diese Werkzeuge sofort nach Gebrauch in Reinigungsflüssigkeit zu legen. Die Kleberreste sind vom Flansch abzuwischen.

Wenn alle Niete gesetzt sind, müssen die Flansche, die mit Vollnieten verbunden sind, geglättet werden (Hammer und Gegenhalter).

Der Kleber härtet bei 80 °C innerhalb einer halben Stunde aus.

Für den Fall, daß das Neuteil einen Bördel-

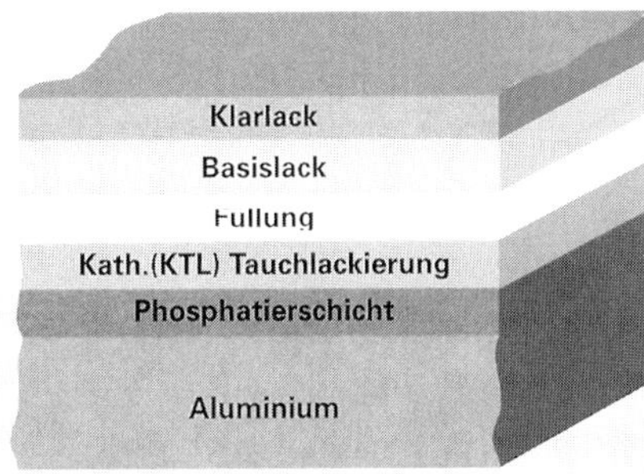

Bild 9.46
Aluminiumblech und 2-Schicht-Metallic-Lackaufbau

flansch aufweist (Seitenwand mit Radhaus), wird der Flansch mit der darauf liegenden Kleberraupe zuerst mit einer Falzzange vorgebogen (Radius ca. 2,5 mm). Erst danach kann mit Hammer und Gegenhalter die vollständige Bördelung erfolgen.

Vor dem Lackieren muß der in der Fläche liegende auf Stoß vernietete Flanschbereich mit Spachtel aufgefüllt werden. Hierfür wird eine spezielle 2-Komponenten-Aluminium-Spachtelmasse verwendet. Bevor die Spachtelmasse angerührt wird, müssen überstehende Nietköpfe abgeschliffen werden, und der gesamte Spachtelbereich ist mit Waschbenzin zu reinigen. Der Spachtelauftrag mit der Spezialmasse dient nur zum Auffüllen der Stoßnaht und zum Abdecken der Nietköpfe. Nach dem Auftragen darf die Masse nicht durch Wärmeeinbringung beschleunigt angetrocknet werden, da sonst Risse entstehen können. Die Antrockenzeit beträgt etwa 10 Minuten. Danach müssen die restlichen Lösemittel aus der Spachtelmasse herausgeholt werden. Dazu ist der Werkstattfön oder besser der Heizstrahler einzusetzen, wobei die Fläche nicht zu heiß werden darf. Die Thermochromstreifen (120 °C) werden deshalb ca. 150 mm rechts und links des Bearbeitungsbereiches aufgebracht. Danach kann die Spezial-Spachtelmasse geschliffen werden (*Achtung:* Absaugung verwenden), und es ist der normale Lackaufbau vorzunehmen.

Die Klebe-Niet-Verbindung erfordert umfangreiche Vorarbeiten. Hier dürften in Zukunft einige Verfahrensänderungen zu erwarten sein. Bei der Verklebung von Stahlblech sind heute bereits Kleber im Einsatz, bei denen Schweißpunkte gesetzt werden, die eine zusätzliche Nietverbindung überflüssig machen. Bei diesem Klebeverfahren kann mit bemerkenswerten Zeiteinsparungen gerechnet werden.

Reparaturvergleich: Audi A8 und Honda NSX

Die Vielfalt des Endproduktes «Karosserieblech» ist eine Kombination aus Teile-Herstellverfahren und den damit zusammenhängenden Legierungsbestandteilen des Aluminiums. Ganz am Anfang steht aber die Festlegung des Fahrzeugherstellers, welche Karosseriestruktur und welchen Produktionsablauf er für die Karosserie vorsieht.

Die unterschiedlichen Karosseriestrukturen sind an den Beispielen Audi A8 und Honda NSX sehr schön zu verdeutlichen. Der Audi besitzt einen sog. «Space frame». Wenn alle Außenhautteile der Karosserie entfernt sind, wird deutlich, was die Bezeichnung «Raum-Rahmen» bedeutet: Der Karosseriekörper wird durch ein «Aluminiumskelett» aus verstärkten Strangpreßteilen in Verbindung mit noch stabileren Druckgußteilen gebildet. Wenn die Stahlkarosserien früher auf einen Fahrgestellrahmen gestellt wurden, war unter der Fahrgastzelle ebenfalls ein Rahmen vorhanden. Audi hat diesen tragenden Rahmen beim A8 als räumliches Gebilde ausgelegt, daher «Raum-Rahmen» (Space frame).

Eine andere Karosseriekonzeption ist beim Honda NSX zugrunde gelegt. Hier gibt es als haupttragendes Element den Bodenrahmen aus verstärkten Strangpreßprofilen (Schweller, Längsträger usw.). Mit diesem Fundament wird die Fahrgastzelle, die aus vielen einzelnen und speziell geformten Karosserieblechen gefügt wird, über Schweißverbindungen verbunden. Hierbei wird von einer «Schalenbauweise» gesprochen, da mehrere Aluminium-Blechschalen aus Preßteilen aufeinander liegen. Die Kombination aus Blechteilkontur und Schweißverbindung ergibt die erforderliche Karosseriefestigkeit.

Welche konkreten Instandsetzungsunterschiede ergeben sich aus den verschiedenen Karosseriebauweisen?

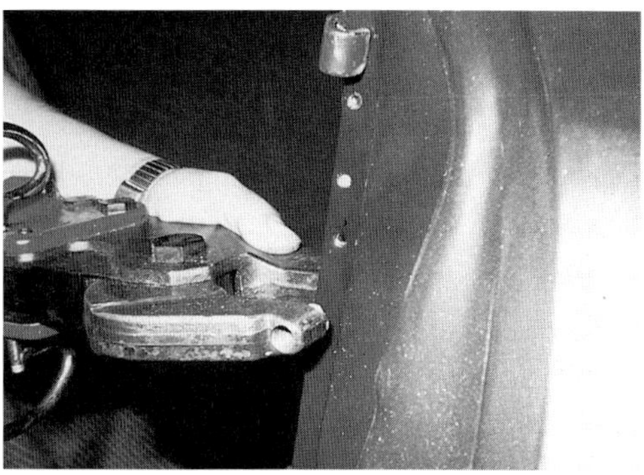

Bild 9.47 Klebe-Niet-Verbindung am Audi A8 (Türeinstieg hinten)

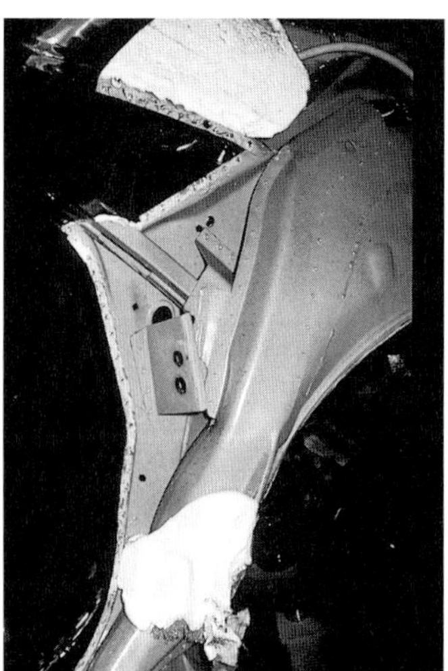

Bild 9.48 Am Audi A8 ausgeschäumte Hohlräume unter der linken Seitenwand hinten

Audi A8

Der Raum-Rahmen (Space frame) des Audi erlaubt für die Außenhautteile die Verwendung von normalen Preßteilen und sieht als Fügeverfahren die Niet- und Klebeverbindung vor. An allen Außenhautteilen können die normalen Bearbeitungsverfahren wie Ausbeulen und Wärmebehandlung (auch das bekannte «wärmetechnische Verfahren» zur Hagelschaden-Beseitigung) eingesetzt werden. Die Außenhautteile werden entweder durch Schraubverbindungen gehalten oder als Klebe-Niet-Verbindung ausgeführt.

Sobald die Beschädigung jedoch in die Struktur des Raumrahmens hineingeht, sind Richtarbeiten wie sie bei Stahlkarosserien stattfinden, kaum mehr zulässig. Vorzunehmende Richtarbeiten müssen mit Audi abgestimmt werden. Beschädigte Strangpreß-Profile oder Gußknoten sind zu erneuern. Vordergründig hört sich diese Festlegung nach höherem Reparaturaufwand an. Doch die Konstruktion des Aluminiumskeletts berücksichtigt bereits die möglichen Abschnittsteile. So sind z.B. im Frontbereich des Fahrzeugs, der laut Statistik am häufigsten beschädigt wird, die Längsträger-Enden als Schraubverbindung gestaltet. Für die Seitenschweller und Heckpartien sind übliche Teilersatzstücke vorgesehen, die eingeschweißt werden. Wird ein Strangprofil am Gußknoten-Ansatz erneuert, erhält man wieder eine Original-Schweißnaht. Muß dagegen das Strangprofil zwischen den Gußknoten erneuert werden, sind Muffen in das Profil zu schieben, die jeweils etwa 20 mm das Alt- und Neuteil überdecken. Die Schweißverbindung wird üblicherweise als Vollnaht ausgeführt. Im Falle einer Lochpunkt-Schweißung wird der Brenner im Lochpunkt von der Mitte des untenliegenden Bleches zum Rand bewegt.

Die Audi-Karosse hat zur Dämpfung von Fahrgeräuschen in bestimmten Bereichen von A-, B- und C-Säule sowie im Schwellerbereich die Hohlräume ausgeschäumt. Bei der Reparatur wird der Schaum entfernt und muß nach der Reparatur erneuert werden.

Honda NSX

Hier gelten fast die gleichen Bestimmungen wie beim Audi. Es ist jedoch zu berücksichtigen, daß in vielen tragenden Bereichen der Karosserie normale Preßteile zu Profilen verschweißt sind.

Daher dürfen hieran logischerweise Richtarbeiten vorgenommen werden. Honda gibt dafür eindeutig vor, daß unter Wärmeeinbringung rückgeformt werden muß. Dazu sind die üblichen Vorsorgemaßnahmen zu treffen (Thermochrom-Markierung oder Holzspanprobe). Das Austrennen von zu stark beschädigten Teilen kann mit den üblichen für Alublech bestimmten Werkzeugen vorgenommen werden. Die Seitenschweller des Honda sind aus einem Strangpreß-Profil und dürfen nicht gerichtet werden.

Für die Außenhautbleche ist keine Klebe-Niet-Verbindung vorgesehen. Sie sind geschraubt oder verschweißt.

Hinweise für die Schadensbesichtigung

Bei Aluminiumkarosserien ist neben der Sichtkontrolle, der Achs- und Karosserievermessung in vielen Fällen noch eine Rißprüfung erforderlich. Dies betrifft die Schweißnähte in den Bereichen, die der Schadenzone sehr nahe liegen. So können z.B. die Schweißverbindungen an der A-Säule im Türrahmen nach einem Frontaufprall Risse aufweisen. Ist das der Fall, sind die Risse nachzuschweißen, was die Lackierung dieser Partien zur Folge hat. Die Risse sind normalerweise trotz des Lacküberzuges mit dem «unbewaffneten» Auge (ohne Lupe) zu erkennen. Im Zweifelsfall ist das Farbeindringverfahren anzuwenden.

Alle Schweißarbeiten an einer Audi-Karosserie werden im Serviceheft eingetragen. Somit können Vorschäden schnell erkannt werden.

Sowohl bei Audi als auch bei Honda müssen die Mitarbeiter der Betriebe, die Schweißarbeiten an Alukarossen durchführen, speziell geschult sein. Daher dürfen nur ausgewählte Betriebe derartige Instandsetzungsarbeiten durchführen.

9.3 Verzinktes Karosserieblech

Die Korrosionsschutz-Maßnahmen der Automobilhersteller für Pkw-Karosserien sind seit ca. 1980 entschieden verbessert worden. In erster Linie werden chemische Produkte zusätzlich aufgetragen, z.B. PVC-Nahtabdichtungen,

Bild 9.49
Vollverzinkte Karosserie
des Audi 80

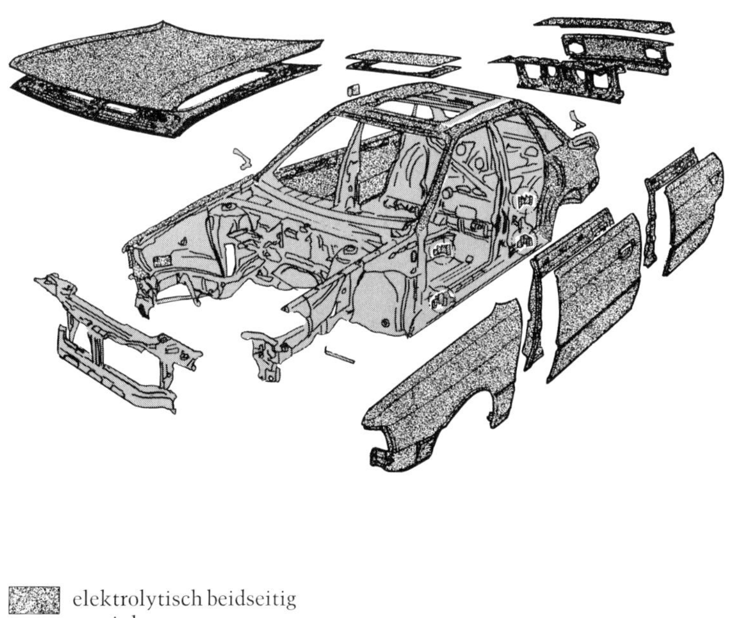

elektrolytisch beidseitig verzinkt,
feuerverzinkt beidseitig
(Quelle: Audi)

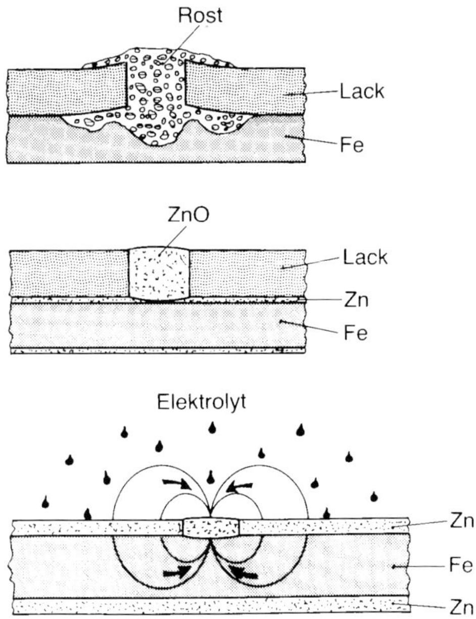

Bild 9.50 Schematische Darstellung der Entstehung von Rost sowie Rostschutz durch Zinkschichten auf Stahlblech. Zn = Zink, Fe = Eisen (Stahl), ZnO = Zinkoxid

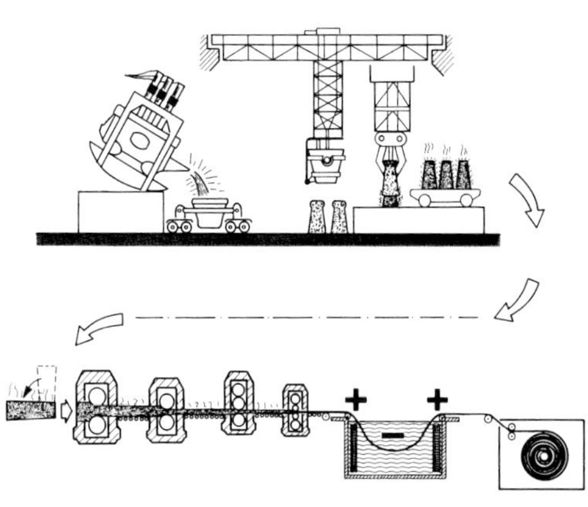

Bild 9.51 Schematische Darstellung der elektrolytischen Verzinkung

Hohlraum-Wachs usw. Der letzte entscheidende Fortschritt zur Vorsorge gegen Rostbildung ist das Verzinken von Blechen.

Warum bietet ein verzinktes Blech einen guten Schutz vor Korrosion? Rost an Stahlblechen entsteht dadurch, daß der Luftsauerstoff in Gegenwart von Wasser mit dem Eisen eine feste Verbindung eingeht. Die entstandene Rostschicht ist so porös, daß sie immer wieder Luftsauerstoff und Feuchtigkeit in die unteren Schichten eindringen läßt. Dadurch kommt ein einmal begonnener Rostvorgang nicht zum Stillstand, sondern der Rost «frißt» sich weiter. Wird ein Stahlblech jedoch mit einer Zinkschicht (Zn) überzogen, können die *Barriere-* und die *Opferwirkung des Zinkes* über eine lange Zeit die Rostbildung verhindern.

Die Wirkungs des Zinks als Rostschutz beruht darauf, daß das Zink an der Oberfläche eine fest zusammenhängende Oxidschicht (ZnO) bildet, die den weiteren Zutritt von Luftsauerstoff verhindert. Es baut dadurch eine *Barriere* gegen das Rosten des darunterliegenden Stahlbleches (Fe) auf. Wird die Zinkschicht bis auf das Stahlblech mechanisch beschädigt, bildet sich zwischen Eisen und Zink in feuchter Umgebung ein Lokalelement (siehe Kapitel 12), bei dem sich das unedlere Zink *opfert*.

Die Barrierewirkung des Zinks zeigt sich auch bei der Widerstandspunkt-Schweißverbindung. Wenn die Innenseiten der aufeinanderliegenden Bleche verzinkt sind, wird im Moment der Schweißung das Zink flüssig. Durch die Elektrodenkraft, die auf die Bleche wirkt, drängt das flüssige Zink nach außen. Hier bildet es einen Ring um den Schweißpunkt. Bevor es erkaltet, verschmelzen die Zinkschichten der beiden Bleche in der Ringzone miteinander und stellen für den Sauerstoff, der das Zentrum des Schweißpunktes erreichen möchte, eine große Barriere dar. Die gleiche Wirkung wird mit der Zinkstaubfarbe erreicht, die vor jeder Widerstandspunkt-Schweißung aufgetragen werden muß.

Die Herstellung des verzinkten Stahlbleches erfolgt auf zwei Wegen. Wenn Karosseriebleche in der Außenhaut verarbeitet werden, muß ein gleichmäßiger und feiner Zinkauftrag erfolgen. Dies geschieht durch die *elektrolytische Verzinkung*. Dabei läuft das Stahlblechband durch eine elektrisch leitende Flüssigkeit, die Zink-Ionen enthält. In der Flüssigkeit stehen zwei Zinkplatten, die positiv geladen sind, die

Zinkanodenplatten. Darüber wird das negativ geladene Stahlblechband als Katode hinweggezogen. Dabei wird ein elektrochemischer Prozeß in Gang gesetzt, bei dem sich Zink auf dem Stahlblech absetzt. Die elektrolytische Verzinkung ist ein relativ teurer Vorgang im Vergleich zur *Feuerverzinkung*. Hierbei durchläuft das Stahlblechband ein Zinkbad, das auf ca. 450 °C erwärmt ist. Es bildet sich zunächst eine sehr dünne Schicht aus einer Zink-Eisen-Legierung. Darauf baut dann die eigentliche Zinkschicht auf. Sie hat beiderseits eine Schichtdicke von ca. 10 µm.

Beim Feuerverzinken entstehen die bekannten Zinkblumen mit einer recht groben Oberfläche. Sie werden durch das anschließende Walzen des Blechs weitestgehend geglättet und verschwinden. Trotzdem ist diese Oberfläche nicht als Beschichtung für ein Außenhautteil brauchbar. Diese Karosserieteile werden im nicht direkt sichtbaren Bereich der Karosserie verbaut (Unterboden). Die verzinkten Bleche haben für das nachfolgende Stanzen einen großen Vorteil. Beim Stanzen der Karosserieteile zieht sich ein Zinkfilm über die Blechkanten. Dadurch sind diese rostanfälligen Stellen mehr geschützt (Abschnitt 6.4).

Wenn ein Karosseriereparateur an einem Fahrzeug arbeitet, das verzinkte Bleche hat, muß die Arbeitsweise darauf ausgerichtet sein. Schließlich muß die Werkstatt die Arbeiten so ausführen, daß die werksseitige langjährige Garantie (bis zu 10 Jahren) nicht beeinträchtigt wird. Seitdem verzinkte Karosseriebleche in großen Serien bei der Pkw-Produktion eingesetzt werden, ist die Diskussion um das Schweißen, den Korrosionsschutz und die Gesundheitsbeeinträchtigung des Reparateurs nicht verstummt. Es erhebt sich die Frage, warum es beim Schweißen verzinkter Bleche Probleme geben kann.

Unter den beim Schweißen notwendigen Temperaturen beginnt das Zink bei etwa 420 °C zu schmelzen. Bei weiterer Erwärmung (ab etwa 900 °C) oxidiert die Rein- und Hartzinkschicht und verdampft; es entstehen grauweiße Zinkoxiddämpfe. Dadurch wird die Schweißarbeit erschwert (unruhiger Schweißverlauf, Spritzer und Sichtbehinderung). Es können im Schweißgut Schlauchporen und Gasblasen entstehen. Die Folge sind Festigkeitsverluste des Bauteils.

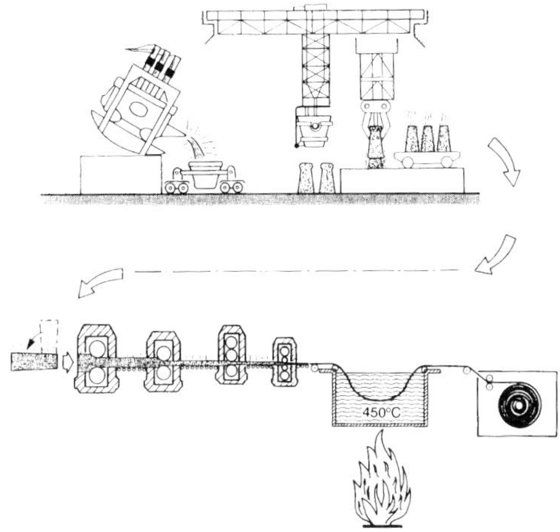

Bild 9.52 Schematische Darstellung von feuerverzinkten Blechen (Quelle: VW)

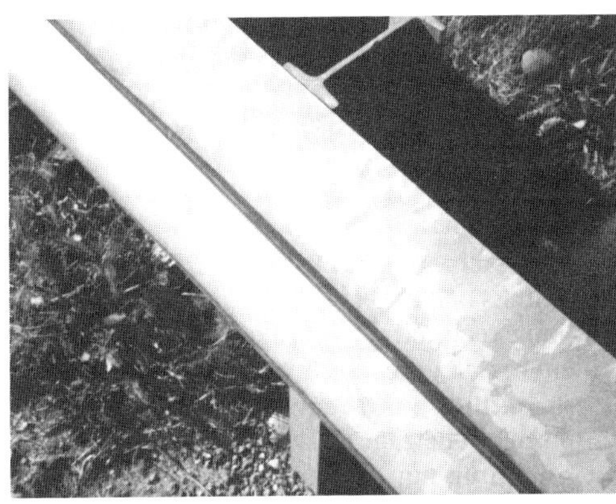
Bild 9.53 Zinkblumen an feuerverzinkten Straßenleitplanken

Darüber hinaus sind die Zinkoxiddämpfe gesundheitsschädlich. Beim Einatmen von Zinkoxiddämpfen können vorübergehend fieberhafte Erkrankungen, Reizerscheinungen der Atemwege und Magenstörungen auftreten. Werden größere Mengen der Dämpfe vom Schweißer eingeatmet, kann eine Erkrankung (Metalldampffieber) die Folge sein.

Die Arbeitsgruppe «Schweißen im Straßenfahrzeugbau», die im Deutschen Verband für Schweißtechnik e.V. (DVS) integriert ist, hat in aufwendiger Kleinarbeit alle erforderlichen

Antwort:
Das weiche Alu-Blech darf nicht dünner geschlagen werden. Als Gegenhalter ist ein Hartholzklotz zu verwenden.

10. Welches Schutzgas muß beim Schweißen von Aluminiumblech verwendet werden?
Antwort:
Reines Argon, da MIG-Schweißen erforderlich ist.

11. Warum soll nach neuen Erkenntnissen aluminiumlegiertes Blech nicht verzinnt werden?
Antwort:
Durch das Verzinnen können chemische Reaktionen im aluminiumlegierten Blech auftreten und somit die Korrosionsbeständigkeit herabsetzen, bzw. es können sogar Risse entstehen.

12. Welche Probleme können beim Schleifen von Alu-Blech entstehen?
Antwort:
Mit schnellaufenden Schleifmaschinen kommt zuviel Wärme in die Fläche. Sie dehnt sich sehr stark aus und verwirft sich.

13. Was ist unter der Barrierewirkung des Zinks zu verstehen?
Antwort:
Als Oberflächenauftrag bildet Zink eine feste Oxidschicht, die den weiteren Zutritt von Luftsauerstoff in tieferliegende Zonen verhindert. Es bildet dadurch eine Barriere gegen das Rosten von Stahlblech.

14. Was ist unter der Opferwirkung von Zink zu verstehen?
Antwort:
Wird eine Oberflächen-Zinkschicht auf einem Stahlblech mechanisch beschädigt, bildet sich zwischen Eisen und Zink in feuchter Umgebung ein Lokalelement, bei dem sich das unedlere Zink gegenüber dem edleren Eisen opfert, indem es oxidiert.

15. Warum wird das feuerverzinkte Stahlblech nicht für Außenhautbeschichtungen genommen?
Antwort:
Das feuerverzinkte Blech hat durch die Zinkblumen starke Oberflächenstrukturen. Der Aufwand für die Nacharbeit zu einer optisch einwandfreien Oberfläche ist sehr hoch.

16. Welche Vorsichtsmaßnahmen sind insbesondere beim Schweißen von verzinkten Blechen zu treffen?
Antwort:
Das Einatmen von Schweißrauch verzinkter Bleche ist gesundheitsschädlich. Außerdem können Schweißspritzer entstehen, die zu Verbrennungen führen können.

17. Warum ist das Widerstandspunkt-Schweißen für verzinkte Bleche besonders gut geeignet?
Antwort:
Die Zinkschicht bleibt weitestgehend erhalten. Es bildet sich ein schützender gleichmäßiger Ring von Zinkanhäufungen um den Schweißpunkt.

18. Was ist beim Schutzgas-Schweißen von verzinkten Blechen neben der geringer einzustellenden Leistung des Gerätes zusätzlich zu berücksichtigen?
Antwort:
Der Abstand vom Kontaktrohr zur Blechoberfläche sollte kleiner als 18 mm sein. Außerdem ist der Brenner neutral bis leicht schleppend zu führen. Darüber hinaus ist die Gasdüse größer zu wählen und der Gasfluß höher einzustellen. Es sollte so schnell wie möglich geschweißt werden, damit sich eine schmale Wärme-Einflußzone ergibt.

19. Warum dürfen überlackierte Schweißflansche zum Säubern nur mit Lösungsmittel abgerieben werden?
Antwort:
Beim Reinigen darf die Zinkschicht nicht beschädigt werden.

20. Was muß beim Auftragen von Unterbodenschutz auf verzinkte Flächen beachtet werden?
Antwort:
Die Korrosionsschutzmaterialien müssen auf der verzinkten Fläche auch haften. Deshalb dürfen nur Materialien verwendet werden, die die Haftung auf Zinkblech gewährleisten.

21. Wird zur Herstellung von Aluminium-Karosserieblech reines Aluminium verwendet?
Antwort:
Nein, es ist eine Aluminiumlegierung mit den Hauptbestandteilen Magnesium und Silizium.

22. Welches sind die Haupteigenschaften von Aluminiumblech?
Antwort:
Es rostet nicht, ist weicher als Stahlblech, leitet den elektrischen Strom und die Wärme gut weiter, ist nicht magnetisierbar, hat eine niedrigere Schmelztemperatur gegenüber Stahl und ist zum Recycling geeignet.

23. Werden Dellen im Aluminiumblech auch von außen nach innen ausgebeult (bitte Begründung)?
Antwort:
Aluminiumblech wird von der Dellenmitte nach außen bearbeitet. Im umgekehrten Fall würden starke Spannungszonen entstehen, da die zurückgedrückten Ränder die Dellenmitte nicht nachziehen.

24. Was passiert, wenn Aluminiumblech mit Hammer und Gegenhalter «direkt» ausgebeult wird (Hammer trifft Gegenhalter)?
Antwort:
Da Aluminiumblech sehr weich ist, wird es dünner und damit länger geschlagen. Es entstehen instabile Flächen.

25. Wie kann die Temperatur eines erwärmten Aluminiumbleches sichtbar gemacht werden?
Antwort:
Durch das Aufbringen von Thermolacken.

26. Was kann passieren, wenn zum Ausbeulen von Aluminiumblech ein Hammer mit geriffelter Schlagfläche benutzt wird?
Antwort:
Es können Risse entstehen.

27. Warum sollen alle Werkzeuge, die zur Bearbeitung von Aluminiumblech benutzt werden, nicht an Stahlblech zum Einsatz kommen?
Antwort:
Beim Bearbeiten von Stahlblech bleiben mehr oder weniger frei lösbare Stahlpartikel an den Werkzeugen. Dieses Material wird in das Aluminiumblech eingearbeitet. Dadurch kommt es zur elektrochemischen Korrosion, die sogar Risse nach sich ziehen kann.

28. Welcher Arbeitsgang muß unmittelbar vor dem Spachtelauftrag an einem Aluminiumblech durchgeführt werden?
Antwort:
Es muß eine Epoxidgrundierung als Haftvermittler aufgetragen werden.

29. Dürfen hochbeanspruchte Karosseriebauteile (z.B. Längsträger) aus Aluminiumlegierungen zum Rückverformen warm gemacht werden (bitte Begründung)?
Antwort:
Sie dürfen nicht nur, sie müssen erwärmt werden! Da diese Bauteile sich beim Rückverformen härter und steifer als Stahl verhalten, ist die Gefahr der Rißbildung sehr hoch. Das Erwärmen bis 200 °C verbessert die Dehnungseigenschaften.

30. Welches Schweißverfahren ist für die Reparaturschweißung an Aluminiumkarosserien vorgeschrieben?
Antwort:
Metall-Inert-Gasschweißen (MIG).

31. Welches Schutzgas ist für das MIG-Schweißen vorgesehen?
Antwort:
100% Argon.

32. Warum kann mit den werkstattüblichen Widerstandspunktzangen Aluminiumblech nicht geschweißt werden?
Antwort:
Aluminiumblech benötigt eine fast dreimal so hohe Stromstärke gegenüber Stahlblech. Dafür sind die heute üblichen Widerstandspunktzangen nicht ausgelegt. Eine Verlängerung der Schweißzeit, als Alternative zur höheren Stromstärke, kommt nicht in Betracht, weil die Hitze auf den angrenzenden Flächen schnell entweicht und das Grundmetall nicht zum Schmelzen kommt.

33. Welche Flächen müssen beim Schweißen von Aluminiumblechen wie weit gereinigt werden?
Antwort:
Alle aufeinanderliegenden Kontaktflächen im

Bereich von 15 bis 25 mm von der Schweißzone entfernt.

34. Warum reicht das einfache Reinigen der Aluminiumblechoberfläche vor dem Schweißen nicht aus?
Antwort:
Vor dem Schweißen muß die Oxidschicht der Aluminiumblechoberfläche entfernt werden, deshalb muß sie geschliffen werden.

35. Was bedeutet «Außenstart» beim Schweißen von Aluminiumblechen?
Antwort:
Damit beim Lochpunktschweißen bereits am Beginn der eigentlichen Schweißzone die optimalen Verhältnisse herrschen (Temperatur, Brennerhaltung usw.), wird der Lichtbogen schon 15 bis 25 mm vorher seitlich gezündet.

36. Von welcher Blechdicke an sollen die Kanten des Aluminiumbleches beim Stumpfnahtschweißen angeschrägt werden?
Antwort:
Ab 3 mm Dicke.

37. Mit welchem Verfahren wird eine Rißkontrolle von bearbeitetem Aluminiumblech durchgeführt?
Antwort:
Mit der Durchdringungsprüfung (Farbkontrastmittel).

38. Welche Beschwerden können bei einem Menschen durch längeres Einatmen größerer Mengen von Zinkoxiddämpfen auftreten?
Antwort:
Zuerst treten vorübergehende fieberhafte Erkrankungen in Begleitung von Reizerscheinungen der Atemwege und von Magenstörungen auf. Später kann das Metalldampffieber als Krankheit hervorgerufen werden.

39. Warum muß bei stückverzinkten Karosserieteilen (z.B. Türscharnier) vor dem Schweißen die Zinkschicht entfernt werden?
Antwort:
Die Zinkschicht ist hierbei rund 170 µm dick. Beim Schweißen verursacht eine derart dicke Schicht so viele Störungen, daß keine ausreichende Qualität der Arbeit gewährleistet ist.

40. Worauf muß beim Wiederherstellen des Korrosionsschutzes nach dem Schweißen von verzinkten Blechen geachtet werden?
Antwort:
Die zu verwendenden Materialien müssen auf Zink eine gute Haftung haben.

9.5 Kunststoffe an der Karosserie-Außenhaut

Wenn über alternative Materialien im Karosseriebau berichtet wird, darf der Kunststoff nicht fehlen. Auch die erste Energiekrise im Jahre 1973 konnte das Bestreben, immer mehr Kunststoffe im Karosseriebau einzusetzen, nicht aufhalten. Ausgangsmaterial für die Herstellung der Kunststoffe ist hauptsächlich Erdöl. Dennoch haben die seit der Energiekrise drastisch gestiegenen Preise den vermehrten Einsatz gerade im Karosserie-Außenhautbereich nicht aufhalten können.

Welche Vorteile bringt es, Kunststoffe statt anderer Materialien einzusetzen? Die angestrebten Ziele im Pkw-Karosseriebau sind u.a. Gewichtseinsparung, c_W-Wert-Verbesserung, Korrosionsbeständigkeit, Unempfindlichkeit gegen Beschädigung (Parkplatzrempler) und kostengünstige Herstellung der Einzelteile. Kein anderes Material kann wie Kunststoff so viele der genannten Forderungen in Kombination erfüllen.

Bild 9.55 Immer mehr Karosserie-Außenteile werden aus Kunststoff hergestellt (Werkfoto BMW) Beispiel: BMW Z1

Bei einigen großflächigen Teilen, wie z.B. die Frontstoßstange mit integriertem Spoiler, geraten die Herstellkosten schnell in Größenordnungen von mehreren hundert DM. Die Kosten liegen auch deshalb so hoch, da von solchen Teilen Kollisionsgeschwindigkeiten von 4 km/h ohne Beschädigung verkraftet werden müssen. Doch was geschieht mit den relativ teuren Teilen, wenn sie beschädigt werden? Dabei kann es vorkommen, daß «nur» Kratzer im überlackierten Kunststoffteil beseitigt werden müssen. Somit erhebt sich für den Sachverständigen, der die Schadenshöhe festlegen muß und für die Werkstatt, die den Schaden reparieren soll, gleichermaßen die Frage: Lassen sich Karosserie-Kunststoffteile unter Werkstattbedingungen lackieren und auch reparieren?

Bei der Beantwortung dieser Frage muß insbesondere darauf geachtet werden, daß die Lackier- und Reparaturmöglichkeiten auf das handwerklich Machbare abgestimmt sind. Die zweite Einschränkung sind die dabei entstehenden Kosten. Erst wenn das Neuteil ca. 300 DM kostet, sollte an eine Reparatur gedacht werden.

9.5.1 Fachbegriffe in der Kunststofftechnik

Wer sich mit der Materie Kunststoff befaßt, stößt zuerst auf eine Vielzahl von Spezialbegriffen und -abkürzungen. Damit wächst der Widerstand, sich überhaupt mit dem Thema zu beschäftigen. Doch der Unmut verliert sich sehr schnell, wenn einige Grundbegriffe vorweg erläutert werden.

Nachfolgend sind die gebräuchlichsten Bezeichnungen und Abkürzungen in alphabetischer Reihenfolge erklärt:

Alloy: Allgemeine Bezeichnung für Legierungen. Der Begriff wird zwar überwiegend bei Metallen verwendet, hat sich aber auch bei Kunststoffen durchgesetzt, die aus mehreren Einzelkomponenten bestehen und als neuer Kunststofftyp gelten.

Blends: Mischungen von Kunststoffen verschiedener Zusammensetzung, z.B. PP/EPDM.

BMC: Ein Verfahren zur Herstellung von Kunststoffteilen. B = Bulk, M = Moulding, C = Compound. Hierbei entstehen Teile aus einem mit Kreide und kurzen Glasfasern angereicherten Polyesterharz, das unter hohem Druck und Wärme im Spritzgießverfahren geformt wird.

Copolymerisate: Kunststofftypen, für deren Herstellung verschiedene Ausgangsstoffe verwendet wurden. Sie werden auch als **Mischpolymerisate** bezeichnet.

Dispersion: Feine Verteilung eines Stoffes in einem anderen, ohne daß sich der eine im anderen löst (dispergere, lat. = zerstreuen).

Duroplaste: Kunststoffe, deren lange Molekülketten (Makromoleküle) als räumliches Netzwerk untereinander verbunden sind. Wenn sie einmal vernetzt (verbunden) sind, lassen sie sich nicht wieder umformen.

Elastomere: Sie lassen sich gummielastisch verformen und gehen nach Wegnahmme der Verformungskraft wieder in ihre urspüngliche Form zurück. Die Härte eines Elastomers ist variierbar und wird in der Einheit *Shore* angegeben.

Handlaminieren: Das einfachste Verfahren zur Herstellung von Teilen aus glasfaserverstärktem Polyester- oder Epoxidharz. Die Glasfasern werden als Matten oder Gewebestränge in die Form gelegt und mit flüssigem Harz getränkt. Auf diese Weise lassen sich mehrere Schichten aufftragen (typische GFK-Herstellung und -Reparatur).

Integralschaum: Ein aufgeschäumter Kunststofftyp. Teile aus Integralschaum haben eine zellige Struktur und dennoch ein hohes Raumgewicht. Sie besitzen eine glatte und geschlossene Oberfläche. Lange Formteile enthalten zur Stabilisierung Metalleinlagen.

Katalysatoren: Chemische Stoffe, die chemische Reaktionen beschleunigen, ohne selbst daran teilzuhaben. Bei der Herstellung der verschiedensten Kunststoffe spielen Katalysatoren die entscheidende Rolle.

Lunkerstellen: Lufteinschlüsse in Kunststoffteilen. Meist bilden sie sich um die verstärkenden Zusätze oder Einlagen. Bei Wärmebehandlung wandern die Lufteinschlüsse häufig an die Oberfläche und gasen aus. Danach werden Krater sichtbar. Vor dem Lackieren sollten Kunststoffteile auf diese Art getempert werden (1 Stunde in der Trockenkabine bei ca. 60 °C).

Monomere: Ausgangsstoffe für Kunststoffe mit kurzen Molekülketten. Sie werden erst dann technisch verwertbar, wenn sie zu langen Molekülketten verbunden sind. Es entstehen Makromoleküle. Die Prozesse, in denen die Makromoleküle entstehen, heißen **Polymerisation,**

Polyaddition oder **Polykondensation.** Die Kunststoffe daraus werden auch als *Polymere* bezeichnet (Poly, griech. viel).
RIM: Ein Verfahren zur Herstellung von Kunststoffteilen. Der zähflüssige Kunststoff wird mit dem Härter direkt vor dem Einspritzen in die Form gemischt. Unter Wärmezufuhr härtet das Teil in der Form innerhalb weniger Minuten aus. R = Reaction (Reaktion), I = Injection (Einspritzen), M = Moulding (Werkzeugform).
RRIM: Verbessertes, schneller arbeitendes RIM-Herstellungsverfahren. R = Reinforces (verstärkt), *RIM* s.o.
SMC: Ein Verfahren zur Herstelluung von Kunststoffen, vergleichbar mit dem Handlaminieren; allerdings erfolgt die Formgebung in Pressen, die die getränkten Polyesterharz-Matten (Prepregs) unter Druck und Wärme aushärten lassen. S = Sheet (getränkte Gewebelagen), M = Moulding (Werkzeugform), C = Compound (Bestandteile).
Thermoplaste: Kunststoffe, die aus langen Molekülketten bestehen, aber nicht miteinander verbunden sind. Bei Erwärmung gleiten die Molekülketten aneinander vorbei und nehmen nach der Abkühlung eine neue Form an. Der Vorgang ist beliebig oft wiederholbar, wenn keine thermische Überbeanspruchung erfolgt.
Trennmittel: Sie werden benötigt, damit das Kunststoffteil ohne Beschädigung aus der Werkzeugform genommen werden kann. Im allgemeinen bestehen sie aus einer Lösung von Wachsen und Silikonen, die sehr hartnäckig am Kunststoffteil verbleiben. Vor dem Lackieren des Teils müssen sie gründlich entfernt werden, da sie sonst zu Haftungsstörungen des Lackes führen.
Trennlacke: Sie haben die gleiche Aufgabe wie die Trennmittel, bestehen aber aus Polyvinylalkohol-Lösungen. Das Entfernen der Trennlacke vom Fertigteil erfolgt mit Wasser.

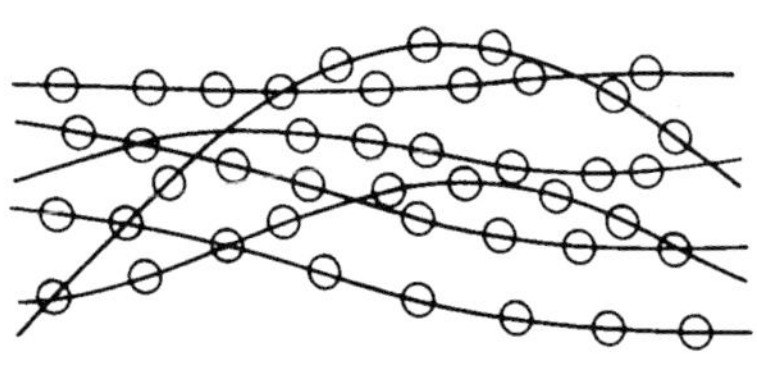

Bild 9.56 Aufbau von Thermoplasten

Weichmacherzusatz: Ein Hilfsmittel, um dem Lack auf dem Kunststoffteil eine dauerhafte und größere Elastizität gegenüber dem Normallack zu verleihen. Im Sprachgebrauch werden hierfür auch die Begriffe «Soft-Zusatz» oder «Plastifizierer» verwendet.

9.5.2 Grundlagen der Kunststofftechnik

«Kunststoff» ist ein Sammelbegriff für eine Gruppe von verschiedenen Stoffen, die (wie der Name sagt), künstlich hergestellt werden. Einige Eigenschaften haben die Kunststoffe gemeinsam, z.B. die größtenteils fehlende biologische Abbaubarkeit oder eine relativ geringe Dichte gegenüber Metall. Der Vorteil der Kunststoffe ist, daß es viele Grundtypen gibt, die weiter modifiziert werden können.

Im wesentlichen hängen die Eigenschaften eines Kunststoffes von seinem chemischen Aufbau ab. Alle Kunststoffe bestehen aus langen Molekülketten, die unterschiedlich stark miteinander verbunden sind.

Aufgrund dieser Verbindungsarten werden drei Hauptkategorien (Grundtypen) unterschieden:

Thermoplaste
Sie werden weich bei Erwärmung und sind dann verformbar. Nach dem Abkühlen erhärten sie und halten ihre neue Form bei. Der Verformungsvorgang ist beliebig oft wiederholbar. Wie sieht die Erklärung aus chemischer Sicht aus? Die unterschiedlich langen Molekülketten liegen ungeordnet und ungebunden nebeneinander. Bei entsprechend hoher Temperatur können sie aneinander vorbeigleiten. Ein Beispiel für einen Thermoplast-Gegenstand ist der Trinkbecher aus einem Getränkeautomaten oder die Dachrinne an einem Hausdach. Der bekannteste Thermoplast ist das *PVC (Polyvinylchlorid)*.

Duroplaste
Sie werden durch Wärmeeinbringung nicht weich und sind demzufolge auch nicht verformbar. Sie sind spröde und brechen bei Stoßbelastung schnell aus. Chemisch betrachtet handelt es sich um engmaschig verknüpfte (vernetzte) Molekülketten, die so fest miteinander verbunden sind (zwei- und dreidimensional),

Zinkanodenplatten. Darüber wird das negativ geladene Stahlblechband als Katode hinweggezogen. Dabei wird ein elektrochemischer Prozeß in Gang gesetzt, bei dem sich Zink auf dem Stahlblech absetzt. Die elektrolytische Verzinkung ist ein relativ teurer Vorgang im Vergleich zur *Feuerverzinkung*. Hierbei durchläuft das Stahlblechband ein Zinkbad, das auf ca. 450 °C erwärmt ist. Es bildet sich zunächst eine sehr dünne Schicht aus einer Zink-Eisen-Legierung. Darauf baut dann die eigentliche Zinkschicht auf. Sie hat beiderseits eine Schichtdicke von ca. 10 µm.

Beim Feuerverzinken entstehen die bekannten Zinkblumen mit einer recht groben Oberfläche. Sie werden durch das anschließende Walzen des Blechs weitestgehend geglättet und verschwinden. Trotzdem ist diese Oberfläche nicht als Beschichtung für ein Außenhautteil brauchbar. Diese Karosserieteile werden im nicht direkt sichtbaren Bereich der Karosserie verbaut (Unterboden). Die verzinkten Bleche haben für das nachfolgende Stanzen einen großen Vorteil. Beim Stanzen der Karosserieteile zieht sich ein Zinkfilm über die Blechkanten. Dadurch sind diese rostanfälligen Stellen mehr geschützt (Abschnitt 6.4).

Wenn ein Karosseriereparateur an einem Fahrzeug arbeitet, das verzinkte Bleche hat, muß die Arbeitsweise darauf ausgerichtet sein. Schließlich muß die Werkstatt die Arbeiten so ausführen, daß die werksseitige langjährige Garantie (bis zu 10 Jahren) nicht beeinträchtigt wird. Seitdem verzinkte Karosseriebleche in großen Serien bei der Pkw-Produktion eingesetzt werden, ist die Diskussion um das Schweißen, den Korrosionsschutz und die Gesundheitsbeeinträchtigung des Reparateurs nicht verstummt. Es erhebt sich die Frage, warum es beim Schweißen verzinkter Bleche Probleme geben kann.

Unter den beim Schweißen notwendigen Temperaturen beginnt das Zink bei etwa 420 °C zu schmelzen. Bei weiterer Erwärmung (ab etwa 900 °C) oxidiert die Rein- und Hartzinkschicht und verdampft; es entstehen grauweiße Zinkoxiddämpfe. Dadurch wird die Schweißarbeit erschwert (unruhiger Schweißverlauf, Spritzer und Sichtbehinderung). Es können im Schweißgut Schlauchporen und Gasblasen entstehen. Die Folge sind Festigkeitsverluste des Bauteils.

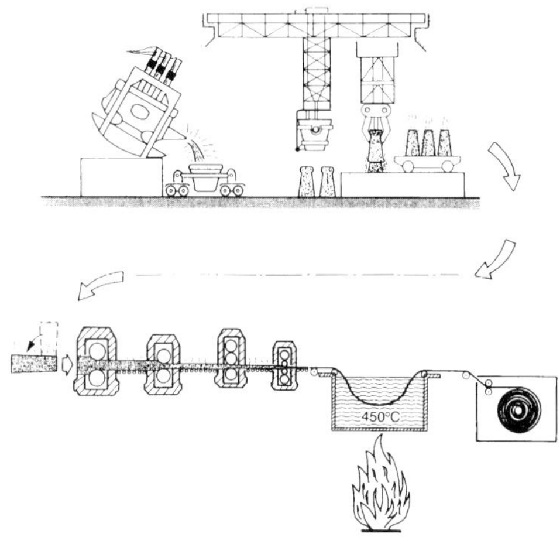

Bild 9.52 Schematische Darstellung von feuerverzinkten Blechen (Quelle: VW)

Bild 9.53 Zinkblumen an feuerverzinkten Straßenleitplanken

Darüber hinaus sind die Zinkoxiddämpfe gesundheitsschädlich. Beim Einatmen von Zinkoxiddämpfen können vorübergehend fieberhafte Erkrankungen, Reizerscheinungen der Atemwege und Magenstörungen auftreten. Werden größere Mengen der Dämpfe vom Schweißer eingeatmet, kann eine Erkrankung (Metalldampffieber) die Folge sein.

Die Arbeitsgruppe «Schweißen im Straßenfahrzeugbau», die im Deutschen Verband für Schweißtechnik e.V. (DVS) integriert ist, hat in aufwendiger Kleinarbeit alle erforderlichen

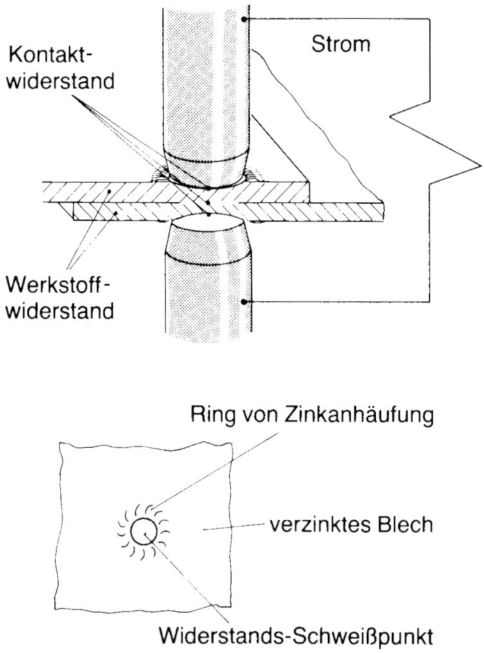

Bild 9.54 Widerstands-Schweißpunkt an einem verzinkten Blech

Fakten überprüft und in einem Merkblatt dargestellt. Es beginnt mit den Grundlagen der Verzinkungstechnik. Der Praktiker kann daraus ableiten, daß galvanisch verzinkte Bleche keine Vorbereitung zum Schweißen brauchen. Die Zinkschicht beträgt hierbei nur rund 20 µm. Sie ist zu dünn, um störende Einflüsse auf das Schweißgut auszuüben. Es kann davon ausgegangen werden, daß alle Blechteile, die im Außenhautbereich von Pkw zur Anwendung kommen, diese dünne galvanische Zinkschicht tragen. Beim Feuerverzinken treten allerdings Schichtdicken bis zum 170 µm auf. Sie stören den Schweißverlauf erheblich und müssen vorher entfernt werden. Dies geschieht mit der Schleifscheibe. Die feuerverzinkten Bleche sind am Pkw hauptsächlich im Unterbodenbereich und als Stückgut (z.B. Türscharnier) zu finden.

Für die Reparatur ist ein geringer Wärmeeinfluß im Schweißbereich von verzinkten Blechen von großer Bedeutung. Die sicherste Schweißverbindung mit der geringsten Zerstörung der Zinkschicht ist das Widerstandspunkt-Schweißen. Die Zinkschicht bleibt weitestgehend erhalten. Es bildet sich ein schützender, gleichmäßiger Ring von Zinkanhäufungen um den Schweißpunkt.

Beim verzinkten Blech wird u.U. durch fehlerhafte Schweißausführungen nicht immer die Schweißqualität erreicht, wie sie beim unbehandelten Stahlblech üblich ist. Einige Automobilhersteller empfehlen deshalb die Erhöhung des Schweißstromes und eine stärkere Elektrodenanpreßkraft. Außerdem sollte die Schweißzeit verlängert werden. Diese Veränderungen sind bei den optimal gesteuerten Punktschweißzangen aber fast nicht durchführbar. Sie arbeiten nach folgenden technischen Kriterien:

- druckabhängige Schweißstromauslösung,
- hohe Elektrodenkraft,
- synchrone Schweißzeitsteuerung mit Leistungsregelung,
- ballige Elektrodenform,
- verdrehsichere Elektrodenarme mit geringer Durchbiegung.

Trotz dieser technischen Absicherung sollten die beschriebenen Probeschweißungen mit Abschältest vorher durchgeführt werden (Abschnitt 8.3).

Darüber hinaus müssen die Elektroden-Wirkflächen öfter gepflegt werden. Hierfür gibt es spezielles Zubehör. Das Reparaturschweißen von verzinktem Blech ist nach wie vor ein viel diskutiertes Thema. Es ist deshalb dringend angeraten, daß sich der Reparateur an dem jeweils aktuellen Stand der Vorgaben der Automobil-Hersteller bzw. an dem DVS-Merkblatt orientiert.

Beim *Schutzgas-Schweißen* gelten die gleichen Vorbehalte wie vorher erwähnt. Die derzeit gültigen Empfehlungen lauten:

- Es sollte beim Schutzgaß-Schweißen von verzinkten Blechen mit etwa 10 bis 20% geringerer Leistung und Schweißgeschwindigkeit im Vergleich zu unbeschichteten Blechen gearbeitet werden.
- Die Stromquelle ist deutlich unter 20 V einzustellen, und die Spannungsabstufung sollte möglichst fein sein.
- Der Abstand vom Kontaktrohr zum Blech sollte kleiner als 18 mm sein. Dadurch wird der Lichtbogen stabilisiert.

Zinkanodenplatten. Darüber wird das negativ geladene Stahlblechband als Katode hinweggezogen. Dabei wird ein elektrochemischer Prozeß in Gang gesetzt, bei dem sich Zink auf dem Stahlblech absetzt. Die elektrolytische Verzinkung ist ein relativ teurer Vorgang im Vergleich zur *Feuerverzinkung*. Hierbei durchläuft das Stahlblechband ein Zinkbad, das auf ca. 450 °C erwärmt ist. Es bildet sich zunächst eine sehr dünne Schicht aus einer Zink-Eisen-Legierung. Darauf baut dann die eigentliche Zinkschicht auf. Sie hat beiderseits eine Schichtdicke von ca. 10 µm.

Beim Feuerverzinken entstehen die bekannten Zinkblumen mit einer recht groben Oberfläche. Sie werden durch das anschließende Walzen des Blechs weitestgehend geglättet und verschwinden. Trotzdem ist diese Oberfläche nicht als Beschichtung für ein Außenhautteil brauchbar. Diese Karosserieteile werden im nicht direkt sichtbaren Bereich der Karosserie verbaut (Unterboden). Die verzinkten Bleche haben für das nachfolgende Stanzen einen großen Vorteil. Beim Stanzen der Karosserieteile zieht sich ein Zinkfilm über die Blechkanten. Dadurch sind diese rostanfälligen Stellen mehr geschützt (Abschnitt 6.4).

Wenn ein Karosseriereparateur an einem Fahrzeug arbeitet, das verzinkte Bleche hat, muß die Arbeitsweise darauf ausgerichtet sein. Schließlich muß die Werkstatt die Arbeiten so ausführen, daß die werksseitige langjährige Garantie (bis zu 10 Jahren) nicht beeinträchtigt wird. Seitdem verzinkte Karosseriebleche in großen Serien bei der Pkw-Produktion eingesetzt werden, ist die Diskussion um das Schweißen, den Korrosionsschutz und die Gesundheitsbeeinträchtigung des Reparateurs nicht verstummt. Es erhebt sich die Frage, warum es beim Schweißen verzinkter Bleche Probleme geben kann.

Unter den beim Schweißen notwendigen Temperaturen beginnt das Zink bei etwa 420 °C zu schmelzen. Bei weiterer Erwärmung (ab etwa 900 °C) oxidiert die Rein- und Hartzinkschicht und verdampft; es entstehen grauweiße Zinkoxiddämpfe. Dadurch wird die Schweißarbeit erschwert (unruhiger Schweißverlauf, Spritzer und Sichtbehinderung). Es können im Schweißgut Schlauchporen und Gasblasen entstehen. Die Folge sind Festigkeitsverluste des Bauteils.

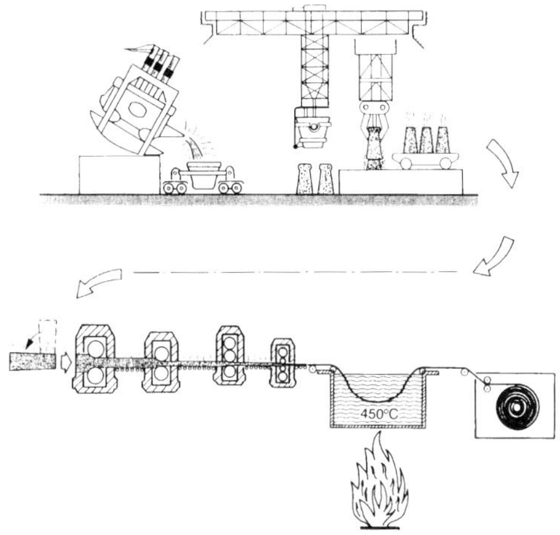

Bild 9.52 Schematische Darstellung von feuerverzinkten Blechen (Quelle: VW)

Bild 9.53 Zinkblumen an feuerverzinkten Straßenleitplanken

Darüber hinaus sind die Zinkoxiddämpfe gesundheitsschädlich. Beim Einatmen von Zinkoxiddämpfen können vorübergehend fieberhafte Erkrankungen, Reizerscheinungen der Atemwege und Magenstörungen auftreten. Werden größere Mengen der Dämpfe vom Schweißer eingeatmet, kann eine Erkrankung (Metalldampffieber) die Folge sein.

Die Arbeitsgruppe «Schweißen im Straßenfahrzeugbau», die im Deutschen Verband für Schweißtechnik e.V. (DVS) integriert ist, hat in aufwendiger Kleinarbeit alle erforderlichen

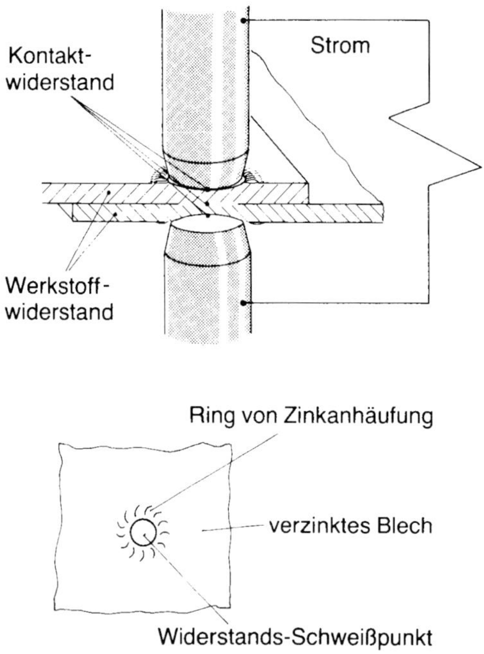

Bild 9.54 Widerstands-Schweißpunkt an einem verzinkten Blech

Fakten überprüft und in einem Merkblatt dargestellt. Es beginnt mit den Grundlagen der Verzinkungstechnik. Der Praktiker kann daraus ableiten, daß galvanisch verzinkte Bleche keine Vorbereitung zum Schweißen brauchen. Die Zinkschicht beträgt hierbei nur rund 20 µm. Sie ist zu dünn, um störende Einflüsse auf das Schweißgut auszuüben. Es kann davon ausgegangen werden, daß alle Blechteile, die im Außenhautbereich von Pkw zur Anwendung kommen, diese dünne galvanische Zinkschicht tragen. Beim Feuerverzinken treten allerdings Schichtdicken bis zum 170 µm auf. Sie stören den Schweißverlauf erheblich und müssen vorher entfernt werden. Dies geschieht mit der Schleifscheibe. Die feuerverzinkten Bleche sind am Pkw hauptsächlich im Unterbodenbereich und als Stückgut (z.B. Türscharnier) zu finden.

Für die Reparatur ist ein geringer Wärmeeinfluß im Schweißbereich von verzinkten Blechen von großer Bedeutung. Die sicherste Schweißverbindung mit der geringsten Zerstörung der Zinkschicht ist das Widerstandspunkt-Schweißen. Die Zinkschicht bleibt weitestgehend erhalten. Es bildet sich ein schützender, gleichmäßiger Ring von Zinkanhäufungen um den Schweißpunkt.

Beim verzinkten Blech wird u.U. durch fehlerhafte Schweißausführungen nicht immer die Schweißqualität erreicht, wie sie beim unbehandelten Stahlblech üblich ist. Einige Automobilhersteller empfehlen deshalb die Erhöhung des Schweißstromes und eine stärkere Elektrodenanpreßkraft. Außerdem sollte die Schweißzeit verlängert werden. Diese Veränderungen sind bei den optimal gesteuerten Punktschweißzangen aber fast nicht durchführbar. Sie arbeiten nach folgenden technischen Kriterien:

- druckabhängige Schweißstromauslösung,
- hohe Elektrodenkraft,
- synchrone Schweißzeitsteuerung mit Leistungsregelung,
- ballige Elektrodenform,
- verdrehsichere Elektrodenarme mit geringer Durchbiegung.

Trotz dieser technischen Absicherung sollten die beschriebenen Probeschweißungen mit Abschältest vorher durchgeführt werden (Abschnitt 8.3).

Darüber hinaus müssen die Elektroden-Wirkflächen öfter gepflegt werden. Hierfür gibt es spezielles Zubehör. Das Reparaturschweißen von verzinktem Blech ist nach wie vor ein viel diskutiertes Thema. Es ist deshalb dringend angeraten, daß sich der Reparateur an dem jeweils aktuellen Stand der Vorgaben der Automobil-Hersteller bzw. an dem DVS-Merkblatt orientiert.

Beim *Schutzgas-Schweißen* gelten die gleichen Vorbehalte wie vorher erwähnt. Die derzeit gültigen Empfehlungen lauten:

- Es sollte beim Schutzgaß-Schweißen von verzinkten Blechen mit etwa 10 bis 20% geringerer Leistung und Schweißgeschwindigkeit im Vergleich zu unbeschichteten Blechen gearbeitet werden.
- Die Stromquelle ist deutlich unter 20 V einzustellen, und die Spannungsabstufung sollte möglichst fein sein.
- Der Abstand vom Kontaktrohr zum Blech sollte kleiner als 18 mm sein. Dadurch wird der Lichtbogen stabilisiert.

- ☐ Beim Schweißen ist der Brenner in einer neutralen bis leicht schleppenden Stellung zu führen.
- ☐ Die Drahtelektrode und das Schutzgas entsprechen denen wie beim Schweißen von unbeschichteten Blechen.
- ☐ Im Vergleich zu unverzinkten Blechen sind mehr Schweißspritzer zu erwarten. Deshalb sollten hier größere Gasdüsen verwendet und ein höherer Gasdurchfluß eingestellt werden.
- ☐ Es muß so schnell wie möglich mit schmaler Wärme-Einflußzone geschweißt werden.
- ☐ *Beim Vorbereiten* der Schweißflansche von Neuteilen darf die Zinkschicht nicht zerstört werden. Die Grundierfarben sind mit Verdünnung zu entfernen. Vor dem Schweißen müssen die Innenflächen der Überlappbereiche mit Zinkstaubfarbe bestrichen sein.
- ☐ Obwohl die verzinkte Oberfläche einen besonderen Korrosionsschutz darstellt, müssen nach den Instandsetzungsarbeiten *alle üblichen Schutzbehandlungen* vorgenommen werden. Um Haftungsprobleme zu vermeiden, sind nur darauf abgestimmte Materialien zu verwenden.

9.4 Fragen und Antworten

1. Wie heißen die gängigsten Bezeichnungen für das normale Karosserieblech?
Antwort:
St-12, St-13 und St-14.

2. Welches Merkmal dient zur Unterscheidung zwischen normalem und höherfestem Stahlblech?
Antwort:
Es ist die Streckgrenze des Materials.

3. Was besagt die Streckgrenze eines Stahls?
Antwort:
Es ist ein Punkt im Belastungsdiagramm eines Probestabs. Ab hier tritt bei gleichbleibender Kraft (Spannung) eine bleibende Dehnung auf.

4. Welche wichtigsten Arten von höherfesten Stählen werden in Karosserien eingebaut, und wie werden sie bezeichnet?
Antwort:
HSLA: High Strength Low Alloy (hohe Festigkeit mit niedrigen Legierungsanteilen),
Rephos: Rephosphorized Steel (ein geringer Phosphoranteil wird dem Stahl zurückgegeben),
Dualphasen-Stähle: in zwei Phasen härtender Stahl,
Bake Hardening: kohlenstoffangereicherter Stahl mit nachträglicher künstlicher Wärmealterung.

5. Muß im Reparaturfall höherfestes Karosserieblech grundlegend anders behandelt werden als normales Stahlblech?
Antwort:
Nein.
6. Welchen Einfluß hat das höherfeste Material auf die Reparatur?
Antwort:
Das größere Rückfederverhalten kann beim Rückverformen eine zusätzliche Fixierung des jeweiligen Karosserieblechs erforderlich machen. Außerdem muß beim Rückverformen stärker überdehnt werden. Beim zu starken Überdehnen kann jedoch das Blech plötzlich auf eine neue Länge springen.
Die Schweißpunkte des höherfesten Materials sind härter als beim normalen Stahlblech. Der Schweißpunktfräser muß häufiger nachgeschliffen werden.

7. Wieso gibt es einen indirekten Einfluß des höherfesten Materials auf die Reparatur?
Antwort:
Durch die hohe Materialfestigkeit können die Bleche dünner werden. Dadurch gibt es hauptsächlich stärkere Einflüsse bei der Warmbehandlung dieser Materialien, z.B. bei der Trocknung der Lackierung mit einem Heizstrahler.

8. Warum ist das Warmrichten an höherfesten Stahlblechen kritischer als bei Normalstahlblech?
Antwort:
Einige höherfeste Stahlsorten verlieren bereits ab 400 °C ihre Festigkeit. Dieser Temperaturbereich ist durch Glühfarben nicht erkennbar.

9. Was ist beim Ausbeulen von Alu-Blech besonders zu beachten?

Antwort:
Das weiche Alu-Blech darf nicht dünner geschlagen werden. Als Gegenhalter ist ein Hartholzklotz zu verwenden.

10. Welches Schutzgas muß beim Schweißen von Aluminiumblech verwendet werden?
Antwort:
Reines Argon, da MIG-Schweißen erforderlich ist.

11. Warum soll nach neuen Erkenntnissen aluminiumlegiertes Blech nicht verzinnt werden?
Antwort:
Durch das Verzinnen können chemische Reaktionen im aluminiumlegierten Blech auftreten und somit die Korrosionsbeständigkeit herabsetzen, bzw. es können sogar Risse entstehen.

12. Welche Probleme können beim Schleifen von Alu-Blech entstehen?
Antwort:
Mit schnellaufenden Schleifmaschinen kommt zuviel Wärme in die Fläche. Sie dehnt sich sehr stark aus und verwirft sich.

13. Was ist unter der Barrierewirkung des Zinks zu verstehen?
Antwort:
Als Oberflächenauftrag bildet Zink eine feste Oxidschicht, die den weiteren Zutritt von Luftsauerstoff in tieferliegende Zonen verhindert. Es bildet dadurch eine Barriere gegen das Rosten von Stahlblech.

14. Was ist unter der Opferwirkung von Zink zu verstehen?
Antwort:
Wird eine Oberflächen-Zinkschicht auf einem Stahlblech mechanisch beschädigt, bildet sich zwischen Eisen und Zink in feuchter Umgebung ein Lokalelement, bei dem sich das unedlere Zink gegenüber dem edleren Eisen opfert, indem es oxidiert.

15. Warum wird das feuerverzinkte Stahlblech nicht für Außenhautbeschichtungen genommen?
Antwort:
Das feuerverzinkte Blech hat durch die Zinkblumen starke Oberflächenstrukturen. Der Aufwand für die Nacharbeit zu einer optisch einwandfreien Oberfläche ist sehr hoch.

16. Welche Vorsichtsmaßnahmen sind insbesondere beim Schweißen von verzinkten Blechen zu treffen?
Antwort:
Das Einatmen von Schweißrauch verzinkter Bleche ist gesundheitsschädlich. Außerdem können Schweißspritzer entstehen, die zu Verbrennungen führen können.

17. Warum ist das Widerstandspunkt-Schweißen für verzinkte Bleche besonders gut geeignet?
Antwort:
Die Zinkschicht bleibt weitestgehend erhalten. Es bildet sich ein schützender gleichmäßiger Ring von Zinkanhäufungen um den Schweißpunkt.

18. Was ist beim Schutzgas-Schweißen von verzinkten Blechen neben der geringer einzustellenden Leistung des Gerätes zusätzlich zu berücksichtigen?
Antwort:
Der Abstand vom Kontaktrohr zur Blechoberfläche sollte kleiner als 18 mm sein. Außerdem ist der Brenner neutral bis leicht schleppend zu führen. Darüber hinaus ist die Gasdüse größer zu wählen und der Gasfluß höher einzustellen. Es sollte so schnell wie möglich geschweißt werden, damit sich eine schmale Wärme-Einflußzone ergibt.

19. Warum dürfen überlackierte Schweißflansche zum Säubern nur mit Lösungsmittel abgerieben werden?
Antwort:
Beim Reinigen darf die Zinkschicht nicht beschädigt werden.

20. Was muß beim Auftragen von Unterbodenschutz auf verzinkte Flächen beachtet werden?
Antwort:
Die Korrosionsschutzmaterialien müssen auf der verzinkten Fläche auch haften. Deshalb dürfen nur Materialien verwendet werden, die die Haftung auf Zinkblech gewährleisten.

daß sie nur durch Zerstörung auseinanderzubringen sind. Wärmezufuhr lockert die Einzelketten nicht. Als allgemeine Beispiele für Duroplast-Gegenstände sind Lichtschalter oder Steckdosengehäuse zu nennen. Der bekannteste Duroplast ist das *Bakelit*.

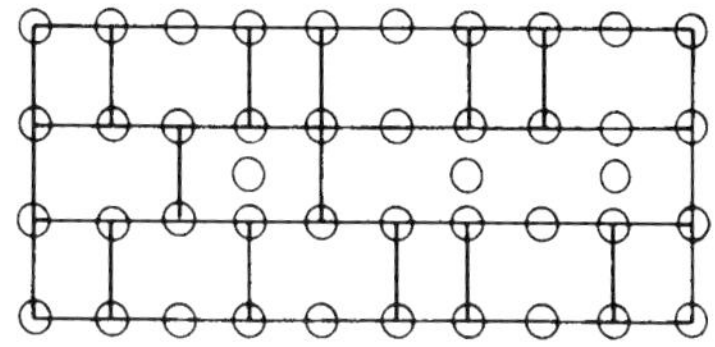

Bild 9.57 Aufbau von Duroplasten

Elastomere

Die wesentlichste Eigenschaft ist die Gummielastizität, die über einen weiten Temperaturbereich erhalten bleibt. Durch Wärmeeinbringung werden Elastomere nicht so weich, daß sie eine neue Form annehmen. Der chemische Aufbau zeigt lange Molekülketten, die weitmaschig miteinander vernetzt sind. Sie lassen sich dehnen und zusammendrücken, gehen aber, nachdem die Kraft weggenommen ist, in ihre Ausgangslage zurück. Elastomere werden im Kraftfahrzeug als Wellen- oder Kolbenstangenabdichtung eingesetzt. Weit bekannte Handelsnamen sind *Silikon* oder *Neopren*.

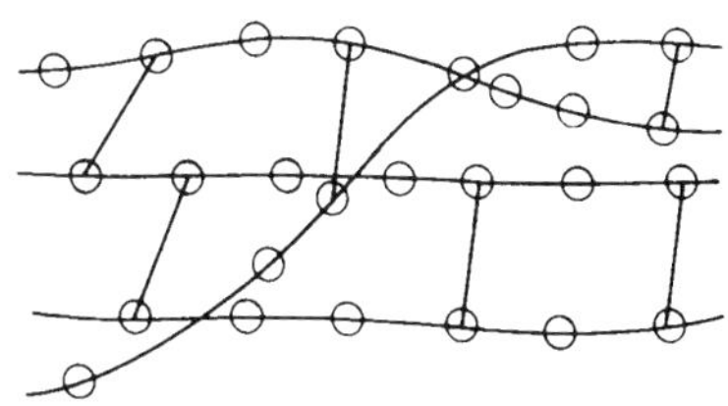

Bild 9.58 Aufbau von Elastomeren

Die hohen Anforderungen an ein Karosserie-Außenhautteil verlangen häufig eine Mischung der klassischen drei Grundtypen. Darüber hinaus werden vielen Kunststoffen Zusatzstoffe beigegeben, um ihre Eigenschaften zu beeinflussen.

Als Zusatzstoffe dienen:
Glasfasern, Steinmehl, Ruß, Weichmacher, Farbstoffe, Lichtschutzmittel usw.

Die unterschiedlichen Anforderungen an ein Kunststoffteil, das an der Karosserie-Außenhaut eingesetzt wird, haben eine Vielzahl von Kunststofftypen entstehen lassen. Dabei ist lei-

Bild 9.59
Karosserie-Außenteile aus Kunststoff

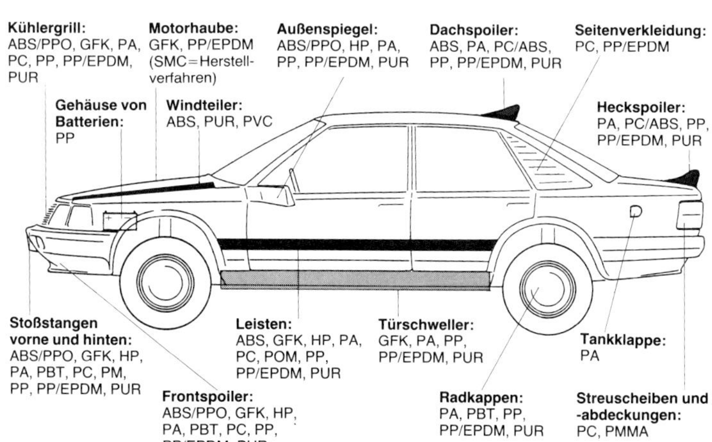

der keine Regelmäßigkeit zu erkennen, welcher Typ wo eingesetzt wird. Da die Bezeichnungen normalerweise Abkürzungen der vollständigen chemischen Namen sind, wurden nebenstehend die wichtigsten Kunststofftypen als Abkürzung und die dazugehörige vollständige Schreibweise aufgelistet.

Abkürzung	vollständige Bezeichnung
ABS	Acrylnitril-Butadien-Styrol (-Polymer)
EPDM	Ethylenpropylen-Dimer
GFK	Glasfaserverstärkter Kunststoff
HP	Honda-Mischpolymerisat
PA	Polyamid
PBTP	Polybutylenterephthalat
PC	Polycarbonat
PE	Polyethylen
PMMA	Polymethylmethacrylat
POM	Polyoximethylen, Polyformaldehyd, Polyacetal
PP	Polypropylen
PPO	Polyphenylenoxid
PUR	Polyurethan
PVC	Polyvinylchlorid
UF	Harnstoff-Formaldehyd (-Harz)

9.5.3 Identifizierung von Kunststoffen

Die unterschiedlichen Anforderungen an ein Kunststoffteil, das an der Karosserie-Außenhaut eingesetzt wird, haben eine Vielzahl von Kunststofftypen entstehen lassen (Bild 9.61). Dabei ist leider keine Regelmäßigkeit zu erkennen, welcher Typ wo eingesetzt ist. Wenn früher zur Reparatur die genaue Identifizierung des Kunststofftyps unumgänglich war, so gibt es heute Instandsetzungsmaterialien, die nur noch eine grobe Zuordnung oder sogar überhaupt keine Erkennung des Kunststofftyps voraussetzen. Dabei spielt es laut Hersteller der Reparaturmaterialien auch keine Rolle mehr, welche Lackierung anschließend auf die Reparaturstelle gebracht werden soll. Die Erfahrungen zeigen aber immer wieder, daß gerade bei der Lackierung von Kunststoffteilen die nötige Vorsicht angebracht ist. Es ist ratsam, den Lackhersteller zu befragen, welchen Lackaufbau er für das jeweilige Reparaturmaterial vorsieht.

Bild 9.60 Die Nachschlagewerke verschiedener Automobilhersteller

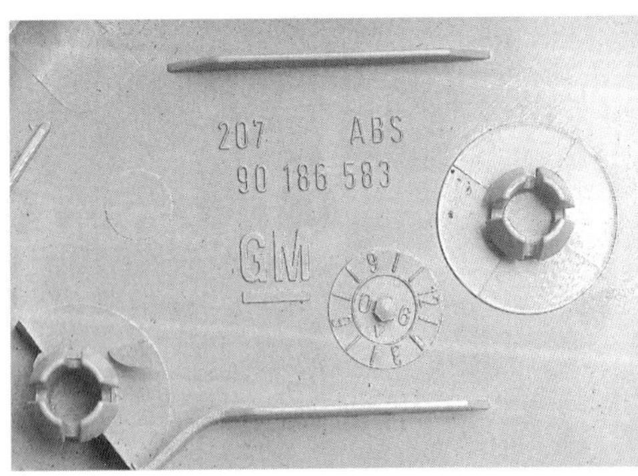

Bild 9.61 Kennzeichnung auf der Rückseite eines Kunststoffteils, in diesem Fall «ABS»

Bei der Entwicklung der Reparaturmaterialien gab es bereits Mitte der achtziger Jahre eine 2-Komponenten-Masse, die aber nur für eindeutig bestimmte Kunststofftypen ausgelegt war.

Ein anderer Hersteller von chemischen Produkten brachte Anfang der 90er Jahre ein neues Reparaturverfahren auf den Markt, das nur noch die Entscheidung zwischen starren, halbstarren und flexiblen Kunststoffen erfordert. Entsprechend der 3er-Unterscheidung gibt es die verschiedenen Reparaturmaterialien und Arbeitsabläufe.

Seit kurzer Zeit ist nun ein Reparatursystem auf dem Markt, das keine Identifizierung des Kunststofftyps mehr erfordert, da es für alle an der Karosserie-Außenhaut eingesetzten Kunststoffe verwendet werden kann. Der weitere Vorteil ist, daß es auch keine unterschiedlichen Reparaturmaterialien und Anwendungsverfahren mehr gibt.

Neben den 2-Komponenten-Reparaturmaterialien können Kunststoffe aber auch noch durch Laminieren oder Schweißen repariert werden. Dies setzt allerdings eine genaue Identifizierung des Kunststofftyps voraus, da z.B. nur Thermoplaste durch Schweißen verbunden werden können.

Die einfachste und sicherste Ermittlung eines Kunststofftyps ist die Kennzeichnung auf dem Teil, das repariert werden soll. Leider existiert diese Kennzeichnungspflicht erst seit einigen Jahren. Was ist zu tun, wenn die Kunststoffteile noch nicht gekennzeichnet sind? Die bisher angewandten Identifizierungsmethoden wie Lösemittel-, Flamm- oder Schwimmprobe haben sich für den ungeübten Handwerker als zu kompliziert herausgestellt. Deshalb sollten Kunststoffteile unbekannter Zusammensetzung mit einem der 2-Komponenten-Materialien repariert werden. Das Schweißen oder Laminieren ist nur dann anzuwenden, wenn eindeutig feststeht, daß der vorliegende Kunststofftyp damit repariert werden kann.

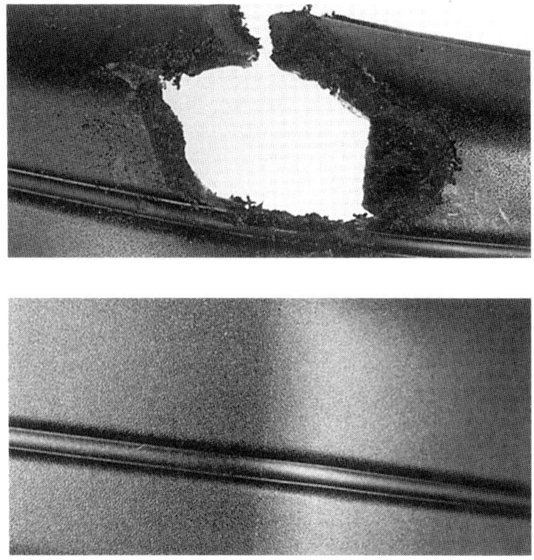

Bild 9.62 Durchbruch an einer Kunststoff-Stoßstange (vor und nach der Reparatur)

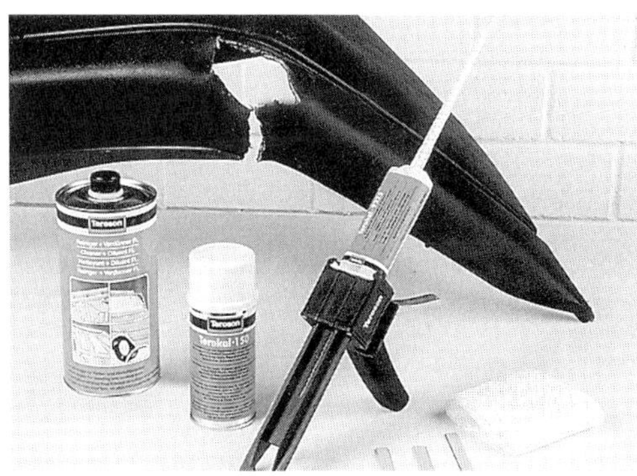

Bild 9.63 Reparatursystem für die Instandsetzung ohne Kunststoff-Identifizierung (Quelle: Teroson)

9.5.4 Reparatur mit 2-Komponenten-Materialien

Zuerst soll die Methode vom Arbeitsablauf her vorgestellt werden, die keine Identifizierung des Kunststofftyps erfordert. Als reparaturwürdig gelten Risse, Löcher, Schrammen und bedingt auch abgerissene Teile (Bilder 9.62 und 9.63). Das Reparaturset besteht aus dem 2-Komponenten-Polyurethankleber, der sich in einer Doppelkartusche befindet und über ein Zwangsmischrohr einwandfrei gemischt wird. Eine handliche Kartuschenpistole ist dazu erforderlich. Neben dem Kleber befinden sich im Reparaturset zwei Flüssigkeiten: Primer und Reiniger. Darüber hinaus gibt es noch ein Stück

Verstärkungsvlies sowie Verstärkungsstreifen aus Metall (an Verstärkungsstreifen aus Kunststoff wird derzeit noch gearbeitet).

Neben dem Reparaturset kann für Kunststoffteile mit schwarzer Oberfläche noch ein auf die Reparaturmaterialien abgestimmtes Lackiersystem verwendet werden. Es sind damit sowohl glatte als auch strukturierte Oberflächen zu erzeugen.

Die Hauptarbeitsschritte für die Reparatur eines Durchbruchs sind:

- ☐ Reinigen des Teils,
- ☐ Vorbehandlung der Schadstelle,
- ☐ Primern der Reparaturstelle,
- ☐ Fixieren von eingerissenen Rändern,
- ☐ Einkleben des Verstärkungsvlieses von der Rückseite,
- ☐ Auftragen und Glätten des Klebers von der Vorderseite,
- ☐ Härten des Klebers von der Vorderseite durch Wärmebeaufschlagung (Heizstrahler),
- ☐ Schleifen und Reinigen der Vorderseite,
- ☐ Primern der Schleifstelle,
- ☐ Lackaufbau.

Die einzelnen Arbeitsschritte sind in den Bildern 9.64 bis 9.78 (Quelle: Teroson) verdeutlicht.

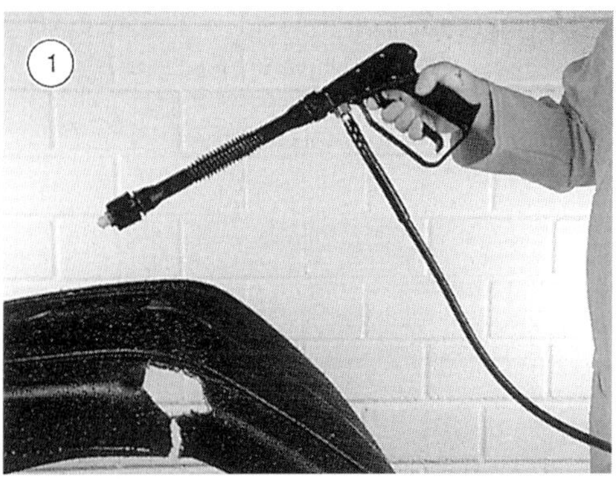

Bild 9.64 Reinigen: Kunststoffteil komplett vorreinigen, anschließend trocknen

Bild 9.65 Reparaturstelle beidseitig reinigen

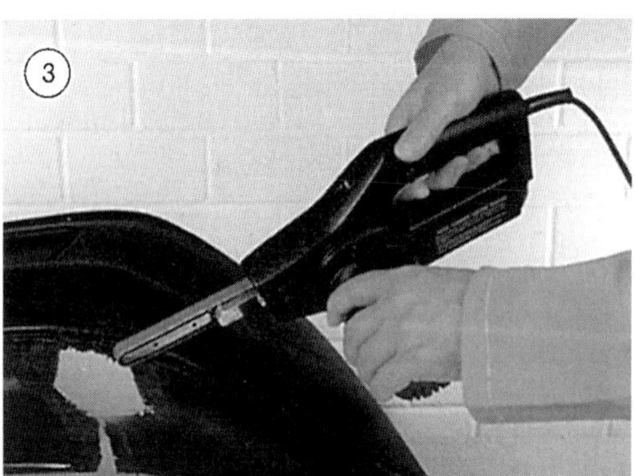

Bild 9.66 Vorbehandeln: Reparaturstelle keilförmig (1 bis 2 cm) anschleifen (Körnung 120)

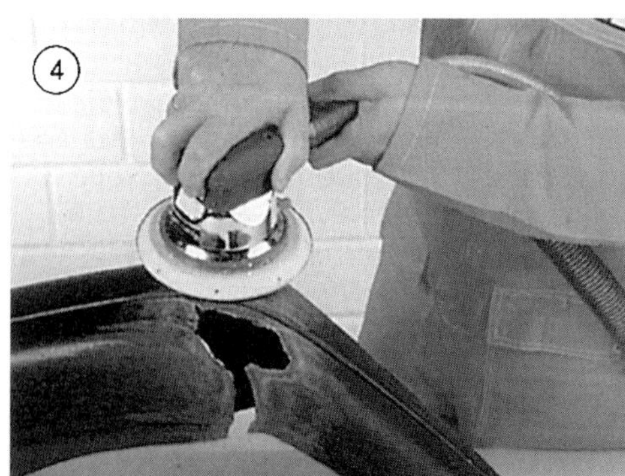

Bild 9.67 Flächen beidseitig aufrauhen

Bild 9.68 Reparaturstelle beidseitig reinigen

Bild 9.69 Primern: Kunststoff-Primer beidseitig dünn aufsprühen (Ablüftzeit 5 bis 10 min.)

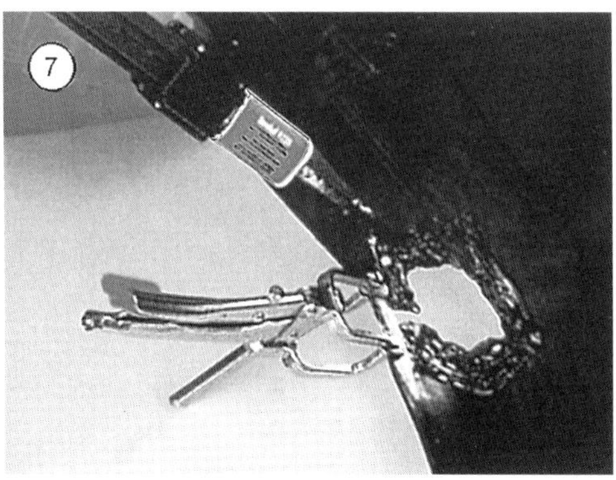

Bild 9.70 Verkleben: Klebstoff auftragen (bei Rißenden Verstärkungsblechstreifen einkleben)

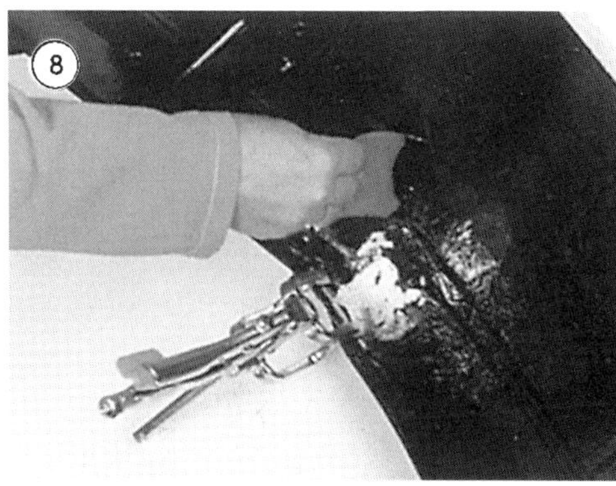

Bild 9.71 Verstärkungsvlies einlegen und Klebstoff glattstreichen

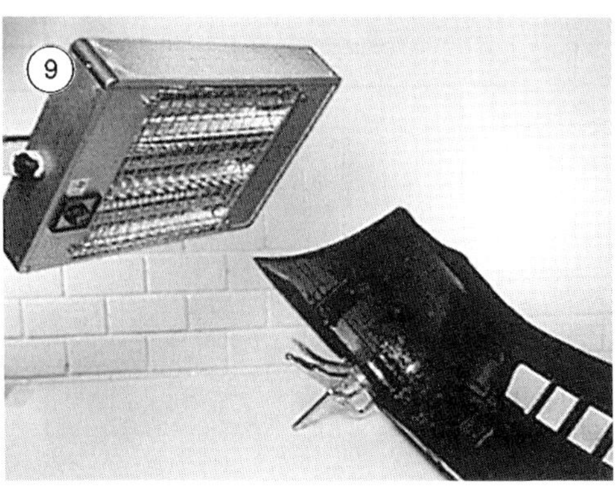

Bild 9.72 Bei extrem großen Rissen/Löchern Klebstoff 15 min. mit IR-Strahler (ca. 60 bis 70 °C) aushärten

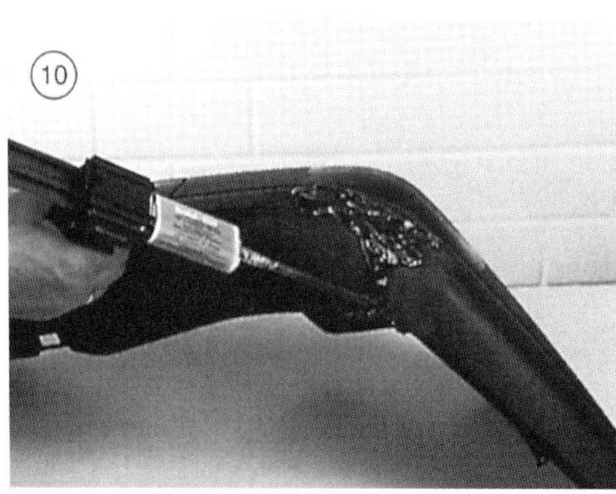

Bild 9.73 Klebstoff auf die Vorderseite auftragen und glattstreichen

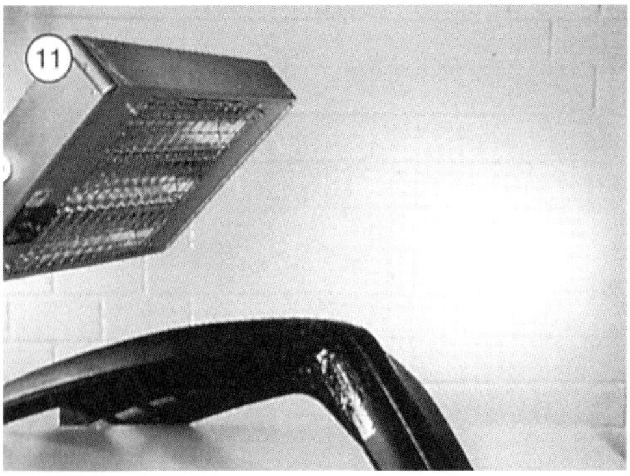

Bild 9.74 Danach 15 min. (mit IR-Strahler ca. 60 bis 70 °C) aushärten

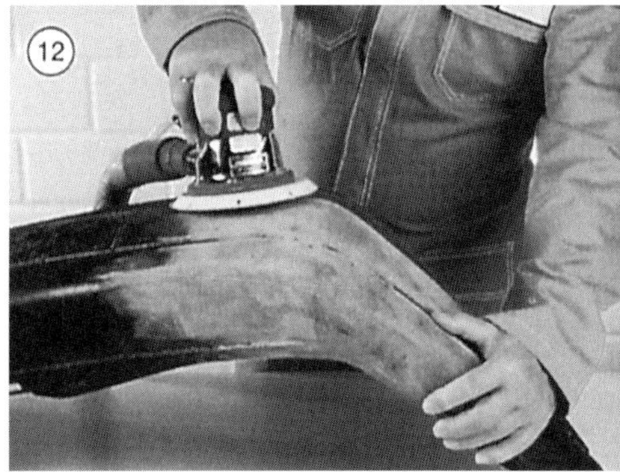

Bild 9.75 Auf Raumtemperatur abkühlen (kann durch Wasser erfolgen), überstehenden Klebstoff abschleifen und Schleifstaub entfernen

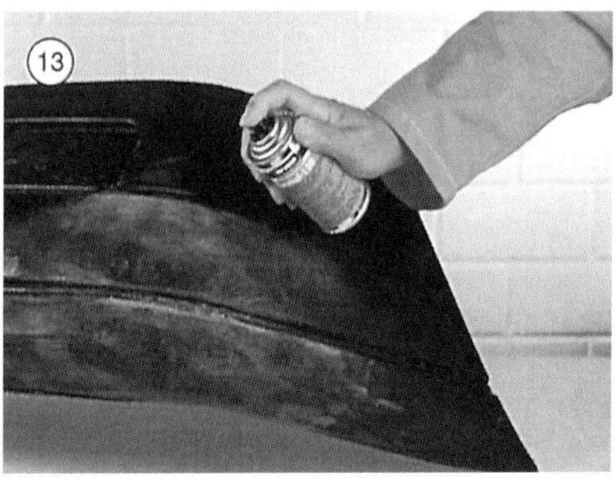

Bild 9.76 Finish: Kunststoff-Primer auf die Reparaturstelle aufsprühen

Bild 9.77 Lackierte Oberflächen sind entsprechend den Verarbeitungsrichtlinien der Lackhersteller weiterzubearbeiten.

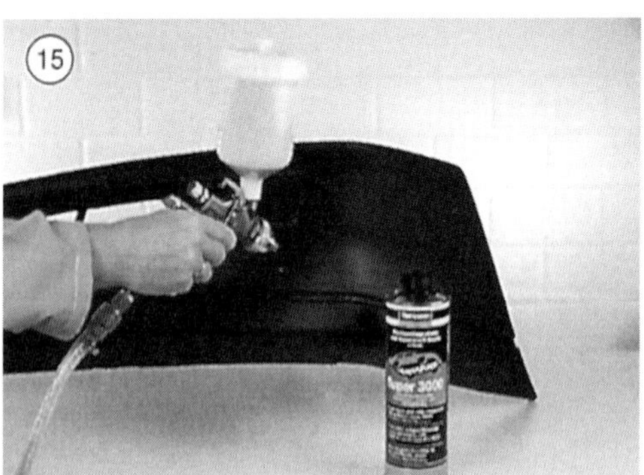

Bild 9.78 Strukturierte Oberflächen können mit Speziallack schwarz/hell in Abmischung mit 2K-Reparaturlackhärter wiederhergestellt werden.

Alternatives 2-Komponenten-Material
(Bild 9.79)
Um Mißverständnisse zu vermeiden, muß vorweg erläutert werden, daß der Hersteller dieser Materialien in zweifacher Weise auf dem Reparaturmarkt erscheint:
a) als Lieferant eines Systems, das vom Fahrzeughersteller freigegeben ist (z.B. VW),
b) als Lieferant eines Systems für den freien Teilehandel.

Wieweit die Materialien in den gleichen Systemen identisch sind, kann nicht eindeutig festgelegt werden. Von der Anwendung her gibt es jedoch keine Unterschiede.

Der Hersteller geht bei seinem Reparatursystem davon aus, daß die Reparaturmaterialien entsprechend dem instand zu setzenden Kunststoff unterschiedlich flexibel sein müssen. Somit hat der Reparateur die Aufgabe, drei Härtegrade bei den Kunststoffen zu identifizieren: starr, halbstarr, flexibel. Darüber hinaus wird bei dieser Unterscheidung zumindest noch erkannt, ob es sich bei dem instand zu setzenden Teil um einen Thermoplast oder einen Duroplast handelt. Entsprechend genau sind die Reparaturmaterialien auf den jeweiligen Kunststofftyp innerhalb des vorgegebenen Systems abgestimmt. Fragt sich nur, wie in der Werkstatt die Unterscheidung zwischen z.B. halbstarr und flexibel vorgenommen werden soll? Die Zuordnung eines Kunststoffes in eine der drei genannten Kategorien ist recht einfach, wenn man weiß, daß es zunächst nur um die Zuordnung von Duroplasten und Thermoplasten geht. Diese Unterschiede lassen sich mit einer Schleifprobe am jeweiligen Kunststoffteil schnell feststellen. Aus den vorher beschriebenen Grundlagen ist schließlich bekannt, daß ein Thermoplast bei Wärme anfängt, zuerst pastös und danach flüssig zu werden. Da beim Schleifen Wärme entsteht, muß ein Thermoplast an der Schleifstelle nach kurzer Zeit anfangen zu schmieren. Ein Duroplast dagegen bleibt auch bei Wärmezufuhr hart. Er läßt sich also gut schleifen. Fehlt nur noch die Unterscheidung bei den Thermoplasten, ob sie halbstarr oder flexibel sind. Hierbei geht der Hersteller des Reparatursystems davon aus, daß es sich bei den flexiblen Kunststoffen um derart «weiche» Kunststoffteile handelt, die sich mit Daumen und Zeigefinger verformen lassen. Bei der Verwendung der Reparaturmaterialien liegt der Unterschied darin, daß bei den halbstarren Teilen zusätzlich ein spezieller Haftvermittler eingesetzt werden muß, den die flexiblen Teile nicht brauchen. Auf diese muß dagegen zusätzlich ein «flexibler» Füller aufgetragen werden.

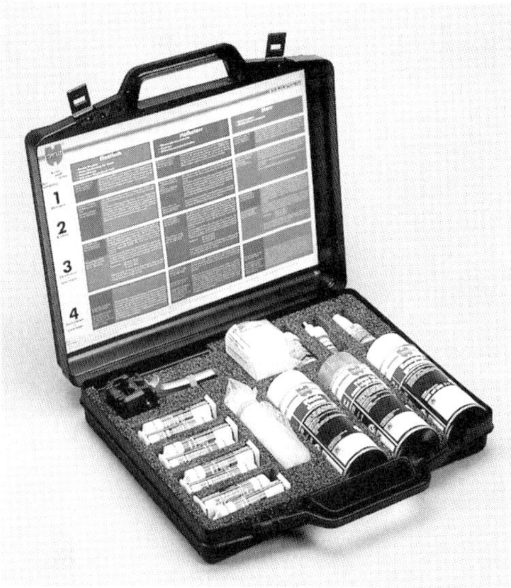

Bild 9.79 Reparatursystem REPLAST (Quelle: Würth)

Anfänglich scheint die Identifizierung und Zuordnung der Materialien vielleicht etwas kompliziert zu sein. Das Reparatursystem ist aber übersichtlich gestaltet, so daß nach kurzer Einarbeitung keine Probleme mehr auftreten dürften.

Die Hauptarbeitsschritte für die Reparatur eines Durchbruchs sind:
- ☐ Identifizieren,
- ☐ Reinigen,
- ☐ Kleben,
- ☐ Verstärken,
- ☐ Auftragen und Glätten des Klebers von der Vorderseite,
- ☐ Härten des Klebers,
- ☐ Schleifen der Vorderseite,
- ☐ Reinigen der Schleifstelle,
- ☐ Lackaufbau.

Auch dieses Instandsetzungsverfahren soll nachfolgend in den einzelnen Arbeitsschritten in Form einer Bilderserie verdeutlicht werden (Bilder 9.80 bis 9.86).

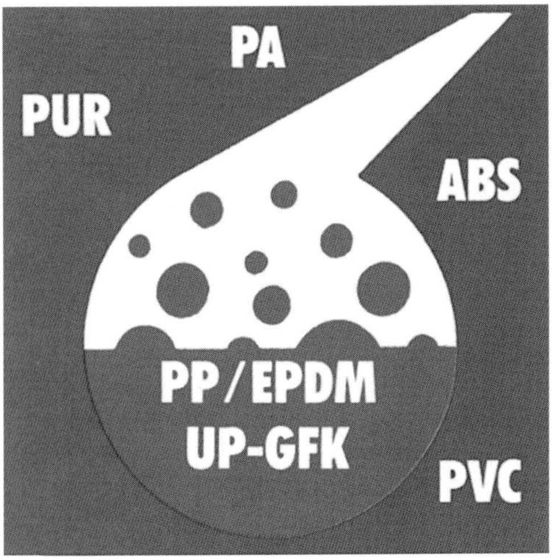

Bild 9.80 Ein Basis-Reparaturmaterial für die Instandsetzung aller Kunststofftypen (Quelle: Würth)

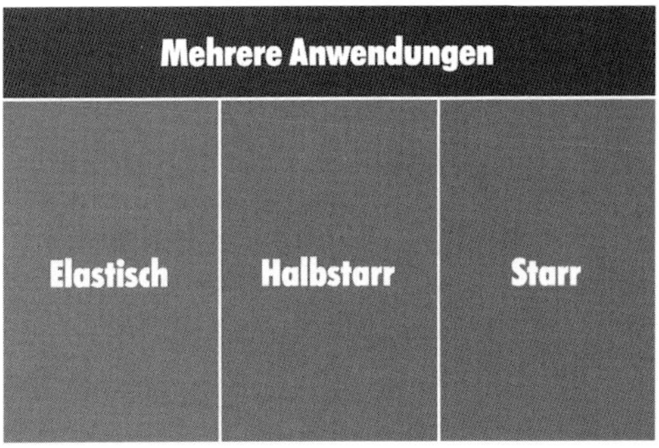

Bild 9.81 Kunststoffe werden hierbei nur noch nach drei «Härtegraden» grob unterschieden. (Quelle: Würth)

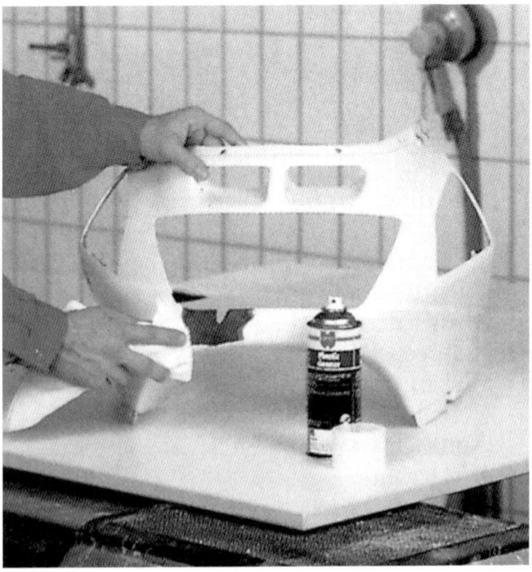

Bild 9.82 Reinigen: Das Teil wird vom gröbsten Schmutz gesäubert. Die schadhafte Stelle wird angeschliffen, mit dem Kunststoffreiniger gereinigt und einem sauberen Tuch trockengerieben. (Quelle: Würth)

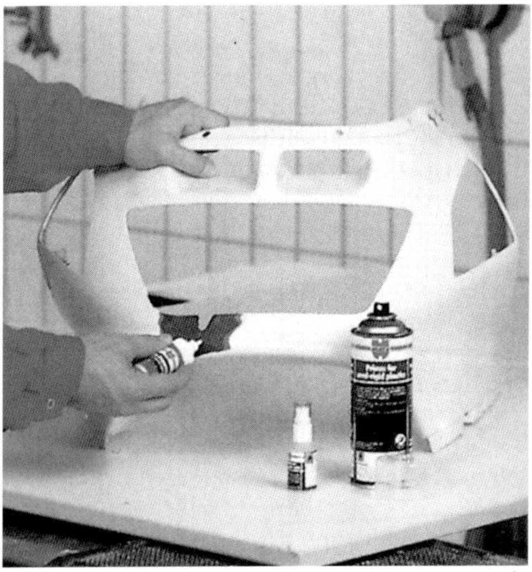

Bild 9.83 Kleben: Den Aktivator auf die beschädigte Fläche sprühen und den Kleber auf eine Seite des Risses auftragen. Kurz zusammenpressen und nochmals Aktivator aufsprühen. (Quelle: Würth)

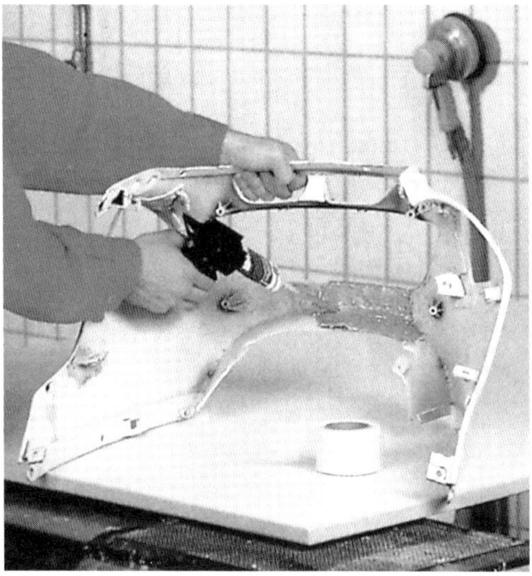

Bild 9.84 Verstärken und Spachteln: Das selbstklebende Verstärkungsband auf die geklebte Stelle aufbringen und die entsprechende Spachtelmasse auftragen (Quelle: Würth)

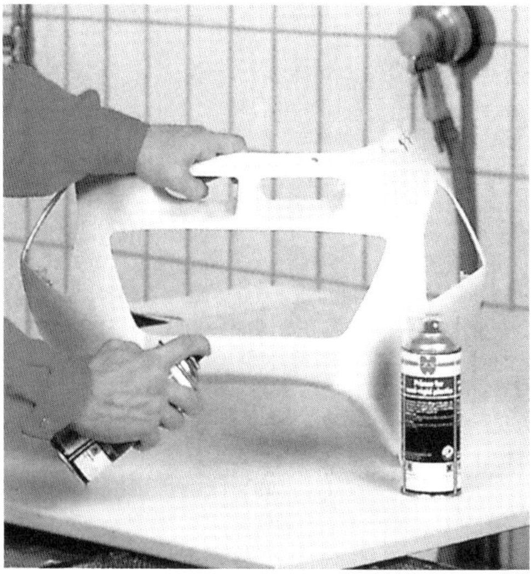

Bild 9.85 Grundieren und Lackieren: Die Grundierung aufsprühen. Um gegebenenfalls die Originalstruktur des Kunststoffs wiederherzustellen, empfiehlt sich die Anwendung eines Kunststoff-Strukturgebers. (Quelle: Würth)

Bild 9.86 Replastieren einer Scheinwerferhalterung: Schnell und einfach können defekte Halterungen und Laschen repariert werden. Dazu dient der starre Kleber, der nach der Einwirkzeit des Haftvermittlers aufzutragen ist. Der Arbeitsaufwand einer solchen Reparatur liegt ohne Trocknungszeit bei ca. 15 min. (Quelle: Würth)

9.5.5 Reparatur durch Schweißen

Soll ein Kunststoff durch Schweißen repariert werden, muß er sich durch Wärmeeinbringung in den fast flüssigen Zustand überführen lassen. Aus dem Abschnitt 9.5.2 «Grundlagen der Kunststofftechnik» ist bekannt, daß hierfür nur die Thermoplaste in Frage kommen. Bei dieser Kunststoffgruppe können sich die langen unvernetzten Molekülketten aneinander vorbeibewegen, wenn sie erwärmt werden. Dadurch sind sie in der Lage, sich neu zu vermischen und somit vorhandene Lücken in einem Teil wieder zu schließen. Dabei ist es auch möglich, zusätzliches Kunststoffmaterial des gleichen Typs aufzunehmen, aber nur, wenn es die richtige Temperatur hat.

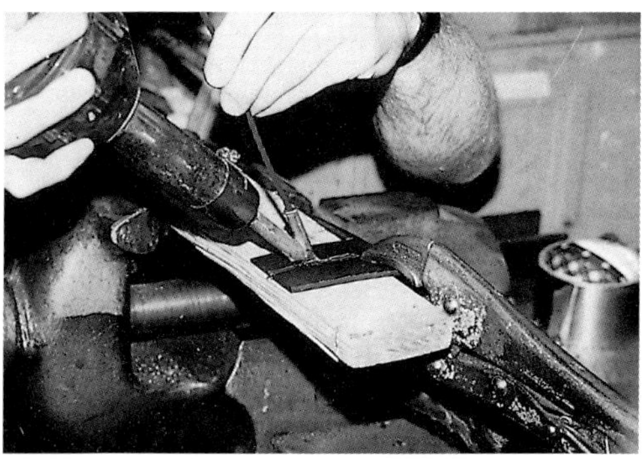

Bild 9.87 Kunststoff-Schweißen mit einem Hochleistungs-Werkstattfön

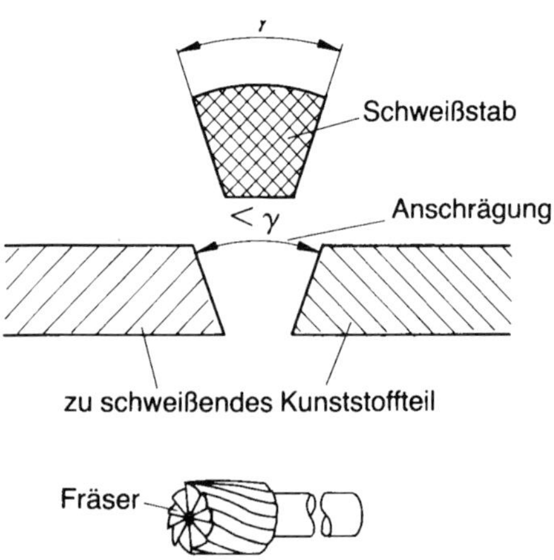

Bild 9.88 Vorbereitung der Schweißnaht für das Kunststoff-Schweißen

Welche Vorgänge spielen sich beim Kunststoffschweißen im Material ab?

Die Thermoplaste können sich in drei Zustandsformen befinden, wobei in jedem einzelnen Zustand charakteristische Molekularbewegungen stattfinden.

1. Fester Zustand
   Die Moleküle sind fast bewegungslos. Nur ihre Atome schwingen in verschiedenen Richtungen.
2. Thermoplastischer Zustand
   Bei höheren Temperaturen beginnen die kompletten Moleküle zu schwingen. Sie verändern aber noch nicht die Lage der gesamten Molekülkette. Der Werkstoff ist elastisch und kann durch Krafteinwirkung verformt werden. Er wandert aber in die Ausgangsposition zurück, wenn die Verformungskraft weggenommen wird (ähnlich wie bei einem Elastomer).
3. Plastischer Zustand
   Bei weiterer Temperaturerhöhung bewegen sich die gesamten Molekülketten und gleiten aneinander vorbei. Der Werkstoff wird teigig, zähflüssig und klebrig. In diesem Zustand können Thermoplaste verschweißt werden. Erfolgt jedoch eine weitere Temperaturerhöhung, gelangt das Material in den Zersetzungsbereich. Jetzt werden die Molekülketten selber auseinandergerissen und können sich nicht wieder verbinden. Der Kunststoff erhält ein anderes Gefüge, das zur Schwächung des Bauteils führt. Wird die Temperaturführung unterhalb des Zersetzungsbereiches gehalten, kann der Thermoplast beliebig oft aufgeschmolzen werden, ohne daß sich die Werkstoffeigenschaften ändern.

Vor dem Kunststoff-Schweißen müssen einige *Vorbereitungen* getroffen werden. Zunächst zur Schweißstelle: Wenn es sich um einen Riß handelt, der zugeschweißt werden soll, muß dieser kerbförmig angeschrägt werden. Der Kunststoff-Schweißstab hat die Querschnittsform eines stumpfen Keiles mit leicht abgerundetem Kopf. Die Kerbe muß dieser Form angepaßt werden. Dabei soll der Winkel der Kerbe kleiner sein als der des Schweißstabes. Dadurch kann beim Schweißen der Stab mit dem nötigen Druck in die Kerbe eingepreßt werden, ohne daß die Schweißnaht gegenüber der Umgebung einfällt. Für die Formgebung der Schweißkerbe hat sich der Einsatz eines Fräsers oder eines Schabers bewährt. Um das Weiterreißen der Kerbe zu verhindern, sollten die Rißenden angebohrt werden. Unmittelbar vor dem Schweißen ist es ratsam, die Oberfläche des Schweißstabes mit einer Klinge abzuziehen. Dadurch wird die für den Schweißvorgang störende Oxidschicht entfernt. Falls die Bearbeitung der Schweißkerbe Stunden zurückliegt, sollte auch sie noch mit der Klinge abgeschabt werden. Das gilt insbesondere für PP und PE, da diese Kunststoffe sehr schnell Oxidschichten bilden. Genauso störend wie die Oxidschicht wirken sich beim Schweißen Öl, Fett oder Handschweiß auf den Oberflächen aus.

Geschweißt wird mit einem Heißluftgerät (Fön). Die richtige Schweißtemperatur ist, wie vorher erwähnt, von größter Wichtigkeit. Deshalb sollte der Fön mit einem selbsttätig regulierenden Thermostaten ausgestattet sein. Je nach Thermoplasttyp liegt die Schweißtemperatur in der Größenordnung von 300 bis 400 °C. Das zu verschweißende Material und der Schweißstab werden gleichmäßig erwärmt. Ist der schweißfähige Zustand der Kunststoffe erreicht, wird der Schweißstab mit konstanter Kraft (5 bis 10 N) und in einem Winkel von ca. 90° zur Schweißfläche aufgedrückt. Die Winkelhaltung und die gleichmäßige Erwärmung des Schweißstabes wird am besten durch eine Schnellschweißdüse gewährleistet, die über die Austrittsöffnung des Föns gestülpt wird.

Vor dem eigentlichen Schweißen ist es sinnvoll, die Schweißkerbe an einigen Stellen ohne Zusatzmaterial zu verbinden. Dadurch wird erreicht, daß sich während des Schweißvorgangs nicht plötzlich die Kerbe weitet und der Schweißstab zu tief durchsackt. Mit einer Keildüse, die anstelle der Schnellschweißdüse übergestülpt wird, läßt sich die Kerbe im Grund problemlos heften.

Sollen größere Durchbrüche zugeschweißt werden, sind Platten aufzusetzen. Diese können entweder aus Altteilen des gleichen Kunststofftyps ausgeschnitten werden, oder sie sind als Reparaturstücke vom Automobilhersteller zu beziehen.

Nach dem Schweißen muß die Schweißnaht optisch auf gute Qualität geprüft werden. Sie läßt sich dadurch erkennen, daß sich rechts und

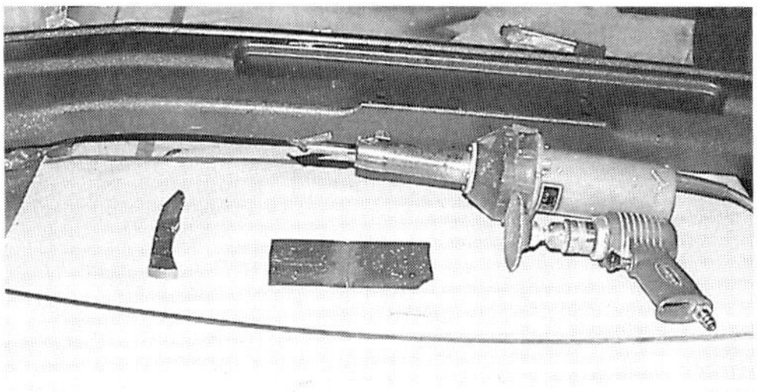

Bild 9.89 Werkzeuge und Geräte zum Kunststoff-Schweißen: Hochleistungsfön (bis 650 °C), Schleifmaschine, Abziehklinge und Schweißstab

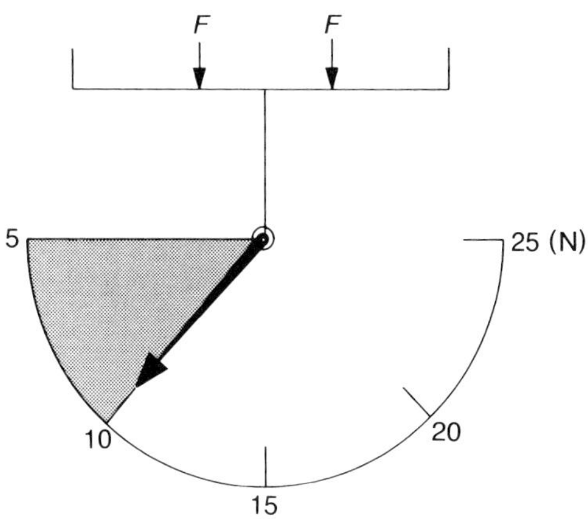

Bild 9.90 Kraft auf den Schweißstab

Bild 9.91 Kunststoff-Schweißen mit der Schnellschweißdüse

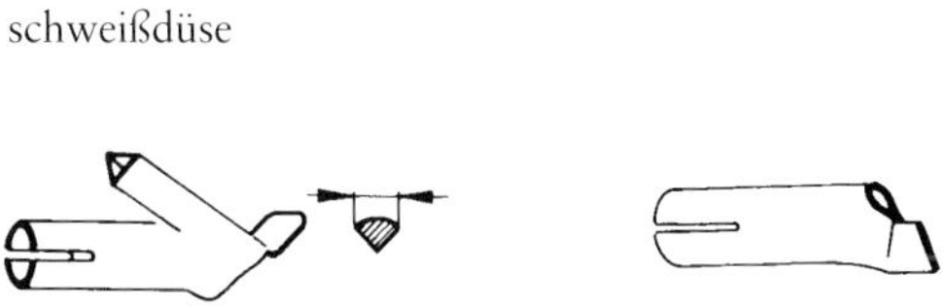

Schnellschweißdüse und Querschnitt des Schweißstabes

Keildüse zum Heften der aneinanderzuschweißenden Teile

Bild 9.92 Schweißdüsen

a)

b)

Bild 9.93 Kunststoff-Schweißnaht
a) vor dem Schleifen
b) nach dem Schleifen

Fehler	Ursache
unebener Schweißwulst (Breite)	ungleicher Druck mit dem Schweißstab, Schweißstab gedehnt, ungleiche Erhitzung
schlechte Verbindung oder schlechtes Eindringen	nicht korrekte Vorbereitung der Schweißfläche, Schweißgeschwindigkeit zu schnell – Temperatur zu niedrig, Schweißung mit ungleichen Materialien unternommen, schlechte Arbeitstechnik
Schweißung erscheint verkohlt	Temperatur zu hoch, Schweißgeschwindigkeit zu langsam
Formänderung	Überhitzung der Reparaturgegend, Teile unter Spannung befestigt, nicht korrekte Vorbereitung der Reparaturfläche

Bild 9.94 Häufige Fehler und ihre Ursachen beim Kunststoff-Schweißen

links neben der Schweißnaht eine Schweißraupe gebildet hat.

Um eine glatte Oberfläche im Schweißbereich zu erhalten, muß hier nachgearbeitet werden. Das geschieht mit dem Schaber, der Feile, dem Teller- oder Schwingschleifer. Es darf auf keinen Fall eine schnellaufende Schleifscheibe verwendet werden. Dadurch könnte sich zu viel Wärme im Kunststoff entwickeln und die gesamte Oberfläche zerstören.

In Stichworten läßt sich der gesamte Arbeitsgang des Schweißens wie folgt darstellen:

- ☐ Schadstelle kerbförmig anfräsen,
- ☐ Schadstelle und Schweißstab reinigen,
- ☐ Rißgrund ohne Zusatzmaterial heften,
- ☐ Kerbe verschweißen,
- ☐ Schweißnaht kontrollieren,
- ☐ Schweißbereich schleifen.

Die schweißbaren Kunststoffe, die derzeit an der Außenhaut von Karosserien eingesetzt werden, sind:

ABS Acrylnitril-Butadien-Styrol
PA Polyamid
PC Polycarbonat
PE Polyethen (ältere Schreibweise: Polyäthylen)
PP Polypropen (Polypropylen)

Mischpolymerisate:
ABS/PC
PC/thermoplastischer Polyester
HP (spezielles Mischpolymerisat von Honda)

Beim Schweißen von Kunststoffen kann es zu Störungen kommen, die die Qualität beeinflussen. Oben sind die typischen Fehler und ihre möglichen Ursachen in Bild 9.94 dargestellt.

Sicherheitshinweise

Die erwärmten Kunststoffteile verfärben sich nicht. Es ist daher nicht erkennbar, daß sie sehr heiß sind. Das Anfassen mit den bloßen Fingern würde sofort zum Verbrennen der Haut führen. Daher sollen die Kunststoffteile, an denen geschweißt wird, nur mit Hilfswerkzeugen angefaßt werden.

Beim Schweißen von Kunststoffen entstehen Gase. Diese sind gesundheitsschädlich und dürfen deshalb nicht eingeatmet werden. Aus den Gasen wird sichtbarer Dampf, wenn die Thermoplaste überhitzt werden. Neben der erhöhten Gesundheitsgefährdung wird auch das Material geschädigt. Grundsätzlich ist bei allen Kunststoffarbeiten auf einen gut gelüfteten Arbeitsraum zu achten.

9.5.6 Handlaminierverfahren mit Harzen und Gewebematten

Das Handlaminierverfahren ist in der Kunststoffverarbeitung und -reparatur durch den Kunststoff-Bootsbau seit vielen Jahren bekannt. Die Verfahrensweise bei der Reparatur hat sich für den Automobilbau nicht geändert. Die Schadstelle, z.B. ein Durchbruch, wird von Öl- und Fettresten gründlich gesäubert und anschließend großflächig angeschliffen. Der Rand des Durchbruches ist mit einer sehr langen Anschrägung zu versehen, damit nach Möglichkeit keine zylindrischen Flächen vorhanden sind, die nicht von der Fasermatte erreicht werden können. Hiernach ist der Schleifstaub zu entfernen.

Aus einer großflächigen Glasfasermatte werden, je nach Stärke des zu reparierenden Materials, ein bis drei Stücke als Verstärkungseinlagen für die Reparaturstelle herausgeschnitten. Die Abmessung der Verstärkungsstücke muß so gewählt werden, daß die erste Lage am kleinsten und die letzte Lage am größten ist. Dadurch bekommt jede Lage eine Verbindung mit dem Reparaturteil und liegt nicht nur auf der vorherigen Lage auf. Jetzt wird das als Kleber dienende Harz mit dem Härter im richtigen Mischungsverhältnis angerührt. Wenn die Umgebungstemperatur im Sommer sehr hoch ist, bleibt das Harz während der Verarbeitung sehr flüssig. Muß es dann auf eine senkrechte Fläche auftragen werden, kommt es leicht zu Läufern. Um dies zu vermeiden, empfiehlt es sich, dem Harz kurze Glasfasern beizumischen, die es etwas andicken.

Das angerührte Harz wird mit einem Pinsel auf die Reparaturstelle gestrichen. Nun kann die erste Verstärkung eingelegt werden. Der Pinsel wird erneut mit Harz getränkt und die Verstärkung eingestrichen. Hierbei ist zu be-

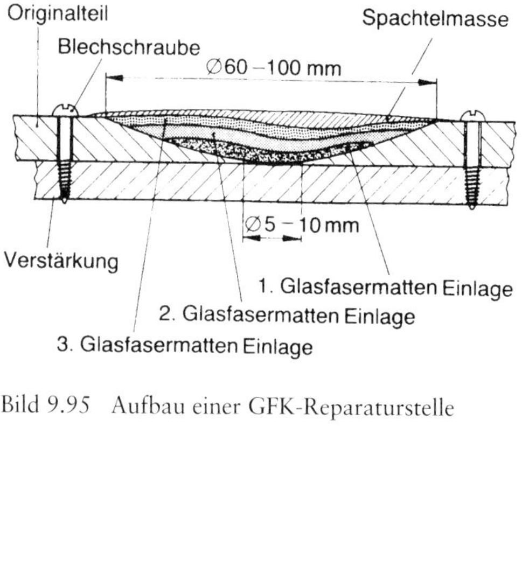

Bild 9.95 Aufbau einer GFK-Reparaturstelle

Bild 9.96 Mit einem Pinsel werden die Glasfasermatten blasenfrei auf die Reparaturstelle gedrückt

Bild 9.97 Für eine GFK-Reparatur sind folgende Werkzeuge und Hilfsmittel erforderlich: Einhand-Tellerschleifer, Stabschleifer, Schleifkörper, Schmirgelpapier, Bohrmaschine, Bohrer 2,5 und 3 mm Durchmesser, Vorstecher, Karosseriesäge, Schere, Blechhobel, Spachtel, Schraubendreher, Blechschrauben, Schraubzwingen, Feststellzangen, Maßband, Reißnadel, Meßbecher, Luftpistole, Reinigungspapier, Nitroverdünnung, persönliche Schutzausrüstung.

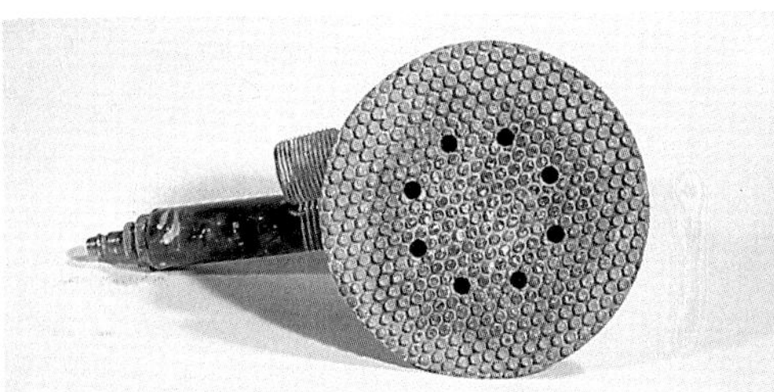

Bild 9.98 Exzenterschleifer mit gut angeordneten Bohrungen für das Absaugen des Schleifstaubes

achten, daß keine Luftblasen beim Einmassieren des Harzes in die Matte entstehen. Nun kann bei Bedarf die zweite Matte aufgelegt und ebenfalls mit Harz getränkt werden. Dieser Vorgang wiederholt sich so oft, bis nur noch eine geringe Vertiefung im Bereich des ehemaligen Durchbruches vorhanden ist. Zum Schluß muß dem Harz Zeit zum Trocknen und Aushärten gegeben werden. Das Aushärten ist zu beschleunigen, wenn die Reparaturstelle mit einem Heizstrahler bis max. 60 °C erwärmt wird.

Nach dem Aushärten muß als oberste Schicht ein Spachtelmaterial aufgetragen werden. Dabei handelt es sich ebenfalls um ein 2-Komponenten-Material, das mit einem Härter angemischt wird. Es muß eine sehr gute Durchmischung der Spachtelmasse mit dem Härter folgen. Die Härterfarbe ist meist rot, damit Härteranhäufungen aufgrund fehlender Durchmischung in der grauen Spachtelmasse gut zu erkennen sind.

Der Spachtelauftrag darf an der stärksten Stelle max. 2 mm betragen, da es sonst zu Spannungsrissen im Material und zu Ablöseerscheinungen von der Oberfläche kommt. Reicht dieser Auftrag nicht aus, muß erst die Aushärtung erfolgen. Danach wird die Oberfläche geschliffen, um einen weiteren Spachtelauftrag vorzunehmen.

Wenn der Durchbruch sehr groß war, besteht die Gefahr, daß die erste Mattenlage, solange sie noch nicht ausgehärtet ist, durchsackt. Um das zu vermeiden, kann von der Rückseite ein Blech unterlegt werden, das nach der Reparatur zu entfernen ist.

An faserverstärkten Kunststoffen können auch Abschnittsreparaturen, wie sie aus dem Metallbereich bekannt sind, durchgeführt werden. Dazu wird das beschädigte Altteil mit kurzen Schnittlinien ausgetrennt. Hierzu bietet sich die Karosseriesäge aus dem Metallbereich an. Das Anpassen des Neuteils erfolgt wie bei der Abschnittsreparatur an Stahlblech (vgl. Kapitel 8). Die beiden zusammenstoßenden Enden des Alt- und Neuteils werden von der Außenseite jeweils ca. 20 bis 30 mm schräg angeschliffen. Dadurch entsteht eine Reparaturstelle wie bei einem Riß. Zur stabilen Verbindung der Ansatzstelle wird von der Rückseite eine Verstärkung mit ca. 50 mm Überlappung ins Alt- und Neuteil zugeschnitten. Die Verstärkung kann aus Metall oder Kunststoff sein. Bei profilier ten Verbindungsstellen mit Rundungen und Sicken wird als Verstärkungsteil ein Stück vom Karosserieneuteil oder -altteil abgeschnitten und verwendet.

Wie wird bei der Abschnittsreparatur an Kunststoffteilen die genaue Paßform des Neuteils erreicht?

Dazu dient ebenfalls die Verstärkung. Sie wird zur Hälfte der gesamten Länge von der Innenseite am Ende des abgeschnittenen Altteils gegengehalten. Somit ragt die andere Hälfte über das Altteil richtungsweisend hinaus. Danach werden mehrere Löcher durch das Altteil und die Verstärkung gebohrt, um mit Blechschrauben die Verstärkung am Altteil zu befestigen. Anschließend kann das Neuteil paßgenau am überstehenden Ende der Verstärkung, ebenfalls mit Blechschrauben, fixiert werden. Wenn alle Anpaßarbeiten abgeschlossen sind, ist alles zu demontieren. Die Anlageflächen von der Verstärkung sowie von Alt- und Neuteil sind aufzurauhen, zu reinigen und zu entfetten. Jetzt wird das als Kleber dienende Harz mit dem Härter vermischt, damit anschließend alle Kontaktflächen der Verstärkung und des Alt-/Neuteils eingestrichen werden können. Es folgt das Anschrauben der Verstärkung an das Altteil. Danach kann das Neuteil mit der Verstärkung verschraubt werden. Hierbei muß auf die Paßform des Neuteils sorgfältig geachtet werden.

Sofort nachdem das Neuteil in die endgültige Position gebracht ist, wird die vorher angeschrägte Schnittstelle mit Harz und Laminaten geschlossen. Dabei dürfen die Verbindungsschrauben zur Verstärkung nicht überdeckt werden. Sie sind nach dem Aushärten zu entfernen. Die gesamte Reparaturstelle wird danach aufgerauht, um anschließend mit der Polyester-Spachtelmasse geglättet zu werden. Dabei sind auch die Schraublöcher zuzuspachteln.

Anmerkungen zum Reparaturablauf der GFK-Abschnittsreparatur:

- Wenn als Verstärkung keine brauchbaren Formteile vorhanden sind, können auch nachträglich Glasfasermatten, wie bei der Reparatur, aufgelegt werden. Das setzt allerdings eine gute Zugänglichkeit zur Reparaturstelle von hinten voraus. Die paßgenaue Fixierung des Neuteils wird schwieriger.
- Kann gar keine Verstärkung angebracht werden, muß die Anschrägung der äußeren

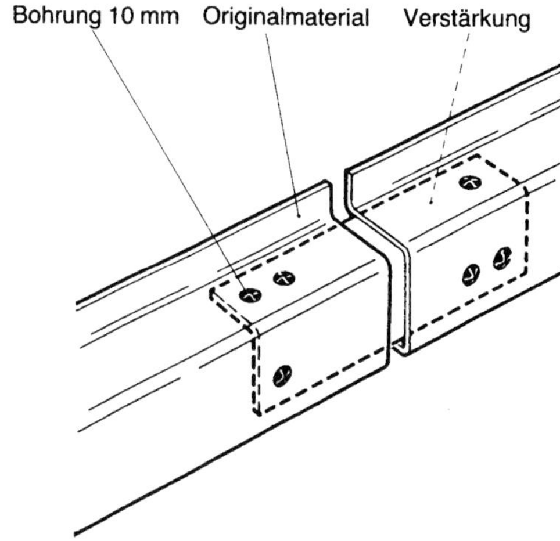

Bild 9.99a Schema einer GFK-Abschnittsreparaturstelle mit Verstärkung (noch ohne Anschrägung)

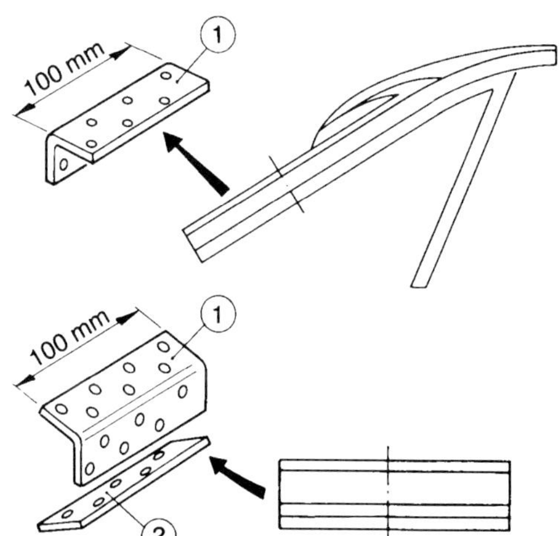

Bild 9.99b Verstärkungen bei GFK-Reparaturen
1 und 2 Verstärkungsteile

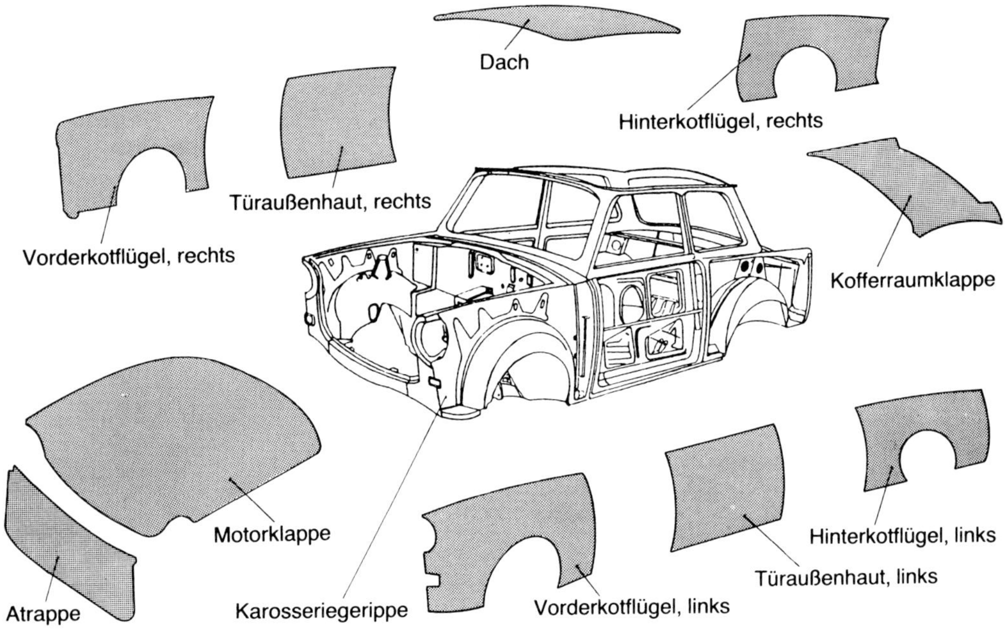

Bild 9.100 Kunststoffteile am Trabant

Übergänge flacher und damit länger sein. Die Überlappung der von außen aufgesetzten Glasfasermatten muß sehr großflächig sein. Somit wird auch die gesamte Reparaturstelle größer.

Generelle Anmerkungen zur GFK-Reparatur:

- Es können zwei Harze als Kleber verwendet werden:

Polyester-Harz	**Epoxid-Harz**
kürzere Härtezeit geringerer Preis	bessere Haftung

- Es können grundsätzlich alle faserverstärkten Kunststoffe mit dem Handlaminier-Verfahren repariert werden. Dazu zählen auch Kunststoffe, die im Sprachgebrauch mit dem Produktionsverfahren und nicht mit der Materialbenennung bezeichnet werden (SMC, BMC).
- Die häufigsten Fehler und deren mögliche Ursachen zeigt die nebenstehende Tabelle.

Fehler	mögliche Ursachen
Luftblasen in der Reparaturstelle	ungenügendes Glattstreichen der aufgelegten Gewebematten
mangelhafte Verbindung der Laminate	zuviel Härter beim Anmischen des Harzes verwendet, ungenügende Reinigung der Klebeflächen, zu niedrige Umgebungstemperatur im Arbeitsraum (unter 15 °C)
mangelhafte Lackhaftung an der Reparaturstelle	zu hohe Luftfeuchtigkeit während der Reparatur
das aufgetragene Harz härtet nicht aus	zu wenig Härter dem Harz beigemischt
Porenbildung in der Spachtelmasse	zuviel Härter der Spachtelmasse beigemischt, zu geringe Durchmischung von Spachtelmasse und Härter

9.5.7 Arbeiten mit UV-härtenden Harzen

Die bisher beschriebenen Reparaturmethoden auf der Grundlage des chemisch-physikalischen Verbindens wurden mit einem 2-Komponenten-Kleber vorgenommen. Die Werkstattpraktiker haben jedoch hierzu ihre Vorbehalte, da laborähnliche Handhabungen normalerweise bei ihnen nicht vorkommen. Die Chemiefirmen suchten deshalb nach einer einfacheren Lösung. So wurde das 1-Komponenten-Material entwickelt, das zur Aushärtung UV-Strahlen benötigt. Das Material gibt es als Halbzeug (Vorstufe des Endproduktes) in Platten von 1 bis mehrere Millimeter Stärke. Die Platten dienen zur Stabilisierung und zum Schließen von größeren beschädigten Flächen. Sie werden auf die entsprechende Größe mit einer Schere zugeschnitten. Die Platten selbst können zusätzlich mit Drahtgeflechht oder Kunststoffgeweben zur weiteren Verstärkung versehen sein. Das UV-härtende Material gibt es außerdem als Glasfaser-Spachtelmasse, die in einer Dose aufbewahrt wird. Die Spachtelmasse dient gleichzeitig als Bindemittel zwischen dem zu reparierenden Kunststoffteil und der Reparaturplatte bzw. als Füllmasse zum Ausgleich von Unebenheiten.

Die Aushärtung geschieht durch UV-Bestrahlung. Das bedeutet, daß sogar bei normaler Sonnenbestrahlung die Härtung erfolgt. Dieser Vorgang dauert jedoch, je nach Intensität der Sonnenstrahlung, bis zu mehreren Stunden. Schneller kann die Aushärtung mit einer gezielten Lampenbestrahlung erfolgen, wenn das Strahlenspektrum auf die UVA-Strahlen konzentriert ist. Die Aushärtungszeit kann auf ca. 10 min abgekürzt werden.

Für die Bestrahlung kann jede handelsübliche Bräunungslampe benutzt werden. Es ist jedoch ratsam, eine Speziallampe zu verwenden, da diese den Sicherheitsvorschriften der Werkstatt entspricht. Außerdem werden hiermit Hautverbrennungen (Sonnenbrand) vermieden.

Die UV-Härtung hat einen weiteren Vorteil in bezug auf den Materialverbrauch. Fällt während der Verarbeitung kein Sonnenlicht auf das Reparaturmaterial, können die überschüssigen Reste für spätere Instandsetzungen gebraucht werden (vor UV-Strahlen geschützt aufbewahren).

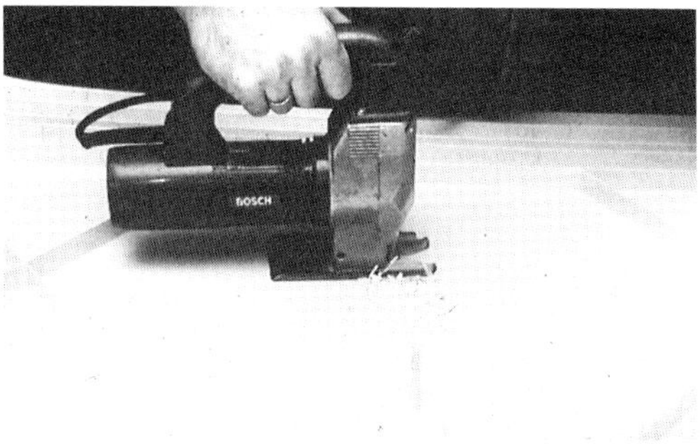

Bild 9.101 Aussägen der Schadstelle (Quelle: Relo-Kunststoffe)

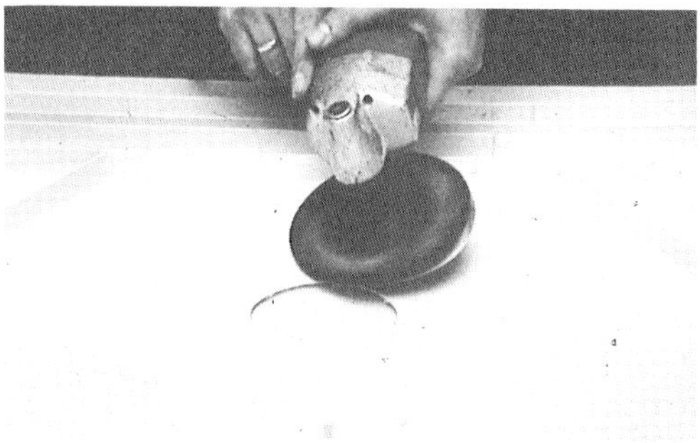

Bild 9.102 Schleifen der Übergänge an der Schadstelle (Quelle: Relo-Kunststoffe)

Bild 9.103 Auch Verstärkungsrippen können mit UV-härtenden Materialien repariert werden. Dazu müssen vorher die Splitterreste entfernt werden (Quelle: Relo-Kunststoffe).

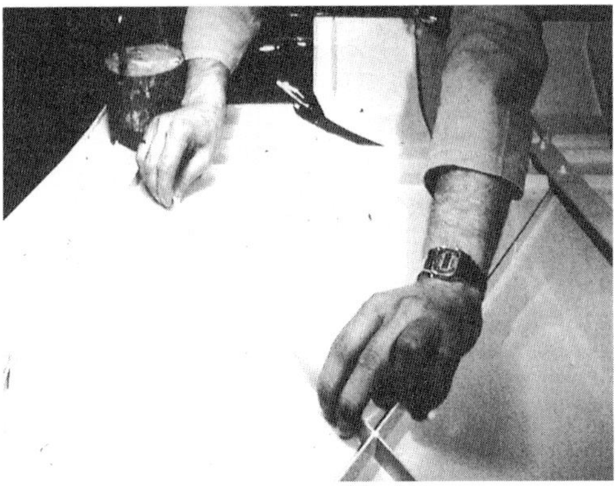

Bild 9.104 Verstärkungsrippen werden aus den UV-härtenden «Pflastern» vorgeformt und unter UV-Licht in rund einer Minute formstabilisiert. Danach folgt die restliche Aushärtezeit (Quelle: Relo-Kunststoffe).

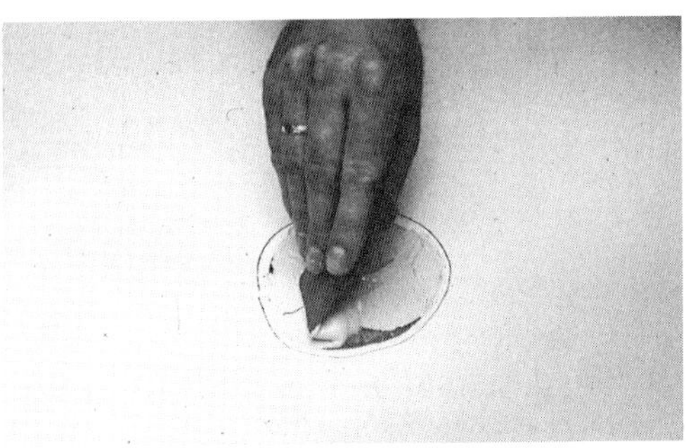

Bild 9.105 Von der Vorderseite können nach dem Aushärten die bei dieser Reparatur ebenfalls mit «Pflastern» verschlossenen anderen Reparaturstellen zugespachtelt werden (Quelle: Relo-Kunststoffe)

Bild 9.106 Fertig geschliffene Reparaturstellen an einer Motorhaube (Quelle: Relo-Kunststoffe)

Die Glasfaser-Spachtelmasse ist sehr gut zur Reparatur ausgebrochener Befestigungsteile wie Schraubbolzen u.ä. zu gebrauchen. Diese kostengünstige Instandsetzung läßt sich am Beispiel der Motorhaube des Citroën BX verdeutlichen. Die Reparatur zum Befestigen eines ausgebrochenen Stiftes für die Scharnierbefestigung dauert ca. eine halbe Stunde. Zusätzlich muß das Material bezahlt werden (ca. 10 DM). Als Alternative bietet sich nur eine neue Haube an, für die ca. 500 DM ohne Lackierung bezahlt werden muß.

Die Verarbeitung der UV-härtenden Materialien beginnt mit dem Reinigen, Anschleifen (Übergänge schaffen)) und nochmaligem Reinigen der Reparaturstelle, dann wird der Haftvermittler aufgestrichen (ebenfalls UV-härtend). Solange dieser noch nicht geliert ist, muß das vorher zugeschnittene Reparaturpflaster aufgelegt werden. Bei dem Pflaster handelt es sich um die beschriebenen schmiegsamen Platten, die beidseitig mit einer dünnen Schutzfolie überzogen sind. Von einer Seite ist die Folie jetzt abzuziehen. Dies Seite wird auf die Reparaturstelle gelegt. Anschließend muß das Pflaster mit einer Gummiwalze fest aufgedrückt werden. Danach ist die Reparaturstelle mit der UV-Lampe zu bestrahlen.

In Minutenschnelle härtet das Material aus. Anschließend ist die obere Schutzfolie des Pflasters abzuziehen. Jetzt kann die Oberfläche geschliffen, gespachtelt und feingeschliffen werden. Die Lackierung erfolgt mit den gewohnten Materialien. Neben dem Reparaturpflaster gibt es ein «Reparaturset». Dies besteht aus einer Dose mit Harz, einer Glasfaserfolie und einem Pinsel. Mit diesem Set wird so gearbeitet, wie es von den Laminatreparaturen her bekannt ist. Da das Harz UV-härtend ist, entfällt jedoch das Anmischen mit dem Härter.

Diese Reparaturmethode ist laut Herstellerangaben für die Kunststoffe GFK, ABS, PVC, PA, PC, PS und PMMA anwendbar. Ein weiterer Vorteil ist es, daß hiermit auch Durchrostungen in Blechteilen dauerhaft instand gesetzt werden können (vgl. Kapitel 12).

Zusammenfassung Reparatur von Kunststoffen

Folgende Reparaturmethoden sind für den Werkstattbereich als durchführbar anzusehen:

Reparatur durch Verschmelzen:

- ☐ Schweißen

Reparatur durch chemisch-physikalisches Verbinden:

- ☐ Arbeiten mit Laminaten und Harzen (typische GFK-Reparatur),
- ☐ Arbeiten mit Spezial-Reparaturmaterial (die nachfolgend dargestellten Reparaturproben wurden mit dem Material der Fa. 3M präpariert),
- ☐ Arbeiten mit UV-härtenden Harzen.

Alle gängigen an der Karosserie-Außenhaut eingesetzten Kunststoffe sind mit einem oder auch mehreren Verfahren reparierbar. Alle Reparaturarbeiten verlangen ein fett- und ölfreies Arbeiten. In diesem Punkt muß der metallverarbeitende Reparateur einen Lernprozeß durchlaufen. Damit ist gleichzeitig festgehalten, daß die Kunststoffreparatur keine Domäne des Lackierers ist. Für die Kostenkalkulation bedeutet dies: Es sind die Stundenverrechnungssätze für die Karosseriereparatur und nicht die für das Lackieren zugrunde zu legen!

9.5.8 Qualitätsprüfung von reparierten und lackierten Kunststoffen

Obwohl das Lackieren von Kunststoffen in diesem Buch nicht beschrieben ist, sollen der Vollständigkeit halber auch die Prüfmethoden von lackierten Kunststoffteilen erläutert werden. An der DEKRA-Akademie fand im großen Umfang eine Bauteilprüfung von instand gesetzten Karosserie-Kunststoffteilen statt. Die Prüfmethoden und Ergebnisse im einzelnen:

- ☐ **Der Zugversuch nach DIN 53 455**
  Entsprechend den genormten Anforderungen wurden die Prüfkörper aus den reparierten Kunststoffteilen herausgeschnitten. Für die Prüfung mußten sie derart in der Spannvorrichtung der Maschine befestigt werden, daß ihre Längsachsen in Richtung der Zugkraft lagen. Die Reparaturstellen befanden sich mittig quer zur Zugachse.
- ☐ **Der Schlagbiegeversuch nach DIN 53 453**
  Die in der Abmessung genormten Prüfkörper wurden wiederum aus den reparierten Versuchsteilen herausgearbeitet. Dabei ließ sich zwar bei allen Prüfstücken die Normlänge einhalten, jedoch war die Materialstärke, je nach repariertem Bauteil, etwas unterschiedlich. Die Proben wurden nicht gekerbt.

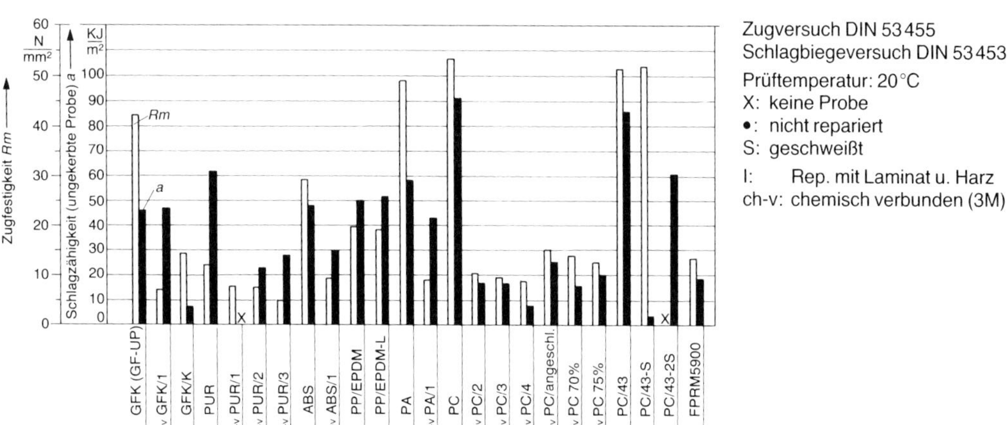

Bild 9.107 Reparaturproben im Zug- und Schlagbiegeversuch

Ergebnisse der Zug-/Schlagbiegeversuche:

Das Diagramm (Bild 9.107) verdeutlicht die Ergebnisse aus den Versuchen. Die mit einem Punkt gekennzeichneten Proben sind Originalteile ohne Reparatur. Sie dienen als Vergleich und 100%-Wert gegenüber den reparierten Proben.

Beim GFK zeigt sich, daß die Instandsetzung mit dem Spezial-Reparaturmaterial sogar bessere Schlagzähigkeitswerte der Proben ergibt als das Originalteil. Der Grund liegt in dem hartelastischen Zustand, den das Reparaturmaterial aufweist. Da für die Reparaturen jeweils nur *eine* Glasseidenmatte verwendet wurde, liegen die Zugfestigkeitswerte gegenüber dem Originalteil etwas niedriger.

Beim PUR ist zu sehen, daß die Reparaturproben mit dem Spezial-Reparaturmaterial in bezug auf Schlagzähigkeit alle weit unter dem Wert des unreparierten Materials liegen. Dagegen wurden im Zugversuch mehr als 60% der Werte des unreparierten Teils erreicht. Nur das Reparaturteil, bei dem die Fasermatte aus dem beiliegenden Reparaturset verwendet wurde, erreicht geringere Zugfestigkeitswerte.

Beim ABS wurden brauchbare mittlere Werte des Reparaturteils gegenüber dem Originalteil erreicht.

Beim PP/EPDM gibt es keinen Einfluß durch die Lackierung der Teile gegenüber unlackierten Proben.

Beim PA kann von einer brauchbaren Festigkeit des reparierten Teils ausgegangen werden.

Wenn PC mit dem Spezial-Reparaturmaterial instand gesetzt wird, gibt es durchweg brauchbare Festigkeits- und Zähigkeitswerte. Nur bei Verwendung des mitgelieferten Gewebematerials fällt der Zähigkeitswert drastisch ab, während der Wert für die Zugfestigkeit etwas ansteigt.

Beim Reparaturschweißen von PC fällt auf, daß eine einseitige Schweißnaht (Probe PC/43-S) nur eine minimale Schlagzähigkeit aufweist. Ein deutlicher Anstieg der Schlagzähigkeit ist bei beidseitiger Schweißnaht zu verzeichnen (Probe PC/43-2 S).

Die Proben PC 70% und PC 75% zeigen, welchen Einfluß 70 bzw. 75% Luftfeuchtigkeit während der Reparatur mit dem Spezial-Reparaturmaterial haben.

Die Probe PC/angeschliffen verdeutlicht, wie stark das Anschleifen des Reparaturmaterials vor dem zweiten Auftrag des Spezial-Reparaturmaterials eine bessere mechanische Verbindung bewirkt.

Als letztes wurde das Spezial-Reparaturmaterial selbst (FPRM 5900) mit einer eingebetteten Lage der dazugehörigen Gewebematte geprüft. Dieser Vergleich zeigt, daß die Haltbarkeit der Reparaturstücke so gut ist wie das Reparaturmaterial allein. Es kommt zu keinen nennenswerten Schwankungen aufgrund einer besseren oder schlechteren Verbindung zu den geprüften Kunststoffarten.

☐ **Der Fallversuch (DEKRA-eigene Versuchsanordnung)**

Im Fallversuch wurde das reparierte Bauteil als Ganzes einer Belastung unterworfen. Das Ziel der Untersuchung war, einen realitätsnahen Aufprall nachzuvollziehen. Die Prüfkörper (Stoßstangen) wurden an den Originalstellen befestigt. Ein Prüfgewicht fiel danach aus berechneter Höhe genau auf die Reparaturstelle. Die Versuchsanordnung entsprach folgenden Annahmen:

Fahrzeuggewicht	1000 kg
Geschwindigkeit des Fahrzeugs	4 km/h

Die *Ergebnisse* aus den Fallversuchen:

Geprüft wurden Kunststoffstoßstangen aus PP/EPDM, PUR, PC und GF-UP. Abgesehen von Kratzern im Decklack der Stoßstangen, hielten die Reparaturstellen bei den PP/EPDM- und PUR-Stoßstangen den Belastungen stand. Der PC-Stoßfänger war nur einseitig geschweißt. Hier ergab sich eine Rißbildung in der Reparaturstelle nach der Fallprobe. Dieses Ergebnis deckt sich mit dem sehr niedrigen Wert der Schlagzähigkeitsproben (vgl. Kapitel 8). Erkenntnis: Reparaturschweißungen immer beidseitig durchführen!

Der glasfaserverstärkte Stoßfänger zerbrach im Reparaturbereich. Hier stellt sich allerdings die Frage, ob bei der Belastung durch den Fallversuch nicht auch ein unreparierter GFK-Stoßfänger gebrochen wäre.

□ **Die Steinschlagprüfung (Erichsen-Steinschlag-Testgerät)**
Hierbei handelt es sich um eine reine Lackhaftungsprüfung. Für die Versuchsdurchführung wurden die Prüfkörper aus den kompletten Kunststoffteilen herausgeschnitten. Während des Tests schoß kantiger Stahlschrott mit ca. 2 bar Druck auf die Prüfkörper. Die beaufschlagten Flächen wurden mit festgelegten Referenzmustern verglichen (VW-Prüfvorschrift).

Die *Ergebnisse* der Steinschlagprüfung:
Geprüft wurden die Materialien GF-UP, PUR, PC, ABS und PP/EPDM. Für den Lackaufbau wurden abgeschlossene Lacksysteme von zwei Herstellern verwendet. Grundsätzlich können gute Ergebnisse, bezogen auf die Referenztabelle, bestätigt werden (Kennwerte 1 bis 3). Das sprödere GF-UP-Material zeigt erwartungsgemäß stärkere Lackabplatzer (generell ca. eine Kennwertstufe schlechter gegenüber den anderen Materialien). Vergleichend wurde noch ein Versuchsteil *nur mit Haftgrund* besprüht. Dieser Überzug zeigt eine matte Oberfläche und ist für einige Autofahrer als Lackschicht akzeptabel. Den Belastungen durch den Steinschlagtest hält dieser Auftrag aber in keiner Weise stand. Damit ist nachgewiesen, daß nur der komplette Lackaufbau den gewünschten Schutz bringt.

a

b

Bild 9.108a und b Fallversuch nach DEKRA-eigenen Festlegungen

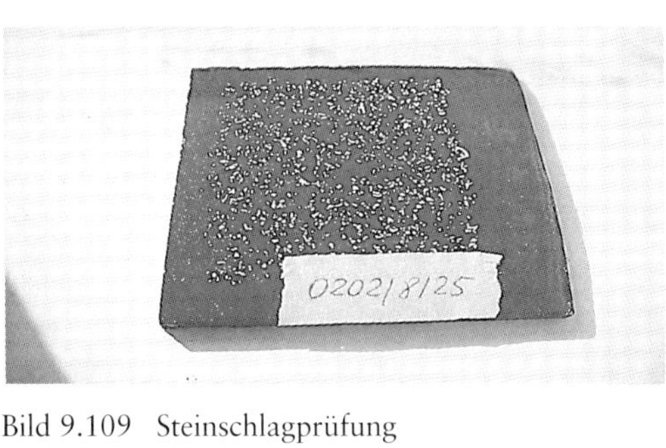

Bild 9.109 Steinschlagprüfung

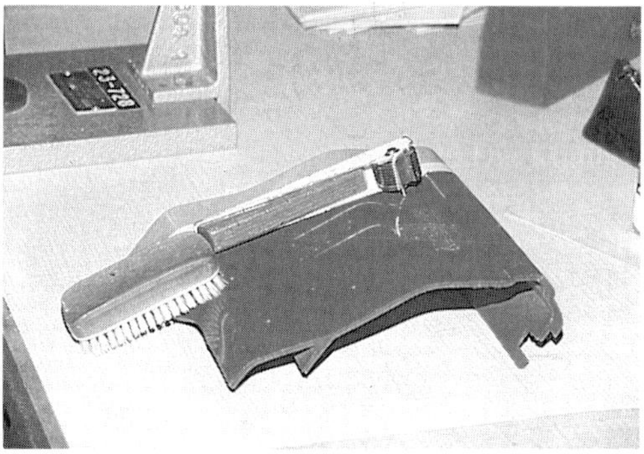

Bild 9.110 Spezial-Ziehklinge für die Gitterschnitt-Prüfung

a)

b)

Bild 9.111a und b Durchführung des Impact-Tests und Prüfkörper nach dem Test

☐ **Die Gitterschnittprüfung (nach DIN 53 151)**
Die Gitterschnittprüfung ist eine Haftungsprüfung von ein- und mehrschichtigen Anstrichen (Lackierungen). Es kann sowohl das Haften der Schichten auf dem Untergrund als auch das Haften der Schichten aneinander festgestellt werden.
Erneut wurden die Prüfplatten aus den Kompletteilen herausgearbeitet. Mit einem Spezialschneidgerät (fünf Ziehklingen nebeneinander) wurde über eine Länge von ca. 5 cm die Lackschicht eingeritzt. Ein zweites Mal erfolgte das Einritzen im rechten Winkel zur vorherigen Schnittführung. So entstanden 25 Quadrate (Gitterschnitt). Auf die Gitterschnittstelle wurde ein für den Versuch vorgeschriebenes Klebeband gedrückt und mit einem Ruck abgezogen. Es wurden die gleichen Kunststoffe untersucht, wie bei der vorher beschriebenen Steinschlagprüfung. Zur Beurteilung der Gitterschnittflächen dienten Referenzmuster.

Die *Ergebnisse* aus der Gitterschnittprüfung:
Im Schnittbereich kam es zu mehr oder weniger starkem Ablösen des Lackes. Die Prüfungsergebnisse sind alle mit den Resultaten der Steinschlagprüfung identisch. Besonders gute Lackhaftung wurde auf den Proben der Kunststoffe ABS und PC erreicht.

☐ **Der Impact-Test (nach DIN 53 151)**
Dieser Test ist eine Lackfilmprüfung auf Rißbildung und Ablösung. Aus bestimmter Höhe fällt ein an der Stirnfläche kugelförmiger Metallstift auf die Lackoberfläche des Prüfkörpers. Da sich bei dieser Prüfung das Trägermaterial des Lackfilms durch den herabfallenden Metallstab halbkugelförmig tiefzieht, wird der Lackfilm auf Elastizität geprüft. Jeder Prüfkörper wurde an mehreren Stellen mit dem Metallstab aus unterschiedlicher Höhe beaufschlagt. Die Beurteilung für jeden Punkt wird hinsichtlich Lackriß und Abplatzung vorgenommen.

Die *Ergebnisse* des Impact-Tests:
Wiederum wurden die gleichen Materialproben wie bei der Steinschlag- und Gitterschnittprüfung präpariert. Die Kunststofftypen PC, PUR und PP/EPDM weisen auch nach maximaler Belastung keine Beschädigung auf. Al-

lerdings bestätigt sich bei dieser Prüfung nochmals die geringe Belastbarkeit einer nur einseitigen Schweißung. Die Schweißnaht ist bereits bei der geringen Belastung durch den Impact-Test gerissen. Verständlicherweise zeigte sich bei dieser stoßartigen Belastung des Prüfkörpers, daß der relativ spröde GF-UP-Kunststoff schnell brechen kann.

☐ **Der Dampfstrahltest (DB-Test für die Entkonservierung von Fahrzeugen)**
Es ist durchaus praxisgerecht, wenn bei Fahrzeugreinigungen mit dem Dampfstrahler auch lackierte Kunststoffteile beaufschlagt werden. Um definierte Belastungsprüfungen für lackierte Kunststoffoberflächen zu erhalten, wurden die Werte des DB-Entkonservierungstests mit kleinen Veränderungen zugrunde gelegt.

Dampfdruck	11 bis 13 bar
Dampftemperatur	max. 96 °C am Düsenausgang
Heißwasserstrahl	80 °C,
Heißwasserdruck	max. 50 bar

Dem Reinigungswasser (-dampf) wurde das Zusatzmedium Hochdruckreiniger Spezial in vorgeschriebener Menge beigefügt. Die Testoberfläche erhielt als Hilfestellung für die Punktbeaufschlagung mit der Breitstrahldüse eine Markierung. Der Düsenausgang der Hochdruckreiniger-Lanzenspitze wurde 10 cm über die Lackoberfläche gehalten. Dann erfolgte zwei Minuten lang die Beaufschlagung mit Wasser und Dampf.

Die *Ergebnisse* des Dampfstrahltests:
Die Kunststoffarten der Prüfkörper sind identisch mit denen der vorherigen Lackprüfungen. Die sehr harten Belastungen führen nur bei 2 von 13 Prüfteilen zu keinen Lackabplatzern (PP/EPDM und PUR). Bei Metallic-Lackierungen platzt häufig nur der Klarlack ab.

Besonderer *Hinweis* für die Reparatur von PUR-Schaumteilen: Aufgeschäumte PUR-Kunststoffteile, z.B. Spoiler, haben in vielen Fällen eine lebenslange Garantie auf Beschädigungen; d.h., wenn keine unfallbedingten Schäden vorliegen, erstatten einige Hersteller Neuersatz. Nach einem Unfall wird eine Reparatur problematisch, wenn die Metalleinlagen zur Verstärkung verbogen sind. Selbst wenn der Kunststoff einwandfrei repariert wird, können wellige Oberflächen zurückbleiben, da die Metalleinlagen kaum wieder in ihre Ursprungsform zurückzubiegen sind.

9.5.9 Wirtschaftlichkeitsbetrachtung Neuteil oder Reparatur?

In den vorherigen Abschnitten wurde ausführlich beschrieben, daß Reparaturen an Kunststoffteilen unterbestimmten Voraussetzungen technisch vertretbar und handwerklich durchführbar sind. Doch ist eine Reparatur in allen möglichen Fällen auch wirtschaftlich sinnvoll?

Für die nachfolgenden Berechnungsbeispiele gelten die Werte, die von der DEKRA AG und von den Herstellern der Reparatursysteme im Jahre 1995 herausgegeben wurden. In allen Fällen gravierender Preisänderungen (oder Preisunterschiede im Ausland) müssen die entsprechenden Korrekturen vorgenommen werden.

Ausnahmen
Die Arbeitsstunde kostet 90 DM. In den Preisen ist die Mehrwertsteuer nicht enthalten.

Beispiel 1
Arbeiten mit Spezial-Reparaturmaterial. Repariert werden soll ein Front-Stoßfänger von einem VW Polo. Beschädigungsumfang: 50 mm langer und 5 mm breiter Riß.

Reparaturmaterial	ca. 35 DM
Arbeitszeit (1,10 h)	ca. 100 DM
Lackiervorarbeiten an der Reparatur-Stelle	ca. 50 DM
Lackierung	ca. 175 DM
Ab- und Anbau des Stoßfängers (0,40 h)	ca. 36 DM
	ca. 396 DM

Vergleich	
Neuteil	ca. 385 DM
Lackierung	ca. 175 DM
Entsorgung des Altteils	ca. 15 DM
Ab- und Anbau (0,40 h)	ca. 36 DM
	ca. 611 DM

Die Rechnung, die eine Reparatur vorsieht, wird noch günstiger gegenüber dem Neuteil, wenn der Stoßfänger nicht demontiert und montiert werden muß.

Beispiel 2
Reparatur durch Schweißen von Kunststoffen (Stoßfänger Ford Sierra, 50 mm langer Riß)

Material (beidseitig verschweißt)	ca. 25 DM
Arbeitszeit (ca. 1,25 h)	ca. 113 DM
Lackiervorarbeiten an der Reparatur-Stelle	ca. 50 DM
Lackierung	ca. 200 DM
Ab- und Anbau (ca. 0,50 h)	ca. 45 DM
	ca. 433 DM

Vergleich	
Neuteil	ca. 363 DM
Lackierung	ca. 200 DM
Entsorgung des Altteils	ca. 15 DM
Ab- und Anbau (0,40 h)	ca. 45 DM
	ca. 623 DM

Beispiel 3
Reparatur mit Laminaten und Harz (Seitenwand von Matra Rancho, Durchbruch ca. 100 mm ∅)

Material	ca. 35 DM
Arbeitszeit (ca. 3,50 h)	ca. 315 DM
Lackiervorarbeiten	ca. 330 DM
Lackierung	ca. 220 DM
	ca. 900 DM

Vergleich	
Neuteil	ca. 1450 DM
Arbeitszeit (ca. 15,00 h)	ca. 1350 DM
Lackiervorbereitung	ca. 330 DM
Lackierung	ca. 250 DM
	ca. 3380 DM

Generell ist festzustellen, daß die Reparatur eines Kunststoffteils dann wirtschaftlich vertretbar ist, wenn das Neuteil einen Preis von 400 DM erreicht. Bei neuen GFK-Teilen kann die Oberfläche sehr starke Mängel aufweisen (Lunker, Kratzer u. ä.). In solchen Fällen muß für eine Vollverkleidung (Front-, Schweller- und Heckbereich) ein zusätzlicher Lackieraufwand von 3 bis 5 Stunden einkalkuliert werden.

9.5.10 Kunststoff und Umwelt

Die Entsorgung von Fahrzeugkunststoffteilen ist nach wie vor ein großes Problem für die Werkstätten. Diese Aussage gilt zumindest für die Fahrzeuge, die bis Mitte 1991 gebaut wurden. Das Problem liegt darin, daß die Kunststoffteile für ein Recycling sortenrein gesammelt werden müssen. Dies setzt aber die Kennzeichnung des Kunststofftyps am Teil selbst voraus. Leider wurde die seit Jahren bestehende Forderung nach der Kennzeichnung von der Automobilindustrie nur wenig realisiert.

In der zweiten Jahreshälfte 1991 scheint der Entsorgungs- und Recyclinggedanke aber auf breiter Front voranzukommen. Fast alle namhaften inländischen Fahrzeughersteller haben Großversuche laufen, die mehr Erfahrungen über das Einsammeln und Verwerten von Kunststoffteilen bringen sollen. Es gibt sogar schon funktionierende Kreisläufe – von der Konstruktion über die Materialauswahl des Teiles bis hin zum Einsammeln des Altteils und dessen Verwertung und Verarbeitung zu einem neuen Fahrzeugteil. Aufgrund der Vielzahl der Kunststofftypen wird der Kreislauf jedoch immer einen Anteil an Deponieabfall enthalten.

Trotzdem sind diese Anfänge für eine höhere Verträglichkeit des Autos mit der Umwelt zu unterstützen. So bedeutet das für eine Werkstatt, daß sie sich an den angebotenen Sammelsystemen beteiligt. Dies gilt auch für Kunststoffteile, die nicht gekennzeichnet sind. Hier sollte die Werkstatt die Teile nach Fahrzeugfabrikat und Baujahr selber kennzeichnen und ge-

Bild 9.112 Kennzeichnung auf der Rückseite eines Kunststoffteils, in diesem Fall «ABS» (Werkfoto Opel)

trennt lagern (z.B. Opel Kadett, Bj. 1990). Mit diesen Angaben kann über die Werkstatthandbücher eine Kunststoff-Verwertungsstelle zumindest eine grobe Zuordnung zum Kunststofftyp treffen. Dies wird zumindest dazu führen, daß nicht das komplette Teil auf die Deponie muß.

Als Beispiel für wiederaufbereiteten Kunststoff sei der Opel Calibra genannt. Hier sind die Radhaus-Auskleidungen aus alten Batteriegehäusen gewonnen worden. Die Stoßfänger und Seitenschweller des Fahrzeugs sind aus recyclingfähigem Material. Weiterhin liegt das Versprechen des Hauses Opel vor, daß zukünftig Schmutzfänger, Fußmatten und Geräuschdämm-Matten aus bisher ungenutzten Kunststoffteilen gefertigt werden.

Bild 9.113 Recyclingfähige Kunststoffteile des Opel Calibra (Werkfoto Opel)

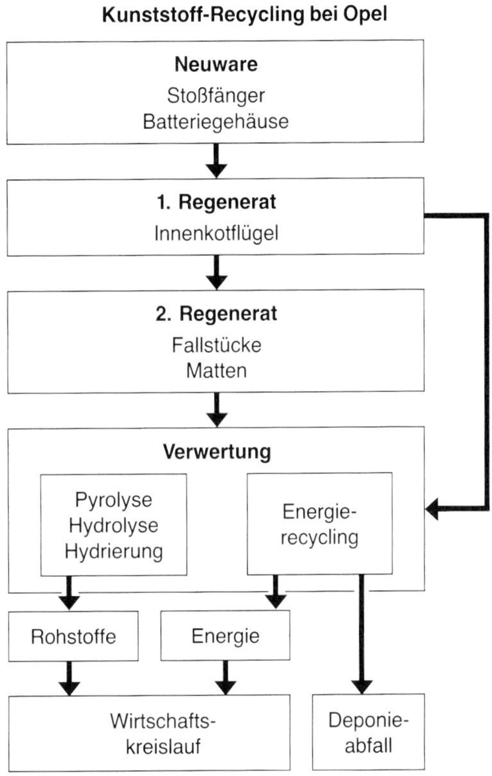

Bild 9.114 Kunststoffrecycling bei Opel (Quelle: Opel)

9.5.11 Fragen und Antworten

1. Welche Kollisionsgeschwindigkeiten sollen derzeit Kunststoff-Stoßfänger ohne Beschädigung überstehen?
Antwort:
4 km/h.

2. Nennen Sie Herstellverfahren von Kunststoffteilen, die fälschlicherweise als Kunststoffarten bezeichnet werden.
Antwort:
BMC, RIM, RRIM, SMC.

3. Was sind, chemisch betrachtet, Thermoplaste?
Antwort:
Kunststoffe, die aus langen Molekülketten bestehen, die aber miteinander nicht fest verbunden sind.

4. Was sind, chemisch betrachtet, Duroplaste?
Antwort:
Kunststoffe, die aus engmaschig verknüpften Molekülketten bestehen.

5. Was sind, chemisch betrachtet, Elastomere?

Antwort:
Kunststoffe mit langen Molekülketten, die weitmaschig miteinander verknüpft sind.

6. Welcher Kunststoff-Grundtyp läßt sich schweißen? Nennen Sie einige Kunststoff-Arten.
Antwort:
Thermoplaste. PA, PP, PC, PE, ABS.

7. Welche Zustandsveränderungen durchläuft ein thermoplastischer Kunststoff, bis er schweißbar ist?
Antwort:
Fest, thermoplastisch und plastisch.

8. Warum muß der Winkel der Schweißkerbe kleiner sein als der Keilwinkel des Schweißstabes?
Antwort:
Der Schweißstab muß mit genügend hohem Druck in die Schweißkerbe gedrückt werden.

9. Welche Einflüsse vermindern die Haftung einer Kunststoff-Schweißverbindung?
Antwort:
Oxidschichten in der Schweißkerbe und am Schweißstab sowie Öl, Fett oder Handschweiß auf den Schweißflächen.

10. In welcher Größenordnung liegt die Temperatur beim Kunststoffschweißen?
Antwort:
300 bis 400 °C.

11. Warum sollen Schweißkerben an Kunststoffteilen vor dem eigentlichen Schweißen ohne Zusatzmaterial geheftet werden?
Antwort:
Beim Schweißen darf sich die Schweißkerbe durch die Wärmezufuhr nicht plötzlich auseinanderbewegen.

12. Nennen Sie in Stichworten den Arbeitsablauf beim Kunststoffschweißen.
Antwort:
Schadstelle kerbförmig anfräsen, Schadstelle und Schweißstab reinigen, Rißgrund ohne Zusatzmaterial heften, Kerbe verschweißen, Schweißnaht kontrollieren, Schweißbereich schleifen.

13. Was war die Ursache, wenn die Schweißung verkohlt ist?
Antwort:
Schweißtemperatur zu hoch oder Schweißgeschwindigkeit zu langsam.

14. Warum besteht beim Kunststoffschweißen eine erhöhte Gefahr, daß sich der Reparateur die Finger verbrennt?
Antwort:
Einem heißen Kunststoff ist die hohe Temperatur nicht anzusehen. Man ist geneigt, ein heißes Teil mit den bloßen Händen anzufassen.

15. Wie müssen mehrere aufeinanderliegende Gewebematten für die GFK-Reparatur zugeschnitten sein?
Antwort:
Die unterste Lage ist am kleinsten, und die darüberliegenden werden immer größer. Es muß gewährleistet sein, daß alle Gewebematten eine direkte Verbindung mit dem Reparaturteil haben.

16. Bis zu welcher Temperatur darf eine GFK-Reparaturstelle mit einem Heizstrahler aufgeheizt werden, um den Trocknungsvorgang zu beschleunigen?
Antwort:
Bis 60 °C.

17. Bei welcher unteren Umgebungstemperatur darf eine Kunststoffreparatur nicht mehr durchgeführt werden?
Antwort:
Unter 15 °C.

18. Welche Ursache liegt vor, wenn in einer GFK-Reparaturstelle das aufgetragene Harz nicht aushärtet?
Antwort:
Es wurde dem Harz zu wenig Härter beigemischt.

19. Wodurch wird die Festigkeit der Klebeverbindung bei der Reparatur mit 2-Komponenten-Material unterstützt?
Antwort:
Durch eine mechanische Verknüpfung.

20. Warum sollen die Rißenden in einem Kunststoffteil vor der Reparatur angebohrt werden?

Antwort:
Dadurch werden die Spannungsspitzen in dem Bereich abgebaut, die sonst zum Weiterreißen der Kerbe führen könnten.

21. Welche Kunststoffarten lassen sich mit dem 2-Komponenten-Material instand setzen?
Antwort:
Laut Hersteller alle.

22. Welche Kunststoff-Reparaturen lassen sich sehr kostengünstig mit UV-härtendem Material durchführen?
Antwort:
Das Befestigen von ausgerissenen Materialstiften oder Schrauben.

23. Was ist zur Reparaturqualität von Kunststoff-Schweißverbindungen zu bemerken?
Antwort:
Ein Durchbruch sollte immer von der Vorder- und Rückseite verschweißt werden.

24. Ab welchem Neupreis eines Kunststoffteils ist eine Reparatur sinnvoll (Stand 1997, BRD)?
Antwort:
Ab ca. 400 DM.

25. Mit welcher Reparaturmethode lassen sich auch ausgebrochene Kunststoffverstärkungen kostengünstig reparieren?
Antwort:
Mit der Methode der UV-härtenden Materialien und dem 2-Komponenten-Material.

26. Welche Möglichkeiten hat die Werkstatt, um die Kunststoffentsorgung wirkungsvoll zu unterstützen?
Antwort:
Die Kunststoffteile müssen getrennt gesammelt werden. Die Kennzeichnung der Teile kann durch den Vermerk des Fahrzeugtyps und des Baujahres auf dem Kunststoffteil angebracht werden. Neuere Kunststoffteile sind vom Hersteller mit einem Identifizierungsstempel versehen. Es sollten die angebotenen Verwertungs-(Sammel-)Stellen benutzt werden.

27. Wie läßt sich erkennen, ob ein starrer oder halbstarrer Kunststoff repariert werden soll?
Antwort:
Beim Anschleifen fängt der halbstarre Kunststoff an zu verschmieren, während beim starren Kunststoff Schleifstaub entsteht.

10 Kalkulation bei Unfallschäden

In diesem Kapitel werden dem Leser folgende Kenntnisse vermittelt

Lernziele	Lerninhalte
– die gebräuchlichsten Bezeichnungen der Pkw-Karosserieteile nennen	– Bezeichnungen von Pkw-Karosserieteilen
– die systematische Vorgehensweise bei der Aufnahme von Unfallschäden darstellen	– systematische Schadensaufnahme
– typische Schadensbilder von Pkw im Front-, Dach-, Heck und Unterbodenbereich beschreiben	– typische Pkw-Schadensbilder
– den Umfang eines Schadensbereiches fachgerecht bestimmen	– Schadensumfang
– für die Schadensbestimmung die echten Werkstatt-Prüfpositionen von den selbst durchzuführenden Prüfungen unterscheiden	– Werkstatt-Prüfpositionen
– Entscheidungsgründe für die Festlegung eines Reparaturweges nennen	– Reparaturweg
– Vorgehensweise für die Ermittlung einer überschlägigen Schadenskalkulation erläutern	– überschlägige Schadenskalkulation
– Verfahren der Mikrofiche-Schadenskalkulation darstellen	– Mikrofiche-Schadenskalkulation
– die Handhabung der EDV-Schadenskalkulation beschreiben	– EDV-Schadenskalkulation
– über die Ermittlung von Lackierungskosten berichten	– Lackierungskosten

Nach jedem Unfallschaden an einem Pkw dreht sich der gesamte weitere Ablauf um zwei Fragen:

- ☐ Wie teuer wird die Reparatur?
- ☐ Wie lange dauert die Reparatur?

Aus den Antworten zu diesen Fragen wird die Wirtschaftlichkeit der Instandsetzung in bezug auf den momentanen Wert des Fahrzeugs festgestellt. Denn im Normalfall läßt kein Fahrzeugbesitzer einen Schaden reparieren, der z.B. 5000 DM kostet, wenn für ein vergleichbares Fahrzeug ohne Unfallschaden nur 3000 DM bezahlt werden müssen. Die Frage nach der Reparaturwürdigkeit eines Unfallfahrzeugs ist aber nicht immer so einfach zu beurteilen. Viele überschlägige schnelle Schätzungen der Kostenhöhe haben schon häufig zum bitteren Erwachen nach der Reparatur geführt, wenn plötzlich die Kosten erheblich höher wurden als geplant. Andererseits sollen zu hohe Kostenschätzungen nicht zum voreiligen Verschrotten des Fahrzeugs führen.

Wie wird die fachlich richtige Kostenschätzung eines unfallbeschädigten Pkw sicher durchgeführt?

Die Kostenerfassung gliedert sich in zwei Arbeitsgänge:

- ☐ Erkennen des gesamten Schadens und
- ☐ Festlegen des Reparaturweges.

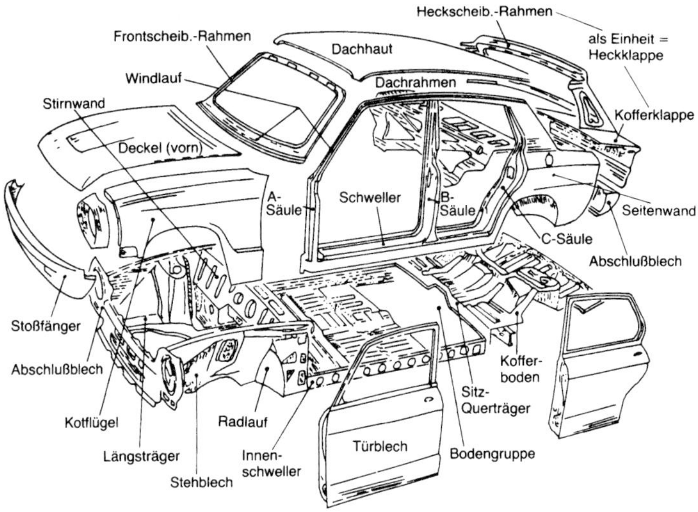

Bild 10.1
Allgemeine Benennung von Karosserieteilen

Bild 10.2a Vergleich des Spaltmaßes an der Heckklappe

Bild 10.2b Der «kleine Kratzer» erwies sich nach der Demontage als durchgehender Riß der ausgeschäumten Stoßstange

10.1 Erkennen des Gesamtschadens

Eine Systematik bei der Schadenserkennung ist unerläßlich. Dazu gehört als erstes ein Rundgang um das Fahrzeug, damit das Ausmaß des Gesamtschadens erkannt wird. Bei schwereren Schäden sollte das Fahrzeug unbedingt auf eine Hebebühne genommen werden, um eventuelle Schäden in der Bodengruppe genau feststellen zu können. Nach der groben Betrachtung ergibt sich die Eingrenzung des Schadensbereichs.

Dieser Schadensbereich wird anschließend genauer untersucht:

- ☐ Sind nur die Karosserie-Außenhautteile beschädigt?
- ☐ Weisen die Spaltmaße von Hauben, Türen und Deckeln Unterschiede auf?

Hinweis: Es muß genau differenziert werden zwischen fertigungsbedingten Abweichungen des Spaltmaßes und Unfalleinflüssen. Generell sind mit der computerunterstützten Fertigung von Karosserien die Spaltmaße enger und gleichmäßiger geworden.

Unfallbedingte Verzüge der Spaltmaße zeigen sich durch Lackabplatzer an den Kanten der Spalte. Sie entstehen bei einem Unfall während des Aufpralls. Die Verformungskräfte schieben die Karosserie so weit zusammen, bis z.B. die vordere Türkante auf die Kotflügelkante stößt. Dabei wird die Lackfläche beschädigt. Durch die Elastizität des Karosseriebleches federt der beschädigte Bereich weitestgehend zurück.

Bei jeder Karosseriebeschädigung muß die *Dachpartie* besonders sorgfältig betrachtet werden. Im Gegenlicht sind Dellen und Verformungen gut feststellbar. Es ist genau auf Beulen und Verzugsstellen oberhalb der B-Säulen, am Windschutzscheibenrahmen (speziell bei eingeklebten Scheiben) und im Türrahmenbereich am Übergang von der A-Säule zum Dachrahmen zu achten. Weiterhin ist hier auf verschobene Scheibendichtungen sowie nach Lackrissen und Lackabplatzern zu schauen. Die Funktion des Schiebedachs und der Randverlauf des Dachausschnitts für das Schiebedach sind zu kontrollieren.

Achtung: Geringe Einfallstellen der Dachhaut im Bereich der Radien des Schiebedachausschnitts können produktionsbedingt sein und keine Unfallfolgen!

❑ Sind hinter Kunststoffstoßstangen und -spoilern Blechteile verformt?

Hinweis: Kunststoffteile bewegen sich nach einem leichten Anstoß in ihre ursprüngliche Form zurück und sind unbeschädigt. Dahinterliegende Blechteile können aber verformt sein.

❑ Ist die Bodengruppe beschädigt?

Bild 10.3a Heckschaden mit Auswirkungen in der Fahrzeugmitte

Bild 10.3b Typische Knickstelle im Dachbereich oberhalb der B-Säule nach einem Heckschaden (u.U. auch nach einem Frontschaden)

Bild 10.4 Befestigung der Anhängerkupplung am hinteren Querträger

Hinweise: Bei Fahrzeugen mit Katalysator und großen Wärmeschutzverkleidungen ist die Sicht zur Bodengruppe stark eingeschränkt.

Fahrzeuge mit Anhängerkupplung sind im Bereich der Schraubverbindung an den Rahmenlängsträgern genau zu untersuchen. Manch harmlos aussehender Unfallschaden weist bei näherer Betrachtung Bodengruppenverformungen bis zur Hinterachsaufnahme auf. Zur Sichtprüfung muß im Schadensbereich eventuell der Fahrzeuginnenraum freigelegt werden (Sitze umklappen bzw. herausnehmen, Teppichboden zur Seite schlagen).

- ☐ Reicht die Deformation bis zur Fahrgastzelle?

Hinweis: Jeder Rahmenlängsträger hat Sollknickstellen. Sie werden durch Abwinklungen des geraden Verlaufs, durch Ziehharmonika-Formgebung oder durch Einschnürungen von einem großen auf einen kleinen Querschnitt erreicht. Nach normalen Stadtunfällen hört hier die Deformmation auf. Sind infolge höherer Geschwindigkeiten zum Unfallzeitpunkt größere Verformungskräfte wirksam, können die Deformationen bis in den Fahrgastraum reichen.

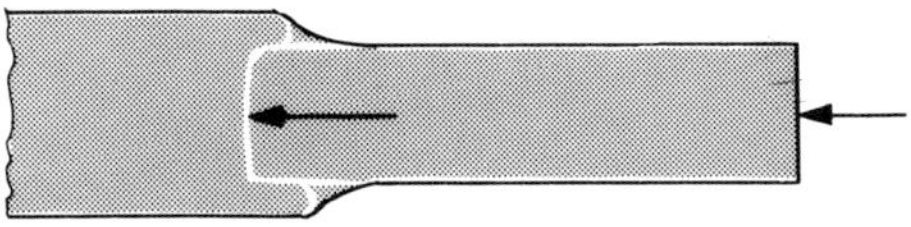

Bild 10.5a Sollknickstelle durch Einschnürung des Längsträgerprofils

Bild 10.5b Felgenbeschädigung

Nach der Betrachtung der Karosserieschäden müssen die Aggregate im Schadensbereich genau untersucht werden. Im einzelnen kann nach folgendem Schema verfahren werden:

- ☐ Ölstand des Motors prüfen,
- ☐ Sichtprüfung des Ölfiltergehäuses, der Ölwanne und des Ventildeckels,
- ☐ Getriebe durchschalten,
- ☐ Sichtprüfung von Schaltgestänge und Antriebswellen,
- ☐ Sichtprüfung der Motoranbauteile (Luftfilter, Kühler, Gebläse, Batterie usw.).

Hinweis: Die Sichtprüfung im Motorraum hat auch dann zu erfolgen, wenn der Pkw einen Heckschaden hat und der Fahrzeugmotor vorn längs eingebaut liegt. Durch den schnellen Schlag auf die Heckpartie des Fahrzeugs wird die gegenüber der Motor-/Getriebeeinheit leichte Karosserie stark beschleunigt. Die Masseträgheit hält den schweren Motor mit Getriebe zurück und spannt ihn in den Gummiaufhängungen wie eine Steinschleuder vor. Sobald die Beschleunigung durch den Aufprall nachläßt, katapultieren die Gummilagerungen die Motor-/Getriebeeinheit nach vorn. Jetzt läßt wiederum die Massenträgheit die Aggregate über die Null-Lage der Gummiaufhängung nach vorn hinauswandern, ehe sie in die richtige Position federn. Der Lüfterflügel kann so kurzzeitig an den Kühler stoßen und ihn beschädigen, da dieser in der Karosserie befestigt ist und sich mit ihr und nicht mit den Aggregaten bewegt.

Als nächstes werden die Achs- und Lenkungsteile auf Beschädigung überprüft:

- ☐ Mittelstellung des Lenkrades kontrollieren,
- ☐ Stellung der Neigung des Lenkrades prüfen.

Hinweis: Da sich der Fahrer beim Aufprall häufig am Lenkrad abstützt, wird entweder dieses verbogen, oder die Lenksäule wird sogar verschoben.

- ☐ Reifen und Felgen auf Beschädigung prüfen.

D Y N A L I N E R   3 3 0
Hofmann Werkstatt-Technik GmbH
Werner-von-Siemens-Str. 2
D-64311   P F U N G S T A D T
Telefon: (0 61 57) 12-0

23 / 05 / 96 10:15

Kundendaten

Auftragsnummer:	1785	**Straße:**	Am Klingsacker 13
Kundennummer:	0222	**PLZ- Ort:**	64295 Darmstadt
Kundenname:	Stark Johann	**Tel. privat:**	06151 - 945303
		beruflich:	06157 - 12 401
Fahrer:	Kunde	**F A X:**	06157 - 12 239
		Amtl. Kennz.:	DA - CL 870
		Fahrg.-Nr.:	W0L000089L5218916

Anmerkungen

km / Meilen:	62044
Kunde:	Stammkunde
Fahrzeug:	Unfallwagen

Fahrzeug

Hersteller:	Opel	**Version:**	2,0 16V
Modell:	Vectra-B		
Modelljahr:	96 --		

VORDERACHSE	Eingangsmessung			SOLLWERTE	Ausgangsmessung		
	Links	Diff. L/R	Rechts		Links	Diff. L/R	Rechts
Nachlauf	+ 4°32′	+ 0°42′	**+ 5°14′**	+ 2°50' → + 4°50' Diff. L / R + 1°00'	+ 4°32′	+ 0°15′	+ 4°17′
Spreizung							
Spurdifferenz	**+ 0°20′**	+ 1°34′		+ 0°25' → + 1°55'	+ 0°38′		+ 0°34′
Sturz	− 1°02′	+ 0°08′	− 1°10′	− 1°50' → − 0°20' Diff. L / R + 1°00'	− 1°01′	+ 0°07′	− 1°08′
Einzelspur	+ 0°02′	− 0°01′			+ 0°05′	+ 0°01′	+ 0°06′
Gesamtspur		+ 0°03′		+ 0°00' → + 0°20'		+ 0°11′	
Radversatz	0°00'		+ 0°10'		+ 0°00′		+ 0°07′
Innenrad Max. Radeinschlag Außenrad							
HINTERACHSE							
Sturz	− 1°17′	**+ 0°35′**	**− 1°53′**	− 1°45' → − 0°35' Diff. L / R + 0°35'	− 1°17′	− 0°13′	− 1°04′
Einzelspur	**+ 0°02′**	+ 0°01′		Diff. L / R + 0°15'	+ 0°08′	− 0°01′	+ 0°09′
Gesamtspur				+ 0°06' → + 0°26'		+ 0°17′	
Fahrachse		+ 0°01′				−0°01′	

ild 10.5c Beispiel für ein Achsmeßprotokoll

Hinweis: Sichtprüfung nicht nur von außen, sondern auch von der Fahrzeugmitte zum Rad (Fahrzeugunterseite).

- ☐ Spurstangen auf Verbiegung kontrollieren,
- ☐ Achsaufhängungen prüfen.

Hinweis: Wenn geschraubte Befestigungsteile verschoben sind, treten neben den Schraubenköpfen deren Abdruckflächen, die durch das Anzugsdrehmoment erzeugt wurden, in Erscheinung. Ähnlichhes gilt auch für die Gummilagerungen der Stabilisatoren. Hier ist bei Verzug der verschmutzungsfreie Lagerbereich zum Teil neben der Aufhängung erkennbar.

Weitere Aufmerksamkeit ist der Innenausstattung des Unfallfahrzeugs zu widmen:

- ☐ Befinden sich Risse in der Armaturentafel, oder ist diese eingedrückt?
- ☐ Sind alle Elektrogeräte noch funktionstüchtig?
- ☐ Sind die Sitzgestelle verbogen?
- ☐ Sind die Sicherheitsgurte beschädigt? (Scheuerstellen an der Gurtführung und Anrisse des Gewebes)

10.2 Fahrzeugtypenspezifische Schadensbilder

Neben diesen allgemeinen Hinweisen gibt es eine Reihe spezieller Erfahrungen, die sich auf bestimmte Fahrzeugtypen beziehen. In der ASA-Lehr- und Versuchswerkstatt von Versicherern und dem Kfz-Handwerk sind eine Vielzahl solcher besonderen Schadensfälle dokumentiert worden. Eine derartige Erfahrungssammlung sollte jeder SV und jede Werkstatt anlegen. Hier einige Beispiele:

Fahrzeughersteller:	Volvo
Fahrzeugtyp:	340 bis 360
Baujahr:	ab 1987
Schadensbereich:	Front
Besonderheit:	Der Motor ist über ein starres Kardanrohr mit dem Hinterachsgetriebe verbunden

Hinweis: Bei mittigen Frontanstößen unbedingt das Fahrzeug im hinteren Bereich von unten besichtigen! Die Getriebehalterungen sind auf Verschiebung bzw. Verformung zu überprüfen. Das Gehäuse des Hinterachsgetriebes ist auf Brüche und Risse zu kontrollieren.

Fahrzeughersteller:	Audi
Fahrzeugtyp:	Audi 80 Modelljahr 1986 bis 6/87 (Reserverad als Notrad)
Schadensbereich:	Heck
Besonderheit:	Der Kraftstofftank ist hinter der Rücksitzbank stehend eingebaut. Der Kofferboden ist mit einer ca. 10 mm starken profilierten Kunststoffplatte abgedeckt.

Hinweis: Auch bei leichten Heckanstößen kann die Kunststoffplatte in den Kraftstofftank gedrückt werden. Das Tankgehäuse ist auf Verformungen durch die Abdeckplatte zu überprüfen.

Reparaturweg:	Bei Beschädigung ist der Kraftstofftank zu erneuern.

Fahrzeughersteller:	Peugeot
Fahrzeugtyp:	205
Baujahr:	ab 1986
Schadensbereich:	Front
Besonderheit:	Der Stabilisator ist an zwei Punkten in Leichtmetall-Gußlagerungen aufgehängt.

Hinweis: Bei seitlichen Frontanstößen auf die Achse oder das Rad kann es vorkommen, daß der Stabilisator aus seiner Verankerung gerissen und gegen den gegenüberliegenden Längsträger gedrückt wird. Hierbei können die Verankerungen brechen. Die Verankerungen sind auf Anrisse zu überprüfen.

Reparaturweg:	Bei Beschädigungen sind der Stabilisator und die -halterungen zu erneuern. Die eingedrückten Längsträger können mit dem Außenausbeulgerät instand gesetzt werden.

Fahrzeughersteller:	Mercedes-Benz
Fahrzeugtyp:	201
Baujahr:	ab 1982
Schadensbereich:	Front
Besonderheit:	Die vorderen Längsträger sind sehr steif und laufen in der Bodengruppe aus.

Hinweis: Bei Frontanstößen in Höhe der Längsträger und bei Beschädigung des Radhauses kann im Kardantunnel in Höhe des Schalthebels eine Knickfalte entstehen.

Reparaturweg: Instandsetzen.

Fahrzeughersteller: VW
Fahrzeugtyp: Corrado
Baujahr: ab 1989
Schadensbereich: Heck
Besonderheit: Bei Heckanstößen kann die Aufprallkraft über den Längsträger sowie die Verstärkung bis in den Schwellerbereich übertragen werden.

Hinweis: Schweller auf Beschädigungen (Knickfalten) kontrollieren, evtl. Bodenteppich entfernen.

Reparaturweg: Instandsetzen.

Fahrzeughersteller: VW
Fahrzeugtyp: Corrado
Baujahr: ab 1989
Schadensbereich: Heck
Besonderheit: Bei Heckaufprall auf das Heckblech kann die Heckklappe über das Deckelschloß gleichmäßig abgeknickt werden.

Hinweis: Heckklappe im Kantenbereich innen auf Stauchungen, Lackabplatzer usw. überprüfen → evtl. Vergleichsmessung diagonal.

Reparaturweg: Teilweise durch herausziehen mit bloßem Händedruck. Knickstellen müssen mit einem Aluhammer nachgerichtet werden. Anschließend Knickstellen verschwemmen (Reparaturzeit max. 4 Std.).
Kostenvergleich: Neutüre (inkl. Klebesatz + Umbau) rund 1150 DM Instandsetzung max. 4 Std.

Fahrzeughersteller: VW
Fahrzeugtyp: Passat
Baujahr: ab 1988
Schadensbereich: Heck
Besonderheit: Beschädigungen im Bodenbereich

a)

b)

Bild 10.6a und b Stärkerer Frontschaden mit Knickstelle im Kardantunnel (von unten betrachtet)

Hinweis: Schon bei leichteren Heckanstößen in Höhe des Stoßfängers kann der Kofferboden bis unter die Rücksitzbank beschädigt sein. Zur genauen Diagnose sollten Matten bzw. Verkleidungen ausgebaut werden.

Reparaturweg: Kofferboden freilegen, Tank ausbauen, Kofferboden und vorderen Querträger durch geeignete Ziehmaßnahmen und anschließende Richtarbeiten instand setzen.

Fahrzeughersteller: Opel
Fahrzeugtyp: Kadett E
Baujahr: ab 1984
Schadensbereich: Front

Hinweis: Bei seitlich versetzten Frontanstößen kann das Radhaus im oberen, hinteren Bereich (innerhalb des Wasserkastens) einknicken. Genaueres ist erst nach Abnahme der Kotflügel festzustellen.

Reparaturweg:	Kotflügel ab und Radhaus instand setzen, evtl. Verstärkungsblech (außen am Radhaus) erneuern.

Fahrzeughersteller:	BMW
Fahrzeugtyp:	3er
Baujahr:	ab 10/82
Schadensbereich:	Front
Besonderheit:	Anstoß erfolgte auf die linke Fahrzeugseite, insbesondere das linke Vorderrad. Dieses wurde in den Radkasten gedrückt. Bodenblech und Spritzwand waren leicht angestaucht.

Hinweis: Bei solchen Anstößen sollte der Mitteltunnel im Bereich des Schalthebels auf Knickstellen usw. kontrolliert werden (von unten nicht sichtbar).

Reparaturweg:	Mitteltunnel komplett freilegen. Fahrzeug auf Richtbank rückverformen und Tunnel ausrichten.

10.3 Entscheidungshilfen für den Reparaturweg

Nachdem der Schadensumfang ermittelt wurde, muß der Instandsetzungsweg festgelegt werden. Dies geschieht Zug um Zug mit der systematischen Schadensaufnahme. Hierbei sollte grundsätzlich von der Fahrzeugaußenseite zur -mitte vorgegangen werden. Bei einem Frontschaden beispielsweise werden nacheinander folgende Fahrzeugteile betrachtet:

- ☐ Kennzeichen,
- ☐ Kennzeichenunterlage,
- ☐ Stoßfänger,
- ☐ Blinker links/rechts,
- ☐ Scheinwerfer links/rechts,
- ☐ Glühlampen links/rechts,
- ☐ Kühlergrill,
- ☐ Frontblech oben/unten,
- ☐ Scheinwerferaufnahmen links/rechts,
- ☐ Kotflügel links/rechts,
- ☐ Radhaus links/rechts,
- ☐ vorderer Längsträger links/rechts usw.

Zur eindeutigen Benennung des jeweiligen Reparaturweges sind folgende Abkürzungen allgemein anerkannt:

E = Erneuern
ET = Erneuern teilweise (Abschnittsreparatur)
I = Instand setzen
IT = Instandsetzung teilweise
N = Nebenarbeit (aus-/einbauen, ohne zu erneuern oder instand zu setzen)
P = Prüfen (z.B. Nockenwellenlagerung bei verbogener Riemenscheibe)
V = Vermessen (genaue Bestimmung, Achs- oder Karosserievermessung erforderlich)
L = Lackieren (nur Oberflächenlackierung)
LI = Lackierung instand gesetzter Teile
LE = Lackierung Erneuerungsteile
U = Unterbodenschutz
H = Hohlraumversiegelung

Zur Festlegung der richtigen Reparaturwege einige Entscheidungshilfen:

- ☐ Bei kleineren Deformationen sollte das Instandsetzen dem Erneuern vorgezogen werden, um den Karosserieverbund nicht zu zerstören.
- ☐ Sobald wirtschaftliche Überlegungen den Neuersatz gebieten, sollte dies auch getan werden. Das gilt insbesondere bei Schraubteilen wie Hauben, Deckeln und Türen.
- ☐ An eingeschweißten Karosseriepartien können häufig Abschnittsreparaturen durchgeführt werden. Die Schnittlinienführung und der Hinweis auf lieferbare Abschnitts-Neuteile sind dem Reparaturhandbuch des Fahrzeugherstellers oder dem EDV-Typenbogen für die Schadenskalkulation zu entnehmen.
- ☐ Sobald Rückverformungen im Trägerbereich anfallen, muß die Richtbank benutzt werden.
- ☐ Der Einsatz von reinen Rückverformungsgeräten (Dozer) ist auf Bagatellschäden zu begrenzen, da für sie kein geeignetes Meßgerät zur Verfügung steht.
- ☐ Bei deutlichen Aufprallerscheinungen an den Rädern, Achsen oder Karosseriepartien der Achsaufhängung ist vor der Karosserie-Vermessung die Achsvermessung durchzuführen.

Hinweis: Die fachgerechte Achsvermessung erfolgt von der spurgebenden Hinterachse aus und zeigt eindeutig jede Abweichung innerhalb der Lenkgeometrie sowie die Schrägstellung der Karosserie zur Achsgeometrie. Damit ist nicht bekannt, ob die Deformation im Achsbereich oder in der Achsaufhängungszone (Karosserie) stattgefunden hat. Erst wenn die getrennten Meßergebnisse vorliegen (Achsgeometrie und Karosseriemeßpunkte), kann der genaue Deformationsbereich bestimmt werden.

- Bei deutlichen Hinweisen einer Krafteinwirkung auf die Lenkung ist das Lenkgetriebe zu erneuern. Einige Fahrzeughersteller bieten hierfür einen Prüf- und Austauschservice an. Dies gilt insbesondere für Servolenkungen.
- Bei beschädigten Bremsenteilen einer Achshälfte ist grundsätzlich für die Erneuerung der Scheiben- oder Trommelbremse auch die andere Achshälfte einzubeziehen. Nur einseitig erneuerte Radbremsen können ein Schiefziehen des Fahrzeugs beim Bremsen verursachen.
- Bremsen, Lenkung und Räder sind primäre Sicherheitsteile an einem Fahrzeug. Reparaturen durch Rückverformen sind daran unzulässig. Wenn nach einer Prüfung Zweifel am ordnungsgemäßen Zustand bestehen, sind die Teile zu erneuern!
- Die Zeit zum Rückverformen einer Karosseriepartie ist im Normalfall mit einer bis zwei Stunden anzusetzen (bis zu einer Schadenshöhe von ca. 6000 DM). Darüber hinaus können zwei bis drei Stunden vertretbar sein; bei einem Seitenschaden sogar vier bis fünf Stunden. Die Unterschiede zwischen Rückverformen und Instandsetzen sind deutlich zu kennzeichnen (vgl. Abschnitt 7.3).

Für die *Erfassung der Reparaturkosten und -zeiten* gibt es vier Möglichkeiten:

- die überschlägige Kalkulation,
- die Mikrofiche-Kalkulation,
- die EDV-Kalkulation,
- die spezielle Lackier-Kalkulation.

Alle Kalkulationsarten werden sowohl von der Kfz-Werkstatt als auch vom Sachverständigen angewendet. Deshalb ist es allein schon aus Gründen der gegenseitigen Verständigung nötig, daß beide Beteiligten zur Unfallschaden-Instandsetzung die Kalkulationsformen beherrschen. Darüber hinaus werden die Kfz-Werkstätten immer häufiger zur Abgabe einer Schadenskalkulation von den Versicherungen aufgefordert, da Pkw-Unfallschäden u.U. bis zu einer Höhe von ca. 3000 DM ohne Sachverständigengutachten abgewickelt werden. Die nachfolgenden Erläuterungen zur Handhabung der einzelnen Kalkulationsverfahren verdeutlichen die einfache Anwendung.

10.4 Überschlägige Kalkulation

Eine überschlägige Kalkulation kann innerhalb kurzer Zeit den Kosten- und Zeitaufwand für die Reparatur eines Unfallschadens mit der Genauigkeit von ca. ± 10% bestimmen. Für die Schadenskategorien bis ca. 2500 DM ist sie ausreichend genau. Außerdem wird sie gerne bei größeren Schäden zur Abschätzung verwendet, ob die Reparaturkosten den Marktwert des Fahrzeugs erreichen (in den Grenzbereichen ist eine genaue Kalkulation erforderlich!). Als Hilfsmittel zur überschlägigen Kalkulation dient ein Nachschlagewerk im Taschenbuchformat. Hierin sind die Ersatzteilpreise und die Vorgabezeiten aller gängigen Fahrzeugtypen (Pkw, Kombi, Bus und Kastenwagen) enthalten. Die Preise werden halbjährlich aktualisiert. Damit sind die Ersatzteilpreise (empfohlene Herstellerpreise ohne MwSt.) vertretbar genau einzusetzen.

Zur genauen Beschreibung der Erstellung einer überschlägigen Kalkulation soll als Hilfsmittel das Eurotax/Schwacke-Kalkulations-Handbuch zugrundegelegt werden. In ähnlicher Weise ist auch bei anderen Handbüchern zur Kalkulation zu verfahren. Die Ersatzteilpreise und Arbeitspositionen sind für jeden Fahrzeugtyp in sieben verschiedene Hauptgruppen unterteilt. Je nach Schadensbereich sind hier alle notwendigen Ersatzteile und Arbeiten aufgeführt. Die Ersatzteilpreise brauchen nur addiert zu werden. Zur Ermittlung der Arbeitszeiten gelten *Besonderheiten:*

Lesehilfe

BMW

Preisstand: März 1991

		325iX		320i		324td		325i		520/6		520i	
		1-Lim-2 87-91 E30 2.5 Ltr/125 kW KAT 2-Lim-4 87-91 E30 2.5 Ltr/125 kW KAT		Touring Kom-5 89- E30/5 2.0 Ltr/95 kW KAT		Touring Kom-5 89- E30/5 2.4 Ltr/85 kW		Cabriolet Cab-2 87- E30 2.5 Ltr/125 kW KAT		Lim-4 -81 E12 2.0 Ltr/90 kW		Lim-4 82-86 E28 2.0 Ltr/92 kW KAT	

Mitte — **GRUPPE II**

Nr.	Ersatzteile	DM	AZ/h	DM	AZ/h	DM	AZ/h	DM	AZ/h	DM	AZ/h	DM	AZ/h
	Fensterheber elektr. (1)	54,—	0,8										
	Fensterheber elektr. (2)	54,—	0,7										
	Motor Fensterheber	230,—	0,8	189,—	0,7	189,—	0,7	260,—	0,8	240,—	0,8	240,—	0,8
	Außengriff	8,25	0,2	15,—	0,8	15,—	0,8	8,25	0,2	10,50	0,2	8,85	0,2
	Schließzylinder			53,50	0,8	53,50	0,8						
	Schloß							50,60	0,7	42,—	0,8	43,—	0,7
	Schloß (1)	56,50	0,7										
	Schloß (2)	56,50	0,8										
	Schließkeil											0,05	
	Motor Zentralverriegelung	52,—	0,9						0,9				
	Außenspiegel li. elektr. vers			141,—	0,3	141,—	0,3			154,—	0,7	154,—	0,7
	Außenspiegel links heizbar	173,—	0,2										
	Außenspiegel links verstellb/	173,—	0,2	173,—	0,3	173,—	0,3	173,—	0,2	250,—	0,7	240,—	0,3
	Außenspiegelglas links											20,—	0,2
	Außensp. Glas el.verst./hzb	59,50	0,2					59,50	0,2				
	Spiegelglas elektr. verst.bar			20,—	0,2	20,—	0,2						
	Spiegelglas lin. hzb/elektr. v			59,50	0,2	59,50	0,2					59,50	0,2
2300	**Tür hinten**			**470,—**	**2,3**	**470,—**	**2,3**			**450,—**	**2,8**	**465,—**	**2,8**
2300	Tür hinten (2)	460,—	2,0										
	Scharnier oben (2)	24,50											
	Scharnier unten (2)	24,50											
	Türhalter (2)	24,50											
	Dichtung			48,—	0,3	48,—	0,3			61,50	0,6	60,—	0,3
	Dichtung (2)	17,50	0,3										
	Scheibe									79,50	1,3	79,50	0,8
	Scheibe (2)	66,—	0,8										
	Scheibe getönt			106,—	0,8	106,—	0,8			117,—	1,3	117,—	0,8
	Scheibe getönt (2)	106,—	0,8										
	Dreieckscheibe									24,50	1,0	24,50	0,8
	Dreieckscheibe (2)	24,—	0,7										
	Dreieckscheibe getönt			51,—	0,7	51,—	0,7			37,—	1,0	37,—	0,8
6300	**Wasserpumpe**	**140,—**	**1,2**	**114,—**	**0,9**	**114,—**	**0,8**	**125,—**	**1,5**	**140,—**	**1,3**	**140,—**	**1,3**
6300	Wasserpumpe AT			71,50	0,8	71,50	0,8	71,50	1,5	71,50	1,3	71,50	1,3
	Lüfterflügel	22,50	0,6	21,50	0,6	33,—	0,3	33,—	0,5	31,—	0,3	31,—	0,3
	Lüfterkupplung					143,—	0,3	143,—	0,3	167,—	0,3	167,—	0,3
	Gebläse komplett			428,—	0,5								
	Thermostat	50,—	0,3	50,—	0,3	50,—	0,5	38,—	0,5	37,50	0,5	37,50	0,5
	Gebläsegehäuse									18,60	0,3	18,60	0,3
	Kühler	214,—	0,5	236,—	0,4	236,—	0,5	270,—	0,8	394,—	0,9	416,—	0,9
	Kühler für Automatic	377,—	0,6	411,—	0,4	411,—	0,8	394,—	0,9	506,50	1,1	388,—	1,1
	Kühlerschlauch oben	11,—		11,50		8,40	0,4	13,50	0,4	18,—	0,4	18,—	0,4
	Kühlerschlauch unten	10,50		11,—		13,50	0,4	51,—	0,4	18,50	0,4	24,—	0,4
	Kühlerzarge			16,40	0,4	17,—	0,3	19,10	0,3	18,60	0,3		
	Ausgleichsbehälter									39,50	0,5	39,50	0,5
	Ölkühler									281,—	0,5	281,—	0,7
	Klimaanlagen-Kondensator					390,—	1,8	390,—	2,2	390,—	2,0	390,—	2,0
	Klimaanlagen-Gebläse					432,50	0,8	405,—	1,3	405,—	1,3	405,—	1,3
	Klimaanlagen-Kompressor					640,—	1,5	640,—	1,6	640,—	1,8	640,—	1,8
	Klimaanlagen-Trocknerflasche					155,—	1,7	155,—	1,7	155,—	1,7	155,—	1,7
6400	**Kraftstofftank**	**173,—**	**1,1**	**215,—**	**1,1**	**395,—**	**2,0**	**250,—**	**2,6**	**250,—**	**2,4**	**250,—**	**2,0**
	Tankverschluß			5,10		7,60		7,60		7,60		7,60	
	Tankverschluß abschließbar	26,80		27,19		37,19		37,19		37,19		37,19	
	Kraftstoffpumpe	78,—	0,3	106,50	0,3	106,50	0,4						
	Kraftstoffpumpe elektrisch							229,—	0,5				
6500	**Auspuffrohr vorn**	**81,—**	**0,3**	**84,25**	**0,5**	**98,75**	**0,5**					**68,—**	**0,6**
6500	Auspuffrohr vorn I							42,—	0,7	53,50	0,8		
6500	Auspuffrohr vorn II							44,50	0,7	52,—	0,8		
	Auspuffleitung Mitte	112,50	0,6	136,—	0,6	155,—	0,8	177,—	0,6			284,—	1,1
	Katalysator							1.065,—	0,7				
	Lambda-Sonde							162,—	0,3				
	Zwischenschalldämpfer									166,—	0,8		
	Hauptschalldämpfer	134,50	0,4	177,50	0,4	190,—	0,8	224,—	0,5	218,—	0,9	275,—	1,1
	Auspuffblende								0,2		0,2		

Rohkarosse, Nebenarbeiten — **GRUPPE VII**

Nr.	Ersatzteile	DM	AZ/h	DM	AZ/h	DM	AZ/h	DM	AZ/h	DM	AZ/h	DM	AZ/h
7000	**Rohkarosse**			**6.360,— bp**	**31,0**	**6.690,— bp**	**34,9**	**6.970,— bp**	**36,3**	**7.070,— bp**	**36,3**	**7.370,— bp**	**37,2**
7000	Rohkarosse mit SD				31,0	7.070,— bp	37,3	7.760,— bp	38,5	7.450,— bp	38,5	7.760,— bp	39,4
7200	**Aggregate vorn a + e**		**5,7**		**5,4**		**5,0**		**5,8**		**6,0**		**5,3**
7200	Aggregate hinten a + e		3,5		2,9								
	Motor mit Getriebe a + e		4,3		3,7		4,2		4,6		4,5		5,1

bp = ohne Türen, Deckel, Kotflügel vorne

Das Trio im GW-Geschäft: SuperSCHWACKE - SCHWACKE Kalkulation - SCHWACKE Lackierung 45

Baureihe

Ausführungsvariante des ersten Types

Hubraum/kW/KAT

Modelljahr und Werkscode

Ausführungsvariante des zweiten Types

Modelljahr und Werkscode

Hubraum/kW/KAT

Informationen, die sich nur auf den Typ 1 oder 2 beziehen.

Hauptgruppen:

Gruppe I Front

Gruppe II Mitte

Gruppe III Heck

Gruppe IV Vorderachse, Lenkung

Gruppe V Hinterachse, Getriebe

Gruppe VI Motor, Kühlung, Auspuff

Gruppe VII Rohkarosse, Nebenarbeiten

TE = Teilersatz
AT = Austausch-Teil

Hauptpositionen

Anmerkungen

Bild 10.7 Auszug aus dem Kalkulationshandbuch (Quelle: Eurotax/Schwacke)

Audi	80	80	80	90	90	Coupé
Preisstand: März 1991	Quattro Lim-4 85-87 85 1.8 Ltr/66 kW	1-Lim-4 87- 893 1.6 Ltr/55 kW KAT 2-D Lim-4 87- 893 1.6 Ltr/40 kW	TD Lim-4 88- 893 1.6 Ltr/59 kW	Lim-4 -86 813/85 2.0 Ltr/85 kW KAT	Lim-4 87- 893 2.0 Ltr/85 kW KAT	GT 5 S Cpé-2 -87 85 1.9 Ltr/85 kW

Front — **GRUPPE I**

Nr.	Ersatzteile	DM	AZ/h	DM	AZ/h	DM	AZ/h	DM	AZ/h	DM	AZ/h	DM	AZ/h
700	Windschutzscheibe Verb./getönt	364,—	0,9	470,—	2,2	470,—	2,2	364,—	0,9	470,—	2,5	423,—	0,9
	Dichtung	87,40	0,9	25,40	2,5	25,40	2,5	87,40	0,9			87,40	0,9
	Rep. Satz Verglasung			89,20	2,5	89,20	2,5			89,20	2,5		
	Zierrahmen komplett									62,70	2,5		
	Zierrahmen oben	10,40	0,9					10,40	0,9			10,40	0,9
	Zierrahmen unten	10,40	0,9					10,40	0,9				
	Wischerblatt			19,40	0,2	19,40	0,2	19,40	0,2	19,40	0,2	16,60	0,2
	Wischerarm			37,50	0,2	37,50	0,2	37,50	0,2	38,—	0,2	37,50	0,2
	Wischermotor			165,—	0,6	165,—	0,6	153,—	0,5	165,—	0,6	153,—	0,5
	Wischermotor AT			115,—	0,6	115,—	0,6	117,—	0,5	115,—	0,6	117,—	0,5

Mitte — **GRUPPE II**

Nr.	Ersatzteile	DM	AZ/h	DM	AZ/h	DM	AZ/h	DM	AZ/h	DM	AZ/h	DM	AZ/h
000	**Dach**	**475,—**	**14,4**	**520,—**	**21,9**	**520,—**	**21,9**	**475,—**	**14,4**	**520,—**	**22,9**	**386,—**	**13,6**
000	Dach mit SD-Ausschnitt	753,—	16,2	781,—	23,5	781,—	23,5	753,—	15,7	781,—	24,5	770,—	15,1
	Schiebedachdeckel	203,50	1,0	203,50	0,7	203,50	0,7	203,50	1,0	203,50	0,7	384,—	0,5
	Himmel		2,9	171,50	4,2	171,50	4,2	121,—	2,9	266,—	4,2	248,50	0,9
	Himmel mit SD-Ausschnitt			266,—	3,7	266,—	3,7	121,—	4,7	266,—	3,7	287,—	1,6
	Zierleiste Regenrinne	50,40	0,7										
	Zierleiste Regenrinne hinten	38,35	0,5										
200	**Tür vorn**	**269,—**	**2,8**	**269,—**	**1,6**	**269,—**	**1,6**	**491,—**	**2,9**	**269,—**	**1,8**	**608,—**	**2,9**
	Türhaut	208,50	4,2										
	Scharnier oben									30,50	0,2		
	Scharnier oben/unten	21,90											
	Dichtung	43,35	0,2	63,70	0,3	63,70	0,3	65,50	0,2	75,70	0,3	53,30	0,2
	Fensterrahmen			300,—	1,4	300,—	1,4			300,—	1,4		
	Scheibe	102,—	0,7	105,—	0,8	105,—	0,8	102,—	0,7	105,—	0,8	136,—	0,7
	Scheibe getönt	152,—	0,7	155,50	0,8	155,50	0,8	152,—	0,7	155,50	0,8	184,50	0,7
	Zierleiste			32,55	0,9	32,55	0,9	55,10	0,9	52,90	0,9	32,70	0,9
	Fensterheber	70,90	0,6	60,70	0,9	60,70	0,9	70,90	0,6	60,70	0,9	70,90	0,6
	Fensterheber elektr.	367,—	0,6	91,20	0,9	91,20	0,9	367,—	0,6	91,20	0,9	367,—	0,6
	Motor Fensterheber			131,—	0,9	131,—	0,9			131,—	0,9		
	Außengriff	39,75	0,2	21,90	1,0	21,90	1,0	39,75	0,2	21,90	1,0	39,75	0,2
	Schloß	39,40	0,2	39,40	0,2	39,40	0,2	47,10	0,2	47,10	0,2	47,10	0,2
	Außenspiegel links							66,40	0,2			90,20	0,7
	Außenspiegel li. elektr. vers							193,50	0,7				
	Außenspiegelgehäuse links			142,50	0,7	142,50	0,7						
	Außenspiegelgeh. li. elektr.v			142,50	0,7	142,50	0,7			142,50	0,7		
	Außenspiegelglas links			28,05	0,2	28,05	0,2						
	Spiegelglas lin. hzb/elektr. v			55,90	0,2	55,90	0,2			55,90	0,2		
300	**Tür hinten**	**491,—**	**2,0**	**269,—**	**1,6**	**269,—**	**1,6**	**491,—**	**2,4**	**269,—**	**1,8**		
	Türhaut	208,50	4,3										
	Scharnier oben	14,90											
	Scharnier unten	22,40											
	Dichtung	53,30	0,2	63,70	0,3	63,70	0,3	65,50	0,2	75,70	0,3		
	Fensterrahmen			300,—	1,4	300,—	1,4			300,—	1,4		
	Scheibe	102,—	1,0	89,70	0,8	89,70	0,8	75,20	1,0	89,70	0,8		
	Scheibe getönt			132,—	0,8	132,—	0,8	109,50	1,0	132,—	0,8		
	Zierleiste	50,50	0,2	29,30	0,7	29,30	0,7	50,50	0,9	38,70	0,7		
	Fensterheber	47,30	0,6	60,70	0,9	60,70	0,9	47,30	0,6	60,70	0,9		
	Fensterheber elektrisch			294,—	0,9	294,—	0,9	367,—	0,6	294,—	0,9		
	Motor Fensterheber	367,—	0,6										
	Außengriff	28,90	0,2	21,90	0,8	21,90	0,8	28,90	0,8	21,90	0,8		
	Schloß	47,10	0,2	39,40	0,2	39,40	0,2	47,10	0,2	47,10	0,2		
400	**Einstiegsschweller**	**135,50**	**7,9**	**112,—**	**8,0**	**112,—**	**8,0**	**135,50**	**8,5**	**112,—**	**8,8**	**135,50**	**5,7**
400	Zierleiste							33,80	0,7			22,10	0,2
	Blende			47,05	0,4	47,05	0,4	118,—	0,2	47,05	0,4		
	Scharniersäule vorn	138,50	11,3	138,50	18,2	138,50	18,2			138,50	18,9		
	Mittelsäule	132,50	7,0	155,50	6,6	155,50	6,6	132,50	7,3	155,50	7,2		
	Schließblech							24,65	2,0				
	Blende			16,40	0,1	16,40	0,1			16,40	0,1		

Heck — **GRUPPE III**

Nr.	Ersatzteile	DM	AZ/h	DM	AZ/h	DM	AZ/h	DM	AZ/h	DM	AZ/h	DM	AZ/h
000	**Stoßstange komplett**	**108,50**	**0,4**										
000	Stoßstange			262,—	0,6	262,—	0,6	437,—	0,3	367,—	0,9	230,50	0,6
000	Abdeckung	108,50	0,6	24,50	0,2	24,50	0,2	304,—	0,6			108,50	0,6
	Halter außen			2,10	0,5	2,10	0,5	2,75	0,3	2,10	0,6	1,40	0,4
	Halter innen			4,95	0,5	4,95	0,5			4,95	0,6		
	Seitenwand	**241,—**	**12,3**	**201,50**	**11,5**	**201,50**	**11,5**	**241,—**	**10,2**	**201,50**	**11,5**	**372,—**	**11,3**
	Zierleiste	14,15	0,9	6,80	0,3	6,80	0,3	14,15	0,9	10,25	0,3	23,45	0,9
	Tankklappe	19,20	0,1	19,20	0,2	19,20	0,2	19,20	0,1	19,20	0,2	19,20	
	Seitenscheibe	25,65	0,7	90,—	1,9	90,—	1,9			90,—	1,9		

Unverbindlich empfohlene Preise ohne USt

Bild 10.8a Auszug aus dem Kalkulationshandbuch (Quelle: Eurotax/Schwacke)

Audi	80	80	80	90	90	Coupé
Preisstand: März 1991	Quattro Lim-4 85-87 85 1.8 Ltr/66 kW	1-Lim-4 87- 893 1.6 Ltr/55 kW KAT 2-D Lim-4 87- 893 1.6 Ltr/40 kW	TD Lim-4 88- 893 1.6 Ltr/59 kW	Lim-4 -86 813/85 2.0 Ltr/85 kW KAT	Lim-4 87- 893 2.0 Ltr/85 kW KAT	GT 5 S Cpé-2 -87 1.9 Ltr/85 kW

Heck — **GRUPPE III**

Nr.	Ersatzteile	DM	AZ/h	DM	AZ/h	DM	AZ/h	DM	AZ/h	DM	AZ/h	DM	AZ/h
	Seitenscheibe getönt	32,55	0,7	102,—	1,9	102,—	1,9			102,—	1,9		
	Reparatursatz			89,20		89,20				89,20			
3200	**Heckleuchtenglas**	**63,60**	**0,4**									**93,—**	**0,4**
	Heckleuchtengehäuse											27,85	0,4
	Heckleuchtenglas außen			65,70	0,4	65,70	0,4	63,60	0,4	65,70	0,4		
	Heckleuchtengehäuse außen			16,55	0,4	16,55	0,4	18,80	0,4	16,55	0,4		
	Heckleuchtenglas innen			55,20	0,4	55,20	0,4	225,—	0,4	226,—	0,4		
	Kennzeichenleuchte			9,85	0,2	9,85	0,2	9,85	0,2	9,85	0,4	11,95	0,2
3300	**Heckdeckel**	**480,—**	**1,8**	**345,—**	**1,2**	**345,—**	**1,2**	**480,—**	**1,8**	**345,—**	**1,4**	**607,—**	**1,7**
	Dichtung	39,—	0,2	37,95	0,2	37,95	0,2	39,—	0,2	37,95	0,2	39,—	0,2
	Scharnier	46,25	0,9	56,80	0,2	56,80	0,2	46,25	0,9	56,80	0,2	28,50	0,6
	Gasdruckfeder			42,50	0,1	42,50	0,1			42,50	0,1		
	Stütze	32,—	0,2										
	Schloß	35,20	0,2	11,30	0,2	11,30	0,2	12,10	0,2	11,30	0,2	10,90	0,2
	Heckspoiler			377,—	0,4	377,—	0,4	279,—	1,3	377,—		144,—	1,1
3400	**Heckblech**	**174,50**	**8,2**	**219,—**	**7,4**	**219,—**	**7,4**	**174,50**	**8,2**	**219,—**	**7,4**	**205,—**	**5,7**
3400	Heckblech unten							73,30	5,4				
	Heckleuchtenträger	18,80	1,6	20,80	1,9	20,80	1,9	20,80	1,6	20,80	1,9		
	Schürzenblech unten	73,30	5,4										
3500	**Heckboden**	**2.485,—**	**11,5**	**144,—**	**13,6**	**144,—**	**13,6**	**611,—**	**11,5**	**144,—**	**13,6**	**611,—**	**11,5**
3600	**Radhaus außen**	**95,90**	**1,9**	**95,90**	**2,5**	**95,90**	**2,5**	**95,90**	**1,9**	**95,90**	**2,5**	**95,90**	**1,9**
3600	Radhaus innen	588,—	3,3	115,—	3,3	115,—	3,3			115,—	3,3		
	Längsträger	339,—	2,2	174,—	5,0	174,—	5,0			174,—	5,0		
3700	**Heckscheibe heizbar**	**350,—**	**0,9**	**354,—**	**2,2**	**354,—**	**2,2**	**350,—**	**0,9**	**354,—**	**3,3**	**351,—**	**0,9**
3700	Heckscheibe heizbar/getönt	429,—	0,9	404,—	2,2	404,—	2,2	429,—	0,9	404,—	3,3	402,—	0,9
	Dichtung	61,80	0,9	404,—	2,2	404,—	2,2	61,80	0,9			83,60	0,9
	Rep. Satz Einglasung			89,20	2,2	89,20	2,2			89,20	3,3		
	Zierrahmen komplett									62,70	3,3		
	Zierrahmen oben	9,90	0,9					9,90	0,9				
	Zierrahmen unten	10,40	0,9					9,90	0,9			29,—	0,9
	Zierrahmen seitlich											9,90	0,9
	Wischerarm											23,—	0,2
	Wischermotor											176,—	0,8

Vorderachse, Lenkung — **GRUPPE IV**

Nr.	Ersatzteile	DM	AZ/h	DM	AZ/h	DM	AZ/h	DM	AZ/h	DM	AZ/h	DM	AZ/h
4000	**Vorderachsträger**	**534,—**	**1,3**	**342,—**	**1,6**	**342,—**	**1,6**	**423,—**	**1,3**	**423,—**	**1,6**	**423,—**	**1,3**
	Querlenker	266,—	1,0										
	Schubstrebe (Längsstrebe)	39,50											
	Querlenker unten			95,—	0,7	95,—	0,7	118,50	0,7	118,50	0,7	95,—	0,7
	Querlenkerlager			9,65	1,0	9,65	1,0	10,90	1,0	10,90	1,0	9,65	0,8
	Stoßdämpfer	143,50	1,6	143,50	1,8	143,50	1,8	118,50	1,6	143,50	1,8	118,50	1,6
	Stoßdämpfer AT		1,6										
	Vorderfeder	72,50	1,4	72,50	1,6	72,50	1,6	70,30	1,4	72,50	1,6	70,30	1,4
	Stabilisator	72,70	0,7	72,70	0,7	72,70	0,7	105,50	0,7	105,50	0,7	72,70	0,7
4200	**Antriebswelle**	**623,—**	**0,7**	**588,—**	**0,9**	**588,—**	**0,9**	**595,—**	**0,7**	**588,—**	**0,9**	**595,—**	**0,7**
4200	Antriebswelle rechts	623,—											
4200	Antriebswelle AT	466,—	0,7	437,—	0,9	437,—	0,9	466,—	0,7	439,—	0,9	421,—	0,7
4200	Gelenk außen			311,—	1,3	311,—	1,3	350,—	1,1	317,—	1,3	311,—	1,1
	Manschette außen			21,75	1,3	21,75	1,3	27,25	1,1	28,20	1,3	27,25	1,1
	Manschette innen			28,75	1,4	28,75	1,4	38,80	1,2	38,80	1,4	33,—	1,2
4300	**Lenkrad**	**553,—**	**0,2**	**206,—**	**0,2**	**206,—**	**0,2**	**185,—**	**0,2**	**206,—**	**0,2**	**206,50**	**0,2**
4300	Lederlenkrad			573,—	0,2	573,—	0,2			573,—	0,2		
	Lenkschloß			46,95	1,1	46,95	1,1	82,50	0,6	46,95	1,1	82,50	0,6
	Zündschloß/Schließzylinder			39,40	0,9	39,40	0,9	39,40	0,6	39,40	0,9	26,45	0,6
	Kombischalter			127,30	0,4	127,30	0,4			127,30	0,4		
	Lenksäule komplett	64,90	1,1										
	Lenkspindel oben			66,70	0,9	66,70	0,9	64,90	1,1	66,70	0,9	64,90	1,1
	Lenkspindel unten			30,25	0,7	30,25	0,7	29,30	0,7	30,25	0,7	29,30	0,7
	Lenkmantelrohr	191,50	0,7	34,80	0,9	34,80	0,9	14,85	1,1	34,80	0,9	14,85	1,1
	Lenkung	1.625,—	1,3	567,—	1,3	567,—	1,3	456,—	1,3	567,—	1,3	456,—	1,3
	Servolenkung			1.625,—	2,5	1.625,—	2,5	1.625,—	1,9	1.625,—	2,5	1.625,—	1,9
	Servolenkung AT	1.056,—	1,3	1.079,—	2,5	1.079,—	2,5	1.079,—	1,9	1.056,—	2,5	1.135,—	1,9
	Lenkungsdämpfer	78,80	0,2	78,80	0,4	78,80	0,4	78,80	0,4	78,80	0,4	78,80	0,4
	Spurstange	91,70	0,5	91,70	0,7	91,70	0,7	91,70	0,5	91,70	0,7	91,70	0,7
	Spurstangenkopf	27,25	0,5	30,05	0,3	30,05	0,3			30,05	0,3		
	Pumpe Servolenkung			320,—	1,3	320,—	1,3			320,—	1,3		
4400	**Achsschenkel**	**386,—**	**2,0**	**275,—**	**2,2**	**275,—**	**2,2**	**266,—**	**2,0**	**275,—**	**2,2**	**266,—**	**2,0**
	Radnabe			155,50	1,8	155,50	1,8	155,50	1,6	155,50	1,8	107,50	1,6
	Radlager			82,50	1,8	82,50	1,8	82,50	1,6	82,50	1,8	82,50	1,6
4500	**Bremsankerplatte**	**108,70**	**0,5**										
4500	Spritzblech			7,50	0,6	7,50	0,6	7,90	0,5	7,50	0,6	7,90	0,6
4500	Bremsscheibe			43,95	0,5	43,95	0,5	102,—	0,5	89,—	0,5	35,70	0,5

* = Nettozeiten

17

Bild 10.8b Auszug aus dem Kalkulationshandbuch (Quelle: Eurotax/Schwacke)

Audi Preisstand: März 1991	80	80	80	90	90	Coupé
	Quattro Lim-4 85-87 85 1.8 Ltr/66 kW	1-Lim-4 87- 893 1.6 Ltr/55 kW KAT 2-D Lim-4 87- 893 1.6 Ltr/40 kW	TD Lim-4 88- 893 1.6 Ltr/59 kW	Lim-4 -86 813/85 2.0 Ltr/85 kW KAT	Lim-4 87- 893 2.0 Ltr/85 kW KAT	GT 5 S Cpé-2 -87 85 1.9 Ltr/85 kW

Motor, Kühlung, Auspuff **GRUPPE VI**

Nr.	Ersatzteile	DM	AZ/h	DM	AZ/h	DM	AZ/h	DM	AZ/h	DM	AZ/h	DM	AZ/h
	Luftmengenmesser							247,—	0,7	414,—	0,7		
300	**Wasserpumpe**	**156,50**	**0,9**	**156,50**	**1,3**	**156,50**	**1,3**	**134,—**	**1,6**	**134,—**	**1,6**	**134,—**	**1,6**
300	Wasserpumpe AT	79,90	0,9	79,90	1,3	79,90	1,3	75,90	1,6	75,90	1,6	75,90	1,6
	Elektrolüfter					132,—	0,3	123,50	0,7	216,—	0,3	123,50	0,7
	Elektrolüfter (1)			123,50	0,3								
	Elektrolüfter (2)			132,—	0,3								
	Lüfterflügel			16,70	0,5	16,70	0,5	11,—	0,9	18,65	0,5	19,55	0,8
	Thermostat					26,25	0,7	32,60	0,5	32,60	0,5	32,60	0,5
	Thermostat (1)			27,—	0,5								
	Thermostat (2)			26,25	0,7								
	Gebläsegehäuse	42,75											
	Kühler	255,—	1,3			476,—	1,1	262,—	1,3	262,—	1,3	235,50	1,3
	Kühler (1)			255,—	1,1								
	Kühler (2)			476,—	1,1								
	Kühlerschlauch oben	18,85	0,2	21,70	0,3	21,70	0,3	21,70	0,3	21,70	0,3	21,15	0,1
	Kühlerschlauch unten	30,50	0,2	30,50	0,3	30,50	0,3	32,70	0,3	25,60	0,3	21,15	0,1
	Kühlerzarge					42,75	0,3	41,50	0,7	52,60	0,3	43,75	0,7
	Kühlerzarge (1)			64,60	0,3								
	Kühlerzarge (2)			42,75	0,3								
400	**Kraftstofftank**	**342,—**	**1,3**	**342,—**	**1,3**	**342,—**	**1,3**	**323,—**	**1,3**	**342,—**	**1,3**	**319,—**	**1,3**
	Tankverschluß abschließbar	26,15											
	Kraftstoffpumpe	104,—	0,5									109,—	0,2
	Kraftstoffpumpe (1)			104,—	0,2								
	Kraftstoffpumpe elektrisch							239,—	0,5	239,—	0,5		
	Kraftstoffpumpe elektrisch (1)			239,—	0,5								
500	**Auspuffrohr vorn**	**130,—**	**0,9**			**133,50**	**0,9**	**221,—**	**0,9**	**207,—**	**0,9**	**221,—**	**0,9**
500	Auspuffrohr vorn (1)			207,—	0,9								
500	Auspuffrohr vorn (2)			106,50	0,9								
500	Vorschalldämpfer			184,50	0,7	184,50	0,7	145,—	0,7	184,50	0,7	145,—	0,7
	Katalysator							919,—	0,7	919,—	0,7		
	Katalysator (1)			684,—									
	Zwischenschalldämpfer							195,—	0,5			195,—	0,5
	Hauptschalldämpfer	249,—	0,7					226,50	0,4	340,—	0,5	200,—	0,4
	Hauptschalldämpfer (1)			266,—	0,5								
	Nachschalldämpfer	156,50	0,5			287,—	0,4			226,50	0,7		
	Nachschalldämpfer (1)			226,50	0,4								
	Nachschalldämpfer (2)			287,—	0,4								
	Auspuffrohr hinten	39,85											
	Auspuffblende											15,95	

Rohkarosse, Nebenarbeiten **GRUPPE VII**

Nr.	Ersatzteile	DM	AZ/h	DM	AZ/h	DM	AZ/h	DM	AZ/h	DM	AZ/h	DM	AZ/h
000	**Rohkarosse**			**9.315,— bn**	**46,0**	**9.315,— bn**	**46,0**		**43,0**	**9.315,— bn**	**48,7**		**34,7**
000	Rohkarosse mit SD			9.595,— bn	47,5	9.595,— bn	47,5		44,3	9.595,— bn	50,2		35,4
200	**Aggregate vorn a + e**		**11,4**		**8,3**		**8,3**		**11,4**		**9,7**		**12,3**
200	Aggregate hinten a + e		3,2		4,0		4,0		3,2		4,2		4,3
	Motor a + e		5,7		2,9		2,9		5,7		4,7		5,2
	Getriebe a + e		3,3		3,3		3,3		3,3		3,3		3,3
	Hinterachse a + e				.2,2		2,2				2,2		

Audi Preisstand: März 1991	Coupé	Quattro	100	100	100	100
	Cpé-3 88- 89 2.3 Ltr/98 kW KAT	Cpé-2 80- 850 2.2 Ltr/147 kW	1-L Lim-2 77-82 43 2.1 Ltr/85 kW 2-L Lim-4 77-82 43 2.1 Ltr/85 kW	L Avant Lim-5 79-82 43 1.9 Ltr/74 kW	1-CC Lim-4 83-91 44 1.9 Ltr/74 kW 2-CC Avant Lim-5 83- 44 1.9 Ltr/74 kW	1-CC Diesel Lim-4 -87 44 2.0 Ltr/51 kW 2-Diesel Lim-4 88-91 44 2.0 Ltr/51 kW

Front **GRUPPE I**

Nr.	Ersatzteile	DM	AZ/h	DM	AZ/h	DM	AZ/h	DM	AZ/h	DM	AZ/h	DM	AZ/h
000	**Stoßstange**	**671,—**	**1,2**			**471,—**	**0,8**	**471,—**	**0,8**	**189,50**	**1,1**	**189,50**	**1,1**
000	Verkleidung			534,—	2,0								
000	Abdeckung									106,—	1,1		
000	Abdeckung (1)											106,—	1,1
000	Abdeckung (2)											106,—	1,6
	Verstärkung			124,50	1,7								
	Blende									23,45	0,2	23,45	0,2
	Blende seitlich									8,65	0,2	8,65	0,2
	Gummi Mitte					5,50	0,1	5,50	0,1				

bn=mit Türen und Deckel

Das Trio im GW-Geschäft: SuperSCHWACKE - SCHWACKE Kalkulation - SCHWACKE Lackierung

Bild 10.8c Auszug aus dem Kalkulationshandbuch (Quelle: Eurotax/Schwacke)

SCHADENSKALKULATION

Fahrzeugart: *Pkw* Erstzulassung: *1989*

Fahrzeugtyp: *Audi 80 ab 87* Schadenbereich: *Heckschaden*

Bezeichnung	Arbeitsgang	Teilepreis	Arbeitszeit	
			Brutto	Netto
STOSSSTANGE (hinten)	*E*	*262,—*	*0,6*	—
HECKLEUCHTENGLAS	*E*	*65,70*	*0,4*	—
HECKBLECH (o + u)	*E*	*219,—*	*7,4*	*7,4*
NACHSCHALLDÄMPFER	*E*	*226,50*	*0,4*	—
KOFFERBODEN	*I*			*1,0*
Zuggerät an + ab				*1,0*
Rückverformen				*1,5*
Glühlampen		*12,—*		
Schwemmaterial		*20,—*		
Sonstiges				
		805,20		*10,9*

Schlußkalkulation:

Arbeitszeitkosten *10,9 Std. × 80 DM/h*	= *872,—* DM
Materialkosten	= *805,20* DM
Kleinmaterial (2 %)	= *16,10* DM
Unterbodenschutz + Hohlraumversiegelung ca.	= *30,—* DM
Lackierung ca.	= *650,—* DM
Summe	= *2373,30* DM
plus 14 % MWSt.	= *332,26* DM
Endsumme	= *2705,56* DM

Bild 10.9 Spezial-Auflistung für die überschlägige Kalkulation gemäß Kalkulationshandbuch der Bilder 10.8a, b, c

Die angegebenen Arbeitszeiten enthalten immer die gesamte Zeit für die Erneuerung eines Teiles.

Beispiel: Frontblecherneuerung
Darin sind enthalten:

- ☐ Stoßstange vorn ab- und anbauen,
- ☐ Kühlergrill aus- und einbauen,
- ☐ Kotflügel ab- und anbauen,
- ☐ Scheinwerfer ab- und anbauen, usw.

Diese Zeitvorgabe hat den Vorteil, daß für jeden Fahrzeugtyp sofort die richtige Gesamtzeit angegeben ist. Daher darf bei einer gleichzeitigen Erneuerung z.B. der Stoßstange nur noch der Ersatzteilpreis für die Schadenskalkulation berücksichtigt werden und nicht mehr die hierfür angegebene Arbeitszeit. Aus dieser Festlegung heraus ist zu verstehen, daß die einzelnen Arbeitszeiten für die Erneuerung mehrerer Teile *nicht* automatisch addiert werden dürfen. Es ist immer zu klären, ob einzelne Arbeitspositionen in den Verbundzeiten anderer enthalten sind.

Bei allen Erneuerungsarbeiten können mehr oder weniger *Nebenarbeiten* anfallen. Das sind z.B. Aggregate aus- und einbauen, Richtbankbenutzung u.ä. Da diese Arbeiten nicht generell anfallen, müssen sie separat berücksichtigt werden. Der Arbeitszeitaufwand ist in der Gruppe VII des Nachschlagewerkes für jeden Fahrzeugtyp festgehalten. Diese Zeiten müssen zu den Erneuerungszeiten und Kosten addiert werden.

Beispiel: Radhauserneuerung
Material: 110 DM
Zeit: 7,1 h

Aus Gruppe VII müssen noch hinzugezählt werden:

Aggregate vorn aus- und einbauen	5,8 h
Richtbank umrüsten	1,0 h
Fahrzeug auf Richtbank setzen und abnehmen	1,5 h
	8,3h
+ Arbeitszeit Radhaus erneuern	7,1 h
Gesamt-Arbeitszeit	15,4 h
+ Materialkosten: 110 DM	

Zum Abschluß des Abschnitts «Überschlägige Kalkulation eines Unfallschadens» ein komplettes Beispiel aus dem Werkstattalltag:

Beschädigtes Fahrzeug	Audi 80
Baujahr:	1989
Schadensbereich:	Heck

Ein Rundgang um das Fahrzeug hat gezeigt, daß keine weitere Beschädigung als die genannte vorliegt. In dem Kalkulationshandbuch ist der Fahrzeugtyp Audi 80, ab Baujahr 1987, aufgelistet. Die systematische Schadensaufnahme erfolgt von außen nach innen, oder in diesem Fall besser ausgedrückt, vom Fahrzeugende zur -mitte. In der Gruppe III ist die Heckpartie zu finden. Zur besseren Übersicht der Arbeitszeiterfassung werden zunächst alle Angaben aufgeschrieben. Danach läßt sich sortieren, welche Arbeitsgänge für die Zeitermittlung übernommen werden und welche aufgrund der Verbundzeiten-Angabe unberücksichtigt bleiben. Eine speziell für die überschlägige Kalkulation erstellte Liste der DEKRA-Akademie leistet dazu gute Hilfe. Zur Reparaturkostenermittlung werden nun aus der Gruppe III in die Liste eingetragen:

Stoßstange
Heckleuchtenglas (außen)
Heckblech

Da die Auspuffanlage ebenfalls beschädigt ist, müssen aus der Gruppe VI hinzugefügt werden:

- ☐ Nachschalldämpfer

Für die Instandsetzung des Kofferbodens muß vom Kalkulator zusätzlich eine entsprechende Reparaturzeit vorgegeben werden. In diesem Beispiel wird hierfür 1 Std. vorgesehen. Diese Zeit kann sofort in die Nettospalte übernommen werden.

Der Spezialvordruck läßt nicht vergessen, daß u.U. noch rückverformt werden muß, daß der Dozer (allgemeiner: das Zuggerät) an- und abzubauen ist, daß Glühlampen und Schwemmmaterial benötigt werden. Die entsprechenden Einträge sind gemacht. Nun wird addiert. Die Teilepreise sind eindeutig. Bei den Arbeitszeiten wird getrennt zwischen Brutto- und Nettowerten. Alle im Kalkulationshandbuch vermerkten Zeiten zu den Neuteilen sind in die Bruttospalte zu schreiben. Damit sie nicht ungeprüft übernommen werden, ist das Additionsfeld schraffiert. Hier ist kein Eintrag vorgesehen. In die Nettospalte ist nun die Arbeit einzutragen, die vom Umfang die meisten Verbundarbeiten enthält. Dann wird überlegt, welche Arbeiten hierin enthalten sind. So sind z.B. bei der Heckblecherneuerung das Ab- und Anbauen von Stoßstange und Heckleuchtenglas enthalten, also dort *kein Eintrag* ins Nettofeld.

Bei der Auspuffanlage wird der Wert des Nachschalldämpfers in die Nettospalte eingetragen, da es sich hier um einen abgeschlossenen Arbeitsgang handelt. Es muß allerdings der entsprechende Typ 1 bzw. Typ 2 berücksichtigt werden. Nach der zusätzlichen Angabe für die Rückverformungsarbeit kann die Nettospalte addiert werden. Die Schlußkalkulation weist den Stundenverrechnungssatz aus und multipliziert ihn mit der errechneten Zeit. Die Materialkosten werden übernommen. Für Unterbodenschutz bzw. Hohlraumversiegelung ist in diesem Fall ein Preis von ca. 30 DM anzunehmen. Die Arbeitszeit inkl. Material für die Lackierung erhält den Pauschalbetrag von 650 DM. Wenn der Kunde den Endpreis haben möchte, ist die Mehrwertsteuer hinzuzurechnen. Da es sich hier um eine überschlägige Kalkulation handelt, ist es unsinnig, einen Betrag auf den Pfennig genau dem Kunden mitzuteilen. Es sollte immer auf einen Fünfziger- oder Hunderterbetrag nach oben gerundet werden.

10.5 Mikrofiche-Kalkulation

Um die einzelnen Vorgabewerte zur Durchführung einer Karosseriearbeit an einem Fahrzeugtyp aufzuschreiben, sind viele Seiten Papier nötig. Die platzsparende Ausführung von Arbeitszeitlisten stellen die Mikrofiche dar. Es sind verkleinerte Negative von Fotografien. Durch sie wurde es möglich, etwa auf dem Format einer Postkarte die kompletten Vorgabezeiten eines Fahrzeugtyps unterzubringen. Um die Eintragungen ablesen zu können, muß jedoch ein spezielles Lesegerät benutzt werden. Die Anordnung der Daten erfolgt nach den Bruttoarbeitszeiten einschließlich der Ersatzteilpreise. Dahinter sind die Einzelarbeitszeiten, die dem Verbund zugehören, aufgelistet.

Da sich die Einzelarbeitszeiten bei vielen Verbundzeiten (Bruttozeiten) wiederholen, wurden sie mit Buchstaben und Ziffern durchnumeriert (z.B. A1, B4, D7, usw.) Zum Errechnen des Gesamtschadens werden spezielle Formblätter benutzt. Hier wird jede Bruttozeit mit dem Ersatzteilpreis und den codierten Einzelarbeiten eingetragen. Zum Schluß werden alle doppelten Codierungen gestrichen. Bei Insidern wird dieser Vorgang mit dem Spiel «Schiffeversenken» verglichen. Die übriggebliebenen Codierungen werden als Vorgabewerte aus dem Mikrofiche entnommen und addiert. Somit sind die Vorgabezeiten genau erfaßt. Es brauchen nur noch die Ersatzteilpreise, die Zusatzpositionen und die Lackierung hinzugezählt werden, um den genauen Endpreis für die Kalkulation zu bekommen.

Die Mikrofiche-Kalkulation ist zwar genau, jedoch sehr zeitaufwendig. Daher wird sie heute nur noch bei kleinen Schäden angewendet. Außerdem müssen die Ergänzungen, die ca. alle zwei Monate erscheinen, sortiert abgelegt werden. Wer nimmt sich schon die Zeit dazu? Im Zeitalter einer funktionierenden EDV gehören die Mikrofiche als Kalkulationhilfsmittel der Vergangenheit an.

10.6 EDV-Kalkulation

Allgemein betrachtet ist der Einsatz einer EDV-Anlage immer dann lohnenswert, wenn viele Einzelangaben sortiert verarbeitet werden müssen. Das mühevolle Aussuchen und Streichen von Daten, wie es z.B. bei der Mikrofiche-Kalkulation erforderlich ist, geschieht mit Hilfe der Elektronik schnell und fehlerfrei. Wenn eine Kostenkalkulation für das unfallbeschädigte Auto erstellt werden soll, müssen alle Angaben über die erforderlichen Arbeiten und Ersatzteile in das PC-Kalkulationsprogramm eingegeben werden. Wollte man die Schadenaufnahme und die PC-Eingabe 1 : 1 vornehmen, müßte der PC am unfallbeschädigten Auto stehen. Doch selbst dann wird es noch umständlich: Schadensbereich anschauen – zum PC – Eingabe vornehmen – wieder zum Auto usw. Spätestens nach dreimaligem Hin und Her würde jeder einen Notizzettel nehmen, am Fahrzeug einige Positionen aufschreiben und sie anschließend in den PC geben.

10.6.1 Aufbau des EDV-Typenbogens

Aus dem Notizzettel ist im Laufe der Jahre ein mehrere Doppelseiten umfassender «Typenbogen» geworden. Auf ihm ist jeweils ein Fahrzeugtyp in Form von verschiedenen Explosionszeichnungen dargestellt. Somit sind alle wesentlichen Einzelteile aufgeführt, die nach einem Unfall erneuert oder instand gesetzt werden müssen.

Das Deckblatt (Bild 10.10) gibt den genauen Fahrzeugtyp, die Auflagen-Nr. und den Änderungsstand des Typenbogens an. Darunter sind die Eingaben zur genauen Fahrzeugidentifizierung und zum Schadensbereich vorzunehmen. In einem kleinen Abschnitt ist die sogenannte «Datenfile-Information» untergebracht. Das sind Herstellerhinweise zur Lackkalkulation und zur Anwendung der Vorgaben für Hohlraumkonservierung/Unterbodenschutz. Auf der Umschlagseite können noch Vermerke über den Zustand des Fahrzeugs (Vorschäden) eingetragen werden.

Die erste Innenseite des Typenbogens (Bild 10.11) ist mit größter Sorgfalt auszufüllen, da nach diesen Angaben die komplette Kalkulation erstellt wird. Es müssen zunächst der genaue Fahrzeugtyp eingetragen und danach die Ausführungsvarianten des Typs vermerkt werden. Wer hier z.B. nicht berücksichtigt, daß das zu kalkulierende Fahrzeug Scheinwerfer von Hella hat, darf sich nicht wundern, wenn er die falschen Ersatzteile und die falsche Kostenkalkulation bekommt. Aber was ist zu tun, wenn z.B. Zusatzscheinwerfer vom Fahrzeughalter selbst angebaut wurden und als Ausführungsvariante gar nicht aufgeführt sind? Die Antwort heißt: Hinweise als Klartext in einem separaten Feld auf der gleichen Seite unten.

Die weiteren wichtigen Eintragungen auf dieser Seite sind die Lohnfaktoren. Hier sind AW-Angaben oder auch Stundenverrechnungssätze einzutragen. Durch die Zuordnung des Typenbogens in der EDV ist die richtige AW-Wahl (10 AW/h oder 12 AW/h) bereits vorgenommen. Zum Schluß werden auf der Seite noch die «Randfahnencodes» vorgegeben. Das sind Hinweise auf Lackmaterial-Berechnungssysteme und auf pauschale Kosten (z.B. Kleinersatzteile oder Unterbodenschutz). Zur einfacheren Anwendung können hier, anstelle langer Texte, Ziffern (Codes) eingegeben werden.

Ab der dritten Seite gibt es die Zonenaufteilung (Bild 10.12). Hier werden anhand von Grafiken, die im Stil von Explosionszeichnung aufgebaut sind, Karosseriepartien und Aggregate dargestellt. Ober- und unterhalb der Bilder befinden sich schmale Leisten, in denen Ziffern und Buchstaben eingetragen sind. Jeweils eine Ziffernkombination ist die Kennzeichnung für ein bestimmtes Teil (Bild 10.13). Die Buchstaben legen den Reparaturweg, den Ersatzteilumfang, die Nebenarbeiten und die Lackierstufe fest (E, ET, L usw.). Um Verwechslungen zu vermeiden, führt ein dünner Strich von der Kennzeichnung bis zum Teil. Falls ein Ersatzteil sowohl links und rechts am Fahrzeug vorhanden ist, gilt die Kennzeichnungs-Nr. links vom Markierungsstrich für das linke Fahrzeugteil und rechts für das rechte Fahrzeugteil. Die letzte Seite des Typenbogens ermöglicht die Kurzangaben (Codes) für eine Vielzahl von häufig vorkommenden «Nebenarbeiten» (Bild 10.14). Hierunter fallen Arbeitspositionen wie Achsvermessung, Richtbankeinsatz oder Aggregate-Aus-/-Einbau bzw. Prüfpositionen für Aggregate. Darüber hinaus besteht auf dieser Seite noch die Möglichkeit, daß Positionen angegeben werden können, die in der vorherigen Standardisierung nicht zu finden sind, z.B. Radio erneuern oder umbauen. Eine kleine Auswahl derartiger Arbeiten ist im Klartext vorgegeben. Zusätzlich sind eigene Klartextangaben möglich.

Der «Notizzettel» mit den Eingabevermerken für die EDV-Kalkulation ist im Laufe der Jahre recht umfangreich geworden. Mag er anfänglich aufgrund der vielen Eintragungen vielleicht etwas abschrecken, so ist der Umgang damit doch schnell gelernt. Der Praktiker merkt sofort die Logik, die im Aufbau des Typenbogens steckt. Als Beweis dafür, wie rasch der Einsatz des Typenbogens gelernt werden kann, sollen die folgenden Beispiele dienen.

❶ Angaben über die Aktualität

❷ Fahrzeug-Identifizierung (Form-Nr.: = Kurzzeichen für diesen Typenbogen)

❸ Fahrzeugdaten

❹ Angabe der Laufleistung ist wichtig für eine eventuelle Wertschätzung des Fahrzeugs

❺ Hinweise zum Schadensumfang

Die Felder EDV-Bewertung, Vor-/Nachtext und Fahrzeugwerte spielen für die Reparatur-Kosten-Kalkulation normalerweise keine Rolle

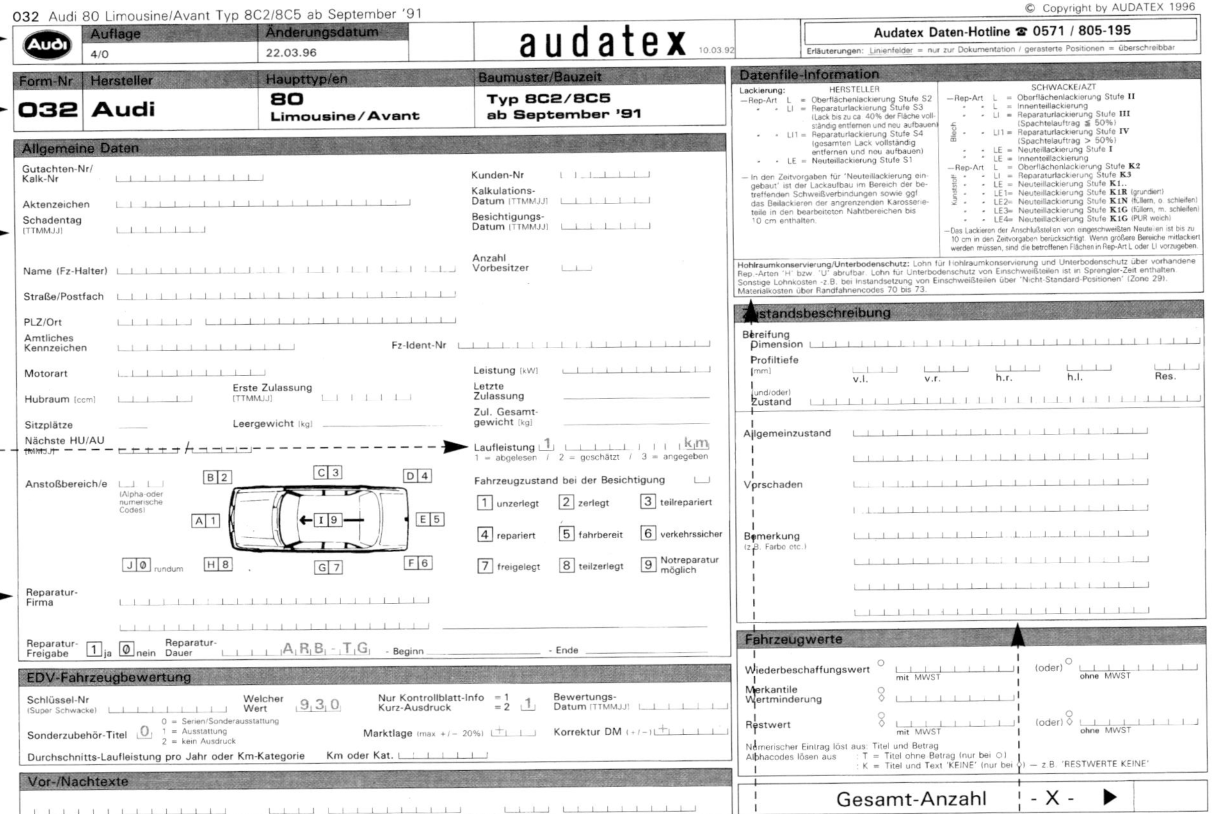
032 Audi 80 Limousine/Avant Typ 8C2/8C5 ab September '91

© Copyright by AUDATEX 1996

Auflage	Änderungsdatum	audatex 10.03.92	Audatex Daten-Hotline ☎ 0571 / 805-195
4/0	22.03.96		Erläuterungen: Linienfelder = nur zur Dokumentation / gerasterte Positionen = überschreibbar

Form-Nr	Hersteller	Haupttyp/en	Baumuster/Bauzeit
032	Audi	80 Limousine/Avant	Typ 8C2/8C5 ab September '91

Allgemeine Daten

Gutachten-Nr/Kalk-Nr — Kunden-Nr
Aktenzeichen — Kalkulations-Datum (TTMMJJ)
Schadentag (TTMMJJ) — Besichtigungs-Datum (TTMMJJ)
Name (Fz-Halter) — Anzahl Vorbesitzer
Straße/Postfach
PLZ/Ort
Amtliches Kennzeichen — Fz-Ident-Nr
Motorart — Leistung (kW)
Hubraum (ccm) — Erste Zulassung (TTMMJJ) — Letzte Zulassung
Sitzplätze — Leergewicht (kg) — Zul. Gesamt-gewicht (kg)
Nächste HU/AU (MMJJ) — Laufleistung 1 km
1 = abgelesen / 2 = geschätzt / 3 = angegeben

Anstoßbereich/e (Alpha-oder numerische Codes)
A 1, B 2, C 3, D 4, E 5, F 6, G 7, H 8, I 9, J 0 rundum

Fahrzeugzustand bei der Besichtigung
1 unzerlegt, 2 zerlegt, 3 teilrepariert, 4 repariert, 5 fahrbereit, 6 verkehrssicher, 7 freigelegt, 8 teilzerlegt, 9 Notreparatur möglich

Reparatur-Firma

Reparatur-Freigabe 1 ja 0 nein — Reparatur-Dauer A R B - T G — Beginn — Ende

EDV-Fahrzeugbewertung

Schlüssel-Nr (Super Schwacke) — Welcher Wert 9 3 0 — Nur Kontrollblatt-Info = 1, Kurz-Ausdruck = 2: 1 — Bewertungs-Datum (TTMMJJ)
Sonderzubehör-Titel 0 (0 = Serien/Sonderausstattung, 1 = Ausstattung, 2 = kein Ausdruck) — Marktlage (max +/− 20%) — Korrektur DM (+/−)
Durchschnitts-Laufleistung pro Jahr oder Km-Kategorie — Km oder Kat.

Vor-/Nachtexte

Datenfile-Information

Lackierung: HERSTELLER
—Rep-Art L = Oberflächenlackierung Stufe S2
LI = Reparaturlackierung Stufe S3 (Lack bis zu ca. 40% der Fläche vollständig entfernen und neu aufbauen)
LI1 = Reparaturlackierung Stufe S4 (gesamten Lack vollständig entfernen und neu aufbauen)
LE = Neuteillackierung Stufe S1
— In den Zeitvorgaben für "Neuteillackierung eingebaut" ist der Lackaufbau im Bereich der betreffenden Schweißverbindungen sowie ggf. das Beilackieren der angrenzenden Karosserieteile in den bearbeiteten Nahtbereichen bis 10 cm enthalten.

SCHWACKE/AZT
Blech: —Rep-Art L = Oberflächenlackierung Stufe II; L = Innenteillackierung; LI = Reparaturlackierung Stufe III (Spachtelauftrag ≦ 50%); LI1 = Reparaturlackierung Stufe IV (Spachtelauftrag > 50%); LE = Neuteillackierung Stufe I; LE = Innenteillackierung
Kunststoff: —Rep-Art L = Oberflächenlackierung Stufe K2; LI = Reparaturlackierung Stufe K3; LE = Neuteillackierung Stufe K1; LE1 = Neuteillackierung Stufe K1R (grundiert); LE2 = Neuteillackierung Stufe K1N (füllern, o. schleifen); LE3 = Neuteillackierung Stufe K1G (füllern, m. schleifen); LE4 = Neuteillackierung Stufe K1G (PUR weich)
—Das Lackieren der Anschlußstellen von eingeschweißten Neuteilen ist bis zu 10 cm in den Zeitvorgaben berücksichtigt. Wenn größere Bereiche mitlackiert werden müssen, sind die betreffenden Flächen in Rep-Art L oder LI vorzugeben.

Hohlraumkonservierung/Unterbodenschutz: Lohn für Hohlraumkonservierung und Unterbodenschutz über vorhandene Rep.-Arten 'H' bzw. 'U' abrufbar. Lohn für Unterbodenschutz von Einschweißteilen ist in Sprengler-Zeit enthalten. Sonstige Lohnkosten -z.B. bei Instandsetzung von Einschweißteilen über 'Nicht-Standard-Positionen' (Zone 29). Materialkosten über Randfahnencodes 70 bis 73.

Zustandsbeschreibung

Bereifung Dimension
Profiltiefe (mm) v.l. v.r. h.r. h.l. Res.
(und/oder) Zustand
Allgemeinzustand
Vorschaden
Bemerkung (z.B. Farbe etc.)

Fahrzeugwerte

Wiederbeschaffungswert ○ mit MWST (oder) ○ ohne MWST
Merkantile Wertminderung ○ ○
Restwert ○ ○ mit MWST (oder) ○ ○ ohne MWST
Numerischer Eintrag löst aus: Titel und Betrag
Alphacodes lösen aus: T = Titel ohne Betrag (nur bei ○); K = Titel und Text 'KEINE' (nur bei ○) – z.B. 'RESTWERTE KEINE'

Gesamt-Anzahl - X -

❻ Fahrzeughersteller-Hinweise zur Lackierung

❼ Hinweise zum Fahrzeugzustand, ebenfalls wichtig für eine eventuelle Fahrzeug-Bewertung

Bild 10.10 Druckblatt des EDV-Typenbogens

8 Fahrzeug-Identifizierung und Bestimmungen zur Ausstattung

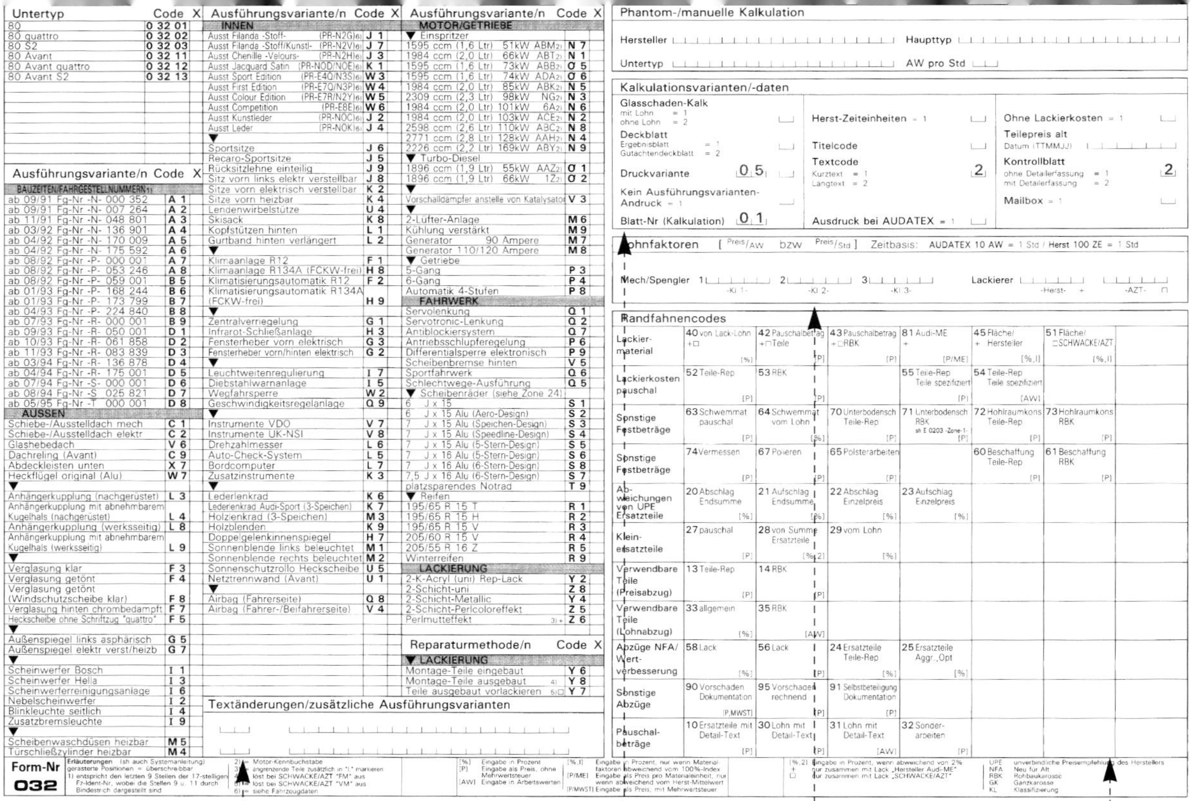

Untertyp	Code	X
80	0 32 01	
80 quattro	0 32 02	
80 S2	0 32 03	
80 Avant	0 32 11	
80 Avant quattro	0 32 12	
80 Avant S2	0 32 13	

Ausführungsvariante/n	Code	X
BAUZEITEN/FAHRGESTELLNUMMERN 1)		
ab 09/91 Fg-Nr -N- 000 352	A 1	
ab 09/91 Fg-Nr -N- 007 264	A 2	
ab 11/91 Fg-Nr -N- 048 801	A 3	
ab 03/92 Fg-Nr -N- 136 901	A 4	
ab 04/92 Fg-Nr -N- 170 009	A 5	
ab 04/92 Fg-Nr -N- 175 592	A 6	
ab 08/92 Fg-Nr -P- 000 001	A 7	
ab 08/92 Fg-Nr -P- 053 246	A 8	
ab 08/92 Fg-Nr -P- 059 001	B 5	
ab 01/93 Fg-Nr -P- 168 244	B 6	
ab 01/93 Fg-Nr -P- 173 799	B 7	
ab 04/93 Fg-Nr -P- 224 840	B 8	
ab 07/93 Fg-Nr -R- 000 001	B 9	
ab 09/93 Fg-Nr -R- 050 001	D 1	
ab 10/93 Fg-Nr -R- 061 858	D 2	
ab 11/93 Fg-Nr -R- 083 839	D 3	
ab 03/94 Fg-Nr -R- 136 878	D 4	
ab 04/94 Fg-Nr -R- 175 001	D 5	
ab 07/94 Fg-Nr -S- 000 001	D 6	
ab 08/94 Fg-Nr -S 025 821	D 7	
ab 05/95 Fg-Nr -T 000 001	D 8	
AUSSEN		
Schiebe-/Ausstelldach mech	C 1	
Schiebe-/Ausstelldach elektr	C 2	
Glashebedach	V 6	
Dachreling (Avant)	C 9	
Abdeckleisten unten	X 7	
Heckflügel original (Alu)	W 7	
▼		
Anhängerkupplung (nachgerüstet)	L 3	
Anhängerkupplung mit abnehmbarem Kugelhals (nachgerüstet)	L 4	
Anhängerkupplung (werksseitig)	L 8	
Anhängerkupplung mit abnehmbarem Kugelhals (werksseitig)	L 9	
▼		
Verglasung klar	F 3	
Verglasung getönt	F 4	
Verglasung getönt (Windschutzscheibe klar)	F 8	
Verglasung hinten chrombedampft	F 7	
Heckscheibe ohne Schriftzug "quattro"	F 5	
▼		
Außenspiegel links asphärisch	G 5	
Außenspiegel elektr verst/heizb	G 7	
▼		
Scheinwerfer Bosch	I 1	
Scheinwerfer Hella	I 3	
Scheinwerferreinigungsanlage	I 6	
Nebelscheinwerfer	I 2	
Blinkleuchte seitlich	I 4	
Zusatzbremsleuchte	I 9	
▼		
Scheibenwaschdüsen heizbar	M 5	
Türschließzylinder heizbar	M 4	

Ausführungsvariante/n	Code	X
INNEN		
Ausst Filanda -Stoff- (PR-N2G)6)	J 1	
Ausst Filanda -Stoff/Kunstl- (PR-N2V)6)	J 7	
Ausst Chenille -Velours- (PR-N2H)6)	J 3	
Ausst Jacquard Satin (PR-N0D/N0E)6)	K 1	
Ausst Sport Edition (PR-E4Q/N3S)6)	W 3	
Ausst First Edition (PR-E7Q/N3P)6)	W 4	
Ausst Colour Edition (PR-E7R/N2Y)6)	W 5	
Ausst Competition (PR-E8E)6)	W 6	
Ausst Kunstleder (PR-N0C)6)	J 2	
Ausst Leder (PR-N0K)6)	J 4	
▼		
Sportsitze	J 6	
Recaro-Sportsitze	J 5	
Rücksitzlehne einteilig	J 9	
Sitz vorn links elektr verstellbar	J 8	
Sitze vorn elektrisch verstellbar	K 2	
Sitze vorn heizbar	K 4	
Lendenwirbelstütze	U 4	
Skisack	K 8	
Kopfstützen hinten	L 1	
Gurtband hinten verlängert	L 2	
▼		
Klimaanlage R12	F 1	
Klimaanlage R134A (FCKW-frei)	H 8	
Klimatisierungsautomatik R12	F 2	
Klimatisierungsautomatik R134A (FCKW-frei)	H 9	
▼		
Zentralverriegelung	G 1	
Infrarot-Schließanlage	H 3	
Fensterheber vorn elektrisch	G 3	
Fensterheber vorn/hinten elektrisch	G 2	
▼		
Leuchtweitenregulierung	I 7	
Diebstahlwarnanlage	I 5	
Wegfahrsperre	W 2	
Geschwindigkeitsregelanlage	Q 9	
▼		
Instrumente VDO	V 7	
Instrumente UK-NSI	V 8	
Drehzahlmesser	L 6	
Auto-Check-System	L 5	
Bordcomputer	L 7	
Zusatzinstrumente	K 3	
▼		
Lederlenkrad	K 6	
Lederlenkrad Audi-Sport (3-Speichen)	K 7	
Holzlenkrad (3-Speichen)	M 3	
Holzblenden	K 9	
Doppelgelenkinnenspiegel	H 7	
Sonnenblende links beleuchtet	M 1	
Sonnenblende rechts beleuchtet	M 2	
Sonnenschutzrollo Heckscheibe	U 5	
Netztrennwand (Avant)	U 1	
▼		
Airbag (Fahrerseite)	Q 8	
Airbag (Fahrer-/Beifahrerseite)	V 4	

Ausführungsvariante/n	Code	X
MOTOR/GETRIEBE		
▼ Einspritzer		
1595 ccm (1,6 Ltr) 51kW ABM2)	N 7	
1984 ccm (2,0 Ltr) 66kW ABT2)	N 1	
1595 ccm (1,6 Ltr) 73kW ABB2)	O 5	
1595 ccm (1,6 Ltr) 74kW ADA2)	O 6	
1984 ccm (2,0 Ltr) 85kW ABK2)	N 5	
2309 ccm (2,3 Ltr) 98kW NG2)	N 3	
1984 ccm (2,0 Ltr) 101kW 6A2)	N 6	
1984 ccm (2,0 Ltr) 103kW ACE2)	N 2	
2598 ccm (2,6 Ltr) 110kW ABC2)	N 8	
2771 ccm (2,8 Ltr) 128kW AAH2)	N 4	
2226 ccm (2,2 Ltr) 169kW ABY2)	N 9	
▼ Turbo-Diesel		
1896 ccm (1,9 Ltr) 55kW AAZ2)	O 1	
1896 ccm (1,9 Ltr) 66kW 1Z2)	O 2	
▼		
Vorschalldämpfer anstelle von Katalysator	V 3	
▼		
2-Lüfter-Anlage	M 6	
Kühlung verstärkt	M 9	
Generator 90 Ampere	M 7	
Generator 110/120 Ampere	M 8	
▼ Getriebe		
5-Gang	P 3	
6-Gang	P 4	
Automatik 4-Stufen	P 8	
FAHRWERK		
Servolenkung	Q 1	
Servotronic-Lenkung	Q 2	
Antiblockiersystem	Q 7	
Antriebsschlupfregelung	P 6	
Differentialsperre elektronisch	P 9	
Scheibenbremse hinten	V 5	
Sportfahrwerk	Q 6	
Schlechtwege-Ausführung	Q 5	
▼ Scheibenräder (siehe Zone 24)		
6 J x 15	S 1	
6 J x 15 Alu (Aero-Design)	S 2	
7 J x 15 Alu (Speichen-Design)	S 3	
7 J x 15 Alu (Speedline-Design)	S 4	
7 J x 15 Alu (5-Stern-Design)	S 5	
7 J x 16 Alu (5-Stern-Design)	S 6	
7 J x 16 Alu (6-Stern-Design)	S 8	
7,5 J x 16 Alu (6-Stern-Design)	S 7	
platzsparendes Notrad	T 9	
▼ Reifen		
195/65 R 15 T	R 1	
195/65 R 15 H	R 2	
195/65 R 15 V	R 3	
205/60 R 15 V	R 4	
205/55 R 16 Z	R 5	
Winterreifen	R 9	
LACKIERUNG		
2-K-Acryl (uni) Rep-Lack	Y 2	
2-Schicht-uni	Z 8	
2-Schicht-Metallic	Y 4	
2-Schicht-Perlcoloreffekt	Z 5	
Perlmutteffekt 3)+	Z 6	

Reparaturmethode/n	Code	X
▼ LACKIERUNG		
Montage-Teile eingebaut	Y 6	
Montage-Teile ausgebaut 4)	Y 8	
Teile ausgebaut vorlackieren 5)□	Y 7	

Textänderungen/zusätzliche Ausführungsvarianten

Phantom-/manuelle Kalkulation

Hersteller | Haupttyp
Untertyp | AW pro Std

Kalkulationsvarianten/-daten

Glasschaden-Kalk (mit Lohn = 1, ohne Lohn = 2)	Herst-Zeiteinheiten = 1	Ohne Lackierkosten = 1
Deckblatt (Ergebnisblatt = 1, Gutachtendeckblatt = 2)	Titelcode	Teilepreis alt (Datum (TTMMJJ))
Druckvariante 0 5	Textcode (Kurztext = 1, Langtext = 2) 2	Kontrollblatt (ohne Detailerfassung = 1, mit Detailerfassung = 2) 2
Kein Ausführungsvariantenandruck = 1		Mailbox = 1
Blatt-Nr (Kalkulation) 0 1	Ausdruck bei AUDATEX = 1	

Lohnfaktoren [Preis/AW bzw Preis/Std] Zeitbasis: AUDATEX 10 AW = 1 Std / Herst 100 ZE = 1 Std

Mech/Spengler 1 (-Kl 1-) 2 (-Kl 2-) 3 (-Kl 3-) Lackierer (-Herst- + -AZT- □)

Randfahnencodes

Lackiermaterial	40 von Lack-Lohn +□ [%]	42 Pauschalbetrag +□Teile [P]	43 Pauschalbetrag +□RBK [P]	81 Audi-ME + [P/ME]	45 Fläche/ + Hersteller [%,I]	51 Fläche/ □SCHWACKE/AZT [%,I]
Lackierkosten pauschal	52 Teile-Rep [P]	53 RBK [P]		55 Teile-Rep Teile spezifiziert [P]	54 Teile-Rep Teile spezifiziert [AW]	
Sonstige Festbeträge	63 Schwemmat pauschal [P]	64 Schwemmat vom Lohn [%]	70 Unterbodensch Teile-Rep [P]	71 Unterbodensch RBK sh E 0203 -Zone-1- [P]	72 Hohlraumkons Teile-Rep [P]	73 Hohlraumkons RBK [P]
Sonstige Festbeträge	74 Vermessen [P]	67 Polieren [P]	65 Polsterarbeiten [P]		60 Beschaffung Teile-Rep [P]	61 Beschaffung RBK [P]
Abweichungen von UPE Ersatzteile	20 Abschlag Endsumme [%]	21 Aufschlag Endsumme [%]	22 Abschlag Einzelpreis [%]	23 Aufschlag Einzelpreis [%]		
Kleinersatzteile	27 pauschal [P]	28 von Summe Ersatzteile [%,2]	29 vom Lohn [%]			
Verwendbare Teile (Preisabzug)	13 Teile-Rep [P]	14 RBK [P]				
Verwendbare Teile (Lohnabzug)	33 allgemein [%]	35 RBK [AW]				
Abzüge NFA/ Wertverbesserung	58 Lack [%]	56 Lack [P]	24 Ersatzteile Teile-Rep [%]	25 Ersatzteile Aggr., Opt [%]		
Sonstige Abzüge	90 Vorschaden Dokumentation [P,MWST]	95 Vorschaden rechnend [P]	91 Selbstbeteiligung Dokumentation [P]			
Pauschalbeträge	10 Ersatzteile mit Detail-Text [P]	30 Lohn mit Detail-Text [P]	31 Lohn mit Detail-Text [AW]	32 Sonderarbeiten [P]		

Form-Nr 032

Erläuterungen (s. auch Systemanleitung): gerasterte Positionen = überschreibbar; 1) entspricht den letzten 9 Stellen der 17-stelligen Fz-Ident-Nr, wobei die Stellen 9 u. 11 durch Bindestrich dargestellt sind; 2) = Motor-Kennbuchstabe; 3) = angrenzende Teile zusätzlich in "I" markieren; 4) = löst bei SCHWACKE/AZT "FM" aus; 5) = löst bei SCHWACKE/AZT "VM" aus; 6) = siehe Fahrzeugdaten

[%] Eingabe in Prozent; [P] Eingabe als Preis, ohne Mehrwertsteuer; [AW] Eingabe in Arbeitswerten; [%,I] Eingabe in Prozent, nur wenn Materialfaktoren abweichend vom 100%-Index; [P/ME] Eingabe als Preis pro Materialeinheit, nur wenn abweichend vom Herst-Mittelwert; [P,MWST] Eingabe als Preis, mit Mehrwertsteuer; [%,2] Eingabe in Prozent, wenn abweichend von 2%; + nur zusammen mit Lack „Hersteller Audi-ME"; □ nur zusammen mit Lack „SCHWACKE/AZT"

UPE unverbindliche Preisempfehlung des Herstellers; NFA Neu für Alt; RBK Rohbaukarosse; GK Ganzkarosse; KL Klassifizierung

9 Ausstattungen, die nicht gemeinmäßig vorhanden sind, werden hier im Klartext eingetragen.

10 Hier werden nur dann Hinweise eingetragen, wenn bestimmte Ausdrucke benötigt werden

11 Eintrag von AW/h oder Stundenverrechnungssatz. Bei der Lackierung ist zu entscheiden, ob nach Hersteller-Vorgaben oder nach AZT gerechnet werden soll

12 Hinweise auf Zusatzkosten bzw. Kostenreduzierungen (P = Preis, immer in vollen DM-Beträgen)

Bild 10.11 Die erste Innenseite im EDV-Typenbogen

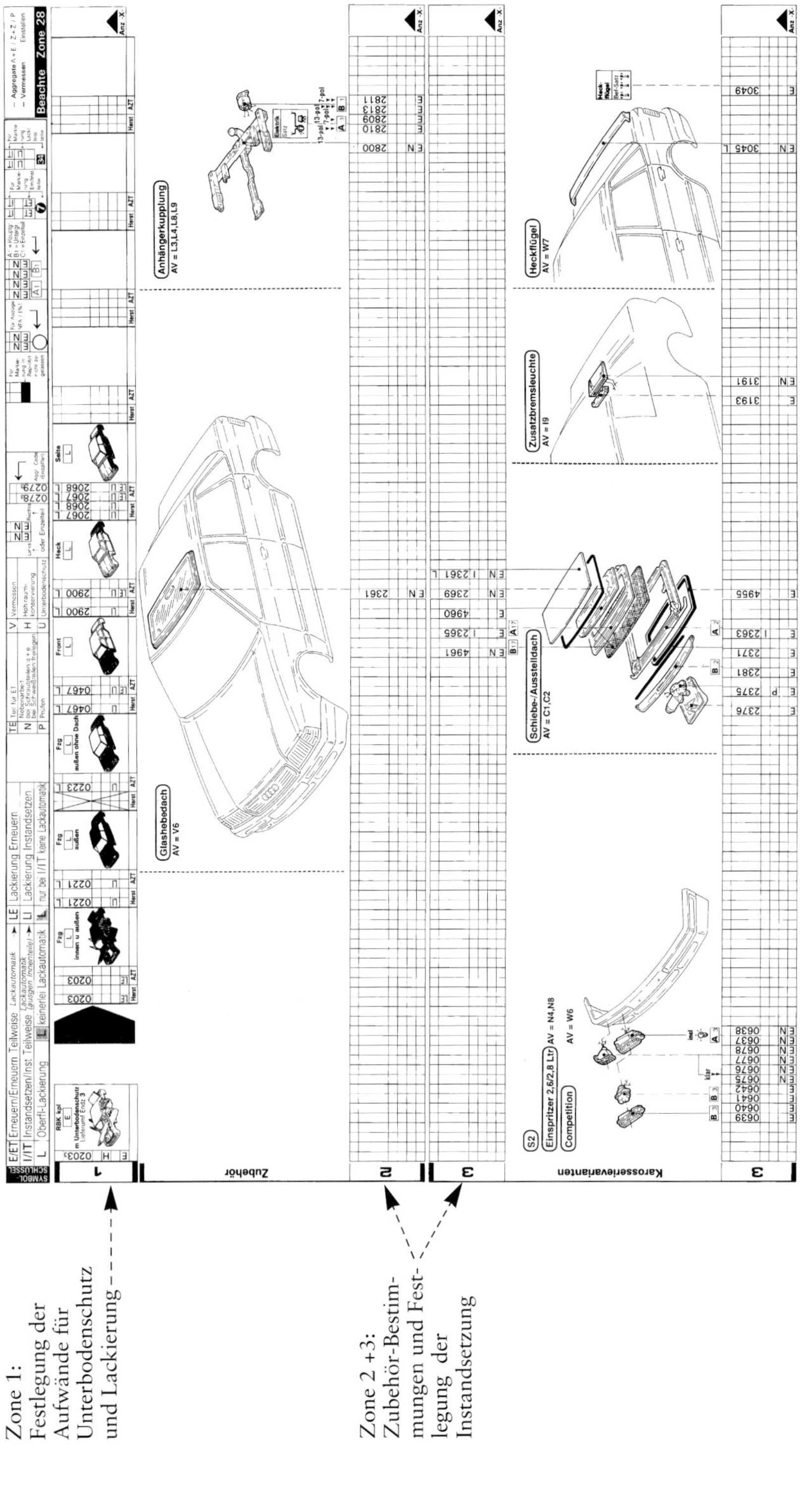

Bild 10.12 Beginn der «Zonenaufteilung» im EDV-Typenbogen

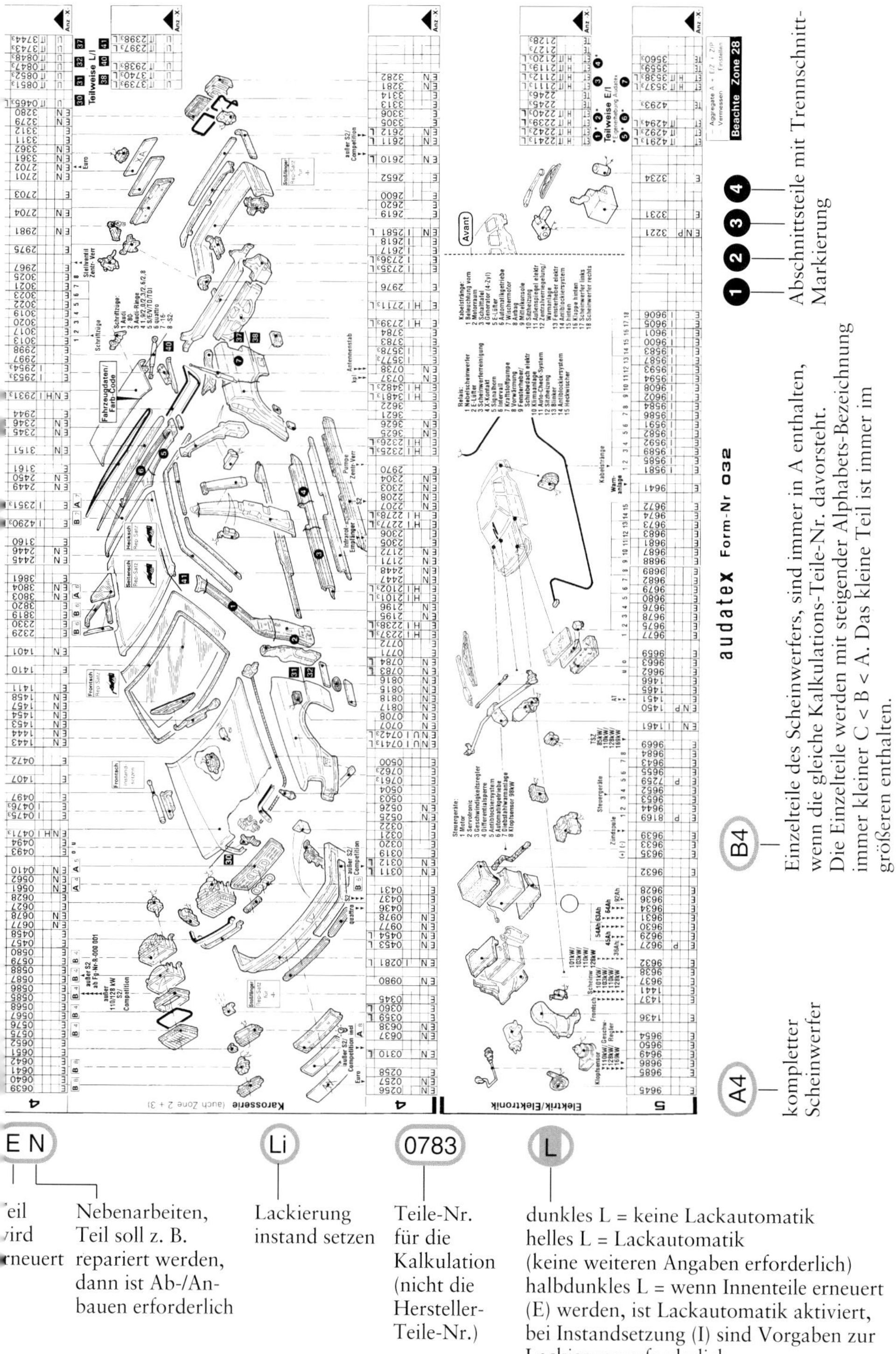
audatex Form-Nr 032
Karosserie
Elektrik/Elektronik
Teilweise L/I
Teilweise E/I
Fahrzeugdaten/Farb-Code
Beachte Zone 28
Avant
B4
Einzelteile des Scheinwerfers, sind immer in A enthalten, wenn die gleiche Kalkulations-Teile-Nr. davorsteht. Die Einzelteile werden mit steigender Alphabets-Bezeichnung immer kleiner C < B < A. Das kleine Teil ist immer im größeren enthalten.
A4
kompletter Scheinwerfer
1 2 3 4
Abschnittsteile mit Trennschnitt-Markierung
E N
Li
0783
L
eil
ird
erneuert
Nebenarbeiten, Teil soll z. B. repariert werden, dann ist Ab-/Anbauen erforderlich
Lackierung instand setzen
Teile-Nr. für die Kalkulation (nicht die Hersteller-Teile-Nr.)
dunkles L = keine Lackautomatik
helles L = Lackautomatik
(keine weiteren Angaben erforderlich)
halbdunkles L = wenn Innenteile erneuert (E) werden, ist Lackautomatik aktiviert, bei Instandsetzung (I) sind Vorgaben zur Lackierung erforderlich

Bild 10.13 Beispiele für Instandsetzungsvorgaben auf dem EDV-Typenbogen

❶ Z + Z = Zerlegen und Zusammensetzen

❷ Text/AW/NFA/Betrag = Im EDV-System ist nur der Text gespeichert. Es muß ein Eintrag im AW- oder Betragsfeld vorgenommen werden, wenn die Position in der Kalkulation erscheinen soll.

❸ = wie ❷, jedoch fehlt hier auch die Textvorgabe. Alle gewünschten Angaben sind im Klartext vorzunehmen.

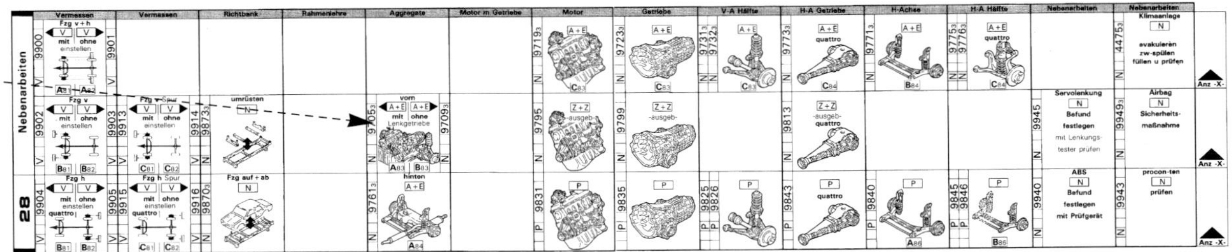

Rep. Art		Leit-Nr	Bezeichnung		AW	NFA	Betrag (Ersatzteilpreis m MC 'EM' / Arbeitspreis m MC 'IM')	MC
E	N	0736	Zusatzleuchten v/h	ern / umbauen				
E		0731	Glühlampen					
E	N	4410	Radio	ern / umbauen				
E	N	0729	Autotelefon	ern / umbauen				
E	N	0730	Funkgerät	ern / umbauen				
E	N	0735	Zusatzantenne/n	ern / umbauen				
E	N	0739	Zusatzaußenspiegel	ern / umbauen				
E		3040	Nationalitätskennzeichen					
E	N	3681	Schmutzfänger v/h	ern / umbauen				
E		9987	Kühlflüssigkeit					
	N	0247₃	De- / Montage zwecks Lackierung					
	N	0250	Fzg-Verbringung					
	N	0243₃	Dozer/Richtstand (nicht bei Richtbank)	auf-/abbauen				
	N	0245₃	Front rückverformen	(Zusatzarbeit)				
	N	1477₃	Seite l rückverformen	(Zusatzarbeit)				
	N	1478₃	Seite r rückverformen	(Zusatzarbeit)				
	N	2695₃	Heck rückverformen	(Zusatzarbeit)				

29 Nicht-Standard-Positionen (NSP)

Rep-Art	Leit-Nr	Aggr Code	Bezeichnung	Ersatzteil-Nr (bei Rep-Arten E,ET,TE) / Arbeitstext (bei übrigen Rep-Arten)	AW	NFA	Betrag	KL
	1000	9						
	1000	9						
	1000	9						
	1000	9						
	1000	9						
	1000	9						
	1000	9						
	1000	9						
	1000	9						
	1000	9						
	1000	9						
	1000	9						
	1000	9						
	1000	9						
Sonstiges	1000	9						
Sonstiges	1000	9						
Risiko	1000							

Anz -X-

Erläuterungen NFA Abzug Wertverbesserung / Neu für Alt; KL Klassifizierung; MC Mutationscode — gerasterte Positionen = überschreibbar

audatex Form-Nr 032

Bild 10.14 Nebenarbeiten und »Nicht-Standard-Positionen« am Ende des EDV-Typenbogens

10.6.2 Anwendung des Typenbogens (Bild 10.15)

Die wichtigste Arbeit für die Systemeingabe findet mit der Festlegung des Untertyps und der Ausführungsvarianten statt (Bild 10.16). Hier sind nur Zahlen- und Buchstabencodes einzugeben.

Die Vorgabezeit für einen festgelegten Arbeitsumfang (z.B. Stoßstange erneuern) wird nach den Zeiteinheiten der Automobilhersteller bestimmt. Eine Zeiteinheit – auch Arbeitswert genannt (AW) – ist der Bruchteil einer Stunde. So unterteilt z.B. Ford die Stunde in 10 AW ein und Opel in 12 AW. Für die Kalkulation braucht nur noch der Verrechnungssatz pro AW eingetragen zu werden, z.B. 6,50 DM/AW. Das Kalkulationsprogramm nimmt die Zuordnung zum 10er- oder 12er-System gemäß Fahrzeughersteller-Bestimmung automatisch vor.

Was ist einzutragen, wenn die Werkstatt anstelle der AW nur Stundenverrechnungssätze benutzt (z.B. 96 DM/h)?

Nichts anderes als eben diesen Wert 96 DM/h. Eine Umrechnung auf die richtige AW-Vorgabe braucht nicht vorgenommen zu werden, da das EDV-Programm beide Erfassungen verarbeitet.

Nach diesem Eintrag sind die Vorgaben zur eigentlichen Kalkulation anzugeben. Sie sollen an einem Beispiel erläutert werden:

- ☐ Beschädigtes Fahrzeug: Audi 80 Avant
- ☐ Baujahr: 1992
- ☐ Schadensbereich: Heck

Ein Rundgang um das Fahrzeug hat gezeigt, daß keine weitere Beschädigung als die an der Heckpartie vorliegt. Der richtige Typenbogen trägt die Form-Nr. 032. Zur systematischen Schadenaufnahme wird der Schadensbereich von außen nach innen – oder in diesem Fall besser ausgedrückt, vom Fahrzeugende zur -mitte – untersucht. Erneuert werden:

- ☐ Stoßstange,
- ☐ Heckleuchtenglas (beide),
- ☐ Heckblech.

Zur Instandsetzung sind vorzusehen:

- ☐ Kofferboden,
- ☐ Seitenteilende links.

Da die Auspuffanlage ebenfalls beschädigt ist, müssen hinzugefügt werden:

- ☐ Endschalldämpfer,
- ☐ Doppelendrohr,
- ☐ Abschirmblech für Endschalldämpfer,
- ☐ Befestigungssatz.

Im Typenbogen wird bei den Randfahnencodes weitergemacht. Zum Lackiermaterial und den Lackierkosten braucht nichts eingetragen zu werden. Es wurde die Entscheidung getroffen, daß nach den Herstellervorgaben zu kalkulieren ist und der Stundenverrechnungssatz das Lackiermaterial enthält.

Sonstige Festbeträge
Folgende Werte sollen für das Beispiel eingetragen werden: Schwemmaterial = 20 DM; Unterbodenschutz = 30 DM; Hohlraum-Konservierung = 30 DM. *Hinweis:* Hierbei handelt es sich nur um die Materialkosten. Der Lohn dafür muß an der Teileposition angekreuzt werden (U, H). Da bei Audi das Auftragen des Unterbodenschutzes an Einschweißteilen in der Spenglerzeit enthalten ist, kann an der Teileposition für das zu erneuernde Abschlußblech der Buchstabe «U» nicht gefunden werden (vgl. Datenfile-Information).

Kleinteile
Hier sollen die üblichen 2% von der Gesamtteilesumme eingesetzt werden.

Nach den Randfahnencodes folgen die Eintragungen für die Karosserieteile. Das Abschlußblech für den Avant ist in der «Zone 6» des Typenbogens zu finden, ebenso die Stoßstange. In Bild 10.17 fällt auf, daß auch noch die Stoßstangenhalter für beide Seiten zu erneuern sind. An allen Positionen wird «E» angekreuzt.

Die Heckleuchtengläser sind in der «Zone 4»zu finden (Bild 10.18). Als Vorsorgemaßnahme werden auch die Dichtungen für die Heckleuchtengläser zum Erneuern angekreuzt («E»).

032 Audi 80 Limousine/Avant Typ 8C2/8C5 ab September '91 —

Audi	Auflage 3/2	Änderungsdatum 12.06.95	audatex 10.03.92	Erläuterungen: Linienfelder = nur zur Dokumentation; gerasterte Positionen = überschreibbar

Form-Nr	Hersteller	Haupttyp/en	Baumuster/Bauzeit
032	Audi	80 Limousine/Avant	Typ 8C2/8C5 ab September '91

Allgemeine Daten

Gutachten-Nr/Kalk-Nr
Kunden-Nr
Aktenzeichen
Kalkulations-Datum [TTMMJJ]
Schadentag [TTMMJJ]
Besichtigungs-Datum [TTMMJJ]
Name (Fz-Halter) MUSTERMANN HELMUT
Anzahl Vorbesitzer
Straße/Postfach HAUPTSTR 65
PLZ/Ort 98763 NEUSTADT
Amtliches Kennzeichen KLN-0765
Fz-Ident-Nr
Motorart OTTO
Leistung [kW] 136
Hubraum [ccm] 2600
Erste Zulassung [TTMMJJ] 030392
Letzte Zulassung
Sitzplätze
Leergewicht [kg]
Zul. Gesamtgewicht [kg]
Nächste HU/AU [MMJJ] 0396 / 0396
Laufleistung 1 82135 km (1 = abgelesen / 2 = geschätzt / 3 = angegeben)
Anstoßbereich/e E5 (Alpha-oder numerische Codes)

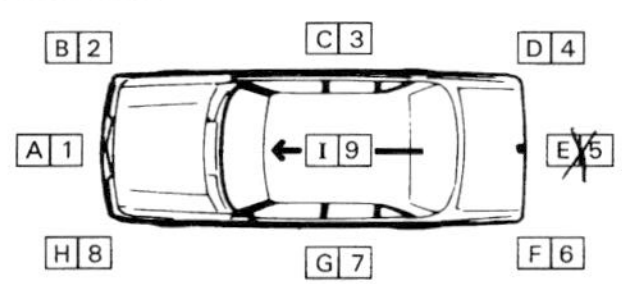

Fahrzeugzustand bei der Besichtigung
[X] 1 unzerlegt — 2 zerlegt — 3 teilrepariert
4 repariert — [X] 5 fahrbereit — 6 verkehrssicher
7 freigelegt — 8 teilzerlegt — 9 Notreparatur möglich

Reparatur-Firma MUELLER GMBH

Reparatur-Freigabe 1 ja 0 nein — Reparatur-Dauer 3 ARB.-TG — Beginn — Ende

EDV-Fahrzeugbewertung

Schlüssel-Nr (Super Schwacke) — Welcher Wert 930 — Nur Kontrollblatt-Info =1, Kurz-Ausdruck =2: 1 — Bewertungs-Datum [TTMMJJ]
Sonderzubehör-Titel 0 (0 = Serien/Sonderausstattung; 1 = Ausstattung; 2 = kein Ausdruck) — Marktlage (max +/− 20%) + — Korrektur DM (+/−) +
Durchschnitts-Laufleistung pro Jahr oder Km-Kategorie — Km oder Kat.

Vor-/Nachtexte

Datenfile-Information

Lackierung: HERSTELLER	SCHWACKE/AZT
– Rep-Art L = Oberflächenlackierung Stufe S2 " " LI = Reparaturlackierung Stufe S3 (Lack bis zu ca. 40% der Fläche vollständig entfernen und neu aufbauen) " " LI1 = Reparaturlackierung Stufe S4 (gesamten Lack vollständig entfernen und neu aufbauen) " " LE = Neuteillackierung Stufe S1	– Rep-Art L = Oberflächenlackierung Stufe II " " L = Innenteillackierung " " LI = Reparaturlackierung Stufe III (Spachtelauftrag ≦ 50%) " " LI1 = Reparaturlackierung Stufe IV (Spachtelauftrag > 50%) " " LE = Neuteillackierung Stufe I " " LE = Innenteillackierung
– In den Zeitvorgaben für 'Neuteillackierung eingebaut' ist der Lackaufbau im Bereich der betreffenden Schweißverbindungen sowie ggf. das Beilackieren der angrenzenden Karosserieteile in den bearbeiteten Nahtbereichen enthalten.	– Das Lackieren der Anschlußstellen von eingeschweißten Neuteilen ist bis zu 10 cm in den Zeitvorgaben berücksichtigt. Wenn größere Bereiche mitlackiert werden müssen, sind die betroffenen Flächen in Rep-Art L oder LI vorzugeben.

Hohlraumkonservierung/Unterbodenschutz: Lohn für Hohlraumkonservierung und Unterbodenschutz über vorhandene Rep.-Arten 'H' bzw. 'U' abrufbar. Lohn für Unterbodenschutz von Einschweißteilen ist in Spengler-Zeit enthalten. Sonstige Lohnkosten -z. B. bei Instandsetzung von Einschweißteilen- über 'Nicht-Standard-Positionen' (Zone 29). Materialkosten über Randfahnencodes 70 bis 73.

Zustandsbeschreibung

Bereifung Dimension 205/60 R 15 V
Profiltiefe [mm]: v.l. 5 — v.r. 5 — h.r. 5 — h.l. 5 — Res. 7
(und/oder) Zustand
Allgemeinzustand
Vorschaden
Bemerkung (z.B. Farbe etc.)

Fahrzeugwerte

Wiederbeschaffungswert ○ mit MWST (oder) ○ ohne MWST
Merkantile Wertminderung ○ ◇
Restwert ○ ◇ mit MWST (oder) ○ ◇ ohne MWST

Numerischer Eintrag löst aus: Titel und Betrag
Alphacodes lösen aus : T = Titel ohne Betrag (nur bei ○)
: K = Titel und Text 'KEINE' (nur bei ◇) — z.B. 'RESTWERTE KEINE'

Gesamt-Anzahl - X - ▶

Bild 10.15 EDV-Typenbogen

Untertyp	Code	X
80	0 32 01	
80 quattro	0 32 02	
80 S2	0 32 03	
80 Avant	0 32 11	X
80 Avant quattro	0 32 12	
80 Avant S2	0 32 13	

Ausführungsvariante/n	Code	X
BAUZEITEN/FAHRGESTELLNUMMERN 1)		
ab 09/91 Fg-Nr -N- 000 352	A 1	
ab 09/91 Fg-Nr -N- 007 264	A 2	
ab 11/91 Fg-Nr -N- 048 801	A 3	
ab 03/92 Fg-Nr -N- 136 901	A 4	X
ab 04/92 Fg-Nr -N- 170 009	A 5	
ab 04/92 Fg-Nr -N- 175 592	A 6	
ab 08/92 Fg-Nr -P- 000 001	A 7	
ab 08/92 Fg-Nr -P- 053 246	A 8	
ab 08/92 Fg-Nr -P- 059 001	B 5	
ab 01/93 Fg-Nr -P- 168 244	B 6	
ab 01/93 Fg-Nr -P- 173 799	B 7	
ab 04/93 Fg-Nr -P- 224 840	B 8	
ab 07/93 Fg-Nr -R- 000 001	B 9	
ab 09/93 Fg-Nr -R- 050 001	D 1	
ab 10/93 Fg-Nr -R- 061 858	D 2	
ab 11/93 Fg-Nr -R- 083 839	D 3	
ab 03/94 Fg-Nr -R- 136 878	D 4	
ab 04/94 Fg-Nr -R- 175 001	D 5	
ab 07/94 Fg-Nr -S- 000 001	D 6	
AUSSEN		
Schiebe-/Ausstelldach mech	C 1	
Schiebe-/Ausstelldach elektr	C 2	X
Glashebedach	V 6	
Dachreling (Avant)	C 9	X
Abdeckleisten unten	X 7	
Heckflügel original (Alu)	W 7	
▼		
Anhängerkupplung (nachgerüstet)	L 3	
Anhängerkupplung mit abnehmbarem Kugelhals (nachgerüstet)	L 4	
Anhängerkupplung (werksseitig)	L 8	
Anhängerkupplung mit abnehmbarem Kugelhals (werksseitig)	L 9	
▼		
Verglasung klar	F 3	
Verglasung getönt	F 4	X
Verglasung getönt (Windschutzscheibe klar)	F 8	
Verglasung hinten chrombedampft	F 7	
Heckscheibe ohne Schriftzug "quattro"	F 5	
▼		
Außenspiegel links asphärisch	G 5	
Außenspiegel elektr verst/heizb	G 7	X
▼		
Scheinwerfer Bosch	I 1	X
Scheinwerfer Hella	I 3	
Scheinwerferreinigungsanlage	I 6	
Nebelscheinwerfer	I 2	X
Blinkleuchte seitlich	I 4	
Zusatzbremsleuchte	I 9	
▼		
Scheibenwaschdüsen heizbar	M 5	X
Türschließzylinder heizbar	M 4	

Ausführungsvariante/n	Code	X
INNEN		
Ausst Filanda -Stoff- (PR-N2G) 6)	J 1	
Ausst Filanda -Stoff/Kunstl- (PR-N2V) 6)	J 7	
Ausst Chenille -Velours- (PR-N2H) 6)	J 3	X
Ausst Jacquard Satin (PR-NOD/NOE) 6)	K 1	
Ausst Sport Edition (PR-E4Q/N3S) 6)	W 3	
Ausst First Edition (PR-E7Q/N3P) 6)	W 4	
Ausst Colour Edition (PR-E7R/N2Y) 6)	W 5	
Ausst Competition (PR-E8E) 6)	W 6	
Ausst Kunstleder (PR-NOC) 6)	J 2	
Ausst Leder (PR-NOK) 6)	J 4	
▼		
Sportsitze	J 6	
Recaro-Sportsitze	J 5	
Rücksitzlehne einteilig	J 9	
Sitz vorn links elektr verstellbar	J 8	
Sitze vorn elektrisch verstellbar	K 2	
Sitze vorn heizbar	K 4	
Lendenwirbelstütze	U 4	X
Skisack	K 8	
Kopfstützen hinten	L 1	
Gurtband hinten verlängert	L 2	
▼		
Klimaanlage R12	F 1	
Klimaanlage R134A (FCKW-frei)	H 8	
Klimatisierungsautomatik R12	F 2	
Klimatisierungsautomatik R134A (FCKW-frei)	H 9	
▼		
Zentralverriegelung	G 1	X
Infrarot-Schließanlage	H 3	
Fensterheber vorn elektrisch	G 3	
Fensterheber vorn/hinten elektrisch	G 2	X
▼		
Leuchtweitenregulierung	I 7	X
Diebstahlwarnanlage	I 5	
Wegfahrsperre	W 2	
Geschwindigkeitsregelanlage	Q 9	
▼		
Instrumente VDO	V 7	X
Instrumente UK-NSI	V 8	
Drehzahlmesser	L 6	
Auto-Check-System	L 5	
Bordcomputer	L 7	
Zusatzinstrumente	K 3	
▼		
Lederlenkrad	K 6	
Lederlenkrad Audi-Sport (3-Speichen)	K 7	
Holzlenkrad (3-Speichen)	M 3	
Holzblenden	K 9	
Doppelgelenkinnenspiegel	H 7	
Sonnenblende links beleuchtet	M 1	
Sonnenblende rechts beleuchtet	M 2	
Sonnenschutzrollo Heckscheibe	U 5	
Netztrennwand (Avant)	U 1	
▼		
Airbag (Fahrerseite)	Q 8	
Airbag (Fahrer-/Beifahrerseite)	V 4	

Ausführungsvariante/n	Code	X
MOTOR/GETRIEBE		
▼ Einspritzer		
1595 ccm (1,6 Ltr) 51kW ABM 2)	N 7	
1984 ccm (2,0 Ltr) 66kW ABT 2)	N 1	
1595 ccm (1,6 Ltr) 73kW ABB 2)	O 5	
1595 ccm (1,6 Ltr) 74kW ADA 2)	O 6	
1984 ccm (2,0 Ltr) 85kW ABK 2)	N 5	
2309 ccm (2,3 Ltr) 98kW NG 2)	N 3	
1984 ccm (2,0 Ltr) 101kW 6A 2)	N 6	
1984 ccm (2,0 Ltr) 103kW ACE 2)	N 2	
2598 ccm (2,6 Ltr) 110kW ABC 2)	N 8	X
2771 ccm (2,8 Ltr) 128kW AAH 2)	N 4	
2226 ccm (2,2 Ltr) 169kW ABY 2)	N 9	
▼ Turbo-Diesel		
1896 ccm (1,9 Ltr) 55kW AAZ 2)	O 1	
1896 ccm (1,9 Ltr) 66kW 1Z 2)	O 2	
▼		
Vorschalldämpfer anstelle von Katalysator	V 3	
▼		
2-Lüfter-Anlage	M 6	
Kühlung verstärkt	M 9	
Generator 90 Ampere	M 7	X
Generator 110/120 Ampere	M 8	
▼ Getriebe		
5-Gang	P 3	X
6-Gang	P 4	
Automatik 4-Stufen	P 8	
FAHRWERK		
Servotronic-Lenkung	Q 2	X
Antiblockiersystem	Q 7	X
Antriebsschlupfregelung	P 6	
Differentialsperre elektronisch	P 9	
Scheibenbremse hinten	V 5	X
Sportfahrwerk	Q 6	
Schlechtwege-Ausführung	Q 5	
▼ Scheibenräder (siehe Zone 24)		
6 J x 15	S 1	X
6 J x 15 Alu (Aero-Design)	S 2	
7 J x 15 Alu (Speichen-Design)	S 3	
7 J x 15 Alu (Speedline-Design)	S 4	
7 J x 15 Alu (5-Stern-Design)	S 5	
7 J x 16 Alu (5-Stern-Design)	S 6	
7 J x 16 Alu (6-Stern-Design)	S 8	
7,5 J x 16 Alu (6-Stern-Design)	S 7	
platzsparendes Notrad	T 9	
▼ Reifen		
195/65 R 15 T	R 1	
195/65 R 15 H	R 2	
195/65 R 15 V	R 3	
205/60 R 15 V	R 4	X
205/55 R 16 Z	R 5	
Winterreifen	R 9	
LACKIERUNG		
2-K-Acryl (uni) Rep-Lack	Y 2	X
2-Schicht-uni	Z 8	
2-Schicht-Metallic	Y 4	
2-Schicht-Pericoloreffekt	Z 5	
Perlmutteffekt 3)	Z 6	

Reparaturmethode/n	Code	X
▼ LACKIERUNG		
Montage-Teile eingebaut	Y 6	
Montage-Teile ausgebaut 4)	Y 8	
Teile ausgebaut vorlackieren 5)	Y 7	

Textänderungen/zusätzliche Ausführungsvarianten

Phantom-/manuelle Kalkulation

Hersteller ____ Haupttyp ____

Untertyp ____ AW pro Std ____

Kalkulationsvarianten/-daten

Glasschaden-Kalk (mit Lohn = 1, ohne Lohn = 2)	Herst-Zeiteinheiten = 1: 1	Ohne Lackierkosten = 1
Deckblatt (Ergebnisblatt = 1, Gutachtendeckblatt = 2)	Titelcode	Teilepreis alt (Datum (TTMMJJ))
Druckvariante: 05	Textcode (Kurztext = 1, Langtext = 2): 2	Kontrollblatt (ohne Detailerfassung = 1, mit Detailerfassung = 2): 2
Kein Ausführungsvarianten-Andruck = 1		Mailbox = 1
Blatt-Nr (Kalkulation): 01	Ausdruck bei AUDATEX = 1	

Lohnfaktoren [Preis/AW bzw Preis/Std] Zeitbasis: AUDATEX 10 AW = 1 Std / Herst 100 ZE = 1 Std

Mech/Spengler 1 9,50 (-Kl 1-) 2 9,50 (-Kl 2-) 3 9,50 (-Kl 3-) Lackierer 13,50 (-Herst- + -AZT- □)

Randfahnencodes

Lackier-material	40 von Lack-Lohn +□ [%]	42 Pauschalbetrag +□Teile [P]	43 Pauschalbetrag +□RBK [P]	81 Audi-ME + [P/ME]	45 Fläche/ + Hersteller [%,I]	51 Fläche/ □SCHWACKE/AZT [%,I]
Lackierkosten pauschal	52 Teile-Rep [P]	53 RBK [P]		55 Teile-Rep Teile spezifiziert [P]	54 Teile-Rep Teile spezifiziert [AW]	
Sonstige Festbeträge	X 63 Schwemmat pauschal 20,– [P]	64 Schwemmat vom Lohn [%]	X Unterbodensch Teile-Rep 30,– [P]	71 Unterbodensch RBK sh E 0203 Zone 1 [P]	X Hohlraumkons Teile-Rep 30,– [P]	73 Hohlraumkons RBK [P]
Sonstige Festbeträge	74 Vermessen [P]	67 Polieren [P]	65 Polsterarbeiten		60 Beschaffung Teile-Rep [P]	61 Beschaffung RBK [P]
Ab-weichungen von UPE Ersatzteile	20 Abschlag Endsumme [%]	21 Aufschlag Endsumme [%]	22 Abschlag Einzelpreis [%]	23 Aufschlag Einzelpreis [%]		
Klein-ersatzteile	27 pauschal [P]	X von Summe Ersatzteile [%,2]	29 vom Lohn [%]			
Verwendbare Teile (Preisabzug)	13 Teile-Rep [P]	14 RBK [P]				
Verwendbare Teile (Lohnabzug)	33 allgemein [%]	35 RBK [AW]				
Abzüge NFA/ Wert-verbesserung	58 Lack [%]	56 Lack [P]	24 Ersatzteile Teile-Rep [%]	25 Ersatzteile Aggr, Opt [%]		
Sonstige Abzüge	90 Vorschaden Dokumentation [P,MWST]	95 Vorschaden rechnend [P]	91 Selbstbeteiligung Dokumentation [P]			
Pauschal-beträge	10 Ersatzteile mit Detail-Text [P]	30 Lohn mit Detail-Text [P]	31 Lohn mit Detail-Text [AW]	32 Sonder-arbeiten [P]		

Form-Nr 032

Erläuterungen (sh auch Systemanleitung)
gerasterte Positionen = überschreibbar
1) entspricht den letzten 9 Stellen der 17-stelligen Fz-Ident-Nr, wobei die Stellen 9 u. 11 durch Bindestrich dargestellt sind
2) = Motor-Kennbuchstabe
3) = angrenzende Teile zusätzlich in "L" markieren
4) = löst bei SCHWACKE/AZT "FM" aus
5) = löst bei SCHWACKE/AZT "VM" aus
6) = siehe Fahrzeugdaten

[%] Eingabe in Prozent
[P] Eingabe als Preis, ohne Mehrwertsteuer
[AW] Eingabe in Arbeitswerten
[%,I] Eingabe in Prozent, nur wenn Materialfaktoren abweichend vom 100% Index
[P/ME] Eingabe als Preis pro Materialeinheit, nur wenn abweichend vom Herst-Mittelwert
[P,MWST] Eingabe als Preis, mit Mehrwertsteuer

[%,2] Eingabe in Prozent, wenn abweichend von 2%
+ nur zusammen mit Lack „Hersteller Audi-ME"
□ nur zusammen mit Lack „SCHWACKE/AZT"

UPE unverbindliche Preisempfehlung des Herstellers
NFA Neu für Alt
RBK Rohbaukarosse
GK Ganzkarosse
KL Klassifizierung

Bild 10.16 Die Ausführungsvarianten sind sehr sorgfältig zu ermitteln.

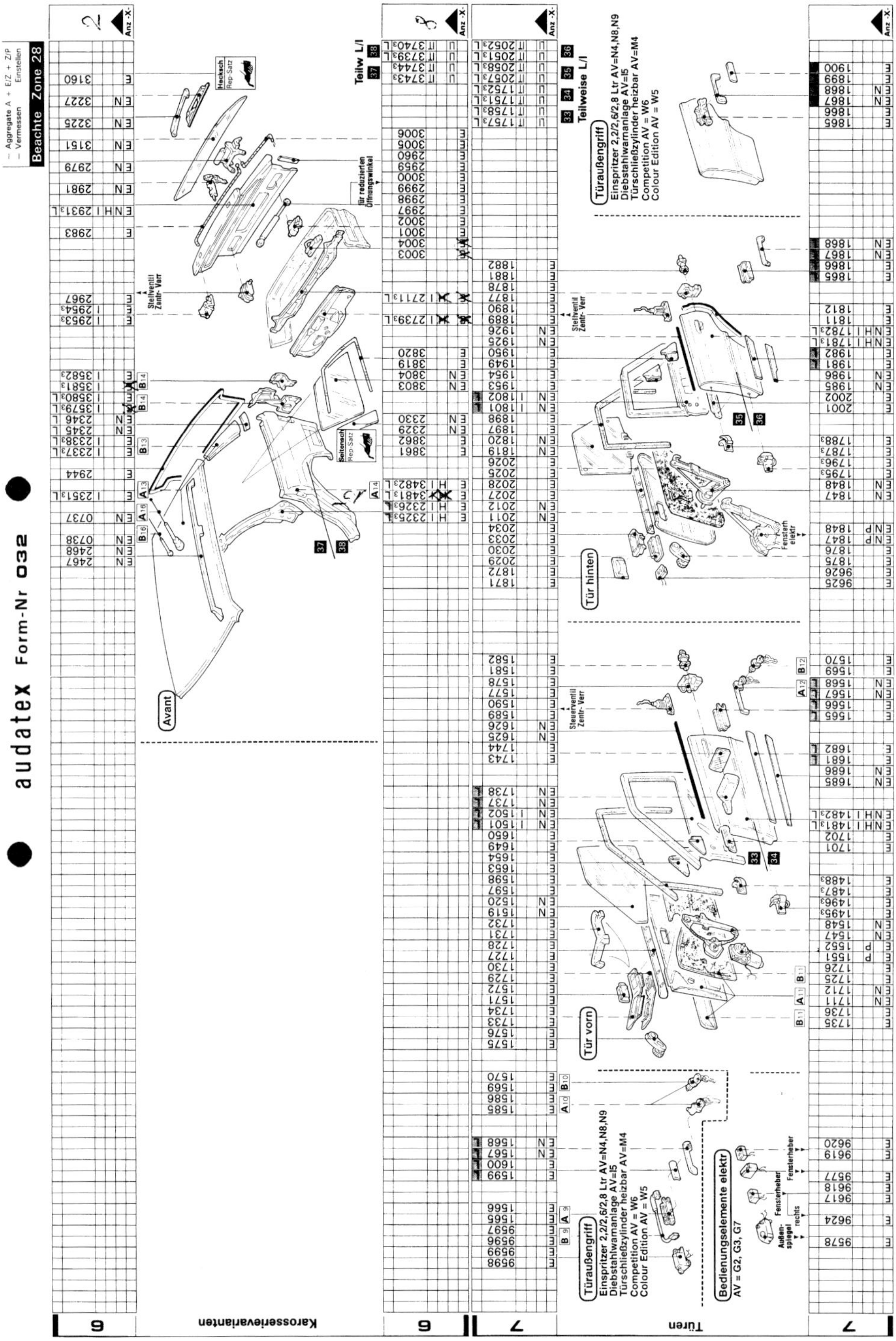

Bild 10.17 Eingaben zur Instandsetzung der Blechteile

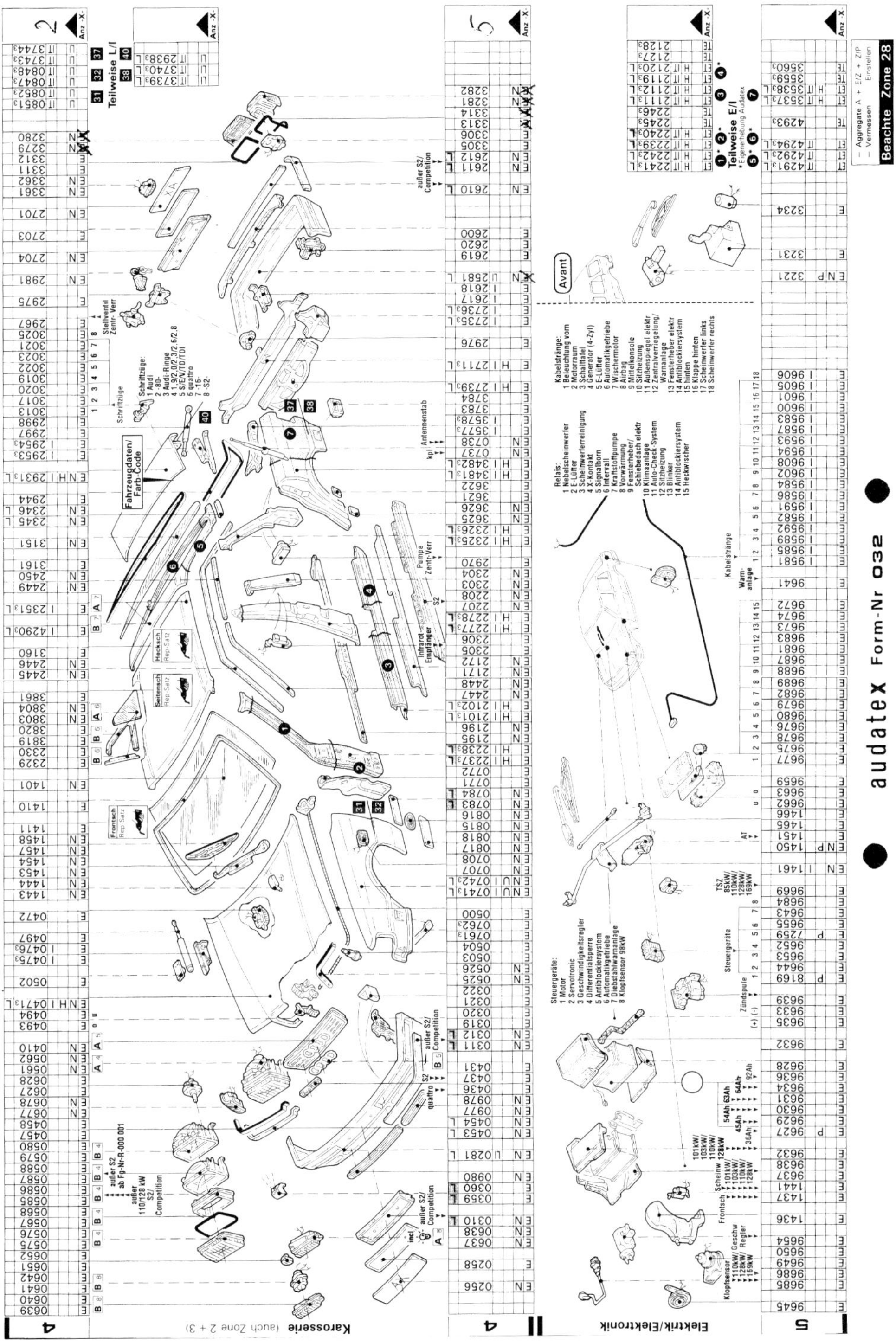

Bild 10.18 Eingaben zur Erneuerung der Heckleuchtengläser

Da das hintere Ende des linken Seitenteils instand zu setzen ist, muß das Teil im Typenbogen (nochmals «Zone 6») mit «I» und einer AW-Vorgabe markiert werden. In diesem Fall sollen 1,5 h = 15 AW ausreichend sein.

Im Typenbogen sind im Bereich der vorgesehenen Reparaturstelle zwei Blechteile eingezeichnet. Das sind die Anschlußteile zwischen Heckabschlußblech und Seitenwand. Sie sind auch noch zu erneuern.

Bei dieser Aktion wurde deutlich, daß der Typenbogen die gute Hilfestellung für eine vollständige Kalkulation ist. Manchmal ist es allerdings nicht möglich, die gezeichneten Einzelteile genau zu erkennen. Dann besteht die Möglichkeit, im EDV-Programm das Bild aufzurufen, zu vergrößern (zoomen) und sich die Teilebezeichnung anzeigen zu lassen.

Die Bearbeitung in der «Zone 6» kann nun fast abgeschlossen werden. Doch eine Eintragung wurde vergessen: die Hohlraumversiegelung. Deswegen ist an allen zu erneuernden Teilen die Position «H» noch anzukreuzen. Das sind noch nicht alle Eintragungen in diesem Typenbogenbereich: An dem instand zu setzenden Seitenteil muß noch die Arbeitszeit für den Unterbodenschutz-Auftrag eingegeben werden. Zur Erinnerung noch einmal die Datenfile-Information: «Bei der Instandsetzung von Einschweißteilen ist der Unterbodenschutz-Auftrag nicht enthalten!» Gleichzeitig wird hier angegeben, wo der Eintrag erfolgen soll: bei den «Nicht-Standard-Positionen», Zone 29.

Damit nichts vergessen wird, ist der Eintrag sofort vorzunehmen, also hin zur Zone 29. Als Klartext mit der Reparaturart «U 1000»wird der Betrag von DM 30 eingegeben (es kann auch ein AW-Eintrag erfolgen).

Zurück zur Instandsetzung. Es muß noch der Kofferboden mit 2 h Reparaturzeit vermerkt werden (Bild 10.19). Das geschieht in der Zone 8. Hier also «I» und die Zahl 20 (AW) eingeben.

Spätestens jetzt muß daran gedacht werden, daß für die Rückformarbeiten der Richtgeräte-Einsatz in die Kalkulation aufzunehmen ist. Dazu kann in der Zone 29 die entsprechende mit Text versehene «Nicht-Standard-Position» verwendet werden: Heck rückverformen = 150 (AW). Da auch hier der Unterbodenschutz zu erneuern ist, kann der vorher für die Seitenwand gemachte Eintrag auf 50 DM korrigiert werden. Nun wird deutlich, warum die Nicht-Standard-Positionen am Schluß des Typenbogens stehen. Die Einträge hier sind als Zusammenfassung zu verstehen, damit Korrekturen vermieden werden. Wenn jedoch einmal korrigiert werden muß, dann bitte so deutlich, daß es keine Mißverständnisse geben kann.

Bevor es an die Eintragungen zum Lackieren geht, sollen die restlichen Ersatzteile markiert werden. Die Abgasanlage ist in der Zone 23 zu finden (Bild 10.20). Für die erforderlichen Teile braucht im vorliegenden Fall der Unterschied der Motorvarianten nicht berücksichtigt zu werden. Es ist aber sehr gut zu sehen, wie wichtig der exakte Eintrag der Ausführungsvarianten ist. Wenn es einen Unterschied zwischen der Ausführungsvariante und der angekreuzten Teilebezeichnung gibt, wird die Kalkulation fehlerhaft.

Die Einträge «E» sind für den Endschalldämpfer, das Doppelendrohr, das Abschirmblech für den Endschalldämpfer und den Befestigungssatz, wie gewohnt zu markieren. Doch was sollen die weißen Kreise in den Markierungslinien zu den einzelnen Teilen bedeuten? Hierin werden Abzüge für den Verschleißanteil des Altteils in % zum Neuteil eingetragen. Diese Angaben sollten jedoch nur von einem Sachverständigen gemacht werden.

Noch einmal zurück zur Eintragung auf dem Deckblatt, bevor die Angaben zur Lackierung eingetragen werden. Hier sind (in diesem Fall) die von Audi festgelegten Lackstufen vermerkt. Es ist zu berücksichtigen, daß die richtigen Lackierstufen für die Instandsetzung eingegeben werden, denn der Kofferboden muß zweifellos auch im Fahrzeuginnenraum lackiert werden. Das geschieht über selbst festzulegende Kosten. Doch Vorsicht bei dieser Eintragung. In der Datenfile-Information steht, daß bei «Neuteil-Lackierung eingebaut» der Lackaufbau im Bereich der betreffenden Schweißverbindungen sowie ggf. das Beilackieren der angrenzenden Karosserieteile in den bearbeiteten Nahtbereichen enthalten ist. Das gilt auch für die in diesem Fall instand gesetzte Partie des Kofferbodens. Für die Berechnung der Seitenwandlackierung (LI) sorgt die Lackautomatik. Die Vorgabe für die Instandsetzung des Kofferbodens ist bewußt niedrig angesetzt. Damit soll deutlich werden, daß in diesem Fall keine zusätzlichen Lackierungskosten anfallen, da sie

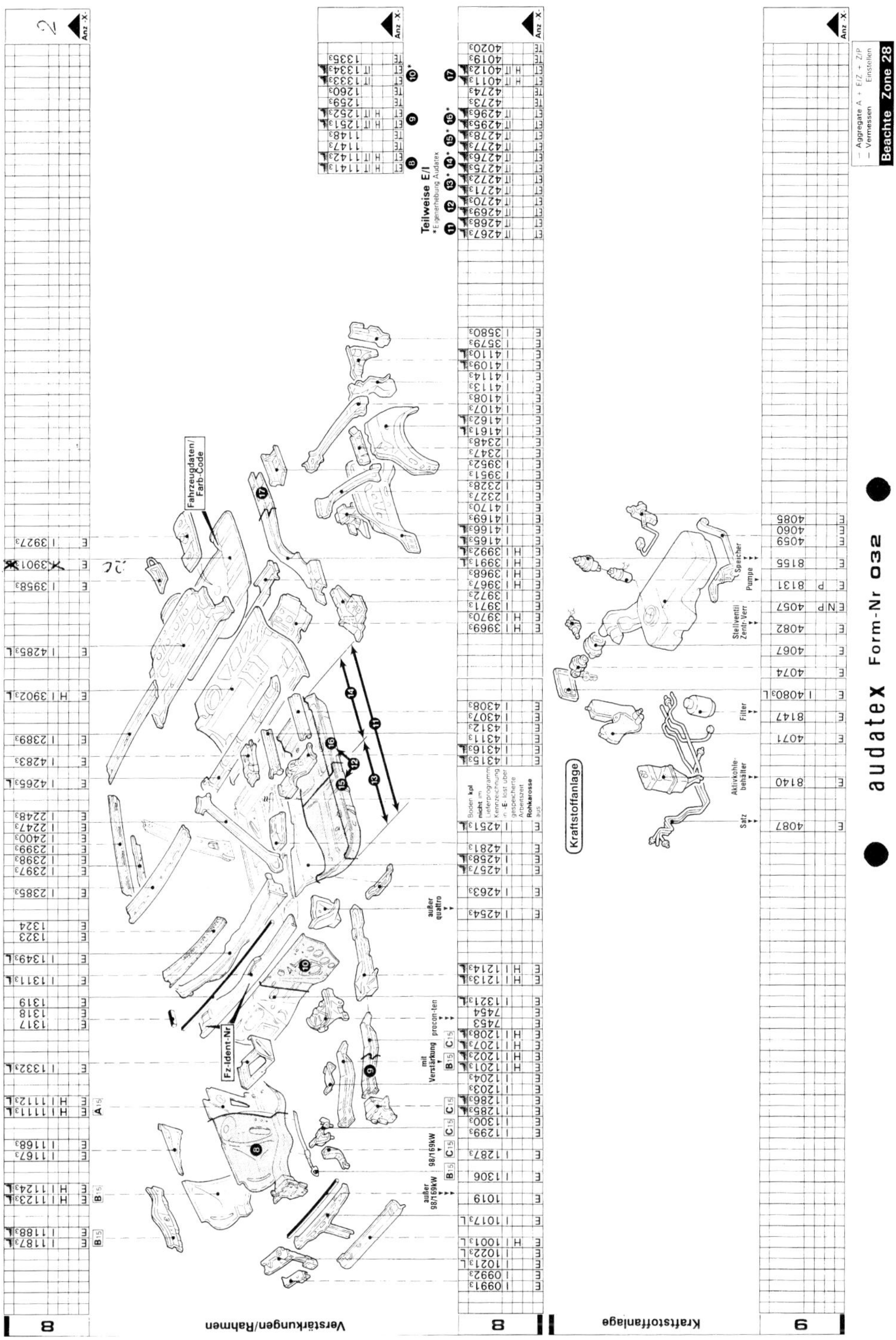

Bild 10.19 Eingaben zur Instandsetzung des Kofferraumbodens

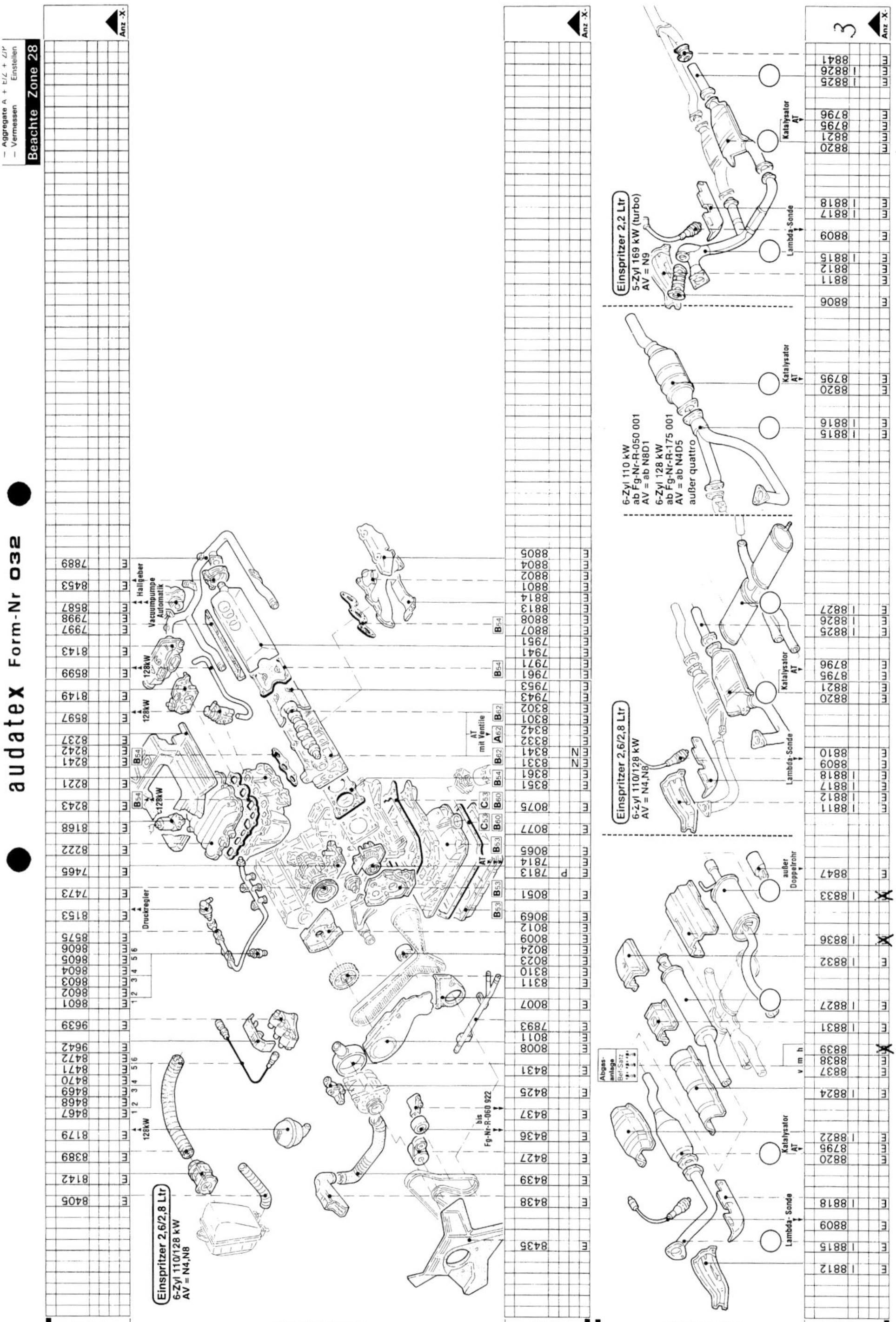

Bild 10.20 Eingaben zur Instandsetzung der Abgasanlage

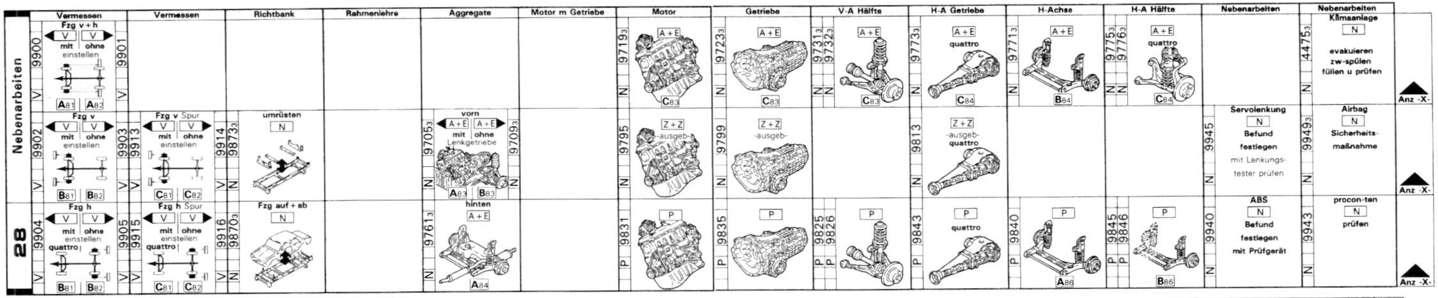

29 Nicht-Standard-Positionen (NSP)

Rep. Art		Leit-Nr	Bezeichnung		AW	NFA	Betrag (Ersatzteilpreis m. MC 'EM', Arbeitspreis m. MC 'IM')	MC
E	N	0736	Zusatzleuchten v/h	ern / umbauen				
E		0731	Glühlampen					
E	N	4410	Radio	ern / umbauen				
E	N	0729	Autotelefon	ern / umbauen				
E	N	0730	Funkgerät	ern / umbauen				
E	N	0735	Zusatzantenne/n	ern / umbauen				
E	N	0739	Zusatzaußenspiegel	ern / umbauen				
E		3040	Nationalitätskennzeichen					
E	N	3681	Schmutzfänger v/h	ern / umbauen				
E		9987	Kühlflüssigkeit					
	N	0247_3	De- / Montage zwecks Lackierung					
	N	0250	Fzg-Verbringung					
	X	0243_3	Dozer/Richtstand (nicht bei Richtbank)	auf-/abbauen	5			
	N	0245_3	Front rückverformen	(Zusatzarbeit)				
	N	1477_3	Seite l rückverformen	(Zusatzarbeit)				
	N	1478_3	Seite r rückverformen	(Zusatzarbeit)				
	X	2695_3	Heck rückverformen	(Zusatzarbeit)	15			

Rep-Art	Leit-Nr	Aggr Code	Bezeichnung	Ersatzteil-Nr (bei Rep-Arten E, ET, TE) Arbeitstext (bei übrigen Rep-Arten)	AW	NFA	Betrag	KL
U	1000	9	UBS BODENBLECH	AUSBESSERN	3			
	1000	9						
	1000	9						
	1000	9						
	1000	9						
	1000	9						
	1000	9						
	1000	9						
	1000	9						
	1000	9						
	1000	9						
	1000	9						
	1000	9						
	1000	9						
	1000	9						
Sonstiges	1000	9						
Sonstiges	1000	9						
Risiko	1000							

Anz -X-

audatex Form-Nr 032

Erläuterungen NFA Abzug Wertverbesserung / Neu für Alt; KL Klassifizierung; MC Mutationscode — gerasterte Positionen = überschreibbar

Bild 10.21 Eingaben bei den «Nicht-Standard-Positionen»

in der Lackierung für das neue Abschlußblech enthalten sind. Wenn jedoch der Instandsetzungsumfang erheblich höher ist und somit eine größere Fläche als Innenteil lackiert werden muß, ist ein spezieller Kostenaufwand in der Zone 8 mit der Reparaturart «L» vorzugeben. Bei diesem Beispiel soll darauf verzichtet werden.

Was wird nun zur Kalkulation der Lackierkosten eingetragen? Für Abschlußblech, Stoßfänger und Seitenteil wird die Lackierung von selbst über die Lackautomatik zugesteuert. Für den Kofferboden ist das «L» an der Typenbogen-Numerierung «3901» anzukreuzen. Lackautomatik bedeutet, daß die exakten Vorgaben des Fahrzeugherstellers (oder die vom AZT festgelegten) für das ausgesuchte Teil verwendet werden. Darüber hinaus muß in diesem Fall zusätzlich die Reparaturlackierung für das Seitenteil bestimmt werden. Da zur Instandsetzungslackierung eine Fläche von etwa 40% des kompletten Neuteils lackiert werden muß, ist die «Stufe 3» mit «LI» als Vorgabe zu wählen (s. Datenfile-Information).

Hinweise zur Lackautomatik

- ☐ Sie gilt nur für lackierfähige Teile.
- ☐ Sie gilt nicht für Motorräder und UNI-Caravan.
- ☐ Wird bei der Lackierstufe I die Reparaturart «E/ET» vermerkt, erfolgt automatisch die «LE»-Zuweisung (allerdings nicht, wenn die L-Position im Typenbogen grau unterlegt ist).
- ☐ Wird bei der Lackstufe II «L» markiert, kommt üblicherweise keine Lackautomatik zum Einsatz.
- ☐ Wird bei der Lackstufe III die Reparaturart «I/IT» angekreuzt, erfolgt automatisch die «LI»-Zuweisung (allerdings nicht bei grau und hälftig grau unterlegten L-Positionen).
- ☐ Wird bei der Lackierstufe IV die Reparaturart «LI1» markiert, gibt es keine automatische Lackierungszuweisung.

In dem bearbeiteten Beispiel ist die Lackierkosten-Kalkulation jetzt erledigt. Nun noch zu den letzten Markierungen auf dem Typenbogen. Bei den Nicht-Standard-Positionen, die mit einem Text versehen sind, fehlt noch ein Vermerk: Dozer/Richtstand auf-/abbauen (Bild 10.21). Die Arbeit für die Instandsetzung wurde bereits festgelegt, doch sind die genannten

```
AUDATEX DEUTSCHLAND  DATENVERARBEITUNGS-GMBH

KUHLENSTR.15   32427 MINDEN        TEL.: 0571/805-01    FAX: 805-120
AUDATEX DEUTSCHLAND  DATENVERARBEITUNGS-GMBH  NIEDERLASSUNG LEIPZIG
HAUPTSTR. 33   04463 GROSSPOESNA  TEL.: 034297/62700   FAX: 62798

R E P A R A T U R - K A L K U L A T I O N   NR  TE960220        21.02.96

FZ-HALTER   MUSTERMANN, HELMUT         HAUPTSTR. 65
            98763 NEUSTADT

FABRIKAT    AUDI                 80                     AVANT 2,6 E
AMTL KZ     KLN-0765                                    TYP-CODE     0 32 11
ERSTE ZUL   03.03.92             NAECH HU 03.96         LAUFLEIST      82135

FZ-ZUST     UNZERLEGT
REP-FIRMA   MUELLER GMBH
REP-DAUER   3   ARB-TG

AUSFUEHR-   AB MAERZ '92         SCHEINWERFER BOSCH     INSTRUMENTE VDO
VARIANTEN

SERIEN-     VERGLASUNG GRUEN GET ZENTRALVERRIEGELUNG    AUSSENSPIEGEL ELEKTR
AUSSTATTG   NEBELSCHEINWERFER    LEUCHTWEITENREGLER     GENERATOR 90 AMP
            2,6 LTR 110KW  ABC   GETRIEBE 5-GANG        ANTIBLOCKIERSYSTEM 4
            RAEDER 6 J X 15      SCHEIBENBREMSEN H

SONDER-     SCHIEBEDACH ELEKTR   DACHRELING             FENSTERHEBER ELEKTR
AUSSTATTG   AUSSTATTUNG CHENILLE WASCHDUESEN HEIZBAR    SERVOTRONIC-LENKUNG
            205/60 R 15 V        LENDENWIRBELSTUETZE
-----------------------------------------------------------------------------

A R B E I T S L O H N   ZEITBASIS  100 ZE=1 STD  PREIS/KL 1 =  0.95   DM/ZE
                                                 PREIS/KL 2 =  0.95   DM/ZE
                                                 PREIS/KL 3 =  0.95   DM/ZE

ARB.POS.NR/  INSTANDSETZUNGS-/EINZEL-/VERBUNDARBEITEN  KL     ZE     ARB.-
LEIT-NR                                                               PREIS

53 10 55 52  AUFNAHMEBLECH SEITENTEIL H L ERS (VBA)     3    250    237.50
KN           ANBAUTEILE DECKEL H AUS-/EINBAUEN          2     50     47.50
53 05 53 12  ABSCHLUSSBLECH H TEILE DEMONTIEREN         3    110    104.50
             UMFASST: STOSSFAENGER H KPL, SCHLUSS-
             LEUCHTEN, DECKELSCHLOSSUNTERTEIL, KOF-
             FERRAUMVERKLEIDUNGEN H UND SEITL,
             SCHLOSSTRAEGERVERKLDG UND DECKELDICHTUNG
             AUSBAUEN, LEITUNGSSATZ H LOESEN
53 05 55 12  ABSCHLUSSBLECH H ERSETZEN                  3    420    399.00
             UMFASST: ABSCHLUSSBLECH I
53 05 59 12  ABSCHLUSSBLECH H TEILE MONTIEREN           3    160    152.00
             UMFASST: STOSSFAENGER H ERSETZEN, DEMON-
             TIERTE TEILE EINBAUEN, GGF ERSETZEN,
             LICHTANLAGE PRUEFEN
26 33 19 10  NACHSCHALLDAEMPFER AUS-/EINBAUEN           1     90     85.50
KN           WAERMEDAEMMUNG H AUS-/EINBAUEN             2     30     28.50

0243         DOZER / RICHTSTAND   AUF-/ABBAUEN          3     50*    47.50
              NICHT BEI RICHTBANK

                       SYSTEM AUDATEX                   BLATT     1
```

```
AUDATEX DEUTSCHLAND  DATENVERARBEITUNGS-GMBH

KUHLENSTR.15   32427 MINDEN        TEL.: 0571/805-01    FAX: 805-120
AUDATEX DEUTSCHLAND  DATENVERARBEITUNGS-GMBH  NIEDERLASSUNG LEIPZIG
HAUPTSTR. 33   04463 GROSSPOESNA  TEL.: 034297/62700   FAX: 62798

R E P A R A T U R - K A L K U L A T I O N   NR  TE960220        21.02.96

A R B E I T S L O H N   ZEITBASIS  100 ZE=1 STD  PREIS/KL 1 =  0.95   DM/ZE
                                                 PREIS/KL 2 =  0.95   DM/ZE
                                                 PREIS/KL 3 =  0.95   DM/ZE

ARB.POS.NR/  INSTANDSETZUNGS-/EINZEL-/VERBUNDARBEITEN  KL     ZE     ARB.-
LEIT-NR                                                               PREIS

2695         HECK RUECKVERFORMEN  (ZUSATZARBEIT)        3    150*   142.50

3481         SEITENWAND L INSTANDSETZEN                 3    150*   142.50
3901         KOFFERRAUMBODEN H INSTANDSETZEN            3    200*   190.00
             ----------------------------------------------------------------

51 01 75 01) KAROSSERIETEIL HOHLRAUM KONSERVIEREN       3     20     19.00
51 01 75 50  SEITENTEIL H L HOHLRAUM KONSERVIEREN       3     10      9.50
             (VERBUNDARBEIT)
51 01 75 50  ABSCHLUSSBLECH H HOHLRAUM KONSERVIEREN     3     10      9.50
             (VERBUNDARBEIT)
1000         UBS BODENBLECH AUSBESSERN                  1     30*    28.50
-----------------------------------------------------------------------------

L A C K I E R U N G    ZEITBASIS 100 ZE=1 STD      PREIS =  1.35    DM/ZE

ARB.POS.NR/   ARBEITSGANG   2-K-ACRYL (UNI)                    ZE     ARB.-
LEIT-NR                                                               PREIS

63 50 61 50  STOSSFAENGER H       LACKIEREN                    90    121.50
53 05 61 00  ABSCHLUSSBLECH H KPL NEUTEILLACK S1              190    256.50
53 55 79 02  SEITENWAND L         REPARATURLACK S3            130    175.50
KN           BODEN H              OBERFLAECHENLACK S2          90    121.50
51 01 71 12  VORBEREITUNGSARBEIT ZUR LACKIERUNG               190    256.50
             STUFE S3,S4,NEUTEIL S1
             (TEIL EINGEBAUT)
51 01 71 51  VORBEREITUNGSARBEIT ZUR LACKIERUNG                50     67.50
             (KUNSTSTOFFE)
             (TEIL/E AUSGEBAUT)
             (VERBUNDARBEIT)
-----------------------------------------------------------------------------

E R S A T Z T E I L E                          PREISLISTE STAND: 01.02.96

LEIT-NR      BEZEICHNUNG          TEILE-NR                            PREIS

2581         STOSSF H GRUNDIERT   +8A0 807 305AEGRU                  420.00
2711         ABSCHLUSSBLECH H A    8A9 813 301                        55.00
2739         VERST ABSCHLUSSBL M   8A9 813 331                        98.00
3003         SCHLIESSBUEGEL H L    4A9 827 5178                       20.80
3004         SCHLIESSBUEGEL H R    4A9 827 5188                       20.80
3279         SCHLUSSLEUCHTE I L    8A9 945 223A                       72.50
3280         SCHLUSSLEUCHTE I R    8A9 945 224                        67.50
3281         SCHLUSSLEUCHTE A L    8A9 945 217                        88.50

                       SYSTEM AUDATEX                   BLATT     2
```

Bild 10.22 Muster Reparaturkalkulation

```
AUDATEX DEUTSCHLAND  DATENVERARBEITUNGS-GMBH

KUHLENSTR.15   32427 MINDEN        TEL.: 0571/805-01    FAX: 8C5-120
AUDATEX DEUTSCHLAND  DATENVERARBEITUNGS-GMBH  NIEDERLASSUNG LEIPZIG
HAUPTSTR. 33   04463 GROSSPOESNA  TEL.: 034297/62700   FAX: 62798


R E P A R A T U R - K A L K U L A T I O N   NR  TE960220          21.02.96

E R S A T Z T E I L E                          PREISLISTE STAND: 01.02.96

LEIT-NR      BEZEICHNUNG             TEILE-NR                           PREIS

3282         SCHLUSSLEUCHTE A R       8A9 945 218                       88.50
3313         DTG SCHLUSSL A L        <KN                                 5.00
3314         DTG SCHLUSSL A R        <KN                                 5.00
3579         EINSATZBLECH SEITENT     8A9 809 649                       72.00
3581         SCHL TEIL SEITENW L      8A9 809 609                       22.80
8833         NACHSCHALLDAEMPFER       8A0 253 609AF                    490.00
8836         HITZESCHUTZ H            8A0 804 171                       37.70
8839         BEF-SATZ AUSPUFF H      <KN                                39.05




                        SYSTEM AUDATEX                  BLATT      3
```

```
AUDATEX DEUTSCHLAND  DATENVERARBEITUNGS-GMBH

KUHLENSTR.15   32427 MINDEN        TEL.: 0571/805-01    FAX: 805-120
AUDATEX DEUTSCHLAND  DATENVERARBEITUNGS-GMBH  NIEDERLASSUNG LEIPZIG
HAUPTSTR. 33   04463 GROSSPOESNA  TEL.: 034297/62700   FAX: 62798


K O N T R O L L B L A T T   NR  TE960220                           21.02.96

FZ-HALTER   MUSTERMANN, HELMUT          HAUPTSTR. 65
            98763 NEUSTADT


FABRIKAT    AUDI                 80                      AVANT 2,6 E
AMTL KZ     KLN-0765                                     TYP-CODE      0 32 11
ERSTE ZUL   03.03.92             NAECH HU 03.96          LAUFLEIST       82135

FZ-ZUST     UNZERLEGT
REP-FIRMA   MUELLER GMBH
REP-DAUER   3   ARB-TG
------------------------------------------------------------------------------
KD-NR / SV-NR               : 000007             BATCH              CLASS  REL 2.6

AUSWERTUNGS-DATUM           : 21.02.96

AV-CODES
- AUSFUEHRUNGSVARIANTEN     : A4 I1 V7
- SERIENAUSSTATTUNG         : F4 G1 G7 I2 17 M7 N8 P3 Q7 S1 V5 Y2
- SONCERAUSSTATTUNG         : C2 C9 G2 J3 M5 Q2 R4 U4

ERSATZTEILE / LACKIERUNG
- REP-ART/LEIT-NR/INFO      : H  2711 LO / H  2739 LO / H  3481 LU
                              E  3579 ---> E  2716 EL / LE 2739 EL / LE 3579 EL

LOHNFAKTOREN
- MECH/SPENGLER             :    9.50         9.50         9.50
- LACKIERER  -HERST         :   13.50

RANDFAHNEN-CODES
- AKTIVE CODES              : 28    2.00 / 63   20.00 / 70   30.00 / 72   30.00

ERSATZTEILPREIS-DATUM       : 01.02.96

LACKIERUNG
- REP-ART/LEIT-NR           : LE 2581    / LE 2711    / LI 3481    / L  3901

ANZAHL POSITIONEN
- ERFASST                   :     25
- MUTATIONEN                :


SCHLUSSKALKULATION
  LOHN:  1 577.00 NEBEN:    126.50  LACK:    999.00  ET  :  1 655.21
  REP :  4 357.71  MWST:    653.66  REPI:  5 011.37

DETAIL-ERFASSUNGSDATEN     :
E  8839        E  8836        E  8833        I  3901  20    L  3901
H  3481        I  3481  15    E  2739        H  2739        E  2711
H  2711        E  3003        E  3004        E  3579        E  3581
E  2581        E  3313        E  3314        E  3281        E  3282


                        SYSTEM AUDATEX
```

```
AUDATEX DEUTSCHLAND  DATENVERARBEITUNGS-GMBH

KUHLENSTR.15   32427 MINDEN        TEL.: 0571/805-01    FAX: 805-120
AUDATEX DEUTSCHLAND  DATENVERARBEITUNGS-GMBH  NIEDERLASSUNG LEIPZIG
HAUPTSTR. 33   04463 GROSSPOESNA  TEL.: 034297/62700   FAX: 62798


R E P A R A T U R - K A L K U L A T I O N   NR  TE960220          21.02.9


  S C H L U S S K A L K U L A T I O N                         DM          DM
  -----------------------------------

  A R B E I T S L O H N   ZEITBASIS  100 ZE = 1 STD
    GESAMT KL 1          90 ZE   X    0.95   DM/ZE        85.50
    GESAMT KL 2          80 ZE   X    0.95   DM/ZE        76.00
    GESAMT KL 3        1490 ZE   X    0.95   DM/ZE     1 415.50
  GESAMTSUMME ARBEITSLOHN ...................................    1 577.00

  N E B E N K O S T E N
    UNTERBODENSCHUTZ
      GESAMT KL 1        30 ZE   X    0.95   DM/ZE        28.50
      GESAMT KL 2         0 ZE   X    0.95   DM/ZE
      GESAMT KL 3         0 ZE   X    0.95   DM/ZE
     MATERIAL                                            30.00
    HOHLRAUMKONSERV.
      GESAMT KL 1         0 ZE   X    0.95   DM/ZE
      GESAMT KL 2         0 ZE   X    0.95   DM/ZE
      GESAMT KL 3        40 ZE   X    0.95   DM/ZE        38.00
     MATERIAL                                            30.00
  GESAMTSUMME NEBENKOSTEN ...................................      126.50

  L A C K I E R U N G    ZEITBASIS  100 ZE = 1 STD
    GESAMT             740 ZE  X    1.35   DM/ZE         999.00
  GESAMTSUMME LACKIERUNG INKL MATERIAL ......................      999.00

  E R S A T Z T E I L E                                1 603.15
    KLEINERSATZTEILE (  2.0%)                              32.06
    SCHWEMM-MATERIAL                                       20.00
  GESAMTSUMME ERSATZTEILE ...................................    1 655.21

  R E P A R A T U R K O S T E N   OHNE MWST..................    4 357.71
  ----------------------------------------                    ----------
    MWST 15.00 %                                                   653.66

  R E P A R A T U R K O S T E N   MIT MWST...................    5 011.37



ERLAEUTERUNGEN:
E-TEILE-PREISE=UPE D HERST/IMPORT       * = ANWENDERANGABEN
< = E-TEILE-NR NICHT UNBED BST-NR       + = FARB-NR BESTIMMEN
KN = KEINE ERSATZTEIL-/ARB-POS-NR       ZAX=ZEITERHEBUNG DURCH AUDATEX
)=ZEITANTEILE IN ANDERER POS ENTH

                        SYSTEM AUDATEX                  BLATT      4
```

```
AUDATEX DEUTSCHLAND  DATENVERARBEITUNGS-GMBH

KUHLENSTR.15   32427 MINDEN        TEL.: 0571/805-01    FAX: 805-120
AUDATEX DEUTSCHLAND  DATENVERARBEITUNGS-GMBH  NIEDERLASSUNG LEIPZIG
HAUPTSTR. 33   04463 GROSSPOESNA  TEL.: 034297/62700   FAX: 62798


E  3279        E  3280        N  0243   5    N  2695  15
U  10009 UBS BODENBLECH       AUSBESSERN                31




                        SYSTEM AUDATEX
```

Rüstzeiten darin nicht enthalten. Üblicherweise werden hierfür 0,5 h, also bei Audi 5 AW, angesetzt. Nicht vergessen: «N» ankreuzen.

Die Eintragungen im Typenbogen sind für diese Musterkalkulation nun vollständig. Die Daten können in das Kalkulationsprogramm eingegeben werden. Diese Arbeit soll hier nicht mehr beschrieben werden. Dafür noch ein Blick auf den Ausdruck der Kalkulation. Jetzt ist schön zu vergleichen, welche Operationen die Eingaben ausgelöst haben. Zusätzlich fällt noch etwas auf: Alle manuellen Eingaben, also die Werte, die nicht im Rechenprogramm als Vorgaben gespeichert sind, tragen ein kleines Sternchen. Dies dient zur schnellen Übersicht der Eigeneingaben. Selbstverständlich sind das auch die Positionen, die bei einer Kontrolle der Kalkulation zuerst geprüft werden.

Die Handhabung des Typenbogens kann weiter perfektioniert werden. So gibt es beispielsweise die Möglichkeit, Kurzzeichen und Zahlenwerte neben den Reparaturwegen anzugeben. Damit kann z.B. sofort der Ersatzteilpreis geändert werden, ohne extra einen Klartext eintragen zu müssen. Beispiel: Zusätzlich zum «E» wird «EM 250» vermerkt. Auf dem Ausdruck erscheint dann nicht der Ersatzteilpreis, den das System gespeichert hat, sondern der Betrag von 250 DM. Diese Änderungen werden in der Fachsprache «Mutation» genannt. Daher tragen die Kurzbezeichnungen alle den Zusatzbuchstaben «M». Mit diesem Schnellverfahren können geändert werden: Ersatzteilpreise (EM), nicht serienmäßig angebrachte Fahrzeugteile (TM), Mechaniker- bzw. Spenglerlohn (IM) und Lackiererlohn (LM). Zu berücksichtigen ist dabei noch, daß nicht alle Reparaturarten darauf reagieren. Eine genaue Auflistung, welche Mutationskombinationen möglich sind, gibt eine generelle Kurzanleitung zum Typenbogen.

Das ausgedruckte Muster für die Reparaturkalkulation, die vorher bearbeitet wurde, ist in Bild 10.22 zu sehen.

Dieser Abschnitt soll einen Eindruck vermitteln, wie der Umgang mit der EDV-Reparaturkosten-Kalkulation gelernt werden kann. Daher war es nicht erforderlich, einen konkreten Schadensfall abzubilden. Im Gegenteil, die Erfahrungen haben gezeigt, daß derartige Abbildungen nur dazu führen, über die Vorgaben von Instandsetzungszeiten oder die Notwendigkeit eines Richtbankeinsatzes zu diskutieren. Wer eine gezielte Ausbildung von konkreter Schadenaufnahme und die daraufhin zu erstellende Reparaturkosten-Kalkulation absolvieren möchte, möge sich an die Ausbildungsstätten des Kfz-Handwerks wenden. Dort werden 2-Tages-Seminare durchgeführt, die vom Autor dieses Buches entwickelt sind und sogar z.T. von ihm selbst geleitet werden. Bild 10.23 zeigt die Seminarausschreibung, die einen Überblick zum Ablauf vermittelt. Während des Seminars kommt selbstverständlich die elektronische Schadenerfassung mit einem «Pad» zum Einsatz.

Seminar	: Direktabwicklung von Kfz-Unfallschäden zwischen Versicherung und Werkstatt
Seminarziel	: Die Teilnehmer erkennen die Ziele der Kfz-Versicherer zur Kosteneinsparung bei der Unfallschaden-Abwicklung. Sie können die daraus resultierenden Anforderungen erfüllen. Das sind z.B. - Erstellung von EDV-Reparaturkosten-Kalkulationen einschließlich Fotos vom beschädigten Fahrzeug - Anfertigen von Karosserie-Meßprotokollen - Versand der angefertigten Arbeiten per Datenfernübertragung
Zielgruppe	: Werkstatt-Inhaber und Fahrzeugannehmer, die diese Abwicklung (vollständig oder teilweise) selbst vornehmen wollen.
Eingangsvoraussetzungen	: Erfahrungen auf dem Gebiet „Karosserie-Instandsetzung" und „keine Angst vor dem PC"
Seminarinhalte	: - Derzeitige und zukünftige Praxis der Unfallschaden-Abwicklung - Erkennen des Pkw-Gesamtschadens - Systematische Schadenaufnahme - EDV-Typenbogen-Anwendung - Dateneingabe in den PC - Datenversand per PC
Seminarablauf	: Die Teilnehmer lernen in kleinen Gruppen am Fahrzeug, worauf bei der Schadenbesichtigung und -kalkulation geachtet werden muß. Anschließend füllen sie den EDV-Schadenaufnahmebogen für das besichtigte Fahrzeug aus. Sie fertigen Bilder mit der Video-Kamera vom beschädigten Fahrzeug an und erleben, wie ein Karosserie-Meßprotokoll erstellt wird. Danach wird Ihnen die Technik der Dateneingabe vom EDV-Schadenaufnahmebogen in den PC nähergebracht (mit praktischer Übung). Zum Abschluß erfahren die Teilnehmer, wie der Datenversand per PC erfolgt.
Seminardauer	: 2 Tage
Teilnehmeranzahl	: max 16 Personen
Seminarort	: Kfz-Innung Augsburg
Seminarkosten	: auf Anfrage
Seminartermine	: auf Anfrage
Referenten der Beteiligten	: Ingenieurbüro K. Damschen, Kfz-Innung Augsburg.

© Ing.-Büro K. Damschen 02/96

Bild 10.23 Seminarbeschreibung «Direktabwicklung von Kfz-Unfallschäden zwischen Versicherung und Werkstatt»

10.7 Separate Lackierungskosten-Ermittlung

Für Werkstätten, die noch keine EDV-Schadenskalkulation erstellen können, gibt es die Möglichkeit, Lackierungskosten separat zu ermitteln. Dies geschieht in der Handhabung ähnlich einfach wie die überschlägige Kalkulation für die Karosseriereparatur. Bei der Erstellung des speziellen Nachschlagewerkes (s. Bild 10.12) wurde zugrunde gelegt, daß jedes zu lackierende Karosserieteil eine vorgegebene Größe (Fläche) hat. Sommit können der Zeitaufwand für die Lackierung und der Materialverbrauch genau angegeben werden, wenn als Ausgangsgröße zur Ermittlung der Zeit und des Materials eine Fläche von z.B. 1 m^2 zugrunde gelegt wird. Daraufhin kann jede Flächengröße berechnet werden. Die Karosserieteile der einzelnen Fahrzeugtypen brauchen somit nur in der Flächengröße bestimmt zu werden, um die Lackierungskosten zu ermitteln. Diese Umrechnung ist aber zu grob, denn es sind gewaltige Unterschiede vorhanden, ob nur eine Oberflächenlackierung oder gar ein kompletter Lackaufbau gemacht wird. Diese Entscheidung ist daher zusätzlich in den Tabellen berücksichtigt.

Weiterhin spielt der Umfang der Vorbereitungen für eine Lackierung bei der Kostenermittlung eine große Rolle. Dazu zählt auch, ob das zu lackierende Teil eventuell abgebaut lackiert wird. Alle diese Angaben sind mit wenig Aufwand aus dem Nachschlagewerk zu entnehmen und in eine darauf abgestimmte Liste einzutragen. Danach werden die Summen für die Lackierungszeit und die Lackierungs-Materialkosten errechnet. Auf die Materialkosten kann ein Werkstatt-Index verrechnet werden. Die Lackierzeit muß mit dem Stundenverrechnungssatz multipliziert werden. Die anschließende Addition ergibt die Gesamtlackierungskosten ohne Umsatzsteuer.

Vorbereitung zur Lackierung
Vorbereitungs-Zeit und Material **1×je Auftrag**

Uni/Metallic 1-Schicht Lackstufen				Auftrag	Uni/Metallic 2-Schicht Lackstufen			
eurotax I / VDA II		eurotax II, III, IV / VDA III IV I			eurotax I / VDA II		eurotax II, III, IV / VDA III IV I	
Std.	DM	Std.	DM		Std.	DM	Std.	DM
0,8	14.10	1,7	14.10	Lackierung am Fahrzeug ohne Vorlackieren	1,1	14.10	2,1	14.10
—		1,9	21.30	Lackierung am Fahrzeug mit Vorlackieren	—		2,5	21.30
0,5	14.10	0,7	14.10	Lackierung nur abgebauter Montageteile	0,7	14.10	0,9	14.10
0,5	9.80	0,5	9.80	Zusätzlich bei 2-Farbenlackierung	0,5	9.80	0,5	9.80

Lackiermaterial: Stand Februar 1991

Vorbereitung zur Lackierung von Kunststoffteilen: siehe letzte Umschlagseite

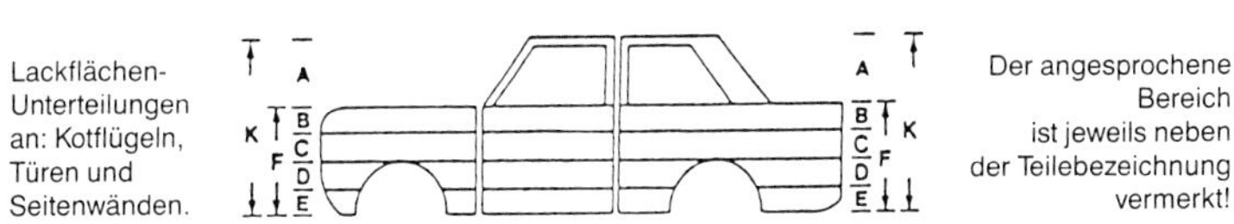

Bild 10.24a Aufwand für Lackierungs-Vorbereitung (Quelle: Eurotax/Schwacke)

eurotax SCHWACKE **Lackierkosten-Ermittlung** **Aufnahme – Kalkulation**

Kunde bzw. Fahrzeughalter	
Versicherung	
Fzg.-Typ:	Ford Fiesta L
EZ:	04. 06. 19 90
Fgst.-Nr.:	
Farb-Code:	2S-Blaumetallic
Lackart: Uni/Metallic 1-Schicht	☐
~~Uni~~/Metallic 2-Schicht	☒
Berater: Mast	Datum: 01. 01. 92

Reparatur-Werkstatt

Auftrag-Nr. 1000

Was wird lackiert?		**Wie wird lackiert?** Lackierstufen für Metallteile I II III IV / II III IV I; Lackierstufen für Kunststoffteile						Teil wird abgebaut vorlackiert	Teil wird abgebaut lackiert	**Mit welchem Aufwand wird lackiert?** Lackierzeit	Lackiermaterialkosten
Pos.-Nr.	Teil- bzw. Partie-Bezeichnung	K1	K2	–	K4R	K4N	K4G			Std.	DM
10	Frontblech komplett				X	X				2,2	29,10
19	Kotflügel vo. li. kpl.	X								0,6	16,30
24	Deckel vo.		X							2,2	51,60
	[1] **«Vorbereitung zur Lackierung» von Metallteilen** ▶									2,5	21,30
	ggf. «Vorbereitung zur Lackierung» von Kunststoffteilen ▶										

[1] s. vorherige Seite

	Lackierzeit	Lackiermaterialkosten
Summen	7,5	118,30
	x Stundensatz 90,– DM	x Index
=	675,– DM	118,30 DM
+ Gesamt-Lackierkosten o. MwSt	793,30	

Bild 10.24b Auszug aus dem Kalkulations-Handbuch zur Lackierkosten-Ermittlung
Beispiel: Frontschaden, Ford Fiesta 2-Schicht-Metallic
(Quelle: Eurotax/Schwacke)

eurotax SCHWACKE

Ford								© by eurotax/SCHWACKE 2/1991			**Ford**							
Uni/Metallic 1-Schicht Lackstufen								**Fiesta Modell -89**			**Uni/Metallic 2-Schicht** Lackstufen							
eurotax I	VDA II	eurotax II	VDA III	eurotax III	VDA IV	eurotax IV	VDA I	3-türig	29007771		eurotax I	VDA II	eurotax II	VDA III	eurotax III	VDA IV	eurotax IV	VDA I
Oberfläche		Rep. bis 50%		Rep. über 50%		Neuteil E+M			TEILE-BEZEICHNUNG		Oberfläche		Rep. bis 50%		Rep. über 50%		Neuteil E+M	
Std.	DM	Std.	DM	Std.	DM	Std.	DM	Pos.	**FRONT**	**Bereich**	Std.	DM	Std.	DM	Std.	DM	Std.	DM
0,6	11,00	1,1	14,50	1,7	17,80	2,0	23,80	10	Frontblech komplett		0,6	14,30	1,2	18,00	1,8	21,40	2,2	29,10
0,4	4,60	0,8	6,00	1,2	7,40	1,3	9,90	11	Frontblech oben		0,5	5,90	0,9	7,50	1,2	8,90	1,3	12,10
0,5	6,40	0,9	8,40	1,4	10,40	1,5	13,90	13	Frontblech unten		0,5	8,30	1,0	10,50	1,4	12,50	1,6	17,00
0,6	12,70	1,2	16,60	1,8	20,40	2,2	27,20	19	Kotflügel vorn komplett		0,6	16,30	1,3	20,60	1,9	24,50	2,4	33,30
0,5	6,20	0,9	8,10	1,3	10,00	–	–	20	Kotflügel vorn Oberteil	B–C	0,5	8,00	1,0	10,10	1,4	12,00	–	–
0,5	6,40	0,9	8,40	1,4	10,40	–	–	22	Kotflügel vorn Unterteil	D–E	0,5	8,30	1,0	10,50	1,4	12,50	–	–
0,9	31,70	2,0	41,50	3,3	51,10	2,1	62,70	24	Deckel vorn		1,0	41,00	2,2	51,60	3,4	61,40	2,2	76,70
0,4	4,80	0,8	6,30	1,2	7,80	1,3	10,40	25	Windlauf vorn		0,5	6,20	0,9	7,90	1,3	9,40	1,4	12,70
0,4	0,70	0,7	0,90	0,9	1,10	0,8	1,50	29	A-Säule oben aussen		0,4	0,90	0,7	1,10	0,9	1,30	0,8	1,80
0,7	19,80	–	–	–	–	–	–	32	Motorraum ohne Stirnwand		0,8	25,50	–	–	–	–	–	–
0,5	9,90	–	–	–	–	–	–	33	Radhaus ohne Stirnwand		0,6	12,80	–	–	–	–	–	–
									SEITE									
0,7	17,50	1,4	22,90	2,2	28,10	1,4	34,50	35	Tür 2-türig komplett	K	0,7	22,60	1,5	28,40	2,3	33,80	1,5	42,30
0,5	7,60	1,0	9,90	1,4	12,20	–	–	36	Tür 2-türig Oberteil	A–C	0,5	9,80	1,0	12,30	1,5	14,70	–	–
0,5	9,90	1,1	12,90	1,6	15,90	–	–	38	Tür 2-türig Unterteil	D–E	0,6	12,80	1,1	16,10	1,7	19,10	–	–
0,4	1,20	–	–	–	–	–	–	49	Ein Türrahmen		0,4	1,50	–	–	–	–	–	–
0,4	3,50	0,8	4,50	1,1	5,60	1,1	7,40	51	Schweller 2-türig		0,4	4,50	0,8	5,60	1,2	6,70	1,2	9,10
									HECK									
1,0	35,90	2,2	47,00	3,6	57,70	4,8	77,20	53	Dach (in St. IV mit Dachrahmen und Säulen)		1,1	46,30	2,5	58,30	3,8	69,40	5,4	94,50
0,7	18,40	1,4	24,10	2,3	29,60	2,8	39,60	58	Seitenwand hinten 2-tg.komplett	K	0,8	23,80	1,6	29,90	2,4	35,60	3,1	48,50
0,5	9,90	1,1	12,90	1,6	15,90	–	–	59	Seitenwand hinten 2-tg. Oberteil	A–C	0,6	12,80	1,1	16,10	1,7	19,10	–	–
0,5	8,50	1,0	11,10	1,5	13,70	–	–	61	Seitenwand hinten 2-tg. Unterteil	D–E	0,5	11,00	1,1	13,80	1,6	16,50	–	–
0,6	13,10	1,2	17,20	1,9	21,10	1,2	25,90	72	Hecktür mit Fensterrahmen		0,6	16,90	1,3	21,30	1,9	25,40	1,2	31,70
0,5	6,40	0,9	8,40	1,4	10,40	–	–	73	Hecktür Unterteil		0,5	8,30	1,0	10,50	1,4	12,50	–	–
0,5	9,20	1,0	12,00	1,6	14,80	1,8	19,80	77	Heckblech Unterteil		0,6	11,90	1,1	15,00	1,6	17,80	1,9	24,20
0,7	16,10	–	–	–	–	–	–	80	Kofferraumboden		0,7	20,80	–	–	–	–	–	–
									PARTIELACKIERUNG									
3,1	72,90	6,3	95,50	9,8	117,50	9,8	151,30	83	Vorderwagen		3,3	94,10	6,9	118,70	10,3	141,20	10,6	185,10
2,4	52,10	4,8	68,10	7,4	83,70	7,5	108,70	84	Wagenseite 2-türig		2,5	67,20	5,2	84,50	7,8	100,60	8,2	133,20
2,5	59,10	5,0	77,40	8,1	95,10	8,6	124,90	86	Wagenheck 2-türig		2,8	76,40	5,6	96,10	8,3	114,40	9,3	152,90
7,8	174,00	15,7	227,70	24,5	280,00	–	–	88	Ganzlackierung ohne Dach 2-türig		8,3	224,70	17,1	282,80	25,6	336,60	–	–
8,8	209,90	17,9	274,70	28,1	337,70	–	–	90	Ganzlackierung 2-türig		9,4	271,00	19,6	341,10	29,4	406,00	–	–

Lackstufen								**Fiesta Modell 89-**			Lackstufen							
eurotax I	VDA II	eurotax II	VDA III	eurotax III	VDA IV	eurotax IV	VDA I	3/5-türig	29008989		eurotax I	VDA II	eurotax II	VDA III	eurotax III	VDA IV	eurotax IV	VDA I
Oberfläche		Rep. bis 50%		Rep. über 50%		Neuteil E+M					Oberfläche		Rep. bis 50%		Rep. über 50%		Neuteil E+M	
Std.	DM	Std.	DM	Std.	DM	Std.	DM	Pos.	**FRONT**	**Bereich**	Std.	DM	Std.	DM	Std.	DM	Std.	DM
0,6	12,90	1,2	16,90	1,8	20,70	2,2	27,70	10	Frontblech komplett		0,6	16,60	1,3	20,90	1,9	24,90	2,4	33,90
0,4	3,90	0,8	5,10	1,2	6,30	1,2	8,40	13	Frontblech unten		0,4	5,10	0,8	6,40	1,2	7,60	1,2	10,30
0,4	3,00	–	–	–	–	–	–	15	Frontblech innen oben		0,4	3,90	–	–	–	–	–	–
0,4	1,20	–	–	–	–	–	–	16	Frontblech innen seitlich		0,4	1,50	–	–	–	–	–	–
0,4	3,70	–	–	–	–	–	–	17	Frontblech innen unten		0,4	4,80	–	–	–	–	–	–
0,6	10,60	1,1	13,90	1,7	17,00	1,9	22,80	19	Kotflügel vorn komplett		0,6	13,70	1,2	17,20	1,7	20,50	2,1	27,90
0,5	7,80	1,0	10,20	1,5	12,60	–	–	20	Kotflügel vorn Oberteil	B–C	0,5	10,10	1,0	12,70	1,5	15,10	–	–
0,4	2,80	0,8	3,60	1,1	4,40	–	–	22	Kotflügel vorn Unterteil	D–E	0,4	3,60	0,8	4,50	1,1	5,30	–	–
0,9	27,80	1,9	36,40	3,0	44,80	1,9	54,90	24	Deckel vorn		1,0	35,90	2,0	45,30	3,1	53,90	2,0	67,30
0,8	23,50	–	–	–	–	–	–	32	Motorraum ohne Stirnwand		0,9	30,30	–	–	–	–	–	–
0,6	11,70	–	–	–	–	–	–	33	Radhaus ohne Stirnwand		0,6	15,20	–	–	–	–	–	–
									SEITE									
0,7	17,30	1,4	22,60	2,2	27,80	1,4	34,10	35	Tür 2-türig komplett	K	0,7	22,30	1,5	28,10	2,3	33,40	1,4	41,70
0,5	9,90	1,1	12,90	1,6	15,90	–	–	36	Tür 2-türig Oberteil	A–C	0,6	12,80	1,1	16,10	1,7	19,10	–	–
0,5	7,40	1,0	9,60	1,4	11,80	–	–	38	Tür 2-türig Unterteil	D–E	0,5	9,50	1,0	12,00	1,5	14,20	–	–
0,6	13,80	1,2	18,10	1,9	22,20	1,2	27,20	40	Tür 4-türig vorn komplett	K	0,7	17,80	1,3	22,40	2,0	26,70	1,3	33,40
0,5	8,10	1,0	10,50	1,5	13,00	–	–	41	Tür 4-türig vorn Oberteil	A–C	0,5	10,40	1,0	13,10	1,5	15,60	–	–
0,5	5,80	0,9	7,50	1,3	9,30	–	–	43	Tür 4-türig vorn Unterteil	D–E	0,5	7,40	0,9	9,40	1,3	11,10	–	–
0,4	3,70	0,8	4,80	–	–	1,1	7,90	44	B-Säule 4-türig (von Dach bis Schweller)		0,4	4,80	0,8	6,00	–	–	1,2	9,70
0,6	11,70	1,2	15,40	1,8	18,90	1,1	23,20	45	Tür 4-türig hinten komplett	K	0,6	15,20	1,2	19,10	1,8	22,70	1,2	28,40
0,5	7,80	1,0	10,20	1,5	12,60	–	–	46	Tür 4-türig hinten Oberteil	A–C	0,5	10,10	1,0	12,70	1,5	15,10	–	–
0,4	3,90	0,8	5,10	1,2	6,30	–	–	48	Tür 4-türig hinten Unterteil	D–E	0,4	5,10	0,8	6,40	1,2	7,60	–	–
0,4	0,90	–	–	–	–	–	–	49	Ein Türrahmen		0,4	1,20	–	–	–	–	–	–
0,4	5,10	0,9	6,60	1,3	8,10	1,3	10,90	51	Schweller 2-türig		0,5	6,50	0,9	8,20	1,3	9,80	1,4	13,30
0,4	5,10	0,9	6,60	1,3	8,10	1,3	10,90	52	Schweller 4-türig		0,5	6,50	0,9	8,20	1,3	9,80	1,4	13,30
									HECK									
0,9	27,80	1,9	36,40	3,0	44,80	3,9	59,90	54	Dach Mittelteil		1,0	35,90	2,0	45,30	3,1	53,90	4,3	73,30

3 Das Kalkulations Trio : LACKIERUNG + KALKULATION + SuperSCHWACKE

ild 10.25 Auszug aus dem Kalkulations-Handbuch zur Lackierkosten-Ermittlung
Quelle: Eurotax/Schwacke)

10.8 Fragen und Antworten

1. Warum ist zur Schadensfeststellung als erstes ein Rundgang um das Fahrzeug sinnvoll?
Antwort:
Es muß zuerst ein Gesamtbild über den Schadensbereich erstellt werden. U.U. war das Fahrzeug in einen Mehrfachunfall verwickelt, oder es hatte einen Vorschaden.

2. Was sind die wichtigsten Kontrollstellen zur Schadensfeststellung?
Antwort:
Spaltmaße von Hauben und Türen, Fluchtlinien von Fahrzeugkanten, Lackabplatzer, Dachverwerfungen, verschobene Dichtgummis, Karosseriebereiche hinter Kunststoffstoßstangen, spezielle Partien der Bodengruppe, Befestigungsbereiche der Anhängerkupplung an der Karosserie, Anstoßspuren an den Rädern.

3. Was ist bei Beulspiegeln am Rand des Schiebedachausschnitts zu berücksichtigen?
Antwort:
An den Radien des Schiebedachausschnitts können durch die Herstellung Verwerfungen auftreten. Sie sind bis zu einer gewissen Größe u U. nicht unfallbedingt.

4. Warum gehört zur Schadensdiagnose nach offensichtlichen Anstößen auf die Räder auch eine Achsvermessung?
Antwort:
Nur die kombinierte Achs- und Bodengruppenvermessung gibt genauen Aufschluß darüber, ob Achsteile, Karosseriepartien oder beide beschädigt sind.

5. Von welchem Schadensumfang an sollten Karosserieteile erneuert werden?
Antwort:
a) Der Beschädigungsumfang ist so groß, daß sich eine einwandfreie Instandsetzung finanziell zu aufwendig gestaltet (Schraub- und Abschnittsteile);
b) Eine Rückverformung ist ohne Erwärmung nicht möglich.

6. Von welchem Schadensumfang an muß das Fahrzeug zur Instandsetzung auf die Richtbank?
Antwort:
Sobald die Rückverformungen und Erneuerungen im stark beanspruchten Karosseriebereich durchgeführt werden müssen (Längsträger, Radhaus, Schweller usw.), muß das Fahrzeug auf die Richtbank (s. Abschnitt 5.2).

7. In welchem Bereich eines Pkw-Daches befinden sich nach einem Heck- oder Frontaufprall die typischen Knickstellen?
Antwort:
Oberhalb der B-Säulen. Bei Coupés teilweise oberhalb der Frontscheiben.

8. Warum können hinter intakten Kunststoffteilen Blechpartien beschädigt sein?
Antwort:
Kunststoffe federn nach einem Anstoß meist in die ursprüngliche Lage zurück. Während des Aufpralls kännen die dahinterliegenden Blechteile verformt worden sein.

9. Warum können bei einem Heckschaden eines Fahrzeugs mit Frontmotor auch Motorteile beschädigt sein?
Antwort:
Durch die Massenträgheit verschieben sich nach einem Aufprall die Karosserie und die Antriebsinheit unterschiedlich stark. Dadurch kan es im ungünstigen Fall zu einem Schlag der vordersten Motorteile auf die Karosserieteile bzw. die in der Karosserie befindlichen Anbauteile (Kühler) kommen.

10. Woran läßt sich leicht erkennen, ob Achsteile nach einem Unfall gegenüber der Karosserie verschoben sind?
Antwort:
Bei einem Verschub sind neben den Befestigungsschrauben die Abdrücke der Schraubenköpfe zu erkennen.

11. Welche Formen der Kalkulation von Unfallschäden an Pkws gibt es?
Antwort:
Die überschlägige Kalkulation, die Microfiche Kalkulation, die EDV-Kalkulation, die spezielle Lackierkalkulation.

12. Warum ist es falsch, wenn die einzelnen Arbeitszeitangaben bei der überschlägigen Kalkulation zu einer Gesamtsumme addiert werden? Geben Sie die Antwort bitte anhand des Beispiels Frontblech-Erneuerung.
Antwort:
Die Arbeitszeitangaben beziehen sich immer auf den vollständigen Arbeitsgang. Wird z.B. das Frontblech erneuert, sind die Demontage und Montage der Stoßstange darin enthalten. Würde die Stoßstangen-Erneuerung als Arbeitszeit hinzugezählt, wäre sie zweimal in der Kalkulation enthalten.

13. Warum sind Nebenarbeiten als Arbeitszeit in der Teilerneuerung nicht enthalten?
Antwort:
Es hängt vom Schadensbild und vom Fahrzeugtyp ab, ob z.B. das Fahrzeug auf die Richtbank muß oder zur Instandsetzung die Aggregate aus- und eingebaut werden müssen.

14. Was ist bei der Umrechnung von Stunden-Verrechnungssätzen auf AW-Verrechnungssätze zu beachten?
Antwort:
Die Fahrzeughersteller arbeiten mit unterschiedlichen Zeiteinheiten/Stunde: 10, 12, oder 100 AW/h.

15. In welche zwei Arbeitsgänge gliedert sich die Kostenerfassung zur Reparatur eines Unfallschadens?
Antwort:
1. Erkennen des gesamten Schadens.
2. Festlegen des Reparaturweges.

16. Welcher Karosseriebereich ist nach einem Heckschaden besonders zu kontrollieren, wenn das Fahrzeug eine Anhängerkupplung hat?
Antwort:
Die Befestigungszonen der gesamten Anhängerkupplung.

17. Bei welchen Karosserieteilen überschreitet der Reparaturaufwand schnell die Kosten für ein Neuteil?
Antwort:
Bei angeschraubten Teilen.

18. Welche Angaben sind unter der «Datenfile-Information» im EDV-Typenbogen zu finden?
Antwort:
Fahrzeugherstellerangaben zur Lackkalkulation und zur Anwendung der Vorgaben für Hohlraumkonservierung/Unterbodenschutz.

19. Beim Ausfüllen des EDV-Typenbogens legen Sie die Ausführungsvarianten fest und entdecken dabei, daß an dem Fahrzeug nicht die Scheinwerfer montiert sind, die der Typenbogen vorgibt. Wie kalkulieren Sie trotzdem richtig?
Antwort:
Eintrag als Klartext auf der gleichen Seite unten.

20. Muß auf dem EDV-Typenbogen die AW-Vorgabe des Fahrzeugherstellers vermerkt werden? (Antwort bitte mit Begründung)
Antwort:
Nein. Mit der Auswahl des richtigen Typenbogens wird dies automatisch berücksichtigt.

21. Auf dem EDV-Typenbogen ist nur der linke Kotflügel vorne abgebildet. Sie müssen aber den rechten Kotflügel zum Erneuern kalkulieren. Wie erhalten Sie die richtige Zuordnung?
Antwort:
Von der Darstellung des Kotflügels führt ein feiner Strich zu der Teilenumerierung, die zwei Felder aufweist. Das rechte Feld ist die Teilenummer für den rechten Kotflügel und das linke Feld ist die Teilenummer für den linken Kotflügel.

22. Was bedeutet es, wenn das «L» bei einer Teilenummer dunkel unterlegt ist?
Antwort:
Hier ist keine Lackautomatik vorgesehen.

11 Unfallschaden-Reparatur am Beispiel

In diesem Kapitel werden dem Leser folgende Kenntnisse vermittelt

Lernziele	Lerninhalte
– die Schadenskalkulation des beispielhaft dargestellten Reparaturablaufes nachvollziehen	– Schadenskalkulation mit Reparaturablauf
– die für das Beispiel genannte Reparaturweg-Festlegung fachgerecht erläutern	– Reparaturweg-Festlegung
– die angewandten Richtvorgänge bei der beispielhaften Reparatur beschreiben und begründen	– Richtarbeiten
– den Reparaturverlauf in groben Zügen wiedergeben	– Gesamtreparaturverlauf
– die Besonderheiten bei der Instandsetzung von Seitenschäden an Pkw-Karosserien darstellen	– Seitenschädenbesonderheiten

In diesem Kapitel soll durchgängig die Vorgehensweise bei einer Unfall-Instandsetzung an einem Pkw dargestellt werden. Da laut Statistik die Front eines Fahrzeugs am häufigsten beschädigt wird, ist als Beispiel die Reparatur eines mittelschweren Frontschadens gewählt. Es wurde bewußt ein relativ neues Fahrzeug ausgesucht, damit keine Reparaturerschwernis, z.B. durch zusätzliche Korrosionsschäden, auftritt. In der Praxis kommt dies ja häufiger vor, aber die Rostschaden-Instandsetzung wird gesondert im Kapitel 12 behandelt.

Bild 11.1 Der Hauptanstoßbereich

11.1 Schadensaufnahme und Reparaturweg-Festlegung

Der obligatorische Rundgang um das gesamte Fahrzeug hat gezeigt, daß nur die Front beschädigt ist. Nun wird der Schadensbereich genau eingegrenzt. Der Hauptanstoß kam von vorne rechts. Dadurch wurde die gesamte Front nach links verschoben. Auf der rechten Fahrzeugseite hat sich der Spalt zwischen Tür und Vorderkotflügel leicht erweitert. Auf der linken Seite hat sich der Kotflügel entsprechend nach hinten unter den Türrand geschoben. Der Längsträger vorne links ist nach außen weggeknickt. Der rechte Längsträger ist nicht nur weggeknickt, sondern auch noch gestaucht. Zur Fahrgastzelle hin hat sich die Deformation des Radhauses bis zum Haubenscharnier an der Spritzwand fortgesetzt. Das Türspaltmaß

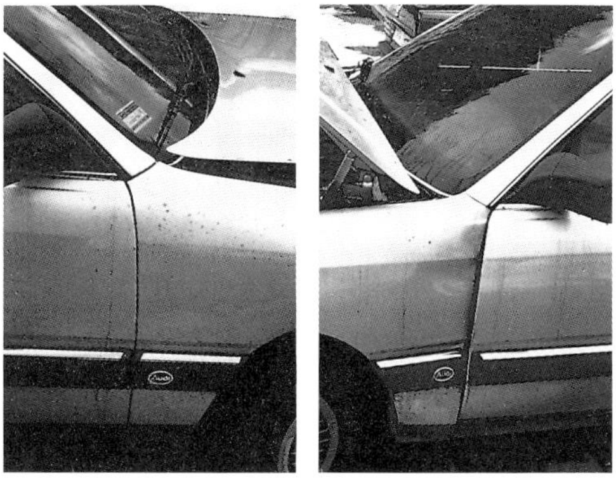

Bild 11.2 Das Spaltmaß der rechten Tür ist leicht vergrößert, während es an der linken Tür zusammengeschoben ist.

Bild 11.3 Vermessung der Bodengruppe

zwischen vorderer und hinterer Tür hat sich auf beiden Seiten nicht verändert. Sehr genau verläuft auch noch die Linie des Karosserieabsatzes zur Linie der Scheuerleiste auf beiden Fahrzeugseiten.

Zur Feststellung des Karosserieschadens kann zusammenfassend bemerkt werden, daß der gesamte Vorbau nach links verschoben und zusätzlich auf der rechten Seite zusammengedrückt wurde. Die Deformation ist vor der Fahrgastzelle zum Stillstand gekommen, so daß auch die Dachpartie unbeschädigt ist.

Nun zu den Aggregaten: Neben den offensichtlich beschädigten Teilen wie die Lichtmaschine sollen nur die Besonderheiten erwähnt werden. So sind beide Motorlager gerissen, das Getriebelager gebrochen und der Luftansaugstutzen verformt. Die übrigen Prüfungen gemäß Abschnitt 10.1 sind durchgeführt und lassen keine weiteren Beschädigungen erkennen.

Um wirtschaftlich zu arbeiten, erfolgt die Schadensaufnahme direkt mit dem EDV-Typenbogen. Die Identifizierung des Fahrzeugtyps ist abgeschlossen und der richtige Typenbogen zur Hand. Die zur Erneuerung und Reparatur anstehenden Teile und die Reparaturwege werden sofort auf dem Typenbogen vermerkt. Damit ist sichergestellt, daß alle Einzelteile erfaßt werden.

Für den Reparaturweg wird festgelegt, daß beide Längsträger-Endstücke gemäß vorgesehener Schnittlinie erneuert werden, einschließlich der kompletten Frontschürze. Die Radhäuser sind zu richten. Für die Arbeiten müssen die Aggregate vorne komplett ausgebaut werden. Eine Richtbank ist zur Reparatur erforderlich. Die genaue Karosserie- und Achsvermessung sind vorweg durchzuführen. Für die Rückverformungsarbeiten sind etwa 2,5 Stunden anzusetzen. Die Achsvermessung nach der Komplettierung des Fahrzeugs ist selbstverständlich. Die Schadenshöhe beträgt laut EDV-Kalkulation 11 875 DM ohne MwSt.

11.2 Reparaturverlauf

Zur Reparatur wird ein Universal-Richt- und Meßsystem mit Scherenhebebühne eingesetzt. Das Fahrzeug ist mit den Universal-Chassisklemmen an den Schweißfalzstücken zu befestigen. Zur Vermessung mit dem optischen Meßsystem werden gemäß Datenblatt die Meßfahnen an den einzelnen Meßpunkten aufgehängt. Mit der Laserstrahloptik kann die Verformung der Bodengruppe exakt bestimmt werden. Es zeigt sich, daß der Vorbau des Fahrzeugs nicht nur nach hinten und links verschoben ist, sondern auch noch nach oben.

Zur Rückverformung müssen gezielte, überlagerte Bewegungen eingeleitet werden. Die einzelnen Zugeinheiten sind so aufgebaut, daß an den Längsträgerenden die Zugketten befestigt sind. Die Zugkraft, die an dem linken Längsträger angreift, soll den Seitenversatz und die leichte Absenkung des Trägers rückverformen. Die Zugkette des rechten Längsträgers muß hauptsächlich die Stauchung des Trägers, aber auch den Seitenversatz und die Höhenabweichung zurückformen. Beide Zugketten werden über je einen Druckzylinder betätigt. Die Rückverformung erfolgt gleichzeitig auf beiden Seiten. Das Ergebnis dieser Zuganordnung ist nach der Rückverformung zufriedenstellend.

Bild 11.4 Zugkombination

Nun kann das Radhaus in die richtige Position gebracht werden. Die Federbeinmeßeinrichtung zeigt, daß der linke Federbeinturm weiter zur Fahrzeugmitte und nach oben gedrückt werden muß. Da es sich um nur noch geringe Maßabweichungen handelt, wird nacheinander das Höhen- und Breitenmaß korrigiert. Interessant ist die indirekte Krafteinleitung für den seitlichen Druck. Die Längsbewegung des Druckzylinders wird durch die Kette und die starre Verbindung zum Federbeinturm in einen seitlichen Druck umgewandelt.

a)   b)

Bild 11.5a und b Richten des Federbeindomes

Als nächstes erfolgt das Austrennen der Altteile. Die Längsträgerenden werden vorerst grob abgeschnitten. Danach ist genaues Arbeiten erforderlich. Die Verstärkungsbleche dürfen nicht gleichzeitig mit dem auszutrennenden Teil durchgeschnitten werden. Hier bewährt sich die oszillierende Karosseriesäge, die in der Schnittiefe millimetergenau eingestellt werden kann.

Die Punktschweißverbindungen sind beiderseits gut zugänglich und können mit dem spe-

Bild 11.6 Austrennen der Schweißpunkte

Bild 11.7 Kniegelenke zur Aufnahme der Neuteile

ziellen Punktschweiß-Fräsgerät gelöst werden. Eine Nacharbeit im Trennbereich ist kaum noch nötig.

Dann werden die Neuteile angepaßt. Da die Universal-Richtbank keine Richtwinkel zur Aufnahme der Neuteile hat und an einem Laserstrahl keine Neuteile befestigt werden können, muß mit allseits beweglichen Kniegelenken gearbeitet werden. Für das Anpassen der Neuteile ist außerdem eine Speziallehre nötig, die den Abstand der Längsträgerenden auf das richtige Maß bringt. Zur Maßkontrolle werden die Meßfahnen an die Neuteile gehängt. Der Laserstrahl zeigt die richtige Position an. Letzte Korrekturen werden durch ein leichtes Umspannen der Feststellzangen und der Kniegelenkhalter vorgenommen.

Vor dem Anpassen werden die Neuteile lackiert und die Schweißflansche mit Zinkstaubfarbe eingestrichen. Danach kann die Punktschweißzange zum Einsatz kommen. Die reparaturfreundliche Karosseriekonstruktion kommt jetzt voll zur Geltung: Der Längsträger ist als U-Profil ausgeführt und wird erst nach dem Einschweißen durch ein Schottblech verschlossen. Dadurch erübrigt sich der Einsatz des Schutzgas-Schweißgerätes, da mit der Widerstandspunktzange rundum gearbeitet werden kann.

Nach dem Setzen einiger Heftpunkte müssen zur Maßkontrolle die Frontschürze, Kotflügel und Scheinwerfer angeschraubt werden. Diese Kontrolle ist bei allen Richtbank- und Befestigungssystemen notwendig, um sich vor späteren unangenehmen Überraschungen zu schützen. In diesem Stadium ist eine Maßkorrektur noch ohne besonderen Aufwand möglich.

Bevor das Schottblech zum Verschluß des Längsträgers verschweißt wird, ist es ratsam, den gesamten bisherigen Schweißbereich mit Zinkfarbe zu bestreichen. Dies ist eine hochwertige Korrosionsvorsorge. Nach dem Schweißen wird die Korrosionsgrundierung aufgetragen. Wenn eine Lackierkabine in der Nähe ist, kann die Grundierung sogar mit der Pistole gespritzt werden. Der Transport des Fahrzeugs stellt kein Problem dar, weil die

Bild 11.8 Ein noch offenes U-Profil des Längsträgers ermöglicht einen schnellen Reparaturverlauf

Querträger der Richtbank, auf denen die Universalverankerungen befestigt sind, Räder haben und separat von der Richtbank abgeschraubt werden können. Somit kann die Karosserie mit wenigen Handgriffen von der Richtbank gelöst und in der Werkstatt rangiert werden. Nach dem Grundieren muß der weitere Korrosionsschutz, nämlich die Nahtabdichtung, erfolgen. Anschließend sind die Anschraubteile zu komplettieren, die ihrerseits auch schon von innen lackiert worden sind.

Bild 11.9 Umfangreiche Anpaßarbeiten sind vor dem endgültigen Verschweißen der Neuteile erforderlich

11.3 Besonderheiten bei der Instandsetzung von Seitenschäden

Der Auftrag zur Instandsetzung eines Seitenschadens versetzt viele Reparateure in Unbehagen. Dies liegt wohl daran, daß die Schäden selten vorkommen und schon viele böse Erfahrungen bei der Reparatur gemacht wurden. Deshalb einige Tips, wie der richtige Ablauf einer Seitenschaden-Reparatur aussieht:

- Zunächst muß festgestellt werden, ob es sich um einen sogenannten Bananenschaden handelt. Das ist der Fall, wenn die gesamte Bodengruppe bis zur gegenüberliegenden Fahrzeugseite verformt ist.
- Zur Identifizierung eines Bananenschadens können Spaltmaße einige Hinweise liefern. Wenn z.B. der Kofferraumdeckel oder die Heckklappe eines Fahrzeugs mit Seitenschaden zur beschädigten Seite hin einen wesentlich engeren Spalt aufweist als zur gegenüberliegenden Seite, dann kann mit einem Bananenschaden gerechnet werden.
- Genaue Aussagen über das Ausmaß der Verformung gibt eine Vermessung. Gerade wenn der Verdacht eines Bananenschadens vorliegt, kann eine Vergleichsmessung mit dem Stangenzirkel (Stechmaß) Klarheit verschaffen (rechte Fahrzeugseite bis Mittellinie zur linken Fahrzeugseite).
- In vielen Fällen liegt trotz der ersten Annahme kein Bananenschaden vor. Zu begründen ist dies mit der Anstoßhöhe auf der Seite. Häufig wird die Hauptbeschädigung durch die Stoßstange eines anderen Fahrzeugs erzeugt. Dadurch liegt die Hauptverformung ca. 20 cm oberhalb der Bodengruppe des beschädigten Fahrzeugs. Die in der Originalform leicht nach außen ge-

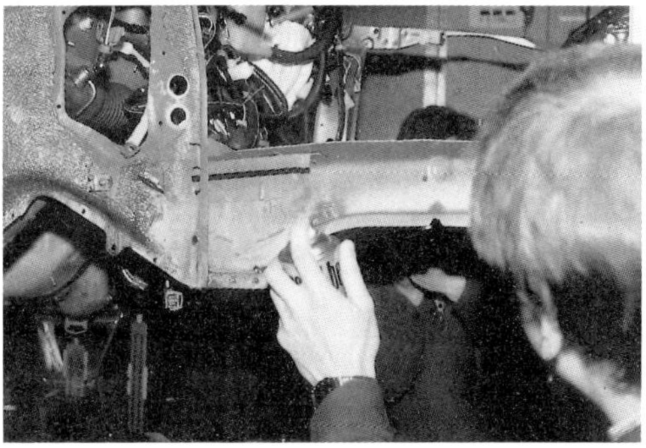

Bild 11.10 Korrosionsvorsorge, bevor das Schottblech aufgeschweißt wird. Aus Umweltschutzgründen ist das Zinkspray nicht empfehlenswert. Die Zinkfarbe läßt sich streichen.

a)  b)

Bild 11.11a und b Abmessen der Heckklappen-Spaltmaße

Bild 11.12 Stechmaß-Vermessung

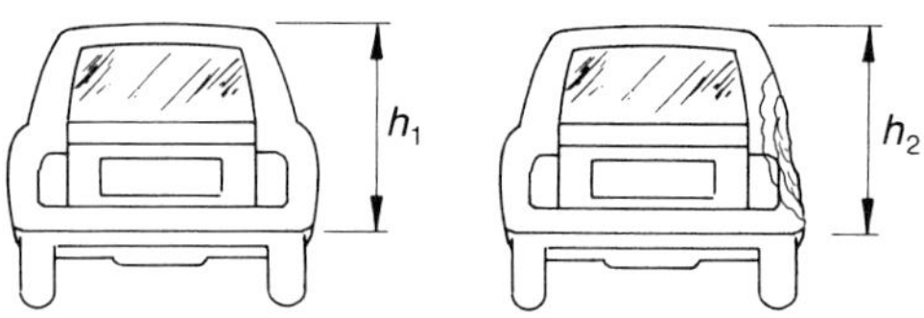

Bild 11.13 Trotz Seitenbeschädigung keine Veränderung des Höhenmaßes und kein «Bananenschaden» $h_1 = h_2$

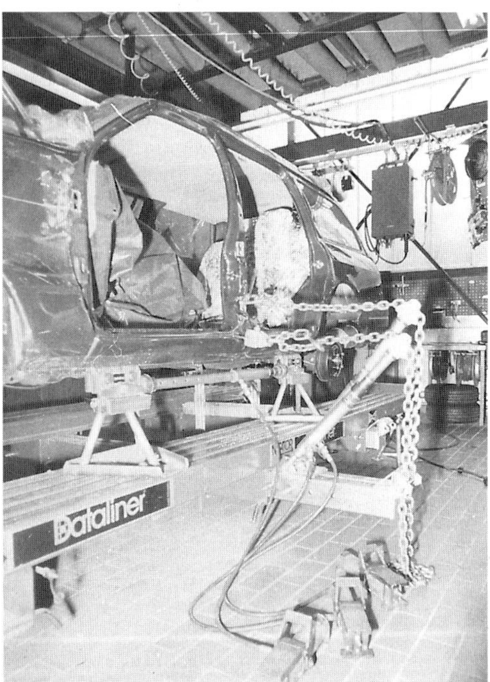

Bild 11.14 Schweißfalz-Verankerungen für die Zug-/Druckkombinationen

wölbten A-, B- oder C-Säulen werden nur nach innen verformt, so daß weder die Bodengruppe noch das Dach stark beschädigt sind. Die Originalhöhe und -breite des Fahrzeugs ändert sich u.U. nicht.

- Bei der Rückverformung eines schweren Seitenschadens müssen überlagerte Bewegungen stattfinden. Es ist sowohl die eingedrückte Seite nach außen zu ziehen als auch die Fahrzeuglänge wiederherzustellen. Im nebenstehenden Bild ist ein Druckzylinder zwischen die beiden Chassisklemmen am Fahrzeugfalz eingesetzt. Die Klemmen selbst sind an der Fahrbahn des Richtsystems so weit gelöst, daß sie sich entsprechend der Längenverschiebung bewegen können. Durch die angeschlossenen Fußpumpen können alle Zug- und Druckbewegungen gleichzeitig erfolgen (vgl. Bild 7.47).
- Bei der seitlichen Rückverformung eines Seitenschadens müssen im Bereich der Türsäulen höhergelegene Maßpunkte genau erreicht werden. Da es hierfür kaum Reparaturdaten gibt, kann nur eine Vergleichsmessung mit dem Stechmaß herangezogen werden. Die dafür notwendige Zentralbohrung befindet sich unter den Abdeckmatten. Damit beim Rückverformen die erforderlichen Konturen erreicht werden, muß unter Anspannung der Zugketten der beschädigte Bereich mit dem Hammer spannungsfrei geschlagen werden.
- Karosseriearbeiten im Schwellerbereich setzen voraus, daß das Fahrzeug eingefedert auf den Rädern steht. Dies gilt sowohl für das Austrennen der Altteile als auch für das Einschweißen. Wenn dies nicht beachtet wird, kann es zu Karosserieverspannungen führen, die sogar die Fahrstabilität des Fahrzeugs beeinflussen können.
- Bei einem Seitenschaden mit größerem Ausmaß sollten grundsätzlich die erforderlichen Teilersatzstücke aus der kompletten Seitenwand geschnitten werden. Der Fahrzeughersteller liefert zwar aus Kosten-Einsparungs-Gründen Teilstücke, jedoch können diese nie millimetergenau in der Ersatzteileproduktion abgeschnitten werden

(Trennschnitt-Toleranzen). Wer versucht, aus gelieferten Teilersatzstücken eine komplette Seitenwand zu ersetzen, stellt fest, daß es zu mehr oder weniger großen Abständen zwischen den Einzelstücken kommt.

- Die Schweißfalz-Verankerungen stellen die Verbindung zwischen Karosserie und Richtbank her. Hierüber wird bei Zugvorgängen der größte Teil der Rückverformungskräfte aufgenommen. Daher sind die Verankerungen häufig mit Schrägverzahnungen versehen, die sich um so stärker in den Schweißfalz ziehen, je höher die Rückverformungskräfte sind. Daher ist bei der Montage der Verankerungen darauf zu achten, daß die Schrägverzahnung immer entgegengesetzt der Zugkraft wirkt (Hinweise auf dem Datenblatt des Meßsystems beachten). Vor der Montage ist der Unterbodenschutz am Schweißfalz zu entfernen und nach der Instandsetzung zu erneuern.

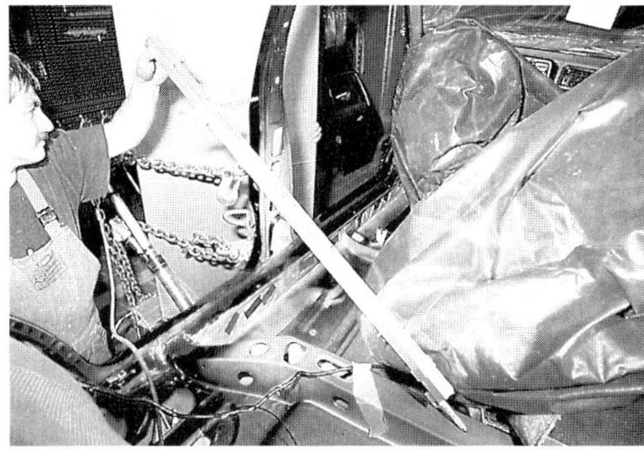

Bild 11.15 Innenraum-Vermessung von der Zentralbohrung ausgehend

Bild 11.16 Für die Einpaßarbeiten im Seitenbereich muß das Fahrzeug auf den Rädern stehen

Bild 11.17 Das Zuschneiden aus einem kompletten Seitenteil verhindert die Entstehung großer Lücken, wie sie beim Einsetzen von Teilersatzstücken auftreten können

11.4 Fragen und Antworten

1. Worauf ist beim Festspannen der Universal-Chassisklemmen für die Fahrzeugverankerung besonders zu achten?
Antwort:
a) Die Klemmfläche (meist der Schweißfalz der Bodengruppe) muß vom Unterbodenschutz befreit werden.
b) Die Chassisklemmen dürfen die Vermessung nicht behindern.
c) Die Verzahnung der Zugklemmen muß der Zugrichtung entgegenwirken.

2. Wenn bei einem Seitenschaden der komplette Schwellerbereich erneuert werden muß, ist es dann günstiger, die vollständige Seitenwand als Neuteil zurechtzuschneiden (Begründung!) oder Teilersatzstücke zu verwenden?
Antwort:
Es ist günstiger, eine komplette Seitenwand zuzuschneiden, denn es werden zusätzliche Blechansätze und eventuell auftretende Zwischenräume im sichtbaren Schwellerbereich vermieden.

3. Wie wird eine zurückzuformende Karosseriepartie in die stabile Position gebracht?
Antwort:
Während die Zugkraft noch wirkt, müssen die Spannungsstellen mit dem Hammer bearbeitet werden.

4. Warum können bei einzeln angesetzten neuen Teilstücken im Schwellerbereich Lücken auftreten?
Antwort:
Die Teilstücke werden aus der vollständigen Seitenwand herausgetrennt. An den Schnittstellen müssen Toleranzen vorhanden sein. Bei mehreren hintereinander verwendeten Teilstücken muß davon ausgegangen werden, daß sie nicht aus ein und derselben Seitenwand stammen. Außerdem fehlt das Material der Schnittbreite.

5. Warum muß bei der Reparatur eines Seitenschadens zum Einpassen der Neuteile das Fahrzeug auf den Rädern stehen?
Antwort:
Nur wenn der originale Fahrzustand des Fahrzeugs vorhanden ist, können beim Einschweißen Karosseriespannungen im späteren Fahrbetrieb verhindert werden.

6. Warum muß an einem unfallbeschädigten Fahrzeug vor den Rückverformungsarbeiten die Lage der deformierten Teile genau ermittelt werden?
Antwort:
Erst wenn die genaue Position der verschobenen Karosserie-Partien bekannt ist, können gezielte Rückverformungs-Zug-/Druck-Kombinationen durchgeführt werden.

7. Welche Vorgehensweise hat sich bei einer Schadensaufnahme mit dem EDV-Typenbogen als praktikabel erwiesen?
Antwort:
Wenn die zur Erneuerung und Reparatur anstehenden Teile und der Reparaturweg selbst direkt im Typenbogen vermerkt werden.

8. Warum muß bei einem Seitenschaden nicht zwangsläufig der Abstand zwischen Dachkante und Schweller im Vergleich zum Sollmaß kleiner geworden sein?
Antwort:
Die Seitenpartien einer Pkw-Karosserie sind im Originalzustand meist leicht nach außen gewölbt. Um den gleichen Weg, den die Karosserieteile nach außen gewölbt sind, müssen sie erst nach innen verschoben werden, bevor der Abstand zwischen Dach und Schwelleroberkante geringer wird. Für diese Verformungsarbeit sind so hohe Kräfte erforderlich, wie sie nur bei sehr schweren Kollisionen auftreten.

12 Wirtschaftliche Instandsetzung von durchgerosteten Karosseriepartien

In diesem Kapitel werden dem Leser folgende Kenntnisse vermittelt

Lernziele	Lerninhalte
– Hauptkriterien des karosserietechnischen Fachwissens zur Kostenkalkulation von Rostreparaturen nennen	– karosserietechnisches Fachwissen zur Rostschadenbeseitigung
– den Vorgang des Rostens von Eisen aus chemischer Sicht erläutern	– chemischer Vorgang beim Rosten
– Reparaturmethoden zur Rostschadenbeseitigung an Karosserien aus Stahlblech beschreiben	– Rostschadenreparatur-Methoden
– technische Bedenken von Pfuschreparaturen an durchgerosteten Karosserien darstellen	– Pfuschreparaturen bei Rostschaden-Instandsetzung
– die Möglichkeiten des Entdeckens von Pfuschreparaturen durch den § 29-StVZO-Prüfer aufzeigen	– Pfuschreparatur entdecken
– Beispiele für technisch nicht vertretbare Rostschadenreparaturen aufzählen	– Rostschadenreparaturen als Negativbeispiele
– die Reparaturabnahmekriterien für Rostschaden-Instandsetzungen nach § 29 StVZO interpretieren	– Reparaturabnahmekriterien nach § 29 StVZO

Jährlich ergeben sich hohe volkswirtschaftliche Verluste durch Korrosionsschäden an Fahrzeugkarosserien. Der betroffene Autofahrer erfährt die Wahrheit nicht selten erst durch die Fahrzeugüberprüfung nach § 29 StVZO (TÜV-Prüfung). Dannach beginnt die Kalkulation der Reparaturkosten, die in vielen Fällen über «Sein oder Nichtsein» des Fahrzeugs entscheidet.

Bei der Kalkulation muß karosserietechnisches Fachwissen zugrunde gelegt werden:

- ☐ Struktur der Karosserie,
- ☐ Reparaturvorschriften der Automobilhersteller,
- ☐ Abnahmekriterien nach § 29 StVZO.

Die fachgerechte Anwendung dieser Kriterien bei einer Rostschadenreparatur kann die Kosten dafür in erhebliche Höhen bringen. Es muß jedoch im Interesse jedes Betroffenen sein, daß sich nur Fahrzeuge im Straßenverkehr befinden, die bei ihrem Gebrauch eine Gefährdung der eigenen Person und fremder Verkehrsteilnehmer ausschließen.

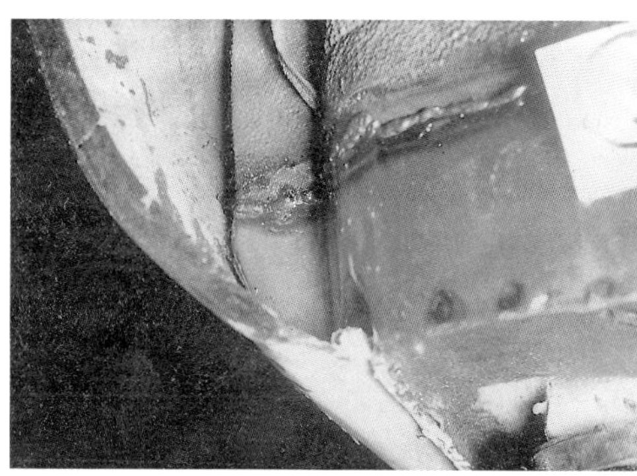

Bild 12.1a Ist diese Reparatur eines Korrosionsschadens am Radkasten fachgerecht?

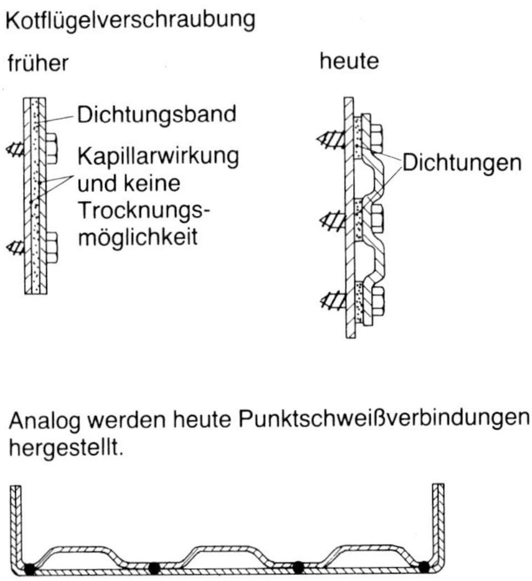

Bild 12.1b Rostvorsorge durch hinterlüftete Bleche

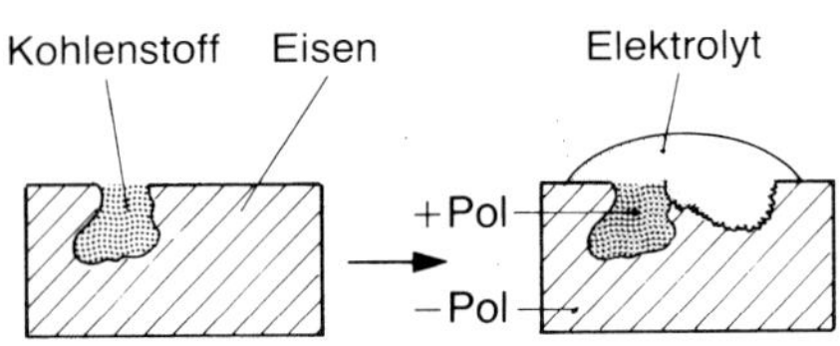

Bild 12.2 Grafische Darstellung von rostendem Eisen

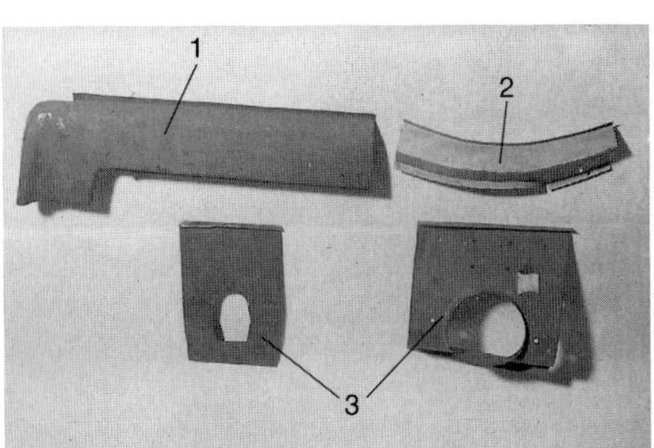

Bild 12.3 Reparaturbleche: 1 Überziehblech, 2 Originalteil, 3 selbstgefertigte Bleche

Bevor die Reparaturmethoden zur Rostschadenbeseitigung erläutert werden, ist eine kurze Erklärung zur Entstehung von Rost an Karosserieblechen angebracht. Das Karosserieblech ist aus chemischer Sicht Eisen (mit dem chemischen Symbol Fe). Im Karosserieblech aus Stahl ist immer das unedlere Eisen mit edlerem Kohlenstoff (C) legiert. Wenn diese beiden unterschiedlich edlen Stoffe durch eine Elektrolytlösung benetzt werden, kommt es zu einer kurzgeschlossenen galvanischen Zelle (Lokalelement, früher: galvanisches Element). Darin wird das Eisen zum Minuspol und der Kohlenstoff zum Pluspol: Es setzt eine chemische Umsetzung ein – das Eisen rostet.

Regenwasser wirkt immer als Elektrolytlösung, weil es «chemisch gesehen» eine schwache Kohlensäure ist. Es beschleunigt seine für das Eisen zerstörende Wirkung, wenn die Umgebungstemperaturen hoch sind. Salze in der Elektrolytlösung fördern zusätzlich das Rosten, da sie die Wirkung der Elektrolytlösung verstärken. Außerdem setzen sie sich in den Rostnestern fest und ziehen Feuchtigkeit an. Die günstigsten Bedingungen zum Rosten eines Autos liegen dann vor, wenn im Winterhalbjahr nach der Fahrt über salzgestreute Straßen das Fahrzeug in der beheizten Garage abgestellt wird.

Das Wissen um die Karosseriestrukturen ist für die Reparatur wichtig, da hiervon die verschiedenen möglichen Arten der Instandsetzung abhängen. So dürfen in den haupttragenden bzw. stark beanspruchten Zonen keine Reparaturen mit Kunststoffmaterialien durchgeführt werden. Es erhebt sich die Frage, welche Reparaturmethoden sind zur Beseitigung von Korrosionsschäden an Karosserien statthaft und in welchen Bereichen dürfen sie eingesetzt werden?

Die Reparaturmethoden werden folgendermaßen unterschieden:

- ☐ Überziehreparaturbleche einschweißen (Altteil verbleibt am Fahrzeug),
- ☐ Originalkarosseriebleche einschweißen (Altteile müssen restlos entfernt werden),
- ☐ selbstgefertigte Bleche einschweißen (Altteile werden teilweise entfernt),
- ☐ Überzieh-Reparaturbleche einkleben und zusätzlich mit wenigen Punkten verschweißen (Altteil verbleibt im Fahrzeug),

- Originalkarosseriebleche einkleben (Altteile müssen restlos entfernt werden),
- UV-härtende Kunststoffplatten aufsetzen (Altteile verbleiben im Fahrzeug).

12.1 Einschweißen von Reparaturblechen

Alle Schweißarbeiten sind mit dem Widerstandpunktgerät oder mit dem Schutzgas-Schweißgerät vorzunehmen. Das Autogen-Schweißen verursacht gegenüber den genannten Schweißarten eine wesentlich breitere Wärmezone. Dadurch kommt es zu einer sehr starken Versprödung im Bereich der Schweißzone. Die im Karosseriebereich unbedingt erforderliche Elastizität nimmt dadurch ab, bzw. die Rißbildung im Bereich der Autogen-Schweißnaht ist durch die Bewegung der Karosseriebleche vorprogrammiert.

Die genannten Reparaturverfahren sollen an konkreten Beispielen erläutert werden. Dabei sind Alternativen und auch unzulässige Arbeiten zur Verdeutlichung aufgezeigt. Die Vorbereitungen auf die Arbeiten sind mit den bereits im Abschnitt 7.1 beschriebenen Tätigkeiten identisch. Aus Gründen der fotografischen Vereinfachung sind alle Darstellungen an einem einzigen Fahrzeugtyp aufgenommen worden.

Zuvor noch einige Bemerkungen zum Rostschutz bei diesen Reparaturen. Grundsätzlich gelten alle im Abschnitt 8.6 gemachten Angaben. Zusätzlich ist bei den Überziehblechen der Bereich, in dem Alt- und Neuteil aufeinanderliegen, mit Zinkfarbe zu behandeln. Dadurch wird die entstehende Kontaktkorrosion für lange Zeit unterbunden.

Im ersten Beispiel ist der Bereich des unteren *Windschutzscheiben-Rahmens* repariert worden. Diese Karosseriezone zählt, gerade bei eingeklebten Scheiben, zu den stark beanspruchten Karosseriepartien (vgl. Abschnitt 5.2). Daher kann nur das Einschweißen von Blechen als Reparaturmethode erlaubt sein. Die Windschutzscheibe muß ausgebaut werden. Zulässig ist das Aufsetzen eines Reparaturblechs. Diese wenig fachgerechte Reparatur erzeugt sichtbare Übergänge. Aus rein optischen Gründen ist diese Reparatur abzulehnen, auch wenn sie gegenüber der fachgerechten Reparatur mehr

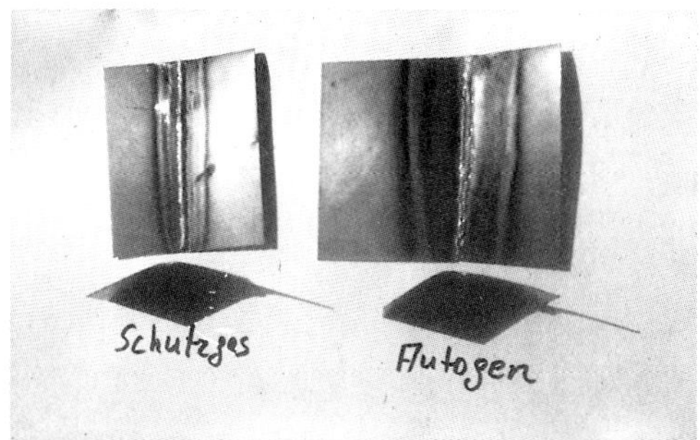

Bild 12.4a Unterschiedliche Wärmezonen beim Autogen-Schutzgas-Schweißen

Bild 12.4b Einwandfreie Reparatur mit einem Originalteil

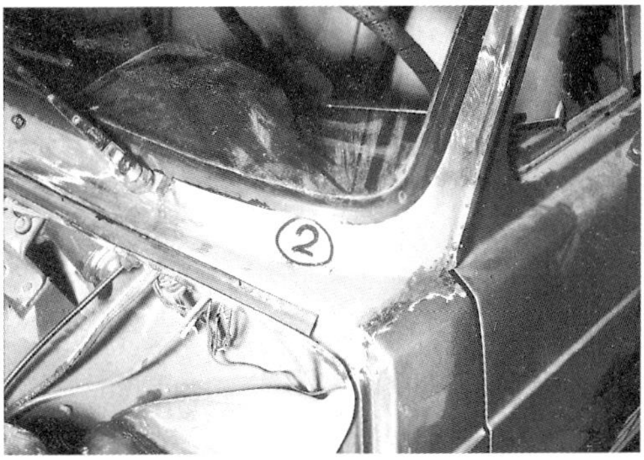

Bild 12.5 Nicht fachgerechte Reparatur mit einem Originalteil, da das Altteil im Fahrzeug verblieb

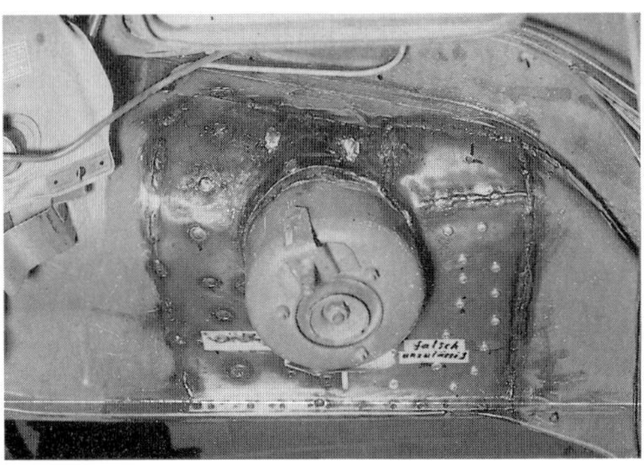

Bild 12.6 Richtige (links) und falsche (rechts) Reparaturausführungen an der oberen Federbein-Befestigung

Bild 12.7 Reine Kosmetik liegt dann vor, wenn die Löcher mit Spachtelmasse zugeschmiert wurden

als eine halbe Stunde Zeiteinsparung bringen kann.

Bei der vorzeigbaren Reparatur ist es erforderlich, daß das verrostete Altteil großflächig ausgeschnitten wird. Das Neuteil ist paßgenau mit stumpfen Stößen und durchgehenden Schweißnähten einzusetzen. Die Übergänge werden verzinnt und geschliffen.

Die Rostschadenreparatur an der oberen *Federbeinbefestigung* ist aus Gründen der Fahrsicherheit ohne Kompromisse als Schweißreparatur auszuführen. Es ist durchaus zulässig, mit einem Überziehblech zu arbeiten, das auch selbst angefertigt werden kann. Wenn das selbstgefertigte Blech jedoch aus einzelnen Stücken zusammengesetzt wird, dürfen keine durchgehenden Schweißnähte im Bereich der abgewinkelten Kanten gezogen werden. Alle durchgehenden Schweißnähte erzeugen Eigenspannunen, die mit den Belastungen im Fahrbetrieb zu Brüchen neben der Schweißnaht führen können. Die richtige Verschweißung sieht vor, daß in der Fläche Lochpunkt-Schweißungen und an den Rändern Steppnähte ausgeführt sind. Als Erinnerung sei erwähnt, daß der Schweißpunkt-Abstand (auch für Lochpunkt) 4- bis 6× Lochdurchmesser beträgt (vgl. Abschnitt 8.3).

Z.B.:
Blechdicke 0,88 mm,
Lochdurchmesser
bei 0,88 mm = 4,4 mm
Schweißpunktabstand = 4 bis $6 \times 4{,}4$
= 18 bis 26 mm

Selbstverständlich ist an zugänglichen Stellen die Widerstandspunkt-Schweißung vorzuziehen.

In vergleichbarer Weise zur Reparatur an der Federbeinaufnahme muß die Instandsetzung an durchgerosteten *Schwellern* und *Längsträgern* durchgeführt werden. Es können sowohl fertige Reparatur-Überziehbleche als auch selbstgefertigte Bleche verwendet werden. Wer sich für die Reparatur mit einem Originalteil entscheidet, muß das Altteil heraustrennen. Diese Methode ist von der Durchführung her·identisch mit einer Abschnittsreparatur bei der Unfallschadens-Instandsetzung. Die Verschweißung der Neu- und Altteile ist wie bereits beschrieben vorzunehmen.

Als Negativbeispiel sei eine *Pfuschreparatur* mit zugespachteltem Längsträger genannt. Auch wenn die Kosmetik mit Harz und Glasseidenmatte noch so perfekt aussieht, sie fällt bei der §-29-Prüfung durch eine Klangprobe (Abklopfen des Bodens mit dem Hammer) sofort auf. Dabei handelt es sich um eine grob fahrlässige Pfuschreparatur, die gegenüber dem Fahrer und anderen Verkehrsteilnehmern unverantwortlich ist – ganz abgesehen vom Vertrauensschwund, der sich zwangsläufig auf seiten des Prüfers gegenüber der Werkstatt einstellt, wenn solche Arbeiten entdeckt werden.

Bei den *selbstgefertigen Überziehblechen* kommt es immer wieder vor, daß sie aus Einzelstücken zusammengesetzt werden. Grundsätzlich ist nichts dagegen einzuwenden. Nur wenn dadurch Schweißnähte entstehen, die entweder in Bereichen der Blechabwinkelung oder in anderen Zonen der späteren Hochbeanspruchung liegen, dann sind die Bleche zu beanstanden. Außerdem muß bei zusammengesetzten Blechen die Verschweißung vor dem Verbinden mit der Karosserie erfolgen, da sonst die Schweißnähte nicht mehr von der Rückseite kontrolliert werden können.

Eine weitere unfachgerechte Arbeit der Rostschadeninstandsetzung liegt dann vor, wenn das Reparaturblech für den durchgerosteten Bereich *zu klein* ist. Dies führt häufig dazu, daß an den Enden der Reparaturbleche größere Löcher und Spalte übrig bleiben oder mehrere Schweißnähte nebeneinandergelegt werden. Aus Gründen der Karosseriefestigkeit sind solche Ausführungen abzulehnen. An dieser Stelle ein *Hinweis* auf die Schweißnahtbehandlung nach der Reparatur. Schweißraupen, die hoch aufgetragen sind oder spitze Stellen aufweisen, können abgeschliffen werden. Dabei darf durch das Abschleifen die Schweißraupe *nicht geschwächt* werden. Dies gilt besonders für die Schweißnahtbehandlung im sichtbaren Außenhautbereich der Fahrzeuge, da hier einige Nachbehandlungen wegen des Erscheinungsbildes durchgeführt werden müssen.

Eine andere markante Stelle für Durchrostungen sind die *Radhausschalen an der Verbindung zur Bodengruppe*. Dieser Bereich ist für eine Reparatur schlecht zugänglich. Außerdem sind die im Fahrgastraum aufgeklebten Teermatten und der Teppichboden schwer zu entfernen. Daher drängen sich in diesem

a)

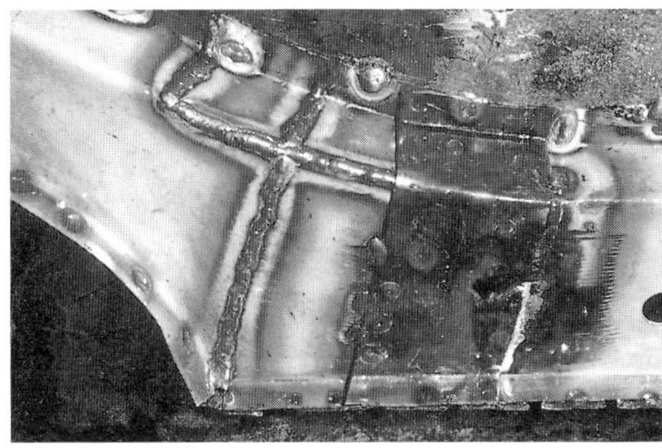

b)

Bilder 12.8a und b Bis auf die Schweißnahtkreuzungen ist diese Reparatur korrekt ausgeführt

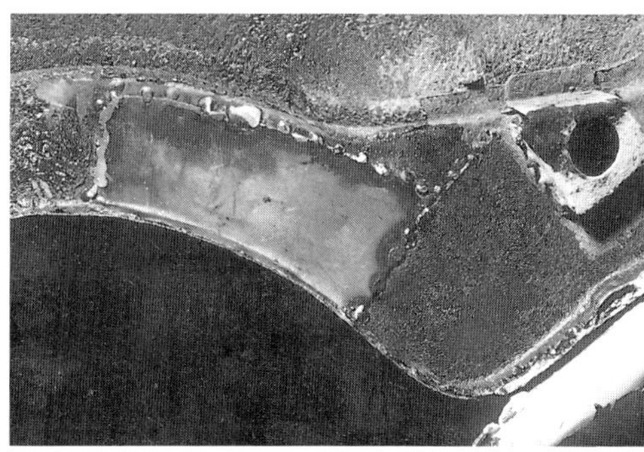

Bild 12.9 Bis auf das zu klein gewählte Blech ist dies eine korrekt durchgeführte Reparatur

Bild 12.10 Dieser Radlauf wurde mit Polyester lediglich «geflickt»

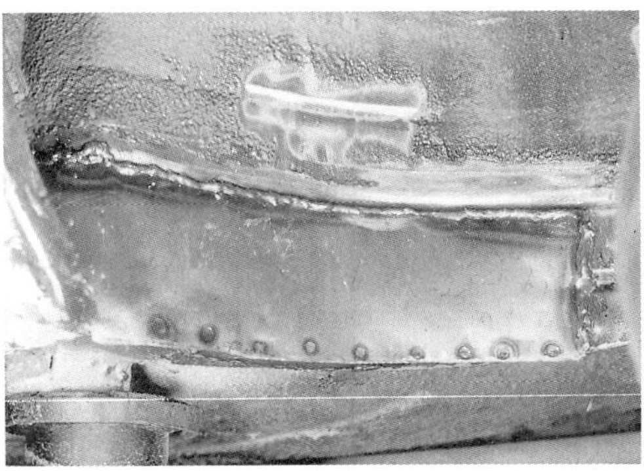

Bild 12.11 Richtig wäre es gewesen, anstelle der Vollnaht die mechanisch günstigere unterbrochene Vollnaht zu wählen

Bereich Pfuschreparaturen mit Polyesterharz und -spachtel geradezu auf. Doch bei der Prüfung wird dies wiederum durch die Klangprobe festgestellt.

Die abgebildete Reparatur (Bild 12.11) durch ein aufgesetztes Blech ist bis auf die durchgehende Schweißnaht an der Oberkante des Blechs fachgerecht. Die Begründung für die abgebildete durchgehende Naht lautet: Dies ist eine Schweißnaht, die Abdichtaufgaben übernimmt, da sonst das Regenwasser von oben eindringen kann. Das ist eine *falsche Annahme*. Die grundsätzliche Aussage über die Elastizität der Karosserie, die erhalten bleiben muß, gilt auch hier. Die Abdichtung kann wesentlich haltbarer durch einen geeigneten Karosseriekitt erfolgen.

Im stark beanspruchten Bereich der Karosserie gibt es einen kritischen Reparaturfall, wenn Korrosionsschäden beseitigt werden müssen: *die Achs- oder Querlenkerbefestigungen*. Die durchgerosteten Bodengruppenbereiche müssen großflächig verstärkt werden. Dazu bieten sich die Originalbleche mit den bereits vorhandenen Befestigungspunkten an. Auf keinen Fall darf es so gemacht werden, wie auf dem Bild 12.12 zu sehen ist. Eine offene Aufnahme darf nicht durch ein übergestülptes Profilblech verschlossen werden. Das gesamte Torsionsverhalten (Torsion = Verdrehung) der Karosserie ändert sich in diesem Bereich. Dadurch ist das sichere Fahrverhalten in Frage gestellt.

Als letzter Punkt zum Einschweißen von Blechen im Zuge einer Rostschadenreparatur

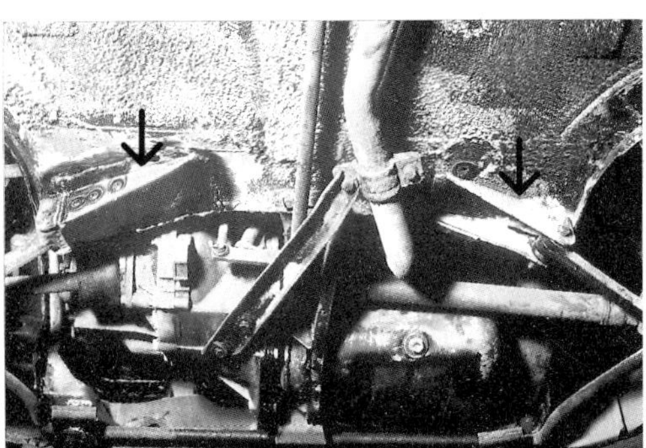

Bild 12.12 Offene Profile dürfen grundsätzlich *nicht* geschlossen werden

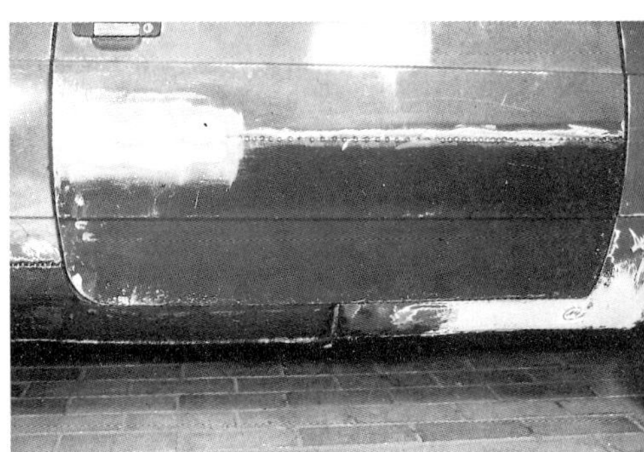

Bild 12.13 Bei Schraubteilen ist eine wirtschaftliche Reparatur schnell in Frage gestellt

sollen die *weniger stark beanspruchten Karosseriezonen* betrachtet werden. Dazu sind im Normalfall die äußeren Blechpartien zu zählen (außer Schweller- und Front-/Heckschürzenbereiche). Die angeschraubten Karosserieteile wie Türen und Deckel gehören, wenn es sich nicht um Spezialkonstruktionen handelt, dazu. Doch hier ist eine aufwendige Rostschadenreparatur aus wirtschaftlicher Sicht sehr schnell nicht mehr vertretbar, da der Ersatzteilpreis für eine neue Tür dagegenspricht. Das Einschweißen von Überziehreparaturblechen kann finanziell noch vertretbar sein. Das Problem liegt bei der zeitaufwendigen Nachbehandlung, die wegen der auffälligen Lage der Reparaturstelle gefordert ist. Diese Tatsache war der Grund dafür, warum sich Fahrzeug- und Zubehörhersteller über alternative Reparaturverfahren zum Einschweißen Gedanken gemacht haben.

12.2 Einkleben von Reparaturblechen

Diese Reparaturmethode ist in allen Varianten auf den weniger stark beanspruchten Außenhautbereich der Karosserie zu beschränken. Die unterschiedlichen Ausführungen sehen vor:

- Kleben mit Punktbefestigung durch Niete oder Schweißung,
- ausschließliches Kleben durch UV-härtende Materialien.

Das Kleben von Blechen stellt keine Neuentwicklung dar. Im Flugzeugbau wird seit vielen Jahren Alu-Blech genietet und geklebt. Für das Kleben von Stahlblech waren einige Weiterentwicklungen nötig. Doch bereits Ende der siebziger Jahre hatte die Adam Opel AG in Rüsselsheim das Klebeverfahren für die Unfallschaden-Reparatur freigegeben. Weitere Entwicklungen des Klebeverfahrens wurden durch die schwedische Folksam-Versicherung vorgenommen (s. Kapitel 13). Im Rahmen der Rostschaden-Instandsetzung ist die Klebevariante für das Aufsetzen von Reparaturblechen interessant. Sie stellt gegenüber dem Verschweißen von Überziehblechen eine deutliche Vereinfachung bei der Nacharbeit dar.

Die Werkzeuge und Materialien für das Aufkleben von Reparaturblechen:

Bild 12.14 Werkzeuge und Hilfsmittel für die Blech-Klebereparatur

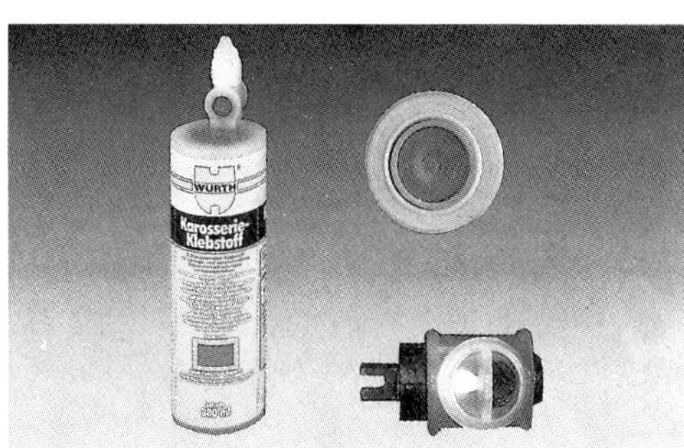

Bild 12.15a Doppelkartusche mit Mischkopf

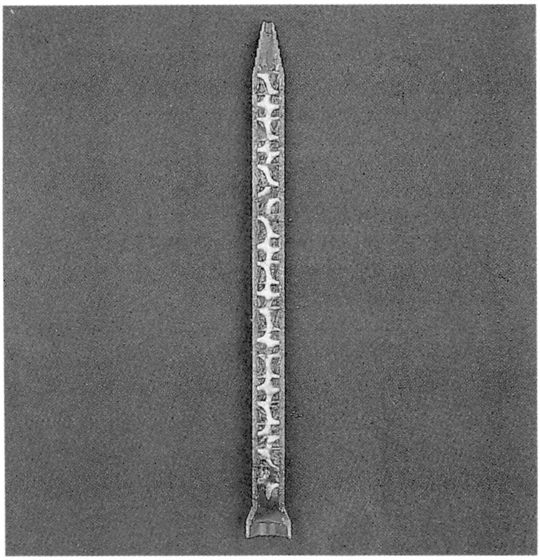

Bild 12.15b Mischrohr mit 2-Komponenten-Kleber

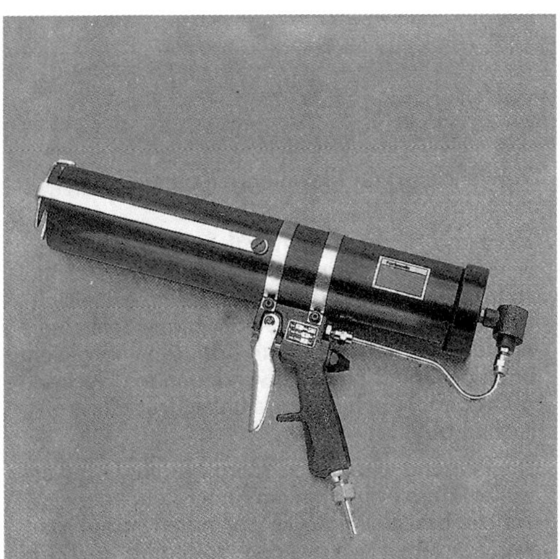

Bild 12.15c Druckluftbetriebene Doppelkartuschen-Pistole

- ☐ Kleber mit Härter,
- ☐ Bohrmaschine und Popnietzange oder das Widerstandspunkt-Schweißgerät,
- ☐ Kartuschenpistole,
- ☐ Feststellzangen,
- ☐ Reiniger,
- ☐ Fugenfüller (Spachtelmasse),
- ☐ Teller- oder Winkelschleifer mit Schleifscheibe Körnung P 80,
- ☐ Blechschere.

Der Reparaturablauf: Der korrodierte Außenblechbereich muß mit dem Schleifer gründlich von Rost und Lackresten befreit werden, bis eine metallisch blanke Oberfläche im gesamten Klebebereich vorhanden ist (gegebenenfalls rostige Teile austrennen). Danach wird das Neuteil zugeschnitten und angepaßt. Beide Klebeflächen müssen gründlich mit Spezialreiniger, der keine Feuchtigkeit aufnimmt, abgerieben werden. Danach kann der Kleber im richtigen Mischungsverhältnis angerührt und beidseitig aufgetragen werden. Da das Klebeharz eine gelbe und der Härter eine blaue Färbung hat, ist eine gute Kontrolle durch Durchmischung möglich: Die angemischte Masse muß einheitlich grün sein. Die Enden eines verklebten Teils sind gegen Abschälen mechanisch zu fixieren (Niete, Schrauben, Schweißpunkte).

Die andere Alternative, den Kleber aufzubringen, ist die direkte Verarbeitung aus der Doppelkartusche. Dazu wird auf der Kartusche ein Mischkopf befestigt, der als Ausgang ein Mischrohr hat. Mit einer Druckluft-Kartuschenpistole werden Härter und Kleber gleichzeitig durch den Mischkopf und das Mischrohr gedrückt. Am Austritt des Mischrohres ist die garantiert gut vermischte Klebermasse einsatzbereit. Im Mischrohr selber härtet die Restmasse aus, so daß es nach Gebrauch entsorgt werden muß. Die Kartusche ist mit einem Absperrhahn ausgestattet, der nach der Entnahme verschlossen wird. So kann die angebrochene Kartusche bei Raumtemperatur ca. ein Jahr gelagert und wiederverwendet werden.

Der aufgetragene Kleber muß mit einem Spachtel gleichmäßig verstrichen werden. Danach sind die Blechteile sofort aufeinanderzupressen. Die anzubringenden Feststellzangen sorgen für die gute Paßform und den nötigen Anpreßdruck. Eine Klebeverbindung kann den Belastungen wie Zug-, Druck- oder Wechsel-

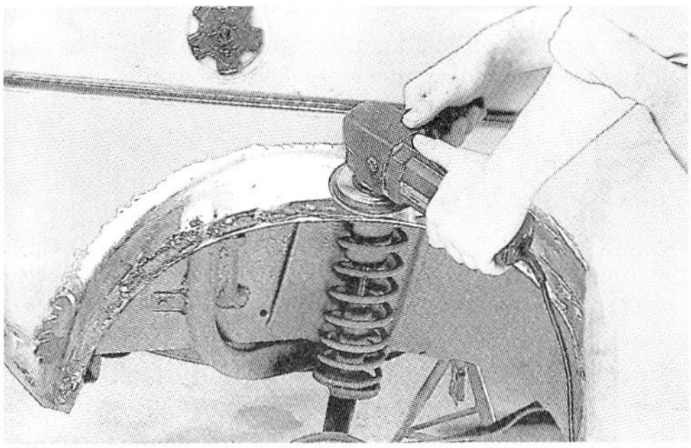

1

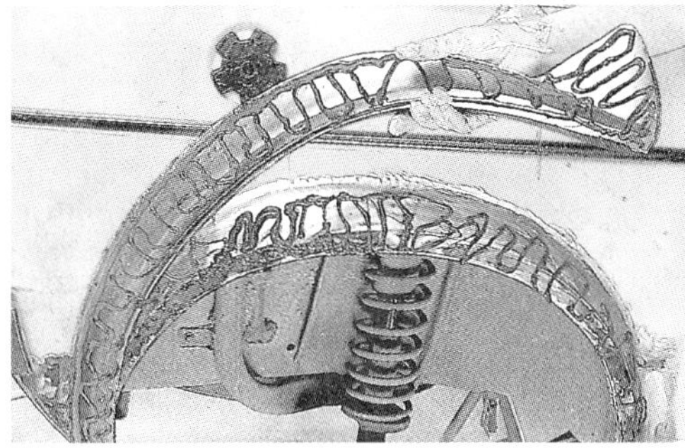

3

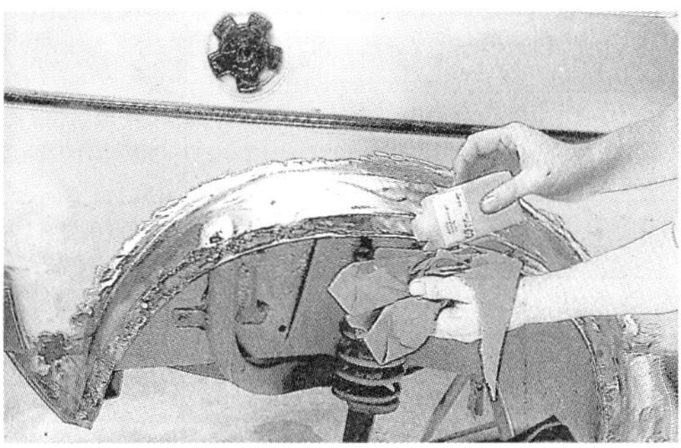

2

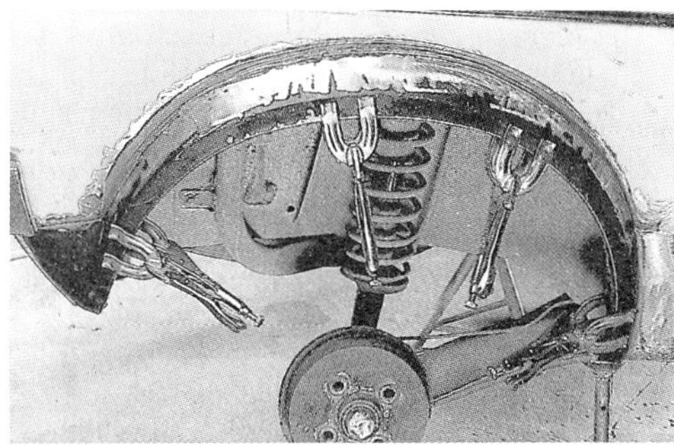

4

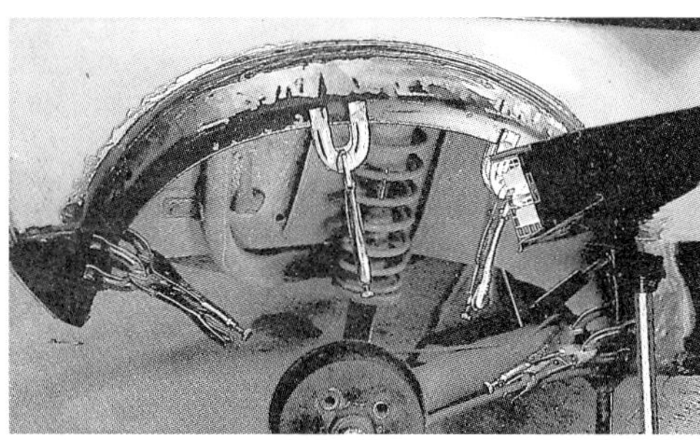

5

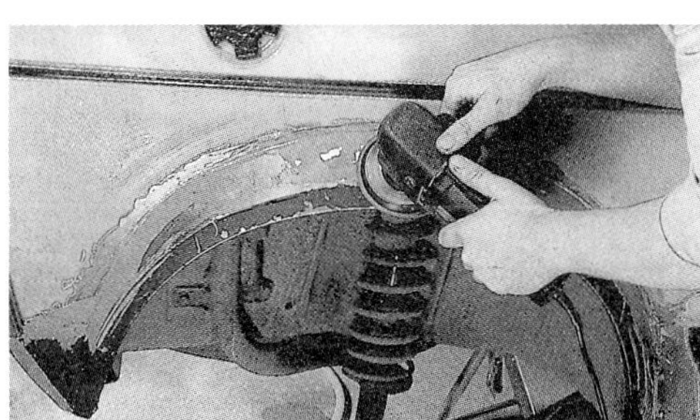

6

Bild 12.16 Arbeitsgänge beim Kleben: 1 Altteil schleifen, 2 Altteile reinigen, 3 Kleber auftragen, 4 Neuteil fixieren, 5 Klebestelle aushärten, 6 Fugenfüller schleifen

beanspruchung gut widerstehen. Nur gegen das «Abschälen» bringt sie wenig Widerstand auf. Daher müssen die Enden einer Klebeverbindung zusätzlich gesichert werden. Das geschieht entweder durch das Anbringen von Popniete oder durch einen Schweißpunkt. Da der Kleber elektrisch leitend ist, kann problemlos mit der Widerstandspunktzange garbeitet werden. Sie ist aber nicht immer einzusetzen. Für den Schutzgas-Schweißpunkt muß die Fläche metallisch sauber sein. Deshalb sind diese Stellen nicht mit Kleber zu bestreichen. Wegen der anschließenden Korrosionsvorsorge ist das etwas aufwendigere Popnieten vorzuziehen. Es kann auch mit Spezialklemmniete gearbeitet werden, die nach dem Aushärten zu entfernen sind.

Der Kleber sollte bei einer minimalen Temperatur von 23 °C (Herstellervorgaben beachten) verarbeitet werden. Er bleibt 3 bis 4 Stunden zähflüssig und härtet nach ca. 8 bis 12 Stunden aus. Die Aushärtezeit kann je nach Erwärmung der Reparaturstelle mit einem Infrarotheizstrahler auf eine halbe Stunde gesenkt werden. Dabei sollte die Temperatur 120 °C nicht überschreiten. Für die angegebene Aushärtezeit reichen bereits 80 °C aus (alle Temperatur- und Zeitangaben sind herstellerspezifisch). Nachdem der Kleber die Endfestigkeit erreicht hat, sind die Feststellzangen abzunehmen und der überschüssige, am Rand ausgequollene Kleber abzuschleifen. Der Reparaturbereich muß danach nochmals mit Spezialreiniger gesäubert werden, bevor der Fugenfüller (Spachtelmasse) aufgetragen wird. Auch hierbei ist durch Wärmezufuhr, wie beim Kleber, die Aushärtung zu beschleunigen. Danach braucht die Spachtelmasse nur noch mit Schleifpapier Körnung P 80 geglättet zu werden.

Ein häufiger Anwendungsfall für eine Durchrostungsreparatur ist die *Umgebung des Tankeinfüllstutzens*. Hier bietet sich die Klebereparatur an, weil keine feuergefährlichen Arbeiten durchgeführt werden müssen. Der durchgerostete Bereich wird nach Bedarf ausgetrennt. Doch Vorsicht: Zum Austrennen und Blankschleifen um den Tankeinfüllstutzen dürfen nur Materialien eingesetzt werden, die keine Funkenbildung hervorrufen. Das aufzusetzende Reparaturblech darf gegenüber dem Altteil im Fahrzeug nicht erhaben sein. Deshalb müssen die Kleberänder an dem Teil, das im Fahrzeug verbleibt, abgesetzt werden. Anders als im Bild sollte die Öffnung des Tankeinfüllstutzens zumindest mit einem Lappen abgedeckt sein, damit während der Arbeiten kein Schmutz hineinfällt.

Der zum Kleben nötige Anpreßdruck und die Fixierung des Neuteils können gut mit Spezialniete erreicht werden. Diese lassen sich nach dem Aushärten herausnehmen. Das Kleben, Aushärten und Spachteln erfolgt wie vorher beschrieben.

Neben der Blech-auf-Blech-Rostschadenreparatur kann bei kleineren Durchbrüchen auch mit UV-härtenden Reparaturstücken und der dazugehörigen Spachtelmasse gearbeitet werden. Dieses Verfahren ist sehr zeitsparend und bereits im Abschnitt 9.5.5 als Reparaturmaterial für Kunststoffreparaturen vorgestellt. Es eignet sich auch für die Blechreparatur. Als Vorbereitung auf die Stahlblechreparatur muß der durchgerostete Bereich herausgetrennt werden. Die Räder sind nicht mit der Zange abzusetzen, sondern zum Durchbruch hin sanft abfallend zurückzuhämmern. Der Übergangsbereich zur Aufnahme des Laminats sollte ca. 3 cm breit sein.

Der Arbeitsablauf wird zur Erinnerung nur stichwortartig dargestellt:

- ☐ UV-härtendes Halbzeug (Laminat) zuschneiden,
- ☐ UV-härtende Spachtelmasse im Reparaturbereich gleichmäßig auftragen,
- ☐ Schutzfolie des zugeschnittenen Halbzeugs entfernen und Laminat blasenfrei in die Spachtelmasse einarbeiten,
- ☐ mit UV-Lampe im Abstand von 30 cm ca. 15 min die Reparaturstelle bestrahlen,
- ☐ nach dem Aushärten die Oberfläche schleifen und ggf. nochmals spachteln,
- ☐ in Form geschliffene Oberfläche kann dem Lackierer übergeben werden.

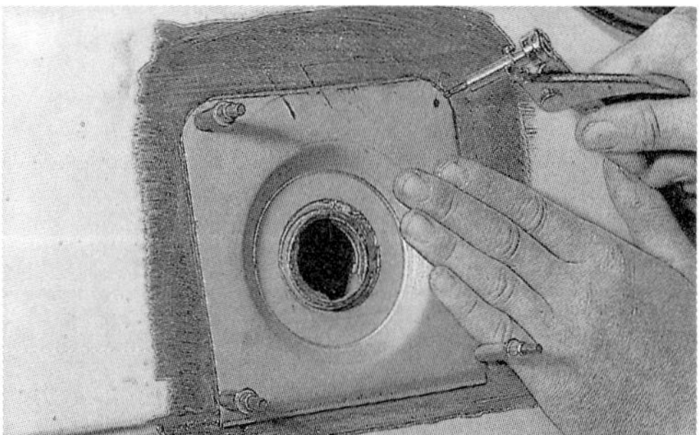

Bild 12.17 Einkleben eines Reparaturbleches am Tankeinfüllstutzen

12.3 Reparaturabnahmekriterien nach § 29 StVZO

Die Ungewißheit, ob eine Rostschadenreparatur vom §-29-Prüfer abgenommen wird, ist unbegründet, wenn nach den beschriebenen fachlich richtigen Beispielen gearbeitet wird. Bei den zur Abnahme anstehenden Fahrzeugen muß allerdings darauf geachtet werden, daß die Reparaturstellen vorläufig nur mit einem dünnflüssigen und transparenten Korrosionschutzmaterial behandelt sind. Eine Beurteilung der Reparaturstelle läßt sich sonst nur schwer vornehmen. Der eigentliche Korrosionsschutz muß sofort nach der Abnahme aufgetragen werden. Die Hohlraumkonservierung ist direkt nach der Reparatur auszuführen.

Als Zusammenfassung der Reparaturvorschriften und -möglichkeiten dient die untenstehende Tabelle. Wer danach verfährt, hat eine fachlich und wirtschaftlich optimale Reparatur durchgeführt.

Sicherheitshinweise: Die eingesetzten Chemikalien sind gesundheitsgefährdend. Arbeitshandschuhe, Schutzbrille und Absaugung der Dämpfe oder zumindest eine gute Durchlüftung des Arbeitsraumes sind erforderlich.

12.4 Fragen und Antworten

1. Welche Kenntnisse braucht der Reparateur über das Fahrzeug, bevor eine Rostschadenreparatur beginnt?
Antwort:
Kenntnisse über den Aufbau der Karosserie, die Reparaturvorschriften des Automobilherstellers und über die Abnahmekriterien nach § 29 StVZO.

2. Was ist bei der Rostbildung unter einem »Lokalelement» zu verstehen?
Antwort:
Im Stahlblech ist immer unedleres Eisen mit edlerem Kohlenstoff legiert. Werden diese beiden unterschiedlich edlen Stoffe durch eine Elektrolytlösung (Regenwasser) benetzt, kommt es zu einer kurzgeschlossenen galvanischen Zelle, einem Lokalelement.

3. Warum wirkt Regenwasser wie eine Elektrolytlösung?
Antwort:
Regenwasser ist, chemisch gesehen, eine schwache Kohlensäure.

Bild 12.18 Reparaturabnahmekriterien auf einen Blick

Repariertes Teil	Verbindungsart	Reparaturteil	Weitere Bedingungen
Primär tragend (stark beansprucht) z.B. A-Säulen, Längsträger, Querträger	Schutzgasschweißung oder Widerstandspunktschweißung	Originalteile bzw. in Materialform und -stärke gleichwertige Bleche, evtl. Abschnittsbleche	nur nach Herstellervorschriften, keine Einflußnahme auf die Charakteristik der Knautschzonen
Sekundär tragend (weniger stark beansprucht) z.B. Radlauf, Schweller, Heckabschlußblech	Schweißung wie oben Kleben, falls vom Hersteller erlaubt	Originalteil, Reparaturblech, selbstgefertiges Reparaturblech	keine vorstehenden Kanten (gefährliche Fahrzeugkonturen), Dichtheit
Reine Verkleidung z.B. Außenkotflügel, Kofferraumdeckel, Motorhaube	Schweißen, Kleben, Nieten, Schrauben usw.	sichere Befestigung, in weiten Grenzen frei wählbar, solange die Dichtigkeit der Reparaturstelle gewährleistet ist	keine überstehenden Kanten (gefährliche Fahrzeugkonturen) Dichtheit
Die zur Abnahme nach § 29 vorgeführten Reparaturstellen dürfen höchstens mit einem dünnflüssigen, möglichst transparenten Material vorläufig geschützt werden			

4. Welche Einflüsse begünstigen das Rosten einer Karosserie im Winterhalbjahr?
Antwort:
Das Abstellen des Fahrzeugs in einer geheizten Garage, wenn vorher über eine mit Salz gestreute Straße gefahren wurde.

5. Welche Reparaturmöglichkeiten für durchgerostete Karosseriepartien gibt es?
Antwort:
Überziehbleche einschweißen, neue Karosseriebleche einschweißen, selbstgefertigte Bleche ein- oder überschweißen, Einkleben von Überziehreparaturblechen oder Ersatzteilen sowie UV-härtende Kunststoffplatten einsetzen.

6. Warum ist an stark beanspruchten Karosserieteilen nur das Schweißen von Blechen erlaubt?
Antwort:
Diese Karosseriebereiche unterliegen hohen Festigkeitsbelastungen, die nur von einer Schutzgas- oder Widerstandspunkt-Schweißverbindung verkraftet werden können.

7. Was ist bei zusammengesetzten, selbstgefertigten Reparaturblechen zu beachten?
Antwort:
Wird ein Reparaturblech aus mehreren Stücken zusammengeschweißt, dürfen die Schweißnähte sich nicht kreuzen, und sie dürfen nicht in abgewinkelten Bereichen liegen.

8. Wie groß ist der richtige Schweißpunktabstand bei einem 0,88 mm starken Blech?
Antwort:
ca. 18 bis 26 mm.

9. Woran wird eine Rostschaden-Pfuschreparatur erkannt, bei der lediglich mit Kunststoffspachtel die Durchrostung verschlossen wurde?
Antwort:
An der Klangprobe beim Abklopfen der Karosserieteile mit dem Hammer.

10. Was ist beim Abschleifen von Schweißnähten zu beachten?
Antwort:
Sie dürfen durch zu starkes Abschleifen nicht geschwächt werden.

11. Soll aus Gründen der Dichtigkeit an einem aufgesetzten Karosserieblech eine lange durchgehende Schweißnaht gesetzt werden?
Antwort:
Nein, die Elastizität des Karosseriebereichs wird in Mitleidenschaft gezogen, bzw. neben der durchgehenden Schweißnaht können Risse entstehen.

12. An welchen Karosserieteilen dürfen eingeklebte Karosseriebleche verwendet werden?
Antwort:
Im weniger stark beanspruchten Außenhautbereich.

13. Warum ist peinlichste Sauberkeit von Klebestellen so wichtig?
Antwort:
Jede Verunreinigung der Klebestellen zieht Haftungsstörungen nach sich.

14. Warum ist eine gute Anpaßarbeit der zu verklebenden Teile vor dem Kleberauftrag nötig?
Antwort:
Nachdem der Kleber aufgetragen ist, muß die Kleberfläche sofort fixiert werden. Ein nachträgliches Anpassen durch Hämmern oder Biegen führt zu Haftungsstörungen.

15. Welches ist die kritische Belastung für eine Klebefläche?
Antwort:
Die Beanspruchung auf Abschälen.

16. Wie wird das Abschälen einer Klebeverbindung sicher verhindert?
Antwort:
Durch Niete oder Schweißpunkte am Anfang und Ende einer Klebefläche.

17. Welche Sicherheitsvorkehrungen sind vom Reparateur beim Kleben von Blechen zu beachten?
Antwort:
Er muß Arbeitshandschuhe (fettfreie) und eine Schutzbrille tragen. Der Arbeitsraum muß gut durchlüftet sein, oder es ist direkt im Arbeitsbereich eine Absaugung anzuschließen.

18. Warum dürfen die Reparaturstellen zur §-29-Prüfung nur mit einem dünnflüssigen und transparenten Rostschutz versehen werden.

Antwort:
Die Beurteilung der Arbeit ist nur so durch die Sichtprüfung möglich.

19. An welchen Karosseriepartien ist die wirtschaftliche Instandsetzung von Rostschäden schnell in Frage gestellt?
Antwort:
An geschraubten Karosserieteilen.

20. Welchen Vorteil haben Lochpunkt- und Steppnahtschweißungen gegenüber durchgehenden Schweißnähten bei der Rostschadenreparatur?
Antwort:
Durchgehende Schweißnähte bringen zuviel Steifigkeit in eine Karosserie. Es besteht die Gefahr, daß danach in angrenzenden Karosseriebereichen Risse entstehen.

21. Welchen Nachteil haben zu klein gewählte Reparaturbleche bei der Rostschadeninstandsetzung?
Antwort:
Die Randzonen der Reparaturbleche liegen sehr nahe an den bereits angerosteten Karosseriebereichen. Unter Umständen werden beim Schweißen neue Löcher in den Reparaturbereich gebrannt.

13 Karosseriereparatur durch Kleben von Blechen

In diesem Kapitel werden dem Leser folgende Kenntnisse vermittelt

Lernziele	Lerninhalte
– Vorteile der Klebeverbindung gegenüber dem Schweißen von Karosserieteilen wiedergeben	– Vorteile der Karosserieblechverkleidung
– Anwendungsbereiche von Klebeverbindungen zur Reparatur an Pkw-Karosserien nennen	– zulässige Karosserieklebeverbindungen bei der Reparatur
– physikalische Grundlagen einer Klebeverbindung darstellen	– physikalische Vorgänge beim Kleben
– die wichtigsten Werkzeuge und Hilfsmittel für eine Karosserieblech-Klebeverbindung aufzählen	– Werkzeuge und Hilfsmittel zur Klebereparatur
– Vorbereitung für eine Karosseriekleberreparatur beschreiben, und die Arbeitsschritte bei der Durchführung erklären	– Vorbereitung und Durchführung einer Klebereparatur

Die Schwierigkeiten beim Einschweißen von Karosserie-Außenhautteilen liegen einerseits in der umfangreichen Nacharbeit der Schweißnaht. Andererseits verziehen sich dünne Bleche durch die Wärmeeinwirkung erheblich. Dieses Problem wird größer, wenn durch höherfeste Stahlbleche die Wandstärke der Außenhautbleche weiter verringert wird. Auch die Zukunftsentwicklungen von Karosseriestrukturen verlangen andere Verbindungsverfahren als das Schweißen. Die Sandwich-Bauweise mit dünnen Metallfolien beiderseits eines Kunststoffkerns scheint auch im Pkw-Bereich Einzug zu halten (im Wohnwagenbau bereits praktiziert). All diese Überlegungen waren ausschlaggebend, das Kleben für die Karosseriereparatur weiterzuentwickeln.

Heute ist ein Stand erreicht, der vom Arbeitsaufwand mit den üblichen Schweißverfahren konkurrieren kann. Es gibt sogar deutliche Vorteile für das Kleben, wenn es direkt mit dem Schweißen verglichen wird:

- ☐ ein Minimum an Nacharbeiten,
- ☐ kein Ausbau von brennbaren Materialien für die Reparatur,
- ☐ beste Korrosionsschutz-Eigenschaften im Reparaturbereich.

Arbeitszeituntersuchungen haben außerdem bewiesen, daß die Klebereparatur zeitliche Vorteile gegenüber dem Schweißen bringt. Hierbei wurde zugunsten des Klebens der ganze Zeitaufwand für den Ein- und Ausbau von brennbaren Materialien gewertet. Das ist sicherlich richtig. Doch in welcher Werkstatt werden diesbezüglich die Sicherheitsvorschriften eingehalten? Es kommt kaum vor, daß Fahrzeugbrände bei Reparaturschweißungen entstehen. Demzufolge wird dieser Zeitvorteil von den Werkstätten nicht akzeptiert. Ein anderes Argument aus der Praxis gegen das Kleben ist die ungewohnte, labormäßige Arbeit. Doch hieran wird sich jeder Reparateur über kurz oder lang wohl gewöhnen müssen.

Vor dem Beschreiben der Arbeitsabläufe einige Grundlagen-Betrachtungen zum Vorgang des Klebens: Allgemein ausgedrückt ist das Kleben eine Verbindung von zwei gleichen oder unterschiedlichen Materialien durch ein drittes Material, den Kleber. Für die Festigkeit der Klebestelle sind zwei physikalische Vorgänge verantwortlich. Einmal muß eine Verbindung von der Kleberoberfläche zum Material stattfinden, das verklebt werden soll. Dieser Vorgang wird durch «Adhäsion» erreicht. Zum anderen muß der Kleber in sich so viel Zusammenhaltkräfte haben, daß er nicht auseinanderreißt. Diese Erscheinung wird mit «Kohäsion» bezeichnet. Bei der Reparatur können sowohl die Kohäsion als auch die Adhäsion beeinflußt werden. Wie ist das möglich? Bei der Adhäsion spielt die Vorbehandlung der zu verklebenden Flächen eine entscheidende Rolle. Wenn hierbei unsauber

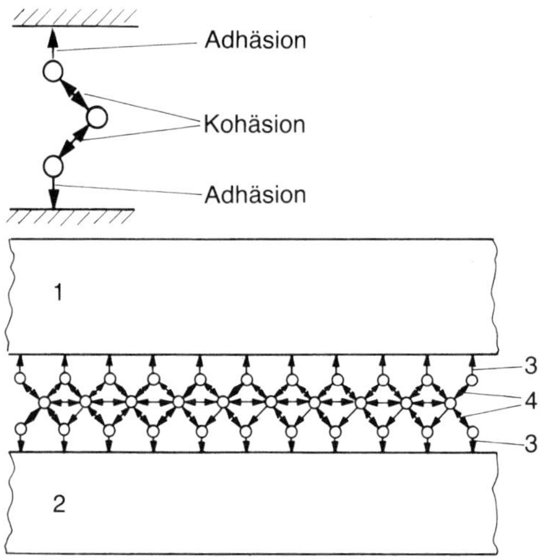

Bild 13.1 Schematische Darstellung einer Klebeverbindung: 1 Metall A, 2 Metall B, 3 Adhäsionskräfte des Klebers, 4 Kohäsionskräfte des Klebers

gearbeitet wird, kommt es zu Haftungsstörungen. Die Kohäsion wird durch das Anmischen der beiden Komponenten (Basismaterial und Härter) beeinflußt. Wenn sich hierbei Härteranhäufungen einstellen, können sich die Zusammenhaltkräfte innerhalb des Klebers nicht vollständig ausbilden.

Für die Klebeverbindungen gibt es grundlegende und auch herstellerabhängige (verfahrensabhängige) Arbeitsanweisungen. Die wichtigsten sind nachfolgend stichwortartig beschrieben:

- Der Kleberauftrag sollte eine Schichtstärke von 0,5 mm bei einem dünnflüssigen Kleber nicht übersteigen.
- Es sind beide Seiten, die aufeinanderliegen, einzustreichen.
- Die zu verklebenden Flächen müssen eine Überlappbreite von mindestens 20 mm haben (bei dünnwandigen Blechen). Die Belastbarkeit einer Klebeverbindung hängt direkt von der Größe der Klebefläche ab.
- Wenn einige Schweißpunkte zur Verbindung des Neuteils gesetzt werden, dann geschieht das, um den Schwachpunkt einer Klebeverbindung, nämlich das Abschälen, zu verhindern. Es ist unbedingt darauf zu achten, daß im Schweißbereich kein Kleber aufgetragen ist und verbrennt. Die Qualität der Schweißverbindung leidet, und die Verbrennungsrückstände fördern eine schnelle Korrosion der Reparaturstellen.
- Nach dem Schweißen ist das Blech schnell abzukühlen, jedoch nicht abzuschrecken. Der im Schweißbereich fehlende Kleber kann dann durch die Fugen von außen nachgeträufelt werden. Die Schweißstelle, die den Kleber aufnimmt, sollte nicht wärmer als 50 °C sein, da der Kleber ab dieser Temperatur gesundheitsgefährdende Dämpfe ausscheiden kann.
- Während des Härtens dürfen keine Bewegungen in der Klebefläche stattfinden, also auch keine Hammerschläge in der Nähe, um angrenzende Flächen auszubeulen.
- Der angerührte Kleber hat eine Topfzeit von ca. 20 Minuten. Bei Raumtemperatur von 20 °C benötigt der Kleber zum Aushärten ca. acht Stunden. Eine Klebeverbindung sollte unter 16 °C Umgebungstemperatur nicht durchgeführt werden.
- Eine Temperaturerhöhung über 80 °C kann den Kleber wieder weich werden lassen. Er bekommt nach dem Abkühlen zwar wieder seine volle Festigkeit, jedoch sollte zu häufiges Erwärmen auf hohe Temperaturen vermieden werden. (Für alle Temperatur- und Zeitangaben sind die Herstellerangaben bindend.)

13.1 Werkzeuge und Hilfsmittel zum Kleben

Nun zu den Werkzeugen und Hilfsmitteln für die Klebereparatur: Die hier aufgelisteten Dinge beziehen sich auf das Klebeverfahren, das bei der schwedischen Versicherung «Folksam» erprobt wurde. Die Bezeichnung des Klebers lautet «Autolim X-09». Die fortlaufende Numerierung der nötigen Utensilien bezieht sich auf die nebenstehende Abbildung:

1 Kleber mit Härter
2 Spezialklammern zum Andrücken der Klebeflächen
3 Kraftverteilungsflächen für die Spezialklammern
4 Doppelseitige Klebepunkte zur Aufnahme der Spezialklammern
5 Klebestreifen zur Vermeidung von Kleberläufern auf senkrechten Flächen
6 Pinsel zum Einstreichen des Klebers
7 Schutzhandschuhe
8 Mischtöpfe zum Anrühren des Klebers
9 Mischhölzer zum Umrühren
10 Spezialzange zum Krampen von Blechen
11 Absetzzange
12 Spezialabsetzzange für Rundungen und Sicken

13.2 Reparaturverlauf beim Kleben von Blechen

Als Reparaturbeispiel wird die Abschnittsreparatur an der Seitenwand eines Renault 5 gewählt. Es beginnt mit dem Abschneiden des Altteils, wobei eine Absetzbreite von 20 mm eingerechnet werden muß (Breite der Absetzzangenformstücke). Danach wird das Neuteil maßgenau zugeschnitten (vgl. Abschnitt 8.1). Die Klebezonen sind blankzuschleifen. Dabei muß das aufliegende Neuteil an der Schnittstelle von der Außenseite auf einen Winkel von ca. 30° angeschliffen werden. Dies ist erforderlich, damit die scharfe Schnittkante keine Lackrisse erzeugt. Danach wird der Überlappbereich abgesetzt. Für schwierige Formen kann die Spezial-Absetzzange verwendet werden, die schmale abgerundete Backen hat.

Bei früheren Klebeverfahren mußte der Anpreßdruck zum Kleben in einer Fläche von Nie-

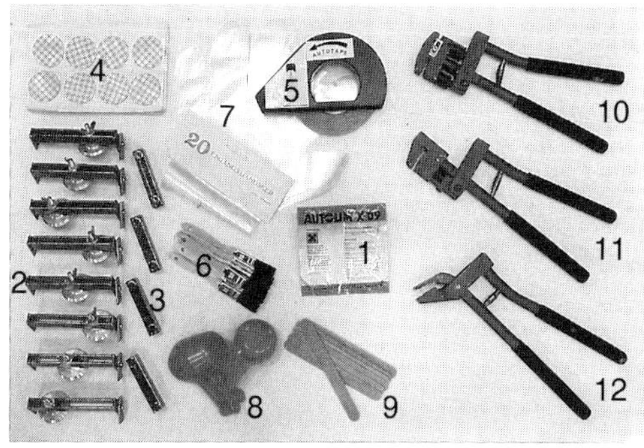

Bild 13.2 Werkzeuge und Hilfsmittel für die Metallverklebung

Bild 13.3 Seitenwand-Teilersatz durch Kleben

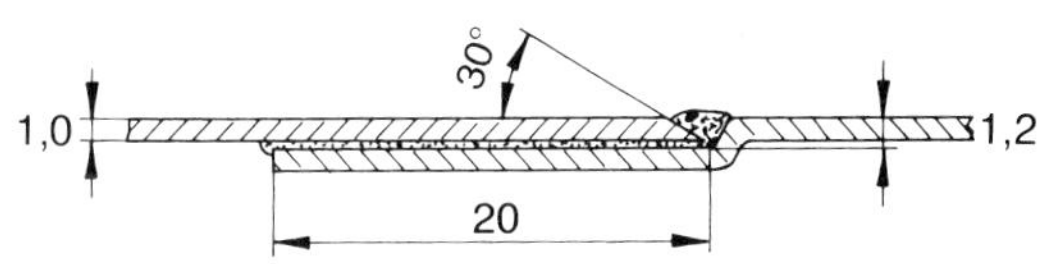

Bild 13.4 Abschrägen der Blechkante auf einen Winkel von 30°

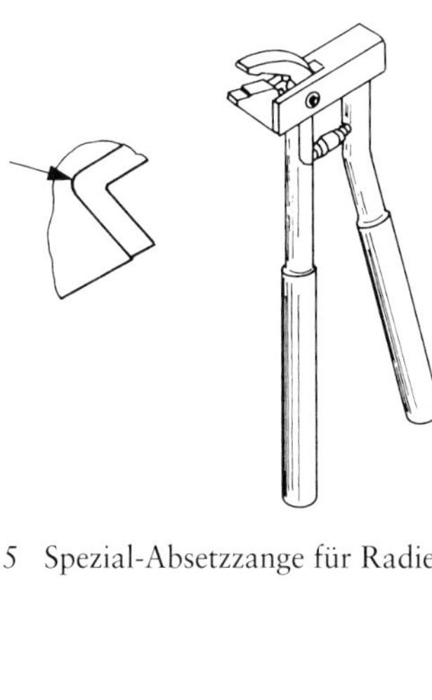
Bild 13.5 Spezial-Absetzzange für Radien

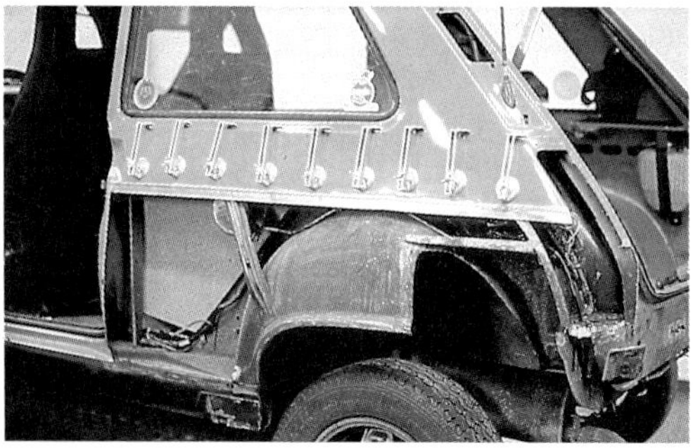

Bild 13.6 Spezialklammern zur Erzeugung des Anpreßdrucks in der Fläche

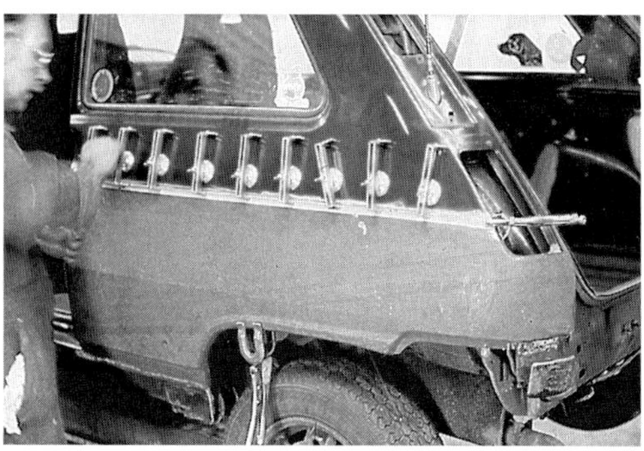

Bild 13.7 Fixieren des Neuteils

ten übernommen werden. Das bedeutete einen hohen Vorbereitungsaufwand, da erst die Nietlöcher gebohrt und abgesenkt werden mußten. Bei dem Folksam-Verfahren wird der Anpreßdruck über Spezialklammern erreicht. Sie werden mit doppelseitig klebenden Kunststoffpunkten oberhalb der Klebefläche des Altteils alle 100 bis 150 mm fixiert. Damit beim Einstreichen des recht dünnflüssigen Klebers keine unangenehmen Läufer entstehen, wird in der senkrechten Fläche auf beiden Seiten unterhalb der Klebestelle ein Kunststoffband aufgeklebt. Danach können der Kleber und der Härter aus der Verpackung herausgedrückt werden, um sie in einem der mitgelieferten Rührbecher zu vermischen. Der Verbrauch des Klebers liegt bei 25 bis 35 Gramm pro Meter bei 20 mm Absetzbreite.

Nachdem beide Klebezonen bis auf die Ecken, die angeschweißt werden, dünn eingestrichen sind, kann das Neuteil in die richtige Lage am Fahrzeug gebracht werden. Zuerst werden die Feststellzangen angebracht. Jetzt kommen die Spezialklemmen zum Einsatz. Sie besitzen Kraftverteilungsstücke, die genau in der Klebezone angesetzt werden. Nun kann mit der Flügelmutter der Spezialklammer ein ausreichender Druck auf die Klebestelle ausgeübt werden. Die doppelseitigen Kunststoff-Klebepunkte halten die Klammer sicher auf dem Blech. Anschließend werden die Schweißpunkte am Türausschnitt, im Rückleuchtengehäuse und an weiteren Stellen, die mit der Feststellzange nicht erreicht werden können, gesetzt. Nachdem der Kleber ausgehärtet ist, können alle Feststelleinheiten entfernt werden. Dabei bereitet es keine Schwierigkeiten, die Kunststoff-Klebepunkte zur Befestigung der Spezialklemmen zu entfernen. Da der Kleber sehr dünnflüssig ist, bleiben keine starken Überreste, die abgeschliffen werden müssen. Der Lackierer kann sofort mit seiner Arbeit beginnen.

Einen besonderen Hinweis verdient die Spezialzange zum Verkrampen von Klebeflächen. Damit hängende Flächen besser zu fixieren sind, können mit der Zange in der abgesetzten Zone kleine Vertiefungen eingedrückt werden.

Bild 13.8 Die Ecken werden verschweißt

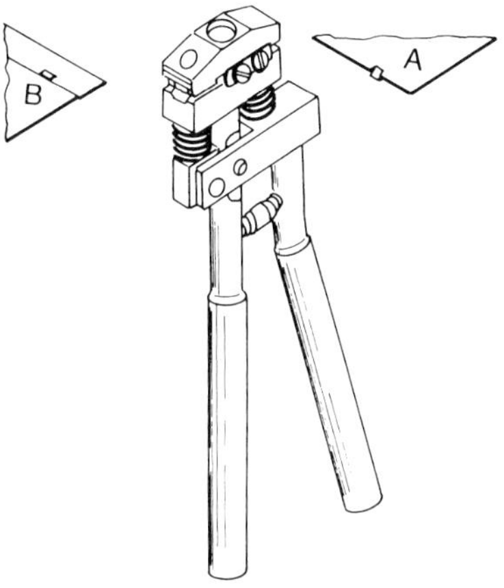

Bild 13.9 Spezialzange zum «Verkrampen» von Blechen (die Bilder 13.2 bis 13.9 wurden von der Folksam-Versicherung zur Verfügung gestellt)

Das Neuteil erhält entsprechend erhabene Stellen, die mit denen im abgesetzten Teil verhakt werden können. Diese Verkrampung erspart zwar nicht die Spezialklemmen für den Anpreßdruck, jedoch sind sie für das Fixieren eine willkommene Hilfe.

13.3 Fragen und Antworten

1. Welche Vorteile hat des Einkleben von Karosserieblechen gegenüber dem Einschweißen?
Antwort:
Es sind nur geringe Nacharbeiten erforderlich. Der Aus- und Wiedereinbau von brennbaren Materialen entfällt. Der Korrosionsschutz der verklebten Flächen ist optimal.

2. Was ist unter Kohäsion beim Verkleben von Blechen zu verstehen?
Antwort:
Die Zusammenhaltkräfte im Kleber selbst.

3. Was ist unter Adhäsion beim Verkleben von Blechen zu verstehen?
Antwort:
Die Verbindungskräfte zwischen Kleber und Blech.

4. Wieso spielt die Absetzbreite der zu verklebenden Flächen eine Rolle?
Antwort:
Die Belastbarkeit einer Klebefläche hängt direkt von ihrer Größe ab.

5. Warum muß die Schnittstelle des außen liegenden Blechs bei einer Klebeverbindung angeschrägt werden?
Antwort:
Die äußerste Schnittkante würde wie ein Keil im Kleber und dem anschließenden Lackaufbau wirken und Haarrisse entstehen lassen.

6. Wie können Klebeverbindungen in einer großen Fläche ohne Niete den erforderlichen Anpreßdruck erhalten?
Antwort:
Durch Spezialklemmen mit Druckverteilungsstücken. Die Klemmen werden mit doppelseitig klebenden Folien auf der Fläche festgehalten.

7. Was ist mit dem «Verkrampen» von Blechen gemeint?
Antwort:
Mit einer Spezialzange werden im Überlappbereich von Blechen einerseits Vertiefungen und andererseits erhabene Stellen gedrückt. Diese Punkte können ineinandergehängt werden, so daß sich eine zusätzliche Fixierung ergibt.

8. Wie groß ist die Überlappbreite bei zu verklebenden Karosserie-Außenhautblechen und bei zu verschweißenden Blechen?
Antwort:
Beim Kleben 20 mm; beim Schweißen 12 mm.

9. Welche Mindesttemperatur sollte im Arbeitsraum sein, der für die Klebereparatur von Karosserieblechen vorgesehen ist?
Antwort:
Mindestens 16 °C.

10. Welche maximale Temperatur sollte beim Trocknen des Klebers mit dem Heizstrahler nicht überschritten werden?
Antwort:
80 °C.

14 Austrennen und Einkleben von Autoscheiben

In diesem Kapitel werden dem Leser folgende Kenntnisse vermittelt

Lernziele	Lerninhalte
– Gründe nennen, warum Fahrzeugscheiben eingeklebt werden	– Gründe für das Einkleben von Autoscheiben
– Kleber beschreiben, die für den Autoscheibeneinbau verwendet werden	– Typen der Kleber
– Grundlagentheorie für das Trennen von eingeklebten Autoscheiben erläutern	– theoretische Grundlagen: Scheiben austrennen
– Werkstattgeräte und -verfahren erläutern, die zum Austrennen von eingeklebten Autoscheiben verwendet werden	– Geräte und Verfahren zum Scheibenaustrennen
– Vor- und Nachteile der unterschiedlichen Trennverfahren für eingeklebte Autoscheiben schildern	– Vor- und Nachteile einzelner Trennverfahren
– den Einbau einer einzuklebenden Autoscheibe wiedergeben	– Einbau einzuklebender Autoscheiben

Die Gründe für das Einkleben von Autoscheiben sind aus den allgemeinen Anforderungen für den Pkw-Bau abzuleiten: Die Fahrzeuge sollen umweltverträglicher, schneller und in der Produktion kostengünstiger werden. Eine Umsetzung auf dem Weg zur Erreichung aller Anforderungen ist der Karosserieleichtbau. Die Gewichtseinsparungen werden in der Kombination von neuen Materialien und geringeren Wandstärken erreicht.

Dadurch entsteht aber gleichzeitig eine elastischere und verwindungsfreudigere Karosserie. Das unerwünschte stärkere Sichverdrehen der Karosserie wird durch große Fensterausschnitte noch gesteigert. Daher müssen Verstärkungen gegen das Verwinden eingebaut werden. Am einfachsten wäre das zu erreichen, wenn in die Fensteröffnungen Verstrebungen eingebaut würden (Brezel-Heckfenster, VW-Käfer). Da dies aber keine brauchbare Lösung darstellt, ist die nötige Verstärkung über das Einkleben von Scheiben erreicht worden. Diese Maßnahme bewirkt bei den Leichtbaukarosserien, daß sie um rund 30% verdrehfester sind als Karosserien, die keine eingeklebten Scheiben bei gleicher Leichtbauweise hätten. Außerdem konnte sogar das Scheibengewicht z.T. reduziert werden, weil die Scheiben nicht mehr so dick sein müssen.

a

b

Bild 14.1a und b Vereinfachte Darstellung der Verwindung einer Karosserie, wenn sie auf einem unebenen Untergrund steht. Dunkler Kasten: stabiler Karton; heller Kasten: dünnes Papier. Nach dem Zukleben der Öffnung des hellen Kastens verwindet er sich genausowenig wie der stabile dunkle Kasten (Wirkung von eingeklebten Scheiben in einer Karosserie).

Bild 14.2a Herkömmliche eingummierte Scheibe mit stark auftragendem Gummiwulst

Bild 14.2b Eingeklebte Scheibe übergangslos in der Karosseriekontur eingelassen

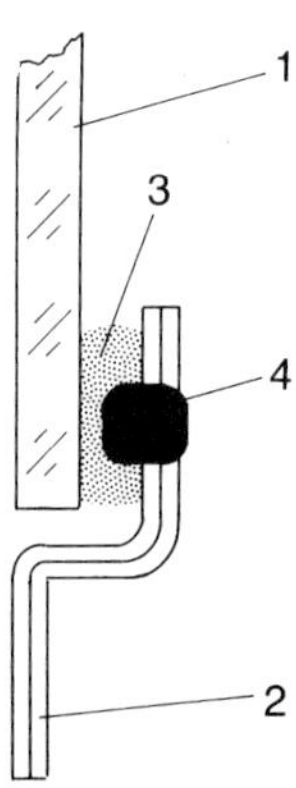

Neben dem Karosserieleichtbau wird die c_W-Wert-Optimierung verlangt. Hierzu sind die Fensterflächen schräggestellt, und die Scheiben können, dank Klebetechnik, bündig in die Karosserieform eingepaßt werden. Zusätzlich profitiert die Produktion von der Klebetechnik, da die Scheiben schnell und sicherer eingesetzt werden können. Sicherer deshalb, weil die Reklamationsquote wegen undichter Scheibenränder fast auf «null» ist. D.h., Wassereintritt und Windgeräusche aufgrund schlechten Sitzes des Scheibendichtgummis gehören der Vergangenheit an.

Doch nicht alle Vorteile in der Konstruktion und Produktion müssen gleichzeitig positive Auswirkungen im Reparaturfall haben. Wird z.B. der Ausbau von eingummierten Scheiben mit dem von eingeklebten Scheiben verglichen, so ist der Zeitaufwand bei den eingummierten Scheiben um ein Vielfaches geringer. Hier setzt sich ein Reparateur ins Wageninnere und drückt mit beiden Füßen gegen die Scheibe, während von außen ein Kollege etwas nachhilft. Bei eingeklebten Scheiben dagegen muß bei der Ausglasung der komplette Kleberauftrag getrennt werden.

Wo liegt die eigentliche Problematik beim Heraustrennen eingeklebter Scheiben?

Zur Erklärung vorab einige Betrachtungen zum Kleber: Die Klebeverbindung soll die Torsionsfestigkeit (Verdrehfestigkeit) der Karosserie erhöhen, also muß der Kleber hart sein. Gleichzeitig darf er aber durch die ständigen Belastungsstöße während der Fahrt nicht brechen oder reißen. Der Kleber muß «hart/elastisch» sein. In der Fachsprache wird deshalb von einer «Hartverglasung» gesprochen.

Für die Montage der Scheibe soll der Kleber aber leicht handzuhaben sein, d.h., bei der Verarbeitung ist eine zähflüssige Paste von Vorteil. Diese z.T. gegenläufigen Anforderungen lassen sich nur mit einem Kunststoff verwirklichen, der vom Grundtyp ein Elastomer oder Thermoplast ist. Für die Montage bedeutet das, daß der Kleber im unvernetzten Zustand als Paste zu verarbeiten ist. Die Vernetzung und damit das Aushärten erfolgt über die Zeit nach der Montage.

Bild 14.3 Schematische Darstellung der Scheiben-Verklebestelle: 1 Scheibe, 2 Scheibenrahmen (verschweißt), 3 Kleber, 4 Schweißpunkt des Scheibenrahmens

Die Kleber, die zur Anwendung kommen, sind entweder ein «Butylkautschuk» oder «Polyurethane». Heute werden fast ausschließlich «1-Komponenten-Polyurethane» verwendet. Sie brauchen zur Verarbeitung nicht mit einem Härter vermischt zu werden.

Wie ist eine Scheibenklebeverbindung zu lösen?

Wie vorher beschrieben, ist der Kleber ein elastischer Thermoplast (Abschnitt 9.5). Er kann deshalb durch Wärmeeinbringung gelöst werden (thermisches Trennen). Die benötigte Wärme muß aber gezielt auf den Kleber wirken, da sonst eine Brandgefahr der naheliegenden anderen Materialien gegeben ist. Immerhin liegt die zum Trennen erforderliche Temperatur bei rund 250 °C. Eine andere Möglichkeit, die Klebeverbindung zu lösen, ist das Auseinanderschneiden des Klebers (mechanisches Trennen).

Neben den grundsätzlichen Überlegungen, wie der Kleber selber zu trennen ist, muß für den Trennvorgang noch die Zugänglichkeit zur Trennstelle berücksichtigt werden: Die Scheibe liegt auf dem Karosserierahmen, der in Richtung Fahrzeuginnenraum abgewinkelt ist, auf. Dadurch bleibt als Zugang zur Klebefläche von außen nur der schmale Spalt zwischen Scheibenkante und äußerem Karosserieblech. Die Zugänglichkeit zur Klebestelle vom Fahrzeuginnenraum her ist bei der Frontscheibe durch die Armaturentafel und bei der Heckscheibe durch die Hubablage stark eingeschränkt.

Der Aufbau einer geklebten Verglasung sieht so aus, daß sich zwischen dem Scheibenrahmen und der Scheibe ein ca. 5 mm dicker und ca. 10 mm breiter Kleberauftrag befindet. Dieser muß zum Scheibenausbau getrennt werden. Das Schneiden des Klebers kann mit einem Messer oder einem dünnen Draht erfolgen, wenn ein entsprechender Schneidedruck aufgebaut und eine Schneidebewegung durchgeführt werden kann. Dieser Aussage wirkt die Praxis mit ihren produktionsbedingten Tücken entgegen. So ist der Schnittbereich im Kleber durch den keramischen Siebdruckrand der Scheibe nicht zu sehen. Die Führung des Schneidegerätes wird durch die Formgebung der Karosserie häufig eingeschränkt.

Da der Scheibenrahmen aus mehreren Karosserieblechen zusammengeschweißt ist, gibt es hin und wieder Schweißpunkterhebungen, gegen die die Werkzeugschneide anläuft. Weiterhin kann nach dem produktionsseitigen Einbau die Scheibe u.U. den Kleber zusammendrücken, bevor er ausgehärtet ist. Dadurch wird der Abstand zwischen Scheibe und Rahmen so eng, daß der Spalt eventuell für die Werkzeugschneide zu schmal ist. Ein weiteres Problem kann eine Zierleisteneinfassung bringen, deren Befestigungsklammern, in regelmäßigen Abständen verteilt, um die Scheibe gebogen sind. Die Werkzeugschneide verhakt sich dahinter.

Die Probleme beim Austrennen der geklebten Scheiben wurden deshalb so ausführlich beschrieben, weil es häufig vorkommt, daß die Scheiben beim Ausbauen trotz besten Bemühens durch den Reparateur zerstört werden. Wenn der Gutachter zur Behebung eines Unfallschadens den Ausbau der noch unbeschädigten Scheibe vorsehen muß, kann es ohne bösen Willen des Reparateurs zur Rechnungserweiterung durch die beschädigte Scheibe kommen.

Welche Trennwerkzeuge stehen dem Reparateur zum Scheibenausbau zur Verfügung?

Für das Austrennen kommen sechs Verfahren zur Anwendung:

- ☐ eingelegter Heizdraht,
- ☐ einfache Draht-Zieh-Methode,
- ☐ Draht-Zieh-Methode mit Aufspulvorrichtung (Audi),
- ☐ eingelegter Schneidefaden,
- ☐ mechanisches Kaltschneideverfahren,
- ☐ Thermoschneideverfahren.

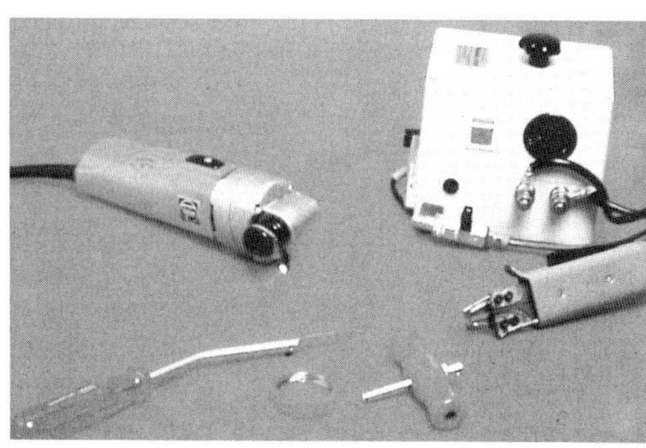

Bild 14.4 Geräte zum Austrennen eingeklebter Scheiben: Oszillierendes Kaltschneidegerät, Einfache Draht-Zieh-Methode, Thermoschneidmesser (von links nach rechts)

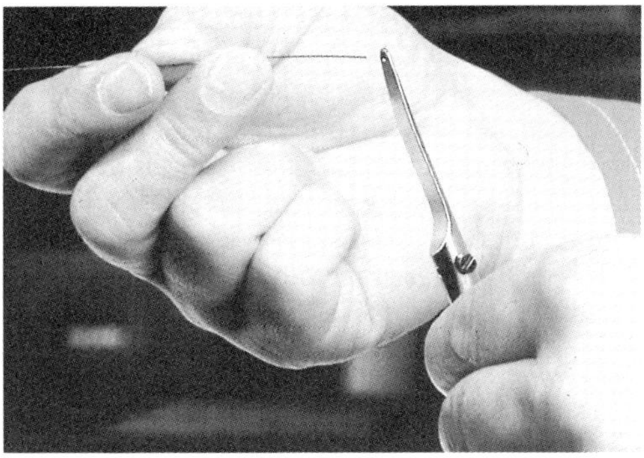

Bild 14.5 Befestigen des Schneidedrahtes an der Ahle, bevor er durch den Kleber gestoßen wird (Werkfoto Theroson)

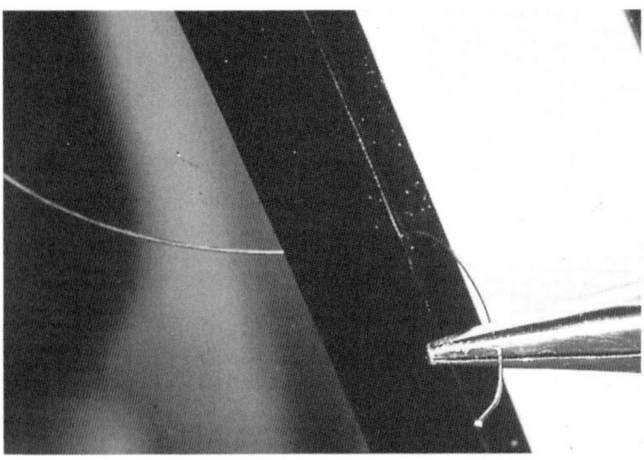

Bild 14.6 Das mit der Ahle durch den Kleber durchgestoßene Schneidedrahtende wird mit einer Zange weiter herausgezogen (Werkfoto Theroson)

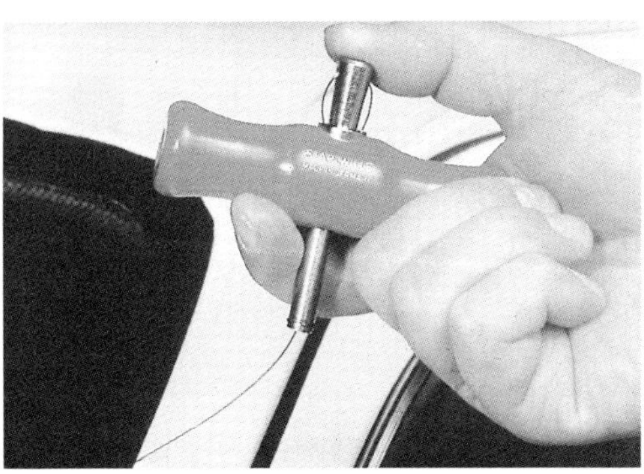

Bild 14.7 Handgriff mit befestigtem Schneidedrahtende (Werkfoto Theroson)

14.1 Trennung der Klebeverbindung durch eingelegten Heizdraht

Diese Lösung ist nur bei wenigen Fahrzeugtypen verwirklicht (z.B. erste Serie des Mercedes-Benz 190; Typ 201) und heute nicht mehr üblich. Hier kam als Kleber nicht das pastöse Polyurethan zum Einsatz, sondern ein Thermoplast als Rundschnur, worin ein Heizdraht eingearbeitet war. Zum Verkleben wird das Material über den Heizdraht soweit erwärmt, bis es zäh-elastisch ist. In diesem Zustand klebt es die Scheibe und den Scheibenrahmen zusammen. Für den Fall, daß die Scheibe ausgebaut werden muß, ist wiederum der Heizdraht aufzuwärmen. Als Energiequelle dient dabei die Fahrzeugbatterie.

Werkstattpraxis zu diesem Verfahren:
Hier müssen für den Ausbau der Scheibe die Enden des Kupferdrahtes (Heizdrahtes) mit der Fahrzeugbatterie verbunden werden. Dadurch heizt sich der Draht langsam auf. Es dauert relativ lange, bis der Kleber zähelastisch wird. Ist der Punkt erreicht, muß, wie bei eingummierten Scheiben, die Scheibe herausgedrückt werden. Dabei zieht sich in langen Fäden der Kleber mit. Der zäh-elastische Kleber haftet sofort an allem, womit er in Berührung kommt. Ein fürchterlich «schmutziges» Arbeiten mit anschließend hohem Reinigungsaufwand ist die Folge des Verfahrens für die Werkstatt. Zum Vorteil des Reparateurs ist diese Trennmethode nur noch selten anzutreffen.

14.2 Trennung durch einfache Draht-Zieh-Methode

Hier liegt die Idee zugrunde, den Kleber durch ein flexibles Messer, das nur eine Schneidekante und keinen Körper hat, zu trennen. Die flexible Schneidekante ist nichts anderes als ein hochfester dünner Stahldraht (Klaviersaite). Zum Trennen des Klebers wird der Draht an einer Stelle des Rahmens durch den Kleber gestoßen. Das geschieht mit einer Art Nähahle, wie sie zum Nähen von Leder verwendet wird. Nach dem Durchstoßen befindet sich ein Ende des Drahtes außerhalb und ein Ende innerhalb des Fahrgastraumes. An beiden Enden wird ein Holzgriff befestigt. Danach zieht abwechselnd die Person im Fahrzeuginnenraum und anschließend die Person außerhalb am Drahtende. Eine Schnittbewegung kommt dann zustande, wenn beide Personen den Draht beim Ziehen noch vorwärts bewegen.

Werkstattpraxis zu diesem Verfahren:
Ein relativ unkompliziertes Trennverfahren, jedoch mit hohem Zeit- und Personalaufwand (immer zwei Personen). Es können hin und wieder doch Probleme aufkommen, wenn der Scheibenrand im Fahrzeug-Innenraum durch die Armaturentafel oder andere Einbauten schlecht zugänglich ist. Der Draht kann dann zwar gezogen werden, aber die gleichzeitig notwendige Vorwärtsbewegung ist u.U. nicht richtig möglich. In solchen Fällen muß der von außen arbeitende Kollege die Hauptarbeit übernehmen.

Wenn das auch nicht mehr funktionieren sollte, ist der Schneidedraht komplett aus dem Kleber herauszuziehen. Er wird dann etwas weiter an einer zugänglichen Stelle erneut mit der Ahle durch den Kleber gestoßen. Die nicht geschnittene Stelle ist anschließend vielleicht besser zugänglich, wenn die Scheibe bereits teilweise vom Rahmen weggehoben oder abgewinkelt werden kann. Vorsicht beim Wegklappen der Scheibe, die noch teilweise verklebt ist: Bruchgefahr!

Grundsätzlich sollte vor allen Trennarbeiten der Karosserierahmen mit stabilem Abdeckband abgeklebt werden. Beim Arbeiten mit den scharfen Schneidewerkzeugen können unbeabsichtigt Lackschäden entstehen.

14.3 Trennung durch Draht-Zieh-Methode mit Aufspulvorrichtung (Audi)

Hier liegt die gleiche Idee zugrunde, wie vorher bei der einfachen Draht-Zieh-Methode beschrieben. Es soll jedoch das aufwendige Arbeiten mit zwei Personen vermieden werden. Hierzu wird ein langer Schneidedraht von außen komplett um die Scheibe herumgelegt in den Spalt zwischen Scheibe und Karosserierahmen. Der Schneidedraht befindet sich dann auf der Kleberaupe, die durchtrennt werden muß. Die beiden Enden des Drahtes werden überlappt und dann mit der Ahle durch den Kleber ins Fahrzeuginnere gestoßen.

Von dort sind sie zu einer Aufspule zu führen, die an der Scheibeninnenseite mit Saugfüßen befestigt ist. Die Aufspulrolle wird mit einem

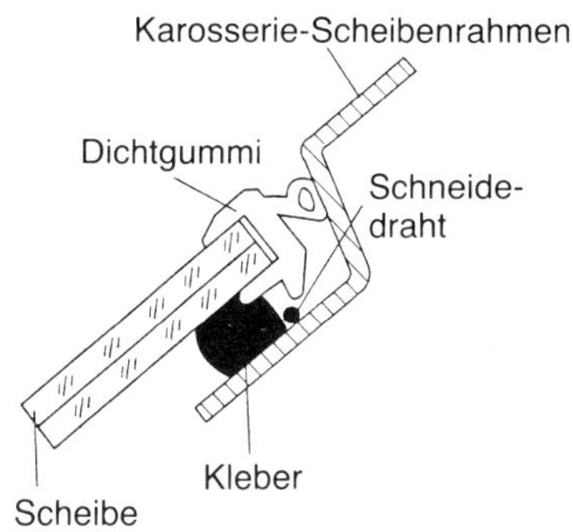

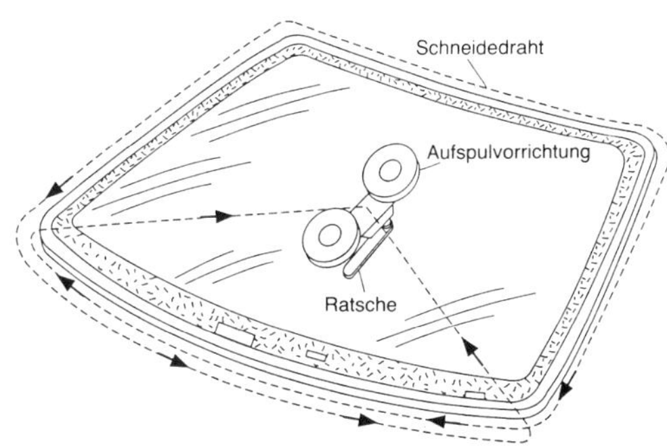

Bild 14.8 Trennung des Klebers durch Draht-Zieh-Methode mit Aufspulvorrichtung (Quelle: V.A.G)

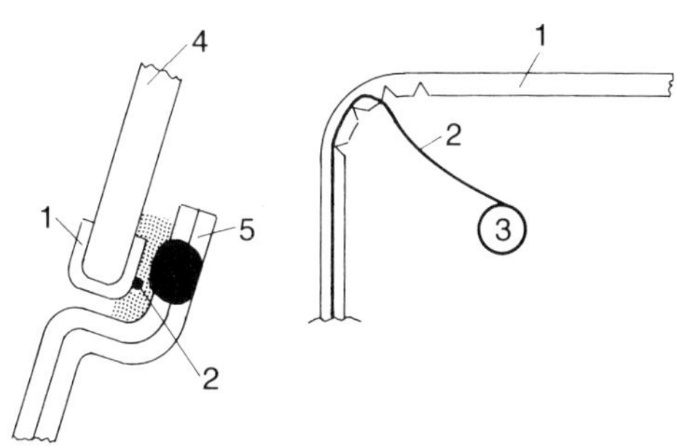

Bild 14.9 Verhaken des Schneidedrahtes am Zierleistenrahmen

Ratschenschlüssel gedreht. Dadurch zieht sich der Schneidedraht Stück für Stück durch die Klebefläche. Zur besseren Führung des Schneidedrahtes im Bereich der Scheibenecken kann er über Umlenkrollen gezogen werden. Die Umlenkrollen sind ebenfalls mit Saugfüßen auf der Scheibeninnenseite befestigt.

Werkstattpraxis zu diesem Verfahren:
Vor dem Einlegen des Schneidedrahtes muß die zusätzliche Gummidichtlippe, die den Spalt zwischen Scheibenrand und Karosserierahmen verschließt, hervorgezogen werden. Sie wird umgeklappt und auf die Scheibe gedrückt, um sie hier mit einem Klebeband zu befestigen. Nachdem der Schneidedraht mit der Ahle durch den Kleber gestoßen und die Enden auf der Spule befestigt sind, kann mit dem Aufspulen begonnen werden. Doch Vorsicht: Bevor die Spule gedreht wird, muß sich der Reparateur überzeugen, daß der Schneidedraht auf dem Kleber liegt und nicht etwa auf dem Scheibenrand. Diese Kontrolle ist während des Aufspulens zu wiederholen, wenn plötzlich mehr Kraft zum Drehen der Spule benötigt wird.

Ein kritischer Trennbereich ist dann erreicht, wenn der Draht sich um die Scheibenrundungen zieht. Hier kann es passieren, daß sich der Schneidedraht in den Ausschnitten des Zierleistenrahmens verhakt. Der Zierleistenrahmen ist über den Scheibenrand geklemmt und notwendigerweise an den Scheibenrundungen nicht mehr geschlossen, sondern mit dreiecksförmigen Aussparungen versehen. Leider kann das Verhaken des Schneidedrahtes in diesen Aussparungen nicht gesehen werden, da der Zierleistenrahmen im Kleber liegt.

Läßt sich der Draht in diesen Bereichen nicht normal weiterziehen, muß er gelockert werden. dann ist er etwas zurückzuführen, und es ist zu versuchen, ihm einen neuen Schnittweg zu geben. In dieser Situation muß ein Kollege kurz behilflich sein. Der neue Schnittweg läßt sich gut erreichen, wenn der Draht, wie bei der einfachen Draht-Zieh-Methode, vorwärts bewegt wird. Achtung: Hierbei sind Lederhandschuhe zu tragen, um Schnittverletzungen zu vermeiden!

Dieses Eingreifen in den Schnittverlauf kann ebenfalls nötig werden, wenn der Schneidedraht sich an einem zu stark erhabenen Schweißpunkt des Karosserierahmens oder an aufgeschweißten Zierleistenzapfen verfangen hat.

Grundsätzlich kann zur Anwendung der Aufspulvorrichtung bemerkt werden, daß sie eine Arbeitserleichterung mit Zeiteinsparung bringt, wenn nicht zu viele der vorher beschriebenen Störungen auftreten. Auf keinen Fall darf in solchen Situationen die Ratsche mit großer Kraft weitergedreht werden. Es kommt unweigerlich zum Bruch der Scheibe oder zum Riß des Drahtes.

14.4 Trennung mit Schneidefaden, der bereits im Kleber liegt

Die Grundidee ist wiederum die, daß mit einer flexiblen Schneide der Kleber durchtrennt wird. Als Schneide dient in diesen Fällen eine Kunststoffaser (Aramid). Diese Faser wird als Faden beim Scheibeneinbau in den Klebewulst über die komplette Strecke um die Scheibe gelegt. Die Fadenenden sind an ihrem Stoßpunkt rund 30 cm überlappt und nicht verklebt. Dadurch können sie zum Trennen des Klebers aus dem Spalt zwischen Scheibenrahmen und Scheibe herausgenommen und an Holzgriffen befestigt werden. Wird jetzt kräftig an den Holzgriffen gezogen, schneidet sich der Faden durch den Kleber.

Werkstattpraxis zu diesem Verfahren:
Hierzu existieren noch keine umfangreichen Werkstattrückmeldungen, da diese Methode relativ neu ist. Es bleibt abzuwarten, ob der Schneidefaden die genügend hohe Festigkeit besitzt, daß er nicht abreißt. Die Problematik des Verhakens und Festsitzens wird wie beim normalen Schneidedraht entstehen können. Es läßt sich vermuten, daß dann eine Korrektur der Schnittrichtung des Fadens schwierig wird. Der flexible Faden kann nicht wie ein Stahldraht nach außen gedrückt werden, um ihn dort fassen zu können.

14.5 Trennung durch mechanisches Kaltschneideverfahren

Beim **mechanischen Kaltschneideverfahren** wird die Schneidebewegung über ein motorbetriebenes Trennmesser ausgeführt. Die Schneidebewegung wird dabei wie bei der oszillierenden Karosseriesäge auf das Messer übertragen. Die Werkzeuge können entweder

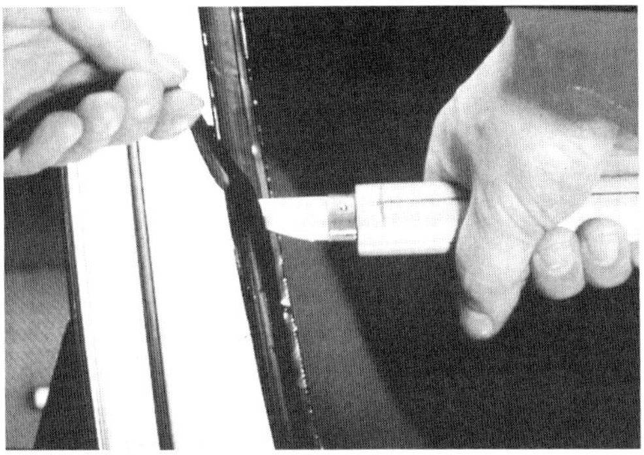

Bild 14.10 Der beim Verkleben der Scheibe am Scheibenrand herausgequollene und hartgewordene Kleber sollte vor jedem Trennvorgang abgeschnitten werden. Dadurch ist ein wesentlich leichteres Arbeiten möglich (Werkfoto Theroson).

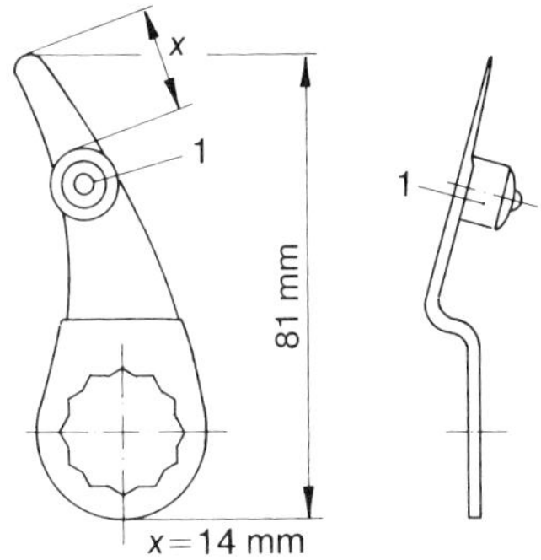

Bild 14.11 Schneidemesser gekröpft mit Anschlagrolle (1)

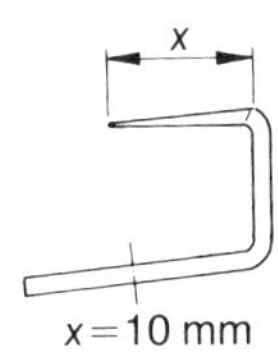

Bild 14.12 Schneidemesser U-Form

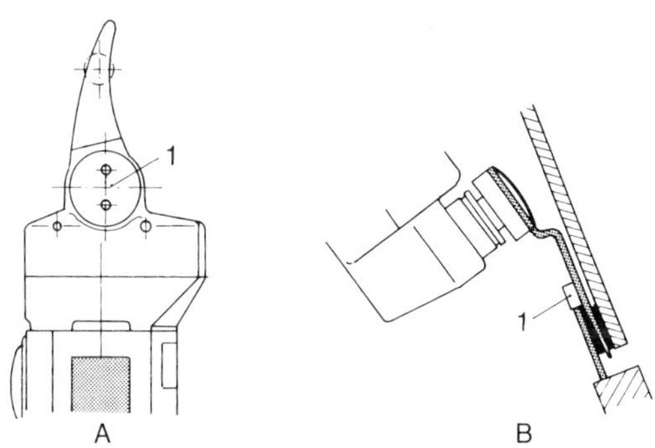

Bild 14.13 Austrennen einer Scheibe vom Innenraum; 1 Anschlagrolle

druckluft- oder elektrisch betätigt sein. Die Trennmesser werden je nach Anwendungsfall ausgewechselt. Es gibt Messer mit abgewinkelten, kurzen bzw. langen Schneiden oder sogar U-förmige Messer. Sie sind über eine Sechs- oder Zwölfkantaufnahme mit dem Antriebsmotor verbunden und schnell auswechselbar. Je nach Fabrikat des Schneidewerkzeuges steht ein bestimmtes Messersortiment zur Verfügung. Um allen Einbaufällen von verklebten Scheiben gerecht zu werden, sind z. Zt. ca. 40 verschiedene Messertypen erforderlich.

Werkstattpraxis zu diesem Verfahren:
Bei eingeschaltetem Gerät wird das Messer in den Kleber eingetaucht und arbeitet sich unter einem bestimmten Vorschubdruck weiter. Von dem Anwender erfordert das Schneiden viel Gefühl, da er ohne Führung das Messer richtig halten muß. Außerdem muß ein ausgewogenes Verhältnis zwischen der Schnittkraft und dem feinen Messer eingehalten werden, da es sonst zum Bruch des Messers kommt. Je länger die Messerschneide ist, um so schwieriger wird der Trennvorgang. Zu lange Messer werden während des Schneidens instabil. Dadurch kann die Schnittbewegung u.U. unwirksam werden, wenn zudem die Vorschubkraft nachläßt. Der Grund liegt in der hohen Elastizität des Klebers, die erst überwunden werden muß, bevor das Messer schneidet. Am günstigsten wird das Arbeiten, wenn der Werkzeugkörper im Handgelenk nicht verdreht wird und die Längsachse des Werkzeugs zum Trennmesser fluchtet. Eine Führung des Trennmessers kann erzielt werden, wenn mit seinem Rücken sehr dicht am Scheibenrand entlang gefahren wird oder wenn sich Anschlagsrollen am Messer befinden, die am Karosserierand entlanglaufen.

Zum leichteren Trennen empfiehlt es sich, vor dem Arbeitsgang den herausgequollenen Kleber am Scheibenrand mit einem Spezialmesser einzuschneiden. Dadurch wird die Klebefläche

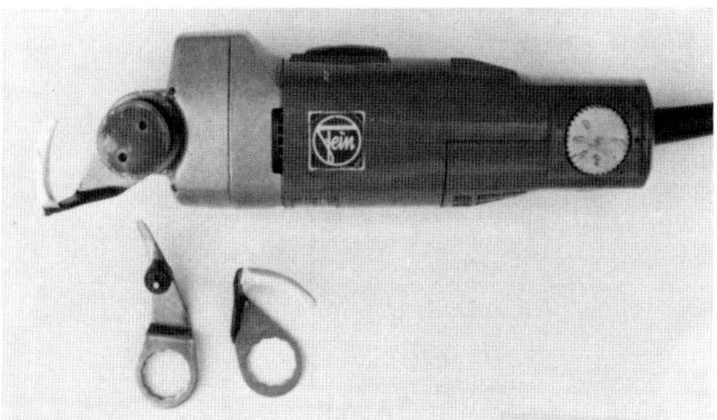

Bild 14.14 Oszillierendes Elektro-Scheibentrenngerät mit verschiedenen Messern

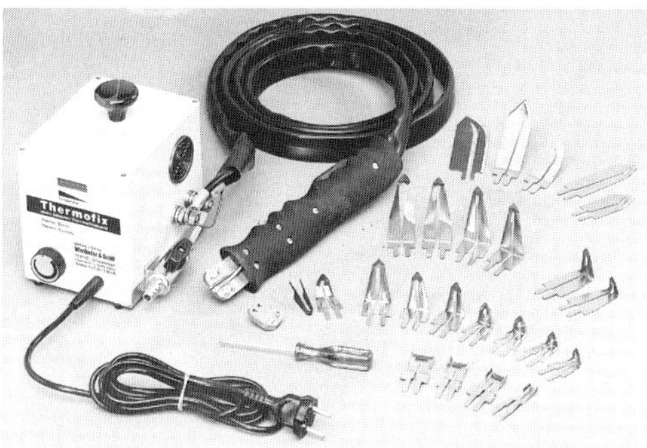

Bild 14.15 Thermoschneidemesser mit Klingensortiment (Werkfoto Wieländer und Schill)

schmaler, die nötige Schnittkraft verringert und die Führung verbessert. Wenn während des Schneides mit dem oszillierenden Messer plötzlich laute metallische Geräusche hörbar werden, sind meist Schweißpunktreste oder Zierleistenzapfen die Ursache. In solchen Fällen darf nicht mit Gewalt weitergearbeitet werden. Das Trennmesser ist zurückzuführen und ein neuer Schnittweg zu suchen.

Fazit zum Arbeiten nach den mechanischen Kaltschneideverfahren: Das Verfahren mit der oszillierenden Schneidebewegung ist eine technisch gute Lösung. Mit diesem Werkzeug läßt sich z.B. eine Frontscheibe in ca. zehn Minuten austrennen. Dieser Richtwert hat aber nur Gültigkeit, wenn die erwähnten Problemfälle nicht auftreten. Zusätzlicher Aufwand entsteht durch das Abkleben des Scheibenrahmens mit Kreppband. Dadurch werden Kratzspuren verhindert, die entstehen, wenn der Messerrücken auf der Lackoberfläche gleitet. Zu langes Verharren mit dem Trennmesser an einer Stelle kann zu Rauchentwicklungen führen. Dies muß verhindert werden, da verbrannter Kleber nicht als Grundlage für neuen Kleberauftrag zu verwenden ist.

14.6 Trennung durch Thermoschneideverfahren

Mit dem **Thermoschneideverfahren** werden beheizte Schneidemesser eingesetzt. Über einen Transformator wird die Stromspannung geregelt, die das Messer aufheizt. Der Anwender spürt beim Schneiden, daß der Kraftaufwand für die Vorwärtsbewegung geringer wird, wenn er die Temperatur des Messers erhöht. Das verführt dazu, die Temperatur immer höher einzustellen. Dadurch verbrennt aber der Kleber, so daß für den Auftrag des neuen Klebers alle Rest säuberlich entfernt werden müssen. Außerdem stellt die Rauchentwicklung des verbrannten Klebers eine gesundheitlich Gefährdung für den Anwender dar.

Es werden Thermomesser mit Rauchabsaugung oder mit Kühlluft für die Messer angeboten. Die Absaugung funktioniert zwar gut, jedoch ist dies keine angemessene Entsorgung der gefährlichen Dämpfe, da sie ungefiltert wieder in die Umgebungsluft gepustet werden. Außerdem werden die Dämpfe, die ins Innere des Fahrgastraumes dringen, nicht abgesaugt. Bei den Thermomessern dient die Schneide als elektrischer Widerstand und wird somit aufgeheizt. Mit veränderter Schneidentemperatur ändert sich aber auch der elektrische Widerstand. Wenn Temperaturschwankungen auftreten, muß die Stromzufuhr angepaßt werden. Das geschieht über den Einstellknopf des Geräts. Um beim Schneidevorgang nicht ständig regulieren zu müssen, sind einige Geräte mit Druckluftzufuhr ausgestattet. Der Luftstrom trifft auf die Schneide und kühlt sie. Damit bleibt die Schneidentemperatur einigermaßen konstant.

Werkstattpraxis zu diesem Verfahren:
Das Wiederverkleben frisch geschnittener Flächen wird durch die Druckluftbeaufschlagung kaum verhindert. Abhilfe können nur Kunststoffkeile schaffen, die sofort in die Schnittflächen gedrückt werden.

Die Probleme beim Trennen des Klebers, die durch zu enge Spalte oder durch metallische Widerstände in der Trennfuge ausgelöst werden, sind auch mit dem Thermomesser nicht besser zu bewältigen. Im Gegenteil, das Auftreffen auf einen metallischen Widerstand wird akustisch nicht wahrgenommen, da das Messer keine Eigenbewegungen ausführt. Dadurch erhöht der Reparateur den Schneidedruck, der die Scheibe leicht splittern läßt. Eine zusätzliche Gefahr im Umgang mit dem Thermomesser entsteht durch die heiße Messerspitze, die Kleberreste ins Wageninnere spritzen läßt. Außerdem können beim Arbeiten im Innenraum des Fahrzeugs Verbrennungen an Kunststoffteilen entstehen, wenn unbeabsichtigt das heiße Messer z.B. an die Armaturentafel stößt.

Fazit zum Arbeiten mit dem Thermomesser: Es erfüllt mit Sicherheit den gleichen Zweck wie das oszillierende Kaltschneidgerät. Ein Zeitunterschied beim Austrennen einer Frontscheibe besteht im Vergleich zu den Kaltschneidgeräten nicht. Nachteilig wirkt sich der hohe Kraftaufwand beim Trennvorgang aus, wenn das Messer nicht konstant auf der günstigsten Schneidetemperatur gehalten werden kann. Weiterhin müssen als Nachteile die Gefahr der Verschmutzung des Fahrgastraumes und die starke Rauchentwicklung angesehen werden.

14.7 Einbau einer zu verklebenden Autoscheibe

Wie jede Klebeverbindung, so wirkt auch die Klebung zwischen Scheibenrahmen und Scheibe durch Kohäsions- und Adhäsionskräfte (Kapitel 13). Der Kohäsionsbereich kann bei einem «1-Komponenten-Kleber» nicht beeinflußt werden, wohl aber die Zonen, die die Verbindung mit dem angrenzenden Material bewirken. Wenn nämlich die zu verklebenden

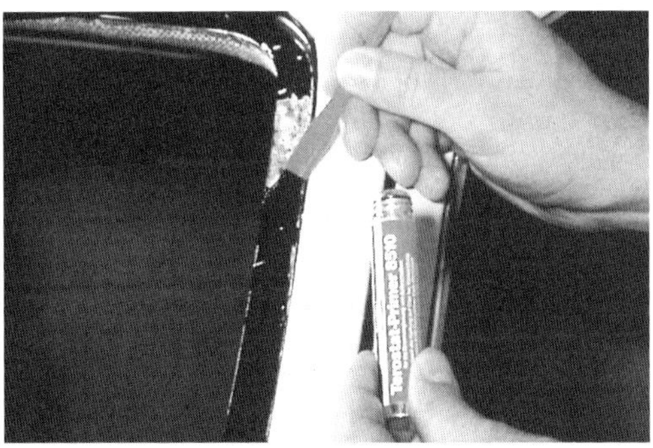

a)

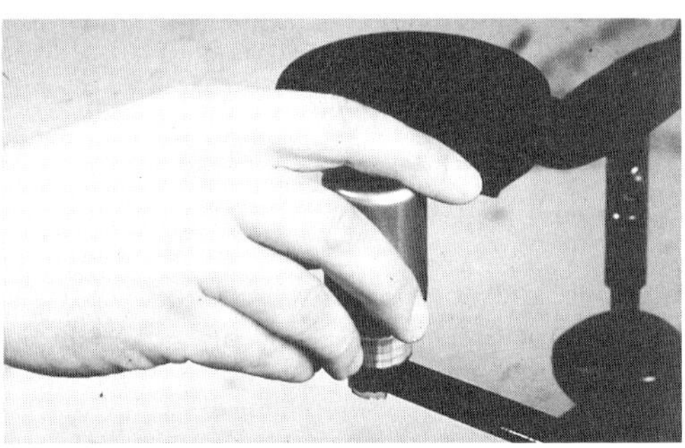

b)

Bild 14.16a und b Der Haftvermittler (Primer) wird sowohl auf den Karosserierahmen als auch auf den Scheibenrand gestrichen (Werkfoto Theroson)

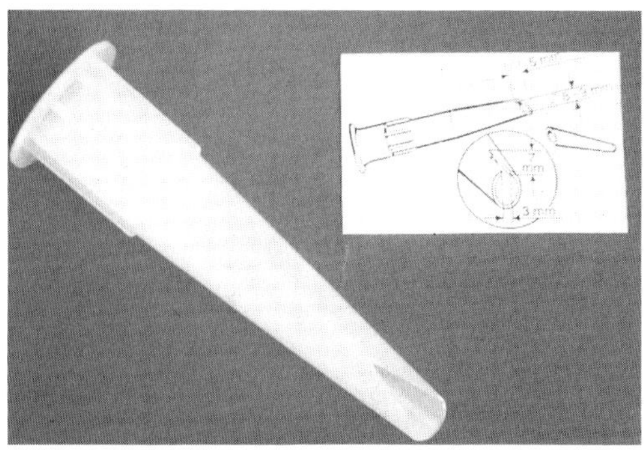

a)

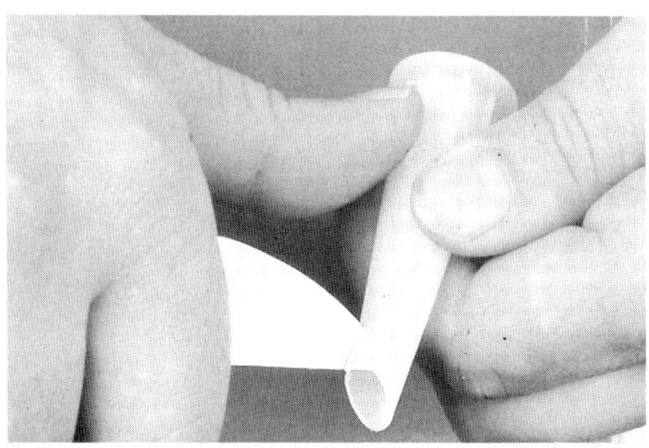

b)

Bild 14.17a und b Die Kartuschenspitze, aus der das Klebermaterial gedrückt wird, muß so zugeschnitten werden, daß sich die dreiecksförmige Kleberraupe beim Austritt ergibt.

Flächen nicht sorgfältig gereinigt und mit Haftvermittler (auch Primer genannt) bestrichen werden, kommt es zu Haftungsproblemen. Das gleiche gilt, wenn die beim Austrennen eventuell verbrannten Kleberreste nicht sorgfältig entfernt werden. Die fachgerechte Vorbehandlung der Klebeflächen ist der Reparaturpackung des Klebers zu entnehmen.

Nach der Vorbehandlung der zu verklebenden Flächen wird der Kleber aus der Kartusche auf den Scheibenrand gedrückt. Dabei soll die Kartuschenspitze derart angeschnitten werden, daß der herauszudrückende Kleber eine Raupe ergibt, die im Querschnitt einem Dreieck gleicht. Die Höhe des Dreiecks soll rund 10 mm betragen. Achtung: Kann die Kleberraupe nur mit hohem Kraftaufwand aus der Kartusche gedrückt werden, liegt der Verdacht nahe, daß der Kleber zu alt ist. Daher soll sofort das Verfallsdatum der Kartusche kontrolliert werden. Ist der Kleber noch nicht überlagert, kann die Kartusche fünf Minuten in heißes Wasser gelegt werden. Der Kleber läßt sich anschließend leichter ausbringen.

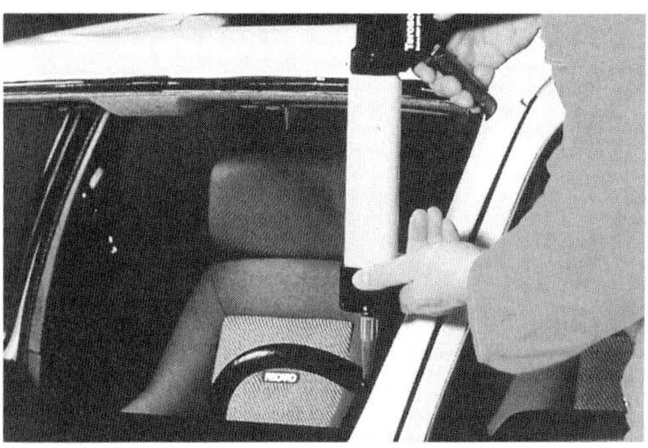

Bild 14.17c Kartuschenführung zum Aufbringen des Klebers im Karosserierahmen (Werkfoto Theroson)

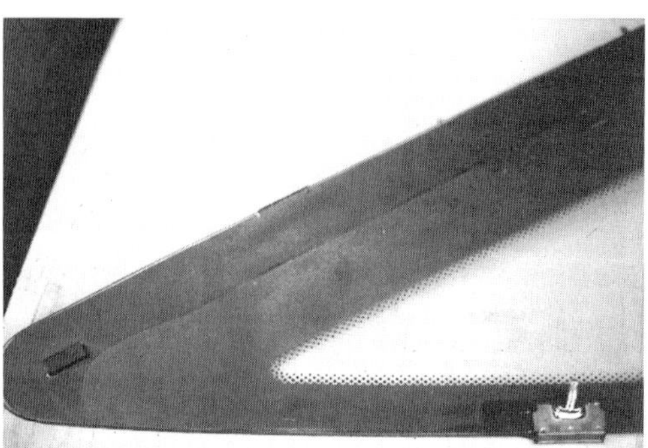

Bild 14.18 Siebdruckrand einer Seitenscheibe

Sobald der Scheibenrand ringsum mit der Kleberraupe bestrichen ist, wird die Scheibe in den Scheibenrahmen gelegt. Für die Handhabung der kompletten Scheibe werden die üblichen Saugheber verwendet. Da der Kleber mindestens 12 bis 24 Stunden (Herstellerangeben sind unbedingt zu beachten) zum Anhärten braucht, muß die Scheibe durch Keile und Distanzstücke positioniert werden. Die Härtezeit des Klebers ist nicht durch Wärme zu verkürzen. Wenn ein Fahrzeug nach der kürzest vertretbaren Zeit gemäß Angaben des Kleberherstellers ausgeliefert wird, ist sicherheitshalber ein breites Klebeband über Karosserie und Scheibenrand zu kleben. Damit soll verhindert werden, daß die neuverklebte Scheiben beim starken Abbremsen aus hoher Geschwindigkeit aus dem Karosserierahmen fällt.

Der Scheibenrahmen hat eine rund 3 cm breite Schwarzfärbung, die im Übergangsbereich zur klaren Scheibe nur noch schwarze Punkte aufweist. Dieser schwarze Streifen ist aus optischen Gründen erforderlich. Sobald die Scheibe mit der aufgetragenen Kleberraupe auf den Karosserierahmen gedrückt wird, verteilt sich der Kleber ungleichmäßig in der Klebezone. Somit wäre bei einem klaren Scheibenrand ein Kleberauftrag zu erkennen, der einmal breit und einmal schmal ist. Durch die Schwarzfärbung des Scheibenrandes ist die Klebefläche nicht zu erkennen. Damit es keine optisch harten und störenden Übergänge von der Schwarzfärbung zur klaren Scheibe gibt, ist der Übergangsbereich gepunktet.

14.8 Übungsvorschläge

Die beschriebenen Trennmethoden lassen sich ohne Ausprobieren nicht erlernen. Hierzu bieten sich z.B. Fahrzeugheckklappen an, die von Schrottfahrzeugen abgebaut und in die Werkstatt geholt werden. Die Schrotteile haben den Vorteil, daß ohne Furcht davor etwas kaputtzumachen, auch mal bewußt Negativerfahrungen gesammelt werden können; z.B. Einsatz eines nicht geeigneten Trennmessers beim Kalt-

Bild 14.19 Einsetzen der zu verklebenden Windschutzscheibe (Werkfoto Theroson)

schneideverfahren. Auch sollte das Einkleben von Scheiben geübt werden. Dabei kann beobachtet werden, wie lange die Scheibe sich im neuen Kleber noch verschieben läßt oder wie verschmutzte Klebeflächen eine Haftung erschweren.

14.9 Fragen und Antworten

1. Welche Vorteile haben eingeklebte Fahrzeugscheiben für die Konstruktion und Produktion?
Antwort:
Sie erhöhen die Verwindungssteifigkeit. Die Scheibenstärke und damit das Gewicht kann verringert werden. Der Einbau der Scheibe während der Produktion verläuft schneller. Die Dichtheit zwischen Scheibe und Scheibenrahmen ist fast immer gewährleistet.

2. Welche bedeutenden Trennverfahren gibt es in der Werkstatt für den Ausbau der geklebten Scheiben?
Antwort:
Die Draht-Zieh-Methode, einfach oder mit Aufspulvorrichtung, das mechanische Kaltschneiden und das Schneiden mit dem Thermomesser.

3. Was bedeutet es, wenn beim Arbeiten mit dem oszillierenden Trennmesser plötzlich metallische Geräusche hörbar sind?
Antwort:
Das Messer trifft auf einen erhabenen Schweißpunkt oder hat sich hinter einer Zierleistenklammer verhakt. Es muß zurückgeführt werden, damit eine neue Schnittlinie am Hindernis vorbei gefunden wird.

4. Worin liegen die Gefahren beim Umgang mit einem Thermoschneidemesser zum Austrennen von eingeklebten Scheiben?
Antwort:
Ein zu heiß eingestelltes Messer verbrennt den Kleber. Dadurch entstehen gesundheitsschädliche Dämpfe. Außerdem muß der verbrannte Kleber anschließend komplett entfernt werden, bevor der neue Kleber aufgetragen wird. Zusätzlich besteht die Gefahr, daß die heiße Messerspitze die Kunststoffarmaturentafel im Fahrzeuginnern beschädigt, wenn sie nur die Oberfläche berührt. Des weiteren können heiße Kleberspritzer auftreten, die zu Verbrennungen führen können.

5. Welcher Klebstoff wird überwiegend zum Einkleben von Fahrzeugscheiben verwendet?
Antwort:
Ein «1-Komponenten-Polyurethan-Material».

6. Zu welcher Gruppe der Kunststoffe gehört Polyurethan?
Antwort:
Es gehört zu den elastischen Thermoplasten.

7. Welche Trennverfahren leiten sich aus dem Klebermaterial des Polyurethans ab?
Antwort:
Das Material kann entweder geschnitten oder durch Wärmezufuhr getrennt werden.

8. Nennen Sie die Varianten der Draht-Zieh-Methode zum Austrennen von geklebten Scheiben.
Antwort:
- einfache Draht-Zieh-Methode mit Griffstücken,
- Draht-Zieh-Methode mit Aufspulvorrichtung,
- Zieh-Methode mit bereits eingelegtem Schneidefaden.

9. Was ist zu tun, wenn bei der Draht-Zieh-Methode mit Aufspulvorrichtung die Ratsche sich immer schwerer drehen läßt?
Antwort:
Es ist erst einmal zu kontrollieren, ob sich der Schneidedraht auf dem Scheibenrand befindet. Wenn nicht, dann muß die Spule zurückgedreht und für einen neuen Schnittverlauf gesorgt werden.

10. Wozu wird die Ahle bei der Draht-Zieh-Methode eingesetzt?
Antwort:
Mit ihr wird der Draht durch den Kleber gestoßen.

11. Welchen Einfluß hat eine nicht fachgerecht vorbereitete Klebefläche nach dem Einbau der Scheibe?
Antwort:
Der Kleber verbindet sich nicht mit dem Scheibenrahmen oder der Scheibe. Dadurch kann es zu Wassereintritt und Windgeräuschen kommen.

15 Reparatur von Verbundglasscheiben

In diesem Kapitel werden dem Leser folgende Kenntnisse vermittelt

Lernziele	Lerninhalte
– Aufgaben und den Aufbau von Verbundglasscheiben beschreiben	– Aufgabe und Aufbau von Verbundglasscheiben
– die häufigsten Schadensbilder an Verbundglasscheiben erläutern	– Schadensbilder an Verbundglasscheiben
– Fernsichtfeld eines Pkw-Fahrers im Auto bestimmen	– Fernsichtfeld
– Schadensbilder einer Verbundglasscheibe festlegen, die eine Reparatur ermöglichen	– mögliche Schadensbilder für eine Reparatur
– Reparaturverfahren für Verbundglasscheiben darstellen	– Reparaturverfahren für Verbundglasscheiben
– Reparaturablauf an einer Verbundglasscheibe schildern	– Reparaturablauf

Alle Kraftfahrzeuge jüngerer Bauart besitzen Windschutzscheiben aus Verbundglas. Hierbei handelt es sich um zwei Einzelscheiben, die aufeinandergeklebt sind. Zwischen beiden Scheiben befindet sich eine Kunststoffolie, die die Aufgabe hat, bei einer Beschädigung der Scheibe die Splitter festzuhalten. Dadurch können gefährliche Schnittwunden an Personen, die bei einem Unfall mit der Windschutzscheibe in Berührung kommen, nahezu ausgeschlossen werden. Die Folien haben außerdem den Vorteil, daß sie eingefärbt werden können und somit zu einer Wärmeschutz-Verglasung führen. Wenn im Fahrbetrieb, z.B. durch Steinschlag, die Windschutzscheibe beschädigt wird, zeigt in den meisten Fällen nur die äußere Glasschicht Risse, bzw. sind nur hier Glassplitter ausgebrochen. Die Zwischenfolie und die innere Glasschicht sind nicht beschädigt.

Die Schadensbilder und der Schadensumfang sind unterschiedlich. So gibt es Risse, die sich sternförmig vom Einschlagszentrum ausbreiten. Das Schadenszentrum selber zeigt nur geringe Absplitterungen. Im Sprachgebrauch ist von einem *Sternbruch* die Rede. Eine andere Zerstörung zeigt eine großflächigere Absplitterung vom Einschlagszentrum aus (ca. 3 bis 4 mm). Die äußere Glasschicht hat sich im Schadenszentrum ca. daumennagelgroß von der Zwischenfolie abgelöst. Die Splitterränder und Ablösestrukturen ergeben mit der deutli-

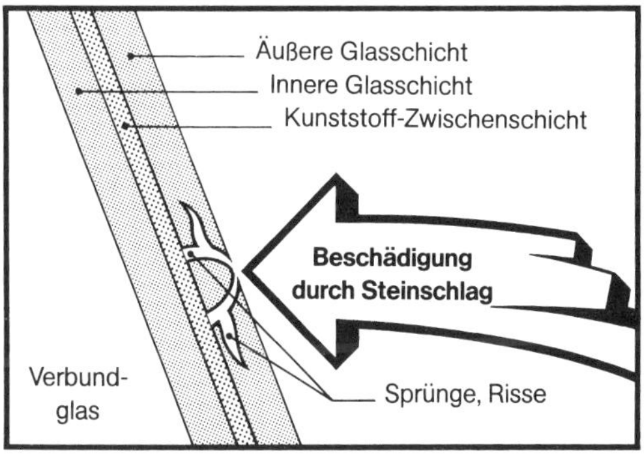

Bild 15.1a Schematische Darstellung einer Verbundglasscheibe mit Beschädigungsstelle (Quelle: CH+21)

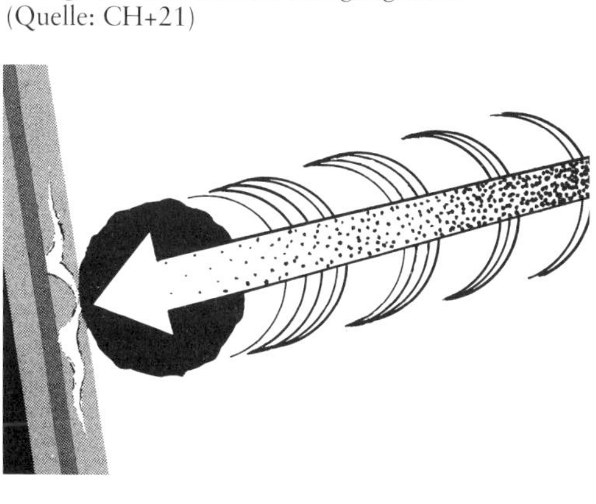

Bild 15.1b Vergrößerte Darstellung der Schadstelle (Quelle: CH+21)

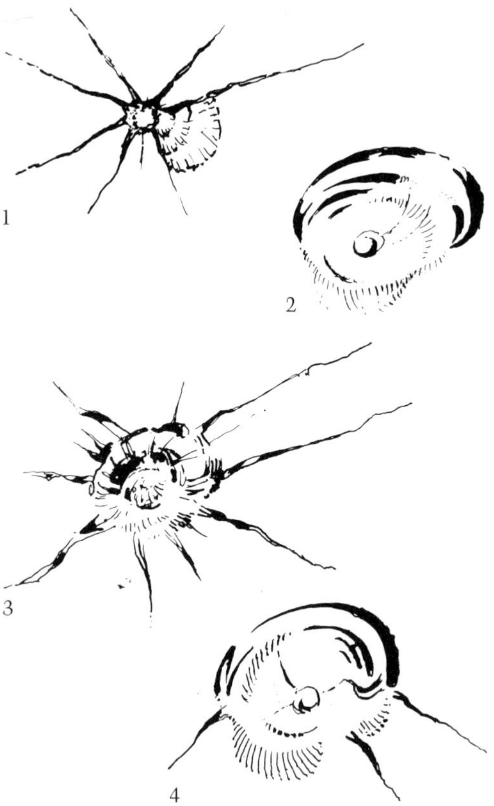

Bild 15.2 Schadensbilder in einer Verbundglasscheibe:
1 Sternbruch, 2 Kuhauge, 3 Trümmerbruch, 4 Kombibruch (Quelle: CH+21)

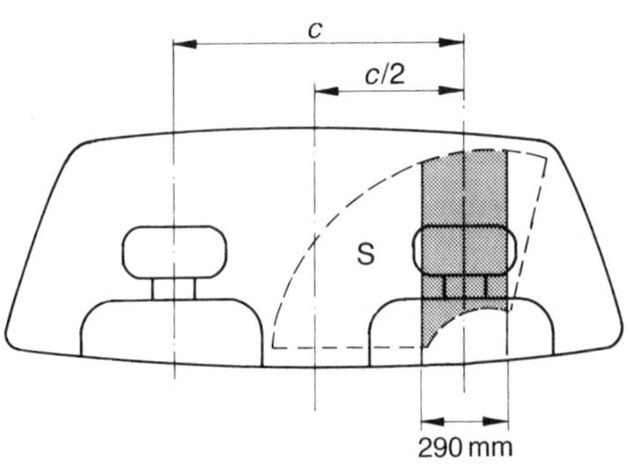

Bild 15.3 Ermittlung des Fernsichtfeldes:
C Abstand der Sitzmitten, S Scheibenwischerfeld, Schraffur: Fernsichtfeld

chen Markierung der Einschlagsstelle das Bild eines *Kuhauges* (Pupille und Augenlid). Es kommt ebenfalls vor, daß von einem *Kuhauge* auch noch Risse weiterführen. Dann ist die Rede von einem *Kombibruch*. Wenn die Beschädigung stärker ist, wird von einem *Trümmerbruch* (3) gesprochen. All diese kleinen Beschädigungen führen nach den Richtlinien des Straßenverkehrsrechts zum Erlöschen der Betriebserlaubnis des Fahrzeugs. Der Grund dafür ist, daß die Windschutzscheibe einer Bauartgenehmigung unterliegt. Ist ein bauartgenehmigungspflichtiges Teil beschädigt oder verändert, dann erlischt die *Allgemeine Betriebserlaubnis* des Fahrzeugs.

Diese starre Auslegung der Richtlinie war lange Jahre der Grund, weshalb auch die Reparatur einer Windschutzscheibe nicht genehmigt war. Die Reparatur wurde als Bauteilveränderung angesehen. Erst lange Diskussionen, z.T. in der Öffentlichkeit, und umfangreiche Untersuchungen führten zur Genehmigung des Windschutzscheiben-Reparaturverfahrens.

Es gibt allerdings zwei Einschränkungen:

1. Die Reparaturstelle darf nicht im Fernsichtfeld des Fahrzeuglenkers liegen.
2. Das zur Reparatur zu verwendende Harz muß UV-beständig sein, und der Lichtbrechungsindex darf sich nicht verändern. Daraus ergeben sich eine bestimmte Viskosität und Klebekraft des Harzes.

Darüber hinaus muß gewährleistet sein, daß die Scheibenwischer-Blätter keinen Schaden nehmen, wenn sie über die Reparaturstelle gleiten. Die Auflagen für die Freigabe des Verfahrens beziehen sich also hauptsächlich auf das Reparaturharz.

Wie Bild 15.1a zeigt, entstehen bei einem Steinschlagschaden Hohlräume in der äußeren Glasschicht der Verbundglasscheibe. Es bildet sich einmal ein von der Glasoberfläche ausgehender und zur Folie drückender abgesprengter Kegel (Kuhauge). Zum anderen können kleine Risse entstehen (Sternbruch). Die Reparaturmethode basiert auf dem Gedanken, daß diese Hohlräume mit einem speziellen Harz ausgefüllt werden (Füllharz). Das ist aber nicht so einfach, da die Rißkanäle sehr fein sind und als Sackbohrungen betrachtet werden müssen. Deshalb reicht es bei den abgebildeteten Bruchbildern nicht aus, ein Harz einfach einzuträufeln, damit es sich durch die eigene Schwerkraft in den Hohlräumen verteilt. Dagegen spricht auch die Schrägstellung der Scheiben, da sie im Fahrzeuug eingebaut bleiben. Es mußte demnach ein Harz gefunden werden, das sowohl gute Kapillaritäts- als auch gute Benetzungseigenschaften vorweisen kann und unter Druck in die Schadstelle eingepreßt wird. Dadurch verdichtet sich die eingeschlossene Luft. Wird der Druck weggenommen, entspannt sich die Luft und wandert aus dem Harz nach außen heraus. Der Vorgang muß u.U. einige Male wiederholt werden. Das Werkzeug zum Einpressen des Harzes ist ein Halter zur Aufnahme eines Druckzylinders. Über einen Druckstößel wird das im hohlen Druckzylinder befindliche Harz in die Schadstelle gedrückt. Ist die Schadstelle komplett gefüllt (keine Restluft vorhanden), wird das Füllharz mit UV-Licht ausgehärtet. Danach wird der Einschlagpunkt des Steinschlages separat behandelt: Auf diese Stelle wird ein Tropfen eines speziellen Finishharzes (Endbearbeitungsharz) aufgetragen. Mit einer kleinen Folie ist dieser Harztropfen gleichzeitig abzudecken und flachzudrücken. Das Finishharz wird ebenfalls mit UV-Licht ausgehärtet. Nachdem die Folie entfernt ist, kann dieser Punkt abgeschabt und aufpoliert werden. Es bleibt nur noch ein kleiner grauer Fleck als Einschlagspunkt zurück.

Bei der Reparaturdurchführung können einige Probleme auftreten. So kommt es vor, daß beim Einpressen des Harzes plötzlich einige Sprünge bis zum Scheibenrand weiterreißen. Diese Scheibe ist dann nicht mehr reparabel. Insbesondere passiert dies, wenn die Schadstelle in der Nähe des Scheibenrandes liegt. Die Rißbildung ist vielfach nur eine Vergrößerung des vorher unsichtbaren Anrisses.

Weiterhin kann es passieren, daß einige Luftblasen nicht aus den Schadstellen entweichen. In solchen Fällen muß der Druckstößel herausgedreht werden. Nun wird mit einer Handvakuumpumpe ein Unterdruck im Schadensbereich erzeugt. Dadurch können eingeschlossene Luftbläschen besser entweichen. Zusätzliches Erwärmen der Schadstelle von der Scheibeninnenseite unterstützt das Herauswandern der eingeschlossenen Luft (Hochleistungsfön oder Feuerzeug). Die eingeschlossene Luft steigt nach oben in den Druckzylinder (Injektor-

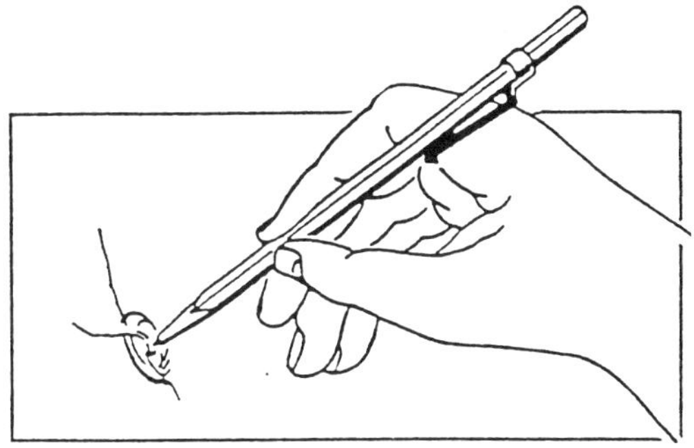

Bild 15.4 Der Einschlagpunkt wird von Schmutz und losen Glassplittern befreit

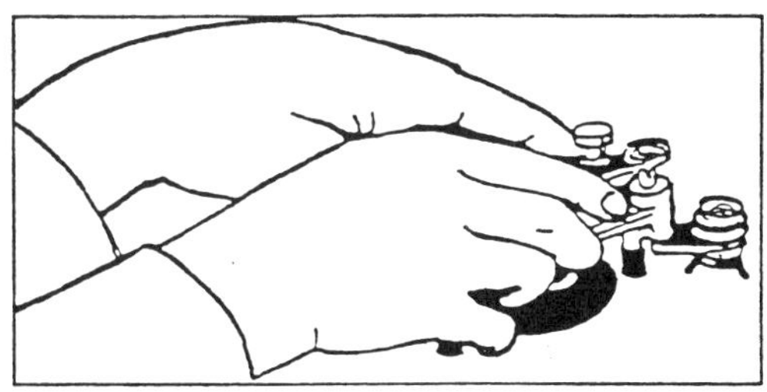

Bild 15.5 Ein Werkzeughalter wird über der Schadstelle befestigt

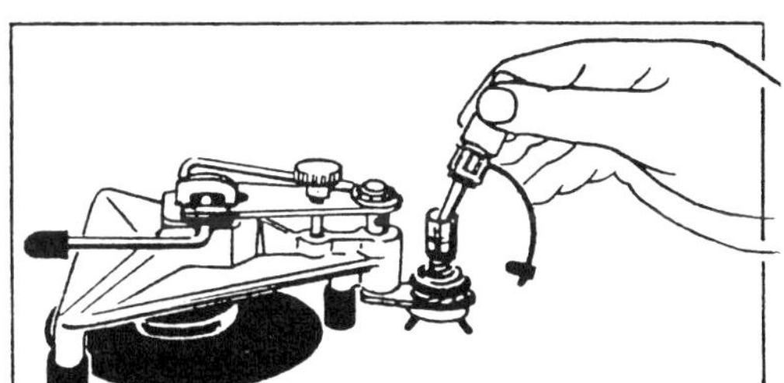

Bild 15.6 Der Injektorzylinder wird eingeschraubt und mit Reparaturharz befüllt

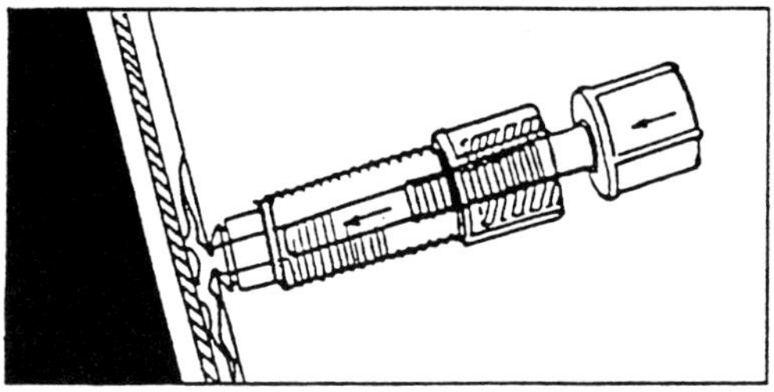

Bild 15.7 Das Füllharz wird unter Druck in die Schadstelle eingepreßt, die Luft unter Vakuum entfernt

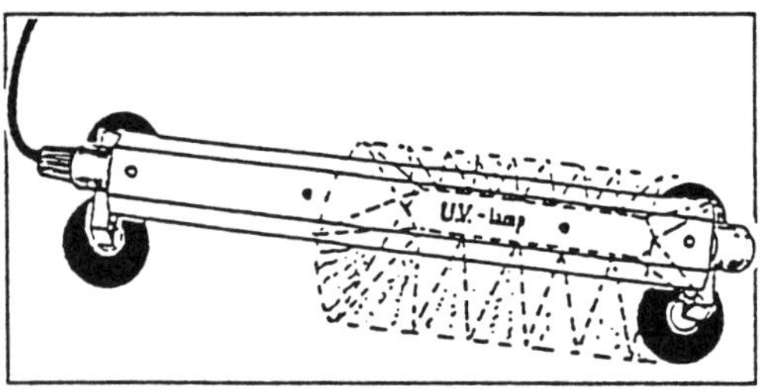

Bild 15.8 Das Harz wird mit UV-Licht ausgehärtet und die Schadstelle somit dauerhaft verklebt

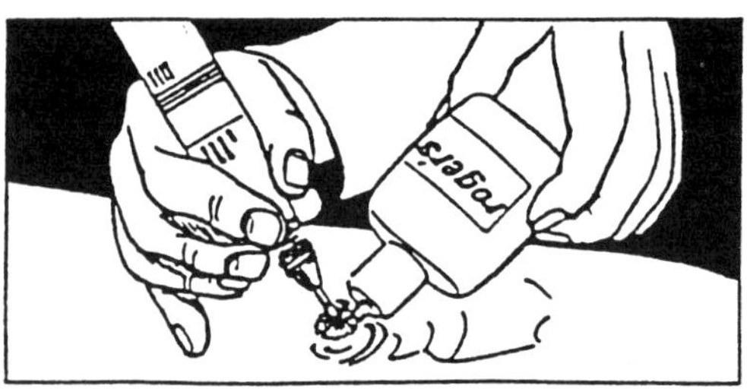

Bild 15.9 Die Reparaturstelle wird nach der Bearbeitung mit Finishharz abgeschabt und aufpoliert (Bilderserie: CH+21)

zylinder). Ist die Schadstelle abgekühlt, wird der Druckstößel erneut in den Druckzylinder geschraubt, um das Harz in die noch vorhandenen Hohlräume zu drücken.

Für einen positiven Reparaturverlauf sollten folgende Voraussetzungen gegeben sein:

- ☐ Der Schaden darf nur in der äußeren Glasschicht sein.
- ☐ Die Schadstelle darf zur Reparatur nicht naß oder verschmutzt sein. Es empfiehlt sich, nach der Beschädigung die Stelle sofort mit durchsichtigem Klebeband zu verschließen (Hinweis an den Autofahrer). Ist der Schadensbereich trotzdem verschmutzt oder feucht, wird er mit einem speziellen Washprimer vorbehandelt.
- ☐ Der Durchmesser des Einschlagkraters sollte nicht größer als 5 mm sein (sonst dichtet der Druckzylinder nicht mehr ab). Sollte ein größerer Schadensdurchmesser vorliegen, muß mit einem Spezialadapter gearbeitet werden.
- ☐ Vorhandene Sprünge dürfen vom Einschlagzentrum aus gemessen nicht länger als 5 cm sein.

Da es immer wieder Probleme bereitet, das Harz in die engen Kanäle der Schadstelle zu drücken, wurde ein elektromechanisches Verfahren entwickelt. Hierbei wird das Harz in die Schadstelle gesaugt.

Die Reparatur dauert im Normalfall ca. 45 Minuten. Die Kosten zur Reparatur einer Pkw-Scheibe liegen bei 160 DM (BRD, 1997). Die Reparatur wird von selbständig arbeitenden Reisenden ausgeführt. Bei hohem Eigenbedarf ist der Bezug eines Reparatursets möglich. Das Harz muß nachgekauft werden.

15.1 Fragen und Antworten

1. Wie ist eine Verbundglasscheibe aufgebaut?
Antwort:
Sie besteht aus zwei Scheiben, die in der Mitte mit einer Kunststoffolie verklebt sind.

2. Wie wird die Einfärbung von Verbundglasscheiben erreicht (Wärmeschutzverglasung)?
Antwort:
Durch die Einfärbung der Folie, die zwischen den Scheiben liegt.

3. Warum war lange Zeit die Reparatur der Windschutzscheibe nicht statthaft?
Antwort:
Die Windschutzscheibe ist ein bauartgenehmigungspflichtiges Teil. Jede Beschädigung oder Veränderung läßt die ABE erlöschen. Nach vielen Untersuchungen wurde die Reparatur als Wiederherstellung des ursprünglichen Zustands ausgelegt.

4. Welche Voraussetzungen müssen zur Reparatur einer Verbundglasscheibe (Windschutzscheibe) gegeben sein (aus gesetzlicher Sicht)?
Antwort:
Die Reparaturstelle darf nicht im Fernsichtfeld des Fahrzeuglenkers liegen. Das zur Reparatur verwendete Harz muß UV-beständig sein. Das Harz darf die Scheibenwischerblätter nicht zerstören.

5. Wie gelangt das Harz in die Schadstelle?
Antwort:
Es wird mit Hilfe einer Druckvorrichtung hineingepreßt. Nach der Wegnahme des Druckes wandert die eingeschlossene Luft durch das Harz aus der Schadstelle.

6. Was ist zu tun, wenn Luftblasen in der mit Harz gefüllten Schadstelle trotz Druckauf- und -abbau bleiben?
Antwort:
Die Schadstelle wird mit einer Handvakuumpumpe unter Unterdruck gesetzt und von hinten mit einem Hochleistungsfön oder einer Feuerzeugflamme (größte Vorsicht geboten) erwärmt. Dadurch steigt die Luftblase in den aufgesetzten Injektorzylinder, der vorher drucklos gemacht werden muß. Nach dem Abkühlen der Scheibe kann wieder Harzdruck aufgebaut werden.

7. Wann ist mit einem positiven Verbundglasscheiben-Reparaturverlauf zu rechnen?
Antwort:
Nur die äußere Glasschicht darf beschädigt sein. Vorhandene Sprünge dürfen vom Einschlagzentrum aus gemessen nicht länger als 5 cm sein.

8. Wie wird das Fernsichtfeld einer Pkw-Windschutzscheibe ermittelt?
Antwort:
Vor der Sitzmitte des Fahrers aus wird jeweils rechts und links ein 145 mm breiter senkrechter Streifen im Scheibenwischerfeld festgelegt.

9. Was ist zu tun, wenn während der Reparatur plötzlich lange Risse von der Schadstelle ausgehen?
Antwort:
Der Reparaturversuch ist gescheitert. Die Ursache ist häufig, daß die bereits vorhandenen Risse erst durch das Eindrücken des Harzes sichtbar geworden sind (kein Verschulden des Reparateurs!).

10. Was sollte der Autofahrer machen, wenn er einen Einschlag auf der Windschutzscheibe entdeckt?
Antwort:
Die Schadstelle sollte umgehend mit einem durchsichtigen Klebestreifen abgedeckt werden.

16 Der optimale Karosserie-Arbeitsplatz

In diesem Kapitel werden dem Leser folgende Kenntnisse vermittelt

Lernziele	Lerninhalte
– die Anforderungen der Autoversicherer bezüglich Werkstattausstattung an eine Servicewerkstatt kennenlernen	– Ausstattungen einer Unfallschaden-Service-werkstatt
– Begründungen darüber abgeben, warum die Fahrzeugtechnik, das Schadensbild eines Unfall-autos und die Instandsetzungstechnik gemeinsam betrachtet werden müssen	– Zusammenspiel von Technik und Betriebs-wirtschaft
– den Einfluß auf die Werkstattauslegung nennen, wenn mit Gebrauchtteilen gearbeitet wird	– Gebrauchtteile-Verwendung
– die Auswirkung der Altauto-Verordnung auf die Werkstattplanung erläutern	– Altauto-Verordnung
– die Erfahrungen im Umgang mit dem Karosserie-Arbeitsfeld 2000 beschreiben und daraus die Rück-schlüsse für die eigene Planung ziehen	– Erkenntnisse Karosserie-Arbeitsfeld 2000
– Zonierung der Karosserie- und Lackabteilung im Betriebsgebäude nach ablaufoptimierten Über-legungen und Erweiterungsmöglichkeiten be-stimmen	– Zonierung von Karosserie- und Lackbereich im Betriebsgebäude
– Platzbedarf für einen Karosserie-Arbeitsplatz nennen	– Abmessungen Karosserie-Arbeitsplatz
– Abstellmöglichkeiten für demontierte und neue Karosserieteile in Arbeitsplatznähe für den eigenen Betrieb berücksichtigen	– Ablagemöglichkeiten für Karosserieteile
– die richtige Beleuchtung im Karosseriebereich darstellen	– Beleuchtung im Karosseriebereich
– die Faktoren aufzählen, die für die Bestimmung einer Karosserie-Arbeitsplatzausstattung ent-scheidend sind	– Einflußfaktoren für die Karosserie-Arbeits-platzgestaltung
– eine Wahl der Ausrüstungsgegenstände des Karosserie-Arbeitsplatzes nach technischen, quali-tativen und betriebswirtschaftlichen Fakten vor-nehmen	– Wahl der Ausrüstungsgegenstände am Karosserie-Arbeitsplatz
– Werkzeuge und Hilfsmittel aufzählen, die der körpergerechten Haltung des Reparateurs am Karosserie-Arbeitsplatz entsprechen	– Ergonomie am Karosserie-Arbeitsplatz
– die Ausrüstungen beschreiben, die dem Gesund-heitsschutz des Karosseriereparateurs am Arbeits-platz dienen	– Gesundheitsschutz am Karosserie-Arbeitsplatz
– Einzelgeräte und Werkzeuge nennen, mit denen ein schnelles und technisch einwandfreies Arbeiten im allgemeinen und bei Spezialanwendungen möglich ist	– Einzelgeräte und Werkzeuge für die Karosseriereparatur

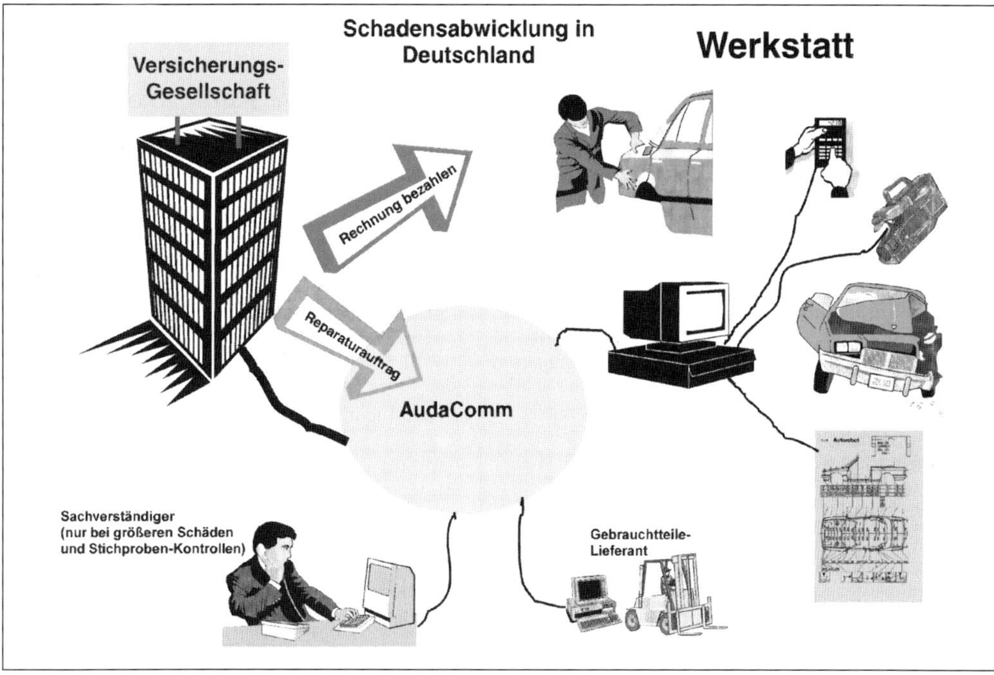

Bild 16.1a Kfz-Schaden-Direktabwicklung zwischen Versicherer und Kfz-Betrieb

Jeder Betriebsinhaber und Werkstattleiter steht vor der Aufgabe, einen guten Arbeitsfluß für die Mitarbeiter zu erzielen. Schließlich hängt davon zu einem großen Teil das betriebswirtschaftliche Ergebnis ab. Doch wer kann schon die Räumlichkeiten so gestalten, wie er es gerne möchte? Bauliche Gegebenheiten und Verordnungen hindern häufig daran, gute Ideen in die Tat umzusetzen. Die nachfolgenden Vorschläge zur optimalen Arbeitsplatzgestaltung berücksichtigen diese Umstände weitestgehend. Es wird ein vielfach vorhandener rechteckiger Grundriß des Werkstattgebäudes vorausgesetzt. Gleichzeitig ist aber auch daran gedacht, daß dieser Grundriß für einen Neubau mit Erweiterungsmöglichkeiten Gültigkeit haben kann.

Einfluß der Autoversicherer

Die Gestaltung und Ausstattung eines Karosserie- und Lackbereiches rückt immer mehr in das Interesse der Autoversicherer. Der Grund dafür ist einfach nachzuvollziehen:

Der Kosten- und Konkurrenzdruck auf die Kfz-Versicherer wächst seit Jahren. Die Versicherer sehen ein Sparpotential u.a. in der Optimierung des Gutachtenaufwandes, der üblicherweise bei einem Unfallschaden zu verzeichnen ist. So ist es ihrerseits gut vorstellbar, daß die reine Kosten- und Zeitkalkulation für die Reparatur eines unfallbeschädigten Fahrzeugs nicht mehr generell als Gutachten erstellt wird. Als Ersatz kann in geeigneten Fällen nach Vorstellungen der Kfz-Versicherer der EDV-Kostenvoranschlag von seiten der Werkstatt eingesetzt werden, soweit entsprechende Instrumentarien die Kontrolle und Nachvollziehbarkeit der Arbeiten jederzeit ermöglichen.

Darüber hinaus wollen die Autoversicherer diese Werkstätten auch zur Reparatur der unfallbeschädigten Fahrzeuge empfehlen. Es existieren bereits von der HUK in verschiedenen Regionalbereichen (z.B. Aachen) Werkstattlisten, die den bei der HUK versicherten Autofahrern ausgehändigt werden, damit sie sich im Falle eines Unfallschadens an diese Betriebe wenden. Die Auswahl der Versicherungs-Servicewerkstätten erfolgt einmal danach, wie gut die Erfahrungen der Autoversicherer bei der Schadenabwicklung mit den einzelnen Werkstätten in der Vergangenheit war. Darüber hinaus gibt es von einem Versicherer bereits Standardisierungsvoraussetzungen, die eine Werkstatt erfüllen muß, um zur Servicewerkstatt zu werden. Diese Standards beziehen sich neben der o.g. Anforderung zur Erstellung eines EDV-Kostenvoranschlags auch auf die Werkstattausstattung und -organisation.

Für die Werkstätten bedeutet diese Entwicklung, daß sie wenigstens einen spezialisierten Mitarbeiter haben, der entsprechende Reparaturkosten-Kalkulationen per EDV anfertigen kann. Als Anlage zur Kostenschätzung gehören geeignete Bilder vom beschädigten Fahrzeug, die mit der Reparaturkosten-Kalkulation per Datenfernübertragung zu den Versicherern gelangen.

Für den Instandsetzungsbetrieb ergeben sich folgende Vorteile, wenn er diese Anforderung erfüllen kann:

- Versicherungsmitarbeiter (bei Bedarf auch der Sachverständige) und Werkstatt-Kundenberater sprechen «eine Sprache». Beide sind in der Erstellung von Gutachten bzw. EDV-Kostenvoranschlägen geübt. Üblicherweise kommt das System AUDATEX zur Anwendung.
- Der Typenbogen wird richtig gelesen und gedeutet. Das garantiert eine vollständige und nachvollziehbare Kalkulation, wobei Fehler minimiert werden.
- Der Kunde kann auf seinen Kostenvoranschlag warten. Danach ist es möglich, den Reparaturbeginn sofort zu vereinbaren.
- Die Versicherer schätzen die qualifizierte Beschreibung der durchzuführenden Reparatur. Die Reparaturfreigabe und Bezahlung der Rechnung erfolgen weitgehend per EDV und damit schnell. Eine Rechnungskontrolle geschieht nach dem gleichen Kalkulationssystem.
- Die notwendige Korrespondenz zwischen Werkstatt, Sachverständigem und Versicherer erfolgt mit Hilfe modernster und zukunftsorientierter Kommunikationstechniken. Sie sind nicht nur auf den beschriebenen Teilnehmerkreis beschränkt, sondern auch für andere Adressaten offen (Lieferanten, Kunden, Zweitbetriebe, Internet usw.). Alle Dokumente sind schnell, sicher und dauerhaft archivierbar.

16.1 Anforderungen an die Werkstattauslegung und -ausstattung (vgl. Kapitel 1 und 2)

Die wirtschaftliche Instandsetzung eines Unfallschadens liegt gleichermaßen im Interesse des Instandsetzungsbetriebes, des Autoversicherers und des Autofahrers (wenn er den Schaden selbst zu bezahlen hat). Die qualitativ hochwertige und fachgerechte Arbeitsleistung soll als gegeben vorausgesetzt werden. Das wirtschaftliche Arbeiten bedingt, daß die Haupteinflußfaktoren optimal aufeinander abgestimmt sind:

- Schadensbild,
- Fahrzeugtechnik,
- Instandsetzungstechnik.

16.1.1 Zusammenspiel: Schadensbild und Instandsetzungstechnik

Jeder weiß, daß kein Schadenfall einem anderen gleich ist. Trotzdem lassen sich Schadenskategorien nach dem Beschädigungsgrad einer Karosserie bilden, die dann wiederum Auswirkungen auf die Instandsetzungstechnik haben. Die Bestimmung der durchschnittlichen Kostenhöhe für eine Unfallinstandsetzung läßt auch weitgehend den sicheren Rückschluß nach dem Beschädigungsumfang zu.

Reale Auswertungen des Reparaturmarktes bestätigen, daß die reinen Reparaturkosten für die Behebung eines Pkw-Unfallschadens bei ca. 3000 DM liegen. Hieraus leitet sich bereits eine der Entscheidungshilfen für die Anforderung an ein profitabel arbeitendes Richtsystem ab: Fahrzeuge der Schadenskategorie bis 3500 DM sind in den meisten Fällen noch fahrtüchtig oder zumindest rollfähig. Eine Richtbank sollte daher mit Auffahrrampen ausgestattet sein und ein schnelles Festspannen des Fahrzeugs ermöglichen. Die Karosserie-Meßeinrichtung muß unabhängig von der Richtbankbenutzung sein. Das Aufspannen eines rollfähigen Unfallautos auf die Richtbank darf nicht länger als 10 Minuten dauern.

16.1.2 Zusammenspiel: Fahrzeugtechnik und Instandsetzungstechnik

Durch die Verlagerung der Deformationszonen in obere Karosseriebereiche entstehen bis zu bestimmten Geschwindigkeiten großflächige Verformungen (Vorbau zu einer Seite verschoben, Windlauf der A-Säule mittig hochgebogen usw.). Die Reparatur ist schnell durchgeführt, wenn folgende Voraussetzungen erfüllt sind:

- Die Karosserie kann in der Bodengruppe und im höhergelegenen Bereich direkt hinter den Knickstellen verankert werden, bzw. es können Gegenzüge oder ein Gegendruck mit Hilfe der Richttechnik angebracht werden.
- Es können gleichzeitig mehrere Züge und Gegenzüge überlagert vorgenommen werden.
- Die Änderung der Rückformrichtung muß auch bei vorgespannten Zugketten möglich sein.
- Die Vermessung der **oberen** Karosseriepartien ist millimetergenau möglich.

16.1.3 Empfehlungen der Fahrzeughersteller

Bei einigen Fahrzeugherstellern hat die Erkenntnis über die Abhängigkeit von Karosserietechnik und wirtschaftlicher Instandsetzung dazu geführt, daß ein Umdenken in der Empfehlung der Richt- und Meßsysteme stattfindet. So hat z.B. Audi deutlich verlauten lassen, daß die Zeit der Vorherrschaft von Richtwinkelsystemen vorbei ist. Hier wurden bereits ein Universal-Meßsystem und ein Universal-Richt- und Meßsystem für die Instandsetzung am A8 erprobt und für gut befunden. Auch BMW hat das Okay für ein Universalsystem zur Karosserie-Instandsetzung gegeben. Bei Ford sind schon seit vielen Jahren die Universalsysteme gelistet, und bei Opel erfolgte dies im Herbst 1997, als universelle Karosserie-Instandsetzungssysteme im Werkstattausrüstungskatalog aufgenommen wurden.

Für das profitable Arbeiten bei der Karosseriereparatur ist schließlich die Abstimmung der vorhandenen Fahrzeugtechnik mit der Instandsetzungstechnik und mit den Marktgegebenheiten ein unbedingtes Muß.

Wer diese Hinweise berücksichtigt, wird es leicht haben, die Werkstatt-Qualitätskriterien der Versicherer zu erfüllen. Genauere Angaben dazu sind bei den einzelnen Versicherungsgesellschaften zu erfragen. Welche Anforderungen bestimmt dazu gehören werden, ist aus dem vorher Erwähnten leicht abzuleiten:

- dem Stand der Technik angepaßte Richt- und Meßsysteme (denkbar für die Zukunft: Meßdatenerfassung per elektronisches System und Versand der Daten als Anhang zur Reparaturkosten-Kalkulation, genauso wie die digitalisierten Bilder vom Schadensumfang),
- Ausbeularbeiten gemäß vorhandenem «Ausbeulkatalog»,
- Glasschadenreparatur,
- Kunststoffreparatur.

16.1.4 Gebrauchtteile-Verwendung

Obwohl sich der Einsatz von Gebrauchtteilen kaum auf die Planung und Einrichtung des Karosseriebereiches bezieht, soll er kurz erläutert werden. Es wird dadurch auf jeden Fall einen Einfluß auf die EDV-Anbindung und die Lagerhaltung geben. Die Autoversicherer werden vermehrt auf den Einsatz von Altteilen drängen, da hierdurch ein weiterer Schritt zur Einsparung von Reparaturkosten erfolgt. In diesem Zusammenhang ist das von Mercedes-Benz eröffnete «Altfahrzeug- und Altteilecenter» (MB ATC GmbH) interessant, das im Juli 1997 eröffnet wurde. Der Vertrieb der Teile erfolgt sowohl an Mercedes-Benz-Vertragspartner und Niederlassungen als auch an Wiederverkäufer und Privatkunden. Da alle aus den Fahrzeugen ausgebauten Altteile sorgfältig registriert werden, kann der Käufer eines Gebrauchtteils schnell und zuverlässig Auskünfte über Kilometerleistung, Farbe, Baujahr und Baugruppe des gewünschten Teils bekommen. Es werden allerdings keine gebrauchten Sicherheitsteile und sicherheitsrelevanten Verschleißteile zur Wiederverwertung angeboten.

Die MB ATC GmbH arbeitet mit anderen Altteile-Verwertern zusammen. Dadurch erhöht sich zwangsläufig der Bestand an Teilen in dem Gesamtlager, das zwar nicht körperlich zusammengeführt wird, aber «virtuell». Das bedeutet, daß die von allen Altteile-Verwertern

Bild 16.1b Die demontierten Altteile werden im MB ATC sorgfältig registriert.

zur Verfügung gehaltenen Teile in einer zentralen EDV-Verwaltung erfaßt sind. Der Anfrager braucht nur eine Telefonnummer zu wählen und bekommt dann gesagt, wo sich das gewünschte Teil befindet und wie es am schnellsten zu ihm gelangen kann. Die Anfragen können an folgende Adresse gerichtet werden:

MB ATC GmbH, Augsburger Str. 726a,
70329 Stuttgart,
Tel : 0711 / 17-70 0 00,
Fax: 0711 / 17-70 0 39.

Das MB ATC nimmt auch Altfahrzeuge zur Verwertung entgegen.

16.1.5 Altauto-Verordnung

Am 1. 4. 1998 tritt die Altauto-Verordnung in Kraft. Die Kfz-Betriebe sind in das System als Altauto-Annahmestellen eingebunden. Nach ihrer Anerkennung und Überwachung durch die Kfz-Innungen sind sie berechtigt, im Auftrag und Namen des Verwerters den Entsorgungsnachweis auszugeben, der in Zukunft bei der Auto-Stillegung der Zulassungsstelle vorgelegt werden muß. Genaue Angaben über die Gestaltung der Abstellflächen kann die örtliche Kfz-Innung machen.

Was dazu gebraucht wird, ist ein entsprechend präparierter Abstellplatz für die Altfahrzeuge.

Wird dieser Abstellbereich eingerichtet, sollte er nicht im Blickfeld des Kunden liegen. Sinnvollerweise ist der Platz im Bereich der vorhandenen Entsorgungsstelle zu integrieren.

Wird die Fläche überdacht und der Untergrund gegen auslaufende wassergefährdende Flüssigkeiten versiegelt, braucht üblicherweise kein Abwasseranschluß an den Ölabscheider vorgenommen zu werden (Bestimmungen der örtlichen Baubehörde sind zu berücksichtigen!).

16.2 Der Karosserie-Arbeitsplatz 2000

Diese Bezeichnung ist mittlerweile zum Inbegriff für den zukunftsgerichteten Arbeitsplatz geworden. Es gibt auch immer wieder neue Ideen für die Gestaltung des Karosseriebereiches, die sich entweder an den vorher erwähnten Einflußgrößen orientieren oder die durch neue Instandsetzungsgeräte hervorgerufen werden. Ausgangspunkt für alle Überlegungen ist immer wieder der ursprünglich in der ehemaligen ASA-Werkstatt (heute KTI-Werkstatt) entstandene optimierte Karosserie-Arbeitsplatz, der dann von einem Fahrzeughersteller als Karosserie-Arbeitsfeld nach eigenen Vorgaben bis heute propagiert wird. Nur ist dieses Konzept mittlerweile «in die Jahre gekommen» und bedarf der Überarbeitung. So hat sich z.B. herausgestellt, daß die Anordnung von Werkzeugen und Geräten, die an einem Schienensystem hängend zu allen Fahrzeugpartien gezogen werden können, zu aufwendig ist. Dabei ist die Idee der bodenfreien Geräteanordnung nach wie vor richtig, doch ist festgestellt worden, daß die Verschiebemöglichkeiten selten genutzt werden. Die Begründung dafür ist einfach: Der Arbeitsplatz ist meist mit einer feststehenden Werkbank ausgestattet, die zum Tageslichteinfall hin an der Werkstatt-Außenwand aufgestellt ist. Genau an diesem Teil des Arbeitsplatzes spielt sich dann auch das komplette Reparaturgeschehen ab, egal ob es sich um einen Front- oder Heckschaden handelt. Das beschädigte Fahrzeug wird einfach vorwärts oder rückwärts auf den Arbeitsplatz gebracht. Dazu kommt noch, daß sich die Reparateure logischerweise immer nach dem Tageslichteinfall bzw. nach der bestmöglichen Beleuchtung des Platzes richten. Wenn also die Werkbank des Karosserieplatzes üblicherweise an der Außenseite einer Werkstatthalle plaziert ist, die oberhalb der Werkbank Fenster hat, wird eine Karosserie immer so auf den Arbeitsplatz gebracht, daß sich in dieser Zone die Reparatur abspielt. Warum also ein aufwendiges und kostenintensives Deckenschienensystem, das um das komplette Fahrzeug angeordnet ist? Warum überhaupt ein Deckenschienensystem? Fest steht, daß die Zuführung der Energie «von oben» erfolgen sollte. Das verhindert «Stolperfallen» durch Druckluftschläuche und Elektrokabel, die auf dem Boden liegen. Ob jedoch der hohe Aufwand gerechtfertigt ist, auch das

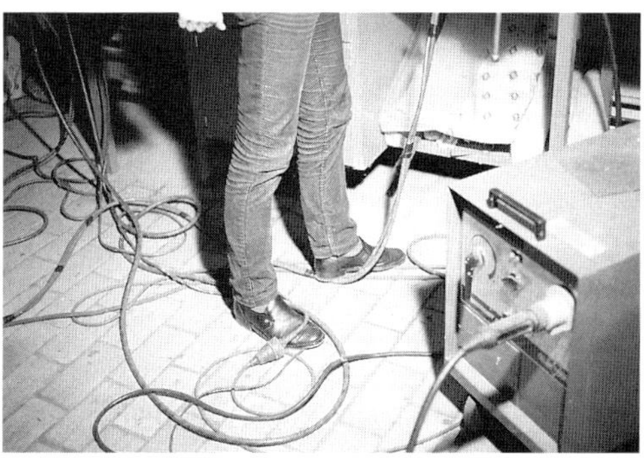

Bild 16.1c «Kabel- und Schlauchsalat» auf dem Werkstattboden, wenn die Energiezuführung nicht von oben kommt

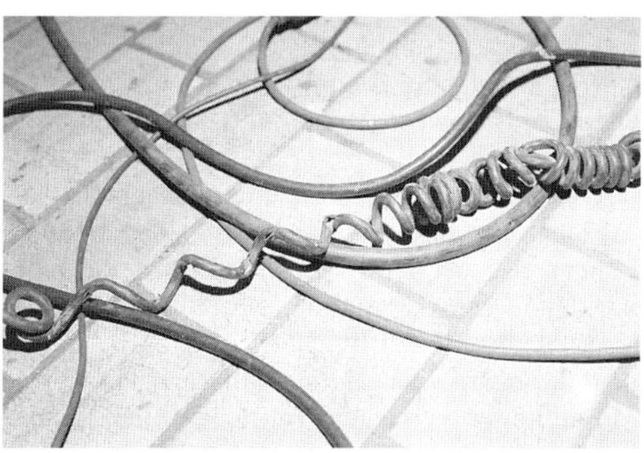

Bild 16.1d Auswirkungen bei der Bodenzuführung von Geräteanschlüssen: beschädigte Elektrokabel

Bild 16.1e Zum Arbeiten muß die Punktschweißzange meist vom Balancer gelöst und in die Hand genommen werden.

Schutzgas-Schweißgerät an die Decke zu hängen, bleibt fraglich. Das gleiche gilt für die Widerstandspunkt-Schweißzange, obwohl hierbei der Aufwand, sie an die Decke zu hängen, geringer ist, da ein einfacher Balancer dafür ausreicht. Da aber die Zange in den meisten Fällen doch in die Hände genommen werden muß, reicht auch die Ablage auf dem dafür vorhandenen Gerätewagen aus.

Die Deckenmontage ist dagegen bei den Absauggeräten ein Muß! Hier hat sich herausgestellt, daß Absaugschränke oder Bodenabsaugungen nur Nachteile mit sich bringen. Doch brauchen hierfür keine aufwendigen Schienensysteme installiert zu werden, da sich der Anwendungsbereich auf den vorher beschriebenen Platz konzentriert. Ein Schwenkarm mit leichtgängiger Selbsthemmung ist eine gute Lösung, um den Absaugtrichter zum «Ort des Geschehens» heranzuziehen.

Bei den Absaugsystemen muß berücksichtigt werden, daß sowohl Schweißrauch als auch kleine Festkörper von Schweißspritzern (verzinktes Karosserieblech) weggesaugt werden müssen.

Von der Decke wieder auf den Boden. Häufig kann die empfohlene Grundfläche für den Richtbankplatz in der Größe von 6 m x 8 m nicht verwirklicht werden. Außerdem ist nicht immer «Karosseriegeschäft» vorhanden, so daß die Richtbank im Weg steht. Diese Situation führt in manchen Betrieben zu den «Stilblüten», daß die schweren Richtbänke mit Hilfe von Flaschenzügen sogar an die Decke gezogen werden. Derartige Kompliziertheiten lassen sich vermeiden, wenn von Anfang an platzsparende Richtsysteme angeschafft werden, deren integrierte Kurzhub-Hebebühne gegebenenfalls auch für andere Arbeiten eingesetzt werden kann.

Hinweis: Diese Kurzhub-Lifts sind nicht als Hebebühnen mit Prüfbuch einzustufen, da sie eine Hubhöhe von unter 1 m haben!

Eine weitere Möglichkeit, Arbeitsfläche einzusparen, bietet der Werkzeug- und Geräteschrank «Horrido». Hierin sind alle Utensilien, die zur Karosserie-Instandsetzung benötigt werden, platzsparend untergebracht – bis hin zu den Schweißgeräten. Ein zentral angeordneter Energieanschluß sorgt für eine leichte Energiezufuhr von außen: 380 V, Druckluft, Sauerstoff und Acetylen. Der Horrido ist zwar mit

Bild 16.1f Kurzhub-Hebebühne

Rollen ausgestattet, doch hat sich auch hier beim Praxiseinsatz herausgestellt, daß der einmal eingenommene Standort kaum verändert wird.

Abschließend ein Hinweis zum Karosseriemeißel:
Der Karosseriemeißel verursacht beim Austrennen von Blechen eine Lärmkulisse, die bis zu 105 dB(A) ausmacht. Hier müssen aufwendige persönliche und räumliche Lärmschutzmaßnahmen ergriffen werden. Außerdem verursacht der Meißel viel Nacharbeit am abgetrennten Blechflansch, der im Fahrzeug verblieben ist. Die richtigen Trenngeräte sind Kurzhub-Karosseriesäge, oszillierende Karosseriesäge, Schweißpunkt-Fräser und Trennschleifer (vgl. Abschnitt 16.5).

16.3 Werkstattauslegung

Die grobe Unterteilung des Werkstattgrundrisses sollte einige Gegebenheiten sowohl für den Umbau und erst recht für einen Neubau aufweisen:

- ☐ Der Karosseriebereich muß räumlich von der übrigen Werkstatt wegen der Lärmentwicklung bei Karosseriearbeiten abgetrennt sein. Außerdem sollten Lärmschutzmaßnahmen an den Wänden und der Decke eingeplant werden.
- ☐ Der Waschplatz für die Fahrzeuge darf keine direkte Verbindung mit der übrigen Werkstatt und erst recht nicht mit der Lackiererei haben. Die hohe Luftfeuchtig-

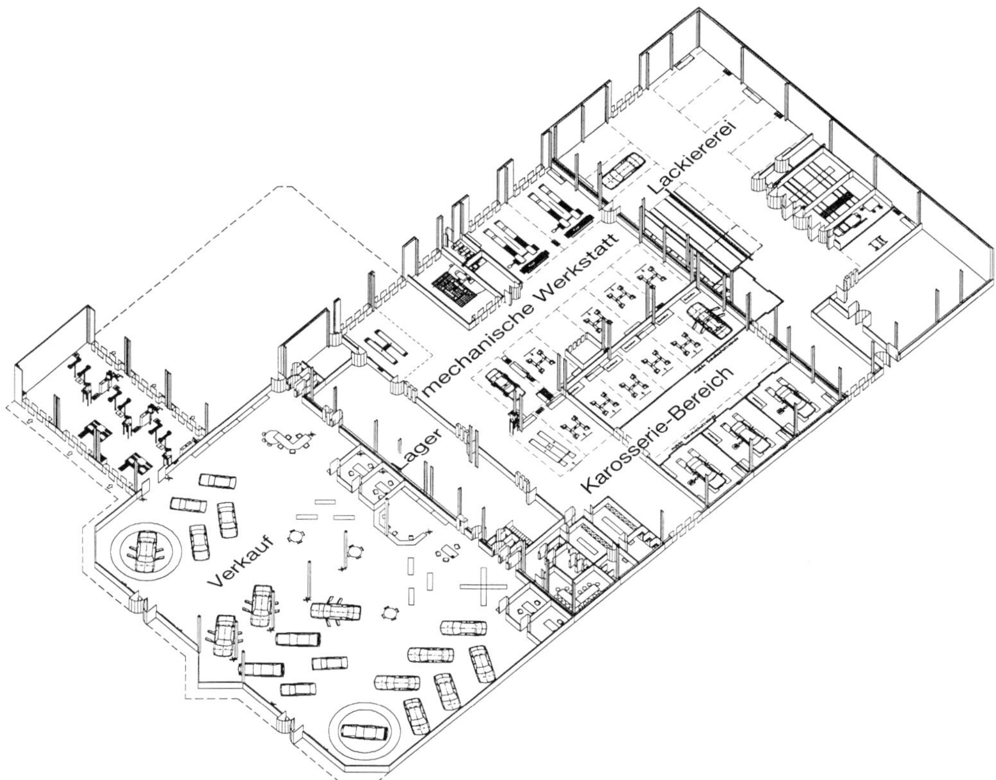

Bild 16.1g Grundstruktur und Erweiterungsmöglichkeiten eines Werkstattgebäudes (Quelle: Ing.-Büro Damschen)

keit in der Waschhalle läßt die blankgeschliffenen Karosseriebleche schneller rosten und bringt Haftungsstörungen bei der Reparatur von Kunststoffen und beim Lackieren. Außerdem werden häufig Fahrzeugaufbereitungen am Waschplatz durchgeführt. Dabei ist die Verwendung von silikonhaltigem Kunststoffpflegemittel üblich. Silikon ist aber der größte Feind der Lackierer (keine Lackhaftung).

- Ein Karosserie-Arbeitsplatz sollte die Grundfläche von 5 m (besser noch 6 m) × 8 m haben. Damit ist er um einiges größer als der Mechnik-Arbeitsplatz (4 × 7 m). Die Begründung dafür liegt in der rundum guten Zugangsmöglichkeit zum Fahrzeug mit den Richtgeräten. Im Werkstattboden sollte ein Verankerungssystem für Rückverformungsarbeiten eingelassen sein. Es bringt enorme Vorteile für die zusätzliche Verankerung von Fahrzeugpartien, insbesondere, wenn höherfeste Bleche gerichtet werden müssen.
- Der Arbeitsplatz sollte trotz der Abtrennung gegenüber der restlichen Werkstatt gut belüftbar sein. Beim Schweißen, bei der Kunststoffreparatur und beim Kleben von Blechen können gesundheitsgefährdende Dämpfe entstehen.
- Die Beleuchtung am Arbeitsplatz ist durch den Einfall von Tageslicht zu unterstützen. Die Arbeitsbereitschaft der Mitarbeiter ist in Räumen mit viel Tageslicht höher als in Kunstlichträumen oder gar schlecht ausgeleuchteten Räumen.

Obwohl der Karosserie-Arbeitsplatz mit seiner Abmessung von 5 bis 6 m × 8 m bereits sehr groß ist, muß daran gedacht werden, daß z.T.

sperrige Karosserie-Ersatzteile oder demontierte Fahrzeugteile abgelegt werden müssen. Hierzu eignet sich am besten ein separater Raum. Der sollte für jeden Karosserie-Arbeitsplatz eine Abstellfläche von etwa 4 m² aufweisen. Eine sehr gute Lösung zum Aufbewahren von großen Fahrzeugteilen bietet ein leichter und stabiler Aufbewahrungscontainer.

Er ist rollfähig und kann somit an jeden beliebigen Werkstattabstellplatz gefahren werden. Die geöffnete Vorderseite wird nach dem Einräumen mit einem Rollo verschlossen, so daß die aufzubewahrenden Teile kaum staubig werden. Selbst das für die Montage notwendige Kleinmaterial wie Schrauben, Muttern, Unterlegscheiben usw. befindet sich, ordentlich sortiert, an der Seite des Containers.

Bild 16.1h Aufbewahrungscontainer für demontierte Teile und Ersatzteile. Nach dem Beladen wird die Front durch ein Rollo verschlossen. (Werkfoto Autorobot)

16.4 Werkstatteinrichtung

Hierbei ist zu unterscheiden zwischen der Arbeitsplatzinstallation und den Instandsetzungsgeräten bzw. -werkzeugen. Bei der Installation sind folgende Punkte zu berücksichtigen:

- Die Energieversorgung durch **Energieampeln,** die von der Decke herabhängen, hat sich gut bewährt. Die Bodenfreiheit zum Bewegen von Werkzeugwagen, Schweißgeräten und Richtauslegern wird nicht durch

Bild 16.2 Energieampel

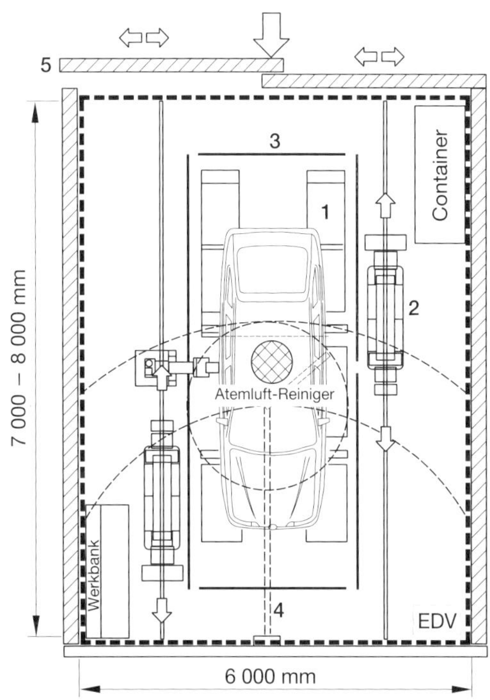

Bild 16.3a Richtbank-Arbeitsplatz mit den wichtigsten Ausstattungen
1 Richtbank mit Auffahrrampen
2 verschiebbare Werkzeugtafeln mit Energieanschlüssen
3 Beleuchtung
4 Schleifstaub- und Schweißrauch-Absaugung
5 Schallschutz
(Quelle: Ing.-Büro Damschen)

Bild 16.3b Karosserie-Arbeitsplatz 2000: Das Deckenschienensystem hat sich als zu kostspielig erwiesen.

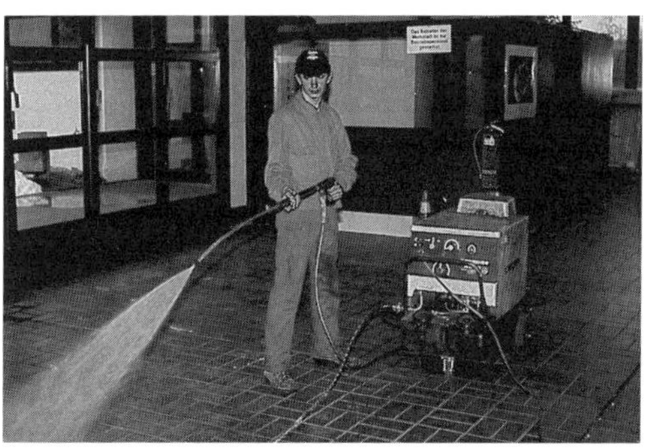

Bild 16.4 Vor jeder Karosserie-Reparatur: Reinigen des Fahrzeugs

herumliegende Elektrokabel oder Druckluftschläuche gestört. Die Energieampel sollte mindestens drei 220-V-Stromanschlüsse und einen 380-V-Stromanschluß haben. Dazu ist eine Druckluftleitung mit drei Anschlüssen zu installieren.

- An dem Karosseriearbeitsplatz gegenüber der Richtbank sollte eine versetzte **Zweisäulen-Hebebühne** stehen. Sie wird zum Aufsetzen der Fahrzeuge auf ein Richtwinkelsystem und zum Anheben der Richtbank mit dem Fahrzeug benötigt. Wird eine **Richthebebühne** eingebaut, kann die Zweisäulen-Bühne für Demontage- und Montagearbeiten separat genutzt werden. Ein Richt- und Meßsystem mit Auffahrrampen ist für ein wirtschaftliches Arbeiten unumgänglich.
- An der Stirnseite des Arbeitsplatzes sollte eine **Werkbank mit stabilem Schraubstock** installiert werden. Sie dient zum Vorbereiten der neuen Blechteile und als Ablagefläche für kleines Werkzeug. **Ein Acetylen-/Sauer-**

stoff-Anschluß ist in der Nähe der Werkbank ebenfalls ratsam.

- **Fahrbare Werkzeugwände** mit dem notwendigen Richtbankzubehör sind für die seitliche Abgrenzung eines Arbeitsplatzes empfehlenswert. Sie sorgen für Sauberkeit und jederzeit griffbereites Werkzeug. Außerdem können sie Schallschutz-Aufgaben übernehmen.
- Die Arbeitsplatzbeleuchtung ist von der Werkstattdecke so weit abzuhängen, daß sie den kompletten Arbeitsbereich ohne große Verluste ausleuchtet (Rechteck um das Fahrzeug). Von der Decke abgehängte schwenkbare Leuchtröhren sollten soweit flexibel sein, daß damit auch der Fahrzeugunterboden bestrahlt werden kann.

16.5 Instandsetzungsgeräte und -werkzeuge

Hier wird nach den Werkzeugen für die wichtigsten Arbeiten unterschieden:

- **Reinigungsgeräte** für den Fahrzeugboden: Dampfstrahler haben sich dafür gut bewährt. Die größten Unterschiede zwischen den einzelnen Geräteherstellern liegen im Bereich des Brennstoffverbrauchs, der Geräuschentwicklung und der Tatsache, ob ein Zusatztank für Reinigungschemikalien vorhanden ist. Die deutlichsten Mängel liegen bei den Geräten im Bereich der Handhabungssicherheit. Vor der Kaufentscheidung sollte unbedingt eine Probevorführung und die Eigenerprobung stehen.
- **Grundausstattung für Ausbeularbeiten:** Die im Handel angebotenen Ausbeulsätze sind in vielen Fällen nicht vollständig oder enthalten Werkzeuge, die dem Reparateur nicht richtig in der Hand liegen. Da aber gerade beim Ausbeulen das Gefühl fürs Blech vorhanden sein muß, ist es ratsam, jedes Werkzeug vor dem Kauf probeweise anzuwenden.
- **Richt- und Meßsysteme** (s. auch Bild 7.2): Die gravierenden Unterschiede liegen in der Art der Meßsystme (vgl. Abschnitt 7.2). Daraus leitet sich ein Teil des notwendigen Zubehörs ab, z.B. Kniegelenke zum Befestigen von Neuteilen beim optisch arbeitenden Meßsystem. Doch auch bei der üblichen

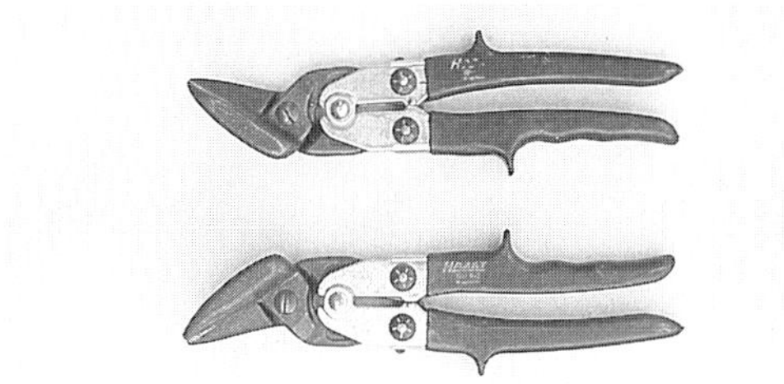

Bild 16.5 Rechts- bzw. linksschneidende Blechschere

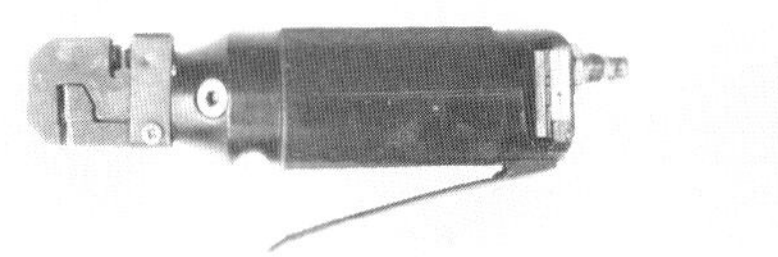

Bild 16.6 Kombiniertes Absetz- und Lochwerkzeug (druckluftbetrieben)

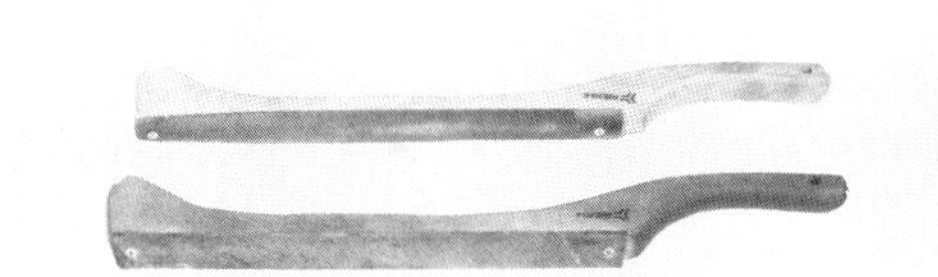

Bild 16.7 Halbrunde und flache Karosseriefeile mit hölzernem Halter

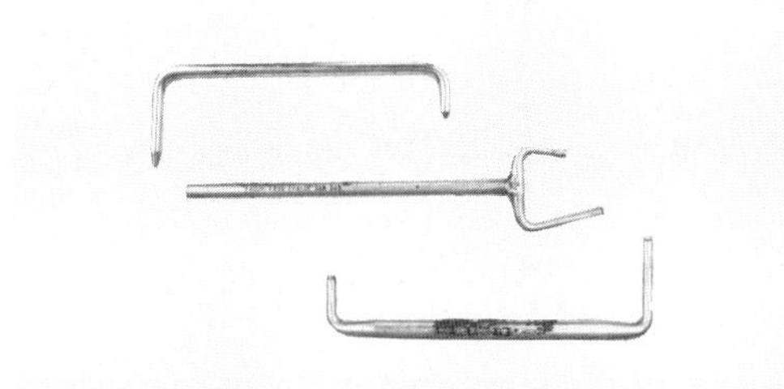

Bild 16.8 Austreiber für Türscharnierbolzen

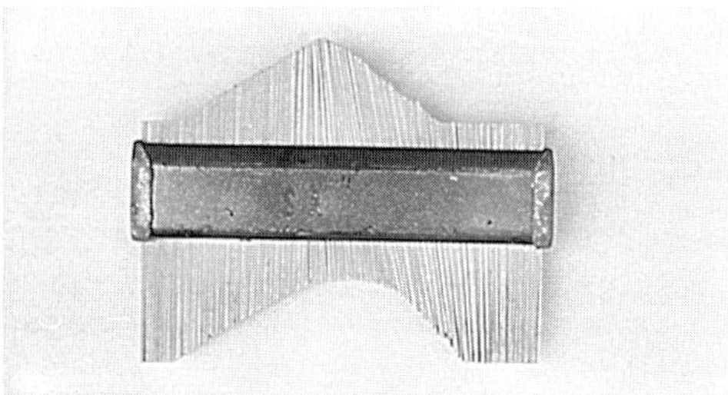

Bild 16.9 Karosserie-Konturenlehre

Grundausstattung der Richtbank und dem angebotenen Zubehör gibt es unter den Herstellern große Abweichungen. Bedingt durch die Systemunterschiede kommt es zu unterschiedlich langen Aufbauzeiten der Fahrzeuge auf die Richtbank. Jedes System hat spezifische Vor- und Nachteile. Vor dem Kauf sollten daher Probevorführungen und Eigenerprobungen stattfinden. Sehr wichtig ist die Versorgung mit Richtwinkelsätzen bzw. Meßblättern für neue Fahrzeugtypen.

	Richtwinkel-System	**Schweißlehren-System**	**Universalsystem mechanisch**	**Universalsystem optisch**
Aufnahme des Fahrzeuggewichtes durch das Meßsystem	ja	nein	nein	nein
Typenspezifische Meßeinrichtung	ja	ja	nein	nein
Aufnahme von Rückverformungskräften durch das Meßsystem	Zusatzbefestigung	nein	nein	nein
Aufnahme von Neuteilen durch das Meßsystem	ja	ja	ja (u.U. Zusatzaufnahme)	nein (Zusatzaufnahmen erforderlich)

Meß- und Richtsystem-Übersicht (ohne Elektronik)

Richtwinkelsystem, feste Ausführung	**Richtwinkelsystem, verstellbare Ausführung**	**Universalsystem mechanisch**	**Universalsystem optisch**	**Lehrensystem**
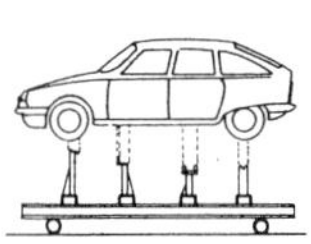		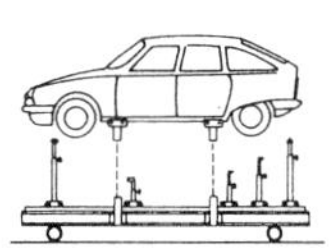	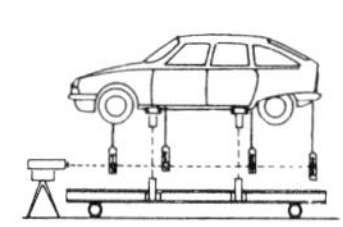	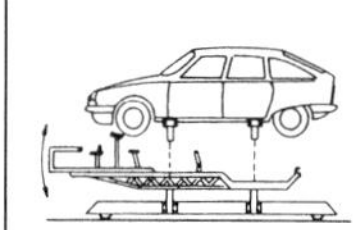
Hersteller oder Handelsname – Blackhawk – Car Bench – Celette – Universal Bench	**Hersteller oder Handelsname** – Blackhawk – Car Bench – Celette – Globaljig	**Hersteller oder Handelsname** – Autorobot – Blackhawk – Car Bench – Caroliner – Celette – Dataliner – Chief-System	**Hersteller oder Handelsname** – Chart-liner – Dataliner – Genesis	**Hersteller oder Handelsname** – Sonner

Bild 16.10a Unterscheidungsmerkmale für Richt- und Meßsysteme sowie Fabrikatsübersicht der Meß- und Richtsysteme

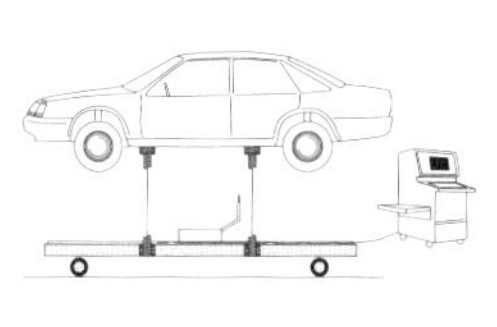	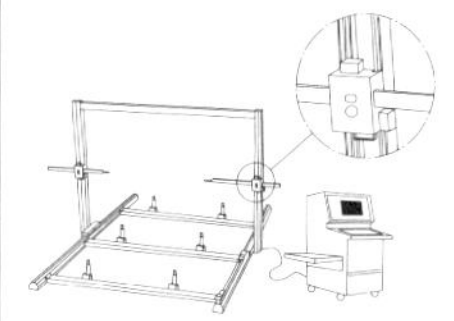	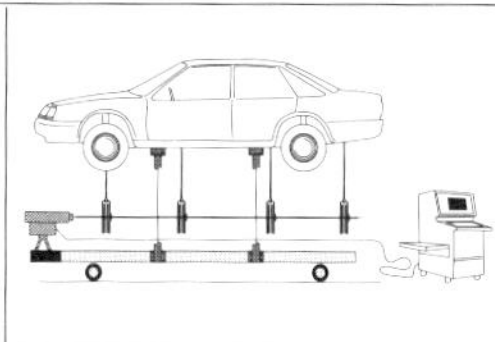	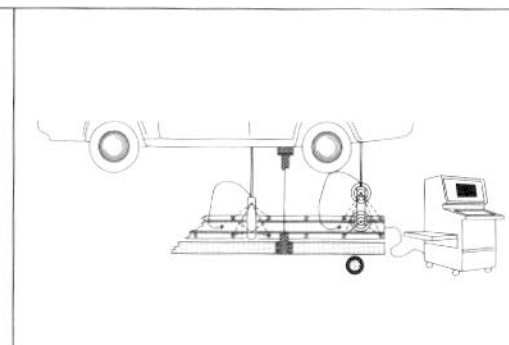
mechanisch/elektronisch (separate Einheit)	mechanisch/elektronisch (ergänzungsfähig))	optisch/elektronisch	akustisch/elektronisch (Ultraschall)
– Caroliner (Car-O-Tronic) – Celette	– Autorobot (300 EL)	– Chief (Genesis) – Dataliner	– Blackhawk (Shark)

Bild 16.10b Meß- und Richtsystem-Übersicht (mit Elektronik)

Dies läßt sich anhand von Beispielen leicht ermitteln. Wenn ca. zwei Monate nach dem Erstverkauf von neuen Fahrzeugmodellen die entsprechenden Richtwinkel/Schweißlehren oder Meßblätter nicht nicht vorhanden sind, ist das ein schlechtes Zeichen. Darüber hinaus müssen der Ersatzteilservice und die fachliche Beratung nach dem Verkauf sichergestellt sein.

- ☐ **Blechtrennwerkzeuge:** Grundsätzlich gilt, daß der Trennmeißel wegen seiner enormen Geräuschentwicklung (Spitzenwerte bis 105 dBA) in der Werkstatt nicht eingesetzt werden soll. Gut bewährt haben sich die Kurzhubkarosseriesäge und der Schweißpunktfräser. Darüber hinaus haben Winkelschleifer wegen ihrer vielseitigen Verwendbarkeit ihre Berechtigung (auch zur Oberflächenbearbeitung). Die Blechscheren und Blechknabber haben in der Karosserie-Instandsetzung eine untergeordnete Bedeutung, da sie nur an ebenen Flächen eingesetzt werden können.

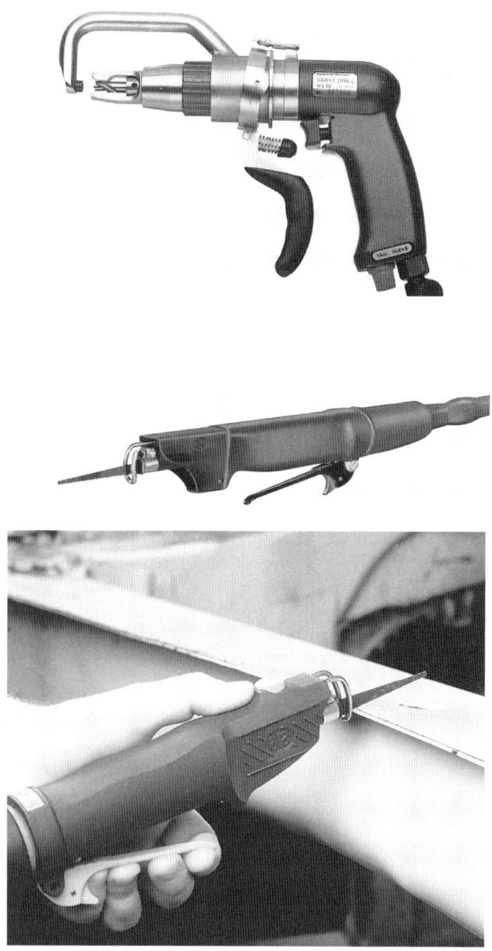

Bild 16.12a Die wichtigsten Trennwerkzeuge: Schweißpunktfräser, Trennschleifer und Stichsäge

Testergebnisse: Universal-Meßsysteme (mit/ohne Elektronik)

In den Jahren 1994 und 1995 testete das KTI mit dem Vogel Verlag, Redaktion «kb», die gängigsten Karosserie-Meßsysteme in bezug auf den praktischen Einsatz. Es wurden jeweils drei Fahrzeuge vermessen. Die Auswahl der Fahrzeuge und des Beschädigungsumfangs war derart gezielt vorgenommen worden, daß bereits beim Aufspannen der Fahrzeuge auf die Richtbank die ersten «Hürden» vom Gesamtsystem genommen werden mußten:

- Fahrzeug fahrfähig (Durchschnittsschaden),
- Fahrzeug nicht fahr-/rollfähig (starke Beschädigung),
- Geländewagen (ohne Aggregate rollfähig).

Bei der Praxisuntersuchung wurden folgende Kriterien getestet:

- Datenblatt,
- Fahrzeugaufbau,
- Einjustieren/Grundeinstellung/Oberbau-vermessung,
- Preis.

Für die Festlegung der Testkriterien kamen die umfangreichen Erfahrungen, die beim KTI und «kb» zum Thema Karosserie-Instandsetzung vorliegen, vollständig zum Tragen. So findet der Leser, der sich ein entsprechendes Equipment kaufen will, nahezu alle die Entscheidungshilfen, die er benötigt.

Ein besonderer Hinweis muß zu der Eigenbeurteilung der Testergebnisse noch gegeben werden:

Bei dem Testprogramm konnten leider keine herstellerspezifischen Besonderheiten berücksichtigt werden, die für bestimmte Anwendungsfälle Vorteile bringen. Darüber hinaus wurden die Fahrzeuge lediglich vermessen, ohne die Reparatur durchzuführen. Daher war es nicht möglich, die bei einigen Systemen gute Abstimmung zwischen Meß- und Rückformvorgang zu beurteilen.

Die genannten Einschränkungen mußten vorgenommen werden, da sonst der Aufwand zur Durchführung der Testreihe zu hoch geworden wäre. Die von den Testdurchführenden vorgenommene Punktvergabe führte leider zu einigen Mißverständnissen und Fehlinterpretationen bei den Lesern. Aus diesem Grund ist auf die Abbildung der Benotungstabelle in diesem Buch verzichtet worden.

Eine Anmerkung zum Test-Stenogramm für die Car-O-Tronic:

Dieses Meßsystem wurde als erste Anlage getestet. Zu diesem Zeitpunkt stand das Layout für die Darstellung der Ergebnisse noch nicht fest. Daher fehlt bei dem Testbericht das sog. Test-Stenogramm. Als Autor des Buches habe ich mir erlaubt, die entsprechenden Daten aus dem Testbericht zu selektieren, um sie in eine durchgängige und vergleichbare Form mit den Darstellungen der anderen Testergebnisse zu bringen.

Zum damaligen Zeitpunkt (1995) waren die elektronischen Meßsysteme von Autorobot und Celette noch nicht auf dem Markt. Daher existieren hierüber keine Meßergebnisse.

Den Verantwortlichen beim KTI und «kb» gilt ein besonderer Dank, daß sie den auszugsweisen Abdruck der Testkriterien erlaubten.

Testergebnisse: Universal-Meßsysteme (ohne Elektronik)

Beim mechanischen Meßsystem AR 300 A von Autorobot wurde die Oberbau-Vermessung durch alle Testpersonen sehr positiv bewertet. Sie hat maßgebenden Anteil an der Gesamtbewertung.

LIEFERUMFANG UND PREIS (Stand 02/95)

Meßsystem für den Unterbau Typ AR 300 A	**14 758 DM**
Meßbogen für Oberbau-Vermessung Typ AR 695 5 923 DM	
Richtanlage AR 500 XLSB mit Hebebühne, Auffahrrampe und Seilwinde	19 662 DM
Powerpack mit 3 Richtarmen und Alu-Verlängerungen AR 514 DM	13 078 DM
Richtzubehör (Ketten, Klemmen usw.)	4 000 DM
Gesamtpreis	**57 421 DM**

AKTUELLES TEST-STENOGRAMM: AUTOROBOT AR 300 A

Testkriterien	Positive Eigenschaften	Negative Eigenschaften
Datenblatt	Maßangaben zur Plazierung der Univerankerung auf dem Richtsystem und am Fahrzeug vorhanden	Meßblattaufbau hat teilweise skizzenähnlichen Charakter
	Hinweise für Spezialverankerung Adapter (Fahrzeug-Aufnahme) vorhanden	fehlende Maßangaben zu eventuell erforderlichen Abstützungen bei Kopflastigkeit
	wichtige grundsätzliche Meßpunkte sowie erforderliche Zusatzmeßpunkte vorhanden	unübersichtliche Zuordnung, Fahrzeugtyp, Baujahr, Kombi, aktueller Datenblatt-Stand
	Angaben zur Federbeinvermessung	
Fahrzeugaufbau	leichter Aufbau bei fahrbereiten und rollfähigen Fahrzeugen	nicht universell verstellbare Verankerung
	gute Befestigungsmechanik	
Einjustieren/ Grundeinstellung Vermessung	Einfacher Aufbau des Meßsystems	keine selbständige rechtwinklige Ausrichtung des Meßrahmens
	übersichtliche Zuordnung der Zubehörteile	
	wenig Montageaufwand für Meßteile	
Meßvorgang	gute Meßmöglichkeiten	erschwerte Zugänglichkeit unter das Fahrzeug
	guter Umfang Grundausstattung/ Zubehör	schlechte Ablesegenauigkeit
	System ist ergonomisch günstig dimensioniert	unbeabsichtigte Verstellanfälligkeit
Oberbau-vermessung	Komplettvermessung möglich	
	eigenes Datenblatt vorhanden	
Preis	angemessener Verkaufspreis	

Blackhawk P-188
An der Unterseite der Zwillingsschlitten sind Luftheber installiert, über die das komplette Meßsystem P-188 MK2 gegen die Fahrzeugbodengruppe gepreßt wird.

LIEFERUMFANG UND PREIS Stand 5/95

P-188 MK2 Meßsystem mit Zubehör, Federbeinmeßsystem, Wandhalter mit Vorhang	23 043 DM
UMD50ER Richtbank mit Zubehör und Richtausleger	23 810 DM
Spezialverankerung für Geländewagen	3 999 DM
Spezialaufnahme BMW	1 209 DM
Scherenhebebühne	11 876 DM
Gesamtpreis	63 937 DM

AKTUELLES TEST-STENOGRAMM: BLACKHAWK-SYSTEM

Testkriterien	Positive Eigenschaften	Negative Eigenschaften
Datenblatt	klare Nullpunktangabe für Front und Heck	wenig Text- und Piktogramm-Unterstützung
	separate Meßblätter für Aus- und Einbau der Aggregate	teilweise unüberschaubar durch Anhäufung von Maßlinien
	Angaben über Montagearbeiten vorhanden	teilweise lückenhafte Kennzeichnung
Fahrzeugaufbau	durchgängig von einer Person zu bewerkstelligen	fehlende Angaben zur Fahrzeugverankerung
	sehr variabel durch Rollwagen und Scherenheber	Geländewagen-Aufbau ist sehr zeitaufwendig
Einjustieren/ Grundeinstellung Vermessung	teilautomatisierte Einjustierung bei der Grundeinstellung	Beim Verschieben des Meßbalkens sind Maßbandkorrekturen erforderlich
	Unbeabsichtigtes Verstellen der Grundeinstellung ist ausgeschlossen (pneumatischer Anpreßdruck)	Addition von 25 mm bei Verwendung von Meßspitzen erforderlich
		relativ viele Schraubteile
Meßvorgang	Präzision und Leichtgängigkeit der Meßschlitten	Gesamtvermessung der Bodengruppe erfordert Systemumbau (180°) Neue Grundeinstellung wird erforderlich
	Pneumatischer Anpreßdruck garantiert exakte Anlage bzw. Fixierung der Meßadapter	
Oberbau-vermessung	großzügiger Freiraum zur Bodengruppe	
	Teleskopmeßstab für Symmetrie bzw. Vergleichsmessung	unzureichende Oberbauvermessung
Preis	angemessener Verkaufspreis	

Car Bench
Ist das Unfallfahrzeug auf die rollfähigen Abstützböcke abgesenkt, lassen sich beim Car Bench Autocontrol-Meßsystem die Universal-Verankerungen am Richtbankrahmen problemlos positionieren und befestigen.

LIEFERUMFANG UND PREIS Stand 9/94

Car Bench Scherenbühne fahrbar, Richtbank, mit Zubehör und Richtausleger	26 836 DM
Autocontrol-Meßsystem inklusive Wagen und Meßbrücke für Federbeinvermessung	**24 930 DM**
Verankerungssatz für BMW und Mercedes	1 750 DM
Spezialverankerung für BMW (E36)	976 DM
Geländewagen-Spezialverankerung für Nissan Terrano II/Ford Maverick	390 DM
Gesamtpreis	**58 636 DM**

AKTUELLES TEST-STENOGRAMM: CAR BENCH-AUTOCONTROL

Testkriterien	Positive Eigenschaften	Negative Eigenschaften
Datenblatt	guter Aufbau und relaitv leicht lesbar trotz DIN-A4-Format	relativ wenig Meßpunkte für Fahrzeuge mit eingebauten Aggregaten
	vollständige Fahrzeugdaten-Angaben	keine Angaben über zusätzliche Montagearbeiten
	Angaben für Spezialverankerung vorhanden	teilweise abweichende Meßangaben (Meßrohre)
Fahrzeugaufbau	Bei fahrbereitem Fahrzeug schnelles Aufbauen möglich	mechnische Aufziehvorrichtung wurde vermißt
		Universal-Verankerungen nicht drehbar
Einjustieren/ Grundeinstellung Vermessung	stabiler und leichter Meßgrundrahmen	Bezugspunkt zum Teil als Langloch ausgeführt
		teilweise enger Raum zwischen Meßsystem und Bodengruppe
		großer Montageaufwand zur Federbeinvermessung
Meßvorgang	Meßschlitten in der Breite verstellbar dadurch flexibles Handling	zum Teil falsche Größenangaben der Meßadapter
		Meßhülsen teilweise schwergängig
		hoher Montageaufwand bei der Verbindungstechnik
Oberbauvermessung	Teleskopmeßstab	keine Angaben im Datenblatt
		häufige Positionsveränderungen des gesamten Meßsystems
		Oberbauvermessung nur begrenzt möglich
Preis	angemessener Verkaufspreis	

Caroliner
Die positive mechanische Systemauslegung und ein anwenderfreundliches Datenblatt bescherten dem Car-O-Liner-Meßsystem im kfz-betrieb/DEKRA-Werkzeugtest ein insgesamt gutes Ergebnis.

LIEFERUMFANG UND PREIS

Stand 5/95

Car-O-Liner Mark V, Grundausstattung inklusive Univeranketungen, Richtbank, Zubehör mit Scherenbühne und Richtausleger	29 697 DM
Meßsystem mit Oberbauvermessung und Federbeinmeßsystem inklusive Werkzeugwagen	**18 590 DM**
Spezialverankerungen für Geländewagen	55 150 DM
Gesamtpreis	**53 437 DM**

AKTUELLES TEST-STENOGRAMM: CAR-O-LINER-MESSYSTEM

Testkriterien	Positive Eigenschaften	Negative Eigenschaften
Datenblatt	gut lesbar	kein Datenblatt für Nissan Terrano II mit kurzem Radstand verfügbar
	enthält alle Informationen	keine Maßangaben für die Oberbauvermessung
	sehr gute Piktogramme	
Fahrzeugaufbau	guter Aufbauplan	viele Schrauben für die Universalverankerungen
	leichtes Rangieren der Richtbank durch die Arretierungsmöglichkeit der Laufräder	keine querverschiebbaren Radmulden
Einjustieren/ Grundeinstellung Vermessung	selbständiges Ausrichten des Meßsystems zur Fahrzeugmittelachse	fehlende Arretiermöglichkeit der Meßbrücke auf der Richtbank
	Angabe von Bezugspunkten (Nullpunkt)	
Meßvorgang	Leichtgängigkeit der Meßschlitten	schlechte Ablesbarkeit bei Federbeinvermessung
	geringer Werkzeugaufwand	teilweise fehlende Meßhülsen (21 mm Durchmesser)
	viel Freiraum zwischen Fahrzeugbodengruppe und Meßsystem	
Oberbauvermessung	Symmetrievermessung möglich	nur bedingt möglich
	Teleskopmeßstab in der Grundausstattung	keine Maßangaben vorhanden
Preis	angemessener Verkaufspreis	

Celette
Mit einem vernünftigen Meßportal zur Oberbauvermessung hätte das Celette-Meßsystem Metro 2000 im Gesamtergebnis noch einige Punkte zulegen können.

LIEFERUMFANG UND PREIS (Stand 3/95)

Sevenne Richtsystem	**26 836 DM**
Meßsystem Metro 2000	**23 637 DM**
Scherenhebebühne hydraulisch	12 985 DM
Verankerungssatz für Geländewagen	8 591 DM
Verankerungssatz für BMW	2 515 DM
Verankerungssatz für Mercedes	1 283 DM
Gesamtpreis	**75 847 DM**

AKTUELLES TEST-STENOGRAMM: CELETTE METRO 2000

Testkriterien	Positive Eigenschaften	Negative Eigenschaften
Datenblatt	übersichtliche Gliederung (DIN A3-Format), leicht verständlicher Aufbau	zu wenig Piktogramme und Zusatzinformationen vor allem über auszubauende Fahrzeugteile
	spezielles Indexverzeichnis	zum Teil falsche Kennzeichnung der Meßhülsen im Datenblatt
	alle wichtigen Meßdaten vorhanden	fehlende Vergleichstabelle für Ist-Soll-Maße
Fahrzeugaufbau	universell verstell- und drehbare (360°) Verankerungen	Aufbau und Rangierarbeiten zeitaufwendig
		schwere Einzelteile (Geländewagen)
Einjustieren/ Grundeinstellung Vermessung	einfacher Aufbau des Meßsystems	Kennzeichnung der Meßhülse kaum lesbar
	übersichtliche Anordnung der Zubehörteile	unterschiedliche Innensechskantschlüssel zur Montage erforderlich
	großzügiger Arbeitsfreiraum zwischen Meßsystem und Bodengruppe	Feststellmechanik der Meßrohre beinhaltet Meßtoleranzen
	stabile, kompakte Auslegung des Meßsystem-Grundrahmens	
Meßvorgang	gute Meßmöglichkeiten	Federbeinmeßvorrichtung: Montageaufwand durch relativ viele Mechanik-Einzelteile
	optisch leichte Ablesbarkeit der Meßwerte	geringe Stabilitätsverluste durch relativ viele mechanische Verbindungen
	günstige ergonomische Arbeitsbedingungen	
Oberbauvermessung		Oberbauvermessung nur begrenzt möglich
Preis	angemessener Verkaufspreis	

Chief
Zum Aufbringen des Fahrzeuges wird die komplette Richtbank in Schräglage gebracht.

LIEFERUMFANG UND PREIS Stand 7/95

Chief EZ Liner UGMS Serie 30	47 334,00 DM
Chief Universal Meßsystem UMS Unter- und Oberbau	**15 100,00 DM**
Datenbücher für Unter- und Oberbau UMS (Abonnement jährlich)	387,00 DM
Aufspannsystem für Geländewagen (UHS) komplett	10 289,00 DM
Spezialverankerung BMW	2 068,00 DM
Gesamtkosten	**75 169,00 DM**

AKTUELLES TEST-STENOGRAMM: CHIEF UMS

Testkriterien	Positive Eigenschaften	Negative Eigenschaften
Datenblatt	Angaben über Teiledemontage	keine oder skizzenhafte Piktogramme
	zusätzliche Maßangaben über zu demontierende Teile	Datenblattordner unvollständig
Fahrzeugaufbau	generell rascher Fahrzeugaufbau	keine höhenverstellbare Verankerung
	elektrische Seilwinde vorhanden	keine zweiteilig ausfahrbaren Hydroheber
		Beschilderung (Warnhinweise) in englischer Sprache
Einjustieren/ Grundeinstellung Vermessung	Angabe von zwei Nullpunkten und in guter Position	geringer Raum zwischen Bodengruppe und Richtbank
	leicht bewegliche Meßschlitten	zu leichtgängiges bzw. nicht feststellbares Längenmaßband
Meßvorgang	wenig Montageteile	teilweise schwer ablesbare Höhenmaße
	hoher Anteil an Steckverbindungen	keine Höhenverstellung des Systems möglich
	keine Werkzeuge erforderlich	
	sämtliche Fixierungen erfolgen über Rändelschrauben	
	gute Führung und Leichtgängigkeit der Meßschlitten	
	einfache Handhabung	
Oberbau-vermessung	Extra-Datenblattordner vorhanden	für Gesamtvermessung Umsetzen der Meßschlitten erforderlich
	gut abgestimmtes Adaptersortiment	
Preis	angemessener Verkaufspreis	

Testergebnisse: Universal-Meßsysteme (mit Elektronik)

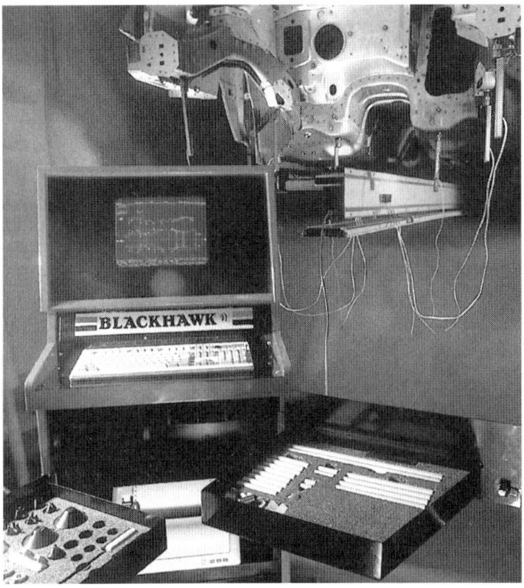

LIEFERUMFANG UND PREIS (Stand 3/94)

Shark SH 11	56 000,00 DM
Richtbank UMD56ER inklusive Auffahrsystem Roll-onBench und Seilwinde	26 780,00 DM
Richtarm Mangusta II inklusive Richtzubehör und 10 t Druckzylinder	8 385,00 DM
Hubtisch STL 101	10 500,00 DM
Aufnahmen auf Hubtisch für Richtbank	800,00 DM
Gesamtpreis	102 465,00 DM

Shark SH 11
Das elektronische Meßsystem Shark kann zur Diagnose unabhängig von jedem Richtsystem eingesetzt werden. Sind die Meßsender am Fahrzeug montiert, dauert es zwischen 10 und 30 Sekunden, bis das Ergebnis auf dem Bildschirm sichtbar wird.

AKTUELLES TEST-STENOGRAMM: SHARK SH 11

Testkriterien	Positive Eigenschaften	Negative Eigenschaften
Bedienungsanleitung:	gute Funktionsbeschreibung; alle Zubehörteile sind abgebildet	
Vorbereitung/ Aufrüstung:	Problemloser Aufbau schwerer Schäden; Rollwagen mit Hebeeinrichtung; Entfernen von Uni-Verankerungen entfällt	Verankerungen lassen sich schwer verschieben; viele Einzelteile beim Geländewagenbefestigungssatz; kein Datenblatt für den Geländewagen
Fahrzeugvermessung:	einfacher Aufbau des Meßsystems; gute Bildschirmaufteilung; kombinierte Fahrzeugvermessung bei teilweise ausgebauten Aggregaten; Anzeige durch Zoom-Funktion; Meßergebnis nach 10 bis 30 Sekunden; eigene Datenblätter können eingegeben werden; unabhängige Einsatzmöglichkeiten	35 kg Gewicht des Meßbalkens; serienmäßig nur acht Sender; keine Absolutvermessung beziehungsweise Diagonalvermessung möglich; Vergleichsmessung durch Art der Eingabe aufwendig
Meßdatenauswertung:	geringer Zeitaufwand; hohe Meßgenauigkeit; übersichtliches Meßprotokoll; Anzeigen aller Meßpunktveränderungen	begrenzter Fahrzeugdatenstamm; zur Kontrolle am Bildschirm muß Zugvorgang unterbrochen werden
Funktionalität des Systems:	keine Fixierung des Meßbalkens notwendig; Kombination mehrerer Zugrichtungen möglich; hydraulische Spannvorrichtung; Auffahrsystem inklusive Seilwinde	Ein Keil der Uni-Verankerung nicht gesichert; Beseitigung der Rollwagen umständlich; hohes Gewicht der Montage- und Anbauteile; Meßsender können beim Rückverformen behindern; 90° Schwenkbereich des Zugarmes
Verkaufspreis:		hoher Anschaffungspreis

Caroliner
Mit dem Meßarm des Car-O-Tronic-Meßsystems sind alle Punkte am Fahrzeug leicht erreichbar. Das Ablesen der Ist-Daten kann direkt am Objekt erfolgen. Die Datenanzeige erfolgt in einer klaren und übersichtlichen Form. Der Anwender kann drei unterschiedliche Darstellungsformen wählen.

LIEFERUMFANG UND PREIS (Stand 01/94)

Getestet wurde das elektronische Meßsystem Car-O-Tronic in Verbindung mit der Richtbank Car-O-Liner Mark 5 sowie Scherenhebebühne Typ T5 und den Auffahrrampen Typ T55.
Der Preis für dieses System setzt sich wie folgt zusammen :

Car-O-Liner Mark 5, Variante H	50 630,00 DM
abzüglich mechanisches Meßsystem	./. 17 070,00 DM
Car-O-Tronic Meßsystem komplett	**34 500,00 DM**
Zusätzlich georderter Haltesatz B 64	1 670,00 DM
Gesamtkosten:	**69 730,00 DM**

AKTUELLES TEST-STENOGRAMM: CAR-O-TRONIC

Testkriterien	Positive Eigenschaften	Negative Eigenschaften
Bedienungsanleitung:	in deutscher Sprache; gelungene Aufteilung; gutes Verhältnis zwischen Textmenge und Information	keine Bemerkungen
Vorbereitung/ Aufrüstung:	fahrbahre Unterstellböcke sehr wertvoll; Befestigung des Fahrzeugs mit den Universal-Verankerungen unproblematisch	Unterstellböcke reagieren empfindlich auf Unebenheiten; Seilwinde zum Aufziehen des Fahrzeugs wurde vermißt, sie sollte zur Grundausstattung gehören; detaillierte Aufbauskizze für vorderen Aufnahmepunkt des Festhaltesatzes beim Geländewagen fehlt
Fahrzeugvermessung:	schnelles und problemloses Aufbauen des Meßsystems (5 Minuten); Bodengruppenvermessungohne Federbeinmaße in 25 Minuten möglich; vier beliebig zu wählende Meßpunkte für die Vergleichsmessung rechts zu links; Diagonalvermessung möglich	zeitaufwendige Übertragung der Fahrzeugdaten vom PC zum Handterminal; zum Federbein-Vermessen ist Umrüstzeit von ca. fünf Minuten erforderlich
Meßdatenauswertung:	gute Datenablesung am Handterminal (zusätzlich grafische Darstellung)	zusätzlich ausgedrucktes Meßdatenblatt ist vorteilhaft bei der Arbeit
Funktionalität des Systems:	Leichtgängigkeit des Meßschlittens; angenehmer Umgang mit dem Handterminal	unhandliche Federspannung des Meßarms
Verkaufspreis:	ohne Kommentar	ohne Kommentar

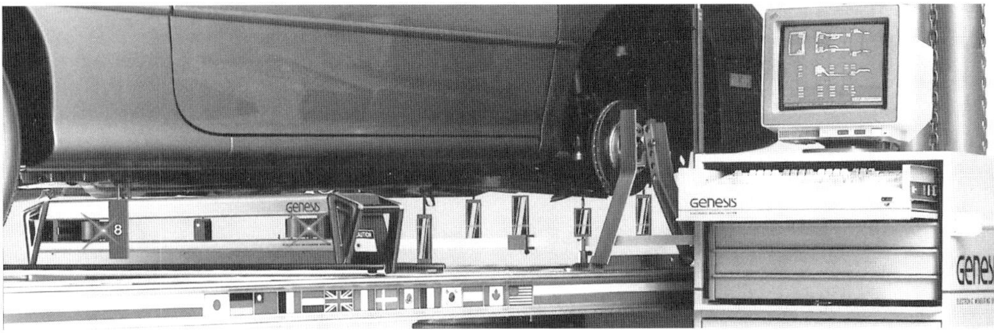

Chief-Genesis
Über den Karosserieabtaster werden zwei rotierende Laser unter der Fahrzeugbodengruppe ausgestrahlt. Treffen diese auf die an den Karosserie-Meßpunkten montierten Zielscheiben (rechts), wird das Licht reflektiert und von zwei am Karosserieabtaster angebrachten Photosensoren empfangen.

LIEFERUMFANG UND PREIS Stand 12/93

Chief-Genesis	**49 200 DM**
Richtsystem Chief EZ Liner II komplett mit Zubehör und 3 Zugtürmen vorn	59 660 DM
Fracht und Anlieferung gesamt	2 000 DM
Geländewagenbefestigungssatz	keine Angaben
Gesamtpreis	**110 860 DM**

AKTUELLES TEST-STENOGRAMM: CHIEF GENESIS

Testkriterien	Positive Eigenschaften	Negative Eigenschaften
Bedienungsanleitung:	herausnehmbare Kurzanleitung	keine chronologische Reihenfolge; Übersetzung zum Teil schwer lesbar
Vorbereitung/ Aufrüstung:	problemloser Aufbau schwerer Schäden; direktes Auffahren möglich; einfache Montage der Uni-Verankerungen	24 kg Gewicht der Uni-Verankerungen; Verankerungssatz Geländewagen sehr schwer und unvollständig
Fahrzeugvermessung:	nur 18,5 kg Gewicht und 1,25 m Länge des Karosserieabtasters; Meßergebnisse nach 10 Sekunden; einfacher Aufbau des Meßsystems; unabhängige Einsatzmöglichkeit	häufige Spiegelüberlagerungen; zum Teil ungenaue Federbeinvermessung; Verzweigung der Software in Untermenüs; begrenzte Anwendungsmöglichkeit der Vergleichsmessung
Meßdatenauswertung:	übersichtliches Meßprotokoll; leicht bedienbares EDV-Programm; umfangreicher Fahrzeug-Ist-Daten-Bestand	teilweise ungenaue Meßpunktinfo und fehlende Detailansicht; Meßdatenüberlagerung auf dem Bildschirm (Protokoll) möglich; keine genauen Meßdaten für Fahrzeug mit ausgebauten Aggregaten
Funktionalität des Systems:	keine Fixierung des Karosserieabtasters notwendig; einfachste Umsetzung aller Zugkombinationen; Einschweißhilfe; umfangreiche Standardausrüstung	spezielle Anwendungsbereiche einzelner Zielscheiben; Bildschirm und Tastatur nicht staubgeschützt; hohes Gewicht der Montage- und Anbauteile (Geländewagen-Befestigungssatz); Befestigung der Zielscheiben nicht immer sicher; Schubfächer der Gerätekonsole behindern; fehlende Höhenverstellung des Richtsystems
Verkaufspreis:		hoher Anschaffungspreis

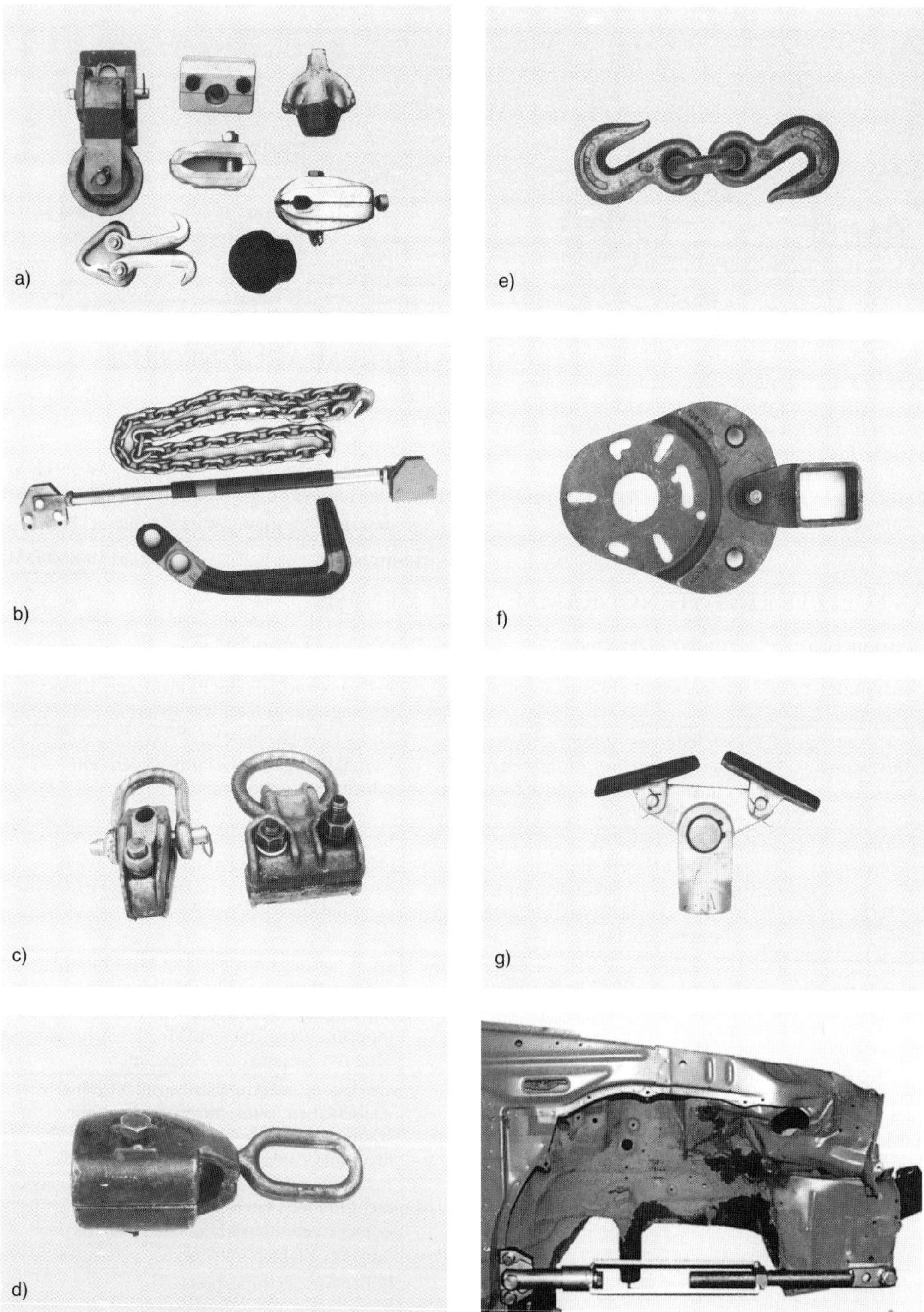

Bilder 16.11 a, b, c, d, e, f, g und h Zugklemmen und Druckstücke für Richtgeräte

- **Schweißgeräte:** Bei den *Schutzgas-Schweißgeräten* liegt der gravierende Unterschied in der Anzahl der möglichen Geräte-Einstellungen. Wenn z.B. die Spannungsstufen, der Drahtvorschub, die Nahtart (Voll-/Punkt-/Intervallnaht), Schweißzeit und die Umstellung von Schutzgas- auf Widerstandspunkt-Schweißung gewählt werden können, ist ein hoher Aufwand bei der Geräteherstellung erforderlich. Deshalb liegt der Preis bei diesen Geräten auch entsprechend hoch. Die Erfahrung zeigt jedoch, daß gerade die Kombi-Geräte (Schutzgas- und Widerstandspunkt-Schweißung) in ihren Möglichkeiten kaum ausgenutzt werden. Ihr theoretischer Vorteil ist erst recht in Frage gestellt, wenn mehrere Mitarbeiter mit einem Gerät arbeiten sollen. Die Abstimmung unter den Mitarbeitern funktioniert erfahrungsgemäß nie. Die Einstellungen, die für das Schweißen von verzinkten Blechen geändert werden müssen, betreffen Stromstärke und Drahtvorschub (s. Abschnitt 9.3). Die übrigen Einstellmöglichkeiten werden selten genutzt, wie die Erfahrung lehrt.
  Bei den modernen *Widerstandspunkt-Schweißgeräten* gibt es in der Technik kaum Unterschiede. Lediglich in der *Handhabung* lassen sich kleine Vorteile von einem zum anderen Markenhersteller erkennen. Ein Handicap haben alle Punktzangen: Das hohe Gewicht und die körperliche Anstrengung beim Gebrauch dieser Geräte verhindern leider viel zu oft die Anwendung dieser technisch günstigen Schweißverbindung.
- **Sandstrahlgeräte:** Die Systemunterschiede der einzelnen Geräte lassen das Strahlgut entweder in die freie Umgebung abwandern oder bringen es in einen Behälter zurück. Dabei wird noch unterschieden, ob das Strahlgut wiederverwendet oder nur aufgefangen wird. Für das Entrosten von Karosserieblechen muß die Rückführung des Strahlgutes vorausgesetzt werden. Dazu ist eine Abdichtung am Pistolenkopf erforderlich. Dies geschieht durch gummielastische Formstücke, die sich der Karosseriekontur anpassen.

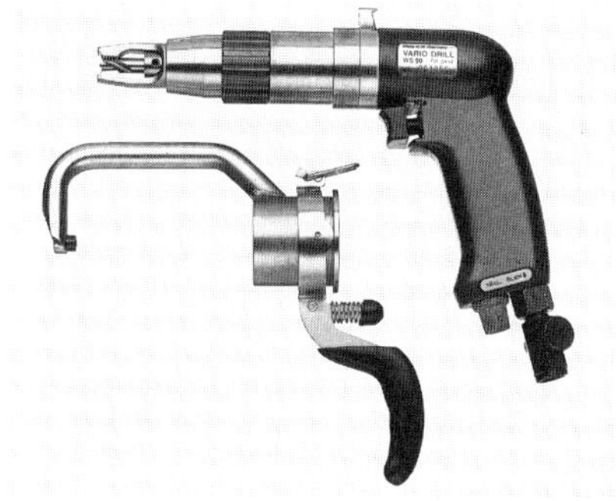

Bild 16.12b Eine interessante Weiterentwicklung des Schweißpunktfräsers ist der variable Schweißpunktlöser für innen- und außenliegende Schweißpunkte

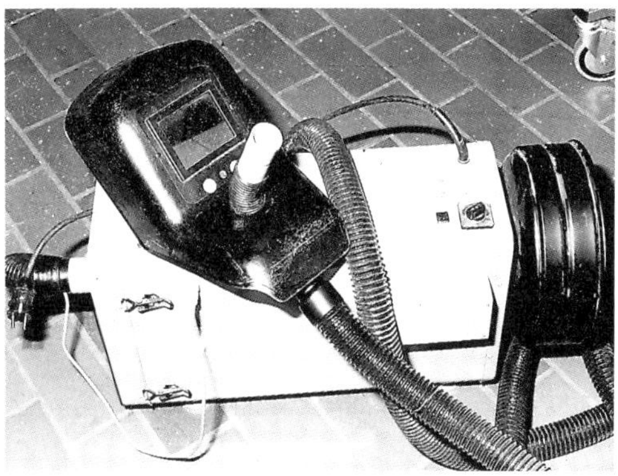

Bild 16.13 Spezielle Schweißrauch-Absaugeinheit, insbesondere für das Schutzgasschweißen an verzinkten Blechen

Bild 16.14 Spezielles Sandstrahlgerät mit Austrittsdüsen, die der Karosseriekontur angepaßt werden (Wiederverwendung des Strahlgutes)

16.6 Umsetzung des Karosserie-Arbeitsplatzes 2000

Ein Optimum an Arbeitsplatz-Installation und Instandsetzungsgeräten/-werkzeugen ist dann erreicht, wenn der Reparateur keinen größeren körperlichen, akustischen und optischen Belastungen ausgesetzt ist. Zusätzlich muß eine saubere Atemluft vorhanden sein. Unter diesen Voraussetzungen fühlt sich der arbeitswillige Mitarbeiter wohl und ist in der Lage, über längere Zeiträume mit einem hohen Wirkungsgrad zu arbeiten. Für die Installation am Karosserie-Arbeitsplatz bedeutet das, daß eine Schallisolation an der Decke und den Wänden vorhanden ist. Ferner sollten genügend große Fensterflächen und ein unempfindlicher, heller Werkstattboden vorgesehen werden. Die Energieversorgung für alle Werkzeuge und Geräte kommt von einer Zentralstelle unterhalb der Decke: Autogen-Schweißschläuche, Druckluftzuleitungen und Elektroversorgung (220/380 V). Die Energieversorgung führt direkt zu den an einem Schienensystem aufgehängten Geräten oder den weiteren ebenfalls aufgehängten Energieanschlüssen.

Die Bearbeitungsgeräte hängen griffbereit an der Ablagetafel: Tellerschleifer, Zopfbürstenmaschine usw. Auf der Rückseite der Ablagetafel befinden sich die Verbrauchsmaterialien wie Bohrer, Fräser, Schleifscheiben, Zopfbürsten usw. Weiterhin hängen hier die persönlichen Schutzutensilien für den Mitarbeiter: Brille, Handschuhe und Gehörschutz.

Das Herzstück des Arbeitsplatzes ist das fest installierte Richt- und Meßsystem. Es ist mit einer Auffahrrampe ausgestattet, damit gerade die Bagatellschäden schnell rückverformt werden können. Sie machen den größten Anteil der Unfallschäden aus (weit über 70%). Das Fahrzeug ist in den meisten Fällen fahrbereit und kann mit eigener Kraft auf das Richtsystem fahren. Die vier Universalverankerungen sind schnell befestigt. Das Richtsystem ist außerdem mit einer Kurzhubbühne ausgestattet, damit die richtige Arbeitshöhe eingestellt werden kann. Die Rückverformung erfolgt mit einem schnell zu montierenden Richtausleger.

a)

b)

Bilder 16.15a und b Schallisolierung an Wand und Decke

a)

b)

Bilder 16.16a und b Vorder- und Rückseite der Ablagetafel «Austrennen und Vorbereiten von Karosserieteilen»

Doch nicht nur Bagatellschäden, sondern auch schwerere Verformungen sind mit dem System zu bearbeiten. Das Meßsystem hängt griffbereit wie das Richtzubehör an den schallgeschützten Wänden. Dort, wo kein Mauerwerk den Arbeitsplatz abschirmt, sind fahrbare schallisolierte Zwischenwände mit Lochplatten vorhanden.

Die Vermessung einer Karosserie mit dem optischen Universalmeßgerät setzt das Meßblatt voraus. Dafür wird heute in der Werkstatt noch oftmals eine umfangreiche Meßblattkartei gepflegt. Bei neuen Systemen ruft die Werkstatt über ihren Personal-Computer (PC) nur das jeweils benötigte Datenblatt auf. Bei einem elektronischen Meßsystem speichert der Computer alle Werte und druckt am Ende des Meßvorganges den Soll-Ist-Vergleich auf Papier aus. Damit liegt ein Meßprotokoll vor, aus dem sich eventuelle Karosserieverschiebungen direkt ablesen lassen. Der aktuelle Stand der Datenblätter wird jeweils per Diskette oder sogar online über einen Zentralrechner hergestellt.

a)

b)

Bild 16.17a und b Große Fensterfläche und fahrbare schallisolierte Trennwände

Bild 16.18 Richtsystem mit Auffahrrampe

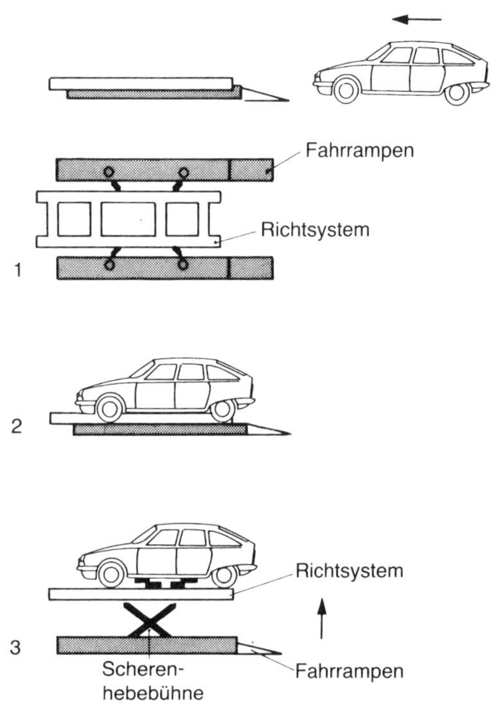

Bild 16.19 Schematischer Ablauf Befestigen eines Fahrzeugs auf einer Richtbühne mit Auffahrrampe und Kurzhubbühne (Quelle: Nicator)

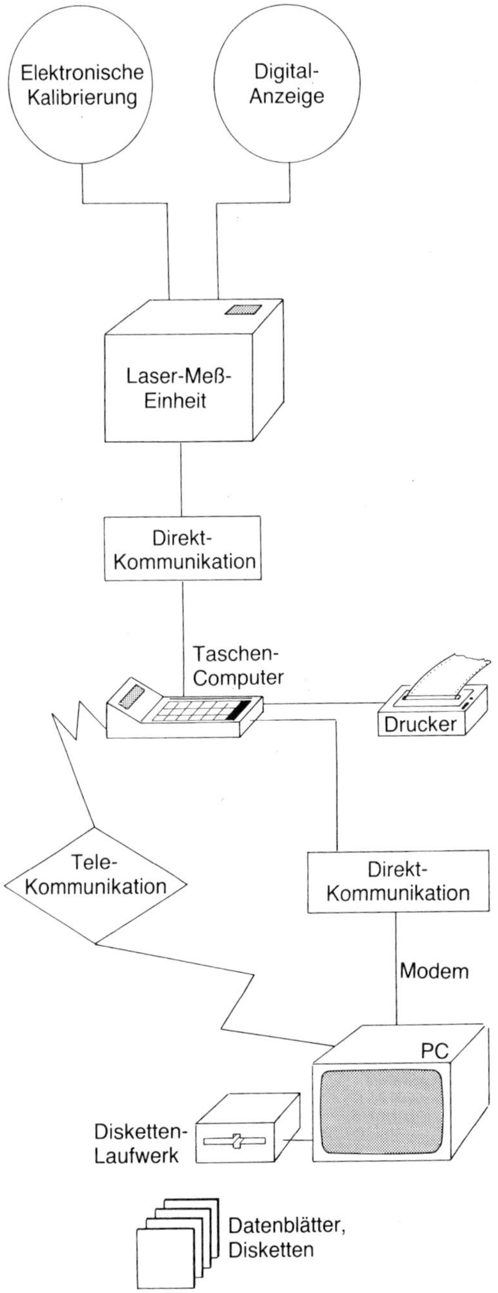

Bild 16.20 Datenübermittlung zur Erstellung eines Meßprotokolls

Bild 16.21 CAR-O-TRONIC-Handcomputer (Werkfoto Car-O-liner)

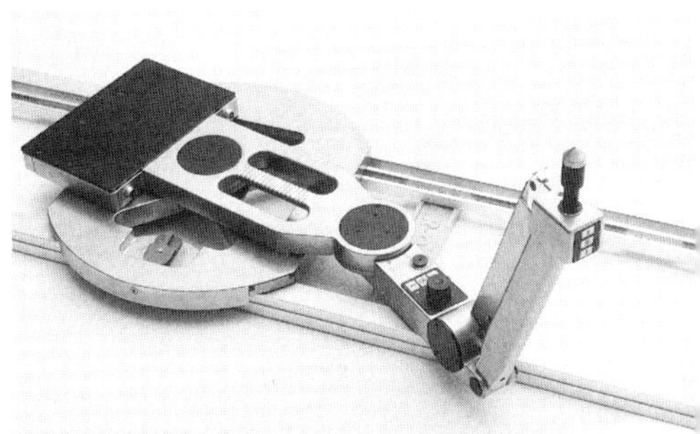

Bild 16.22a CAR-O-TRONIC-Meßarm (Werkfoto Car-O-liner)

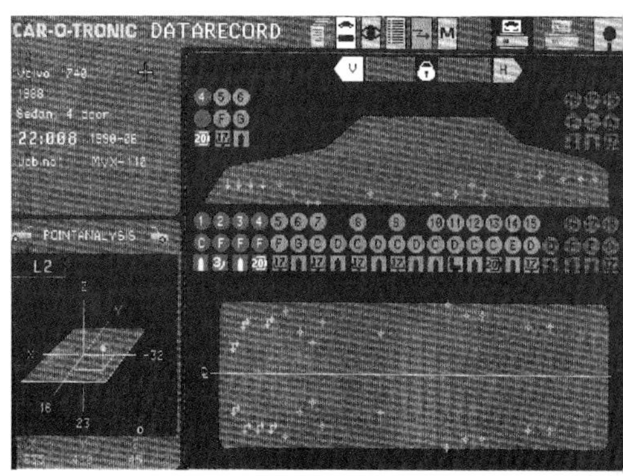

Bild 16.22b CAR-O-TRONIC PC-Bildschirm mit grafischer Darstellung eines Meßergebnisses (Werkfoto Car-O-liner)

16.7 Der Karosserie-Kompakt-Arbeitsplatz 2000

Wie bereits erwähnt, stehen in den seltensten Fällen die optimalen Räumlichkeiten für den Karosseriebereich zur Verfügung. Es erhebt sich die Frage, was unter beengten Baubedingungen noch realisiert werden kann. Zur Lösung dieser Aufgabe soll ein Blick ins europäische Ausland geworfen werden.

In Finnland z.B. gibt es sehr viele Werkstätten, die wegen der hohen Baukosten von vornherein platzsparend geplant wurden. Deswegen wundert es auch nicht, daß selbst der im Lande produzierende Richtsystemhersteller «Autorobot» seine Geräte für geringen Platzbedarf ausgelegt hat. Laut seiner Vorgaben kommt ein Arbeitsplatz mit den Abmessungen 4,4 m × 6,5 m aus. Dieser relativ geringe Platzbedarf ist seiner Richtbank-Kompaktbauweise mit integrierter Hydraulik zuzuschreiben. Dadurch verkürzen sich die Ausleger der Richtgeräte erheblich.

Darüber hinaus bietet Autorobot die unterschiedlichen Richtsysteme im Baukastenprinzip an, so daß die kleinste Einheit durch geschickte Ergänzungen zum kompletten Richtsystem wird. Autorobot nennt dieses Modularsystem «Satellite-System». Dieser Name verdeutlicht die Grundidee sehr gut. Ein Satellit ist in der Astronomie ein Himmelskörper (z.B. Mond), der einen Planeten umkreist. Bei Autorobot ist der Satellit die Hubvorrichtung, die bis zu vier Richtbänke (Planeten) bedienen kann. Dabei kann es sich sowohl um die kleinen als auch um die großen Richtbänke handeln – je nach zur Verfügung stehendem Platz bzw. nach Fahrzeugdurchsatz im Karosseriebereich.

Diese Anpassungsfähigkeit des Satellitensystems ist ausschlaggebend für den geringen Platzbedarf in der Werkstatt. So wird errechnet und verwirklicht, daß fünf Arbeitsplätze auf einer Grundfläche von 11 m × 12 m unterzubringen sind. Dabei sind für die in diesem Konzept vorgesehenen Richtbänke alle als Auffahrbänke ausgelegt. Auch das ist ein Vorteil des Satellitensystems, da die Auffahrrampen untereinander leicht austauschbar sind.

Über den profitablen Sinn der Auffahrbänke wird in Finnland nicht mehr diskutiert. In einem Land, in dem nicht nur die Ersatzteilpreise, sondern auch die Stundenlöhne sehr hoch sind, muß jeder wirtschaftlich denken und handeln. Deshalb ist auch die Akzeptanz des von Autorobot hergestellten Universalmeßsystems mit dem Meßbogen für die Oberbauvermessung sehr hoch.

Darüber hinaus ist erkannt worden, daß jeder Ausfall eines Mitarbeiters, wegen z.B. nicht ergonomisch gestalteter Arbeitsplätze, dem Betrieb hohe Kosten verursacht. Deshalb ist die Auslegung der Hubeinrichtung, die das Fahrzeug rund 1 m anhebt, selbstverständlich.

In dieses Kompaktkonzept paßt der mobile und systematisch gestaltete Karosserie-Arbeitsplatztyp «Horrido» sehr gut hinein. Ausgehend vom beschriebenen «großen» Arbeitsplatz 2000 sind die Werkzeuge und Geräte auf kleinstem Raum logisch angeordnet. Das Handwerkszeug ist so plaziert, daß es für alle in sich abgeschlossenen Arbeitsgänge eng beieinander liegt. So sind z.B. direkt neben der Widerstandspunkt-Schweißzange die unterschiedlich langen Elektroden und das Montagewerkzeug aufgehängt. An einer anderen Stelle befinden sich alle «Zutaten» für die Schleifarbeiten: Schutzbrille, Ohrschutz, Klebeband für Abdeckarbeiten usw.

Die Maße des «Horrido» sind: 1,6 m breit, 1,8 m hoch und 0,65 m tief. Er ist auf vier drehbare Rollen gestellt und in einen oberen und unteren Bereich eingeteilt. Im unteren Teil sind alle Geräte aufgehoben: Schutzgas-, Widerstandspunkt- und Autogen-Schweißgerät. Die Schlauchpakete befinden sich auf arretierbaren Aufrollern. Das gilt auch für das Massekabel des Schutzgas-Schweißgerätes. Die Widerstandspunktzange liegt auf einer herauszuziehenden Lade.

Im Geräteteil sind auch noch mehrere Steckdosen untergebracht: 3 × 220 V und 1 × 360 V. Daneben befindet sich eine 220-V-Verlängerungsschnur (fest mit dem Wagen verbunden) und der Druckluftschlauch auf je einer arretierbaren Rolle. Um alle Geräte einsetzen zu können, wird nur ein Druckluft- und ein 360-V-Anschluß benötigt. Die 220-V-Versorgung ist über einen Transformator im Gerätewagen sichergestellt. Der komplette Geräteteil ist gut abgedeckt, so daß eine weitgehend glatte und schnell zu säubernde Oberfläche gegeben ist. Hinter der Rückwand sind die Vorratsflaschen für Sauerstoff, Acetylen und Schutzgas untergebracht. Für den Austausch der Flaschen

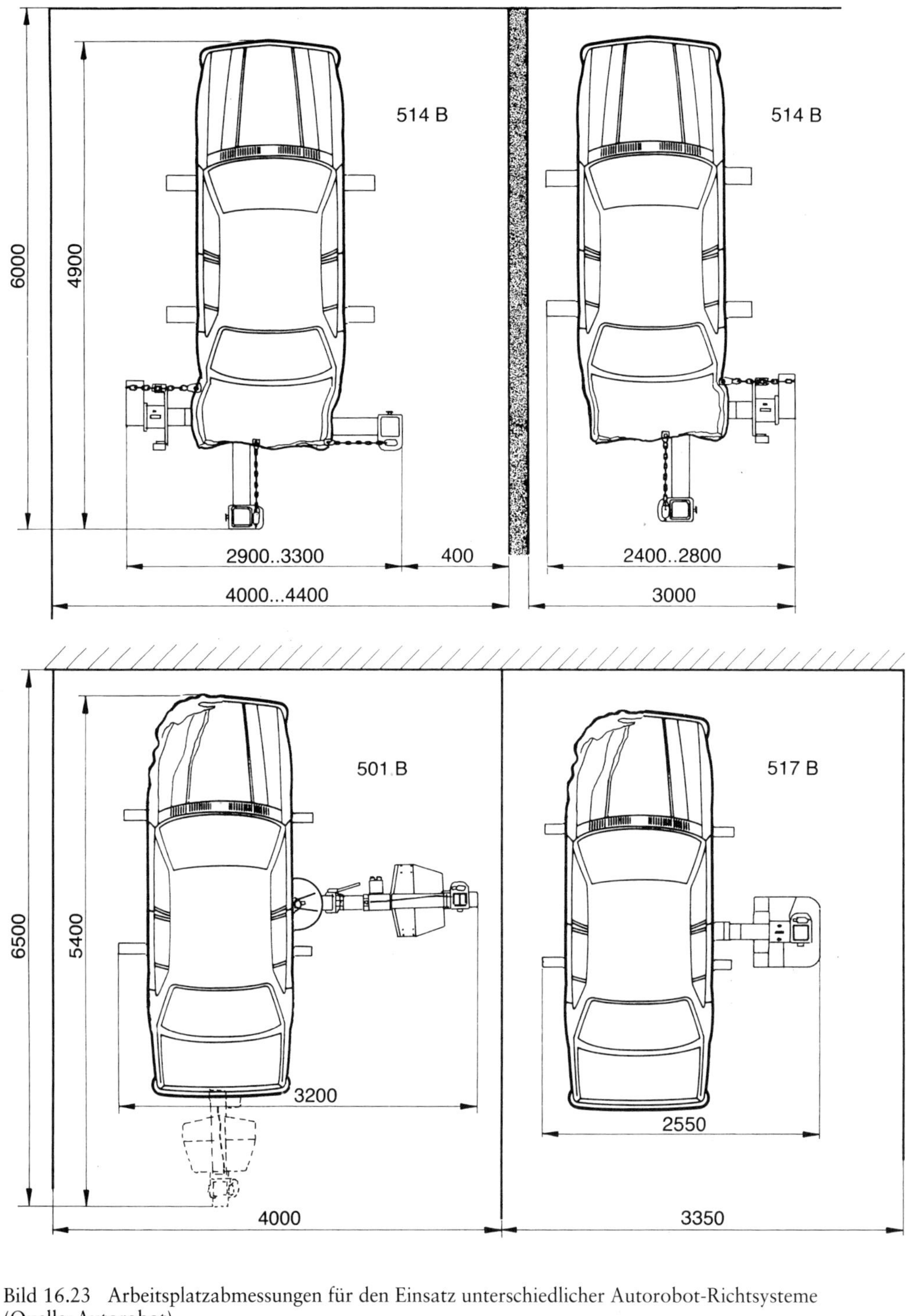

Bild 16.23 Arbeitsplatzabmessungen für den Einsatz unterschiedlicher Autorobot-Richtsysteme (Quelle: Autorobot)

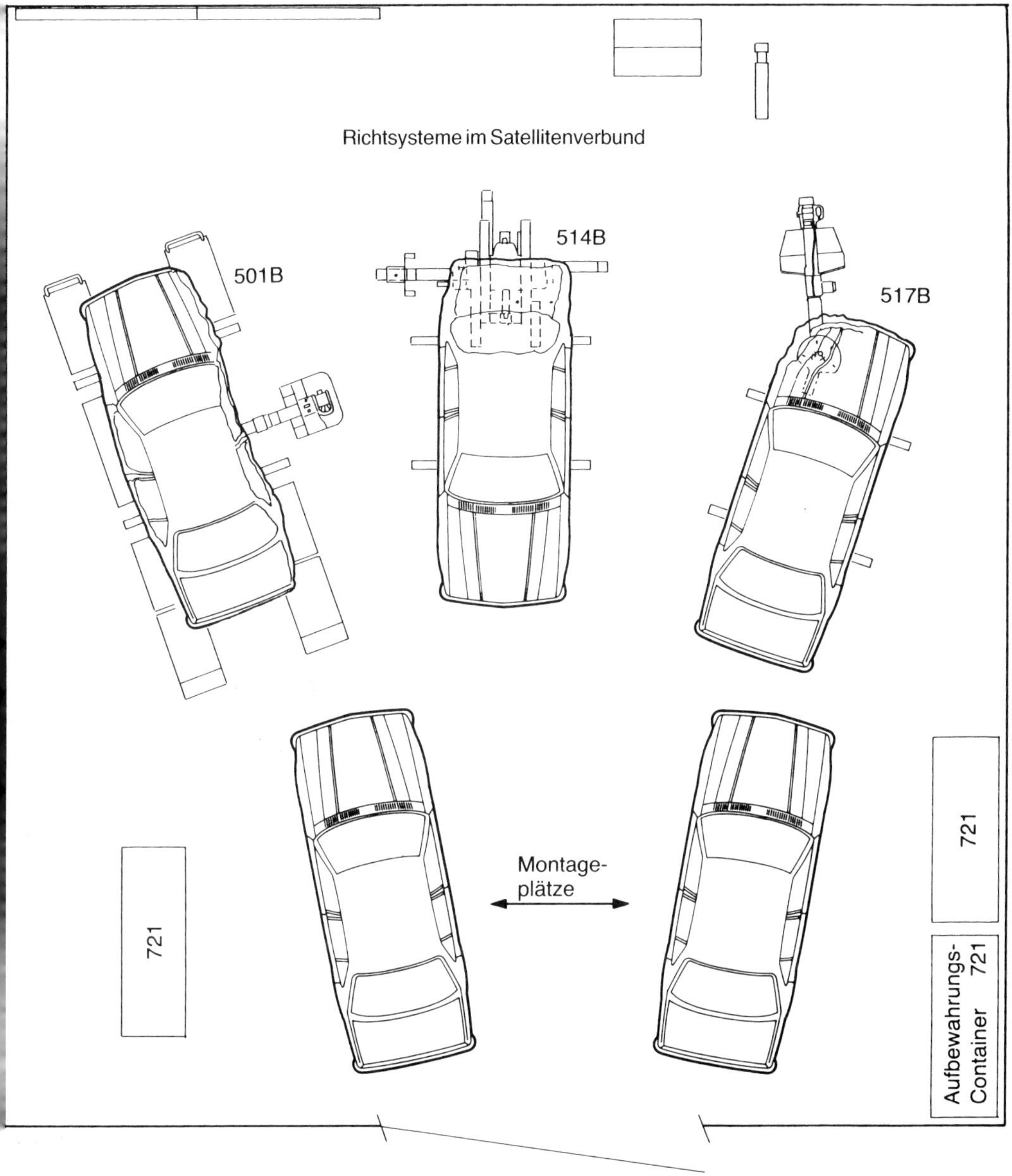

Bild 16.24 Fünf Karosserie-Arbeitsplätze auf kleinstem Raum bei noch ausreichender Bewegungsfreiheit um jedes Fahrzeug (Quelle: Autorobot)

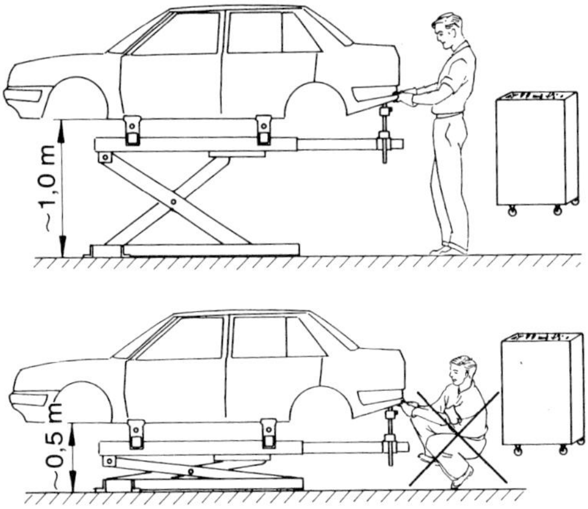

Bild 16.25 Die richtige Arbeitshöhe kann zwischen 0,5 m und 1 m variabel gewählt werden (Quelle: Autorobot)

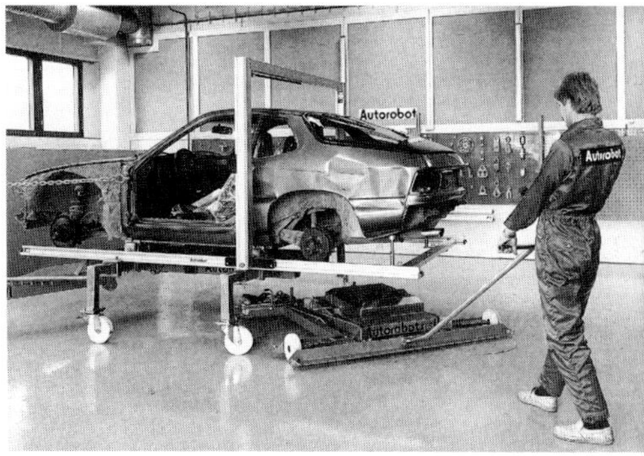

Bild 16.27 Der Satellit, die Hebevorrichtung, läßt sich leicht mit jeder Richtbank verbinden (Werkfoto Autorobot)

a)
b)

Bild 16.26a und b Die Auffahrrampen sind für jede Richtbank im Satellitensystem schnell anzubringen (Werkfoto Autorobot)

Bild 16.28a und b Mobile Kompaktlösung: der Karosserie-Arbeitsplatztyp Horrido (Werkfoto ASA-Lehr- und Versuchswerkstatt von Versicherungen und dem Kfz-Handwerk)

kann die Rückwand leicht entfernt werden.

Der obere Wagenteil besteht aus einem Werkzeugschrank mit zwei Flügeltüren. Jeder Türflügel ist in sich noch einmal klappbar und kann am Schrankkörper verriegelt werden. Der Werkzeugschrank ist komplett aus Lochblech gefertigt. Dadurch entstehen viele Möglichkeiten, die Werkzeuge sinnvoll aufzuhängen.

In diesem Kapiel kann aufgrund der Vielzahl unterschiedlicher Werkstattgegebenheiten nur ein kleiner Überlick auf interessante Lösungen zur Bewältigung von Karosseriearbeiten aufgezeigt werden. Wer als Entscheidungsträger in der Werkstatt vor dem Problem von Erweiterungen, Neubau oder Ablaufoptimierungen steht, sollte Experten zu Rate ziehen. Im Vorfeld von Änderungen ist eine fachlich fundierte Beratung gut investiertes Geld. Jede Änderung nach einer Umgestaltung kostet erfahrungsgemäß mehr als die vorherige Beratung.

16.8 Fragen und Antworten

1. Warum soll der Karosserie-Arbeitsplatz räumlich von der übrigen Werkstatt getrennt sein?
Antwort:
Im Karosseriebereich werden viel Lärm und Staub produziert. Für die anderen Mitarbeiter der Werkstatt ist dies eine starke Belästigung, die zur Leistungsminderung führt.

2. Was ist zur Leistungserhöhung der Mitarbeiter gebäudeseitig im Karosseriebereich zu tun?
Antwort:
Es sollten eine Schallisolierung und eine helle Umgebung vorhanden sein (großzügige Fensterflächen).

3. Weshalb sollte der Fahrzeugwaschplatz abgetrennt und weit weg von der Lackiererei installiert sein?
Antwort:
Die hohe Luftfeuchtigkeit am Waschplatz läßt blanke Blechteile, wie sie in der Karosserie- und Lackabteilung anfallen, schneller rosten bzw. beeinträchtigt die Klebearbeiten. Außerdem wird am Fahrzeugwaschplatz häufig die Fahrzeugaufbereitung durchgeführt. Das dabei verwendete Silikonspray ist «Gift» für die Lackiererei (Haftungsprobleme).

4. Warum wird eine spezielle Absaugung für den Karosseriebereich benötigt?
Antwort:
Bei Schleif-, Schweiß- und Kunststoff-Reparaturarbeiten tritt z.T. gesundheitsgefährdender Rauch auf.

5. Welchen Vorteil haben Energieampeln?
Antwort:
Durch die Energieversorgung von der Decke liegen keine Zuführungen auf dem Boden. Die Beschädigung von Elektrokabeln und die Stolperfallen werden verhindert.

6. Welche Art der Hebebühne eignet sich gut zum Aufbau der Fahrzeuge auf ein Richtwinkel- oder Schweißlehrensystem?
Antwort:
Eine versetzte 2-Säulen-Hebebühne.

7. Woran läßt sich der gute Service eines Richt- und Meßsystemherstellers feststellen?
Antwort:
An der schnellen Lieferbereitschaft von Richtwinkeln, Schweißlehren oder Meßblättern für neu am Markt erschienene Fahrzeugtypen.

8. Welche Vorteile hat ein Richtsystem mit Auffahrrampen?
Antwort:
Über 60% aller Unfälle ziehen einen leichten Schaden nach sich. Die Fahrzeuge sind noch fahrbereit. Sie müssen schnell auf das Richtsystem gefahren, verankert und rückverformt werden können. Erst bei Bedarf muß das Meßsystem ebenfalls schnell zu installieren sein.

9. Welche Möglichkeiten bieten sich an, um demontierte Karosserieteile oder neue Ersatzteile zu lagern?
Antwort:
Entweder in Gitterboxen/Holzkisten oder in rollbaren Aufbewahrungscontainern.

10. Welche praxisbewährten Alternativen gibt es zum «großen» Karosserie-Arbeitsplatz 2000?
Antwort:
Die Kompaktlösung mit modulartig aufgebauten Richt- und Meßsystemen sowie die fahrbare Karosserie-Arbeitsplatzausrüstung.

11. Welche Hauptvoraussetzungen muß eine Werkstatt erfüllen, um als Unfallschaden-Service-Werkstatt von den Autoversicherern akzeptiert zu werden?
Antwort:
a) Erstellung von EDV-Reparaturkosten-Kalkulationen einschließlich digitaler Bilder vom Unfallschaden und Datenversand per Datenfernübertragung,
b) Reparaturtechnik auf dem aktuellen Stand,
c) Ausbeularbeiten gemäß Ausbeulkatalog,
d) Glasschadenreparatur,
e) Kunststoffreparatur.

12. Welche Haupteinflußfaktoren bestimmen die wirtschaftliche Karosserie-Instandsetzung?
Antwort:
- Schadensbild,
- Fahrzeugtechnik,
- Instandsetzungstechnik.

13. Wieviel kostet die reine Reparatur eines durchschnittlichen Unfallschadens im Durchschnitt?
Antwort:
Ca. 3000 DM.

14. Wie lange darf das Aufspannen eines unfallbeschädigten und rollfähigen Autos auf die Richtbank maximal dauern?
Antwort:
10 Minuten.

15. Welcher Richtbanktyp erlaubt ein schnelles Befestigen des Fahrzeugs?
Antwort:
Die universelle Richtbank mit Auffahrrampen und separatem Meßsystem.

16. Welchen Vorteil bringt es, wenn die oberen Karosseriepartien schnell vermessen werden können?
Antwort:
Hierdurch entfällt das mehrmalige An- und Abbauen der Außenhaut-Karosserieneuteile, da die Paßgenauigkeit gemessen werden kann.

17. Sind von den meisten Fahrzeugherstellern immer noch allein die Richtwinkelsysteme freigegeben?
Antwort:
Nein. Als Alternative sind die Universalsysteme ebenfalls empfohlen.

18. Welcher Fahrzeughersteller hat als erster einen eigenen Vertriebsweg für die Altteil-Verwendung angeboten?
Antwort:
Mercedes-Benz.

19. Welche Aufgabe darf die Werkstatt bei der Verschrottung von Fahrzeugen gemäß Altauto-Verordnung übernehmen?
Antwort:
Sie darf die Fahrzeuge annehmen und im Namen des Verwerters den Entsorgungsnachweis ausgeben.

20. Welche Erfahrungen sind beim Karosserie-Arbeitsfeld 2000 mit der U-förmigen Deckenschienenanordnung gemacht worden?
Antwort:
Das Verschieben der Werkzeugtafeln zum jeweiligen Schadensbereich des Fahrzeugs ist kaum erforderlich, da (umgekehrt) das Fahrzeug immer so auf die Richtbank gestellt wird, daß sich der Schadensbereich zum einfallenden Tageslicht befindet.

21. Wie laut ist der Einsatz des Karosseriemeißels?
Antwort:
Beim Arbeiten mit dem Karosseriemeißel kann ein Lärmdruckpegel von 105 dB(A) erreicht werden (Preßlufthammer).

17 Die Reparaturlackierung bei der Karosserie-Instandsetzung

In diesem Kapitel werden dem Leser folgende Kenntnisse vermittelt

Lernziele	Lerninhalte
– den kompletten Umfang von Karosserie-Korrosionsschutzmaßnahmen darstellen(vom Entfetten der Oberfläche bis zur Decklackierung)	– kompletter Oberflächenschutz
– die Karosseriepartien nennen, die mit einer Innenlackierung versehen werden müssen, bevor sie als Neuteil eingeschweißt werden	– Innenlackierung
– die Karosseriebereiche aufzählen, die im Übergang vom Innen- zum Außenbereich lackiermäßig behandelt werden müssen	– Übergangsbereiche Innen- zu Außenlackierung
– die Gründe erläutern, warum bei der Lackierung von Karosserie-Innenteilen und Übergangsbereichen zur Außenlackierung die gleichen Arbeiten vorgenommen werden müssen wie bei der Außenlackierung selber	– Lackaufbau Innenlackierung und Übergangsbereich
– den Aufbau einer 3- und 4-Schicht-Pkw-Werkslackierung beschreiben	– Werkslackierung
– die Begriffe für die verschiedenen Arten einer Reparaturlackierung definieren	– Begriffsbestimmung bei der Reparaturlackierung
– die hauptsächlichen Unterschiede der Altlackierungen nennen und die Werkstattmethoden zur Erkennung der Altlackierungen aufzeigen	– Lackarten und Erkennung
– die einzelnen Schritte der Reparaturlackierung wiedergeben und die Besonderheiten bei verschiedenen Untergründen beschreiben	– Ablauf Reparaturlackierung
– die festgelegten Begriffe und Umfänge bei Teil- und Ganzlackierungen zu erläutern	– Lackierer-Merkblatt
– den Arbeitsablauf einer Kunststofflackierung darstellen	– Kunststofflackierung
– die grundsätzlichen Anforderungen an eine Werkstatt-Druckluftanlage, an Spritzpistolen und an den Atemschutz für Lackierer nennen	– Grundsätzliche Werkstattanforderungen zum Lackieren

In den vorangegangenen Kapiteln des Buches ist berechtigterweise immer wieder auf den Korrosionsschutz bei der Karosserie-Instandsetzung hingewiesen worden. Wenn dieses Thema mit den Teilbereichen Unterbodenschutz, Hohlraumversiegelung, Schweißpunktvorbehandlung und Nahtabdichtung abgeschlossen wäre, brauchte weiter nichts dazu vermerkt zu werden. Schließlich gehören derartige Arbeiten schon immer zu den Aufgaben des Karosseriereparateurs. Doch richtigerweise beginnt der Korrosionsschutz mit der Vorbehandlung des blanken Bleches und endet nach der Decklackierung mit der Hohlraumversiegelung. Das bedeutet für den Karosserie-Instandsetzer, daß er sich auch mit dem Kapitel Lackierung vertraut machen muß. Er ist derjenige, der an dem blanken Blech arbeitet und damit die Grundlage für den nachfolgenden Lackaufbau legt.

Darüber hinaus gibt es Karosseriepartien, die nur vor dem Einschweißen der Neuteile zugänglich sind und deswegen vom Reparateur auch lackiert werden müssen (z.B. innere Seitenwände, Karosserieboden, Schweller-/Radhausbereiche usw.). An die Innenflächen schließen sich die Übergangsbereiche an, die der Lackierer nachfolgend bearbeitet (z.B. Tür-

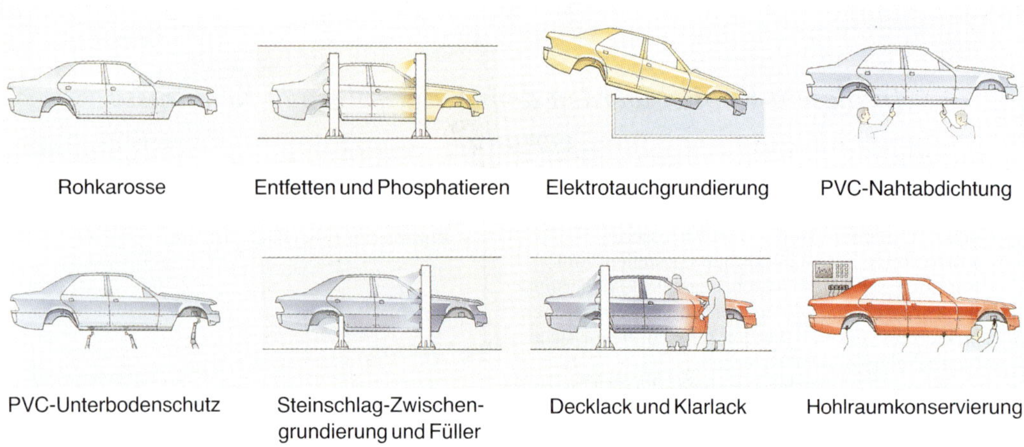

Bild 17.1 Schematische Darstellung des Korrosionsschutzes am Beispiel der neuen S-Klasse (1991) von Mercedes-Benz als «Drei-Schicht-Lackierung» (Werkfoto Mercedes-Benz)

rahmen). Gerade diese Schnittstellen führen häufig zu Meinungsverschiedenheiten zwischen Lackierer und Karosseriereparateur. Der Lackierer ist mit der Qualität der Vorarbeiten nicht einverstanden. Er bemängelt den nicht fachgerechten Lackaufbau und muß diese Partien abschleifen, um den richtigen Lackaufbau vorzunehmen. Als Beispiel sei hier die Lackierung mit Kunstharzlack genannt, die ohne ausreichende Vorbehandlung auf einen thermoplastischen Ausgangslack aufgetragen wurde. Wenn solche Übergangsbereiche vorhanden sind, kann kein Lackierer weiterarbeiten, da der thermoplastische Lack angelöst wird.

Mit der Aufnahme des Kapitels «Reparaturlackierung» wird das Ziel verfolgt, derartige Probleme auszuräumen. Zum besseren Verständnis ist als Vergleich dazu der Ablauf einer Werkslackierung noch einmal kurz dargestellt. Da die Verfahrensabläufe zur Reparaturlackierung von den verwendeten Materialien und damit von den jeweiligen Lackiersystemen abhängen, wird zur deutlichen Darstellung beispielhaft das Reparaturlackverfahren eines Lackherstellers beschrieben. Die konkrete Beschreibung des Arbeitsablaufes der Reparaturlackierung basiert auf dem Lackierverfahren des Hauses «Glasurit». Es wird jedoch weitgehend auf die Nennung von Glasurit-Materialbezeichnungen verzichtet. Statt dessen sind neutrale Begriffe wie Spachtelmasse oder Füller verwendet, um die Übertragbarkeit auf andere Lacksysteme zu erleichtern.

17.1 Die Werkslackierung

Grundsätzlich wird heute die Dreischichtlackierung aufgetragen (Tauchlackierung, Spritzgrundierung und Decklackierung). In Ausnahmefällen kommt es zur Vierschichtlackierung. Der Unterschied besteht in der zusätzlichen zweiten Zwischenschicht vor dem Decklackauftrag. Hierbei handelt es sich um nichts anderes als um einen eingefärbten Vorlack, der in etwa dem Farbton des anschließend aufzubringenden Decklackes entspricht. Diese Zwischenschicht wird insbesondere bei den Decklackfarbtönen sinnvoll, die im Vergleich zu kräftigen Farben weniger Deckkraft haben (z.B. Permutteffekt-Lacke). Wenn solche Farbtöne ohne angepaßten Vorlack gespritzt würden, müßten sie sehr dick aufgetragen werden. Eine zu dicke Lackschicht stört aber den Ablauf der Trocknung und würde zu vermehrten Fehlerquellen führen. Die Vorteile der zusätzlichen Zwischenschicht sind auch für die Reparaturlackierung erkannt worden. Hier wird von einem Tönfüller gesprochen.

17.2 Begriffsbestimmungen bei Reparaturlackierungen

Damit zwischen Karosseriereparateur und Lackierer keine Auffassungsunterschiede bei der Benennung der Reparaturlackierung auftreten, vorab einige Erläuterungen zum Sprachgebrauch.

17.2.1 Neulackierung als Reparaturlackierung

Diese Lackierung ist an neuwertigen Fahrzeugen erforderlich. Es sind aufwendige Spachtel- und Füllerarbeiten mit sorgfältigem Feinschliff vorzunehmen, da keine optische Beeinträchtigung des Decklackes akzeptiert wird.

17.2.2 Zeitwertlackierung

Wie der Name schon ausdrückt, soll die Reparaturlackierung dem Zeitwert des Fahrzeugs entsprechen. Es wird davon ausgegangen, daß die alte Lackierung insgesamt schon mit Kratzern und Beulen versehen ist. Deshalb sind für die Zeitwertlackierung weniger Spachtel- und Schleifarbeiten im Vergleich nur Neulackierung erforderlich.

17.2.3 Verkaufs- oder Gebrauchtwagenlackierung

Diese Lackierung wird dann durchgeführt, wenn das Polieren eines Fahrzeuglackes kaum mehr Erfolg bringt. Es ist eine kostengünstige Lackierung, bei der aufwendige Schleif- und Füllerarbeiten eingespart werden. Die gereinigte und entrostete Karosserieoberfläche wird nur mit Haftvermittler überzogen, auf den «naß-in-naß» der Decklack gespritzt wird.

17.2.4 Beispritzen

Dies ist eine Technik, die bei einer Teillackierung eingesetzt wird. Damit ist eine farbtongerechte Reparaturlackierung zu erreichen. Eine andere Bezeichnung dafür lautet «Blend-In-Verfahren»: Da der angemischte Farbton im harten Übergang zur Altlackierung mehr oder weniger stark auffällt, ist das Auge durch einen weichen Übergang an den neuen Farbton zu gewöhnen. Um das zu erreichen, wird die Reparaturstelle normal deckend lackiert. Die angrenzenden Partien sind danach auslaufend beizuspritzen. Anschließend wird die gesamte Fläche mit Klarlack überzogen. Diese Vorgehensweise setzt voraus, daß der Klarlack bis an vorhandene Karosseriekanten oder -spalten aufgetragen werden kann. Wenn die Karosserieflächen keine Abgrenzung haben, z.B. am Dachholm, ist der Übergang zu polieren.

Beim Beispritzen bzw. Blend-In-Verfahren wird eine wesentlich größere Fläche der Karosserie lackiert, als es die Schadstelle erfordert. Es können jedoch fast alle Farbtonunterschiede ausgeglichen werden (bei Uni- und Metalliklacken sowie begrenzt auch, mit noch größeren Übergangsflächen, bei Effektlacken möglich).

17.3 Lackarten und deren Erkennung

Bevor eine Reparaturlackierung aufgetragen wird, ist es erforderlich, die Art der Altlackierung zu bestimmen. Schließlich verträgt sich nicht jeder Altlack mit dem aufzutragenden Reparaturlack. Durch die Identifizierung des Altlackes kann das richtige Verfahren für die Reparaturlackierung ausgewählt werden.

Wie sind die Altlackierungen zu erkennen? Es existieren von den Lackherstellern Übersichten über die verwendeten Lackarten der einzelnen Automarken. Sie sind eine wertvolle Unterstützung bei der Identifizierung. Gleichzeitig enthalten diese Arbeitshilfen die Hinweise zu den jeweils richtigen Lackierverfahren. So muß z.B. für die Thermoplast-Acryl-Lackierung wegen der Lösemittelempfindlichkeit eine spezielles Lackierverfahren zur Anwendung kommen.

Lackart	Tätigkeit und Erkennungsmerkmale
– Nitro- und thermoplastische Acryl-Lackierung	Weißen Lappen mit Nitroverdünnung tränken und auf wenig sichtbarer Fläche verreiben. Diese Lackierungen werden angelöst, und der Lappen färbt sich ein.
– Nicht ausgehärtete Lackierung	Lappen mit Nitroverdünnung tränken und wenig sichtbare Fläche abreiben. Hier treten Quell- oder Beizerscheinungen auf. Beim Schleifen verhält sich die Lackierung gummiartig.
Ein- oder Zweischichtlackierung (Metallic-, Uni- oder Effektlacke)	Mit einem Taschenmesser die obere Lackschicht abschaben. Ist ein milchiger Abrieb erkennbar, handelt es sich um den Klarlack einer Zweischichtlackierung.

17.3.1 Farbtonüberprüfung

Wer bei der Innenteillackierung die Übergänge zu den Außenbereichen ebenfalls fertig lackieren will, muß eine Farbtonüberprüfung vornehmen. Hierzu soll die angemischte Farbe auf ein Probeblech aufgespritzt werden (nicht aufgestrichen). Nachdem sie getrocknet ist, kann der Farbtonvergleich stattfinden. Bei Metalliclacken sollte die Probespritzung von demjenigen vorgenommen werden, der auch die Decklackierung spritzt. Der Farbton und die Helligkeit hängen sehr stark von der Verarbeitungsweise ab (Spritzdruck, Viskosität des Lackes, Spritzweise, Pistolenabstand usw.).

Wenn der Farbton mit der Altlackierung nicht übereinstimmt, wird es für den Karosseriereparateur kritisch. Er ist ohne Mischanlage kaum in der Lage, Farbtonangleichungen vorzunehmen. Besser ist es, sich beim Lackieren auf die Innenteile zu beschränken und die Übergänge nur vorzubehandeln – aber so, daß der Lackierer später direkt weiterarbeiten kann.

17.4 Reparaturlackierung auf metallischem Untergrund

Nun endlich zur eigentlichen Reparaturlackierung. Dabei sollte sich jeder Reparateur darüber im klaren sind, daß die farbtonbringende Decklackierung nur ca. 10% des Gesamtarbeitsaufwandes darstellt. Etwa 90% der Zeit für eine Reparaturlackierung wird durch die sorgfältig auszuführenden Vorarbeiten verbraucht.

17.4.1 Oberflächenvorbehandlung

Entrosten
Als erstes müssen alle Flächen gründlich gesäubert werden. Das heißt für eventuell angerostete Flächen, daß sie sogar gestrahlt werden sollten, wenn die Rostflecken mit dem einfachen Schleifen nicht verschwinden.

Reinigen und Schleifen
Als nächstes folgt das Reinigen der Flächen. Generell sind die metallisch blanken Flächen vor jeder weiteren Bearbeitung mit einem speziellen Blechreinigungsmittel und Verdünnung abzuwischen. Es sind keine regenerierten (wiederaufbereiteten) Verdünnungen zu verwenden, da diese u.U. noch Verunreinigungen enthalten. Erst danach kann mit dem Schleifen der Oberfläche begonnen werden (P 80). Weiche Übergänge vom blanken Blech zur Altlackierung werden mit der Körnung P 120 bis P 180

Bild 17.2 Materialien zum Reinigen und Schleifen

Bild 17.3 Das Schleifpapier klebt auf dem Schleifteller des Exzenterschleifers. Es wird in zwei Größen geliefert.

erreicht. Nach dem Schleifen muß die Fläche nochmals mit dem Blechreinigungsmittel und anschließend mit Teer- und Silikonentferner abgewischt werden.

Verzinnte Flächen
Ein besonderes Augenmerk ist auf verzinnte Flächen zu richten. Hier muß für das restlose Entfernen des Flußmittels gesorgt werden, insbesondere in den Randbereichen. Die verzinnten Partien sollten sicherheitshalber mit einem alkalischen Entfettungsmittel (3%ige Ammoniaklösung) abgerieben und anschließend mit heißem Wasser abgewaschen werden. Danach ist die Fläche mit dem Blechreinigungsmittel gut zu säubern. In diesem Fall ist es ratsam, sogar mit einer Wurzelbürste zu arbeiten. Nun ist die geschrubbte Fläche mit einem Lappen, der mit Verdünnung getränkt wurde, abzuwischen. Jetzt folgt das Schleifen. Wenn die verzinnte Oberfläche mit einem Winkelschleifer bearbeitet wurde, sind grobe Kratzspuren zurückgeblieben. Auf jeden Fall sollte diese Oberfläche gut nachgeschliffen werden. Anschließend ist die Bearbeitungsstelle wieder großflächig mit dem Blechreinigungsmittel sowie Teer- und Siliconentferner sehr gründlich abzuwischen. In diesem Zusammenhang der Hinweis auf aluminiumlegierte Bleche: Hieran dürfen wegen der Gefahr der elektrolytischen Korrosion keine Verzinnungsarbeiten vorgenommen werden (vgl. Abschnitt 9.2).

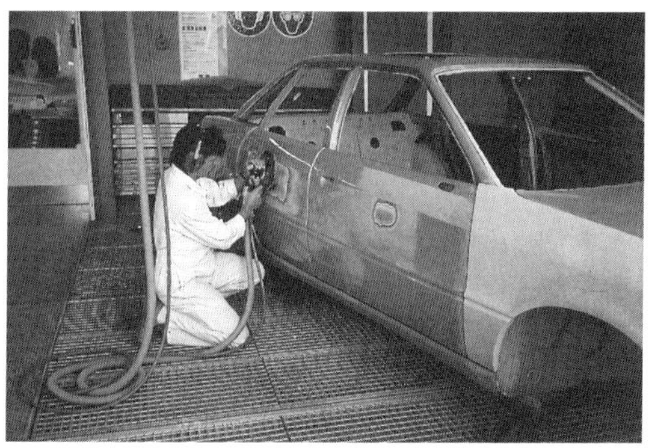

Bild 17.4 Schleifgerät mit Absaugung im Einsatz

Bild 17.5 Schleifstelle an verzinktem Blech. Deutlich ist der graue Zinküberzug als direkter Anschluß an der blankgeschliffenen Stelle zu erkennen.

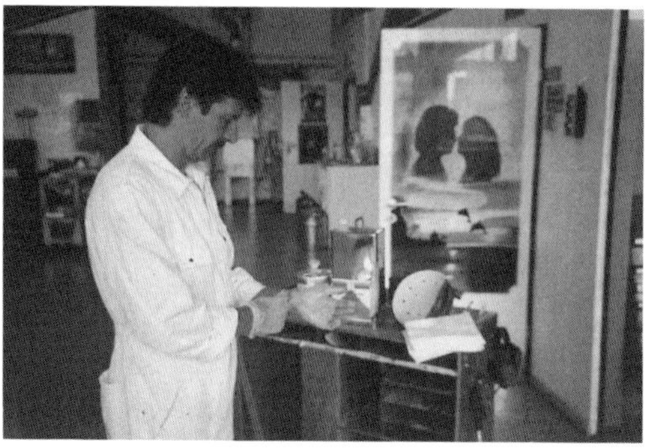

Bild 17.6 Vor allen Arbeiten mit chemischen Produkten sollten Schutzhandschuhe angezogen werden.

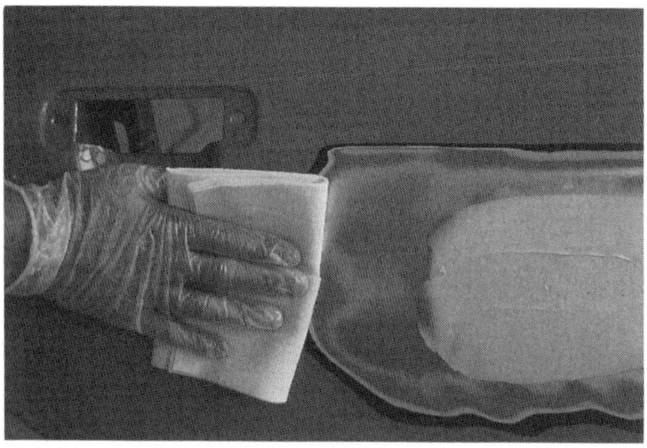

Bild 17.7 Lackprobe mit einem Lappen, der vorher mit Verdünnung getränkt wurde

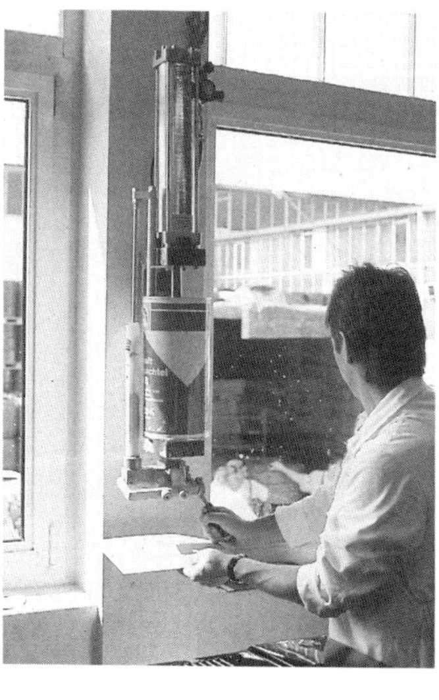

a)

17.4.2 Spachtelarbeiten

Spachtelmasse aufziehen

Die Polyesterspachtelmasse wird mit dem Härter im vorgeschriebenen Verhältnis angemischt. Danach kann mit der richtigen Spachtelklinge, je nach Karosseriepartie, die Spachtelmasse aufgezogen werden. Es gibt mittlerweise Spachtelmassen, die auf allen metallischen Untergründen haften (Stahl, Alu, verzinnte und verzinkte Bleche). Vorsicht ist geboten, wenn in die Altlackierung hineingespachtelt werden soll. Hier ist zuerst die Lösemittelempfindlichkeit der Altlackierung zu prüfen. Dazu sollte ein mit Acrylverdünnung getränker Lappen ca.1 Minute auf die angechliffene Fläche der Altlackierung gelegt werden. Danach kann mit dem Fingernagel die Abschälprobe gemacht werden. Zeigt sich

b)

Bild 17.8a und b Entnahme von Spachtelmasse und Härter aus der Dosiereinrichtung. Das richtige Mischungsverhältnis ist gewährleistet.

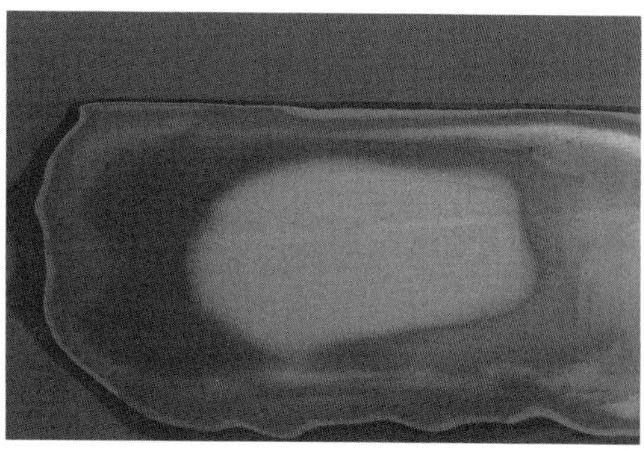

Bild 17.9 3-Zonen-Bearbeitungsbereich

hierbei, daß die Lackierung weich geworden ist, darf sie nicht überspachtelt werden. In solchen Fällen muß die zu spachtelnde Schadstelle großflächiger abgeschliffen werden, so daß letztendlich drei Zonen im Lackierbereich entstehen:

a) Schadstelle mit blankem Blech und anschließendem Spachtelauftrag,
b) blankes Blech um den Spachtelauftrag,
c) Altlackierung.

Die Altlackierung ist in den Randzonen mit feinem Schleifpapier P 240 bis P 280 anzuschleifen.

Spachtelmasse schleifen
Nach der vorgeschriebenen Aushärtezeit der Spachtelmasse kann mit Schleifpapier P 80 geschliffen werden. Danach folgt der Feinspachtelauftrag. Ist dieser getrocknet, wird er ebenfalls mit Schleifpapier P 80 geschliffen. Anschließend ist es sinnvoll, eine Kontrollfarbe aufzubringen (streichen). Die Kontrollfarbe wird mit 90% Acrylverdünnung und 10% Nitro-Kombifüller (schwarz) vermischt, aufgetragen und sofort abgewischt. Danach folgt der Feinschliff mit P-150- bis P-240-Papier. Durch die schwarze Kontrollfarbe sind jetzt alle noch vorhandenen Schleifriefen und Poren sichtbar und können nachgespachtelt werden.

Alternativ zum Feinspachtelauftrag kann mit dem Streichspachtel (Streichplastik) gearbeitet werden. Er hat denVorteil, daß er, wie der Name schon sagt, aufgestrichen wird und somit viel einfacher an Rundungen und Ecken zu verarbeiten ist.

Achtung bei aluminiumlegierten und verzinkten Blechen: Vor dem Spachtelauftrag muß ein Haftgrund gespritzt werden, wenn keine Spezialspachtelmasse zur Verfügung steht.

Bild 17.10 Der Streichspachtel wird im vorgeschriebenen Verhältnis angemischt und sofort aufgetragen

a)

b)

Bild 17.11a und b Auftragen des Streichspachtels als Alternative zum Feinspachtelauftrag mit der Klinge

a)

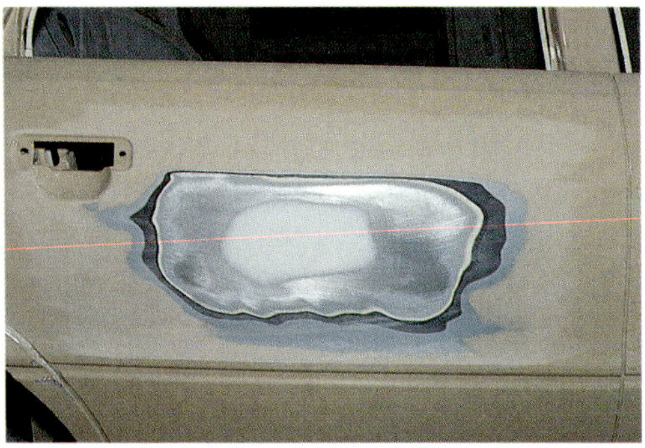

b)

Bild 17.12a und b Vergleich der Spachtelstellen: Streichspachtel und Ziehspachtel mit Klinge aufgetragen (im Drei-Zonen-Bereich)

Bild 17.14 Krater und Schleifspuren im Spachtelauftrag lassen sich nicht vermeiden. Sie sind aber schlecht zu erkennen

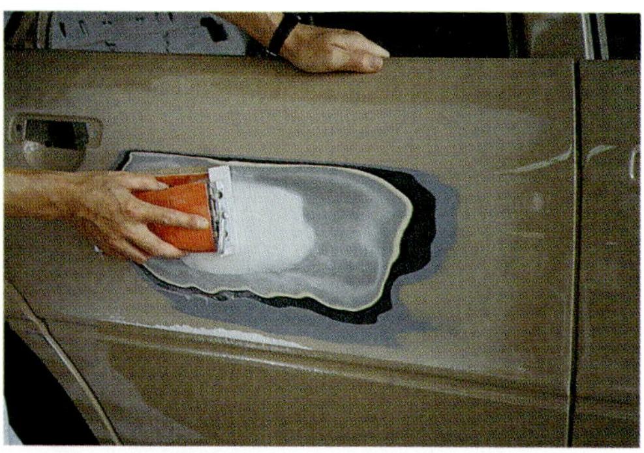

a)

b)

Bild 17.13a und b Schleifarbeiten von Hand und Durchschliffstelle

a)

b)

Bild 17.15a und b Kontrollfarbe aufstreichen, abwischen und anschleifen. Auch kleinste Kratzer werden deutlich sichtbar.

17.4.3 Vormaterialien aufbringen

Zusätzlicher Korrosionsschutz
Beim Schleifen der gespachtelten Partien kann es passieren, daß an einigen Stellen wieder das blanke Blech durchkommt. Hier muß ein zusätzlicher Korrosionsschutz mit einem Spritzgang aufgetragen werden. Dieser Korrosionsschutz erfüllt mehrere Funktionen. Er wirkt als Isoliergrundierung, als Rostschutz, als Haftgrundierung und als Füller. Die Ablüftzeit, also die Zeit, die benötigt wird, bevor die Fläche weiterbearbeitet werden kann, beträgt ca. 15 Minuten bei 20 °C.

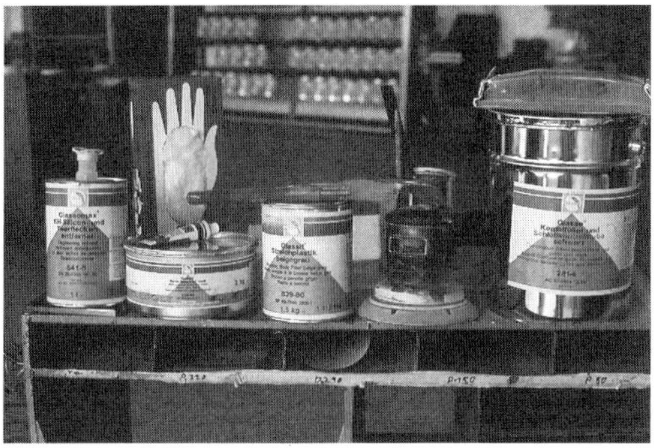

Bild 17.16 Materialien und Geräte für die bisherigen Arbeitsgänge (von links nach rechts): Reinigungsmittel, Schutzhandschuhe, Ziehspachtel, Streichplastik, Exzenterschleifer, Kontrollfarbe und Handschleifklotz

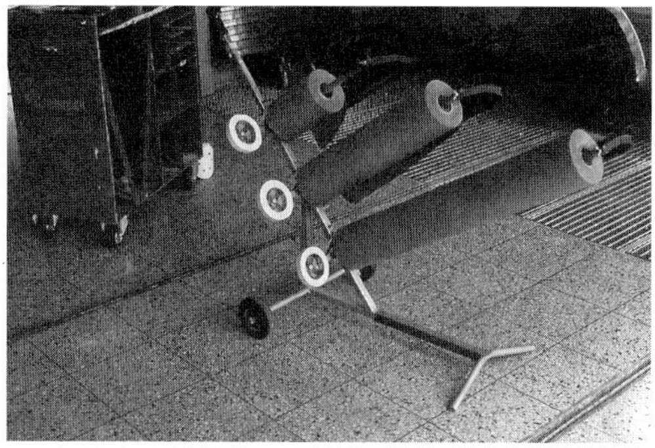

a

b

Bild 17.17a und b Ständer für Abdeckpapier mit automatischer Aufbringung der Klebestreifen

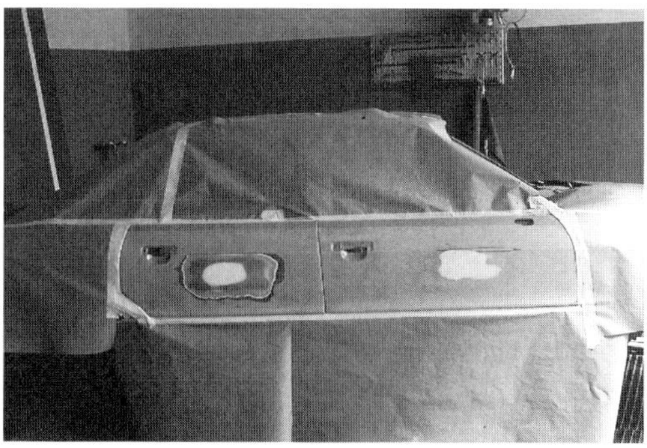

Bild 17.18 Vorgegebene Karosseriekanten und -spalte bestimmen die Fläche des Lackierbereiches

a)

b)

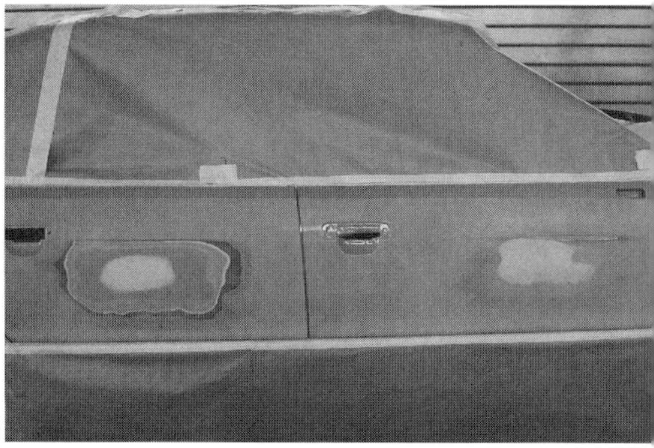

Bidl 17.19a und b Der zusätzliche Korrosionsschutz wird im richtigen Verhältnis angemischt und nur dünn aufgetragen

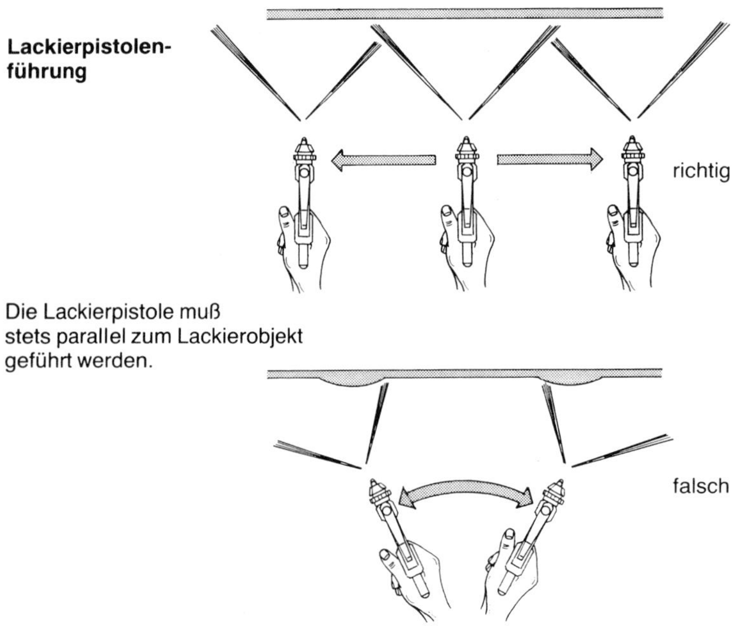

Bild 17.20 Lackierpistolenführung in der Theorie

Grundfüller auftragen
Der Grundfüller wird großflächig auf die Reparaturstelle gespritzt. In den meisten Fällen kommt der beigefarbene chromatfreie Polyurethangrundfüller zum Einsatz. Er ist in zwei Spritzgängen aufzutragen. Nach dem ersten Spritzgang wird nur so lange gewartet, bis eine gleichmäßige matte Oberfläche entstanden ist. Nach dem zweiten Spritzgang erfolgt eine Trocknung, die entweder in der Kabine bei 60 °C ca. 20 Minuten dauert oder bei 20 °C ca. 1,5 bis 2 Stunden benötigt. Die Schichtdicke des Grundierfüllers beträgt. ca. 50 bis 60 µm.

An dieser Stelle müssen einige Bemerkungen über den Begriff Spritzgang gemacht werden. Unter einem Spritzgang ist das gleichmäßige Führen der Spritzpistole mit angepaßter Geschwindigkeit über eine Fläche zu verstehen. Die Pistole wird dabei in einem konstanten Abstand parallel zur Fläche geführt, die lackiert werden soll. Es dürfen keine wedelnden Handbewegungen stattfinden.

Aus früheren Zeiten ist der Begriff «Kreuzgang» noch bekannt. Hierbei wird am Rand der zu spritzenden Fläche begonnen und die Pistole zuerst von links nach rechts und umgekehrt geführt. Wenn die Reparaturfläche einmal komplett überspritzt ist, wird aus der Hinundherbewegung eine von Oben-nach-unten-Bewegung. Auch in dieser Bewegungsrichtung wird die komplette Reparaturfläche überspritzt. Die gesamte Fläche ist bei einem Kreuzgang doppelt mit Lack- oder Vormaterial überzogen. Bei den Kreuzgängen entstehen vielfach Materialanhäufungen an den Umkehrpunkten und somit unzulässig hohe Schichtstärken. Deshalb wird heute von dieser Spritztechnik abgeraten.

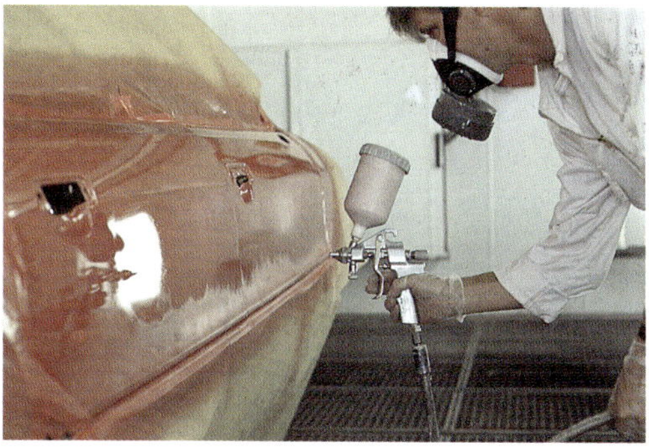
a)

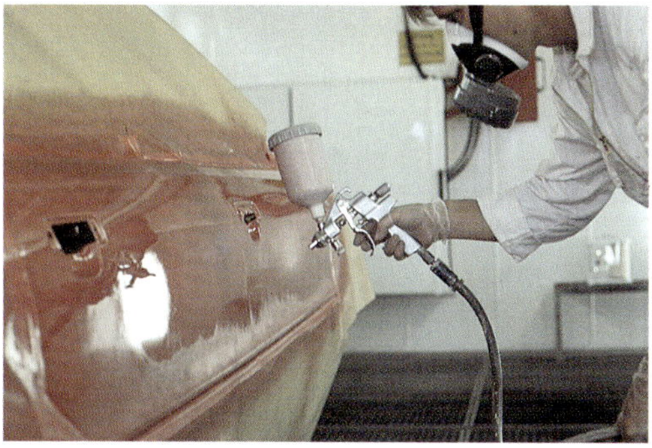
b)

Bild 17.21a und b Lackierpistolenführung in der Praxis; oben richtig – unten falsch

Bild 17.22 Spritzgang und Kreuzgang. Zur Verdeutlichung wurde am Fahrzeug nur die Hälfte der zu lackierenden Fläche im waagerechten Kreuzgang besprüht

Bild 17.23 Tönfüller und Decklack müssen gemischt werden

Tönfüller auftragen

Als Alternative zum Spritzfüller kann der bereits am Anfang erwähnte «Tönfüller» aufgetragen werden. Der Hauptvorteil liegt bei einer besseren Deckkraft des anschließend aufzutragenden Decklackes. Das gilt insbesondere für bleifreie Farbtöne sowie Perleffektlacke. Darüber hinaus fallen Decklackabplatzer, die durch Steinschlag hervorgerufen werden, nicht so leicht auf, da der Tönfüller annähernd die Wagenfarbe hat. Außerdem können bei den Zweikomponenten-Acryllacken Farbreste zum Anmischen für den Tönfüller verwertet werden.

Ingesamt betrachtet kommt es bei guter Farbtiefe der Decklackierung zu weniger Spritzgängen und dadurch zu Materialeinsparungen. Der Tönfüller wird zuerst mit dem entsprechenden Decklack gemischt. Dann wird er im Drittelverhältnis mit Verdünnung und Härter angerührt. Beim Spritzen ist die gleiche Folge und Schichtstärke wie beim normalen Füller einzuhalten. Für die Trocknung wird allerdings etwas mehr Zeit benötigt; Ofentrocknung bei 60 °C ca. 30 Minuten; Raumtrocknung bei 20 °C ca. 3 Stunden.

Bild 17.25 Solange der Tönfüller (auch der normale Grundfüller) noch naß ist, glänzt er

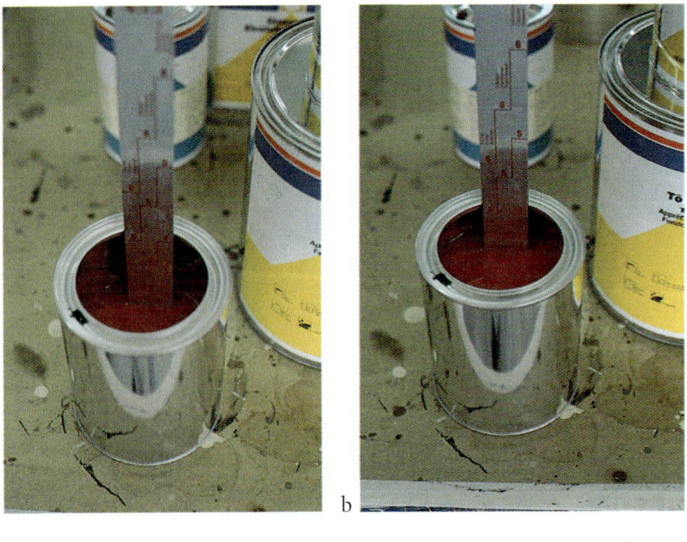

a b

Bild 17.24a und b
Wenn Tönfüller und Decklack gemischt sind, werden mit Hilfe des Meßstabes erst Verdünnung und dann Härter dazugegeben. Die rechte Skala des Meßstabes zeigt das korrekte Mischungsverhältnis im Drittelmix an (jeweils bis zur waagerechten Markierung auffüllen)

Schleifen von Grund- und Tönfüller
Beide Füllerarten werden nach derselben Vorgehensweise entweder naß oder trocken geschliffen. Beim Naßschliff kann die Schleifmaschine und Gitterleinen (entspricht der Körnung P 800 bis P 1000) zum Einsatz kommen oder es wird von Hand geschliffen (P 600 bis P 800). Der Trockenschliff erfolgt mit Schleifpapier P 400. Aus Gründen der Zeitersparnis sollte der Trockenschliff bevorzugt werden.

Bild 17.27 Vorbereiten für den Naßschliff mit Gitterleinen

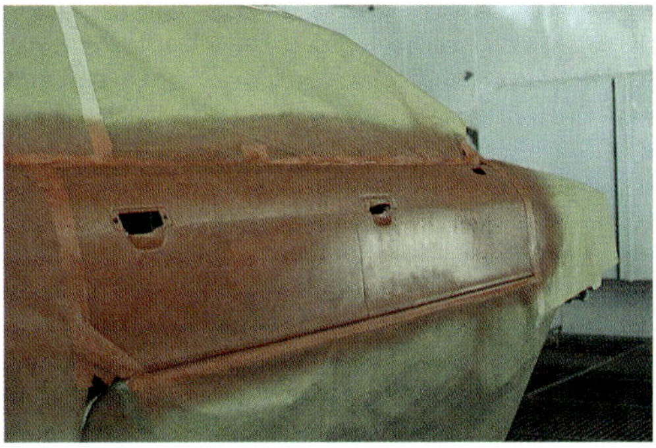

Bild 17.26 Die Fläche mit dem Tönfüllerauftrag ist nun mattglänzend. Jetzt kann der zweite Spritzgang des Tönfüllers erfolgen

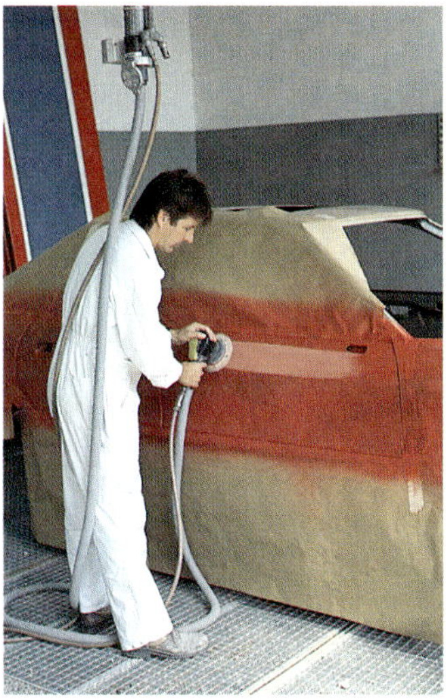

Bild 17.28 Trockenschliff des Tönfüllers

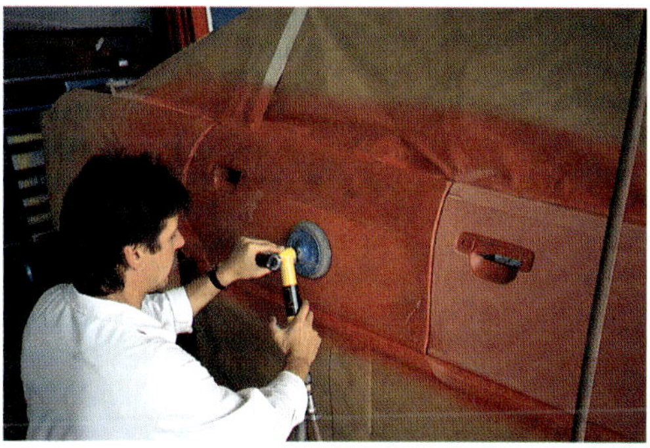

Bild 17.29 Vordere Tür Trockenschliff, hintere Tür Naßschliff; die Qualität der geschliffenen Oberfläche ist in beiden Fällen gleich

17.4.4 Decklackierung

Bevor die Decklackierung aufgetragen wird, muß die Fläche sorgfältig gereinigt werden. Dies geschieht zuerst mit dem Teer- und Silikonentferner. Anschließend ist die komplette Fläche mit dem Staubbindetuch abzureiben. Danach darf die zu lackierende Fläche nicht mehr mit den Fingern berührt werden.

Unilackierung
Der Staub ist einer der großen Feinde für den Lackierer. Deshalb ist es ratsam, daß der Lackierer selber einen speziellen Schutzanzug überzieht, den er nur zum Lackieren bzw. schon kurz vorher beim Anmischen des Decklackes verwendet.

Der Decklack wird entweder auf der Mischbank angerührt oder er kommt als Fertigfarbton aus der Dose. Im Normalfall werden heute die Zweikomponenten-Acryllacke verwendet. Sie sind mit der vorgechriebenen Menge Härter anzumischen. Die Unilackierung wird in zwei Spritzgängen aufgetragen. Nach dem zweiten Spritzgang folgt eine kurze Ablüftzeit, bis der Lack «fingertrocken» ist. Nach dem zweiten Spritzgang wird nur noch kurz abgelüftet, bevor die Ofen- oder Strahlertrocknung einsetzt. Bei 60 °C dauert die Trocknung ca. 30 Minuten. Die Lackierung ist danach noch nicht voll belastbar, sondern nur «montagefest». Das lackierte Fahrzeug sollte frühestens nach sieben bis zehn Tagen zum ersten Mal wieder in die Waschstraße.

Zweischichtlackierung
(Metallic, Effekt und Uni)
Bei der Zweischichtlackierung wird nach den beschriebenen Vorbereitungen zunächst der Basislack aufgespritzt. Er gibt den Farbton und einen eventuell gewünschten Effekt an. Der Basislack ist ein Teil des gesamten Lacksystems und bei den Metallic- bzw. Effektlacken allein nicht wetterbeständig. Deshalb muß immer eine Versiegelung darüber aufgetragen werden – der Klarlack. Bei den Unilacken ist diese Versiegelung noch nicht allgemein üblich, da sie auch ohne Klarlack beständig sind gegenüber der normalen Belastung. Trotzdem gehen immer mehr Fahrzeughersteller heute dazu über, auch den Unilack mit Klarlack zusätzlich zu schützen.

Der Basislack wird gemäß Herstellerangaben angemischt und in zwei Spritzgängen aufgetragen. Die Schichtdicke beträgt je Auftrag etwa 15 bis 25 µm. Beim Spritzen ist auf eine «wolkenfreie» Lackierfläche zu achten. Nach dem ersten Spritzgang muß der Basislack so lange ablüften, bis eine gleichmäßig matte Fläche entstanden ist. Danach folgt der 2. Spritzgang. Auch dieser lüftet bis zum «Mattglanz» ab. Jetzt kann als letzte Schicht der Klarlack in ebenfalls zwei Spritzgängen aufgetragen werden. Dann folgt die Trocknung wie bei einem Unilack.

Bei den Vor- und Decklacksystemen werden immer wieder die Begriffe «LS» (Low-Solid), «MS» (Medium-Solid) und «HS» (High-Solid) verwendet. Hierbei handelt es sich um die Anteile der Festkörper im Lack. Als Bewertungsmaßstab in bezug auf die Umweltbelastung läßt sich vereinfacht darstellen, daß der Anteil der Lösungsmittel mit steigendem Festkörperanteil abnimmt.

17.4.5 Zusammenfassung der Reparaturlackierung auf metallischem Untergrund

Obwohl es unterschiedliche Reparaturlacksysteme gibt, läß sich zusammenfassend der Arbeitsablauf wie folgt darstellen:

- ☐ Reinigen der Reparaturstelle
- ☐ Schleifen (Strahlen)
- ☐ Lackerkennung im Schleifbereich
- ☐ Spachtelmasse aufziehen
- ☐ Spachtelmasse schleifen
- ☐ Kontrollfarbe aufbringen, abwischen und anschleifen
- ☐ Feinspachtelmasse aufziehen (Streichspachtel)
- ☐ Feinspachtelmasse schleifen
- ☐ zusätzlicher Korrosionsschutz (Isoliergrund)
- ☐ Füller auftragen (Tönfüller)
- ☐ Füller schleifen (naß oder trocken)
- ☐ Decklack spritzen
- ☐ Klarlack überziehen

17.4.6 Schadensbilder an lackierten Flächen mit metallischem Untergrund

Trotz vermeintlicher guter Vorarbeit und Lackierung passiert es immer wieder, daß die Lackschicht früher oder später Fehlstellen aufweist. Es würde zu weit führen, alle bekannten Schadensbilder und deren Ursachen aufzuführen. Deshalb wurde nur das ausgesucht, was auch den Karosseriereparateur betrifft, wenn er einen Teil der Vorbehandlung nicht fachgerecht durchführt bzw. Innen- und Übergangsbereiche selber lackiert. Darüber hinaus sind zwei Beispiele aufgeführt, die als Gebrauchsschäden einzustufen sind.

Bild 17.30 «Durchblutung» von zwei Polyesterspachtelstellen. Grund: zuviel Härter in der Spachtelmasse

Bild 17.31 «Kocher» im Decklack. Gründe: zu starke Lackschicht, zu schnelles Erwärmen beim Trocknen. In allen Fällen haben sich Lösemittel durch den noch sehr frisch aufgetragenen Decklack gearbeitet.

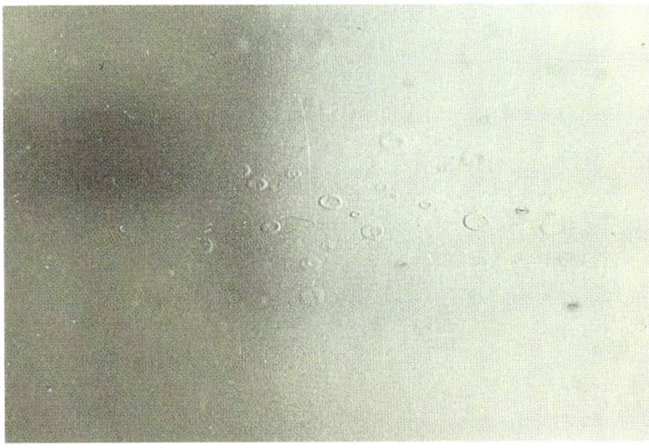

Bild 17.32 Eingefallene «Blasenbildung». Gründe: ähnlich wie bei den Kochern. Nur sind hier die Lösemittel nicht durch den frisch aufgetragenen Decklack gewandert, sondern später. Sie konnten einen Teil des Decklackes noch anheben, bevor er eingefallen ist. Dies geschieht auch, wenn der Vorlack nicht lange genug abgedünstet war.

Bild 17.33 Geöffnete Blase mit Unterrostung. Der Decklackfetzen ist zurückgeklappt (oben) und zeigt das Spiegelbild des Flächenrostes (unten). Gründe: mangelhafte Blechvorbehandlung, Fingerschweiß nicht entfernt, Steinschlag-Spätschaden.

Bild 17.34 Abgeplatzter Decklack von hinten. Deutlich haften noch Schmutz- und Rostreste daran. Gründe: ähnlich wie Bild 17.33. Da aber eine geschlossene Decklackfläche vorliegt, kann ein Steinschlagschaden ausgeschlossen werden.

Bild 17.35 Steinschlagschaden. Durch den Gebrauch des Fahrzeugs entstanden. Wenn nicht nachgebessert wird, können Schäden, wie auf Bild 17.33 zu sehen, entstehen.

Bild 17.36 Teerflecken; oben: noch auf dem Decklack, unten: bereits abgewischt. Es bleiben Lackverfärbungen zurück. Schaden durch den Gebrauch des Fahrzeugs.

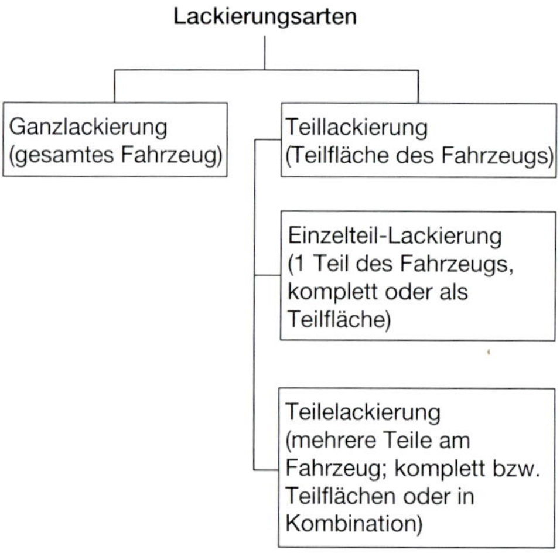

Bild 17.37 Definition: Ganzlackierungen/ Teillackierungen

17.4.7 Stellungnahme zu Lackierarbeiten aus dem Lackierer-Merkblatt (Fassung vom Juli 1993)

Zur Erinnerung sei zunächst auf die festgelegte Terminologie hingewiesen:

- Ganzlackierung = gesamtes Fahrzeug
- Teillackierung = Teilfläche des Fahrzeugs
- Einzelteil-Lackierung = ein Teil des Fahrzeugs (komplett oder als Teilfläche)
- Teile-Lackierung = mehrere Teile am Fahrzeug (komplett bzw. Teilflächen oder in Kombination)

Nachfolgend sind die wichtigsten Punkte des Lackierer-Merkblattes in Stichworten zusammengefaßt:

Hell-/Dunkel-Farbflop

Bei Metallics (Aluminium-Pigmente grob, fein) ist als Effekt ein mehr oder weniger starker Hell-/Dunkel-Umschlag (Flop) zu verzeichnen. Durch besondere Effekt-Pigmente (Perleffekt) entsteht zusätzlich ein Farbflop.

Beilackieren
Grundsätzlich bleibt es bei der Unterteilung:
- Beilackieren innerhalb eines Teils (in der Fläche)
- Beilackieren über mehrere Teile hinweg (in angrenzende Teile)

Wo immer möglich, sollte bei 2- und 3-Schicht-Lackierungen das Beilackieren in der Fläche angewendet werden (Blend-in-Verfahren).

Winkel und Ebenen
Bei der Entscheidung «Beilackieren» ist darauf zu achten, daß sich die optische Wirkung einer Lackfläche verändert, wenn ein Wechsel von einem liegenden Karosseriebereich in einen stehenden Bereich erfolgt (Kotflügel/Motorhaube)!

Farbton-Vergleich und Muster
Das Anfertigen von Farbmustern und eine evtl. Nach-Nuancierung sind in den Lackierzeiten einiger Fahrzeug-Hersteller und im Schwacke-AZT-System enthalten. Bei anderen Fahrzeug-Herstellern muß diese Arbeit zusätzlich in die Kalkulation aufgenommen werden!

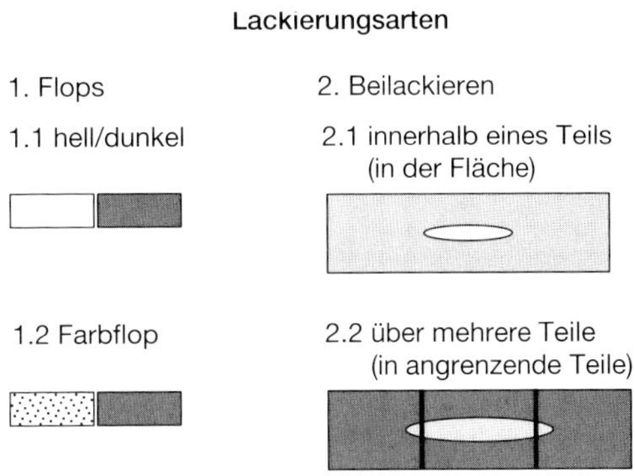

Bild 17.38 Farbflops und Beilackieren

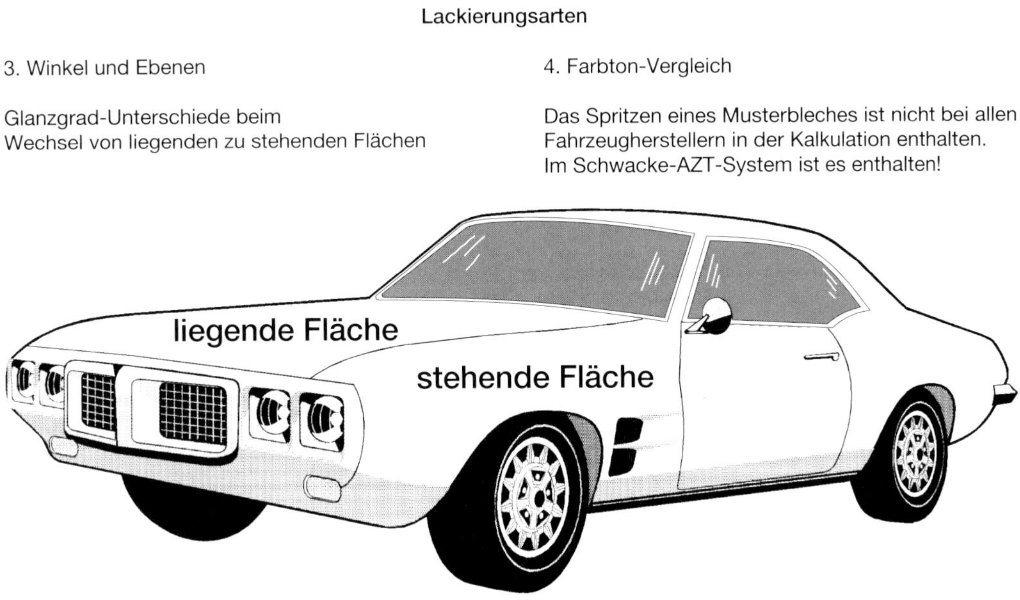

Bild 17.39 Glanzgrad-Unterschiede und Farbtonvergleich

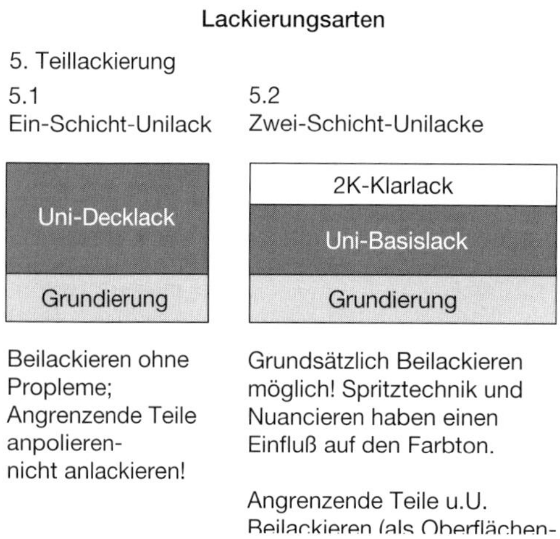

Bild 17.40 Teillackierungen Ein-/Zweischicht-Unilacke

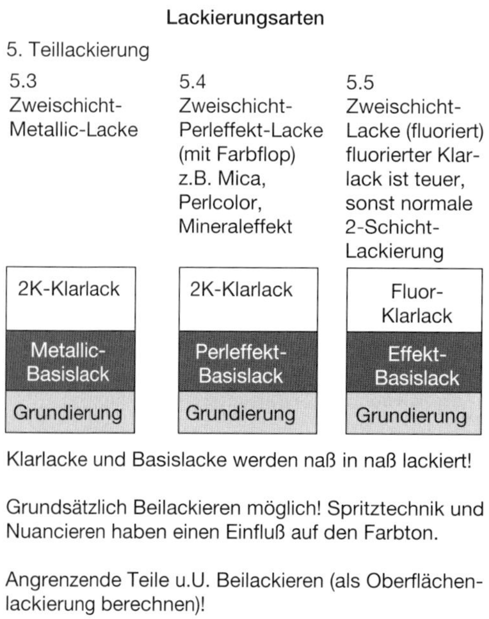

Bild 17.41 Teillackierungen Zweischicht-Lacke

Teillackierung mit 1-Schicht-Uni-Lacken
Lackierung des ganzen Teils oder einer Teilfläche gibt keine Probleme. Angrenzende Teile müssen u.U. anpoliert werden, um den Glanzgrad zu egalisieren. Sie brauchen zur Farbton-Anpassung nicht beilackiert werden. Ausnahme: Ready-Mix-Lacke!

Teillackierung 2-Schicht-Lacke
Prinzipiell ist diese Arbeit möglich. Im Vergleich zu Uni-Lacken ist die Farbton- bzw. Effekt-Angleichung etwas schwieriger, da die Spritztechnik und Nuancierung einen starken Einfluß darauf haben. Unter Umständen ist das Beilackieren eines oder mehrerer in der Ebene angrenzenden Teils(e) erforderlich. Dieser Arbeitsgang wird dann als Oberflächenlackierung berechnet.

Lackaufbau 2-Schicht-Lacke
2-Schicht-Uni-Lackierungen:
1. Uni-Basislack
2. 2K-Klarlack (naß in naß)

2-Schicht-Metallic-Lackierung:
1. Metallic-Basislack
2. 2K-Klarlack (naß in naß)

2-Schicht-Perleffekt-Lackierungen (mit Farbflop):
1. Perleffekt-Basislack
2. 2K-Klarlack (naß in naß)

2-Schicht-Lackierungen mit fluoriertem Klarlack:
1. Effekt-Basislack
2. Fluor-Klarlack (naß in naß)

Lackaufbau 3-Schicht-Lacke
3-Schicht-Lackierung mit 2 Klarlack-Schichten:
1. Effekt-Basislack
2. 2K-Klarlack (naß in naß) trocknen und feinschleifen
3. 2K-Klarlack ggf. polieren

Anmerkungen: Grundsätzlich gilt für das Teillackieren die gleiche Aussage wie bei den 2-Schicht-Lackierungen. Durch den 2fachen Auftrag von Klarlack soll eine höhere Oberflächen-Qualität erreicht werden.

3-Schicht-Lackierung mit 2 Klarlackschichten (davon eine eingefärbte Schicht):
1. Effekt-Basislack
2. 2K-Klarlack eingefärbt (naß in naß)
3. 2K-Klarlack (naß in naß)

Anmerkungen: Durch die eingefärbte Zwischen-Klarlackschicht wird ein zusätzlicher Farbflop erreicht. Dieser Effekt ist abhängig von der aufgetragenen Schichtdicke. Dadurch wird eine genaue Farbangleichung nicht immer möglich. In solchen Fällen sind die in einer Ebene angrenzenden Teile beizulackieren!

3-Schicht-Perleffekt-Lackierung (mit Farbflop):
1. eingefärbter Vorlack (auf den Basislack abgestimmt)
2. Perleffekt-Basislack (naß in naß)
3. 2K-Klarlack (naß in naß)

Anmerkungen: Der eingefärbte Vorlack unterstützt die Wirkung des Basislackes, da dieser nicht völlig deckend ist. Farbton und Effekt werden durch die Anzahl Basislack-Spritzgänge bestimmt. Bei Bedarf sind die in einer Ebene angrenzenden Teile beizulackieren. Dabei müssen sowohl der Vorlack als auch der Perleffekt-Basislack auslaufend gespritzt werden.

Spezial-Effekt-Lackierungen
Hierzu zählen: Brillant-, Brillantcolor-, Diamant- und Kristalleffekt-Lackierungen. Wenn sie nicht als Serien-Werkslackierung hergestellt sind, können Lackierungen meist nur über die gesamte Sichtfläche (komplette Wagenseite) oder als Ganzlackierung vorgenommen werden.

Farbtoleranzen für die Automobil-Lackierungen
Die Messungen sind nach wie vor sehr aufwendig, wenn sie normgerecht durchgeführt werden sollen. Billig-Ausführungen von Farbspektrometern sind mit Vorsicht zu beurteilen. Die Normierung (DIN 6175) für Farbtoleranzen bezieht sich bis jetzt nur auf Uni-Lackierungen! Eine Bestimmung der Toleranzwerte für Metallic-Lackierungen ist noch in Arbeit.

Bild 17.42 Teillackierungen Dreischicht-Lackierungen

Bild 17.43 Beispiel Spezial-Effekt- und Design-Lackierung

17.4.8 Besonderheit: Lackschäden im Frühling durch die Auto-Waschanlage

Neben den Erläuterungen des Lackierer-Merkblattes soll noch auf eine Lackbeschädigung hingewiesen werden, die saisonbedingt immer wieder auftreten kann:

Hin und wieder passiert es, daß Pkw-Besitzer im Streit mit dem Betreiber einer Auto-Waschanlage liegen, weil nach der Fahrzeugwäsche Kratzspuren im Lack zu sehen sind. In diesem Zusammenhang sei auf einen Vorgang hingewiesen, der sich vor einiger Zeit ereignete.

Die Kratzspuren waren nur im Dachbereich eines Pkw-Kombi vorhanden. Es handelte sich um tiefe Kratzer, die von parallel-laufenden weniger harten Spuren begleitet wurden. Die Hauptspuren zerstörten den Decklack (Uni-1-Schicht), gingen aber nicht bis aufs Blech durch.

Untersuchungen ergaben, daß die Blütenstände von Haselnußsträuchern («Kätzchen») dafür verantwortlich waren. Das Fahrzeug wurde üblicherweise in der Nähe eines größeren Strauches dieser Art geparkt, so daß sich die herabfallenden trockenen Blütenstände im Wasserkasten unterhalb der Windschutzscheibe sammelten. Durch die Rotation der waagrechten Bürste in der Portal-Waschanlage verhakten sich die Blütenstände in den Borsten und wurden so über das Autodach gezogen. Sobald die Bürsten am Fahrzeugende frei liefen, wurden die Blütenstände durch die Fliehkraft herausgeworfen. Dadurch erklärt sich, warum die Motorhaube keine Kratzspuren aufwies: Die Blütenstände wurden bei der ersten Bürstenbewegung (von vorne nach hinten in der Portal-Waschanlage) erst nach der Motorhaube von der Bürste erfaßt und waren beim Rückwärts-Waschgang nicht mehr vorhanden.

Solange die Blütenstände noch jung und frisch sind, ist der etwa 5 bis 10 cm lange tragende Stengel sehr elastisch und verursacht keine Schäden. In diesem Stadium fallen die Blütenstände üblicherweise aber noch nicht von den Bäumen. Erst wenn die Stengel alt und hart sind, fallen sie ab und können in einer Waschanlage die Kratzspuren verursachen.

Fazit: Im Streitfall sollte am betroffenen Fahrzeug der Wasserkasten auf Blütenstände untersucht werden. Selbst wenn der Vorgang in der Waschanlage schon mehrere Tage alt ist, ändert sich nicht die Parkgewohnheit des Auto-

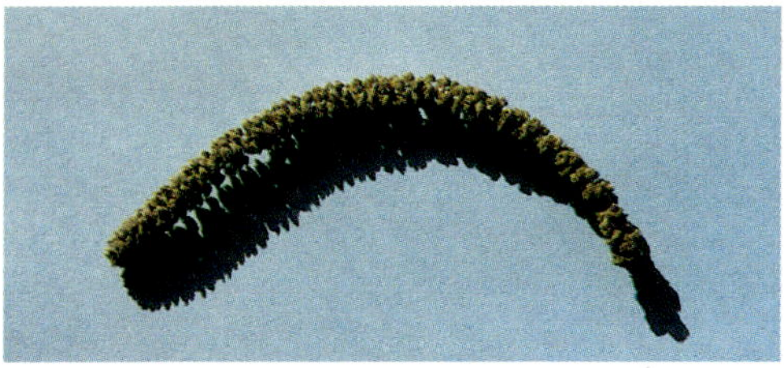

Bild 17.44 Die Blütenstände der Haselnuß werden 5–10 cm lang. Die gebogene Form deutet auf die typischen Kratzspuren hin.

Bild 17.45 Typische z.T. halbkreisförmige Kratzspuren, verursacht durch Blütenstände

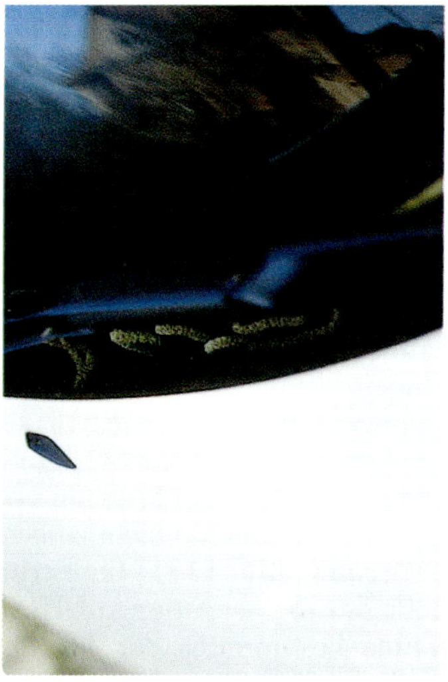

Bild 17.46 Im Wasserkasten des Fahrzeugs (Übergang Motorhaube zur Windschutzscheibe) sammeln sich oft die Blütenstände

fahrers. Es fallen immer wieder neue Blütenstände in den Wasserkasten. Diese Schaden-Ursache kann in den Monaten Februar bis April auftreten (je nach Witterung bzw. Blütezeit des Haselnußstrauches).

17.5 Kunststofflackierung

Bei der Kunststofflackierung, die unter handwerklichen Bedingungen vorgenommen wird, sind glücklicherweise die Zeiten vorbei, daß für unterschiedliche Kunststoffarten (s. Abschnitt 9.5) auch verschiedene Lackierverfahren zu wählen sind. Heute kann von einer generellen Lackierbarkeit aller im Außenbereich eines Fahrzeuges befindlichen Kunststoffe nach *einem* Lackierverfahren mit geringen Varianten ausgegangen werden.

Es gibt nur zwei Kunststoffe, die nicht lackierbar sind: PE und reines PP (reines PP wird aber kaum eingesetzt).

Die Vereinheitlichung des Lackierverfahrens für Kunststoffe macht es möglich, bei der Beschreibung der Vorgehensweise weitgehend globale Aussagen zu treffen. Deshalb wird in diesem Abschnitt nicht von einem bestimmten herstellerbezogenen Verfahren ausgegangen.

17.5.1 Vorbereitung des Kunststoffteils

Die Kunststoffteile erhalten ihre Gestaltung üblicherweise dadurch, indem sie in Werkzeugformen produziert werden. Dabei müssen sie solange in der Form bleiben, bis sie stabil genug sind, daß sie auch ohne Werkzeugform ihre Konturen beibehalten. Während dieser Zeit verfestigt sich der Kunststoff nicht nur selber, er baut auch eine Haftung zur Werkzeugform auf. Wenn diese Haftung nicht unterbunden wird, kann das Kunststoffteil nicht mehr aus der Werkzeugform genommen werden. Deshalb werden die Werkzeugformen an der Innenwand mit einem Trennmittel besprüht. Das Trennmittel bringt zwar einerseits den Vorteil für die Entformung des Teils aus dem Werkzeug, andererseits haftet es aber auf der Oberfläche des Kunststoffs. Hier wirkt es ebenfalls als Trennmittel, wenn das Kunststoffteil anschließend lackiert werden soll, d.h., der Lack haftet nicht.

Nach einer gründlichen Reinigung der Kunststoffoberfläche ist zwar im Augenblick kein Trennmittel mehr festzustellen, jedoch drängen die in den Poren des Kunststoffteils weiterhin befindlichen Trennmittelreste wieder nach außen. Speziell unter Wärmeeinwirkung wird dieser Vorgang beschleunigt. Wenn also ein frisch lackiertes Kunststoffteil in die Trockenkabine gestellt wird, kann es passieren, daß bereits während der Trocknung weitere Trennmittelüberbleibsel an die Oberfläche wandern. Sie stören die Lackhaftung und können Krater in der Lackoberfläche erzeugen. Damit derartiges nicht passiert, sollten die Kunststoffteile bereits vor der Lackierung mindestens eine Stunde bei 60 °C in der Kabine getempert werden, also einer Wärmebehandlung ausgesetzt sein. Hierdurch wird soviel Trennmittel «ausgeschwitzt», daß es bei der späteren Lacktrocknung nicht mehr stört. Dieser Hinweis gilt insbesondere für PUR und PA. Beim Tempern muß allerdings sorgfältig darauf geachtet werden, daß sich das Teil unter der Wärmeeinwirkung nicht verformt (u.U. muß z.B. eine Stoßstange in der Mitte noch unterstützt werden). Neben dem Trennmittel wirken in einigen Kunststoffen auch noch die Weichmacher des Teils störend für einen Lackaufbau. Sie sind besonders bei elastischen Kunststofftypen ein Bestandteil des Kunststoffs und haben das Bestreben, an die Oberfläche des Teils zu wandern. Durch Reinigen und Tempern können sie ebenfalls von der Oberfläche entfernt werden.

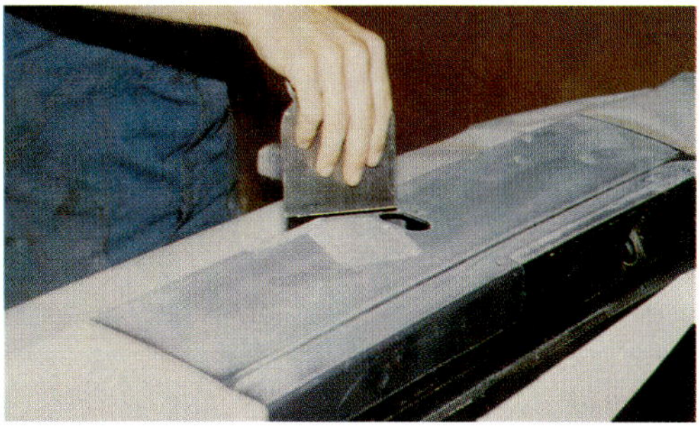

Bild 17.47 Feinspachtelauftrag an einer Kunststoffheckklappe

Damit beim Tempern die Trennmittel und Weichmacher ungehindert abdunsten können, ist das Kunststoffteil vor der Wärmebehandlung gründlich zu reinigen und danach anzuschleifen. Das Reinigen erfolgt mit einem Spezialreiniger, der mit einem Lappen auf die Oberfläche des Kunststoffteils gerieben wird. Das Schleifen geschieht mit einem Schleifpapier (Körnung P 600). Während dieser Arbeit ist darauf zu achten, daß insbesondere bei aufgeschäumten PUR-Teilen die geschlossene Oberfläche nicht beschädigt wird. Wenn strukturierte Oberflächen vorhanden sind, darf nur mit dem Schleifpad (Schleifkissen) gearbeitet werden. Beim Einsatz von Schleifpapier würde die Oberflächenstruktur zerstört.

Bild 17.48 Schleifen des Kunststoffteils mit dem Exzenterschleifer

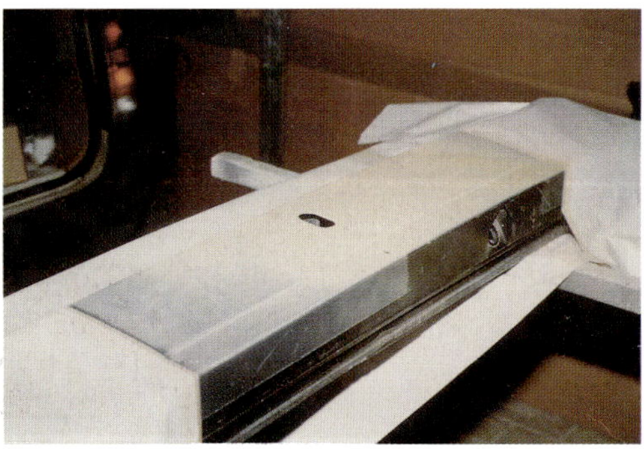

Bild 17.49 Füllerauftrag im Schleifbereich

17.5.2 Schleifen und statische Entladung des Kunststoffteils

Nach dem Tempern ist das Kunststoffteil mit einem fusselfreien Lappen, der mit dem Spezialreiniger getränkt ist, abzuwischen. Anschließend können noch vorhandene kleine Kratzer oder Poren mit einer Feinspachtelmasse verschlossen werden.

Achtung! Hier sind die Lackherstellerangaben besonders zu berücksichtigen, da es Spachtelmassen gibt, die als Untergrund einen Haftvermittler benötigen. Der Haftvermittler ist dann nach dem Reinigen des Kunststoffteils aufzuspritzen. Er benötigt anschließend eine Ablüftzeit von ca. 15 Minuten bei 20 °C.

Nachdem die Spachtelmasse aufgetragen und ausgehärtet ist, wird sie mit P-220-Körnung geschliffen. Jetzt muß das gesamte Kunststoffteil noch einmal mit Spezialreiniger abgerieben werden. Da sich die Kunststoffteile durch die Bearbeitung statisch aufladen, ziehen sie alle umherschwirrenden Staubteile an. Eine fehlerfreie Oberflächenlackierung wäre nicht möglich. Deshalb ist das Kunststoffteil zusätzlich statisch zu entladen. Dies geschieht durch eine Antistatikflüssigkeit, die mit einem Lappen aufgetragen wird. Häufig ist allerdings die Reinigungsflüssigkeit schon gleichzeitig Antistatikflüssigkeit. Alternativ kann auch eine Ionisierungspistole verwendet werden. Mit ihr wird ionisierte Luft auf das Teil geblasen, wodurch sich die statische Aufladung abbaut.

17.5.3 Haftvermittler und Füller auftragen

Wenn das Kunststoffteil nicht mehr statisch aufgeladen ist, kann der Haftvermittler gespritzt werden. Er ist als Ein- oder Zweikomponentenmaterial erhältlich und soll für die gute Bindung des Füllers mit der Kunststoffoberfläche sorgen. Wenn allerdings ein werksgrundiertes neues Kunststoffteil lackiert wird, erübrigt sich der Auftrag des Haftvermittlers! Das gilt auch , wenn vor dem Spachtelauftrag bereits der Haftvermittler aufgetragen wurde. Der sich anschließende Füllerauftrag soll die restlichen kleinen Kratzer der geschliffenen Oberfläche ausgleichen. Er erhält einen Weichmacherzusatz (Elastifizierer, Softfacezusatz), damit der danach aufzutragende Lack die Bewegungen des Kunststoffteils mitmacht und nicht abplatzt. Der Füller ist ein Zweikomponentenmaterial und muß mit dem Härter vermischt werden. Der Härter darf aber erst eingeschüttet werden, wenn der Füller mit dem Weichmacherzusatz gut verrührt ist. Nun kann der Füller aufgespritzt werden. Die Trocknung erfolgt nach den Anweisungen des Lackherstellers. Danach muß die gefüllerte Oberfläche mit Schleifpapier P 600 geglättet werden. Hieran schließt sich wieder das Reinigen an. Vor dem Decklackauftrag ist das Kunststoffteil nochmals statisch zu entladen. Wie bereits beim Füllerauftrag auf Stahlblech beschrieben, kann auch beim Kunststoff ein Tönfüller verwendet werden. Die Begründungen dafür sind die gleichen wie bei der herkömmlichen Reparaturlackierung.

Bild 17.50 Naßschleifen des Füllerauftrages

17.5.4 Decklack auftragen

Die Vorgehensweise zum Auftragen des Decklackes wird davon bestimmt, ob es sich um einen Uni-Ton oder einen Zweischicht-Metalliclack handelt. Bei der Unilackierung muß dem Decklack wieder im vorgeschriebenen Verhältnis der Weichmacherzusatz beigemischt werden. Das Aufspritzen erfolgt in mehreren Schichten, wobei eine Zwischenablüftzeit von jeweils ca. 10 Minuten erforderlich wird. Grundsätzlich soll die Gesamt-Decklackschicht aber die gewohnte Schichtstärke nicht überschreiten.

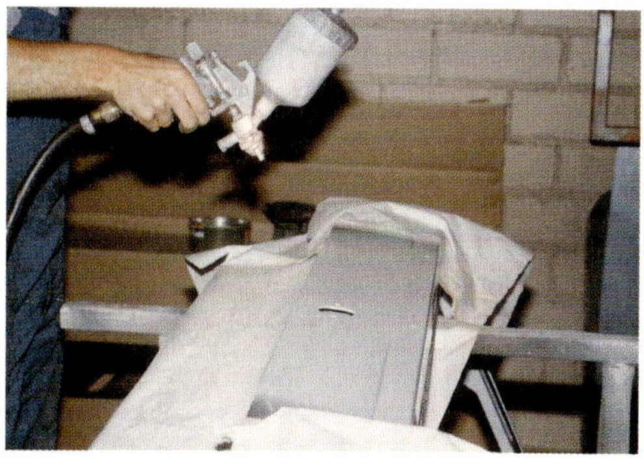

Bild 17.51 Haftvermittler (Primer) auftragen. Je nach Lacksystem kann dieser Arbeitsgang schon vor dem Spachtelauftrag erforderlich sein.

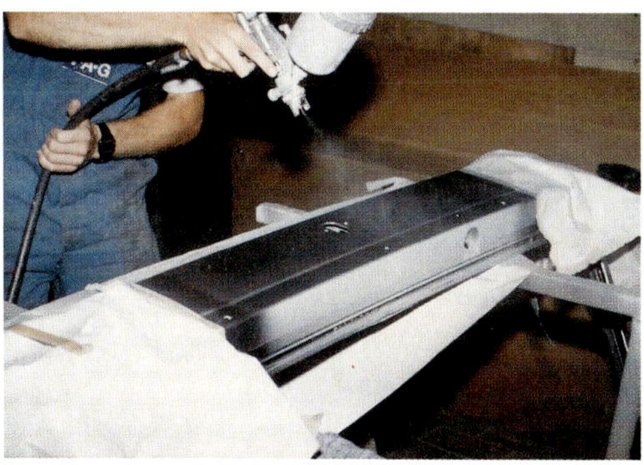

Bild 17.52 Auftragen des Basismetalliclackes

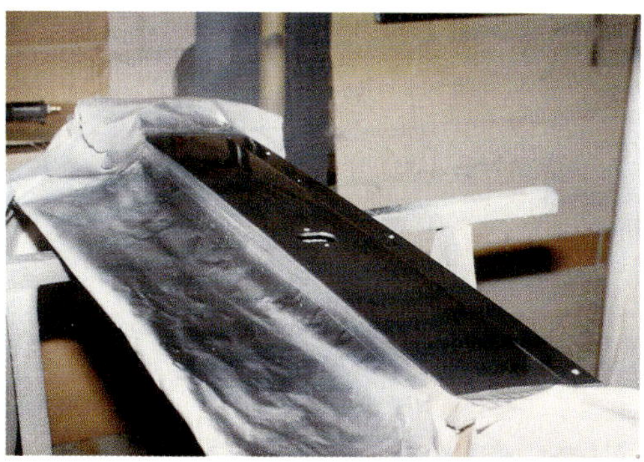

Bild 17.53 Basismetalliclack mit Klarlack überzogen

Bild 17.54a und b Geschliffene Reparaturstelle und lackierte Reparaturstelle mit Strukturlack

Bei der Zweischicht-Metalliclackierung wird zuerst der Basislack aufgespritzt. Er bekommt keinen Weichmacherzusatz! Erst der Klarlack erhält den Elastifizierer. Die Zwischenablüftzeiten sind wieder gemäß Herstellervorgaben einzuhalten.

Wenn das Kunststoffteil eine Oberflächenstruktur hat, ist diese nach einer durchgeführten Reparatur in dem Bereich der Bearbeitung abgeschliffen. Die Lackierarbeiten werden dann aber genauso wie beschrieben durchgeführt. Die Strukturierung wird durch einen speziellen Decklack erzeugt. Es ist verständlich, daß bei einer Strukturlackierung das komplette Teil lackiert werden muß.

17.6 Werkstattausstattung für die Reparaturlackierung

Die Beschreibung einer kompletten Lackiererei kann nicht das Ziel dieses Kapitels sein. In diesem Beitrag soll nur kurz auf die genannten Geräte und Einrichtungen eingegangen werden. Sie bilden die Grundlage, um überhaupt die Lackierung von Innenteilen in Erwägung zu ziehen. Grundsätzlich müssen die bestehenden Auflagen und Sicherheitsvorschriften für das Lackieren eingehalten werden. Dies gilt insbesondere für die Absaugung des Farbnebels beim Spritzen.

Mindestdurchmesser von Druckluftleitungen

Liefermenge l/min	Mindestdurchmesser bei Länge der Haupt- bzw. Ringleitung bis 50 m	bis 150 m	über 150 m
500	3/4″	1″	entsprechend stärker
1000	1″	11/4″	
1500	1″	11/2″	
2000	11/4″	2″	
3000	11/2″	2″	

Bild 17.55
Erforderlicher Durchmesser von Druckluftleitungen (Quelle: Sata)

Berechnungsgrundlage: Arbeitsdruck = 6 bar

Druckluftleitungen sollten einem Arbeitsdruck von 15 bar standhalten.

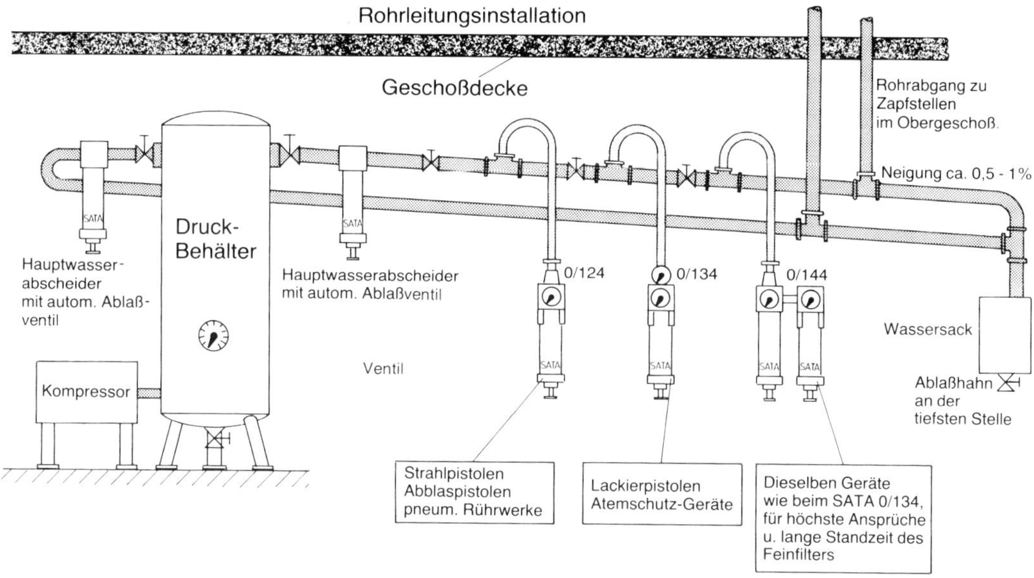

Vorteile der Ringleitung:
1. Wahlweise Absperrung von Netzteilen bei Defekt oder Wartung ohne daß alle Entnahmestellen außer Betrieb genommen werden müssen.
2. Bessere Versorgung der am weitesten vom Kompressor entfernt liegenden Zapfstellen.
3. Bessere Versorgung bei extrem hoher Luftentnahme an einer Zapfstelle.

Bild 17.56 Ringleitung einer Druckluftanlage mit Filtersystemen (Quelle: Sata)

17.6.1 Druckluftanlage

Eine Druckluftversorgung braucht jeder Betrieb egal, ob er lackiert oder nicht. Für das Lackieren selber steht dann noch ein zusätzlicher Luftbedarf an. Der Gesamtluftbedarf ist darauf abzustimmen. Außerdem muß die Druckluft aufbereitet werden, bevor sie zur Spritzpistole gelangt oder für den Atemschutz verwendet wird.

Darüber hinaus sei ein Gedankensprung in die betriebswirtschaftliche Betrachtung einer Druckluftanlage erlaubt. Wer kennt sie nicht, die Zischgeräusche von undichten Druckluftanschlüssen? Es ist interessant zu wissen, welche Kosten durch eine Leckage im Druckluftsystem entstehen. Die Grafiken geben dazu einen guten Überblick.

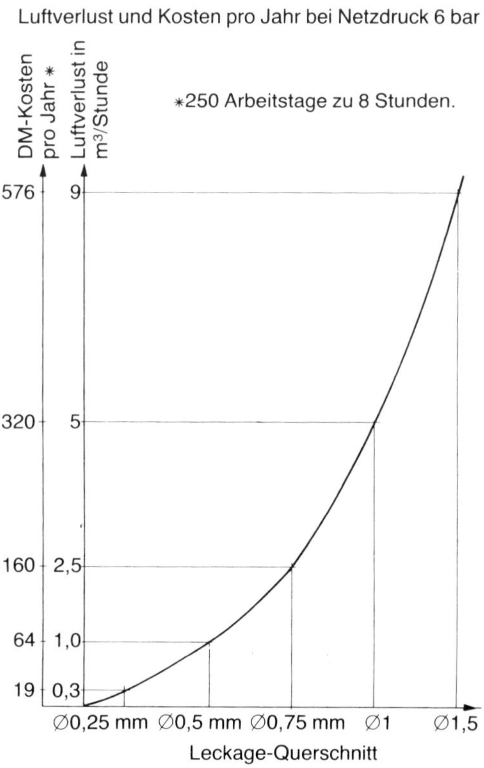

Bild 17.57 Luftverlust und damit zusammenhängende Kosten (Quelle: Sata)

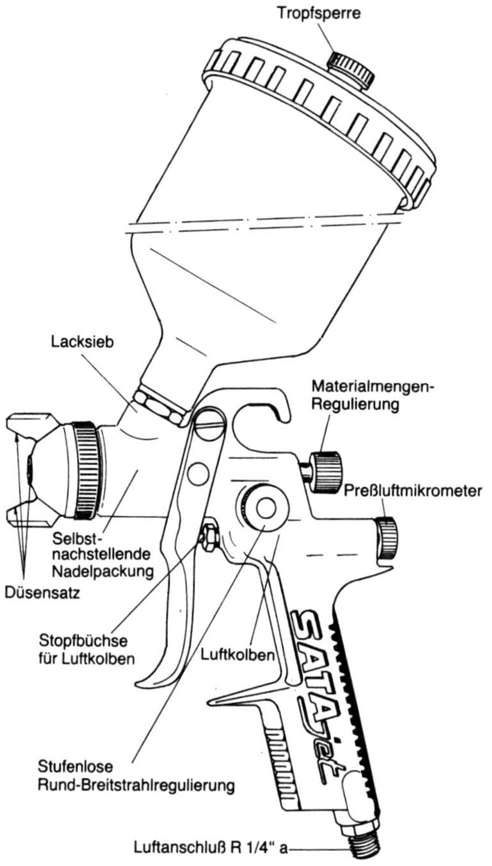

Bild 17.58 Bezeichnungen an einer Fließbecher-Spritzpistole (Quelle: Sata)

17.6.2 Spritzpistolen

Es ist verständlich, daß nicht alle Materialien mit ein und derselben Spritzpistole verarbeitet werden können. Dagegen spricht die unterschiedliche Viskosität der zu verarbeitenden Materialien. Darüber hinaus ist es technisch nicht vertretbar und betriebswirtschaftlicher Unsinn, eine Spritzpistole nach dem Spritzen der Vormaterialien umzurüsten, um anschließend den Decklack aufzutragen. Die Unterscheidung der Spritzpistolen geht sogar so weit, daß sie mit der richtigen Düsenbestückung auf das Material der einzelnen Lackhersteller abgestimmt sind. Da in den vorherigen Kapiteln die Decklackierung beispielhaft mit dem Verfahren der Firma Glasurit dargestellt wurde, sind die dafür ausgelegten Spritzpistolen in einer Übersicht zusammengestellt.

Wenn mit Werkzeugen oder Geräten gearbeitet wird, können Störungen auftreten. So auch bei den Spritzpistolen. Die bekanntesten Fehler, deren Ursachen und die Abstellmaßnahmen sind tabellarisch zusammengefaßt.

		 SATA KL/P/S	 SATA LM/B/S	 SATAjet/B-NR	 SATAjet 90	 SATAjet B	 SATAjet H
Glassohyd **1 K Grundfüller** beige 76–86 spritzfertig	Düse Nozzle	P	1,6 mm	1,5 NR/1,7 NR			
	Luftdruck Air compression		3 bar 45 psi	4 bar 60 psi			
	Luftverbrauch Air consumption		200–220 l/min 7,2–7,92 cfm	210 l/min 7,56 cfm			
Glassofix **PKW-Grundfüller** hellbeige 283–150 2:1 + 30 % grüner Maßstab schwarze Einstellskala	Düse Nozzle		1,6 mm	1,5 NR/1,7 NR			
	Luftdruck Air compression		3–3,5 bar 45–50 psi	4 bar 60 psi			
	Luftverbrauch Air consumption		200–220 l/min 7,2–7,92 cfm	210 l/min 7,56 cfm			
Glassodur Grundfüller MS beigegrün 285–22 **Glassdur Multigrundfüller** hellbeige 285–81 4:1:1 roter Meßstab	Düse Nozzle		1,6 mm	1,7 NR/2,2 NR			
	Luftdruck Air compression		3–3,5 bar 45–50 psi	4–4,5 bar 60–70 psi			
	Luftverbrauch Air consumption		200–220 l/min 7,2–7,92 cfm	210–230 l/min 7,56–8,28 cfm			
Glassodur **PUR-Acrylautolack 21** 2:1 + 10 % grüner Meßstab	Düse Nozzle				1,3/1,4 mm	MSB/1,4 E	1,5 EH/MSH
	Luftdruck Air compression				3–3,5 bar 45–50 psi	4 bar 60 psi	4–4,5 bar 60–70 psi
	Luftverbrauch Air consumption				250–270 l/min 9–9,72 cfm	350 l/min 12,6 cfm	380 l/min 13,68 cfm
Glassomax **2-Schicht-Metallic/Uni 54** 4:1 roter Meßstab	Düse Nozzle				1,3/1,4 mm	MSB/1,4 E	1,5 EH/MSH
	Luftdruck Air compression				3–3,5 bar 45–50 psi	4 bar 60 psi	4–4,5 bar 60–70 psi
	Luftverbrauch Air consumption				250–270 l/min 9–9,72 cfm	350 l/min 12,6 cfm	380 l/min 13,68 cfm
Glassodur **MS-Topklarlack** 2:1 + 10 % grüner Meßstab	Düse Nozzle				1,4 mm	1,4 E	1,5 EH/MSH
	Luftdruck Air compression				3–3,5 bar 45–50 psi	4–4,5 bar 60–70 psi	4 bar 60 psi
	Luftverbrauch Air consumption				250–270 l/min 9–9,72 cfm	350 l/min 12,6 cfm	330 l/min 13,68 cfm

Bild 17.59 Spritzpistolensortiment für die Materialien eines Lackherstellers (Quelle: Sata)

Mögliche Funktionsstörungen

Störung	Ursache	Abhilfe
1. Pistole tropft	Farbnadel nicht angezogen, Fremdkörper in der Farbdüse verhindert Abdichtung	Farbnadel fest einschrauben, Farbdüse in Verdünnung reinigen, oder neue Farbdüse einsetzen
2. Farbe tritt an Farbnadel- Stopfbüchse aus	Stopfbüchse zu schwach ange- zogen, Stopfbüchsenpackung defekt oder verloren	Stopfbüchse anziehen bzw. ersetzen
3. Luftkolben klemmt bzw. kommt nur langsam	Stopfbüchse zu stark angezogen oder Feder defekt	lösen bzw. ersetzen
4. Luft strömt am Luftkolben aus	verschlissene oder fehlende Packung, Stopfbüchse zu schwach angezogen	ölen oder auswechseln, Anziehen der Stopfbüchse wie oben
5. Spritzbild sichelförmig 	Hornbohrung verstopft	in Verdünnung einweichen, dann mit SATA-Düsenreinigungsnadel reinigen
6. Strahl tropfenförmig oder oval 	Verschmutzung des Farbdüsen- zäpfchens oder des Luftkreises	Luftdüse um 180° drehen. Bei gleichem Erscheinungsbild Farbdüsenzäpfchen und Luft- kreis reinigen
7. Strahlspaltung (Schwalbenschwanz) 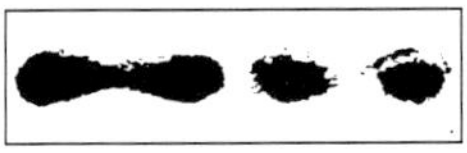	zu hoher Zerstäubungsdruck, nicht genügend Material, zu dünnes Material	Zerstäuberdruck reduzieren, Korrektur mit Düsenweite, Materialmengen-Regulierung zudrehen
8. Materialauftrag in der Mitte zu stark 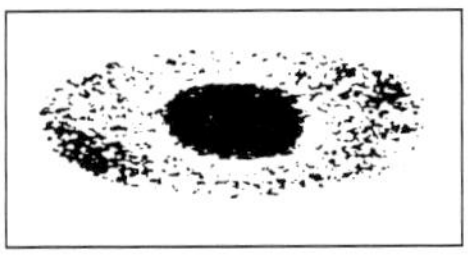	zu viel Material, zu dick eingestelltes Material, zu wenig Zerstäubungsdruck	Materialzufuhr H reduzieren, oder andere Düsenweite, Material verdünnen, Zerstäubungsdruck erhöhen
9. Strahl flattert 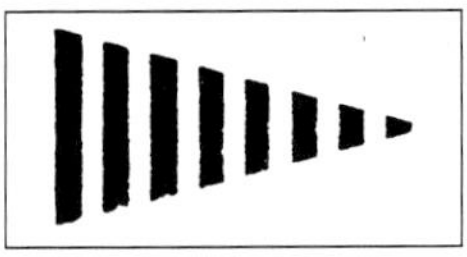	nicht genügend Material im Be- hälter, Farbdüse nicht angezogen, Stopfbüchse an Farbnadel nicht angezogen, Farbdüsensitz verunreinigt oder beschädigt	Material nachfüllen, Teile entsprechend anziehen, Teile reinigen oder auswechseln
10. Material sprudelt oder «kocht» im Farbbecher	Zerstäubungsluft gelangt über Farbkanal in den Farbbecher. Farbdüse oder Farbnadel nicht genügend angezogen. Luftdüse nicht vollständig aufgeschraubt, Luftkreis verstopft oder Sitz defekt.	Teile entsprechend anziehen, reinigen oder ersetzen

Bild 17.60 Funktionsstörungen, Ursachen und Abhilfemaßnahmen an Spritzpistolen

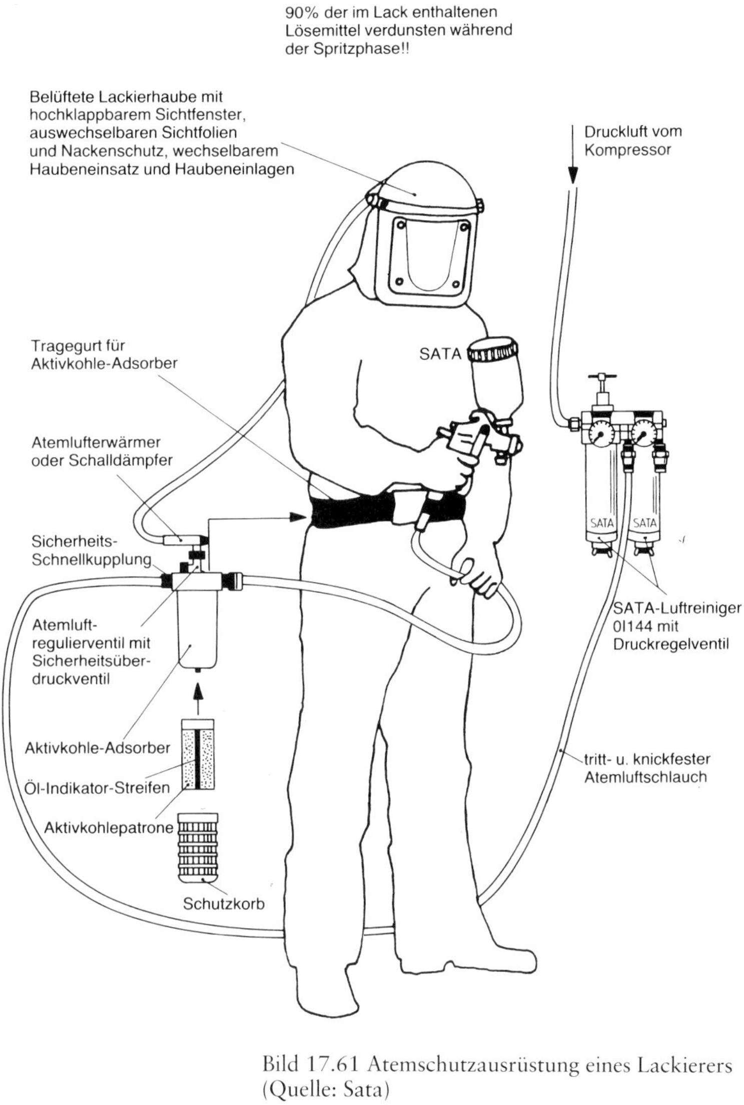

Bild 17.61 Atemschutzausrüstung eines Lackierers (Quelle: Sata)

17.6.3 Atemschutzmaßnahmen

Der Atemschutz für den Lackierer wird bei vielen Anwendern leider immer noch als lästiges Übel betrachtet. «Es ist zu aufwendig, mit Lackierhaube und Frischluftzuführung zu arbeiten, wenn nur mal eben eine kleine Fläche lackiert werden soll», sind die häufigen Aussagen. Das Problem ist in Wirklichkeit die über einen langen Zeitraum nicht zu bemerkenden Negativeinflüsse, wenn der Atemschutz nicht praktiziert wird. Außerdem treten die Atemwegsbeschwerden schleichend auf. Der Lackierer gewöhnt sich daran, daß er mit kleinen Beeinträchtigungen lebt. Die Einsicht für vorbeugende Maßnahmen kommt dann vielfach erst zu einem Zeitpunkt, an dem bleibende Gesundheitsschäden zu verzeichnen sind. Deshalb lieber von Anfang an einen umfassenden Atemschutz.

Bild 17.62 Freihandlackierung auf einer Motorhaube. Solche Werke bleiben den «Künstlern» unter den Lackierern vorbehalten (Kreation: H. Kortwinkel, Glasurit)

17.7 Fragen und Antworten

1. Was versteht der Fachmann unter dem Begriff «Beispritztechnik»? Nennen Sie eine andere Bezeichnung dafür.
Antwort:
Bei der Beispritztechnik handelt es sich um eine farbtongerechte Reparaturlackierung. Dabei wird die Reparaturstelle normal deckend lackiert und die angrenzenden Flächen werden auslaufend beigespritzt. Anschließend kommt ein Klarlacküberzug darauf, der bis zu den vorhandenen Karosseriekanten oder -spalten reicht. Eine andere Bezeichnung für diese Technik ist «Blend-In-Verfahren».

2. Was muß getan werden, um z.B. eine thermoplastische Acryl-Lackierung zu erkennen?
Antwort:
Einen weißen Lappen mit Nitroverdünnung tränken und auf einer wenig sichtbaren Fläche verreiben. Die Lackierung löst an und der Lappen färbt sich ein.

3. Warum dürfen keine wiederaufbereiteten Verdünnungen zum Reinigen einer Fläche verwendet werden, die anschließend gespachtelt oder lackiert werden soll?
Antwort:
Die wiederaufbereiteten Verdünnungen können noch solche Verunreinigungen enthalten, daß ein anschließender Auftrag Haftungsstörungen bekommt.

4. Warum ist bei einer verzinnten Fläche die Gefahr von Haftungsstörungen für den Lackaufbau größer als bei einer unverzinnten Fläche?
Antwort:
Das Flußmittel für die Verarbeitung des Zinns wirkt sich störend auf die Haftung anderer Materialien aus.

5. Wie ist ein Spachtelauftrag vorzunehmen, wenn die Altlackierung lösemittelempfindlich ist?
Antwort:
Die Schadstelle ist so weit metallisch blank zu schleifen, daß der Spachtelauftrag nicht in die Altlackierung hineinreicht.

6. Wie können kleinste Schleifspuren und Kratzer in einer Spachtelfläche gut sichtbar gemacht werden?
Antwort: Indem ein schwarzer Kontrollack aufgetragen, abgewischt und kurz geschliffen wird.

7. Wie müssen Durchschliffstellen vor dem Grundfüllerauftrag behandelt werden?
Antwort:
Sie sind mit einenm zusätzlichen Korrosionsschutz zu überspritzen.

8. Welche Alternative kann anstelle des normalen Grundfüllers aufgetragen werden?
Antwort:
Ein Tönfüller.

9. Wie lange muß gewartet werden,bevor der zweite Spritzgang des Grund- oder Tönfüllers aufgetragen wird?
Antwort: Bis die Fläche einen durchgängigen Mattglanz aufweist.

10. Wie wird ein «Spritzgang» aufgetragen?
Antwort:
Indem mit der Spritzpistole in fachgerechter Haltung und mit angemessener Geschwindigkeit einmal über die zu lackierende Fläche gefahren wird.

11. In welcher Reihenfolge wird der spritzfertige Tonfüller angemischt?
Antwort:
Zuerst müssen Tönfüller und Decklack im richtigen Verhältnis angerührt werden. Dann

kommt in diese Mischung erst die Verdünnung und anschließend der Härter.

12. Wie kann der Grund- oder Tönfüller geschliffen werden?
Antwort:
Entweder naß mit der Gitterleinen-Schleifmaschine bzw. naß von Hand oder als Trockenschliff.

13. Welche Kunststofftypen sind handwerklich nicht lackierbar?
Antwort:
PE und PP.

14. Was wirkt sich bei dein meisten Kunststoffteilen besonders störend auf die Haftung von anschließenden Überzügen aus?
Antwort:
Die Trennmitte, die zum problemlosen Herausnehmen des Kunststoffteils aus der Werkzeugform erforderlich sind. Sie setzen sich sehr stark in alen kleinen Vertiefungen der Oberfläche ab und können nur schwer entfernt werden.

15. Wie wird ein Kunststoffteil optimal auf die Lackierung vorbereitet?
Antwort:
Indem es mindestens eine Stunde vor der Bearbeitung in der Lackierkabine bei ca. 60 °C gelagert wird.

16. Wie wird die statische Aufladung des Kunststoffteils rückgängig gemacht?
Antwort:
Durch das Abreiben des Teils mit einer Antistatikflüssigkeit (häufig kombiniert mit dem Kunststoffreiniger) oder durch das Abblasen des Teils mit einer Ionisierungspistole.

17. Welche Aufgabe hat der Weichmacherzusatz?
Antwort:
Er soll den Füller- und Decklacküberzug, entsprechend der Elastizität des Kunststoffteils, ebenfalls elastisch halten.

18. Warum bekommen die Kunststoff-Spachtelmasse und der Basismetalliclack keinen Weichmacherzusatz?
Antwort:
Beide Materialien sind so elastisch, daß durch einen weiteren Weichmacherzusatz diese Schichten nicht richtig aushärten würden.

19. Wie wird die strukturierte Oberfläche eines Kunststoffteils nach den Schleifarbeiten an einer Schadstelle wiederhergestellt?
Antwort:
Durch einen speziellen Strukturlack. Es muß dann allerdings das komplette Kunststoffteil lackiert werden, da der Strukturlack nicht die gleiche Oberfläche erzeugt, wie sie das Originalteil hat.

20. Welche Materialien werden in unterschiedlichen Spritzpistolen verarbeitet?
Antwort:
Vormaterialien (Füller) und Decklacke. Sinnvoll ist es, für den Klarlack eine zusätzliche Pistole zu verwenden (Ausführung wie Decklackpistole).

21. Was ist ein Hell-/Dunkel-Farbflop?
Antwort:
Das Umschlagen vom hellen zum dunklen Farbton einer Lackierung (oder umgekehrt) in Abhängigkeit vom Betrachtungswinkel.

22. Wodurch kann sich die optische Wirkung einer lackierten Fläche verändern?
Antwort:
Durch den Wechsel von einer liegenden zur stehenden Fläche (Motorhaube/Kotflügel).

Stichwortverzeichnis

Inhaltsverzeichnis

Alphabetische Strategie

Orthographische Strategie

Morphematische Strategie

Abschreibtraining

Was bedeuten diese Zeichen?

Suche und male weitere Zeichen.

DER GRÜNE PUNKT